中国铁路重大桥梁工程建设丛书

KEY TECHNOLOGY FOR THE CONSTRUCTION OF SANMENXIA STEEL-TRUSS COMPOSITE GIRDER HIGHWAY-RAILWAY DUAL-PURPOSE BRIDGE

三门峡钢桁组合梁公铁两用桥建造关键技术

罗生宏　周冠南　林再志　樊立龙　赵　健　等　编著

人民交通出版社
北　京

内 容 提 要

依托三门峡黄河公铁两用大桥的工程建设实践及相关科研成果，针对黄河库区复杂水文地质条件、高烈度区抗震防护要求、高墩长联重载结构设计等带来的工程挑战，本书总结提出了复杂环境工况下钢桁组合梁桥的设计方法、高效施工技术、专用施工装备方案等，构建了复杂钢桁组合梁公铁两用桥的建造关键技术体系。本书重点介绍了高墩长联重载公铁两用三主桁钢桁梁的顶推施工技术、减隔震技术、深水复杂基础建造技术、移动模架施工技术等，深入阐述了作者团队在施工监测、桥梁抗风性能、顶推施工力学行为等方面的研究成果。

本书内容翔实，理论与实践相结合，可为从事公铁两用桥梁设计、施工、科研及管理的工程技术人员提供参考，也可作为高等院校桥梁工程及相关专业师生的参考资料。

图书在版编目(CIP)数据

三门峡钢桁组合梁公铁两用桥建造关键技术 / 罗生宏等编著. — 北京 ：人民交通出版社股份有限公司，2025. 8. — ISBN 978-7-114-20342-8

Ⅰ. U448.12

中国国家版本馆 CIP 数据核字第 2025TF5306 号

中国铁路重大桥梁工程建设丛书

Sanmenxia Gang Heng Zuheliang Gong-Tie Liangyongqiao Jianzao Guanjian Jishu

书　　名：三门峡钢桁组合梁公铁两用桥建造关键技术

著 作 者：罗生宏　周冠南　林再志　樊立龙　赵　健　等

责任编辑：张　晓　李学会

责任校对：龙　雪

责任印制：张　凯

出版发行：人民交通出版社

地　　址：(100011)北京市朝阳区安定门外外馆斜街 3 号

网　　址：http://www.ccpcl.com.cn

销售电话：(010)85285857

总 经 销：人民交通出版社发行部

经　　销：各地新华书店

印　　刷：北京交通印务有限公司

开　　本：889 × 1194　1/16

印　　张：27

字　　数：809 千

版　　次：2025 年 8 月　第 1 版

印　　次：2025 年 8 月　第 1 次印刷

书　　号：ISBN 978-7-114-20342-8

定　　价：198.00 元

EDITORIAL COMMITTEE　编委会

FOREWORD

黄河，中华民族的母亲河，千百年来孕育了灿烂的文明，也见证了中国桥梁建设的辉煌成就。三门峡黄河公铁两用大桥的建成，不仅续写了中国桥梁建设的新篇章，更展现了新时代中国工程师的智慧与担当。这座横跨天堑的钢铁巨龙，以其创新的设计理念和精湛的施工技艺，成为连接晋陕豫三省的重要纽带，为区域经济社会发展注入了新的活力。

作为我国公铁两用桥梁建设的又一力作，三门峡黄河公铁两用大桥的建设面临着诸多世界级技术难题：高墩长联重载条件下的结构稳定性、黄河库区复杂多变的水文地质环境、高烈度地震区的抗震设计挑战等。面对这些困难，建设者们发扬“逢山开路、遇水架桥”的奋斗精神，以科技创新为引领，在钢桁组合梁桥设计理论、施工工艺、质量控制等方面取得了一系列突破性成果。

桥梁建设团队研发了峡谷区高位平台快速拼装新技术，提出采用 70t 全回转起重机 + S1200M64 塔式起重机的拼装方案，形成了钢桁梁机械联合快速拼装施工技术，克服了高墩位拼装平台拼装机械安拆施工安全风险高、大跨度钢梁不利工况多、施工安全风险大的难题；构建了高墩、长联钢桁梁桥多点同步顶推施工技术，提出了长联钢桁梁桥多点同步顶推力的同步控制新方法，保证了钢桁梁顶推精度及同步性；首创新型墩顶托梁支撑体系，采用无墩旁托架形式的钢-混凝土结合梁顶推作业平台，解决了顶推过程中高墩偏心弯矩大的难题，克服了传统钢管混凝土墩旁托架顶推作业平台建设难度高、拆除风险大、搭设材料无法周转等缺点；结合桥址地形和风环境，通过主梁和导梁节段模型风洞试验，提出了施工控制设计参数，保证了钢桁梁顶推施工过程中的抗风安全性；提出了横向纠偏与钢梁支撑滑块融合的动态纠偏新技术，解决了长联、多跨钢桁梁自动实时纠偏的技术难题；通过应用 BIM 技术，有效提升了高强度螺栓施拧的效率和控制精度。一系列创新技术的实施，不仅保障了大桥的顺利建成，更为我国桥梁建设积累了宝贵经验。

序言

本书系统梳理了三门峡黄河公铁两用大桥的建设经验，从规划与设计、构件加工与制造、桥梁施工与监测到专项课题研究，全方位展现了桥梁建造全过程。书中既有深入的理论分析，又有丰富的实践案例；既总结了成功经验，也不回避建设过程中遇到的困难与挑战。这些宝贵经验提高了大跨、长联、多点同步顶推及相关配套设备研发与制造技术水平，丰富了顶推装备的系列产品，对推动我国公铁两用桥梁技术的进步具有重要的参考价值。

当前，我国正在从桥梁大国向桥梁强国迈进。在“交通强国”战略的指引下，未来还将建设更多技术更复杂、难度更大的跨江跨海工程。希望本书的出版，能够为桥梁建设者提供有益的借鉴，激励更多工程技术人员勇于创新、追求卓越。同时也希望广大桥梁工作者继续发扬工匠精神，在新时代谱写中国桥梁建设更加辉煌的篇章。

中国工程院院士

2025 年 2 月

PREFACE

三门峡黄河公铁两用大桥是我国公铁两用桥梁建设领域的又一里程碑式工程。作为黄河流域综合交通网络的关键节点，其建成不仅大幅提升了区域交通承载能力，更成为推动豫晋陕三省协同发展的重要纽带。其建设不仅对完善区域综合交通网络、促进黄河流域经济社会发展具有重要意义，同时也为钢桁组合梁桥的设计与施工提供了宝贵的实践经验。

该桥位于黄河库区，地质条件复杂，地震烈度高，叠加库区水位季节性波动明显、冬季凌汛等挑战，对桥梁基础的稳定性提出了近乎苛刻的要求。此外，公铁两用桥需同时承载双向六车道高速公路与四线重载铁路的荷载，主桥采用(84 +9 ×108 +84)m 跨径的高墩长联钢桁组合梁结构，设计荷载达国内同类桥梁之最。面对如此复杂的技术挑战，建设团队以“创新驱动、安全优先”为核心理念，联合科研院所开展跨学科攻关，在结构体系优化创新、施工控制等领域取得多项突破性成果。

本书以三门峡黄河公铁两用大桥为研究对象，系统总结了该桥在规划、设计、制造、施工及专项研究等方面的关键技术成果。全书共分为 4 篇：

第 1 篇“规划与设计”详细介绍了大桥的工程背景、技术标准、结构体系及设计理论，重点阐述了高墩长联重载钢桁组合梁桥的设计方法、抗震分析及荷载组合优化等内容，并进行了绿色创新设计，将环保理念深刻融入桥梁设计中。

第 2 篇“构件加工与制造”聚焦钢桁梁构件和混凝土桥面板的加工工艺，从材料选择、场地布设、制造流程到质量控制，全面展现了工厂化、流程化、标准化施工的先进经验。

第 3 篇“桥梁施工与监测”深入探讨了深水基础与门式高墩施工、钢桁梁拼装、桥面板架设、落梁、施工监控等核心施工技术，并结合实际工程案例，从下部到上部，详细分析了施工过程中的关键控制点。

前言

第4篇“专项课题研究”针对大桥建设中的重难点问题，如抗风性能、顶推施工力学行为等，进行了系统的理论分析和试验研究，为类似工程提供了重要的参考依据。

本书的编写得到了中国国家铁路集团有限公司、中铁工程设计咨询集团有限公司、清华大学、同济大学等单位专家的大力支持。在工程实施过程中，各参建单位通力协作，克服了复杂地质条件、恶劣气候环境，以及大跨度钢梁不利工况多、施工安全风险大等诸多困难，最终确保了工程的顺利完工。在此，向所有参与大桥设计、施工、科研及管理的专家和技术人员表示衷心的感谢！

本书的出版，既是对三门峡黄河公铁两用大桥建设经验的系统性梳理，亦是对我国桥梁工程自主创新能力的生动诠释，期待本书能为同行提供有益参考，并激发更多创新实践，共同绘制中国桥梁事业的新画卷。

由于编者水平有限，书中难免存在不足之处，恳请广大读者批评指正，以便我们在未来的工作中不断改进和完善。

编　者

2025年2月

CONTENTS

第 1 篇　规划与设计

第 2 篇　构件加工与制造

目录

第4篇　专项课题研究

01

第 1 篇

规划与设计

三门峡钢桁组合梁公铁两用桥

建造关键技术

KEY TECHNOLOGY FOR THE CONSTRUCTION

OF SANMENXIA STEEL-TRUSS COMPOSITE GIRDER HIGHWAY-RAILWAY DUAL-PURPOSE BRIDGE

第1章 钢桁组合梁桥概述

1.1 国内外钢桁组合梁桥的研究现状与发展

1.1.1 国内外钢桁组合梁桥的研究现状

早在20世纪60年代,国外已利用现场试验方法对钢-混凝土组合桁架结构进行了分析,并得到了一些结论和成果。1967年,结构工程师Wang和Kaley对非组合梁和4根组合桁架梁进行了试验对比分析,结果显示,组合桁架梁相对于普通桁架梁,有更高的刚度和承载力;数据分析表明,组合梁跨中挠度比普通梁减小20%,而抗弯承载能力提高14%。1970年,Tide等对5根组合桁架梁进行对比试验,结果表明,竖向剪力主要由桁架的腹杆承担,水平剪力主要由支座附近的连接件承担,但该试验并不理想,主要原因是由于栓钉数量不足造成组合桁架梁过早破坏。1972年,Azmi采用三组6根跨度分别为15.2m和15.5m、采用不同剪力连接件的组合桁架梁进行试验,研究了组合桁架的受力性能,结果表明:当采用刚性连接件时,组合桁架梁的延性较好,试件破坏形态为下弦杆拉断,此时跨中挠度为498mm;当采用柔性连接件时,试件破坏形态为连接件破坏,进而导致上弦杆屈曲破坏。Azmi通过理论计算与试验结果对比分析,给出了极限状态设计方法和不同荷载作用情况下的计算分析公式:①当剪力连接件为柔性时,受压状态下上弦杆的应力计算公式;②采用刚性连接件时下弦杆屈服破坏的计算公式;③上弦杆协同下弦杆共同参与受拉的计算公式。Azmi同时建议钢弦杆采用屈服强度作为设计强度。1972年,Cran采用试验方法对3根不同跨度的组合桁架梁进行了研究,结果表明,3个试件的破坏形态均为腹杆屈服破坏,破坏时下弦杆的应变已达到屈服应变的2~7.8倍。Cran通过对比分析发现,当组合桁架梁的间距大于1.5m时,组合桁架梁与普通组合梁相比,其经济效益十分明显,并认为,计算时可以把混凝土板作为上弦杆考虑,原因是组合梁中和轴与钢桁架上弦的形心轴较近,故上弦杆在组合桁架梁受力时贡献较小,可以简化处理。值得强调的是,Cran已经意识到交界面滑移对组合桁架受力的影响,建议在计算正常使用荷载作用下组合桁架梁的挠度或变形时,考虑滑移效应的影响,并建议乘以相应的放大系数,以反映其影响。1974年,Fahmy等在Azmi研究结论的基础上又进行了两根组合桁架梁的补充试验,并提出了极限承载力的计算方法。1978年,Robinson等归纳Azmi和Fahmy的试验结果,并进行了截面形状为L形的组合桁架梁试验,结果表明,截面形状对试验结果的影响不大,并提出当采用柔性连接件时,其剪力连接程度大于75%时,可有效避免上弦杆的过早断裂。1981年,Bjorhovde等采用一根跨度为12m的组合桁架梁进行了足尺试验,该组合桁架高850mm,弦杆和竖向腹杆均采用方形薄壁钢管,斜向腹杆采用双角钢,连接件为栓钉,加载方式为三点集中等比例加载,结果表明,在正常使用荷载作用下试件处于弹性工作状态,且组合桁架的应变数据表明其基本符合平截面假定,试件破坏形态为斜腹杆屈服破坏。Kennedy和Brattland对两根跨度为11.5m的组合桁架进行了试验研究,试件的上下弦杆采用方形薄壁型钢管,腹杆采用双角钢,结果表明,试件破坏时混凝土仍处于弹性阶段,组合桁架基本符合平截面假定,建议组合桁架设计时,下弦杆采用塑性极限强度,连接件采用刚性连接件,避免剪力连接件提前破坏。Leon、Curry、Alsamsam采用试验方法研究了组合桁架的受力性能,并提出了各自的计算模型。Patras等进行了两根足尺寸组合桁架对比试验,其中一试件混凝土为轻质混凝土,另一试件混凝土为高强混凝土,钢桁架弦杆均采用双等肢角钢,该文献提出了相应的计算方法,并与试验结果吻合较好。

国内对于组合桁架的研究起步较晚,20 世纪 90 年代初期,合肥工业大学周惟德团队开展了一系列钢-混凝土组合桁架梁的试验和理论分析研究工作,研究内容较为全面,包括采用 T 型钢连接件、栓钉连接件、反放钢筋连接件和角钢连接件等组合桁架的试验研究。文献[18]还通过理论分析,推导出考虑交界面滑移和掀起效应影响的关于轴力 $F(x)$ 的六次线性非齐次微分方程,并通过试验进行了验证。文献[19]和文献[20]最早讨论了钢-混凝土组合桁架有限元分析方法,建议采用板单元模拟混凝土翼缘板、采用钢架单元模拟桁架上下弦杆、采用杆单元模拟桁架腹杆以及采用特殊单元考虑连接件,并推导了特殊单元的刚度矩阵,编制了相应的有限元计算程序,与试验结果吻合较好。文献[21]引入组合刚度系数 μ,考虑无交互作用和完全相互作用两种情况,是否计入滑移和掀起的影响,判断交互作用情况。金建新同时考虑滑移和掀起对组合桁架性能的影响,并以组合桁架承受均布荷载为例,建立一系列关于钢-混凝土交界面上的单位长度水平剪力 M 和掀起力 r 之间的微分方程,对于组合桁架的研究具有重要的理论价值。1998 年,王连广等通过有限元方法对组合桁架进行了计算分析,该有限元法采用板单元模拟混凝土翼缘板、采用梁单元模拟桁架杆件、采用弹簧单元模拟连接件,讨论了组合桁架的交界面滑移、竖向掀起位移沿梁长分布及刚度变化对组合桁架承载力的影响,并分析了交界面滑移、竖向掀起位移沿梁长的分布规律、连接件受力性能及交界面的连接程度对组合桁架的刚度影响。

1999—2005 年是国内研究组合桁架的空白期,在此期间未见公开发表的科研文献资料。从 2005 年起,国内又逐渐开始研究组合桁架的受力性能,这一阶段的研究特点是:将商业大型有限元软件与试验相结合,通过试验来验证所建模型的合理性和有效性。2005 年,郑敏采用有限元分析方法对组合桁架梁进行数值模拟分析,分析了不同因素对其承载力的影响,并探讨了其影响机理。2006 年,刘东营通过试验方法研究了组合桁架的受力性能,并建立了可考虑滑移作用影响的组合桁架空间模型,与试验结果吻合较好;此外,刘东营和肖亚明还通过有限元分析方法,研究了不同因素对混凝土翼缘板等效宽度取值的影响,这些因素包括宽跨比、跨高比、荷载类型、剪力连接程度和混凝土板厚度等,并提出了组合桁架有效宽度的简化计算公式。2007 年,郭仁杰设计了两榀桁架的动力特性试验,并通过有限元软件建立了相应的试验模型,对比试验结果与数值分析结果发现,数值模型计算结果较为准确。2007 年,谈遂通过有限元方法研究了组合桁架的受力性能,并提出了具体的有限元计算方法,讨论了荷载形式、高跨比、界面滑移参数等对组合桁架梁受力性能的影响。2010 年,范国玺采用有限元方法研究了组合桁架翼缘板的有效宽度,通过参数分析研究了栓钉排列方式、荷载作用形式、钢材屈服强度、混凝土强度等级、翼缘板厚度、组合桁架梁宽跨比与跨高比等因素对组合桁架有效宽度的影响,通过数值拟合建立了组合桁架混凝土翼缘板有效宽度的计算公式。

1.1.2 国内外钢桁组合梁桥的发展

钢桁组合梁桥的研究始于欧洲,德国于 20 世纪 60 年代最早开始研究其受力性能,并应用于大跨度桥梁。1962 年,德国修建的福尔达公路桥是世界上最早采用钢-混凝土组合桁架结构形式的桥梁。此后,钢-混凝土组合桁架梁在日本、欧洲以及中国香港等国家和地区的桥梁中使用较为广泛,其中比较著名的有中国香港的青马大桥、荷兰的加浪特桥、德国的 Kleve-Emmerich 桥、日本的岩黑岛大桥和柜石岛大桥。随着研究的深入,钢-混凝土组合桁架结构也被引入大跨度建筑结构中,组合桁架结构在高层和超高层建筑结构中也被广泛使用,如建成于 1998 年的得克萨斯 A&M 大学的 Reed Arena 会场和建于辛辛那提的 26 层 312 Elm Street 大厦等。

我国对钢-混凝土组合桁架的研究及应用较晚,但工程应用实例较多。2000 年建成的芜湖长江大桥,是我国首次采用组合桁架形式的桥梁,该桥主桥斜拉桥和连续组合桁架梁均采用组合桁架结构;始建于 2009 年的干海子特大桥,位于海拔 2500m 的四川省雅安市石棉县,为京昆高速公路、雅西高速公路重难点控制性工程之一,如图 1-1-1 所示。该桥总长 1811m,设计宽度 24.5m,共 36 跨,最高桥墩高达 110m,上部结构部分选用钢管混凝土组合桁架梁式结构。随着对上述结构形式研究的不断深入,组合桁架结构在大跨度建筑结构及工业厂房中的应用也越来越广泛。始建于 2009 年的无锡大剧院,其典型屋面高度为32.5m，平面长约38m、宽28.8m，结构整体形状大致呈椭圆形，如图1-1-2所示。该工程由于隔声要求较高，其屋面板厚度必须大于300mm，故造成设计荷载较大，由于组合桁架梁受力性能良好，该结构体系从三种结构方案中脱颖而出，被最终采用。钢-混凝土组合桁架结构形式在维修加固中也具有良好的应用前景，王成祥等以具体加固工程为例，对比分析了四种加固方案，由于预应力钢-混凝土组合桁架加固方案施工方便且经济性好，最终采用该方案。随着对组合桁架研究的逐渐深入，以及设计方法的日渐成熟，组合桁架梁在工程领域的应用范围将越来越广。

图1-1-1　干海子特大桥

图1-1-2　无锡大剧院

1.2　国内外钢桁组合梁桥建造技术

在桥梁建造方面，美国率先启动桥梁快速施工技术，针对主梁、桥面板、桥墩及桥台等构件的预制和现场拼装，研发了一系列工厂化预制和现场装配化施工的技术、装备，显著提高了桥梁的建设速度，极大减少了施工过程对桥位环境和交通的干扰。

我国一直高度重视桥梁工厂化施工、标准化建造、自动化控制等相关技术研究与应用，交通运输部于2018年发布《品质工程攻关行动试点方案(2018—2020年)》，聚焦"两区三厂"建设、桥梁预制构件质量提升等关键领域，突显桥梁建造质量的重要性。

近20年来，我国在桥梁建造技术方面的研究广泛且深入，涵盖质量控制、管理体系构建、预应力技术革新、高性能混凝土研发、无机非金属材料应用、施工过程监控以及桥梁裂缝防治等多个维度，构建了完善的施工质量管理体系，制定并更新了多项标准规范，为桥梁建造的高质量发展奠定了坚实基础。特别地，针对预应力和混凝土材料这两大核心要素，深入开展预应力损失控制及高性能混凝土技术研发与应用工作，有效提升了桥梁结构的耐久性与安全性。同时，借助先进的智能传感技术，大量开展与施工监控相关的技术研究与应用工作，为桥梁建设过程中的安全、质量与效率提供了技术支撑。针对桥梁常见的裂缝问题，通过强化施工质量控制，能够有效减少裂缝的发生，大幅降低维修养护成本。

根据我国目前桥梁建造技术发展情况，我国在桥梁建造技术方面的发展趋势和需求主要包括以下几个方面：

(1)研发基于人工智能的无人工地技术与装备，实现交通重大基础设施工厂化智能建造。

(2)研究预制构件混凝土智能振捣养生系统、非主要承重构件3D打印制造与检测技术。

(3)研发预制梁、墩柱等混凝土构件的取放、吊运路径规划、调姿与安装、接缝浇筑施工的智能化技术与装备。

(4)研究多层承重结构、钢结构、钢-混凝土组合，以及无缝桥梁、中小跨径桥梁的工厂化制造、快速装配式建造技术。

(5)研究复杂地形地质、深水远海、恶劣气候等条件下的交通重大基础设施智能建造技术。

（6）研究建造工艺全过程智能感知、施工精度智能控制与辅助决策技术。

（7）研究标准化的工厂预制和现场装配技术，建立工业化建造标准体系。

（8）开发面向智能建造的原材料、设备、产品、人员与生产执行系统（MES）的双向互通技术，研发交通重大基础设施智能建造与控制通用平台。

第2章 工程概况

2.1 工程简介

新建浩吉铁路三门峡黄河公铁两用大桥位于山西省运城市平陆县与河南省三门峡市陕州区之间，连接黄河南北两岸，是蒙西至华中地区铁路煤运通道（简称“浩吉铁路”）的全线控制性工程，大桥桥位如图1-2-1所示。三门峡黄河公铁两用大桥是蒙西至华中地区铁路蒙西通道（简称“蒙西通道”）、运城至三门峡铁路（简称“运三铁路”）及山西省、河南省规划的运三高速公路跨越黄河的共用桥梁，桥位距下游G209线三门峡黄河公路大桥约8.4km，距下游三门峡水库大坝坝址约28.9km。

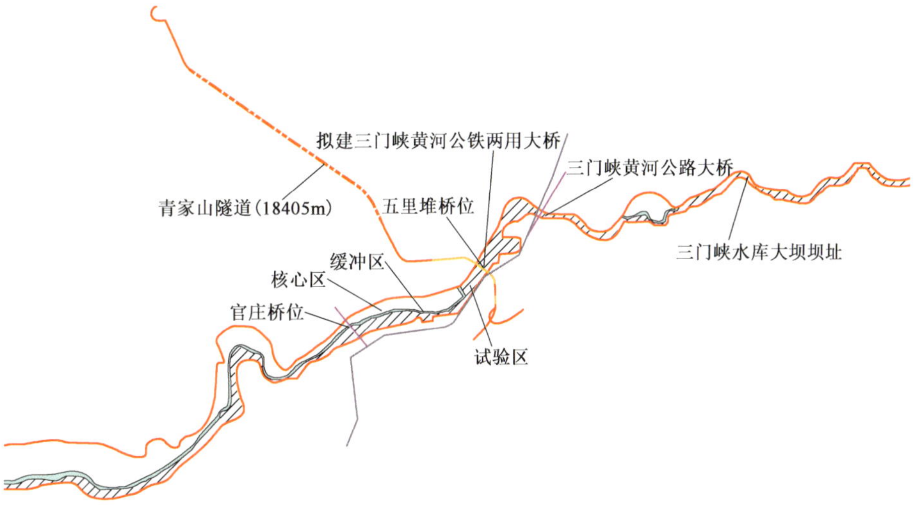

图1-2-1 三门峡桥位图（桥轴线北偏西，与正北风向夹角约为57°）

三门峡黄河公铁两用大桥全长5663.754m，其中公铁合建段长1762.733m。主桥采用84m+9×108m+84m连续钢桁组合梁桥跨越黄河主河槽。采用公铁合建上下层布置横断面方案，公路在上，为双向六车道高速公路；铁路在下，为4线客货共线铁路。

2.2 技术标准

1）蒙西通道主要技术标准

（1）铁路等级：国铁Ⅰ级。

（2）正线数目：双线。

（3）双线线间距：4.0m。

（4）设计行车速度：120km/h。

（5）最小曲线半径：一般1200m，困难800m。

（6）限制坡度：下行6‰，上行13‰。

（7）牵引种类：电力。

（8）机车类型：HX_D系列。

（9）牵引质量：10000t，部分5000t。

(10)到发线有效长度:1700m。

(11)设计荷载:中-活载(2005)ZH 标准(轴重系数 $z=1.2$)(图 1-2-2)。

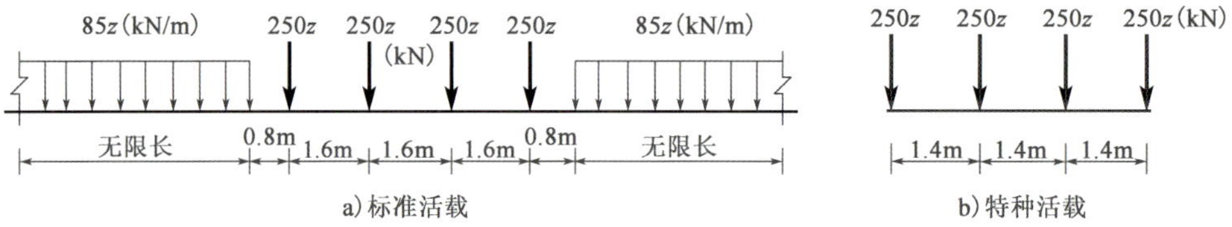

图 1-2-2　设计荷载

2)运三铁路主要技术标准

(1)铁路等级:国铁Ⅰ级。

(2)正线数目:双线。

(3)双线线间距:4.2m。

(4)设计行车速度:160km/h。

(5)牵引种类:电力。

(6)机车类型:动车组、部分客运 SS9,货运机车 SS4B。

(7)牵引质量:5000t。

(8)到发线有效长度:1050m。

(9)设计荷载:中-活载。

3)公路主要技术标准

(1)公路等级:双向六车道高速公路。

(2)设计速度:100km/h。

(3)平面不设超高最小半径:4000m。

(4)平曲线一般最小半径:700m(根据河南省地方标准采用 1000m)。

(5)最大纵坡:3%(南岸侧根据河南省交通运输厅要求采用 2%)。

(6)最小坡长:250m。

(7)最大坡长:1000m。

(8)凸形竖曲线最小半径:10000m。

(9)凹形竖曲线最小半径:4500m。

(10)行车道宽度:$2\times(3\times3.75)$m。

(11)路面类型:沥青混凝土。

(12)设计荷载:公路-Ⅰ级的 1.3 倍。

其余部分应满足《公路工程技术标准》(JTG B01—2014)的有关规定。

4)通航标准

通航要求为Ⅳ(2)级通航标准,净空高度为 8m。

5)最高通航水位

最高通航水位 +324.808m。

6)1/300 设计洪水位

1/300 设计洪水位 +327.118m。

2.3　地质条件

桥位处黄河河道较为顺直,黄河水流呈由西向东方向,桥址区地层由第四系全新统(Q_4)冲洪积砂卵石及黏性土,上更新统(Q_3)马兰组砂质黄土,中更新统(Q_2)离石组砂卵石、黏性土,下更新统(Q_1)午城组砂及黏性土组成。

三门峡黄河公铁两用大桥主桥1~9号墩位处地质层为粉土层、粉细砂层、粉质黏土层、细圆砾土层。其中,粉细砂层和粉质黏土层为主要地层。粉细砂层密实饱和,以细砂为主,局部夹砂砾胶结层;粉质黏土质地坚硬,主要由粉粒及黏粒组成,质地均匀。

2.4 水文特征

桥位处非汛期最高运行水位为+316.808m,最高通航水位为324.808m,三百年一遇最高洪水位为327.118m,相应枯水期5年一遇洪水位为50.70m。桥址区地下水主要为第四系孔隙潜水,分布于黄河河漫滩和低阶地以及高阶地区,主要赋存于砂卵砾石层中,一般为潜水,局部具承压水特征。水位埋深随阶地升高而加深,埋深1~40m,水位动态变化大。因此,栈桥及平台顶面高程考虑按水位+316.808m进行设计,栈桥平台桥面板高程320.244m(钢护筒顶高程),施工时最高水位距钢护筒顶3.336m。

2.5 气象条件

本桥位于豫、晋两省交界处,在全国气候区划上是北温带亚湿润区气候中的渭河气候区,属暖温带大陆性气候。气候总的特征是:四季分明,春秋短而冬夏长,春季干燥多大风,夏季炎热多雨水,秋季温和湿润,冬季雨、雪少且冷,光、热和水量集中,季节分配不均匀,旱象出现的频率高,对农业生产影响较大。

2.6 交通运输条件

进场前已进行施工现场调查,岸边无地下、地上管线等设施,树木已砍伐完成。施工大临便道:可借助既有村道拓宽、落坡、修筑路面后作为进场施工便道至黄河边栈桥处。

2.7 地震环境

2.7.1 抗震设防标准

根据《铁路工程抗震设计规范(2009年版)》(GB 50111—2006)的规定,本桥的抗震设防目标见表1-2-1。

抗震设防目标　　表1-2-1

地震类型	抗震设防概率水平	抗震设防部位	抗震设防目标
多遇地震	50年63.2%	桥梁结构	处于弹性工作阶段,地震后不损坏或轻微损坏,能够保持其正常使用功能
设计地震	50年10%	桥梁上、下部连接构造	处于非弹性工作阶段,地震后可能损坏,经修补,短期内能恢复其正常使用功能
罕遇地震	50年2%	钢筋混凝土桥墩	处于弹塑性工作阶段,地震后可能产生较大破坏,但不出现整体倒塌,经抢修后限速通车

根据《运城至三门峡铁路重点工程场地地震安全性评价报告》,主桥场地50年超越概率63.2%、50年超越概率10%、50年超越概率2%的地震动参数见表1-2-2。

主桥不同超越概率水平地震动参数　　表 1-2-2

超越概率	T_1(s)	T_g(s)	$A_{max}(g)$	β_{max}	γ
50 年 63.2%	0.1	0.46	0.058	2.20	1.10
50 年 10%	0.1	0.58	0.018	2.30	1.07
50 年 2%	0.1	0.76	0.370	2.35	1.08

注:表中 T_1 为地震响应放大系数最大值起始结构周期;T_g 为特征周期,与场地条件和设计地震分组有关;$A_{max}(g)$ 为地面峰值加速度;β_{max} 为结构地震响应放大系数最大值;γ 为衰减指数。

2.7.2　准砂土液化

桥址区地震基本烈度为Ⅶ度,根据《铁路工程抗震设计规范(2009 年版)》(GB 50111—2006)有关砂土液化判别方法判定,20m 以内的饱和粉细砂(①$_4$、①$_5$ 及②$_2$)多为可液化土。

2.7.3　场地类别

桥址区为多层场地土,依据《铁路工程抗震设计规范(2009 年版)》(GB 50111—2006),25m 深度内地层等效剪切波速判定:桥址区场地类别为Ⅲ类。

2.8　防洪评价

(1)桥位距三门峡大坝约 28.9km,在黄淤 18 断面下游约 200m 处(图 1-2-3),桥轴线与河道主流线夹角为 83°,桥梁全长 5663.754m。桥梁建成后对河道河势及产生壅水的影响较小,因此,五里堆桥位公铁合建方案作为实施桥位推荐方案是合理的。

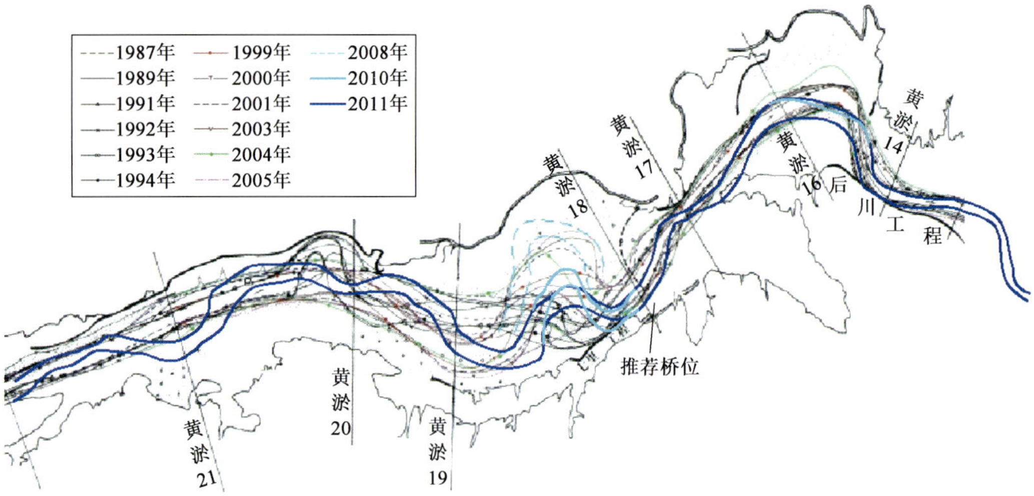

图 1-2-3　黄河黄淤断面图

(2)主桥长 1140m,主桥跨径组合为 84m + 9 × 108m + 84m。

桥位河段主槽宽度的变化范围为 1050m。设计主桥长度 1140m,大于桥位河段主槽宽度变化范围 1050m;主槽范围内设计桥跨(84m、108m)均大于 80m;左岸滩地桥梁设计跨度均大于 40m。

考虑三门峡水库的防洪运用原则及壅水和风浪高度,满足三百年一遇洪水或万年一遇特大洪水的行洪和通航等要求的主梁底面最低高程(330.58 ~ 337.44m)均低于设计桥梁下弦最低点高程(360.96m),满足上述各种条件下桥梁高度的要求。

(3)主桥 0 ~ 10 号桥墩位于主河槽内,为了减小桥墩承台对洪水的影响,建议所有桥墩承台顶部高程不高于现状河底高程，且不超过310m。其他桥墩承台顶部高程控制在所处位置滩面高程以下2.0m。

(4)为了防止河势演变产生的冲刷危及桥梁安全，兼顾节约工程投资，建议左岸滩地N20～0号桥墩之间，即桩基号为DK641+534.659～DK642+352.2的引桥桩基埋深按主槽考虑；从N20号桥墩，桩基号DK641+534.659向左岸可按滩地桩基埋深考虑。其中，左岸滩地N26～N20号桥墩之间，即桩基号为DK641+270.44～DK641+534.659的引桥桩基埋深由滩地逐渐过渡到主槽。

(5)在发生百年一遇、三百年一遇和万年一遇的洪水时，最大流量分别为27500m^3/s、33400m^3/s和52300m^3/s；桥位处最高洪水水位分别为326.14m、328.31m和335.16m。

(6)发生万年一遇、三百年一遇、百年一遇和库区整治流量($Q=4000m^3/s$)的洪水时，桥梁的壅水高度分别为0.16m、0.15m、0.14m和0.24m。库区整治流量条件下的壅水长度为2697m。

(7)根据桥梁设计规范和不同频率洪水数学模型调洪演算结果，对最大入库流量(最为不利)条件下的桥梁冲刷进行计算，结果表明：

①万年一遇特大洪水条件下，最大入库流量为52300m^3/s时，主槽冲刷深度最大，最大冲刷水深为55.69m，冲刷后最低点高程为275.44m。

②三百年一遇设计洪水条件下，最大入库流量为33400m^3/s时，滩地冲刷深度最大，最大冲刷水深为22.05m，冲刷后的最低点高程为303.93m。

(8)由于桥梁建设，对桥位上下游整治工程产生影响的补救措施及补偿问题，应通过专项设计解决。

(9)尽管桥梁建成后对河道河势及产生壅水的影响较小，但由于三门峡库区河势变化较为复杂，大水期往往对滩地淘刷影响较小，小水期一般是造成滩地淘刷较为严重的主要原因。加之，在黄淤19断面～黄淤18断面之间的左岸滩地上形成的Ω形河湾。尤其自2003年7月三门峡水库空库拉沙运用后，该河段河势变化速度加快，在主流顶冲作用下，畸形河湾持续发展。因此，在桥梁施工期和正常运营期需加强对桥位附近河势的观测，观测期限为3～7年，包括汛期和凌汛期。出现问题应及时采取相关措施，保证库区两岸防洪工程及桥梁的安全。

(10)桥位上游壅水范围内没有引水口、码头等水利交通设施，因此桥梁建设不会对第三人合法水事权益造成影响。

(11)左(北)岸引桥与黄淤18断面在起点距2200m处形成交叉，对黄淤18断面的测验产生一定的影响，桥梁建设单位应与河道测验主管部门协商解决。

(12)应制定详尽的桥梁施工设计方案。对于桥梁在施工和建成后运营期间可能引起的各种影响，桥梁设计、建设和管理部门应与相关单位积极协商解决。

第3章　工程技术重难点与创新

3.1　工程技术重难点

(1)高墩长联重载公铁两用三主桁钢桁梁顶推施工

主桥上部结构为一联84m+9×108m+84m钢桁组合梁,总长1142.5m(含两端伸缩缝),总质量约4.3万t,采用单向多点同步顶推架设施工。顶推拼装平台高,钢桁梁顶推距离长,顶推过程中支点反力大,顶推施工对滑道的平顺性和结构刚度要求高。钢桁梁制造、现场拼装,顶推平台及墩顶平台滑道设计施工,顶推施工控制,桥面板预制、存放、架设,以及与钢桁梁组合是本桥施工的重点、难点。

(2)高墩长联重载公铁两用三主桁钢桁梁设计

钢主桁采用三片主桁结构,主桁全宽27.2m,中、边桁中心距为13.6m,桁高15m。主桁采用无横联三主桁钢-混凝土组合结构,铁路桥面采用正交异性钢桥面板结构,上层公路桥面为先张法预应力钢筋混凝土桥面板结构,全宽32m,采用长线台座整槽整体张拉预制施工,钢桁梁架设完成后铺设公路桥面板,然后采用无收缩微膨胀混凝土浇筑湿接缝。无横联三主桁钢桁梁主桁腹杆连接接头、三主桁纵横梁混凝土桥面板与钢桁梁组合、起落梁设计是本桥设计的重点、难点。

(3)高烈度区高墩长联重载钢桁组合梁抗震设计

大桥桥墩最高达72m,上部结构恒载达1040kN/m,加上桥址区水平地震动峰值加速度为0.18g,地震烈度高,抗震设防目标高,场地类别为Ⅲ类。针对“多跨长联、高墩、重载、高烈度”的特点,桥梁减隔震设计是本桥设计的重点、难点。

(4)黄河库区公铁两用大桥基础施工

大桥位于黄河三门峡段水库库区,库区内河槽受桥位施工及库区调水调沙影响变化明显;每年桥位区水深约有9个月的时间维持在15m左右;库区水位落差变化达13m,为达到冲沙效果,水位变化几乎在一天内完成,桩基础采用超长大直径变截面桩;承台采用双壁钢围堰施工,水位落差大及水位的快速变化对桥梁基础施工影响大,大直径、超长、变径钻孔桩施工,以及深水、大尺寸双壁钢围堰精确定位、下沉控制难度大。

(5)高位移动模架施工

大桥铁路采用移动模架底模过墩新技术,大桥引桥桥墩高达55m,横桥向墩宽达30m,移动模架在高墩、超宽墩上作业空间受限,安装施工难度大。

(6)高位现浇支架安拆施工

大桥公路混凝土连续梁施工,公铁合建段管桩支架在铁路梁上支立或采用落地支架,如何减小对铁路梁偏载扭矩的影响,在空间受限状态下如何完成大吨位型钢支架的拆除,是本桥施工的重点、难点。

3.2　工程技术创新

1)高墩长联重载公铁两用三主桁钢桁梁顶推技术

主桥上部结构具有制造精度要求高、难度大,主桁相对高差与桁间距控制难度大,顶推拼装平台高,钢梁顶推长度大，顶推过程中支点反力大，顶推施工对滑道的平顺性和结构刚度要求高，桥面板与主桁结合工序复杂、技术标准要求高等特点。以本工程施工为核心研究的重载铁路公铁两用三主桁钢桁梁长联顶推技术，攻克了上述技术难题，经天津市科学技术委员会鉴定达到国际领先水平。

(1)首创高位平台钢梁快速拼装技术

在大跨度钢桁梁桥中，一次拼装不满足整跨钢梁拼装，会导致钢梁出现悬臂工况时间较长的情况。传统的钢桁梁拼装施工，一般采用单门式起重机或双门式起重机拼装钢梁，但在高墩、大跨、长联钢桁梁桥中很难实现，由于门式起重机起升高度较高，支腿支撑的跨度较大，需要有足够的空间满足机械的移动，操作效率大大降低。因此，本工程结合以往施工经验，总结了跨黄河高墩、大跨、超长联公铁两用桥钢桁梁快速拼装施工工法，通过改进传统的施工方法，采用70t全回转式起重机＋64t塔式起重机的拼装方案(图1-3-1)，解决了高墩位拼装平台在拼装机械安拆施工时风险高、大跨度钢梁不利工况多以及拼装效率低等难题，保证了施工人员高空作业安全，提高了安装工效。

图1-3-1　70t全回转式起重机＋64t塔式起重机施工现场

(2)创新采用高墩偏心弯矩控制技术

针对主桥高墩的特点，采用了一种新的墩顶托梁辅助支撑方法，并成功研制出一种高效的高墩钢梁顶推支撑装置。同时，为解决钢桁梁顶推过程中可能出现的脱空问题，特别研发了一种弹性抄垫结构，该结构采用新型定制的高阻尼橡胶支座，能够有效解决滑块脱空问题，避免因滑块脱空导致的应力集中及钢桁梁线形偏差。

经过深入研究与实践，研发出一种适用于高墩大跨度钢桁梁桥双滑块顶推施工的方法。现场采用双滑块施工方法，并采用特制弹性垫块进行抄垫，可实现顶推过程中降低滑块支点反力的目的，并优化上部荷载分配，大幅度减小高墩所受的偏心弯矩；通过墩顶后期支座维修养护平台的合理设计及加大滑道梁型钢截面(图1-3-2)，进一步提升墩帽上部支撑位置的刚度，减小高墩的偏心弯矩。

(3)首次提出高墩、长联、大吨位钢桁梁多点连续同步顶推施工控制技术

本工程钢梁最大顶推质量达43000t，节点最大支反力达22330kN，顶推最大悬臂长度达96m，最大顶推高度近72m，属高位顶推。需严格控制滑道与滑块产生的水平摩擦力，保证偏心弯矩始终处于安全数值范围内，以确保主墩结构安全。因此，需要对全桥11个主墩的顶推千斤顶进行多点连续顶推同步控制。

总结了跨黄河高墩、大跨、超长联钢桁梁多点、同步顶推施工方法，顶推过程中全桥通过设置一台线缆型令牌总线模式远程计算机控制系统及11套现场控制系统，实现集中管理、分散控制，所有数据传送到计算机并通过软件分析后，下达指令至各个千斤顶，如图1-3-3所示。首先分级加载预紧，然后进行同步顶推，以保证钢桁梁顶推精度及同步性。各墩的水平千斤顶同时动作，使所有桥墩均匀合理承载受力，保护了主墩墩身安全。

图 1-3-2　墩顶滑道梁施工现场

a) 350t水平连续千斤顶施工现场

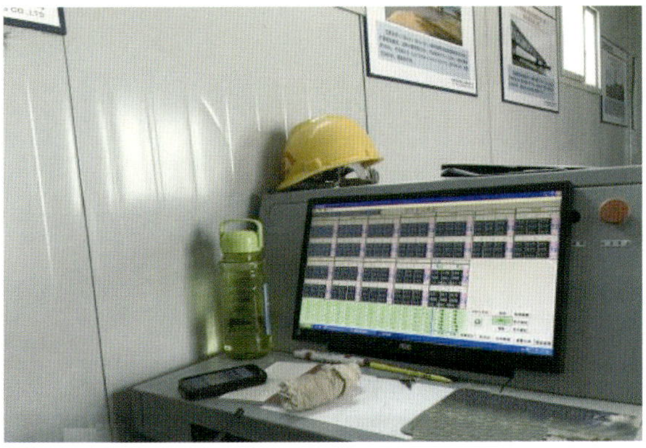

b) 多点、同步顶推控制系统

图 1-3-3　钢桁梁多点连续同步顶推施工控制

(4)首次对多跨钢梁顶推过程进行纠偏并创新采用动态纠偏控制技术

钢梁在顶推过程中受力复杂,影响因素较多,易产生横向偏位。常规施工主要采取静态纠偏的方式来实现钢桁梁的线形调整,但此方式无法在顶推过程中使用,须在顶推完成后梁体处于静止状态时进行,需较大的纠偏力。因此,研发了一种用于钢桁梁顶推施工过程中控制线形的纠偏装置(图 1-3-4),将液压千斤顶作为纠偏动力源,与钢梁支撑滑块结合,解决了边顶推边纠偏的技术难题,用最小的纠偏力实现纠偏,并能及时有效地对钢桁梁线形进行调整,保障了施工质量。

a) 静态纠偏装置3D渲染图及施工现场

图　1-3-4

b) 动态纠偏装置结构图及施工现场

图1-3-4 纠偏装置及应用

(5)峡谷风效应对钢梁施工期抗风性能研究

主桥钢梁拼装平台位于南岸引桥 S04 ~ 主桥 11 号墩之间,拼装平台处峡谷风效应明显,存在极端天气情况。为保证施工安全,通过对桥位地形风环境数值模拟与设计风参数分析、主梁和导梁节段模型风荷载风洞试验、主梁顶推过程主桥横风向稳定性分析、钢桁梁顶推启动瞬态动力效应仿真等,研究了钢梁施工期的抗风性能(图 1-3-5)。

a) 0°攻角　　b) 12°攻角　　c) -12°攻角

图1-3-5 钢梁施工期抗风性能研究

(6)基于 BIM 的高强度螺栓施拧关键技术

本桥钢节点数量巨大,使用高强度螺栓约 120 万套,异形板等处螺栓施拧难度大,安装精度要求高,操作空间难以保证。

为此,提出基于 BIM 的解决方案:通过 Dynamo 软件批量录入添加钢节点构件、钢板、螺栓等信息(图 1-3-6),利用 Revit 软件明细表对构件类型、尺寸等进行统计,精准提取物料。与以往人工核查螺栓数的方法相比,该技术更加精准和科学,效率提升 30% 以上。

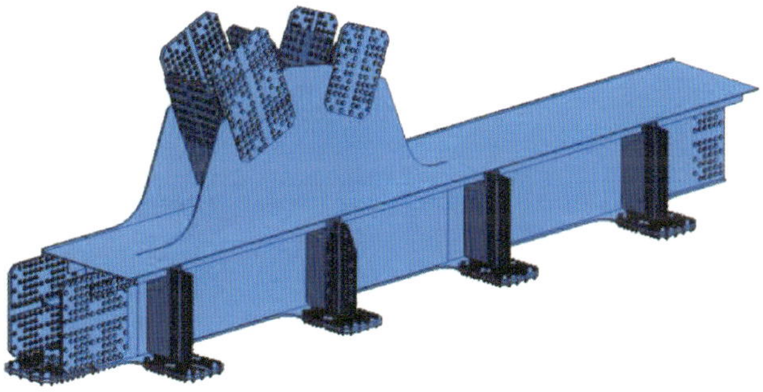

图1-3-6 高强度螺栓施拧研究模型

通过二维码技术，利用云平台掌控现场钢节点、高强度螺栓的安装情况，通过反复试验与质量控制（QC）活动研究，将检测频率提升至100%，并进行多单位复检互检，将施工期间扭矩系数指标大幅提高。成桥运营至今未发生掉栓、断栓现象，为后期构件运营维护提供了保障。

（7）钢梁顶推施工过程监控监测技术

通过顶推施工线形及结构受力控制、顶推过程中桥墩临时托架受力控制、顶推过程中桥墩受力控制三方面的研究，制定钢梁顶推监控监测方案和要点。

对整个施工过程中结构线形及受力控制、结构对托架梁受力的影响、结构对桥墩受力的影响等要素进行分析并加以监控监测，确定顶推过程中主梁受力变化与线形变化，确保混凝土桥墩临时托架变形、应力控制以及墩顶位移控制均在设计规范范围内，应力、混凝土裂缝宽度以及临时结构滑道梁受力均满足设计要求。

根据监测数据，识别、修正桁梁的制造参数误差和自身材料误差，指导监控计算，并采取安全预警措施。根据当前监测数据和计算结果，预测结构最不利受力阶段，并在此阶段加强监测和控制（图1-3-7），从而使钢梁顶推顺利完成。

图1-3-7　钢梁顶推施工过程监控监测现场

（8）研发先张法公路桥面板预制、拼装及结合技术

先张法公路桥面板预制、拼装及结合施工现场如图1-3-8所示，形成了公路桥面板长线整槽预制施工工法。预制桥面板采用长线台座法生产，每条线配备13套模型，共2条线，钢筋笼采用台座统一加工，利用一种超大吨位的大跨度整体同步智能张拉控制系统，通过大吨位千斤顶对预应力钢丝进行整体张拉，保证了张拉应力同步可控，提高了张拉工效，减小了张拉作业的频率，缩短了工期，节约了施工成本。桥面板采用全回转式起重机架设，解决了吊装重量大、吊装高度高、铺设难度大等问题，在确保安全的情况下，加快了施工进度。

图　1-3-8

图 1-3-8 先张法公路桥面板预制、拼装及结合施工现场

2）高墩长联重载公铁两用三主桁钢桁梁设计关键技术

（1）重载长联无横联三主桁钢桁组合梁设计技术

首创的无横联三主桁钢混组合结构，桁架通透简洁，便于制造、施工和养护、维修，节省钢材约850t。针对主桁腹杆连接，研究采用了一种新型交叉接头结构，研发了钢桁梁桥节点处的腹杆相互交叉拼接接头；针对公路结合板桥面，研发了三主桁纵横梁混凝土板组合结构，如图 1-3-9、图 1-3-10 所示。

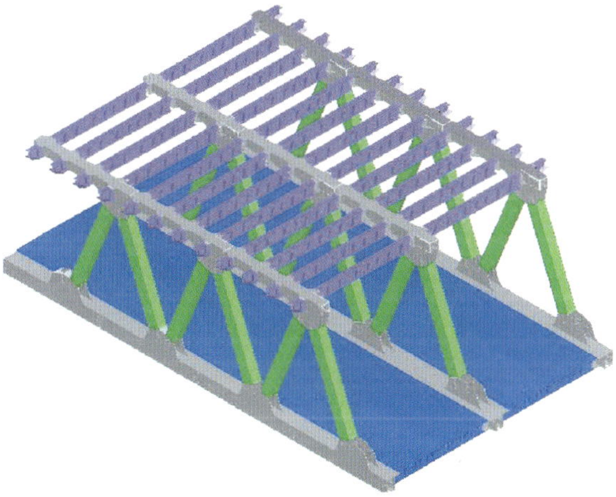

图 1-3-9 三主桁纵横梁混凝土板组合结构示意图

图 1-3-10 三主桁纵横梁混凝土板组合结构施工现场

（2）重载连续钢桁组合梁混凝土结合板设计技术

大桥主梁采用多跨连续钢桁组合梁，恒、活载合计达 1500kN/m 左右，墩顶负弯矩区混凝土板承受较大的拉应力。为使墩顶负弯矩区混凝土结合板具有较高的强度和较好的耐久性，采取以下关键设计、控制措施，成功解决了结合板受拉开裂问题。

①选用合理的混凝土板-钢梁组合工序和顶落梁工艺（图 1-3-11），跨中区域结合板与钢主桁先结合，墩顶区域结合板通过不同批次的错位支点顶落梁与钢主桁结合，以对墩顶负弯矩区桥面板施加预压应力。

②选择合理的混凝土预制板存放龄期，结合施工工期和场地情况按照大于 300d 控制。

③湿接缝采用无收缩的微膨胀混凝土。

④优化钢筋布置，合理加强混凝土结合

图 1-3-11 连续钢桁组合梁混凝土结合板施工现场

板的配筋。

(3)国内首次采用墩顶纵向托架梁支撑的辅助顶推施工技术

大桥钢桁梁采用由黄河南岸向北岸单向多点连续同步顶推施工。因结构、受力需要,钢桁梁顶推时梁底滑块设置于钢桁梁节点位置处,顶推平台长度大于一个节间长度,以保证钢梁临时起顶和滑块置换。通过计算,平台纵向长度最小需要16m,而墩顶纵向宽度为7.6m,因此在墩顶两侧各增设纵向长4.2m的平台。

常规的墩顶顶推平台采用落地的墩旁托架形式(支撑在承台顶),或采用墩旁三角托架形式,该两种形式对于三门峡黄河公铁两用大桥均存在不少缺点和风险,主要为:

①墩高60~72m,若采用落地支架,必须是钢管混凝土结构,钢材和混凝土用量较大。通过计算,需要钢材约5600t,混凝土6800m^3,经济性较差,同时钢管混凝土拆除难度较大。

②顶推时,中桁最大支点反力为21000kN,边桁最大支点反力为16000kN,若采用钢结构三角托架难以实现,且两侧钢结构托架与桥墩竖向刚度差别较大,受力、变形控制难度大,不利于钢梁顶推。

基于上述原因,工程采用墩顶纵向两侧设置混凝土托梁的方案,在托梁上安装钢滑道梁,形成钢-混凝土叠合结构,作为墩顶顶推平台。每个主墩三片主桁下各对应设置2个托梁,托梁纵向长4.2m。施工实践证明:托梁施工方便、顶推平顺性好、造价低、安全可靠。经估算,托梁方案比落地墩旁托架节省工程投资3000万元以上。托梁在顶推施工完成后予以保留,作为运营期维修养护作业平台,为后期大吨位支座的更换提供了便利条件。

3)高烈度区高墩、长联、重载钢桁组合梁桥减隔振技术

大桥为11跨连续钢桁组合梁,联长1142.5m;大桥纵断面受两岸地形及重载铁路的限制纵坡控制,桥墩最高达72m;上部结构恒载达1040kN/m;桥址区水平地震动峰值加速度为0.18g。针对“多跨长联、高墩、重载、高烈度”的特点,在钢桁梁底首次采用双曲面球型减隔振支座(图1-3-12)。经计算,采用该支座,减振率达80%,有效提高了本桥的抗振性能,节省了工程投资。主体结构在设计地震作用下保持在弹性工作范围内,在罕遇地震作用下,桥墩进入塑性屈服阶段,通过有效构造设计使得塑性铰区域位于水面以上,便于震后维修加固。同时减小支座剪力,方便连接构造的设计。本桥的减隔振设计可为类似桥梁抗震设计提供有益的借鉴。

图1-3-12　双曲面球型减隔振支座

4)高墩重载公铁两用桥基础建造关键技术

(1)大直径、超长、变径钻孔桩施工技术

针对桥址区复杂的地质情况,确定采用气举式反循环钻机成孔,同时为满足桥位处多处环境敏感区的环保要求,通过总结三门峡黄河公铁两用大桥复杂地质超长大直径变截面钻孔桩施工工法,设计了一套用于深水基础施工的泥浆循环系统(图1-3-13),解决了钻孔过程中泥浆的循环及排放问题;针对超长钻孔桩钢筋笼下放安装困难等问题,研发了一种用于超长桩基大吨位钢筋笼下放接长的装置(图1-3-14),

该装置施工方便、简单、快速,结构稳定性高,不易变形,可多次重复使用,大大提高了钢筋笼的下放效率及安全性;针对不同地质,选用三翼钻头、四翼钻头、组合式牙轮钻头以及三翼刮刀钻头(图1-3-15),提高了钻孔效率及质量。

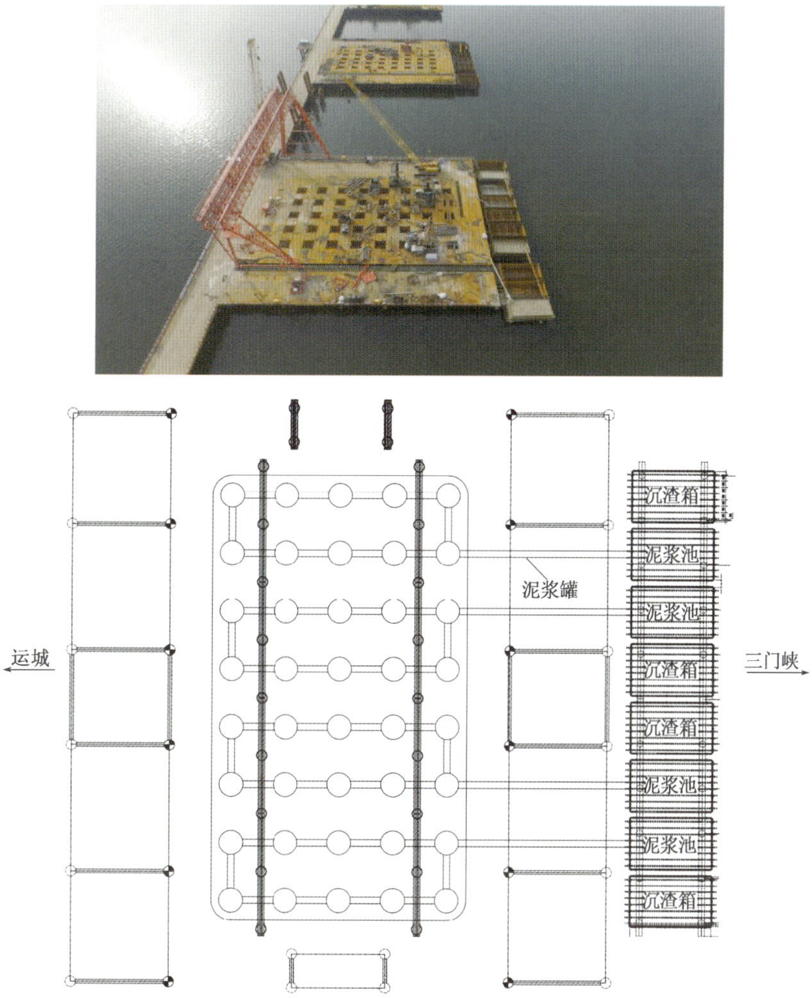

图1-3-13 钻孔平台及泥浆循环系统

图1-3-14 钢筋笼下放打捎盘施工现场

图 1-3-15　不同形式的钻头

(2)深水、大尺寸双壁钢围堰精确定位、下沉控制技术

水深超过 10m 的深水基础,一般采用浮船运输、拼装机下放钢围堰的方法进行水中承台施工,施工时需保证水位及流速处于稳定状态,但三门峡黄河公铁两用大桥位于黄河三门峡段水库库区,水库汛期 3 个月低水位高程约为 +303.808m,非汛期高水位高程约为 +316.808m,主河槽低点高程约为 +301.808m,桥位区水深一年约有 9 个月的时间维持在 15m 左右;每年调水调沙期间(6 月份),库区水位落差变化达 13m,为达到冲沙效果,水位降低变化几乎在一天之内完成,水位落差大及水位的快速变化对主桥施工影响大,常规施工无法满足下放要求。因此结合以往施工经验,在黄河水库库区复杂地质条件下,采用桥梁深水基础双壁钢围堰施工工法(图 1-3-16)对传统的施工方法进行改进。在本桥深水基础施工中采用先桩后围堰的施工方法,即先进行桩基础施工,利用桩基础钢护筒拼装、下放钢围堰。在施工桩基础的同时进行钢围堰整体加工,缩短了施工周期;利用钢护筒及支线栈桥可提供稳定的工作环境,降低安全风险;利用永久钢护筒设置定位导向装置,受力稳定,不容易发生破坏,可保证钢围堰安装及下放精度,受水位及流速影响较小。采用该方法进行深水基础钢围堰施工,可减小交叉作业之间的干扰,提高钢围堰施工工效,保证围堰运输、安装下放的安全性,节省运输及拼装的费用,受到监理单位、建设单位的好评,取得了良好的社会经济效益。

图 1-3-16　双壁钢围堰整体下放

(3)高墩翻模法施工技术

针对大跨度、高墩等施工难题,参考国内外当前大跨度门形高墩的施工经验,对大跨度门形空心高墩门洞圆弧段封顶施工方案进行多次论证,不断改进传统高空落地支架、反力梁加满堂支架的施工方

法，总结出大跨度门式空心高墩门洞圆弧段封顶施工工法（图1-3-17、图1-3-18），采用牛腿横梁加拱形支架的方式，成功解决了高空落地支架稳定性不易控制、反力架拆卸困难且门洞拱线形不易控制等施工难题，确保了工程质量和施工安全，对今后类似工程的施工具有重要的借鉴作用和推广价值。

图1-3-17 拱形支架安装

图1-3-18 拱形支架安装完成效果

5）移动模架施工技术

（1）移动模架底模过墩施工技术

移动模架底模过墩施工现场如图1-3-19所示，过孔时靠近墩顶位置底模分为三部分打开，可完全避开公路门式墩预留钢筋及铁路桥垫石，其余位置底模均处于闭合状态，解决了铁路移动模架在公铁合建段施工时需避让公路墩钢筋及垫石的技术难题，施工安全简单，经济可行。

图1-3-19 移动模架底模过墩施工现场

（2）移动模架在高墩、超宽墩上安装施工技术

大桥墩高达55m，横桥向墩宽达30m，移动模架在高墩、超宽墩上安装施工难度大。

如图1-3-20所示，在桥墩外侧搭设临时支撑架，导梁和首节主梁利用500t汽车起重机分步安装，将导梁和首节主梁落位于临时支撑架和墩顶上。利用墩顶外侧提升架，通过提升千斤顶对模架主梁系统和模板系统进行提升。主梁提升到位后，落位于提升架的牛腿上，通过拖拉导梁调整对接主梁，使导梁与主梁连接成整体，通过二次提升，使模架整体落位于墩顶上。该技术解决了移动模架因墩高、墩宽无法整体提升的难题，确保了施工安全。

6）支架安拆施工技术

（1）高墩落地支架安拆施工技术

大桥公路混凝土连续梁施工时，存在70m高墩落地支架精确安装搭设及70m高管桩的焊接接长问题，通过优化70m高落地管桩支架安全快速拆除技术，形成了30m超大跨贝雷梁组合支架体系高空箱梁现浇施工工法。

图1-3-20　移动模架在高墩、超宽墩上安装施工现场

(2)公铁合建管桩支架安拆施工技术

大桥公路混凝土连续梁施工时，公铁合建段管桩支架在铁路梁上支立，通过优化支架管桩位置，减小对铁路梁偏载扭矩的影响；采用连续千斤顶整体下放的方式，解决了由于作业空间受限支架拆除困难的问题。

(3)支架现浇模板换幅走行施工技术

传统的支架现浇施工模板投入量大，周转利用率低。通过设置模板纵向、横向走行轨道，实现底模换幅横向走行、侧模纵向走行，有效减少了模板的投入量，提高了工效。

(4)高墩大跨复杂风环境双幅并线曲线现浇梁支架法施工技术

大桥桥址区存在峡谷风效应，瞬时风速较大，破坏力较强。常规固定式支架为满堂支架法和梁柱式支架法，对于高达60m的预应力混凝土连续梁，不适合采用满堂支架法施工。梁柱式支架针对重荷载、高墩柱、大跨度的结构而言是较为经济安全的一种支架形式，但大跨度梁柱式支架存在落架困难、线形不易控制等问题。

针对上述问题，采用有限元计算方法，分析梁柱式支架与盘扣式支架受力薄弱点并对其进行加强，保证结构的整体稳定性；通过计算确定贝雷梁支架的最大变形值，并调整盘扣式支架的刚度，保证了支架的变形协调。

通过研究总结大跨度超高现浇梁支架设计施工方法，总结出一套该类现浇梁支架施工技术。

①钢管搭设高度较高，施工时须控制钢管焊接质量及钢管垂直度。

②利用Midas软件对支架进行受力检算，找出受力薄弱点，设计与施工相结合。

③将30m跨贝雷梁用于曲线桥梁施工，为类似墩柱高、跨度大，地形较复杂，普通支架搭设困难的桥梁工程提供了借鉴和参考。

7)轨道施工技术创新(含铺架工程)

(1)85t 运输平车设计创新

浩吉铁路桥梁大量采用专门设计的重型预制简支T梁,其中2104B-Ⅰ型T梁跨度32m,质量达155.1t,较当前国内在建的非重载铁路2101梁型(139t)质量增加16.1t、2201梁型(148t)质量增加7.1t。若采用国内DL1型桥梁运输车组由运营线运输,将超载7.1t;若由其在工程线上运输,计入道砟和支座质量,将超载13.5t。为确保铺架施工顺利开展以及桥梁运输安全,须进行85t运输平车研制。

根据重型T梁运输方案,浩吉铁路重型T梁(以2104B-Ⅰ型32m边梁155.1t计)包括一套T梁桥梁支撑装置(2×3.5t)、桥面道砟和2个桥梁支座(6.4t),合计最大载重为169t。按照两车跨装均匀装载的要求,每个承载车额定荷载不超过85t。

根据85t运输平车运用工况,主要为重载32m T梁运输时中部集载,优化底架中部结构,在车体中部对称设置箱形大横梁及2根工字形中梁形成框架结构,满足重型T梁运输过程车体中部3m集载85t的工况要求。

考虑到原有运梁车组T梁装载加固装置与车体间采用焊接或紧固件连接的方式具有通用性不强、安装和拆卸不便、安装复杂等缺点,85t运输平车设计了一种柱插式连接装置(图1-3-21),用于平车和桥梁支撑装置的连接。该结构安全可靠、拆装方便,在桥梁支撑装置上设置柱插孔,在平车上设置桥梁支撑装置安装位置对应的柱插孔,安装好柱插即可连接平车与支撑装置。车体侧梁上对应支撑装置安装位置设有柱插孔,用于不同跨度桥梁支撑装置的安装。作为车体与支撑装置连接装载的连接部位,同时柱插位置车体内侧设置有横梁,满足T梁运输过程中装载冲击等工况的结构强度要求。

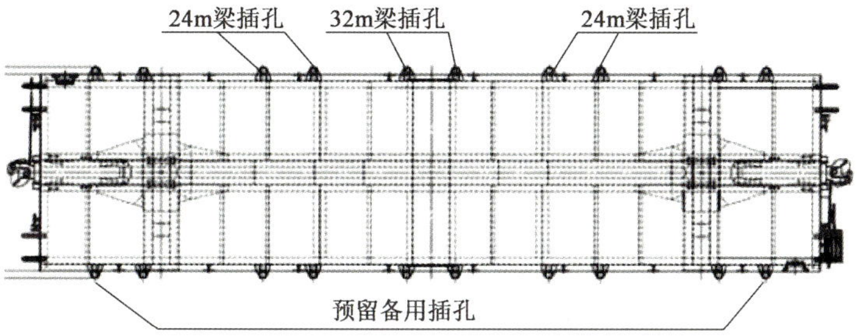

图1-3-21 车体底架横梁上柱插分布图

(2)铁路T梁运输技术创新

经调查,国内铁路运输T梁的运输方案主要有两种:①两辆铁路NX70型平车跨装运输,最大载重140t;②两辆DL1型运输平车跨装运输,最大载重148t。以上两种方案均不能满足浩吉铁路重型T梁质量155.1t的运输要求。

2103B/2104B型32m梁:长32600mm、高2600mm、底宽880mm,质量140.7~155.1t,重心横向最大偏移71mm、允许跨装支距27~28m。采用两负重车中间加挂一辆游车,三车跨装的运输方式,跨装支距为27~28m;活心盘中心销与心盘靠游车一端(内侧)孔壁的距离为120mm,与另一端(外侧)孔壁的距离为180mm。

24.6m T梁(20m T梁):长24600mm(20600mm)、高2200mm(1800mm)、底宽880mm(880mm),质量101.61~102.13t(74.6~85.4t),含桥面道砟最大质量约108t(90t)。采用两车一组跨装的运输方式,跨装支距为18~19m;活心盘中心销置于心盘长圆孔中心位置,桥梁支撑装置安装在车体相应位置。

由于20m T梁比24.6m T梁的高度低400mm,未针对20m T梁进行斜撑特殊设计。采取先在两侧T梁定位块位置各焊接1块1000mm×500mm×10mm钢板,然后选用4块1000mm×800mm×100mm的方木,每铺一层方木用木楔钉死缝隙保证方木紧实,以此解决400mm垫高问题,同时两侧设置支挡,确保方木不窜动。

该种铁路T梁85t运输平车载运重型T梁装载加固方法，可以运载不同型号的重载T梁，也可以运载其他路料。

(3)弹条Ⅵ型扣件(研线1020)技术

弹条Ⅵ型扣件(图1-3-22)、弹条Ⅶ型扣件和WJ-12型扣件均适用于浩吉铁路煤运通道工程，最小曲线半径不小于400m，列车轴质量25~30t。其中，弹条Ⅵ型扣件适用于铺设有挡肩预应力混凝土枕有砟轨道。

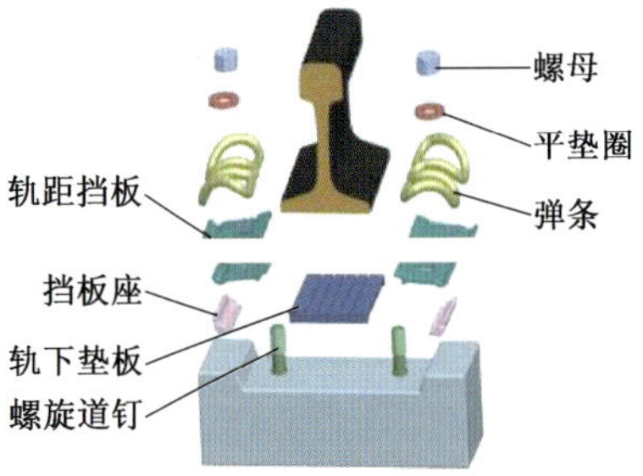

a)结构示意图

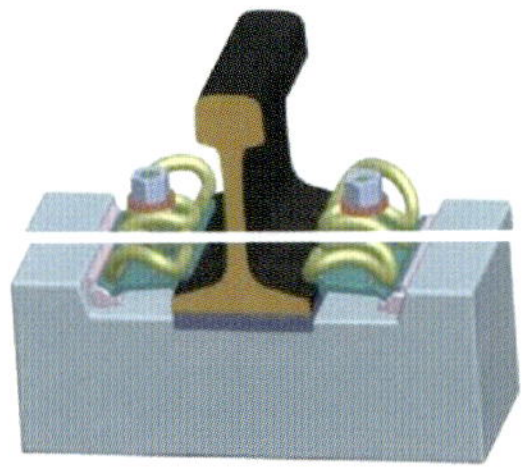

b)安装示意图

图1-3-22　弹条Ⅵ型扣件

弹条Ⅵ型扣件由螺母、平垫圈、弹条、轨距挡板、挡板座、轨下垫板和螺旋道钉组成。此外，为了满足钢轨高低位置调整需要，还包括轨下调高垫板。

弹条Ⅵ型扣件适用于安装75kg/m钢轨或60kg/m钢轨，轨距调整量-16~+12mm，钢轨高低调整量0~+10mm。

(4)重载铁路60kg/m钢轨12、18号道岔技术

单股钢轨轨距调整量-8~+6mm，保持轨距和方向的能力较强，可有效避免岔枕螺栓断裂等病害，减少养护维修工作量。

12号道岔：圆曲线半径为350m。采用相离半切线形曲线尖轨，导曲线相离40.8mm，在尖轨轨头宽71.8mm处做半切，尖轨前部直线段长度为5439mm，尖轨冲击角0°41′52″。辙叉为直线辙叉，辙叉长度为6000mm。12号道岔尖轨设两个外锁闭牵引点，第二个牵引点距离固定位置7.465m。第一个牵引点动程为160mm，第二个牵引点动程为80mm。

18号道岔：圆曲线半径为1000m。辙叉为曲线辙叉，辙叉长度为9000mm。第一个牵引点动程为160mm，第二个牵引点动程为117mm，第三个牵引点动程72mm(牵引点不密贴)。

8)绿色建造创新

大桥穿越4处环境敏感区，分别为河南黄河湿地国家级自然保护区、运城湿地自然保护区、黄河中游国家级水产种质资源保护区以及三门峡市生活饮用水水源地。在大桥下游百米处，为国家4A级旅游风景区——天鹅湖国家城市湿地公园。每年10月至次年3月，数以万计的天鹅在此栖息过冬。为了深入贯彻绿色环保的理念，本桥在设计及施工中采取了一系列创新性的环保措施。

(1)环保设计

①高弹性道砟垫技术

河南黄河湿地国家级自然保护区是我国最大的大天鹅过冬栖息地。为保护大天鹅，首次在钢桥上铺设高弹性道砟垫(图1-3-23)，将列车通过桥梁的振动和噪声降至最低。安装弹性道砟垫还能够有效保护道砟，延长捣固周期和轨道结构的使用寿命。

②桥梁清污分流两级排水系统

本桥跨越主河槽的主桥公路桥面排水采用清污分流的两级排水系统，污染性液体及初期雨水可通过集中排水管排至桥下污水处理池，进行集中处理，避免污染河水；同时，相比集中排水系统，两级排水系统能减小排水、污水处理系统和桥梁负荷。

图 1-3-23 高弹性道砟垫

③遮光声屏障

由于桥梁穿越4处环境敏感区，在大桥两侧各设置3840m长的遮光声屏障，以减少列车通过时的噪声和光照对湿地鸟类的不利影响。

④钢梁涂装

大天鹅栖息地与大桥桥址的最近距离不足1km。为避免艳丽色彩对大天鹅的刺激，大桥钢桁梁采用较柔和的天空蓝色涂装(图1-3-24)。

图 1-3-24 钢桁梁采用天空蓝色涂装

(2)绿色施工

①泥浆循环系统

桥位处为三门峡库区，为三门峡市城市备用生活水源地，对水质保护要求严格。为保证水质量不受影响，水上平台钻孔施工过程中的大量泥浆在满足环保要求的情况下合理、有效地循环和排放，是水上桥梁钻孔桩施工的一大难点。本桥桩基施工采用新型泥浆循环系统，利用钢板及角钢焊接成封闭的槽，将钢护筒进行串联，并与支栈桥一侧泥浆池平台上的泥浆池连通，使泥浆在管道中循环流通形成回路。同时，排出的钻渣与泥浆混合物在沉渣箱中经过滤沉淀后可循环使用，过程中方便清理钻渣，降低泥浆含砂率；废弃泥浆则由泥浆罐车统一运出排放，排放时在泥浆中加入絮凝剂，实现弃土资源的循环利用。

②声控施工技术

在做好日常声控管理的同时，候鸟栖息期严格执行噪声标准(昼间70dB、夜间50dB)，由专人每天定时监测并做好记录(图1-3-25)。施工过程中采用低噪声设备、钢栈桥桥面板与贝雷梁之间增设橡胶垫、车辆全时段禁止鸣笛等切实可行的降噪措施。

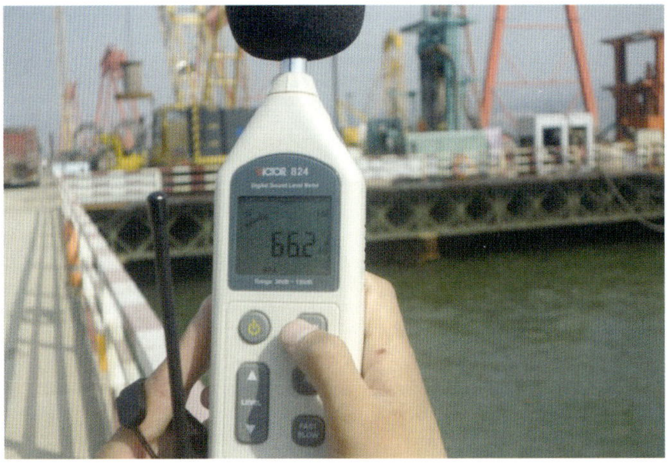

图 1-3-25　现场噪声监测

(3)光控施工技术

由于大天鹅对夜间光非常敏感,夜间施工的可见光照度控制在 30lx 以下。同时,采取针对性的夜间灯光控制措施,如夜间作业期间一律关闭照明灯具,大型照明灯具采用 LED 冷光源,减少或避免使用红色光灯具,控制大型照明灯具的照射角度,在夜间云、雾、雨天气条件下降低照明强度,夜间车辆经过保护区范围需关闭大灯等。

第4章 总体设计

4.1 平面布置

三门峡黄河公铁两用大桥设计范围为蒙西通道 DK639 + 106.184 ~ DK644 + 769.938 段，桥梁全长5663.754m。其中，预留运三铁路为与蒙西通道合建段，长 2254.55m（运三铁路左线长），公路仅设计公铁合建部分，公路中心线长 1763.21m。

大桥桥位处黄河较为顺直，黄河水流由西向东，主河槽靠南岸边，宽约 1050m，南岸有防护工程，北岸有宽约 2200m 的河滩地带，如图 1-4-1 所示。

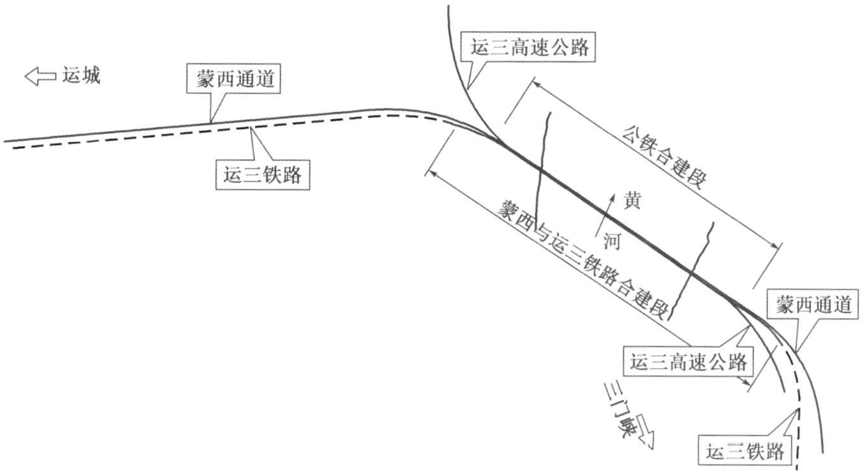

图 1-4-1 大桥平面布置图

4.2 纵断面布置

大桥的主桥为 11 跨连续钢桁组合梁桥，主桥位于 6‰的单向纵坡上（三门峡至运城方向为下坡方向），桥跨布置为 84m + 9 × 108m + 84m，主桥全长 1142.5m，其立面布置如图 1-4-2 所示。

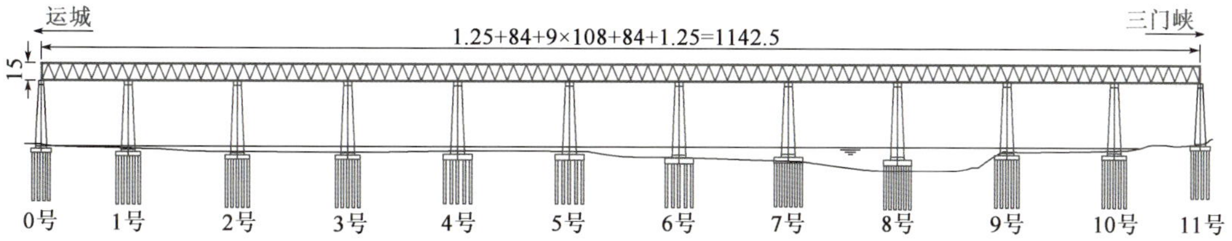

图 1-4-2 主桥立面布置示意图（尺寸单位：m）

4.3 横断面布置

本桥主桁采用三角形桁式，桁高 15m，节间长 12m，横向为 3 片主桁，中边桁中心间距 13.6m。主桁上、下弦均采用箱形截面，下弦截面内宽 960mm、内高 1400mm，上弦截面内宽 960mm，边桁上弦截面内高 1000mm，中桁上弦截面内高 1228mm；腹杆采用箱形及 H 形两种截面，截面内宽均为 960mm，箱形杆件内高有 1000mm、1200mm 两种，H 形杆件外高 700mm；主桁杆件最大板厚为 48mm，节点板最大板厚为 68mm。

主桁下弦杆顶板伸出竖板内侧 720mm，与铁路桥面板进行不等厚对接焊，在节点处，对弦杆上水平板进行开槽，以使节点板从槽中穿出，再焊接为整体。桥面板开槽端部避开节点板的圆弧起点 100mm 以上。节点板两侧及开槽的端部以熔透焊缝与水平板连接，使桥面板可靠地与下弦杆、主桁节点板连接。在支点节点板圆弧起点进入弦杆拼接区域的另一端，节点板未下钻，其整体高出顶板内侧 60mm。

主桁采用焊接的整体节点，节点外采用栓焊组合连接。上、下弦杆和节点板在工厂内焊成一体，运到工地架设时，腹杆与节点板均采用高强度螺栓和拼接板连接；弦杆与相邻弦杆的竖板及底板于节点外采用栓接，相邻顶板均采用焊接；铁路横梁的腹板、底板与节点处的横梁接头采用栓接，铁路桥面板与下弦杆顶板采用焊接；公(铁)路横梁节点处的腹板、底板与节点处的横梁接头采用栓接，公(铁)路横梁顶板与上弦杆顶板采用焊接。主桁结构横断面布置如图 1-4-3 所示。

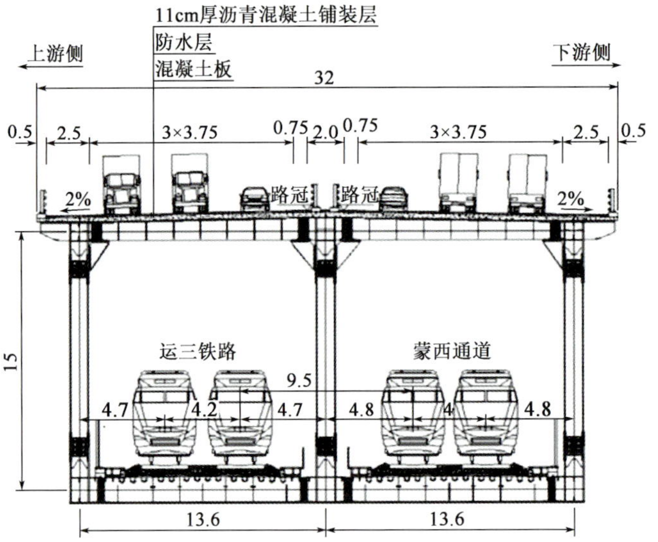

图 1-4-3　主桁结构横断面布置示意图(尺寸单位:m)

4.4 桥跨与桥形布置

由北至南桥形布置为:54-40.7m 简支箱梁 +(40.7 +60 +40.7)m 连续箱梁(跨沿黄公路) +22-40.7m 简支箱梁(含 8 孔公铁合建段) +(84 +9 ×108 +84)m 连续钢桁结合梁(跨黄河主槽) +11-32m 简支 T 梁(含 9 孔公铁合建段) +(55 +82 +55)m 连续箱梁(跨 G310 线、地下管线) +5-32.7m 简支 T 梁 +1-24.7m 简支 T 梁 +16-32.7m 简支 T 梁，桥梁全长 5663.754m(图 1-4-4)。其中，公铁合建段长 1762.733m(公路中心线长 1763.21m)，蒙西通道与运三铁路合建总长 2266.083m(运三铁路左线长 2254.55m)。

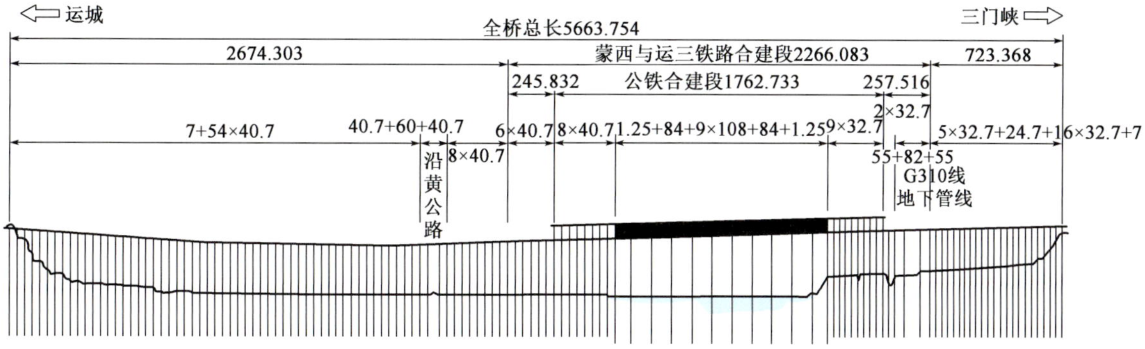

图1-4-4 桥跨布置示意图(尺寸单位:m)

第5章　结构设计

5.1　设计荷载及荷载组合

5.1.1　恒载

1)一期恒载

(1)钢结构自重:根据构件的截面积×重度×构造系数由程序自动计算,其重度为78.5kN/m^3。

(2)公路混凝土桥面板自重:根据构件的截面积×重度×构造系数由程序自动计算,其重度为28.2kN/m^3。

2)二期恒载

(1)铁路桥面二期恒载:包括防水耐磨层、道砟、挡砟墙、轨枕、钢轨、员工走道及电缆槽、检查车及轨道、排水管、声屏障等,合计281kN/m。

(2)公路桥面二期恒载:包括沥青混凝土铺装层、防撞栏杆、排水管等,合计100kN/m。

(3)支点不均匀沉降:按边墩20mm、主墩20mm进行最不利加载取值。

5.1.2　活载

1)铁路活载

(1)铁路列车荷载:蒙西通道为两线"1.2×ZH活载(2005)",运三铁路为两线"中-活载"。

(2)横向折减系数:4线加载的折减系数为0.8。

(3)强度计算动力系数:动力系数$1+\mu=1+28/(40+L)$,L为影响线加载长度。

(4)疲劳计算运营动力系数:运营动力系数$1+\mu_f=1+18/(40+L)$。

(5)疲劳加载:空间模型加载,中桁加载中桁两侧的2线铁路活载,边桁加载靠近边桁的1线及另一侧靠近中桁的1线铁路活载。

(6)横向摇摆力:取120kN,加载至轨顶最不利位置,空车时考虑。

2)公路活载

(1)总体计算活载:设计为双向六车道,根据桥面实际宽度,计算按双向八车道、公路-Ⅰ级荷载加载,另根据河南地方标准,公路活载实际计算按放大30%计。

(2)总体计算冲击系数:根据计算,冲击系数$1+\mu=1.05$。

(3)局部计算冲击系数:$1+\mu=1.3$。

(4)横向折减系数:0.5(8车道)。

(5)纵向折减系数:1.0。

5.1.3　附加力

1)制动力

(1)铁路制动力:取列车竖向静活载的10%,3线以上取2线,与竖向动力作用组合时,按静活载的7%计算。

(2)公路制动力:按同向行驶的车道加载,一个车道制动力取车道静活载的10%,4车道计算取值为单个车道的2.68倍。

2)风力

风力计算按《公路桥梁抗风设计规范》(JTG/T 3360-01—2018)执行。A类地表,设计基本风速$v_{10}=27.7m/s$(高度为10m,重现期为100年10min平均最大风速)。

3)温度荷载

桥位处的历史最高温度43.2℃、最低温度-19.1℃,设计基准温度按20℃,温度荷载如下:

(1)体系整体升降温:+23℃,-39℃。

(2)钢主梁与混凝土板温差:±10℃。

4)特殊荷载

特殊荷载考虑以下几种。

(1)列车脱轨荷载:按规范规定计算。

(2)地震作用:按规范规定计算。

(3)施工荷载:本桥采用顶推施工,模拟顶推施工过程,加载相应的施工临时荷载。

5.1.4 边界条件

(1)竖向约束:每个墩的中、边桁3个支点均设置竖向约束。

(2)横向约束:每个墩的中桁支点处均设置横向约束。

(3)纵向约束:5号、6号墩处的中、边桁各3个支点均设置纵向约束。单个主墩墩顶纵向水平约束刚度250000kN/m,单个主墩上的每片桁支点刚度为250000/3≈84000kN/m。

5.1.5 荷载组合

对前述各种荷载,进行如下的组合:

(1)施工状态:恒载+临时荷载。

(2)恒载组合:一期恒载+二期恒载。

(3)主力(恒载+活载)组合:恒载组合+火车活载+0.75×公路活载。

(4)主力+附加力组合:主力(恒载+活载)组合+附加力。

取最不利组合进行各构件检算。

5.2 主要材质及应力控制

5.2.1 桥墩与基础材质

1)混凝土

0~11号桥墩与基础混凝土强度等级见表1-5-1。

0~11号桥墩与基础混凝土强度等级 表1-5-1

项目	强度等级	备注
钻孔桩	C40	水下混凝土
承台	C40	

续上表

项目		强度等级	备注
铁路墩身	0～10号墩下段	C40	
	0～10号墩上段及11号墩	C40	
公路帽梁及公路立柱		C40	
垫石		C40	

注:主桥0～10号墩墩身下部高度为24m。

2)普通钢筋

桥梁结构采用的HPB300和HRB400钢筋必须符合国家标准《钢筋混凝土用钢 第1部分:热轧光圆钢筋》(GB 1499.1—2017)和《钢筋混凝土用钢 第2部分:热轧带肋钢筋》(GB 1499.2—2018)的规定。对于承受疲劳荷载的结构所用HRB400钢筋,应为微合金化工艺生产的HRB400钢筋,且碳当量不大于0.5%。相关设计参数暂按HRB335钢筋相应取值。

3)预应力钢绞线

(1)预应力钢绞线执行《预应力混凝土用钢绞线》(GB/T 5224—2014)❶的规定。主要性能指标:弹性模量 E_p = 195000MPa,抗拉强度标准值 f_{pk} = 1860MPa,钢绞线松弛率0.025。

(2)预应力管道用金属波纹管制孔,均采用真空灌浆工艺。其技术标准必须符合《预应力混凝土用金属波纹管》(JG 225—2007)❷的要求。

(3)预应力锚具采用总应变 $\varepsilon \geqslant 2.0\%$、锚固效率系数 $\eta_a \geqslant 95\%$ 的Ⅰ类优质锚具。预应力钢束及锚具应符合国家标准《预应力筋用锚具、夹具和连接器》(GB/T 14370—2015)的规定。

5.2.2 上部主体结构材质

主桥上部主体结构材质见表1-5-2。

主桥上部主体结构材质　表1-5-2

项目	材质	备注
主桁及桥面系钢材	Q370qE	符合《桥梁用结构钢》(GB/T 714—2015)规定的下弦节点板应达到Z向性能Z35级或与此相当的性能要求
附属结构钢材	Q345D、Q235B	符合《低合金高强度结构钢》(GB/T 1591—2018)、《碳素结构钢》(GB/T 700—2006)要求
高强度螺栓	螺栓:35VB; 螺母:45钢; 垫圈:45钢	满足《钢结构用高强度大六角头螺栓、大六角螺母、垫圈技术条件》(GB/T 1231—2006)的各项要求;性能等级:螺栓为10.9S,螺母为10H,垫圈为35HRC～45HRC
剪力钉	ML15	符合《电弧螺柱焊用圆柱头焊钉》(GB/T 10433—2002)
公路混凝土桥面板	C60混凝土、C60微膨胀混凝土	微膨胀率为0.05%
预应力筋	JLM25粗钢筋(f_{pk} = 930MPa)、金属波纹管	符合《预应力混凝土用螺纹钢筋》(GB/T 20065—2016)、《预应力混凝土用金属波纹管》(JG 225—2007)要求
普通钢筋	HPB300及HRB400	符合《钢筋混凝土用钢 第1部分:热轧光圆钢筋》(GB 1499.1—2017)、《钢筋混凝土用钢 第2部分:热轧带肋钢筋》(GB 1499.2—2018)要求

❶ 现行标准为GB/T 5224—2023。

❷ 现行标准为JG 225—2020。

对以上材质进行如下说明：

(1)主梁所用材质的各项性能指标须满足现行最新国家标准或行业标准的规定,钢材按正火状态交货。

(2)混凝土中的水泥采用硅酸盐水泥或普通硅酸盐水泥,水泥中的氯离子含量不超过0.06%,混凝土最大含碱量为1.8kg/m^3。

(3)文件中光圆钢筋HPB300用代号"A"表示,带肋钢筋HRB400用代号"C"表示。

5.2.3 主梁应力控制

主梁不同工况下容许应力见表1-5-3(主梁材质为Q370qE)。

主梁容许应力值(单位:MPa) 表1-5-3

荷载类型	基本容许应力 $[\sigma]$	轴力检算容许应力	稳定检算容许应力	轴力+弯矩检算容许应力	疲劳检算容许应力幅
恒载	209	$1.0\times[\sigma]=209$	$\varphi\times[\sigma]$	$1.2\times[\sigma]=251$	—
恒载+活载	209	$1.0\times[\sigma]=209$	$\varphi\times[\sigma]$	$1.2\times[\sigma]=251$	$r_t\times[\sigma_0]$
恒载+活载+附加力	209	$1.2\times[\sigma]=209$	$1.2\times\varphi\times[\sigma]$	$1.45\times[\sigma]=303$	—

注:φ为各个杆件的折减系数,由规范查表分别取值;r_t为计算疲劳板厚修正系数;$[\sigma_0]$为疲劳容许应力幅,根据不同的构件连接形式,由规范查表分别取值。

5.3 主要静力计算结果

对主桥进行上述荷载加载,主要静力计算结果如下。

5.3.1 主桁支反力

计算出主桁支反力,见表1-5-4。

主桁支反力(单位:kN) 表1-5-4

项目		边墩0号、11号				中墩1号、10号			
		边支点1	中桁支点		边支点2	边支点1	中桁支点		边支点2
		R_x	R_y	R_z	R_z	R_x	R_y	R_z	R_z
恒载		9210		19057	9210	27341		48598	27341
恒载+活载	最大值	16170	262	31569	15512	44842	579	75886	42255
	最小值	7406	-304	16861	7300	24430	-512	45474	24223
主力+附加力	最大值	18695	1835	31972	17984	46907	6342	80417	44036
	最小值	5115	-1877	16503	5062	22356	-6275	40373	22433

项目		中墩2~9号(R_x仅固定墩有)						
		边支点1		中桁支点			边支点2	
		R_x	R_z	R_x	R_y	R_z	R_x	R_z
恒载		549	30198	553	0	52814	549	30198
恒载+活载	最大值	973	48729	974	454	81734	949	46027
	最小值	141	26736	154	-480	48740	166	26491
主力+附加力	最大值	8591	52461	8625	6499	85404	8561	49388
	最小值	-7997	23196	-8021	-6525	44762	-7966	23322

注:R_x为纵向支反力;R_y为横桥向支反力;R_z为竖向支反力。

5.3.2 主桁活载竖向位移

竖向位移见表1-5-5,向上为"+",向下为"-"。

主桁活载竖向位移　　表1-5-5

位置	类型	跨度(m)	活载竖向位移(mm)		竖向挠跨比		摇摆力及风力横向位移(mm)	横向挠跨比	
			最大值	最小值	计算	容许		计算	容许
边桁	边跨	84	4	-24	1/3500	1/900	5	1/16800	1/4000
	中跨	108	8	-35	1/3080	1/750	5	1/21600	1/4000
中桁	边跨	84	4	-24	1/2890	1/900	5	1/16800	1/4000
	中跨	108	8	-35	1/2480	1/750	5	1/21600	1/4000

5.3.3 主桁主要杆件内力

主桁主要杆件内力见表1-5-6,内力受拉为"+",受压为"-"。

主桁主要杆件内力　　表1-5-6

位置	类型		恒载		恒+活		恒+活+附	
			轴力(kN)	弯矩(kN·m)	轴力(kN)	弯矩(kN·m)	轴力(kN)	弯矩(kN·m)
边桁	下弦	最大值	10624	9180	15537	7532	14257	4699
		最小值	-4544	-4544	-9284	-9284	-8886	-8886
	上弦	最小值	-19203	-19203	-21386	-21386	-21897	-21897
		最大值	24282	22892	27155	22378	27622	19564
	斜杆	最大值	14409	12526	22045	11866	15043	11620
		最小值	-16628	-16628	-25116	-25116	-17866	-17866
中桁	下弦	最大值	11161	9676	16005	8005	14658	5655
		最小值	-8502	-9368	-15761	-16891	-14010	-14010
	上弦	最小值	-24781	-24781	-27335	-27335	-28470	-28470
		最大值	33170	31387	36989	30856	37413	27280
	斜杆	最大值	21825	19571	33351	18723	22541	18538
		最小值	-26234	-26234	-38717	-38717	-27918	-27918

5.4 车-桥耦合分析

对本桥在单线、双线、三线、四线客货列车通过大桥时的典型运营工况进行了车-桥耦合动力学仿真计算与分析,根据分析结果可得出如下结论:

(1)当C70或C80货车以行车速度60~140km/h、SS8客车以行车速度80~200km/h单线或多线混运通过桥梁时,在所有计算工况下,桥梁的动力响应均在容许值以内。

(2)当C70或C80货车以行车速度60~140km/h、SS8客车以行车速度80~200km/h单线或多线混运通过桥梁时,在所有计算工况下,列车的车体竖、横向振动加速度均满足限值要求,列车行车安全性满足要求。

(3)在运营速度段所有计算工况(C70或C80货车以行车速度60~120km/h、SS8客车以行车速度80~160km/h单线或多线混运通过桥梁)下,列车的乘坐舒适度均达到"良好"标准以上。

(4)在检算速度段所有计算工况(C80货车以行车速度130~140km/h、SS8客车以行车速度180~

200km/h 单线或多线混运通过桥梁)下,列车的乘坐舒适度均达到“合格”标准以上。

综上所述,大桥具有良好的动力特性及列车走行性,当 C70 或 C80 货车及 SS8 客车以单线或多线混运通过桥梁时,在所有计算工况下,客、货列车在运营速度段及检算速度段通过桥梁时的安全性和乘坐舒适性均满足要求。

5.5 主体结构设计

5.5.1 桥墩与基础

0 号、11 号墩的上层公路墩为框架结构,立柱横桥向宽 1.5m、纵桥向宽 1.5m,帽梁纵桥向宽 1.8m,跨中高 2.0m。

铁路墩身采用门形空心墩,墩帽为圆端形,横桥向宽 33.6m、顺桥向长 7.6m,高 2m,为圆端形。墩身顶部横桥向长 32.6m、顺桥向宽 6.6m,壁厚 0.8m,采用纵横向双向内外变坡,外侧坡率为 35:1,内侧坡率为 50:1,壁厚 0.8m;门洞横向长 11.4m。

0 号墩基础采用 28 根变直径钻孔桩(上段桩径 2.3m,下段桩径 2.0m),呈行列式布置;承台尺寸为 39.8m×19.4m×4.5m。

主墩(1~10 号墩)基础采用 40 根变直径钻孔桩,桩径及布置方式与 0 号墩相同;承台尺寸为 42.3m×24.6m×4.5m,加台尺寸为 38.4m×13.6m×2m。

11 号墩基础采用 28 根 ϕ2.0m 的钻孔桩,呈行列式布置;承台尺寸为 39.8m×19.4m×4.5m。

在支承垫石与支座下的座板之间填充 3cm 厚的 M50 无收缩砂浆。锚栓孔也采用 M50 无收缩砂浆填充。垫石高度未包含砂浆厚度。

5.5.2 上部附属结构

1)铁路桥面系

铁路桥面系采用正交异性整体钢桥面板,上、下游侧桥面均设置双向 2% 的横坡。桥面板厚 16mm,每根钢轨处的桥面板下方设置倒 T 肋的小纵梁,小纵梁间距 1.5m,梁高 600mm,底板宽 260mm;桥面板加劲肋采用板厚 8mm 的 U 肋及板厚 20mm 的板肋两种,U 肋尺寸为 300mm(宽)×300mm(高),U 肋横向布置基本间距为 600mm。下弦每个节间(12m)设置 4 道横梁,横梁间距 3.0m,为工字形截面,横梁跨中内高 1512mm,在主桁处内高 1400mm,与主桁下弦杆内高一致,底板宽 720~880mm。

铁路桥面板制造时,横向每幅为一整块,纵向基本长度为 12m 左右,部分长度减小,因运输条件限制(不能水运,只能公路运输),需在现场布置车间,将面板、横梁、纵肋组焊成整体再进行起吊安装。安装时,桥面板的相邻面板、面板与主桁顶板均采用焊接,桥面板 U 肋、板肋及倒 T 肋的底板和腹板均采用栓接,铁路横梁底板、腹板与主桁的横梁接头均采用栓接。桥面板设有 2% 的横坡,在组装桥面板块时,纵梁、横梁的腹板必须呈竖直状态,纵桥向 U 肋、板肋与桥面板垂直,下弦杆上的横梁接头板与下弦杆中心线垂直。

2)公路桥面系

公路桥面系采用混凝土桥面板与横梁、上弦杆相结合的组合体系,混凝土桥面板通过直径 22mm 的剪力钉与横梁及上弦杆结合成整体。

(1)公路横梁及托架设计

公路横梁每 3m 设置一道,每个上弦节间 12m 范围设置 4 道,边桁外侧设置悬臂托架。普通横梁采用工字形截面,横梁顶板设置 2% 的横坡,内高 1000~1228mm,与边桁、中桁内高分别对齐,横梁顶板宽 680mm、底板宽 600mm。端横梁采用箱形截面,宽 700mm,顶板设置 2% 的横坡,内高 1000~1228mm。

横梁与中桁、边桁连接位置处分别设置有竖向加劲角，加劲角分别与横梁底板、节点板通过高强度螺栓连接。悬臂托架采用等高工字形截面，内高1000mm，顶板宽680mm、底板宽500mm。

公路横梁与上弦杆顶板伸出缘对焊，其腹板、底板与上弦的横梁接头栓接，悬臂托架顶板、底板及腹板与边桁采用全焊接。

(2)公路混凝土桥面板

公路混凝土桥面板采用C60混凝土，桥面板全宽32m，设置双向2%的横坡，标准板厚300mm，中桁上弦中心线处厚317mm，边桁上弦中心线处厚283mm，悬臂端部厚235mm。

混凝土板分块预制、吊装。横向分块：单幅桥面分为2块，中边桁之间设置为一整块，边桁外侧的悬臂托架上设置为一整块。混凝土板纵向分块：以横梁为基本间距进行分块。主桁上弦顶面、横梁顶面、托架顶面为湿接缝，其顶面布置有剪力钉，现浇C60微膨胀混凝土。

混凝土预制板，纵向布置为ϕ7mm的消除应力钢丝(螺旋肋)，其抗拉强度标准值$f_{pk}=1570\text{MPa}$，弹性模量$E_p=2.05\times10^5\text{MPa}$，张拉控制应力$\sigma_{con}=0.65f_{pk}=1020\text{MPa}$。预制混凝土板的预应力筋采用先张法，以张拉力控制为主，张拉力与张拉延伸量双控，实测延伸量与计算延伸量允许有±6%的误差。当混凝土预制板的实际强度达到设计值的100%，且混凝土龄期不小于7d时，方可进行预应力筋的放张和切割。预制板安装就位后不再张拉预应力筋。

混凝土桥面板的纵、横向受力钢筋均采用HRB400带肋钢筋，纵向钢筋布置于外层，横向钢筋布置于内侧。纵向顶、底层钢筋均采用ϕ25mm钢筋，横向基本间距为110mm；横向钢筋在主桁范围区域，其顶、底层钢筋均采用ϕ25mm钢筋，在悬臂端区域，横向顶、底层钢筋均采用的ϕ22mm钢筋，纵向基本间距均为110mm。拉筋采用ϕ12mm的HRB400带肋钢筋，按梅花形布置，间距不超过400mm。预制板内的钢筋接长均采用焊接，接头应按规范要求错开布置。

(3)剪力钉

主桁上弦顶板、横梁及悬臂托架顶板布置ϕ22mm的剪力钉，材质ML15，剪力钉高度有160mm、180mm两种，其纵、横向布置基本间距为110mm的倍数。

(4)橡胶垫

预制板安装于上弦、横梁及悬臂托架顶板时，在接触边缘布置抗老化性能好的优质橡胶，以用作混凝土桥面板定位及湿接缝浇筑时的模板。

3)预拱度

主桥纵向设置为6‰的单向纵坡，三门峡至运城方向为下坡方向，纵坡通过在主桁支点处设置反方向6‰斜度的支座垫板来实现，所有支座垫板的倾斜方向一致；经过计算，钢梁需进行预拱度设置，采用上弦杆件伸长或缩短、下弦杆件长度不变的方式来实现。中墩附近上弦杆缩短30mm，其余边跨上弦伸长16mm，中跨上弦伸长20mm，首孔与末孔的预拱度对称设置，9孔中跨的预拱度设置完全一致。

4)支座设置

主桥钢梁共11跨12个桥墩，每个桥墩横向布置3个支座，全桥共36个支座。其中，两个边墩布置为普通球型支座，9个中墩布置为双曲面抗震球型支座，详见表1-5-7。

主桥支座型号及位置 表1-5-7

墩号	边桁	中桁	备注
0、11	TQZ 20000 DX-e350/20-i0-C	TQZ 32500 ZX-e350/0-i0-C	普通球型支座
1、10	TQZ/G 55000 DX-e300/20-i0-C	TQZ/G 85000 ZX-e300/0-i0-C	双曲面球型减隔震支座
2、9	TQZ/G 55000 DX-e250/20-i0-C	TQZ/G 85000 ZX-e250/0-i0-C	双曲面球型减隔震支座
3、8	TQZ/G 55000 DX-e200/20-i0-C	TQZ/G 85000 ZX-e200/0-i0-C	双曲面球型减隔震支座
4、7	TQZ/G 55000 DX-e150/20-i0-C	TQZ/G 85000 ZX-e150/0-i0-C	双曲面球型减隔震支座
5、6	TQZ/G 55000 HX-e0/20-i0-C	TQZ/G 85000 GD-i0-C	双曲面球型减隔震支座

1～10号墩双曲面球型减隔震支座的动力设计参数见表1-5-8。

支座动力设计参数 表1-5-8

支座位置	支座球心距(m)	摩擦系数	屈服后刚度(kN/m)	屈服前刚度(kN/m)
边桁	7	0.03	4297	451200
中桁	7	0.03	6957	730500

注:表中屈服前、屈服后刚度是按照恒载内力状态来考虑的。

5)其他

高强度螺栓各项性能指标应符合《钢结构用高强度大六角头螺栓、大六角螺母、垫圈技术条件》(GB/T 1231—2006)的规定,钢梁的高强度螺栓采用M30、M24两种类型,材质均选用35VB。高强度螺栓的预拉力设计值及抗滑移系数按《铁路桥梁钢结构设计规范》(TB 10091—2017)取用。

02

第 2 篇

构件加工与制造

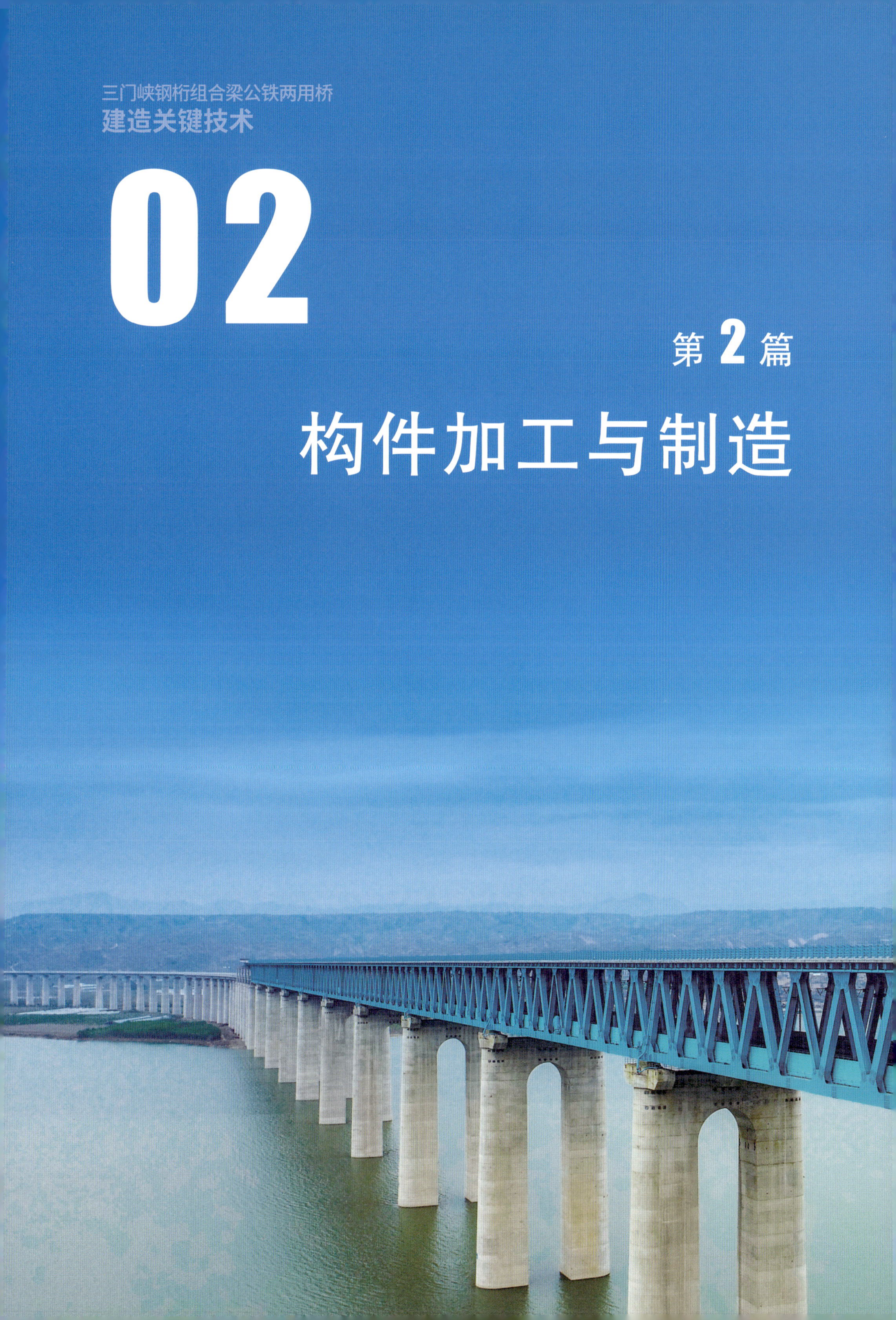

三门峡钢桁组合梁公铁两用桥

建造关键技术

KEY TECHNOLOGY FOR THE CONSTRUCTION

OF SANMENXIA STEEL-TRUSS COMPOSITE GIRDER HIGHWAY-RAILWAY DUAL-PURPOSE BRIDGE

第1章 铁路桥面板

1.1 结构分析

1.1.1 结构形式及数量

铁路采用正交异性钢桥面板,标准节段单根杆件长12000mm,梁端节段单根杆件长5800mm、宽11200m、高1560mm。单根杆件最大质量约53t,最小质量约28t,材质采用Q370qE。本项目钢梁采用陆运方式运至工地,为便于运输,铁路桥面系做成板单元运至工程项目部,在工程项目部进行铁路桥面“4+1”匹配总拼,焊接成整体桥面板块进行架设。

1.1.2 单元组成

单元由面板、U形纵向加劲肋(简称“U肋”)、I形纵向加劲肋(简称“I肋”)、U肋封板、横梁翼缘(或称为横梁底板)、横梁腹板、横梁腹板竖向加劲肋、纵梁腹板、纵梁翼缘板、桥面板吊耳等零件组成。

1.1.3 板厚

面板厚度为16mm,下设U肋和I肋。U肋高300mm,板厚8mm;I肋高200mm,板厚20mm。沿桥纵向每12m长节间内设1道节点横梁,3道普通横梁。横梁腹板高1512mm,厚18mm/20mm;底板宽720mm,厚32mm/36mm。腹板两侧采用对称布置的竖向加劲肋,竖向加劲肋水平间距为1.3~1.5m,横梁间距为3000mm。横梁端部高度与相对应的主桁下弦杆高度相同。

1.1.4 连接方式

(1)与相邻同类型杆件间:面板采用焊接;U肋和I肋采用高强度螺栓连接。U肋优先钻制一端孔群,另一端孔群在铁路桥面总拼时匹配钻制。

(2)与相邻其他类型杆件:面板两侧与主桁下弦桥面连接板以下表面对齐方式焊连;横梁腹板两端与主桁下弦横梁接头腹板采用高强度螺栓连接;横梁翼缘两端与主桁下弦横梁接头底板采用高强度螺栓连接。横梁腹板和翼缘板两端孔群均在铁路桥面总拼时匹配钻制。

1.1.5 杆件编号及板单元基准端说明

如图2-1-1所示,运城侧516m(84m+4×108m)钢梁从三门峡侧(11号墩)往运城侧(0号墩)编号,即三门峡侧为小节点,运城侧为大节点。从三门峡往运城方向,左手边为左侧(上游侧),右手边为右侧(下游侧),钢梁上游侧与下游侧杆件对称制造。

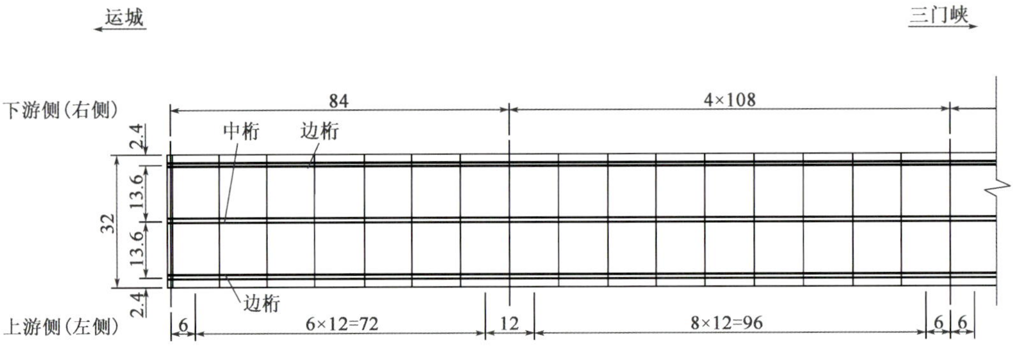

图 2-1-1　杆件左、右方向规定(尺寸单位:m)

注:板单元基准端设置规定:铁路桥面板单元以运城侧为基准端,三门峡侧为配切端。

1.1.6　单元件划分

桥面系杆件制造实现板单元化。所有单元件可按类型在专用胎架上形成流水线生产、实现生产规范化、产品标准化,质量稳定化。

根据设计图纸,杆件主要分两类单元件:一类为桥面板单元件,另一类为横梁单元件。

(1)桥面板单元件

三门峡黄河公铁两用大桥 GHL-01 标共包含 3 种类型铁路桥面板。其中,QM1 铁路桥面板 76 件,QM2 铁路桥面板 10 件,QM3 铁路桥面板 2 件。为利于生产制造,在满足设计要求、保证大桥制造质量的前提下,综合考虑供料、工装、设备、运输条件等因素,将宽度方向分为 4 件较小板单元件制造。其中,2 件宽 2950mm,另外 2 件宽 2650mm,布置如图 2-1-2 所示。

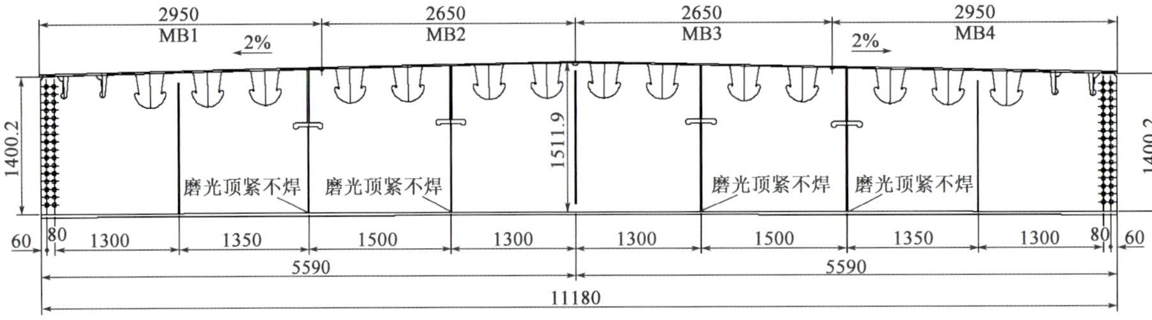

图 2-1-2　横向分段断面示意图(尺寸单位:mm)

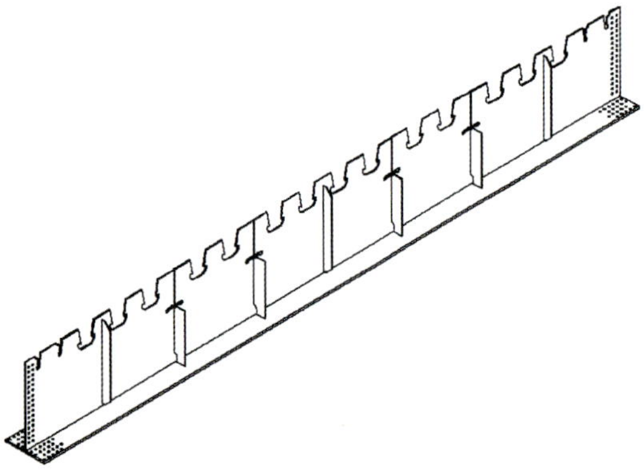

图 2-1-3　横梁单元件三维示意图

(2)横梁单元件

三门峡黄河公铁两用大桥 GHL-01 标共包含 2 种类型铁路横梁,铁路普通横梁(HL1)260 件,铁路支点横梁(HL2)76 件,铁路支点横梁(HL3)12 件。横梁单元件长 11.18m,最高 1.52m,结构如图 2-1-3 所示。

(3)预拱度设置

为了有效控制总拼工序时桥面板段的下挠,满足《铁路钢桥制造规范》(Q/CR 9211—2015)的上拱度 $f=0\sim3$mm 的要求,横梁单元件腹板数控下料时预加 10mm 拱度,按圆曲线拟合。

(4)横梁腹板放样

横梁腹板精确放样除考虑上述预留值外,还应考虑板单元(含"二拼一"作业后的板单元)按标准U肋间距设计制造,槽口间距应从理论设计上与之相吻合。

1.1.7 焊缝形式

根据设计文件及焊缝图纸的要求:面板纵、横对接焊缝均为熔透焊;U肋与面板的焊接为坡口船形焊缝,与横梁腹板的焊接为角焊缝;横梁腹板与横梁翼缘及面板的焊接均为角焊缝;横梁腹板上的竖向加劲肋与横梁腹板的焊接为角焊缝;U肋封板与U肋及面板的焊接均为角焊缝。

1.2 单元制造方案要点分析

1.2.1 桥面板

桥面板长、宽尺寸的标准化控制,需满足以下三点要求。

(1)桥面板纵横向对接采用反面陶质衬垫单面焊双面成型焊接方案,要求焊缝根部间隙为6~8mm,包括工厂对接焊缝和工地对接焊缝。

(2)工地采用分轮次总拼匹配方案,需解决在板单元预留长度余量的基础上逐段按序顺利总拼就位的问题。

(3)单个板单元制造的焊接、调校工序会产生一定的收缩变形影响。

针对上述三点,现提出如下方案:

(1)中间板单元(编号为QM×-2、QM×-3)宽度下料公差为-5.5~-3.5mm,U肋定位时双拼边公差为-2~-1mm、总拼焊接边公差为-3.5~-2.5mm;两边与下弦杆连接板单元(编号为QM×-1、QM×-4)宽度下料公差为+2~+3mm,U肋定位时双拼边公差为-2~-1mm、与弦杆焊接边公差为+3~+5mm,该余量在总拼完毕之后按弦杆纵基线划线切割,切割尺寸按桥面板块单边-6mm控制,以满足成桥的6~8mm焊缝根部间隙要求。

(2)长度统一按+15~+20mm余量预留非基准端头,定位基准端全桥统一为运城端,需依据总拼组合及顺序明确每块板单元的定位基准端方向,做到板单元制造与总拼的统一。

(3)在桥面板总拼完毕之后进行板单元的长度切割,长度切割统一按$L_0{}_{-3.5}^{-2.5}$mm执行(注:L_0-板单元件的理论长度,后同)。

(4)板单元长度余量的预留是为了应对板单元焊接调校过程中的无规律收缩,在实际制造过程中应摸索制造规律,若能通过调整余量预留值而满足总拼前$L_0{}_{-3.5}^{-2.5}$mm的要求,则可优化该方案,但相关方案的调整需经技术中心核定,并下发方案变更通知单后方可执行,不允许分厂擅自调整。

1)桥面板制造平面度控制

(1)控制要求

①重点控制横向反变形量的设置及每次反变形压顶到位的作业过程。

②控制纵向变形。

(2)控制方案

针对上述两点,提出以下控制方案:

①根据以往或正在进行的其他项目桥面板制造经验,预设横向反变形量100mm/2950mm、85mm/2650mm,胎架支撑按此设置,每次施焊前必须压顶到位,并按规定的焊接顺序及方向施焊。且主焊缝施焊完毕冷却至环境温度后才允许脱胎。

②存在纵向变形,但胎架设置暂不予考虑此项反变形,后通过方案处理调整到位。

③纵、横向变形及预控量必须建立量化跟踪调整机制，在第一轮次相应板单元制造完毕之后进行阶段性的数据整理及总结分析，对此项方案做适当调整予以完善，报技术中心核定并下发方案更改通知单后执行，不允许分厂擅自处理。此举有利于整体提高方案的设计水平。

2）U 肋制造精度控制

（1）在 U 肋压制前检查 U 肋压制的模具是否符合相关尺寸的要求。

（2）在 U 肋压制时总结出压制的回弹值（0 ~ 3mm），压制时适当增加压力使 U 肋开口压制 −2mm，压制完成 U 肋回弹后开口尺寸应在制造规范范围内（ −1 ~ 2mm）。

（3）在 U 肋与板单元件拼装时，采用数控切割的样板来检查拼装时的 U 肋开口和两 U 肋之间的拼装间距。样板大样图如图 2-1-4 所示。

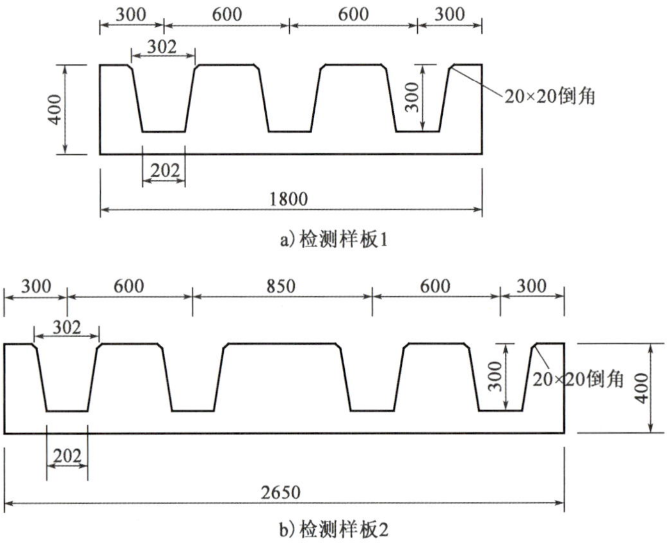

图 2-1-4　U 肋检查样板大样图（尺寸单位：mm）

3）桥面板的匹配特性控制

桥面板的匹配特性控制主要是针对纵肋端口的匹配和面板匹配。

在板单元制造阶段的对应方案：根据设计要求，桥面板单元制造时，需在 U 肋拼装胎架上通长施焊，不允许预留不焊。为保证板单元 U 肋与相邻段匹配，U 肋组拼定位时使用 U 肋定位检测模具，检测 U 肋定位尺寸，检测合格后点焊固定。U 肋定位检测模具不少于 3 个 U 肋槽口。

1.2.2　横梁

1）横梁长、宽尺寸控制

（1）控制要求

横梁长、宽尺寸控制，需满足以下两点：

①在经历板单元制造和总拼制造后，长度能满足主桁中心距要求。

②腹板宽度尺寸即空间的高度尺寸需严格控制，满足与下弦杆横梁接头匹配要求。

（2）控制方案

针对上述两点，提出以下控制方案。

①腹板在下料时为满足预拱的要求，上边缘两端头比下边缘两端头留出 +2.5 ~ +3.5mm 的余量，以补偿桥面总拼顶板纵缝焊接时对横梁引起的下绕变形；腹板和翼缘总长度在下料工序时按 +5mm 下料。翼缘与腹板组拼时以长度方向竖直中心线为基准，余量两头均分。

②宽度尺寸在数控下料时与预拱度设置相一致。

2)横梁成桥上拱度控制

(1)控制要求

横梁成桥拱度值需满足《铁路钢桥制造规范》(Q/CR 9211—2015)的要求,即上拱度 f 为 0 ~ 3mm。

(2)控制方案

①参考以往钢梁桥面板制造方案,拟对横梁腹板在数控下料工序设置预拱度 10mm(单元件按 +12 ~ +15mm 验收)。预拱度线形按圆曲线拟合。通过设置预拱度,可有效应对 T 型材主焊缝焊接变形矫正、加劲板装配焊接调整、桥面系总拼等工艺流程的变化,确保成桥状态上拱度满足要求,避免下挠。

②腹板数控编程及下料工序需注意切割方向的设定,应有利于预拱度的形成,如,先切割与翼缘连接边,后切割与桥面连接边(即槽口边)。要求分厂对此进行精细化控制。

③应建立预拱度设置、监测、分析与动态调整的全过程控制机制。

1.3 制造方案

1.3.1 总体制造方案流程

总体制造方案为:桥面板与 U 肋、板肋组焊成面板单元件;横梁由腹板与翼缘、竖向加劲肋组焊成横梁单元件。面板单元件与横梁单元件检测合格后涂装,运至工地现场总拼场地,总拼成桥面系板段,补涂装,参与成桥架设。制造方案工艺流程如图 2-1-5 所示。

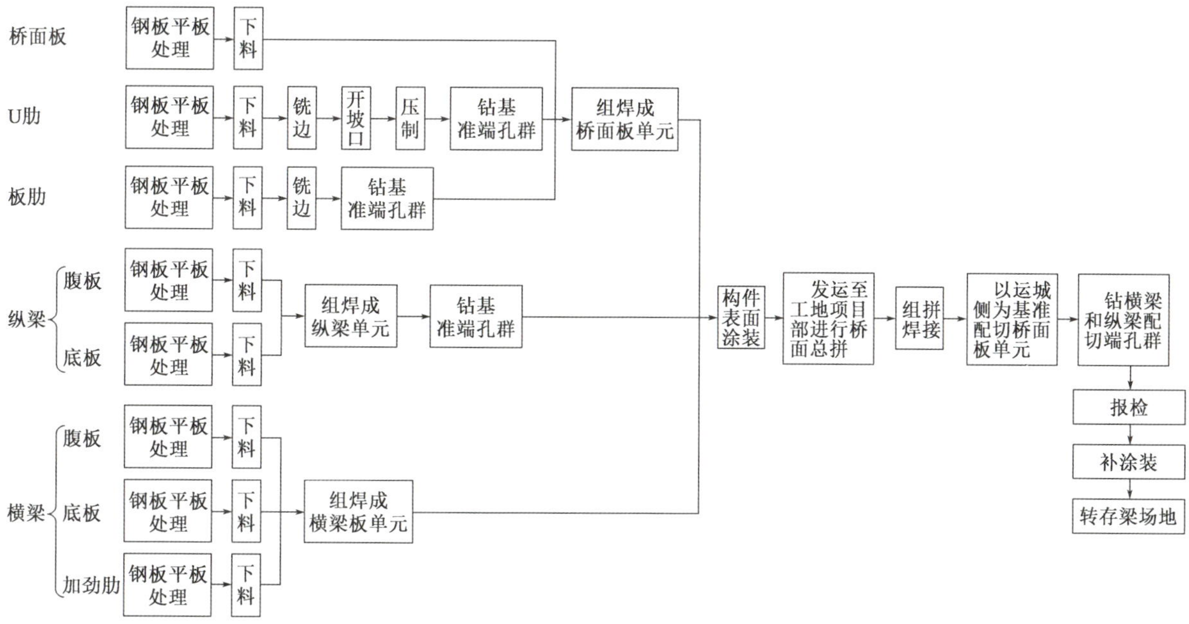

图 2-1-5 铁路桥面制造工艺流程图

工艺流程:

(1)对于零、部件在各工序加工中产生的变形,应在该工序加工完成后立即进行修整和矫正。

(2)每道工序完成后,施工人员应进行自检,厂部质检人员原则上每道工序完工后都必须进行检验,对于质量较稳定且全数检验工作量很大的下料、铣边工序可按规定的检验比例采取首检和抽检相结合的方式。安质部检验人员对各工序的所有首检产品及成品进行检验,其余按规定的检验比例进行抽检。

1.3.2 零件、单元件制造方案

制造单位必须严格依据施工方案图及制造方案进行工厂方案细化，并参看设计图对施工方案图(文)进行方案性审查，二者不符时应及时与技术中心联系，确认无误后方可继续生产。

1)放样、号料、矫平

(1)号料根据钢梁生产顺序，按排板图领取钢板，作出标记。标记内容：节间号、单元件号、序号。

(2)下料工班在对钢板号料前，对准备进入流水生产线的钢板应逐块测量，检查并记录钢板的几何尺寸。

(3)当对角线误差大于5mm时，应在钢板上找出误差最小的两相邻边，并标出直角及横向中心线进行切割修正。组拼时，以此作为纵横向基准来定位。

(4)放样、号料应根据施工图和方案文件进行，并按要求预留余量，板单元下料应用油漆标识出基准端。

(5)钢料不平直、锈蚀、有油污等污物影响号料或切割质量时，应矫正、清理后再进行放样或号料。

(6)矫平后的钢板应采用磁吸吊装，不得采用带齿板夹吊装。

(7)构件矫正宜采用冷矫，冷矫时的环境温度不低于 -12℃。用平板机进行矫平前，气割的挂渣应铲净。矫平后的零件表面不应有明显的凹痕和其他损伤。

2)下料

(1)下料根据零件形状及后道工序的要求，分别采用数控精密切割机、门式多头精密切割机、半自动切割机，及时做好相应的下料记录。对采用数控切割机下料的首件，必须经过严格检验，确认合格后方可继续下料，否则应修改程序或调整参数。

(2)下料前应按方案图(文)给定公差预留焊缝收缩量或二次配切量，首制件应检测所给收缩量是否满足要求，如发现问题应及时反馈处理，在后续制造中更正。

(3)桥面板为先下料、后拼焊。考虑到总拼时的焊接因素。与主桁下弦杆连接的桥面板 QM×-1、QM×-4，在宽度方向预留 +10～+12mm 配切余量；所有的桥面板在长度方向预留 +10～+15mm 配切余量。即：

①宽度方向：QM×-1、QM×-4 下料公差 +2～+3mm(配切至 -7～-5mm)。

QM×-2、QM×-3 下料公差 -5.5～-3.5mm。

②长度方向：QM×-1、QM×-2、QM×-3、QM×-4 下料公差 +10～+15mm。

(4)横梁翼缘板(厚32mm)与腹板(厚18mm)焊接为焊缝高度 $K=12$mm 的双面角焊缝，腹板、翼缘长度在下料工序均按 +3mm 预留焊接收缩余量；为补偿桥面总拼顶板纵缝焊接时对横梁引起的下挠变形，腹板上边缘两端头应比下边缘两端头长 +2.5～+3.5mm，因此腹板和翼缘总长度在下料工序时按 +5mm 下料。放样时应注意与桥面板焊接边有2%的单向坡度，且保证U肋槽口中心线与桥面板垂直。

横梁加劲肋板精密切割下料，下料后应检查直线度，超差时应进行热矫正。

(5)为了有效地控制杆件总拼后的下挠，横梁腹板下料时，按圆弧(靠近翼缘侧两理论端点和竖直中心线上最大预拱度点，三点画圆)即按圆曲线拟合预加10mm拱度。

(6)下料后的旁弯应满足预设拱度要求，允许偏差 <3mm，否则应火焰矫正；局部不平度用平板机或压力机矫正。采用热矫正时，加热温度控制在600～800℃范围内，严禁过烧。矫正后零件温度应慢慢冷却，温度降至室温前，不得锤击钢材，严禁用水急冷。冷矫时的环境温度不低于 -12℃。用平板机进行矫平前，气割的挂渣应铲净，矫平后的钢料表面不应有明显的凹痕和其他损伤。

(7)精密切割(数控、自动、半自动)焰切面质量应符合表2-1-1的规定。

焰切面切割质量规定 表 2-1-1

项目	用于主要零部件	用于次要零部件	附注
表面粗糙度	25μm	50μm	《产品几何技术规范(GPS)表面结构 轮廓法 表面粗糙度参数及其数值》(GB/T 1031—2009)用样板检测
崩坑	不允许	1m 长度内允许有一处 1mm	超限应补修,按焊缝有关规定
塌角	圆角半径不大于 1mm		
切割面垂直度	≤0.05t,且不大于 2mm		t 为钢板厚度

(8)圆弧部位应修磨匀顺。

3)边缘加工

(1)加工面的表面粗糙度 R_a 不得大于 25μm,零件边缘的加工深度不得小于 3mm,零件边缘硬度不超过 HV350 时,加工深度不受此限制。

(2)零件应磨去边缘的飞刺、挂渣,使端面光滑匀顺。

(3)坡口可采用机械加工或精密切割。

(4)横梁腹板尺寸允许偏差见表 2-1-2。

横梁腹板尺寸允许偏差 表 2-1-2

图示	项目	允许偏差(mm)
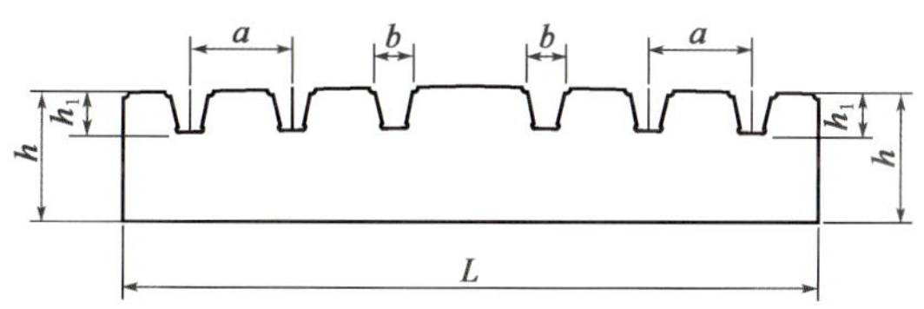	间距 a	±2(任意两槽口间距,尽量控制在 ±1),±1(相邻两槽口间距)
	开口宽度 b	0 ~ +2.0
	开口深度 h_1	±2.0
	高度 h	0 ~ +1.5
	长度 L	栓接:±5

(5)U 肋加工尺寸允许偏差应符合表 2-1-3 的要求。

U 肋尺寸允许偏差 表 2-1-3

序号	项目	图示	允许偏差(mm)	说明
1	开口宽度 b_1	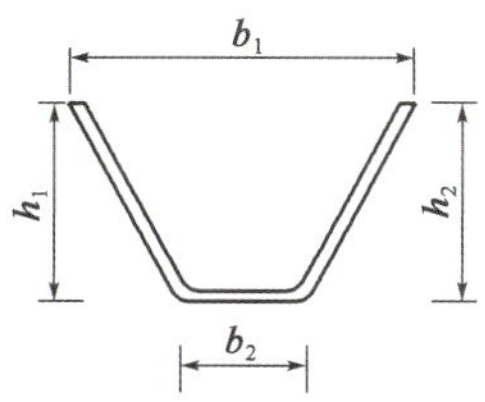	-1.0 ~ 2.0	—
2	底宽度 b_2		±1.5	—
3	肢高 h_1、h_2		±1.5	—
4	两肢差 h_1 ~ h_2		≤2.0	—
5	旁弯、竖弯		l/1000 或者 6mm,取较小值	全长范围(l 为肋长)

(6)桥面板下料加工后,应以长边为基准划好纵横向安装基线,组焊调校完毕后再开坡口,转至总拼工序前基准标识不得有损坏,否则应重新划线。

4)组焊

(1)横梁组焊成 T 形单元

①横梁腹板与主桁下弦连接头焊接。横梁腹板为异形板,高 1512mm,双向 2% 的坡度。普通横梁和节点横梁翼缘板宽度均为 720mm,支点横梁翼缘板宽度均为 880mm,长度均为 11180mm,焊接形式为双面角焊缝。组焊应在专用胎架上进行,采用 T 形拼装。横梁翼缘与主桁下弦横梁采用高强度螺栓连接。

②组拼前应熟悉图纸要求，复查零件尺寸，以系统线为基准进行组拼。

③所有零件装焊前均按“打磨清除范围”（图2-1-6）要求的尺寸进行焊区打磨。

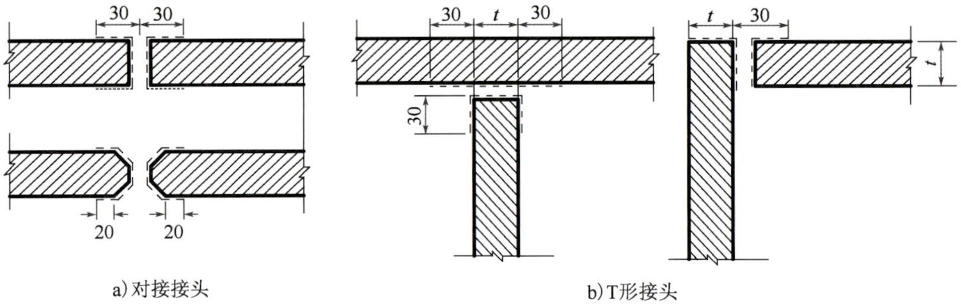

图2-1-6　打磨清除范围（尺寸单位：mm）
t-板宽度

④组装间隙：局部最大允许1.0mm，垂直度小于0.5mm。

⑤组装合格按定位焊要求进行定位焊。定位焊缝应距设计焊缝端部30mm以上；其长度为50～100mm；间距为400～600mm；焊脚尺寸不得大于5mm，但最小一般为4mm。定位焊不允许存在缺陷。

⑥主焊缝为双面角焊缝，具体按焊接方案进行。焊接顺序从一端向另一端，腹板两侧焊接方向保持一致。注意焊接胎架支撑应与预拱度设置保持一致。该工序会导致预拱度有所增大，应跟踪测量记录预拱度的变化情况。

⑦主焊缝为埋弧自动焊，焊缝端部须设置引熄弧板，引熄弧板的材质、厚度、坡口与横梁一致，其中引熄弧板长度应不小于100mm，引熄弧长度应不小于80mm。

⑧对翼缘因T材主焊缝焊接产生的角变形进行机械矫正，应跟踪记录调校工序对预拱度的影响。

⑨装焊腹板加劲肋板，双面角焊缝。装焊顺序为：腹板两侧的加劲板同步拼装，按照从中间往两侧的顺序对称焊接，焊完一面，翻身按同样顺序焊另一面。加劲肋焊接方向应严格遵循自翼缘侧朝向U肋槽口侧，以有效控制单元件的预拱度。

⑩焊缝检测。

⑪对焊缝变形进行调矫，其旁弯应满足预拱度设置要求，并满足对平面度及垂直度的要求。

上述11道工序结束后，预拱度值应满足公差+12～+15mm要求，并以此预拱状态参与桥面总拼。

（2）组焊板单元

桥面板单元均采用无马拼装和反变形翻转施焊方案。

①桥面板厚度为16mm，材质为Q370qE，截面形式共两种（分别为边桥面板和中桥面板），宽度分别为2650mm、2950mm。

②U肋端部装焊U肋封板。U肋封板数控精密切割下料。全桥U肋封板厚度均为6mm，材质均为Q370qE，用于U肋端部，起密封作用。焊接为单面角焊缝，焊脚朝外，要求焊接严实，保证密封。

③U肋内壁封闭区域采用手工除锈，喷涂无机硅酸锌底漆20～25μm。

④桥面板被U肋封闭区域采用手工除锈，喷涂无机硅酸锌底漆20～25μm。

⑤组拼在无马拼装胎架上进行。在肋板安装线区域彻底清除桥面板表面的铁锈、氧化铁皮、油污、水分等有害物，使其表面露出金属光泽。

⑥用喷粉装置对纵向基准线、横向基准线（即钢板中心线）及U肋安装线、I肋安装线、横梁安装线喷制。在平台上以纵、横基线作为U肋安装线、I肋安装线及横梁安装线。

⑦核对钢板面上的节段码、板单元件组号,编上 QM×-1 至 QM×-4 及生产序号,组拼时严格以纵横基准线定位,板单元 QM×-1、QM×-4 对称制造,对称制造应严格遵循"成对标识、成对出料、成对制造、成对记录、缺一不做"的原则。

⑧登记板单元编号,组拼日期、作业及互检人员、检查尺寸等需同步记录。

⑨板单元组装允许偏差见表 2-1-4。

板单元件组装允许偏差　　表 2-1-4

名称	项目	允许偏差(mm)	图示
桥面板单元(U 肋)	与板的组装间隙 a	≤0.5 (局部允许 1.0)	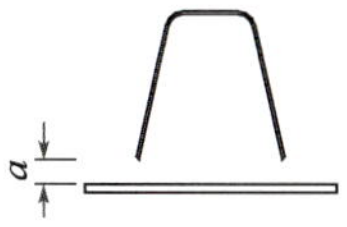
	间距 S_1	±1.0(端部及横梁处) ±2.0(其他部位)	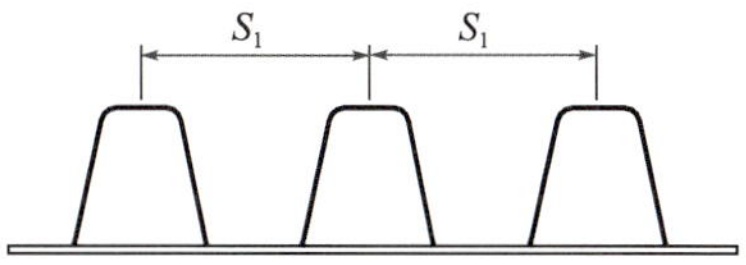
	肋板垂直度	≤1.0	

⑩组焊顺序:在组拼胎架上铺设桥面板,焊线区域打磨。注意桥面板作为空间的顶板单元其坡口侧与 U 肋安装侧相反。以纵横基线为基准划出 U 肋安装位置线。安装 U 肋,检测尺寸偏差,调整合格后进行定位焊。按方案图给定位置、预留量等参数进行组装。架设反变形焊接胎架,按照焊接方案参数进行肋板的焊接,并注意焊接顺序。

⑪桥面板 U 肋焊接在反变形翻转施焊胎架内进行。U 肋与面板间的坡口角焊缝采用船型焊接,以保证焊接质量。

⑫焊接在反变形胎架上进行,宽度方向 2950mm 宽设反变形量 100mm,2650mm 宽设反变形量 85mm;长度方向不设反变形量。首轮次单元件应对焊后变形进行跟踪检测记录,建立分析调整机制,以减小调矫工作量,提高板单元制造质量及效率,相关调整应报技术中心核定并下发方案变更通知单后方可执行,确保方案调整的严肃性。

⑬桥面系主要采用薄板进行制造,故大量采用热输入小的 CO_2 气体保护焊进行焊接,埋弧自动焊仅用于桥面板对接的盖面焊缝。

⑭桥面板单元 U 肋焊接顺序如图 2-1-7 所示,沿长度方向的焊接始终保持方向一致。

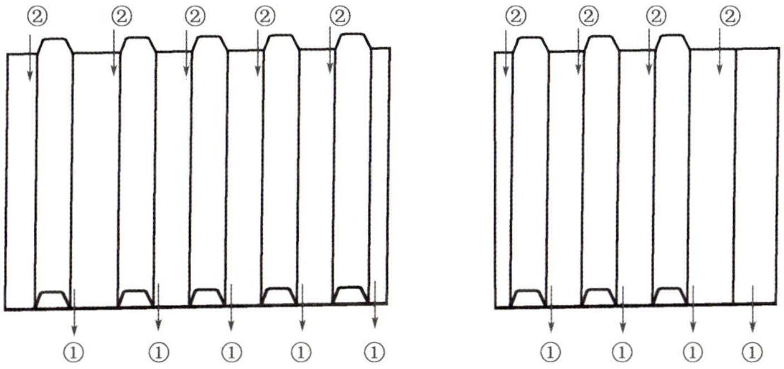

图 2-1-7　桥面板单元件焊接顺序
①、②-焊接顺序

⑮U 肋端部封板与桥面板焊缝为单面角焊缝,焊脚朝外。端封板起密封作用,要求焊接严实,保证密封。

⑯焊接完毕待冷却至环境温度后脱胎进行检测，不满足要求时需调矫。

⑰调矫完毕，按方案图要求开制坡口。

⑱桥面板单元件允许偏差见表 2-1-5。

桥面板单元构件焊后允许偏差　　表 2-1-5

图示	项目	允许偏差(mm)
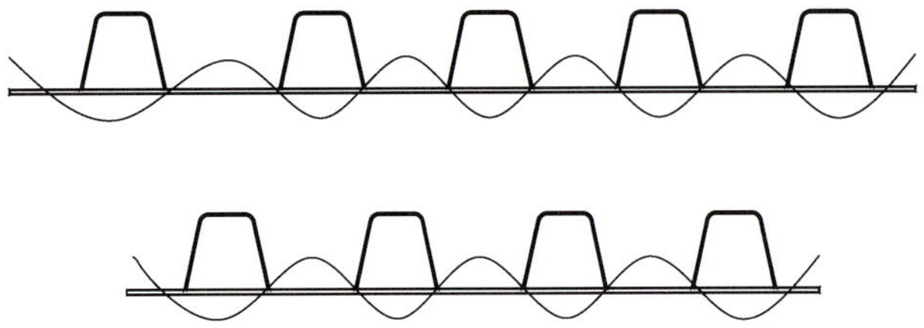	制造长度	±1.0
	制造宽度	±1.0
	横向平面度	1.5(纵肋间)
	纵向平面度	2.0(横肋安装线间)
	四角不平度	3.0
	对角线差	2.0

⑲焊缝检测，报检。

⑳报检合格后，转入总拼工序。

(3)注意事项

①板单元标记应符合如下规定：

a. 距基准端 100mm 处做纵向基准线样冲及油漆标识。

b. 做横向基准线样冲标识及横梁安装位置线样冲标识。

c. 板单元测量定位的纵横基准线(含样冲)应返点返到无肋面，以备梁段组装用。

②原材料、零件及单元件的起吊、搬移、堆放过程中，严格控制其变形，注意保持原有性。

③对于形状复杂的零件，用计算机 1∶1 放样确定其几何尺寸，并采用数控切割机精切下料。要根据零件形状复杂程度、尺寸大小、精度要求等确定切入量和退出量，并应适当加入补偿量，消除切割热变形的影响。

④采用普通切割下料的零件，应先制作样板。制作样板时应按方案文件规定留出加工余量和焊接收缩量。

⑤下料时应检查钢材的牌号、规格、质量，并应使轧制方向与主要受力方向一致，标明钢材牌号、件号。

⑥对于方案图规定的焊缝收缩量、公差、反变形、配切量等应根据首制件的测量数据进行计算，偏差较大时应及时反馈至技术中心，进行更正。

1.4　总拼方案

1.4.1　总拼胎架

总拼胎架按 3 + 1 个标准桁段搭设，胎架长 45m、宽约 11m，以保证满足所有轮次总拼要求。胎架半幅平面布置如图 2-1-8 所示，断面图如图 2-1-9 所示。

为实现铁路桥面板现场总拼，胎架应满足下述要求：

(1)胎架基础的承载力、刚度、稳固性满足总拼要求，各胎架第一轮次总拼后、焊接前进行 24h 监测。当遇到大雨、大风、冰雹等特殊天气时应进行紧密跟踪监测。

(2)胎架水平度，各支墩高程满足总拼及施工图纸要求。

(3)胎架支墩上钢构件顶面平面度 <0.5mm。

(4)胎架上需设置纵、横基线和基准点。

(5)胎架应有防腐涂装保护，其中面漆颜色应符合工装胎架面漆颜色标准。

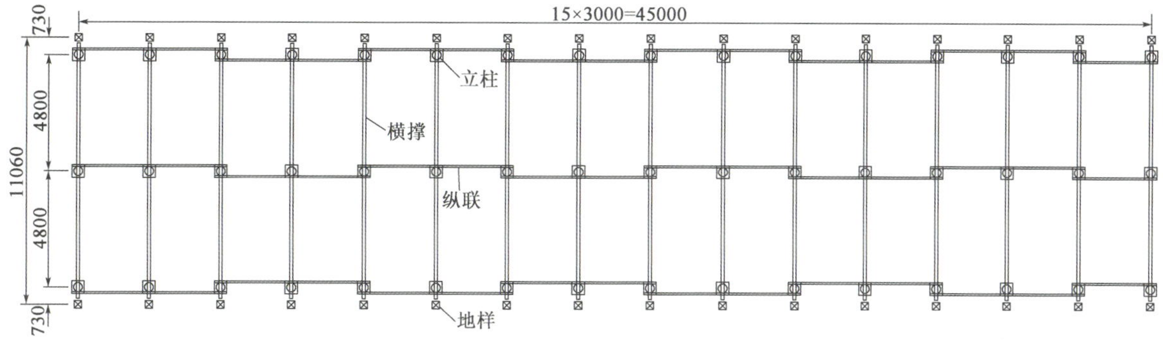

图2-1-8 胎架半幅平面布置图(尺寸单位:mm)

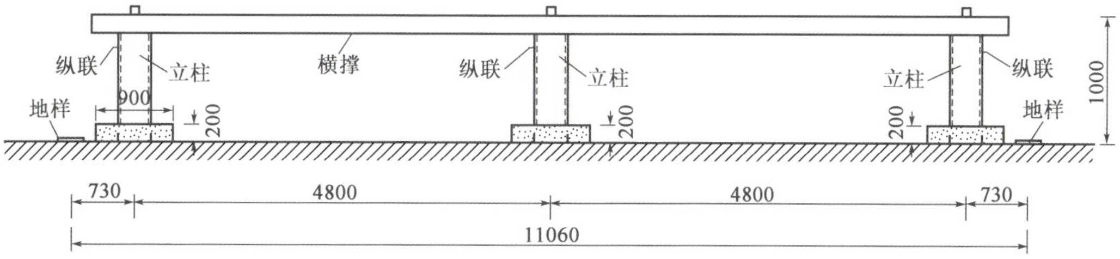

图2-1-9 胎架断面图(尺寸单位:mm)

(6)相关管理人员对胎架尺寸、质量、安全等进行检验,验收合格,填写质量记录表,签字确认后,方可投入使用。

(7)总拼过程中,钢梁吊装应轻拿轻放,起吊和松吊应缓慢进行。吊装过程应由专人指挥,做到不与胎架发生碰撞,若发生碰撞,必须及时检测胎架尺寸并对胎架进行修整。不得随意切割胎架,须保持胎架的完整性。闲置时,注意保护胎架。

(8)总拼过程中,对胎架各部位的变形、损坏及支墩沉降进行跟踪检测,若发现上述现象,需立即对跟踪检测数据及产生原因进行复核并分析其成因,判断是否需对胎架进行修补或采取有效补救措施。

(9)每轮次总拼完毕后检查胎架各部位是否发生变形、损坏,若有,则需对其原因进行分析,并对胎架进行修补;若检测胎架支墩有沉降现象发生,需对沉降数据进行分析,并采取有效调整措施,确保不影响下轮次总拼。胎架在下轮次总拼使用前10d内,需整体检测,测量各项尺寸、基准是否满足总拼要求,重新履行报检程序。注意温度变化对地面伸缩、支墩及胎架变化的差异性影响,测量用钢尺使用前应与胎架、构件等同环境存放一定时间,以消除温度变化对测量尺寸的偏差性影响。

按总拼轮次,铁路桥面系采取"3+1"总拼方案,且 z、y 幅同时进行。

总拼采用正装法进行。铁路桥面横梁单元件、纵梁单元件、桥面板单元件在总拼胎架上依次完成定位组拼、焊接等工序。

总拼完毕,脱胎转补涂装,涂装完成后暂存,待架。

1.4.2 场内总拼

1)总拼方案路线

铁路桥面总拼顺序:以胎架纵横基线为定位基准,分别组装横梁、纵梁→以桥面板板单元纵向基准标识及横梁安装标识为基线分别组装桥面板单元件→尺寸检测→按焊接方案施焊(先焊横梁腹板与面板间角焊缝,再焊面板对接焊缝)→焊缝检测→火焰调校→尺寸检测→脱胎转运→整体补涂装→转存梁场地存放。

2)总拼轮次

E51~E95节间范围内铁路桥面系总拼共分15个轮次,2个胎架,左右幅同时进行,见表2-1-6。

铁路桥面系总拼轮次表　　表2-1-6

总拼轮次序号	节间范围	铁路桥面系编号组合	母梁脱胎后状态	
			母梁编号	母梁脱胎后工序
1	E95~E92	QM3+QM1+QM1+QM1	QM1	移位参与下轮次
2	E92~E89	QM1+QM1+QM1+QM1	QM1	移位参与下轮次
3	E89~E86	QM1+QM2+QM1+QM1	QM1	移位参与下轮次
4	E86~E83	QM1+QM1+QM1+QM1	QM1	移位参与下轮次
5	E83~E80	QM1+QM1+QM1+QM1	QM1	移位参与下轮次
6	E80~E77	QM1+QM2+QM1+QM1	QM1	移位参与下轮次
7	E77~E74	QM1+QM1+QM1+QM1	QM1	移位参与下轮次
8	E74~E71	QM1+QM1+QM1+QM1	QM1	移位参与下轮次
9	E71~E68	QM1+QM2+QM1+QM1	QM1	移位参与下轮次
10	E68~E65	QM1+QM1+QM1+QM1	QM1	移位参与下轮次
11	E65~E62	QM1+QM1+QM1+QM1	QM1	移位参与下轮次
12	E62~E59	QM1+QM2+QM1+QM1	QM1	移位参与下轮次
13	E59~E56	QM1+QM1+QM1+QM1	QM1	移位参与下轮次
14	E56~E53	QM1+QM1+QM1+QM1	QM1	移位参与下轮次
15	E53~E51	QM1+QM2+QM1		

铁路桥面系总拼轮次图如图2-1-10所示。加剖面线部分表示上轮次留下的母梁。

3)总拼步序

(1)安装横梁单元

在总拼胎架上,依次铺设横梁单元件。安装过程中不得对胎架进行调整,须保持胎架报检合格后的状态稳定不变。横梁标准间距3000mm,调整横梁位置及高程,搭设临时支撑。横梁安装如图2-1-11所示。

需要说明的是:横梁单元分为3种类型,分别为普通横梁(HL1)和支点横梁(HL2、HL3),普通横梁和支点横梁的横梁翼缘板厚度不同,对应胎架的高程不同,总拼前需严格复查横梁支撑处胎架高程是否与横梁类型匹配。

(2)安装纵梁单元

以铁路桥面总拼胎架上纵向基准标识、横梁安装位置标识为基准,安装纵梁单元。纵梁单元仅一端有孔,拼装时将有孔端朝向基准端,如图2-1-12所示。

(3)安装中间面板单元

以铁路桥面总拼胎架上纵向基准标识、横梁安装位置标识为基准,安装中间面板单元(即QM×-2和QM×-3),如图2-1-13所示。

(4)安装两侧面板单元

以铁路桥面总拼胎架上纵向基准标识、横梁安装位置标识为基准,安装两侧面板单元(即QM×-1和QM×-4)。板单元组装纵向定位统一以基准端为基准,另一端为配切端,如图2-1-14所示。

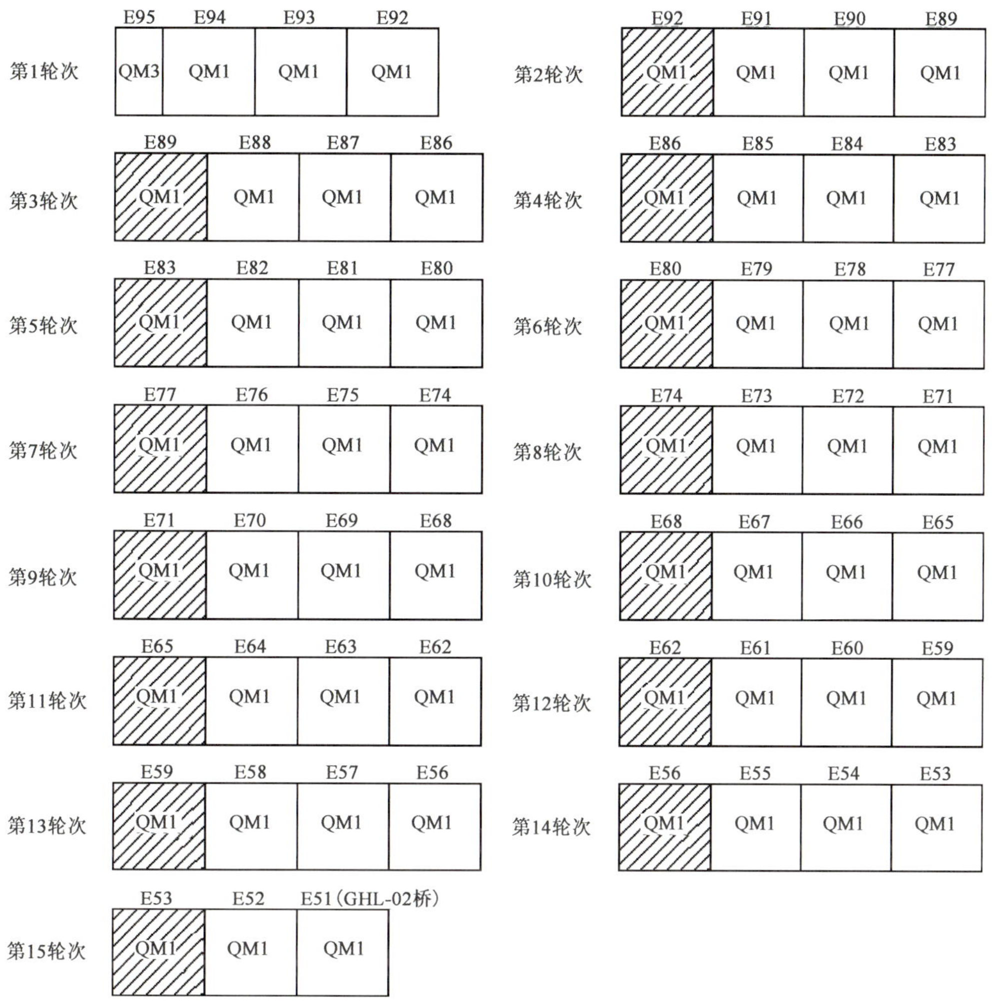

图 2-1-10 铁路桥面系总拼轮次图

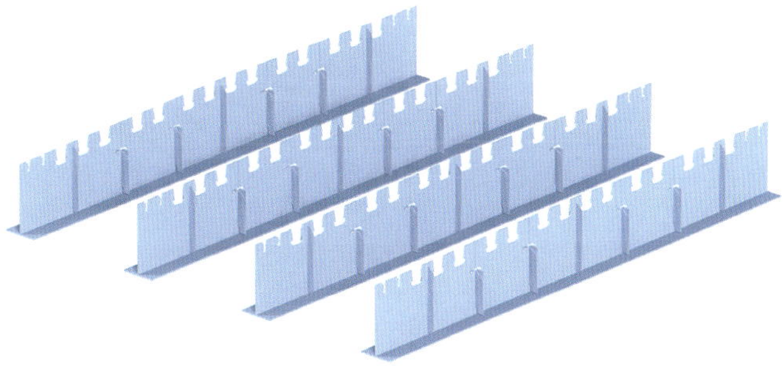

图 2-1-11 横梁安装示意图

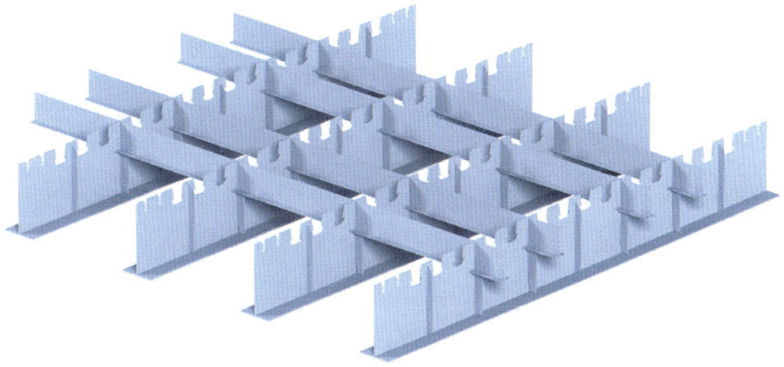

图 2-1-12 纵梁安装示意图

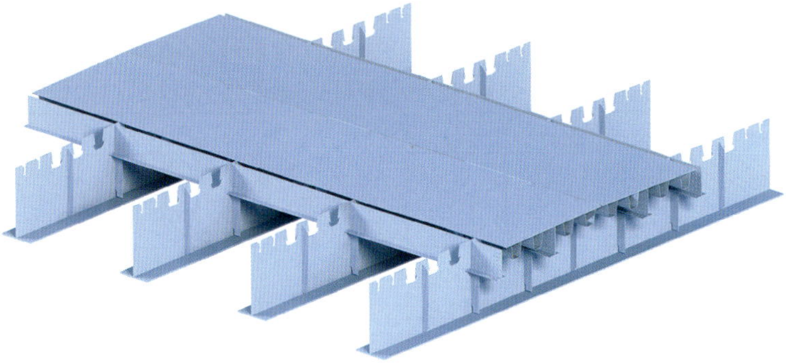

图 2-1-13　中间面板单元安装示意图

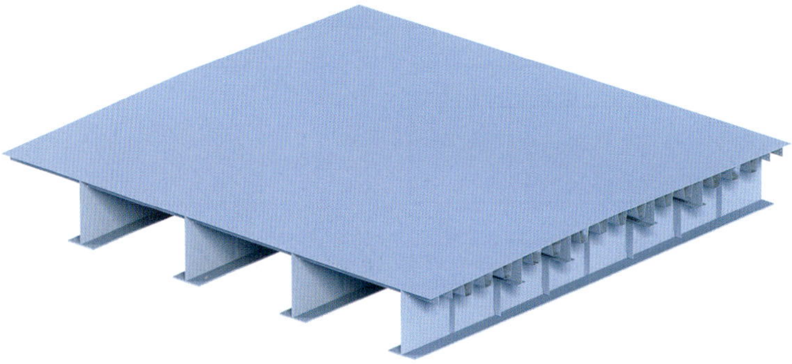

图 2-1-14　两侧面板单元安装示意图

(5)后续节段拼装

参照上述铁路桥面的拼装顺序,完成后续节段拼装,如图 2-1-15 所示。

图 2-1-15　后续节段拼装示意图

(6)焊接

自安装起始端向另一端分段依次顺序焊接。单个桥面板段具体焊接顺序为:纵梁腹板与面板间的仰位角焊缝→横梁腹板与面板间的仰位角焊缝→横梁腹板与 U 肋、I 肋、T 形纵梁间的立位角焊缝→纵梁翼缘板与横梁腹板间的仰位角焊缝→桥面板的横向对接纵缝。

焊接说明:①桥面板横向对接纵缝焊接前,用实桥拼接板,根据 U 肋和纵梁基准端孔群,匹配钻制 U 肋和纵梁配切端孔群。钻制完成后用拼接板将节段间 U 肋和纵梁用拼接板连接固定,检测合格后方可焊接桥面板横向对接纵缝。

②各阶段的焊接均应遵循以下规定:横桥向从中间向两边对称施焊,纵桥向由总拼的起始端(有母梁端)顺总拼方向施焊;面板对接焊缝先按序打底,再按序盖面焊接(即非一次性焊完)。焊接完成后对焊缝区进行修平、检测,对局部变形部位进行火焰调校。

③铁路桥面总拼焊接环境温度需高于 5℃,若外界环境温度低于 5℃,必须采取供暖保温措施,创造局部焊接环境。

(7)检测

所有的焊接完成后对局部进行调校并对焊缝区进行修平，确保面板单元平面度。按设计尺寸要求对桥面板节段内各尺寸进行测量，测量的主要内容包括桥面板的平面度、长度、宽度、高度、对角线，横梁间距，横梁对角线差，各类焊缝外观成型、焊角尺寸、无损探伤检测等。以上检测指标必须符合验收要求。

(8)整节段面板单元的二次配切并开制坡口

各桥面板段焊接完毕后，测量纵、横尺寸，依据相应基线或基准边作二次配切，完成坡口的开制。包括以下内容：

①桥面板宽度尺寸的配切并开坡口。配切后总体宽度为B_{-8}^{-6}mm(单边宽度公差为－3～－4mm，下弦杆顶板单边宽度公差为－3～－4mm，要求桥面板与下弦杆桥面接头板间形成标准的6mm＋20mm根部间隙)，B为桥面板理论宽度，如图2-1-6所示。

②桥面板长度尺寸的配切并开坡口。配切后长度为L_{-8}^{-6}mm(要求桥面板段间形成标准的6mm＋20mm根部间隙)，L为桥面板段理论长度，如图2-1-16所示。

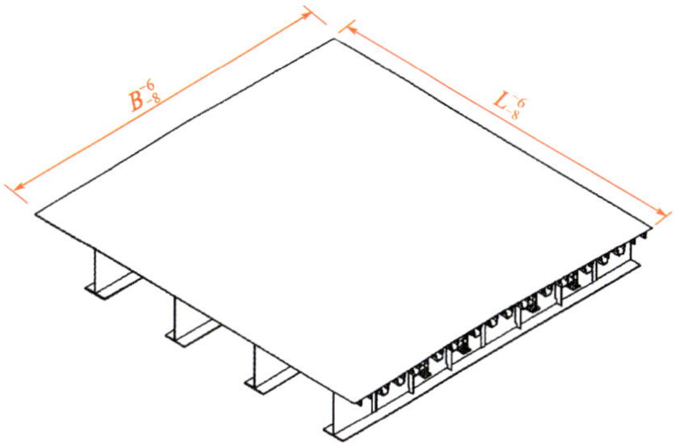

图2-1-16 桥面板长度尺寸

(9)钻制横梁两端孔群

铁路桥面板单元检测合格后，以总拼胎架地样为基准，钻制横梁腹板和翼缘板两端孔群。根据地样划出横梁腹板和翼缘板上孔群系统线，然后根据孔群系统线安装模板，将模板与横梁腹板或者翼缘板夹持固定，复测合格后用空心钻钻孔。

由于节点横梁与普通横梁孔群不同，布模时须认真核对方案图中横梁腹板和翼缘板孔群样式，选取正确的模板布模钻孔。

(10)完成临时吊耳的装焊

临时吊耳按相关图纸进行组焊。

(11)做桥位安装基准线标识

为利于桥位安装，在杆件总拼匹配完毕后拆除前，需在桥面板上表面端部划出桥位安装定位基准，即做标准的矩形框线(样冲)标识，如图2-1-17所示。

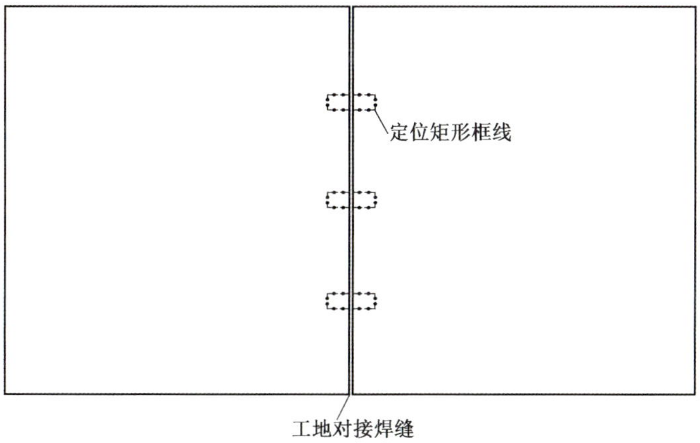

图2-1-17 桥位安装基准线

(12)拆除及涂装

报检合格后，在规定的位置做钢印编号、油漆编号标识，并用钢印标明桥面板段在空间的安装方向。编号完毕，脱胎转整体补涂装，涂装过程中注意对桥位焊接坡口两侧50mm范围内进行胶带保护，涂装完毕后复核钢印标识，并用字模、自喷漆枪标明杆件号、安装方向等。

第2章 混凝土桥面板

2.1 工程概况

三门峡黄河公铁两用大桥主桥公路桥面板为采用先张法预制的混凝土板，全桥共计1520块。主桥0号墩与1号墩之间为首孔，1～10号墩之间为9跨中孔，10号墩与11号墩之间为末孔，其混凝土板分块预制，首孔与末孔混凝土板分块对称，上、下游侧混凝土板需对称预制。

桥面板为纵向单向板，全宽32m，设置双向2%的横坡，标准板厚300mm，靠近中桁边缘板厚305mm，靠近边桁边缘大板厚292mm，小板厚274mm，小板悬臂端部厚235mm。桥面板分块预制、吊装。横向分块：单幅桥面分为两块，中边桁之间设置为一整块，边桁外侧的悬臂托架上设置为一整块。纵向分块：以横梁为基本间距进行分块。

2.2 总体安排

预制板采用工厂化生产，根据本标段预制板结构形式特点，预制板采用长线台座法生产，每条生产线配备13套模型，共2条生产线，如图2-2-1所示。

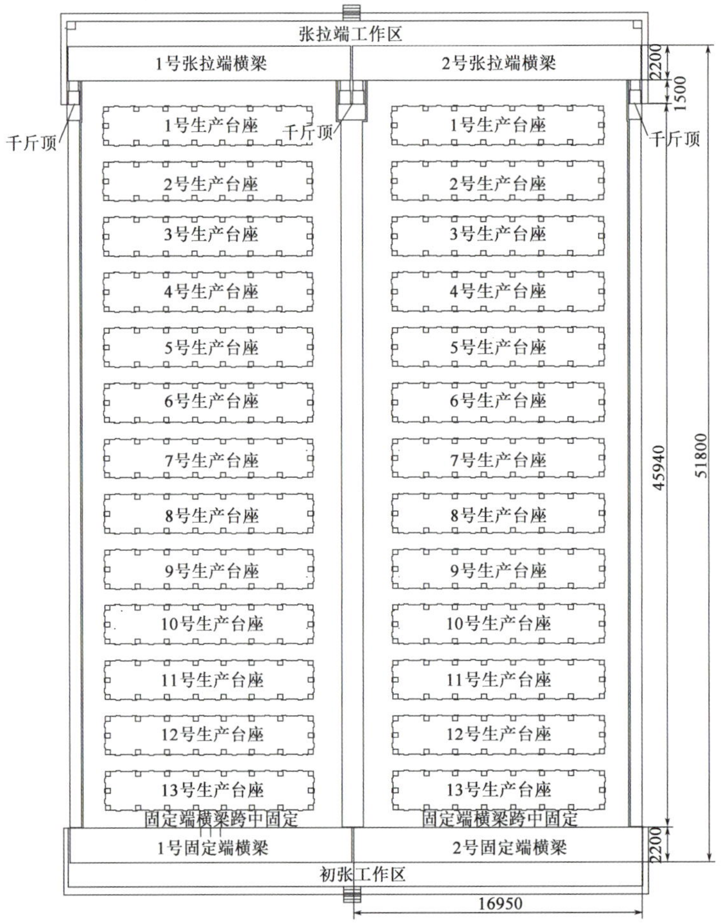

图2-2-1　生产线示意图(尺寸单位：mm)

将弯制好的钢筋在自制钢筋绑扎胎具上绑扎成钢筋笼,检查合格后按要求分类存放在钢筋笼存放架上。采用吊架将钢筋笼吊入已组装好侧模的底模上,之后进行预应力钢筋穿丝和初张、终张工作,根据现场检查结果确定是否需要补张,报检合格后进行混凝土浇筑;混凝土浇筑完成后自然静止,然后进行蒸汽养护。完成蒸汽养护后进行脱模,脱模完成后用运板轨道平车运输到存放平台,进行喷淋养护。

2.3 制造工序

2.3.1 模具及张拉设备安装

(1)模板安装

长线预应力台座生产施工,消除应力钢丝已在侧模上定位,因此保证所有安装模板空间位置的相对一致,能有效保证施工进度,减少侧模板与消除应力钢丝的磨损,保证施工安全。

底模为大块钢模,侧模安装位置预留销孔,保证侧模定位准确。将侧模安装于底模之上,安装完毕后将钢筋笼吊入已放垫块的模具内。在安装过程中注意保护侧模、端模与底模的板面,防止硬物刮伤模板。

长线台座法施工,横梁间距51.8m,混凝土浇筑完成后,自由消除应力钢丝长18.78m,在控制张拉应力情况下,该长度钢丝伸长量为:

$$\Delta L_1 = \frac{P_P L_1}{A_P E_P} \tag{2-2-1}$$

式中:ΔL_1——自由钢丝放张时的回缩量(mm);

P_P——张拉控制力(N),$P_P = \sigma_{con} A_P = 1020 \times 35.573 = 36284$N;

L_1——自由钢丝长度(mm),$L_1 = 51.8 - 2.54 \times 13 = 18.78$m $= 18780$mm;

E_P——消除应力钢丝弹性模量(MPa),$E_P = 2.05 \times 10^5$MPa;

A_P——消除应力钢丝有效截面积(mm^2)。

将数据代入式(2-2-1)得:

$$\Delta L_1 = \frac{36284 \times 18780}{35.573 \times 2.05 \times 10^5} = 93.4\text{mm}$$

放张之后张拉端的预制板需要移动93.4mm才会放张完成。为保证放张时自由消除应力钢丝的收缩不会对预制板结构造成破坏,将靠近张拉横梁侧的9块底模与基础预埋钢板采用滑道形式进行连接(图2-2-2)。

长线台座上剩余的4块模板的最大位移量为:

$$\Delta L_2 = \frac{P_P L_2}{A_P E_P} \tag{2-2-2}$$

式中:ΔL_2——自由钢丝放张时的回缩量(mm);

P_P——张拉控制力(N),$P_P = \sigma_{con} A_P = 1020 \times 35.573 = 36284$N;

L_2——自由钢丝长度(mm),$L_2 = 2.2 + 1.5 + 0.98 \times 3 = 6.64$m $= 66400$mm;

E_P——消除应力钢丝弹性模量(MPa),$E_P = 2.05 \times 10^5$MPa;

A_P——消除应力钢丝有效截面积(mm^2)。

将数据代入式(2-2-2)得:

$$\Delta L_2 = \frac{36284 \times 66400}{35.573 \times 2.05 \times 10^5} = 330.4\text{mm}$$

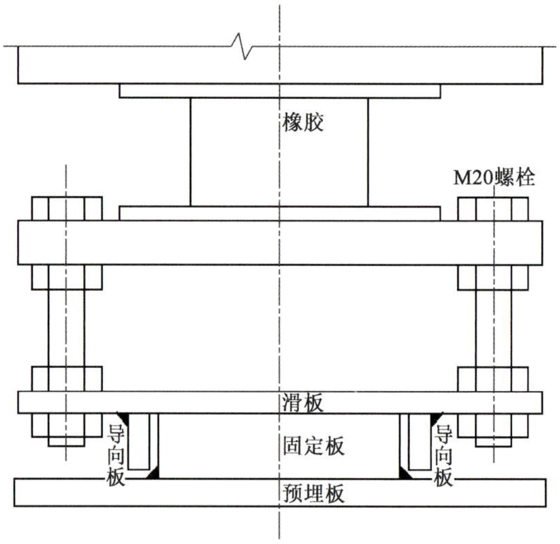

图 2-2-2　滑动制作示意图

在基座固定位置处设有用于保障混凝土振捣密实的橡胶底座(图 2-2-3),它可以产生形变抵消应力钢丝的收缩位移,保证钢丝切断时应力较小,不会发生板面破裂或板面上翻等情况。

图 2-2-3　底座橡胶

(2)张拉系统安装

张拉系统布置如图 2-2-4 所示。

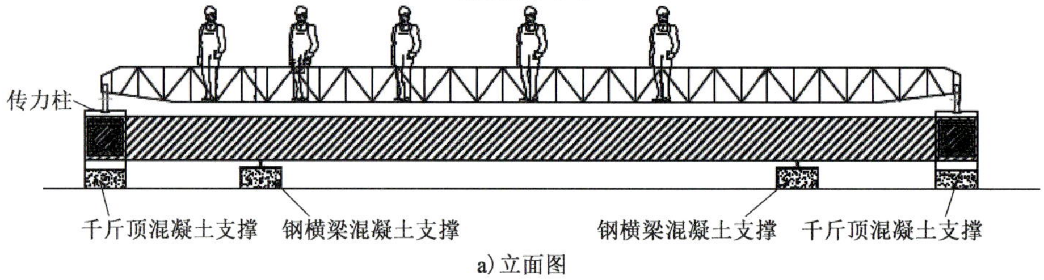

图　2-2-4

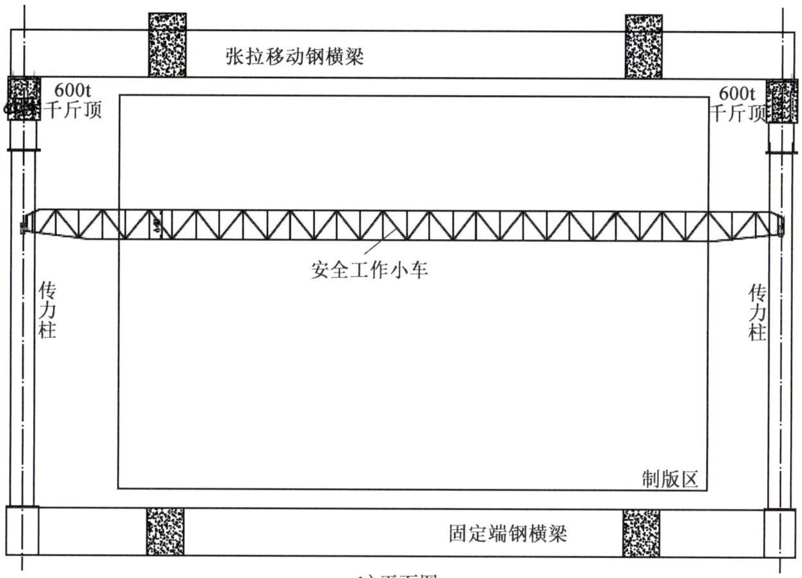

b）平面图

图2-2-4 张拉系统布置图

横梁使用混凝土横梁承托底座将横梁调高至设计高程。张拉端张拉系统布置如图2-2-5所示。

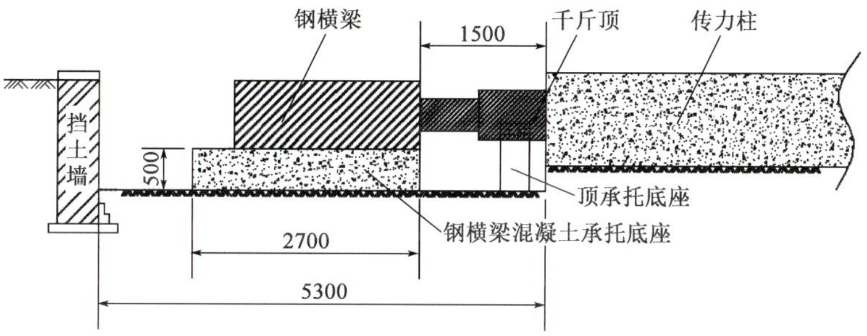

图2-2-5 张拉端张拉系统布置图(尺寸单位:mm)

张拉端横梁与传立柱之间安放千斤顶,千斤顶使用千斤顶承托底座调至预应力钢丝的高程。千斤顶承托底座如图2-2-6所示。

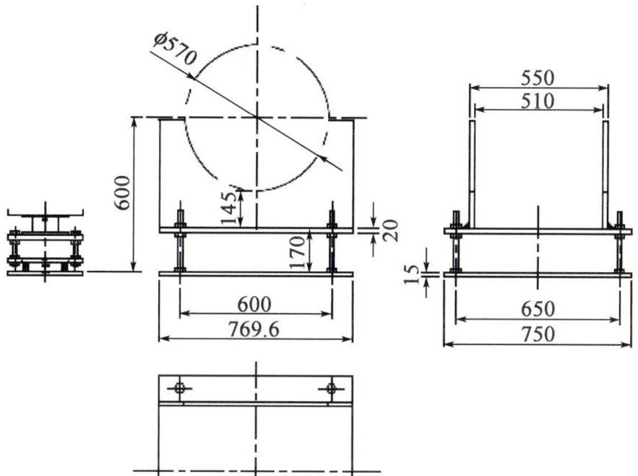

图2-2-6 千斤顶承托底座图(尺寸单位:mm)

2.3.2 模具的高程调整与检查

CM-A 型、CM-B 型、CM-A1 型、CM-B1 型预制板均在顶面和底面设置有 2% 的坡度，预制板横桥向两侧端头底部为水平，模板在加工制作过程中已经完成底模调整。施工时通过调整底模支撑点位的高程实现预制板板面水平，保证顶面 2% 的坡度。因此，高程调整检查是混凝土施工前的一项重要检测项目。

支座高程调整通过调节支座螺杆的高度来实现，如图 2-2-7 所示。钢筋笼安放前对 13 块模板高程进行统一调整。在模具高度调整完毕后，对模具进行一次完整的高程控制测量，确保所有模具之间的高度偏差不超过 5mm，以保证混凝土预制板的坡度。

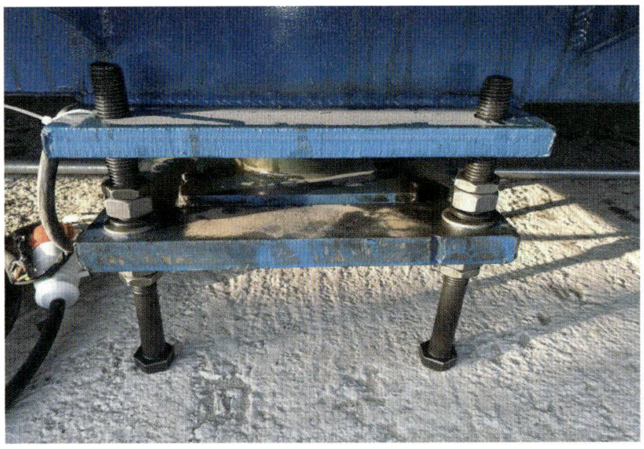

图 2-2-7 支座

按照《公路桥涵施工技术规范》(JTG/T 3650—2020)对模板进行验收(表 2-2-1)。

模板验收标准　　表 2-2-1

<table>
<tr><th colspan="2">项目</th><th>允许偏差(mm)</th><th>备注</th></tr>
<tr><td rowspan="2">外形尺寸</td><td>长和宽</td><td>-1，+0</td><td rowspan="8">钢模</td></tr>
<tr><td>肋高</td><td>±5</td></tr>
<tr><td colspan="2">板面端倾斜</td><td>0.5</td></tr>
<tr><td rowspan="3">连接配件孔眼的位置</td><td>孔中心与板面的间距</td><td>±3</td></tr>
<tr><td>板端中心与板端的间距</td><td>-0.5，+0</td></tr>
<tr><td>沿板长、宽方向的孔</td><td>±0.6</td></tr>
<tr><td colspan="2">板面局部不平</td><td>1</td></tr>
<tr><td colspan="2">板面和板侧挠度</td><td>±1</td></tr>
</table>

2.3.3 钢筋笼的制作与安装

(1)钢筋笼制作

①钢筋下料

钢筋采用定尺加工，用钢筋切断机按设计长度切断。钢筋下料长度公差为 ±10mm。

钢筋切断过程中，需时刻关注钢筋的硬度，如发现钢筋硬度与其他批次钢筋相差较大，应及时与现场管理人员联系，并进行试验，保证施工所用钢筋满足施工要求。

完成下料后，使用钢筋弯曲机进行弯制，保证弯折处无裂纹。

②钢筋连接

按照设计要求，钢筋的连接形式均为焊接，ϕ25mm 主筋为单面焊接，焊接长度不小于 300mm；使用

E50 级焊条或二氧化碳保护焊,以保证焊接质量。

③钢筋笼绑扎

在专用的钢筋笼绑扎台架上进行,钢筋绑扎台架如图 2-2-8 所示。钢筋绑扎台座中有相应的卡槽用于定位主筋,施工前根据设计图纸及钢筋笼绑扎台座图纸进行验收,以保障钢筋笼绑扎质量满足设计及相应规范要求。

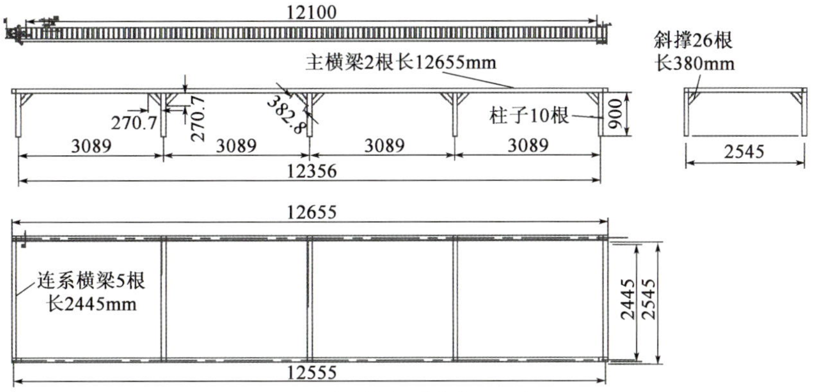

a) 设计图(尺寸单位:mm)

b) 实物图

图 2-2-8 钢筋笼绑扎台座

④普通钢筋安装

根据设计图纸要求,正确安装普通钢筋(以 CM-A 板为例,图 2-2-9)。

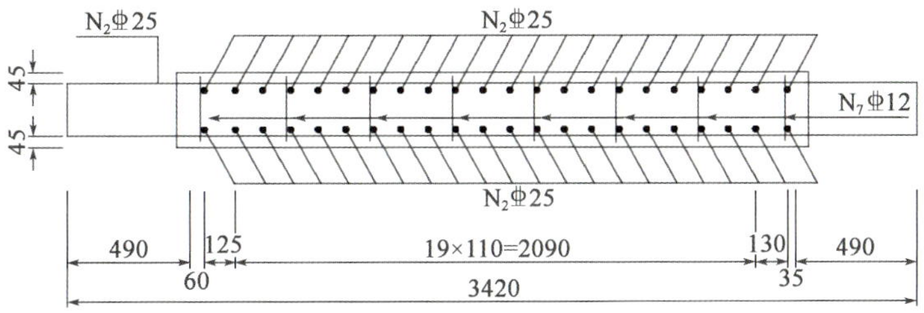

a) 顺桥向截面图

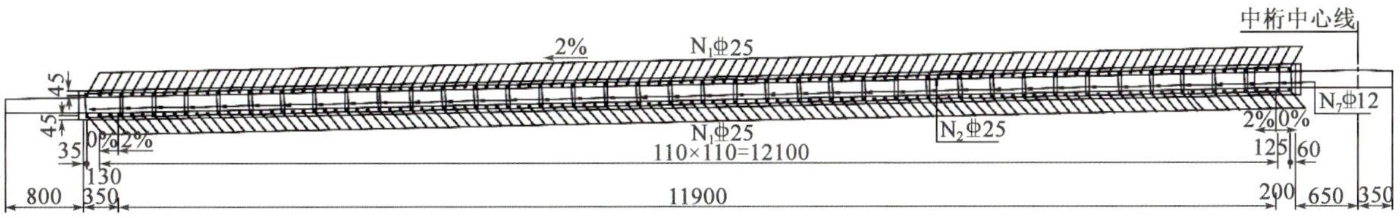

b) 横桥向截面图

图 2-2-9 钢筋笼截面图(尺寸单位:mm)

a. 将制成封闭矩形的箍筋放置在台座上，如图 2-2-10 所示。

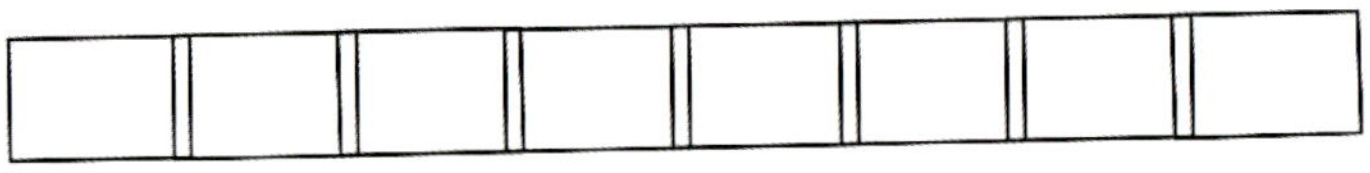

图 2-2-10　封闭矩形

b. 将纵向短钢筋 N_1(图 2-2-11)插入箍筋进行焊接，形成闭合矩形。

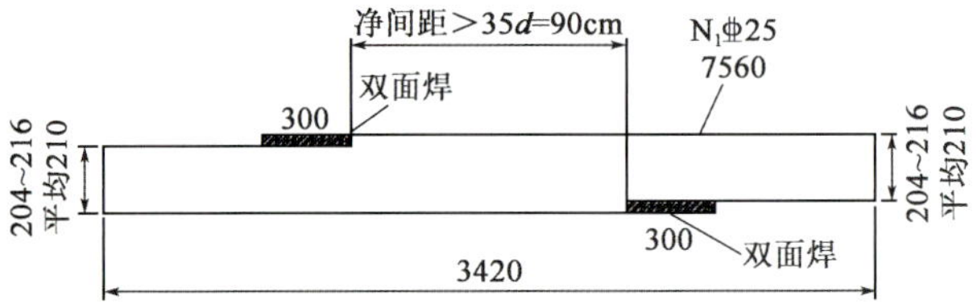

图 2-2-11　N_1 钢筋大样图(尺寸单位：mm)

注：d 为钢筋直径。

c. 将焊制成封闭矩形的长钢筋 N_2(图 2-2-12)穿入纵向 N_1 钢筋内。

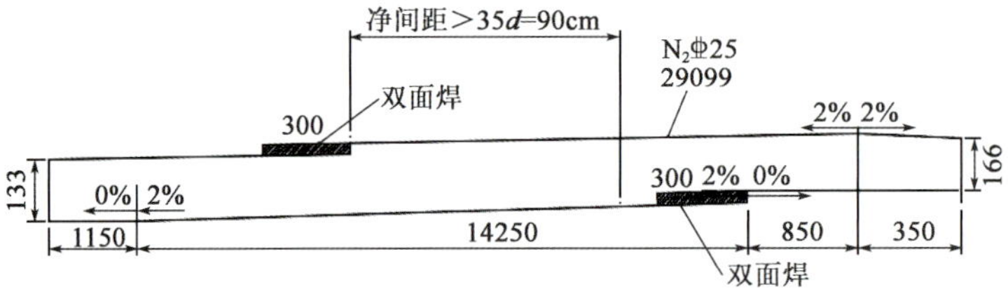

图 2-2-12　N_2 钢筋大样图(尺寸单位：mm)

d. 绑扎成型。

e. 安装垫块。设计图中保护层净厚度为 45－25/2＝32.5mm，现场施工时采用 35mm 梅花形垫块，放置于主筋 N_1 之上，根据《公路工程质量检验评定标准　第一册　土建工程》(JTG F80/1—2017)要求，施工过程中板的保护层厚度 ±3mm，满足规范要求。

垫块安装不小于 4 个/m^2。

f. 钢筋绑扎的注意事项：

(a)为保证绑扎牢固，必要时可以将横纵主筋电焊在一起，然后绑扎；

(b)绑扎时除特殊规定之外，箍筋与主筋应保持垂直；

(c)绑扎钢筋的铁丝接头不得进入混凝土保护层内。

g. 钢筋焊接骨架标准允许偏差，见表 2-2-2。

钢筋焊接骨架标准允许偏差　　表 2-2-2

项目	允许偏差(mm)
受力钢筋顺长度方向加工后的全长	±10
弯起钢筋各部分尺寸	±20
箍筋、螺旋筋各部分尺寸	±5

(2)钢筋笼起吊存放

钢筋笼绑扎完成之后，报检合格，分类吊装存放在钢筋笼存放台座上，或吊装至安装好的模板上，进行下道程序的施工。钢筋笼存放台座如图 2-2-13 所示。

钢筋笼吊装需配备专用吊具(图 2-2-14)，轻起轻放。在吊装前将挂钩挂在钢筋交叉点上，沿钢筋笼长度方向设置 11 个吊点，沿钢筋笼短边方向设置 2 个吊点，共设置 22 个吊点，起吊应平稳，缓慢就位，以防钢筋产生过大形变。

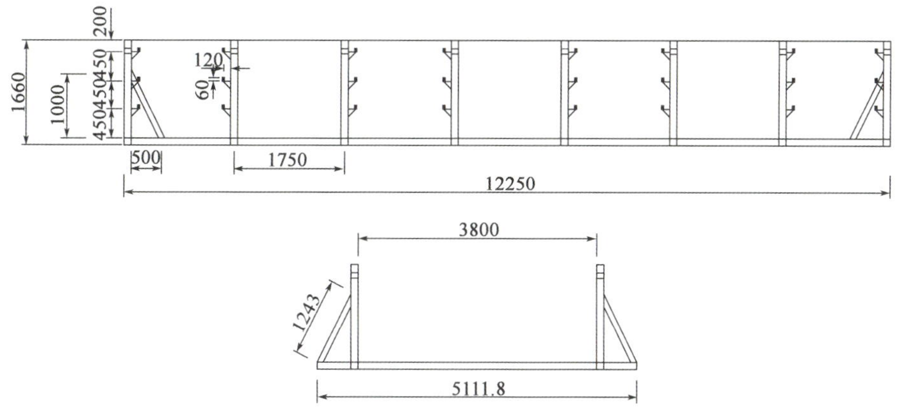

图 2-2-13　钢筋笼存放台座(尺寸单位:mm)

(3)钢筋笼安装

利用专用吊具,将检查完毕的钢筋笼放入侧模梳子槽内进行定位安装,固定好侧模与底模的连接螺栓,并检查模板之间的密贴性,完成后穿预应力钢筋和上夹片锚环,贴密封条,以免漏浆。

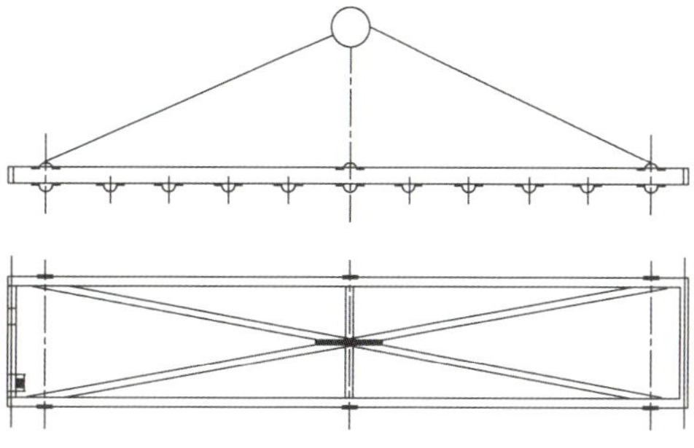

图 2-2-14　钢筋笼吊具图

待钢筋骨架吊入底模并将钢筋笼放入侧模梳子槽后,穿预应力钢丝,保证合缝紧密,并在钢筋骨架侧面绑上垫块,以定位钢筋笼,防止混凝土浇筑时钢筋笼走位。

钢筋笼安装完成后,按照设计位置预留 ϕ60mm 聚氯乙烯(PVC)管,作为起吊吊点。吊点位置若与钢筋相碰,可适当移动,混凝土预制板吊装完成后,吊点位置采用微膨胀水泥砂浆回填,水泥砂浆的强度不低于 C60 混凝土强度。吊点位置详见图 2-2-15。

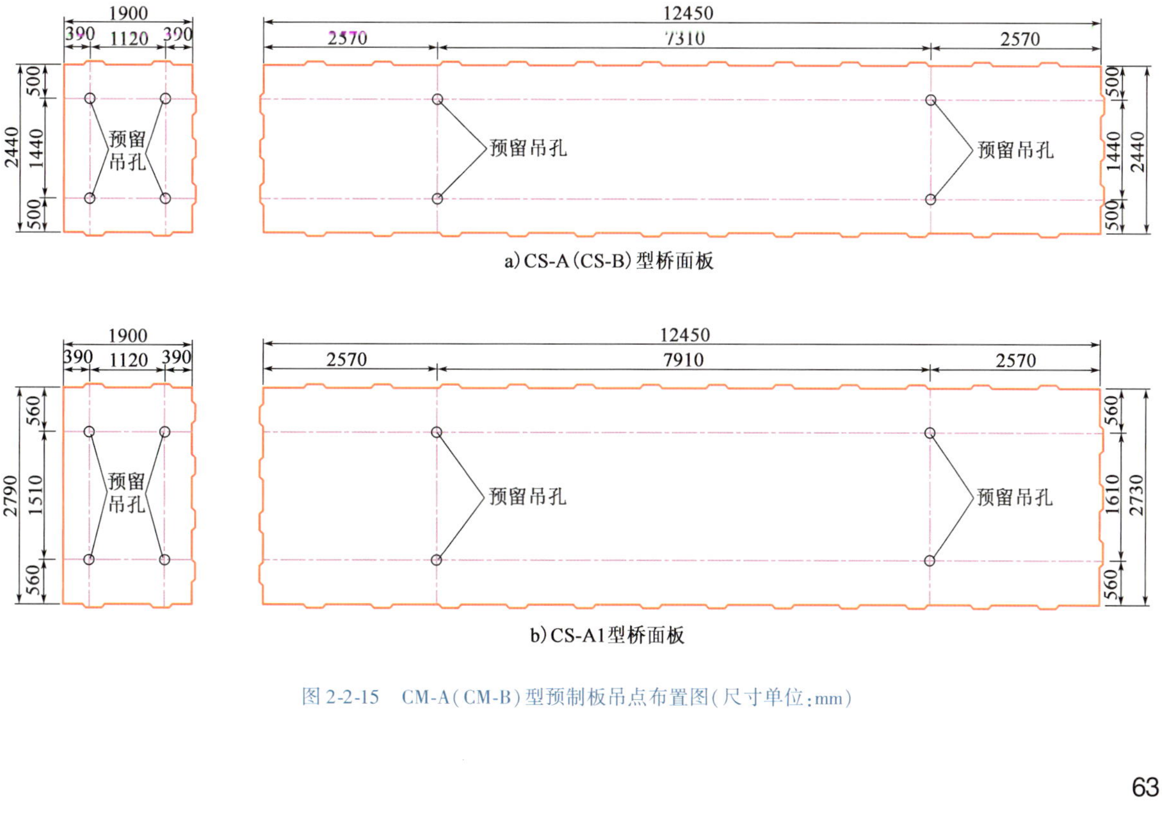

图 2-2-15　CM-A(CM-B)型预制板吊点布置图(尺寸单位:mm)

2.3.4 预应力钢丝的安装及张拉

(1)预应力钢丝安装

①预应力钢丝安装前必须检查预应力钢丝是否完好,严禁采用损坏严重的预应力钢丝。

②先通过张拉端钢横梁的分丝板,再通过侧模板上预留的预应力钢丝孔,将预应力钢丝穿入钢筋笼内,并安装好夹片锚环。

③将预应力钢丝从固定端钢横梁的预应力钢丝孔道中穿入,依次穿过张拉台位上的13套侧模,最后从另一侧活动钢横梁的预应力钢丝孔道中穿出,张拉端和固定端钢横梁分丝板分别与锚夹片相连接,确保预应力钢筋的丝位准确。定位与设计位置偏差不得超过5mm,并且不超过构件最短边长的4%。

预应力钢丝安装如图2-2-16所示。

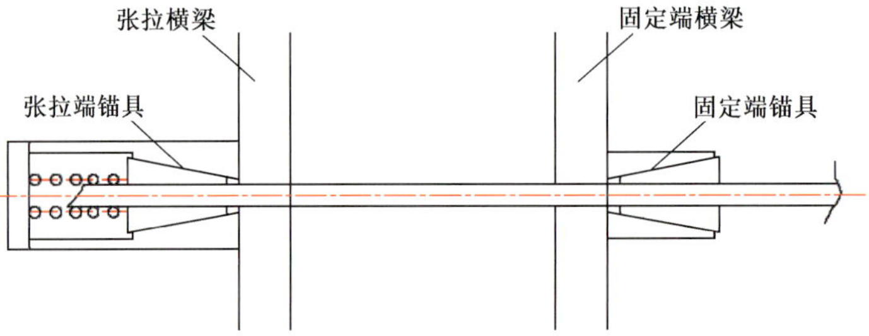

图2-2-16 预应力钢丝安装示意图

(2)预应力钢丝张拉

消除应力钢丝分为初张拉和终张拉两步完成。初张拉使用4YSD型千斤顶,顶力为1000~2000kN。采用单丝张拉,初张拉完成张拉控制应力的20%;终张拉采用全自动张拉系统进行张拉,终张拉时全程由电脑控制,以保证张拉准确。终张拉结束后持载5min,若张拉应力满足要求,进行千斤顶锁定;若有应力损失,进行整体补张拉,然后进行千斤顶锁定。

①检查夹片锚环位置是否正确,确认后进行钢丝预紧。

②检查模板高程。定型钢侧模设有钢丝定位孔(图2-2-17),为保证钢丝与模板之间不产生磨损,钢丝预紧后及时检查模板高程,发现有不合适的及时调整以保证钢丝完好无损,进而保证张拉安全。

图2-2-17 侧模钢丝定位孔

③模板调整完成后,可进行初张作业。

初张按照20%的终张力进行控制,在横梁两侧向中间单丝张拉。

$$P_P = \sigma_{con} A_P \tag{2-2-3}$$

式中：P_P——初张时的控制力(N)；

σ_{con}——张拉控制应力(MPa)，$\sigma_{con}=1020MPa$；

A_P——消除应力钢丝有效截面积(mm^2)，$A_P=35.573mm^2$。

由式(2-2-3)得：

$P_P=1020MPa\times35.573mm^2\times20\%=7257N$

初张拉伸长值为：

$$\Delta L_3=\frac{P_PL}{A_PE_P} \tag{2-2-4}$$

式中：ΔL_3——消除应力钢丝初张时的伸长量(mm)；

P_P——初张拉时的控制力(N)；

E_P——消除应力钢丝弹性模量(MPa)，$E_P=2.05\times10^5MPa$；

其余参数含义同上。

由式(2-2-4)得：

$$\Delta L_3=\frac{7257\times51800}{35.573\times2.05\times10^5}=51.5mm$$

④初张完成后进行终张施工。

终张拉：张拉横梁预应力筋至张拉控制值 $P_P=36284N$，并保持张拉力稳定超张拉。

$$P_P=\sigma_{con}A_P \tag{2-2-5}$$

式中参数含义同上。

由式(2-2-5)得：

$P_P=1020MPa\times35.573mm^2=36284N$

预应力筋采用先张法施工，以张拉力控制为主，张拉延伸量作为校核使用。理论伸长值 $\Delta L=257.8mm$，实测伸长量与理论计算值偏差不应大于 ±6%，张拉过程中应使张拉横梁与固定横梁始终保持平行，并根据传感器显示记录预应力钢丝的预应力值，其偏差的绝对值不得超过按一个构件全部预应力筋预应力总值的5%。参考《公路桥涵施工技术规范》(JTG/T 3650—2020)。

$$\Delta L=\frac{P_PL}{A_PE_P} \tag{2-2-6}$$

式中：ΔL——消除应力钢丝终张拉时的伸长量(mm)；

P_P——终张时的控制力(N)。

其余参数含义同上。

由式(2-2-6)得：

$$\Delta L=\frac{36284\times51800}{35.573\times2.05\times10^5}=257.7mm$$

⑤根据终张拉施工完成后的数据测量结果，确定是否需要补张拉。

(3)张拉施工的注意事项

①夹片锚环安装前应进行检查和清理。

②传感器必须经过效验。

③施加预应力采用自动张拉设备，张拉记录应由系统自动生成。进行张拉控制的测力传感器示值误差不得大于 ±0.5% F.S，位移传感器示值误差不得大于 ±0.1mm；传感器自校有效期不得超过一个月，且每年送检一次。

④严禁超张拉。

⑤预应力应均匀施加，采用横梁整体张拉时单根预应力筋加载速率不应大于4kN/s，至设计张拉力时应持荷5min，然后锁紧锚具夹片。

⑥张拉过程中,应保持同一张拉横梁两千斤顶活塞伸长值之间偏差不大于2mm。

⑦张拉过程中,张拉至控制应力的80%,持载3min,保障张拉安全。

⑧张拉时严格控制张拉力。伸长值应在规定范围内,否则应查明原因进行处理。

⑨终张过程中若出现断丝情况,应即刻进行放张补丝。

⑩张拉人员应做好张拉记录,包括张拉读数、张拉伸长值、预制板编号及断、滑丝处理情况。

(4)张拉施工控制

完成终张之后,持载5min,检查张拉应力及伸长值,如有问题则需进行补张处理。静载过程中若出现断丝且超出规范限值,则需进行放张补丝。预应力检查项目见表2-2-3。

预应力检查项目　　表2-2-3

序号	检查项目		规定值和允许偏差	检查方法	频率	权值
1	镦头钢丝同束长度相对差	$L>20m$	$L/5000$ 及 5mm	尺量	每批抽查2束	2
		$20\geq L\geq 6m$	$L/3000$			
		$L<6m$	2mm			
2	张拉应力值		符合设计要求	查油压表读数	每束	3
3	张拉伸长率		符合设计规定,无设计规定时±6%	尺量	每束	3
4	同一构件内断丝根数不超过钢丝总数的百分数		1%	目测	每根(束)检查	3

注:L为钢束长度。

(5)张拉过程中的安全控制

①预制施工时,危险作业点布设安全网。使用双5mm厚钢板,外侧贴一层1.5cm厚的竹胶板起缓冲作用;制作2组高度为1.2m的安全防护墙,在钢丝张拉开始至放张结束的施工区间内,分别放置在固定端及张拉段正对位置,防止在受力期间,应力钢丝断裂或滑丝时锚具和夹片飞出伤人。

②消除应力钢丝在钢筋笼中穿过,为防止钢丝断裂时将钢筋笼掀起;将钢筋笼与侧模固定,侧模连接底模,增加钢筋笼重量。

③根据施工经验,预应力钢丝断裂一般发生在跨中位置,现场将跨中位置3块模板上的钢筋笼进行固定。利用Φ12钢筋做成拉筋,利用拉筋将钢筋笼与混凝土配重块连接在一起,以确保钢丝断裂时钢筋笼不会上翻飞起。

④张拉过程中在持载期间,检算理论伸长值与实际伸长值是否满足设计要求。如不满足设计要求,暂停张拉,查明原因并处理后继续张拉。

2.3.5 混凝土施工

(1)混凝土拌和

预制板预制采用C60混凝土。混凝土在4号拌和站集中拌制,使用12m^{3}的混凝土运输车运至施工现场。

(2)准备工作

①模板划线

设计要求混凝土板厚度为297~302mm,且具有2%的坡度。为保证施工精度满足设计要求,须在侧模检查完毕后进行划线。

②模具降温

混凝土浇筑过程中,模板温度控制在5~35℃之间,严禁过热;夏季高温期施工时,为保证施工质量能满足要求,混凝土浇筑时间尽量避开中午,在浇筑之前及时洒水降温。

③模板升温

混凝土浇筑过程中,保证模板温度在5~35℃之间,严禁过冷。施工期间,进入冬季低温期,为保证混凝土浇筑时模板温度满足要求,浇筑前需开启模板底部加热装置。

(3)混凝土浇筑

混凝土运输至现场后,使用50t门式起重机配合4m^{3}全自动混凝土料斗(图2-2-18)进行布料,采用变频附着式振动器振捣的方法施工。

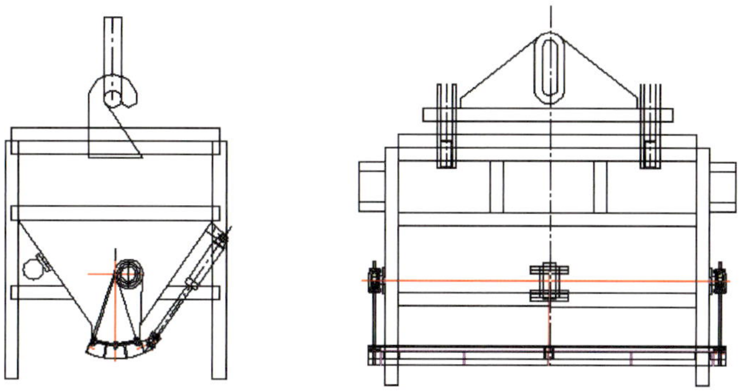

a)示意图

b)实物图

图2-2-18 料斗

按照规范要求,混凝土浇筑宜在4h之内完成。

①浇筑顺序

混凝土布料斗从台座的第1套模具到第13套模具,依次、连续、均匀地将混凝土灌注入模,混凝土浇筑采用布料斗进行布料,禁止搅拌后的混凝土过长时间停留,以免坍落度损失过大。混凝土分三层进行布料,由一端向另一端逐步进行。第一层布料厚度为桥面板厚度的70%;第二层基本布满;第三层局部混凝土厚度不够时要及时补料,厚度超标时清理多余混凝土,混凝土振动后应满足297~302mm厚度要求。

②混凝土振捣

混凝土采用附着式轨道板变频电机振捣,以每块模具为独立单元启动振动装置,将混凝土密实成型。每块模板设置有12个轨道板变频点机,采用梅花形布置,如图2-2-19所示。通过现场实际检测统计,查看混凝土振捣效果,如有问题及时调整振捣器布置形式。

混凝土振动时间根据现场混凝土坍落度及振动情况做相应调整,每次振捣时间根据现场实测情况进行确定,第二次振动以混凝土表面呈水平状态不再显著下沉,不再出现大气泡为振动完成判断标准。振动过程中若出现大气泡采用扫把将其扫破。严禁过振,避免混凝土表面出现水波纹。混凝土浇筑时,须安排专人负责振动器的运转及使用情况,如有故障迅速组织抢修、更换,以避免因振动不及时而导致出现空洞或蜂窝麻面现象。

图2-2-19 振动器安装布置图

③收面抹光施工

混凝土振捣完成，进行初次收光，待混凝土初凝时进行第二次收光，确保混凝土外观质量良好，谨防表面开裂。

④工艺流程

每个台座施工详细工作流程如图 2-2-20 所示。

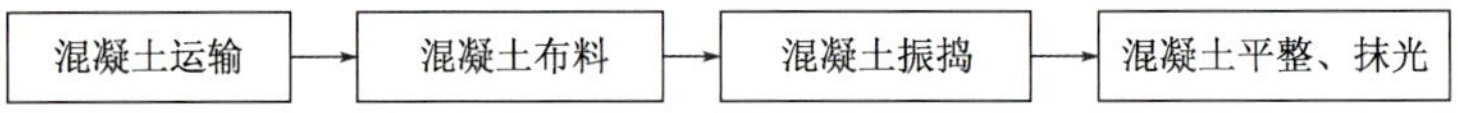

图 2-2-20　台座施工工艺流程图

⑤混凝土浇筑注意事项

a. 混凝土浇筑之前，应检查已组装好的钢筋笼，确定没有移位后方可进行浇筑。

b. 检查模型是否严密紧固，是否有划线，振动器工作状态是否正常。

c. 钢筋笼与模板报检合格后，方可进行混凝土灌注。

d. 由 4 号拌和站运输至施工现场，在运输过程中保证混凝土的和易性。

e. 混凝土布料时注意优先将模具四周及起吊螺栓位置处的混凝土布满。为保证混凝土能优先布满上述位置，边布料边使用铁锹直接在吊斗口处使用铁锹摊铺均匀，铁锹严禁碰触钢筋笼。

f. 振捣过程中若出现大气泡需用扫把将其扫破。严禁过振，避免混凝土表面出现水波纹。

g. 混凝土振捣结束后，用铁抹子整平、抹光，混凝土初凝前进行再次收面。

⑥混凝土试块制作

在浇筑过程中随机或一台位最后一块板的选取混凝土制作试件，脱模试件随板同条件一起养护，28d 标准试件按标准养护。

每一片板（长度 12.45m < 16m）制作试块 1 组，在标准条件下养护，用于检测 28d 的标准强度；长线台座法浇筑混凝土，最后一块板制作时额外制作 2 组试块，与预制板进行同条件养护，用于预应力放张时的抗压强度检测。每次混凝土浇筑前需制作 2 组弹性模量检测试块，一组标准养护，用于 28d 弹性模量检测；另一组与预制板同条件养护，用于放张时弹性模量检测。

试件与预制板同条件振动和养护，试件养护位置放在最后完成混凝土浇筑的板处或者台座内蒸汽最薄弱处，根据蒸汽管道设置情况，生产试件放在预制板侧模或端模上。

⑦安全及环境保护

浇筑作业设负责人一名，统一协调指挥所。操作人员要集中精力，发现异常情况要及时汇报，及时处理。

浇筑时必须做到作业有序，工具摆放合理。

在浇筑预制板混凝土时，安排专人负责监控振动器的运转情况，如发生故障则迅速组织更换。

夜间施工时，要确保照明充足。

作业人员必须穿着绝缘胶鞋，佩戴安全帽、绝缘手套等劳保防护用品。

振动电机等电器在使用时应接好漏电保护器。

不合格混凝土不得用于预制板生产，混凝土残渣及时统一处理，不得随意丢弃。

清洗搅拌机和灰斗的废水经统一处理达标后排放。

（4）混凝土养护

混凝土浇筑完成后蒸汽养护。蒸汽养护如图 2-2-21 所示。

蒸汽养护分为静停、升温、恒温、降温四个阶段。静停 5h、升温 3h、恒温 7h、降温 3h，预制板总养护时间约为 18h。

①静停：混凝土浇筑后在不低于 5℃的环境中静停 4 ~ 6h 后方可升温。

②升温：升温速度不应大于 10℃/h。

③恒温：恒温蒸汽养护期间，板内芯部混凝土温度不应超过 55℃。

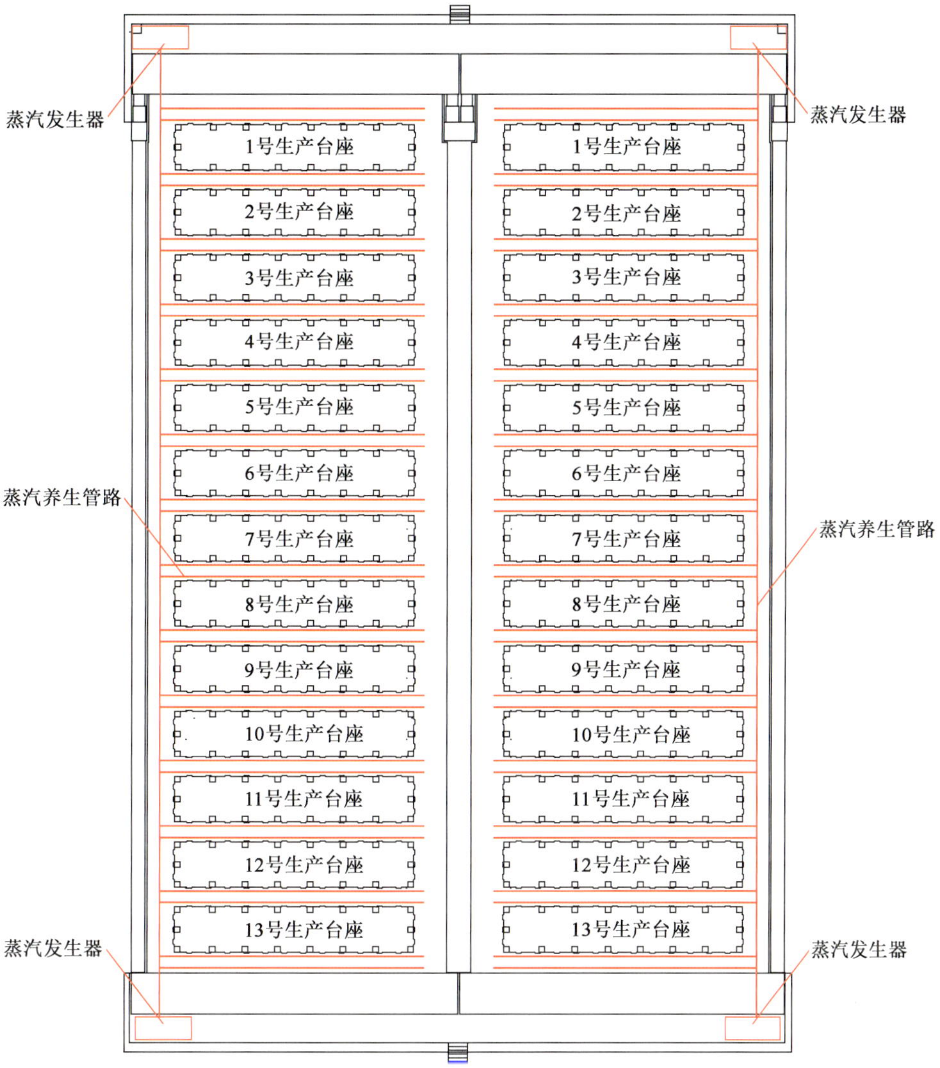

图 2-2-21 蒸汽养护示意图

④降温:降温速度不应超过 10℃/h。

预制板在生产台位采用活动帆布覆盖台位,并进行蒸汽养护。在存板区采用喷淋设备,前 7d 进行喷淋保湿养护,之后进行自然养护。自然养护 300d 后才能吊装发运。

2.3.6 放张施工

根据同样试块的检测,当混凝土的强度及弹性模量完全达到设计值时,进行预应力放张。预应力放张时,预制板表面与环境温差不应大于 15℃。

(1)放张的方法

预应力放张采用回收千斤顶的方法进行。整个放张过程分三次进行,分别为按照控制应力的 60%、20%、0% 进行放张,前两次放张每次持载 3min,确保模板滑动与放张同步进行,以确保施工安全及预制板的施工质量;最后一次放张完成 5min 之后再剪短钢丝,以确保剪断安全。

(2)消除应力钢丝的切断方式

放张完成后采用机械切割的方式进行切断。

(3)切断顺序

长线台座放张,应由放张端开始,逐次向另一端切割。本方案中靠近放张端的 9 块模板设有滑动支座,所以可以一起切断,剩余的4块模板按照由放张端向固定端逐次切断。

(4)放张注意事项

为了检查构件放张时钢丝与混凝土的黏结是否可靠,切断钢丝时应测定钢丝往混凝土内的回缩数值。

钢丝回缩数值的简易测试方法:在短板贴玻璃片和在靠近端板的钢丝上贴胶带纸,并用游标卡尺读数,其精度可达0.1mm。

钢丝的回缩数值不应大于2.0mm,如果回缩数值大于2.0mm,应及时分析原因并进行改正,以确保预制板的施工质量。

2.3.7 预制板吊运及检查

(1)脱模吊装

完成消除应力钢丝切断及侧目插销拆除后,便可将预制板调运至脱模平台进行侧模拆除及检修。

吊运之前提前清理出预埋套管,上好螺栓,并检查吊架、吊绳、吊链、卸扣是否有异常,如有异常及时处理。在起吊时,必须得到指挥人员的指示方可起吊。严禁多人指挥,且对任何人发出的紧急停车信号都应立即停止预制板的起吊。

(2)运输及检查

待预制板脱模完毕后,应及时检查。如有破损,应及时用同等强度混凝土修补,修补完成,检查合格,运输至存板区进行存放。

预制板运输采用50t有轨电车运输,拆卸吊装方式与脱模吊装相同。

调运过程中及时记录磕碰、损坏、断裂等特殊情况,如遇断裂等不可修复破坏,需放置在指定位置,集中处理。

2.3.8 预制板脱模

待预应力钢筋放张,切断预应力钢筋后,拆除侧模与底模的连接螺栓,预制板连同侧模、端模一起用专用吊架吊至脱模平台(图2-2-22),然后用专门的工具使侧模、端模脱离预制板。修补预制板后,吊至运板轨道平车,运至存板区。

清理和修补侧模、端模并喷涂脱模剂后,吊至生产区相应的底模上,并用锥销定位,使侧模、端模固定在底模上。

2.3.9 预制板验收及存放

(1)预制板验收

完成脱模之后进行预制板修补,完成修补并报检通过后方可编号“入库”,运输至指定位置存放。

(2)预制板存放基本要求

预制板为纵向单向板,存放时,采用两边支撑、水平叠置的存放方式,支撑位置设置在设计吊点位置,叠置层数不应大于5层,层与层之间应以垫木隔开,垫木应放在规定位置,且应在同一垂直线上。存放期间,应采取必要的防护措施,防止预制板受到碰撞、损伤。

底部采用6根20cm×20cm×2m的方木,沿桥预制板长方向布置;中层采用6根15cm×15cm×2m的方木隔开预制板,上层采用6根10cm×10cm×2m的方木隔开预制板。

预制板成品应按型号和批次分别存放;不合格的预制板应单独存放,集中报废处理;相邻预制板间放置木块进行隔离;建立成品板管理台账。

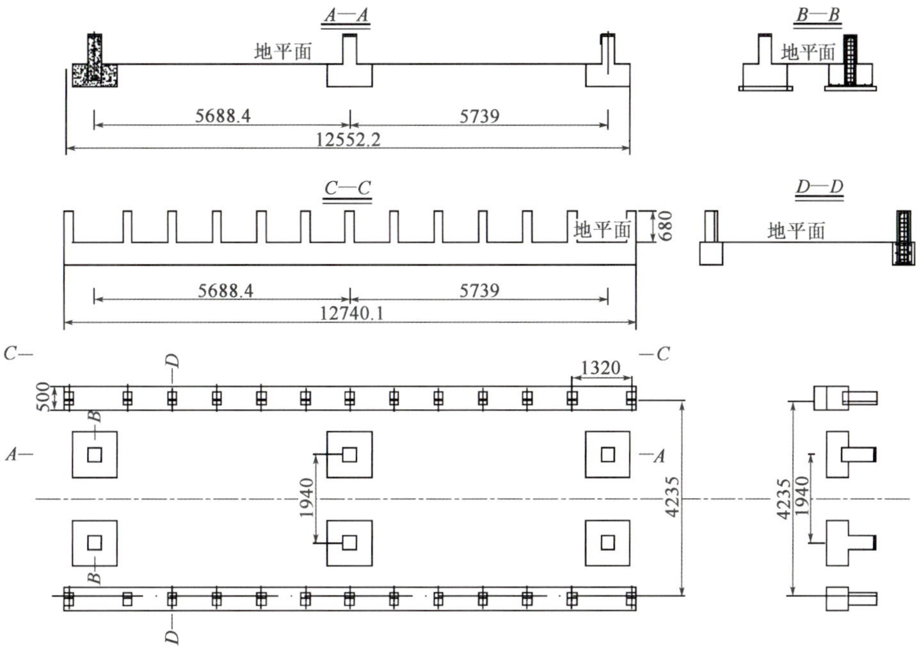

图 2-2-22 脱模平台(尺寸单位:mm)

存板区基础检算:

①局部承压检算

现场计划放置五层,底层方木尺寸为 20cm × 20cm × 200cm,共布置 6 根。

接触面积:$A = 0.2 \times 2 \times 6 = 2.4\text{m}^2$

上部板重:$F = (24 + 6) \times 10 \times 5 = 1500\text{kN}$

地面应力:$\sigma = \dfrac{F}{A} = \dfrac{1500}{2.4} = 0.625\text{MPa} < 14.3\text{MPa}$

基础为 C30 混凝土基础,强度满足施工要求。

②条形基础抗裂检算

预制板下侧基础承受压强为:

$$\sigma = \frac{F}{A} = \frac{1500}{58.8} = 25.5\text{kPa}$$

向上的反作用力:

$F_1 = \sigma S = 25.5 \times (55.8 - 7.2) = 1239.3\text{kN}$

条形基础为 20cm 厚钢筋混凝土,如图 2-2-23 所示。

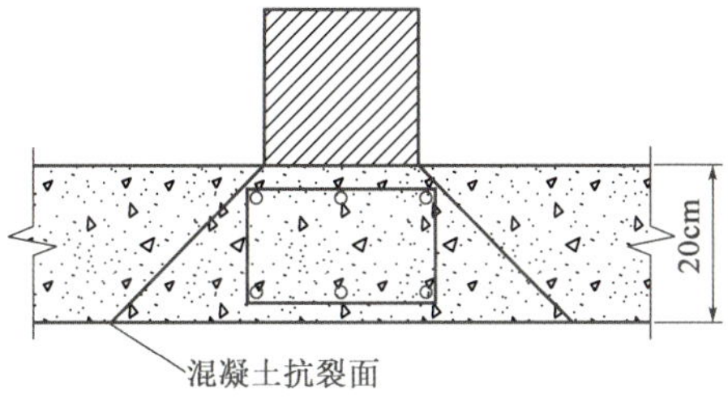

图 2-2-23 条形基础结构

混凝土抗裂面面积:

$A = 2 \times 6 \times 2 \times 0.283 = 6.8\text{m}^2$

抗裂承载力：$F=\sigma_0A=1.43\times6.8=9700\mathrm{kN}>F_1$

地基抗裂承载力满足施工要求。

(3)预制板存放注意事项

①预制板运送至存板区后，要对外露钢筋(非镀锌钢筋)粉刷水泥浆进行防腐、防锈处理。

②预制板存放厂区设专人看管，严禁板上堆载及人员攀爬。

③喷淋养护完成后检查钢筋的水泥浆覆盖是否全面，确定是否需要加强刷浆处理。存板期间，按照每周一次的频率进行检查，发现水泥浆脱落及时补刷。

03

第3篇

桥梁施工与监测

三门峡钢桁组合梁公铁两用桥

建造关键技术

KEY TECHNOLOGY FOR THE CONSTRUCTION

OF SANMENXIA STEEL-TRUSS COMPOSITE GIRDER HIGHWAY-RAILWAY DUAL-PURPOSE BRIDGE

第1章 下部结构施工

1.1 深水基础施工

1.1.1 总体施工方案

根据现场实际地形、水文和设计资料，1～9号墩钻孔桩施工采用先平台后围堰施工方法，陆地基础施工时，采用履带式起重机或汽车起重机配合，水中基础采用70t门式起重机+100t履带式起重机配合。各墩基础施工方法见表3-1-1。

各墩基础施工方法汇总表 表3-1-1

墩号	地面高程(m)	承台底高程(m)	最高施工水位(m)	水深(m)	钻孔桩施工方法	起吊设备
1	+313.156	+299.198	+316.808	3.652	钻孔平台钻孔	70t门式起重机+100t履带式起重机
2	+305.0	+298.846	+316.808	>11.808	钻孔平台钻孔	70t门式起重机+100t履带式起重机
3	+305.0	+298.494	+316.808	>11.808	钻孔平台钻孔	70t门式起重机+100t履带式起重机
4	+305.0	+299.142	+316.808	11.808	钻孔平台钻孔	70t门式起重机+100t履带式起重机
5	+307.0	+298.790	+316.808	9.808	钻孔平台钻孔	70t门式起重机+100t履带式起重机
6	+308.0	+298.438	+316.808	8.808	钻孔平台钻孔	70t门式起重机+100t履带式起重机
7	+307.0	+299.086	+316.808	9.808	钻孔平台钻孔	70t门式起重机+100t履带式起重机
8	+307.0	+298.734	+316.808	9.808	钻孔平台钻孔	70t门式起重机+100t履带式起重机
9	+312.907	+303.382	+316.808	3.901	钻孔平台钻孔	70t门式起重机+100t履带式起重机

1.1.2 施工顺序

(1)9～5号墩基础施工

9～5号墩钻孔桩采用搭设钻孔平台，旋挖钻机气举反循环钻进成孔。按照设计要求，平台基础钢管桩入土深度均不小于27m(不考虑局部冲刷)，单桩承载力不小于1640kN。

(2)4～1号墩基础施工

周转使用9～5号墩钢平台、临时钢护筒及其他机械设备。

1.1.3 施工流程

(1)主线栈桥施工

搭设跨度为15m、桥面宽为8m的栈桥作为三门峡黄河大桥主桥施工的运输通道。采用80t履带式起重机配合DZ120振动锤，由南岸向北岸(11～0号墩)按悬臂导向自定位法进行栈桥桩基的插打和栈桥主梁的悬臂安装施工。主线栈桥平立面布置如图3-1-1所示，主线栈桥结构如图3-1-2所示，悬臂导向自定位法如图3-1-3所示。

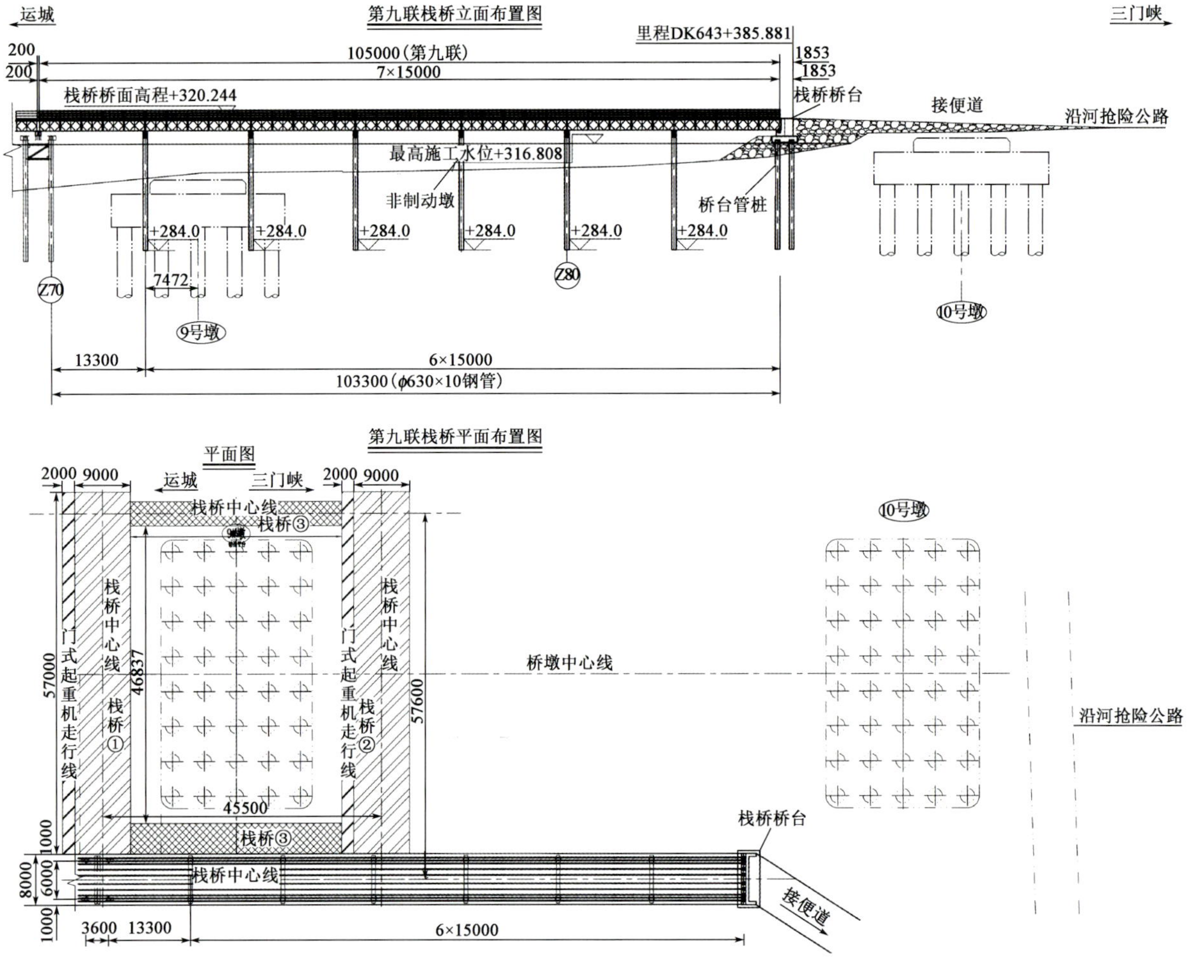

图 3-1-1 主线栈桥平立面布置示意图(以第九联为例)(尺寸单位:mm;高程单位:m)

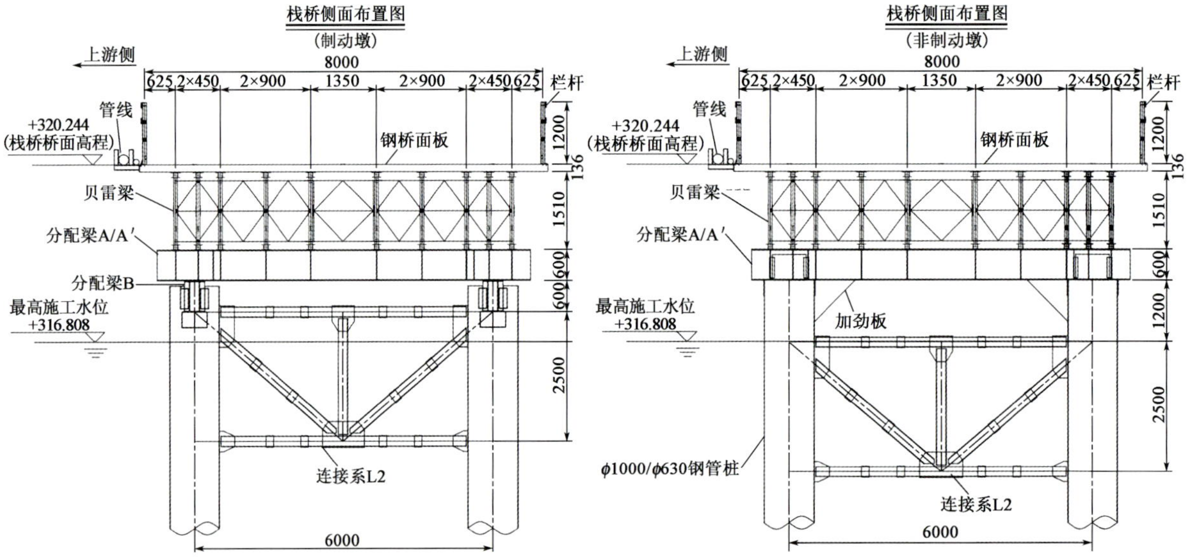

图 3-1-2 主线栈桥结构示意图(尺寸单位:mm;高程单位:m)

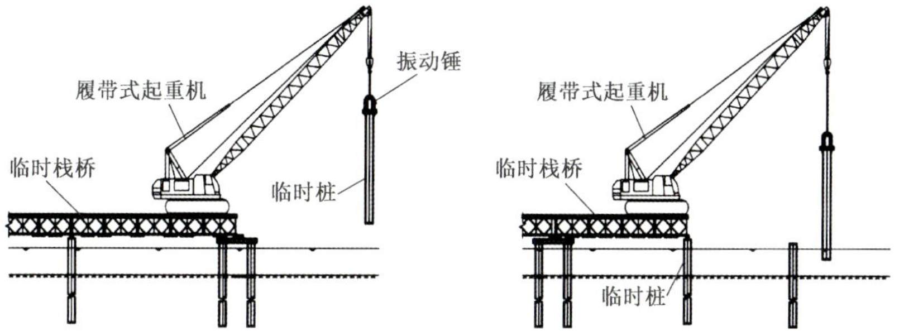

a) 插打临时桩，吊装临时栈桥

b) 履带式起重机站位于临时栈桥上，插打栈桥钢管桩

图 3-1-3 悬臂导向自定位法示意图

(2) 支线栈桥施工

支线栈桥施工方法与主栈桥施工方法相同，使用 80t 履带式起重机配合 DZ120 振动锤，由上游侧向下游侧施工，采用悬臂导向自定位法进行栈桥桩基的插打和栈桥主梁的悬臂安装施工。支线栈桥平面布置如图 3-1-4所示，支线栈桥结构如图 3-1-5 所示。

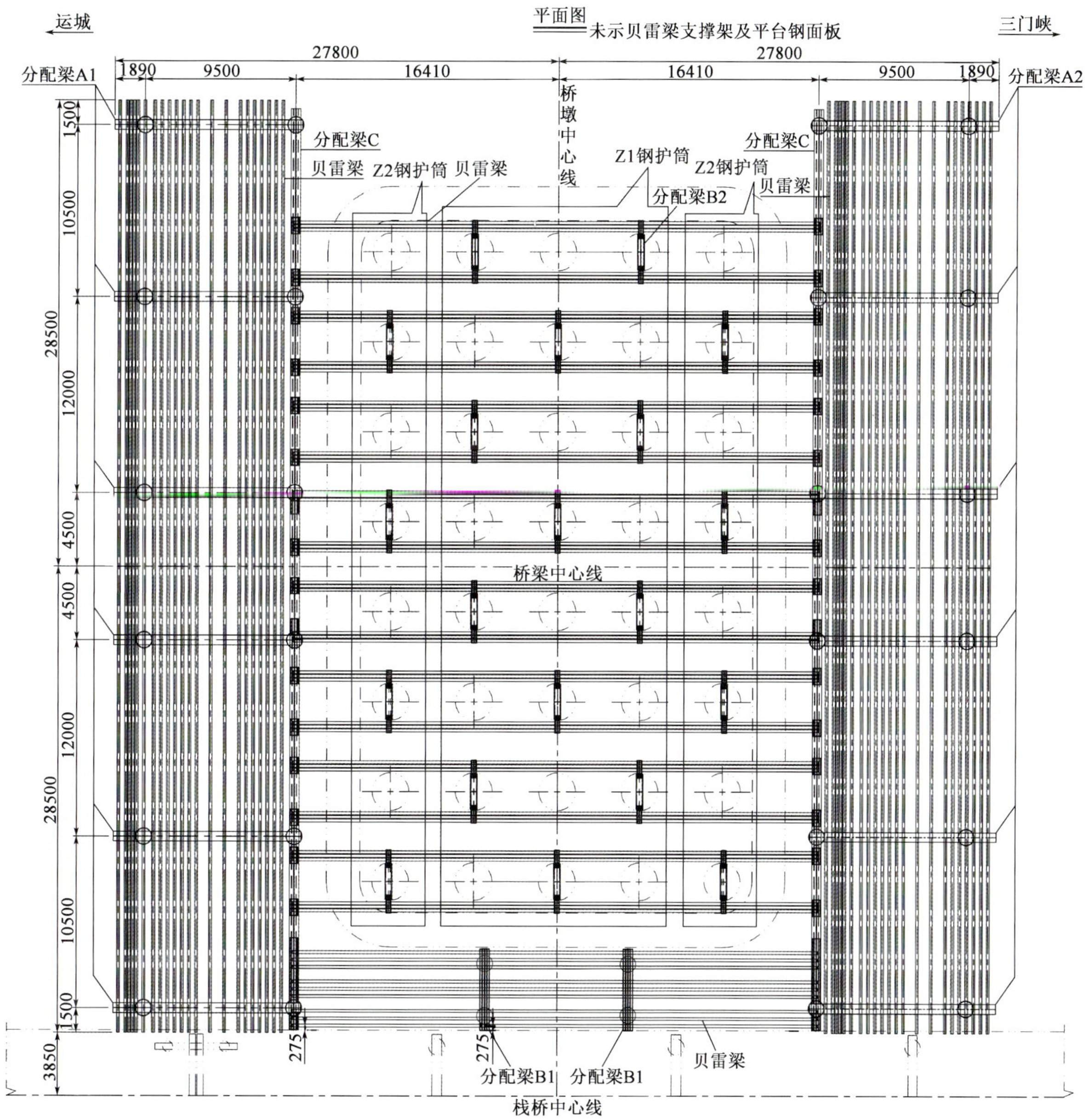

图 3-1-4 支线栈桥平面布置图(尺寸单位:mm)

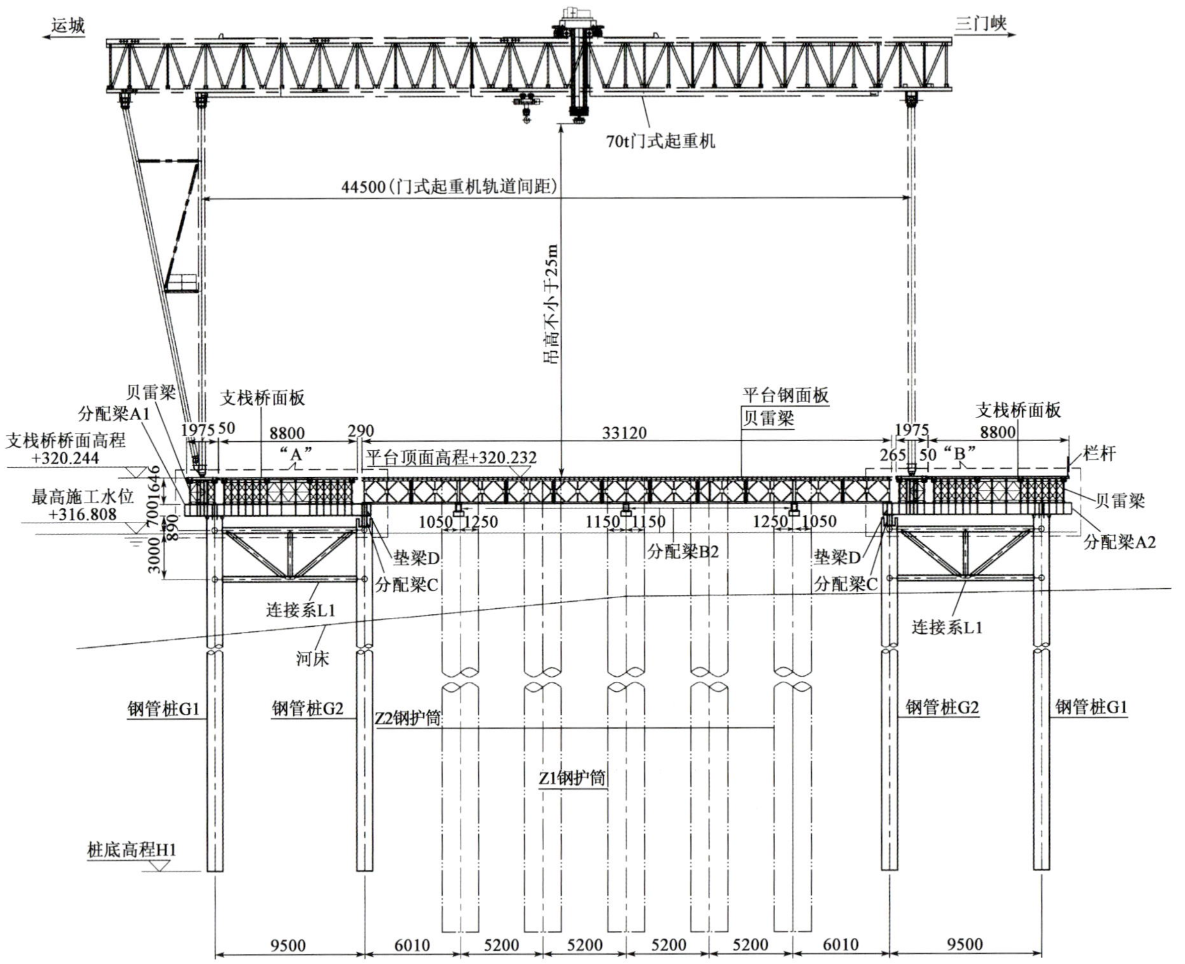

图 3-1-5　支线栈桥结构图(尺寸单位:mm;高程单位:m)

(3)打入临时桩搭设钻孔平台

钻孔平台平面布置如图 3-1-6 所示。

(4)打入钢护筒

采用 80t 履带式起重机配合 DZ120 振动锤,按设计长度打入永久及临时钢护筒。安装浆管及钢护筒连通通道。

(5)桩基施工

钻孔桩采用大扭矩旋转钻机成孔、泥浆护壁、垂直导管法灌注水下混凝土的成桩工艺进行施工。

1.1.4　施工方案

1.1.4.1　栈桥

1)工程概况

三门峡黄河公铁两用大桥主桥施工设单侧栈桥。栈桥布置在上游,起止里程为 DK642 + 1.8 ~ DK643 + 399.00,全长 1097.2m,栈桥中心线距桥中线 28.71m,栈桥宽 8m;栈桥均用贝雷梁拼成,栈桥两侧设钢筋混凝土桥台,栈桥共分 12 联,联内设制动墩,联与联之间设伸缩缝,在主桥 6 号墩与 7 号墩之间设置一个开启孔。栈桥采用钢管桩基础,栈桥墩设置单排两根桩。栈桥桩最大间距 16m,主梁桁高(系统线)1.5m,栈桥下弦系统线高程为 + 318.462m。栈桥钢管桩采用液压夹持器、振动打桩机及 100t 履带式起重机插打施工。栈桥顶面设运输道、水管及泥浆管等。

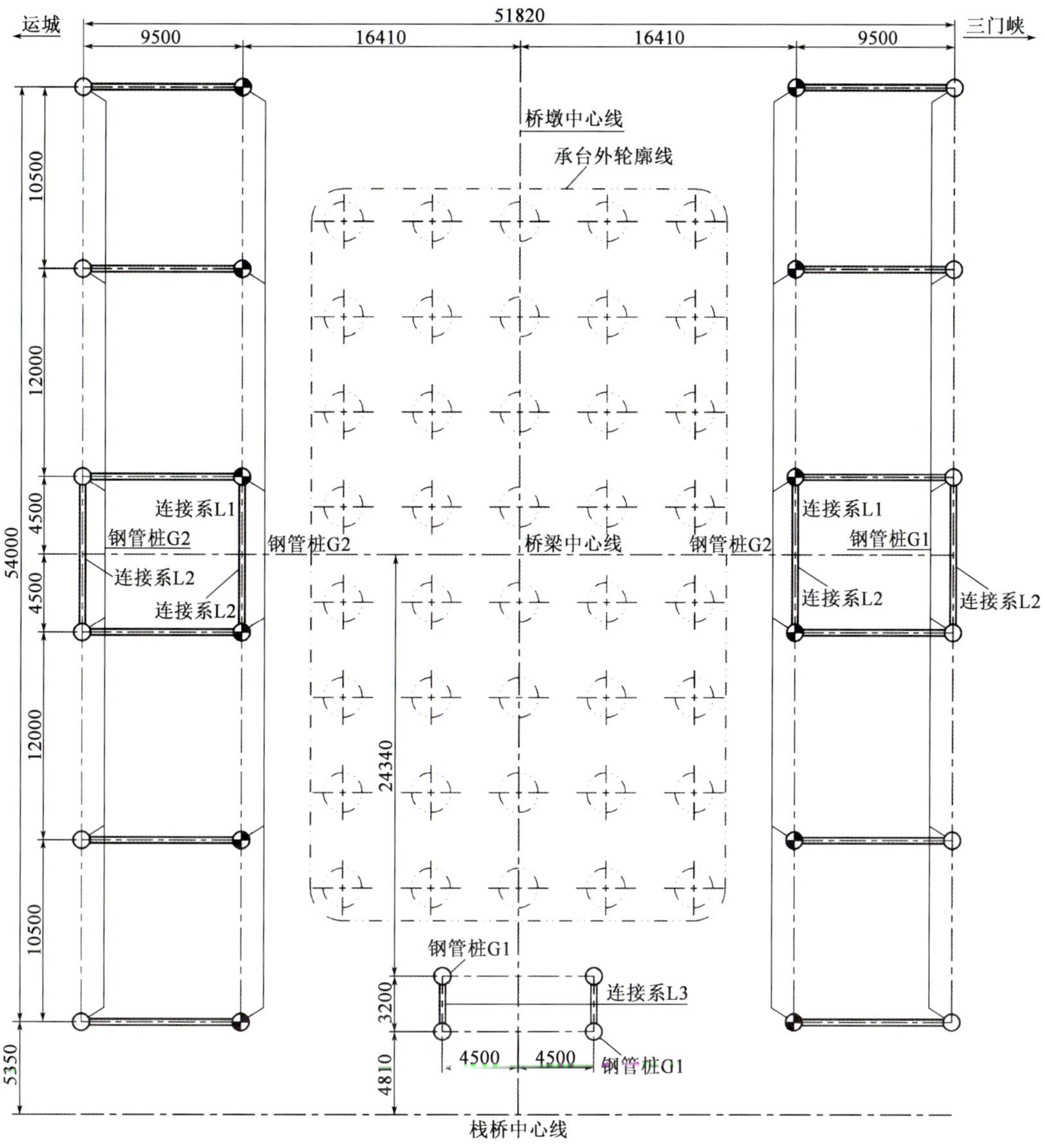

图3-1-6 钻孔平台平面布置示意图(尺寸单位:mm)

2)施工方法

采用80t履带式起重机,由南岸向北岸(11~0号墩)按悬臂导向自定位法进行栈桥桩基的插打和栈桥主梁的悬臂安装施工。

栈桥桩基插打施工时采用液压夹桩器可有效加快施工进度,该设备是配合振动锤进行基础施工的专用配套设备,可沉拔钢管桩等各类钢桩,其特点为:通过液压缸推动臂杆的动作,产生一定的夹紧力而进行夹持工作;通过工作压力(液压)的变化而适当调整夹紧力;通过液压控制装置的定时补油(油泵的工作可采取手动或自动定时补充压力),可保持工作时夹紧力的稳定;可根据不同形式的桩结构选用适应的夹桩器。

(1)在11号墩侧拼装并固定导向架,用100t履带式起重机和DZ120振动锤,插打第一孔栈桥的钢管桩。设置桩间连接系,安装桩顶分配梁,悬臂拼装预拼好的贝雷梁主梁节段。

(2)在已拼好的栈桥上铺设钢桥面板等桥面系统,在栈桥的悬臂端安装钢桩导向架。

(3)100t履带式起重机在栈桥上走行到位后打顶,用DZ120振动锤插打栈桥水中墩钢桩,设桩间连接系,安装桩顶分配梁及悬拼预拼好的栈桥主梁节段,设桥面系统。起重机在栈桥上走行,施工下一孔栈桥,直至全部施工完毕。

3)技术措施

(1)打桩前对现有水文、地质做全面了解。对钢管桩进行质量检查,不得有弯曲、严重局部变形和虚焊、漏焊等现象。桩的堆放、运输、起吊都应按规定设置支点和吊点。

(2)钢管桩若采用接长方式,则接桩时尽量保持桩的轴线在一条直线上,最大偏斜不大于5‰。

(3)用履带式起重机吊装DZ120振动锤插打钢管桩时,起重机不得受力,只能悬挂千斤绳起保险作用;DZ120振动锤每次连续锤击时间不宜超过3min。每当出现振动锤振幅异常或打桩导向架偏斜等情况时,都须停打进行检查分析处理。

(4)钢管桩入土深度以设计高程及贯入度双控控制(以桩底高程控制为主,黄河河槽之内贯入度10.21m/min)。

(5)履带式起重机在栈桥上走行到位,并在栈桥主桁节点上打顶后,方可吊装钢管桩及打桩机,进行钢管桩的插打工作。

(6)单排钢管桩插打完毕后,及时设置桩间连接系及桩顶分配梁。

(7)栈桥主梁节段在岸边预拼好后,由运输车运至栈桥前端,再由履带式起重机起吊悬臂拼装,并及时与桩顶分配梁连接。

(8)栈桥桥面铺设运输道时,要求与栈桥主梁连接牢靠,设栏杆,铺脚手板,挂设安全标识等设施。

1.1.4.2 钻孔平台

1)工程概况

钻孔平台由两侧支栈桥和中间钻孔作业区组成,采用钢管打入桩+贝雷梁结构,平台设防水位高程为+316.808m,平台顶高程为+320.048m。

钻孔平台平面尺寸为57m×32.82m,钻孔作业区采用临时钢管桩+贝雷梁结构。施工范围:三门峡黄河公铁两用大桥主桥1号墩至主桥9号墩,共打入临时桩两排,临时桩采用ϕ800mm钢管接长,横桥向接长双拼HN700型钢分配梁,与钢管桩桩帽相连;顺桥向铺设贝雷片。贝雷片上铺I12.6工字钢,间距为30cm,工字钢上铺花纹钢板。铺设工字钢及花纹钢板时应预留钻孔桩孔位。

钻孔平台布置如图3-1-7所示。

(1)桥宽

支线栈桥桥面净宽为9m,按1.0m人行道+2×3.0m双向行车道+1.0m人行道设计。

(2)主梁

采用开孔花架组合贝雷梁,4片一组,顺桥向布置11组,横桥向共设置16排。组合贝雷片的组合形式如图3-1-8所示。

(3)桥面结构

采用正交异性钢桥面板。桥面板为10mm扁豆形花纹钢板,桥面分配梁为I12.6工字钢、I10工字钢及[12.6槽钢。

(4)设计水位及栈桥高程

栈桥设计水位高程为+316.808m,桥面高程为+320.244m。

(5)设计速度

设计速度20km/h。

(6)墩顶分配梁

墩顶分配梁采用2HN700×300型钢制作;在临时钢管桩中心处将横桥向接长。

(7)桩基础

桩基础采用ϕ800mm×10mm钢管。钢管桩布置如图3-1-9所示。

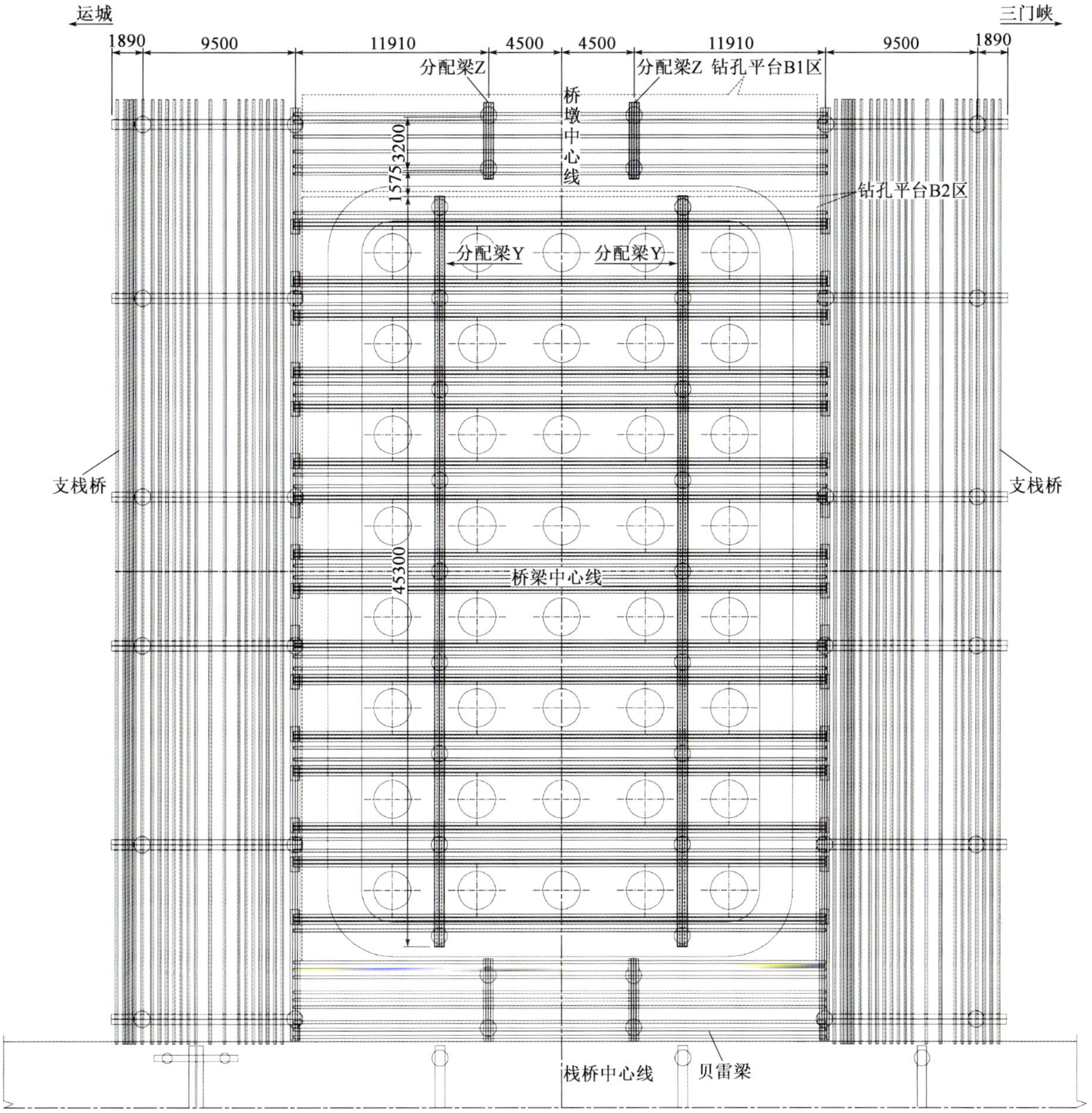

图3-1-7 钻孔平台布置图(尺寸单位:mm)

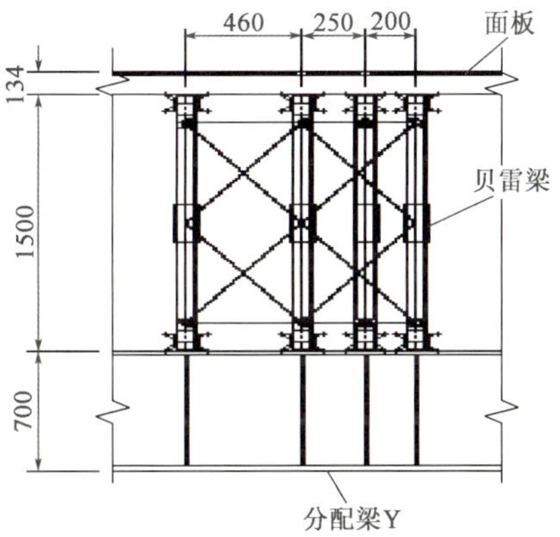

图3-1-8 贝雷片组合形式图(尺寸单位:mm)

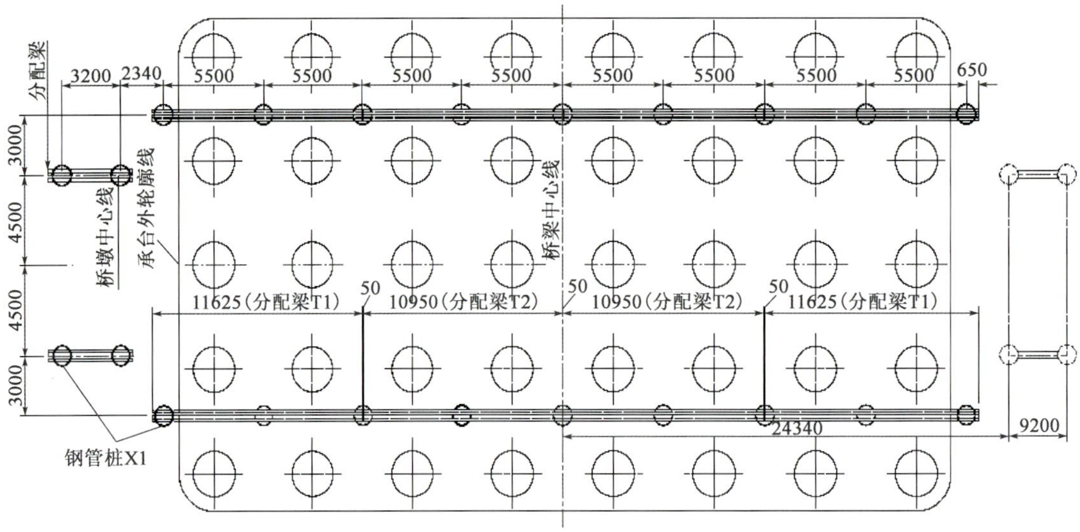

图 3-1-9　钢管桩布置示意图(尺寸单位:mm)

2)平台施工工艺流程

平台施工工艺流程如图 3-1-10 所示。

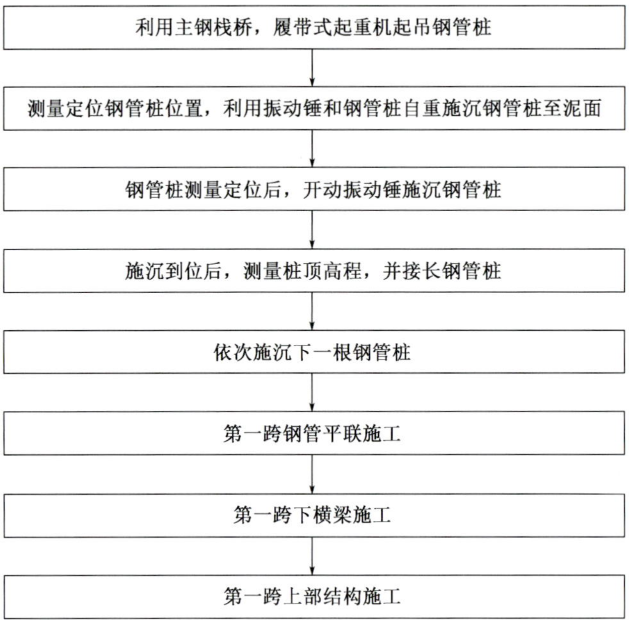

图 3-1-10　平台施工工艺流程图

3)施工方法

(1)钢管桩施工

①钢管桩沉放

平台施工采用 80t 履带式起重机以“钓鱼法”由主钢栈桥开始向外施工。钢管桩坐标及垂直度用两台全站仪,采用前方交汇法进行控制。钢管桩采用 DZ120 振动锤沉放。

a. 沉桩顺序:每跨钢管桩施沉前,首先确定沉桩顺序。钢管桩施沉总体按照先上游(靠近栈桥侧)后下游的施工顺序进行,并且要防止先施打的桩妨碍后续桩施工。施工平台钢管桩施工顺序如图 3-1-11所示。

b. 沉桩方法:钢管桩和振动锤在栈桥上套好,由履带式起重机起吊竖直后,通过事先焊在栈桥上的钢管导向架与钢管桩三边相切作限位装置,并用两台全站仪,采用前方交会法控制调整钢管桩的平面位置和倾斜度，定位后利用钢管桩和振动锤的自重慢慢下放至泥面，再通过测量复核调整钢管桩的平面位置及倾斜度，当平面位置偏差在±5cm以内、倾斜度在1%以内时，符合施工要求后，接通振动锤打桩机电源，下沉钢管桩到位，下沉终止以顶高程控制为主，并结合实际施沉情况确定。

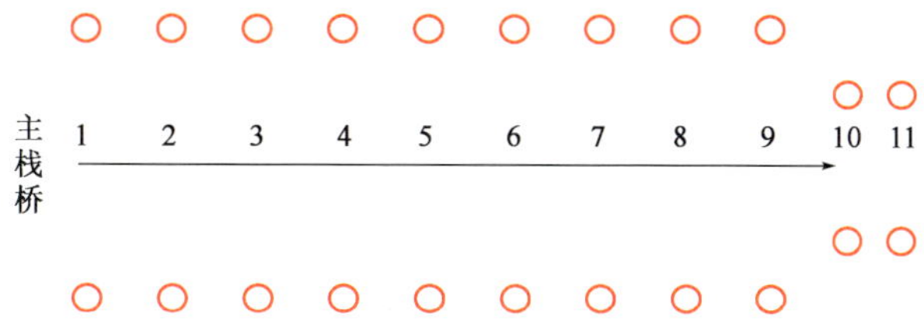

图3-1-11 钢管桩施工顺序编号图

1~11-施工顺序编号

c. 钢管桩施工精度要求：平面位置偏差为±5cm；倾斜度≤1%；高程偏差为0~15cm。

d. 钢管桩吊耳的设置：在钢管桩上对称设两个吊耳（要求在出厂前加工完成，并要求对其进行打磨）。

②施工控制要点

a. 在沉管过程中，如出现钢管桩快速下沉或钢管桩沉不下去的情况，应及时分析原因，进行处理。如快速下沉，可能是因桩尖穿过硬土层进入软土层引起的，应继续沉管作业。如沉不下去，可能是因桩尖顶住孤石或遇到硬土层引起的，应放慢沉管速度（慢振），待越过障碍后再正常沉管。

b. 沉桩过程中，若遇到下沉速度剧变，桩身突然发生倾斜、位移或有严重回弹，桩顶或桩身出现严重裂缝、破碎等情况时，应暂停沉桩，分析原因，采取有效措施。

c. 沉桩时，以控制桩尖设计高程为主。当桩端已达设计高程，而下沉速度仍较大时，应继续振动；若一段时间后下沉速度仍无改变时，应停止振动。

d. 当下沉速度很慢，而桩端高程未达到设计高程时，应继续振动10min，如无异常变化时，即可停止振动。

（2）钢管桩接长

①第一节钢管桩施沉到位后，测量钢管桩顶高程，并与设计高程对比，确定第二节钢管桩长度。

②若第一节钢管桩施沉到位后，钢管桩桩顶已超出设计高程，则工人通过搭设的翘板割掉钢管桩多余部分。

③若第一节钢管桩施沉到位后，钢管桩桩顶低于设计高程则应根据实测差值现场加工接长钢管桩。工人通过挂篮或翘板现场焊接接长钢管桩，如图3-1-12所示。

④切割高出设计高度的钢管，安装钢管桩帽。桩帽采用圆环形设计，使用2cm厚钢板，8条支撑肋板；钢管桩桩帽可先在工厂加工成整体，然后现场整体对接，对接位置建议按图3-1-13中“接头分界线”执行，现场对接时，应做到等强焊接。

图3-1-12 钢管桩接长

（3）平联施工

①平台设置一层平联，平联之间采用ϕ600mm×6mm钢管连接，平联加工成一端弧形直接焊接在钢管桩上，另一端采用连接钢板连接。连接系结构如图3-1-14所示。

②钢管桩单桩沉放结束后(2根以后)，立即将其与其他沉桩连成整体。开始平联的连接。平联的设置：钢管桩之间在高程为+2.5m处设置一层水平联系，平联采用ϕ600mm×6mm钢管。

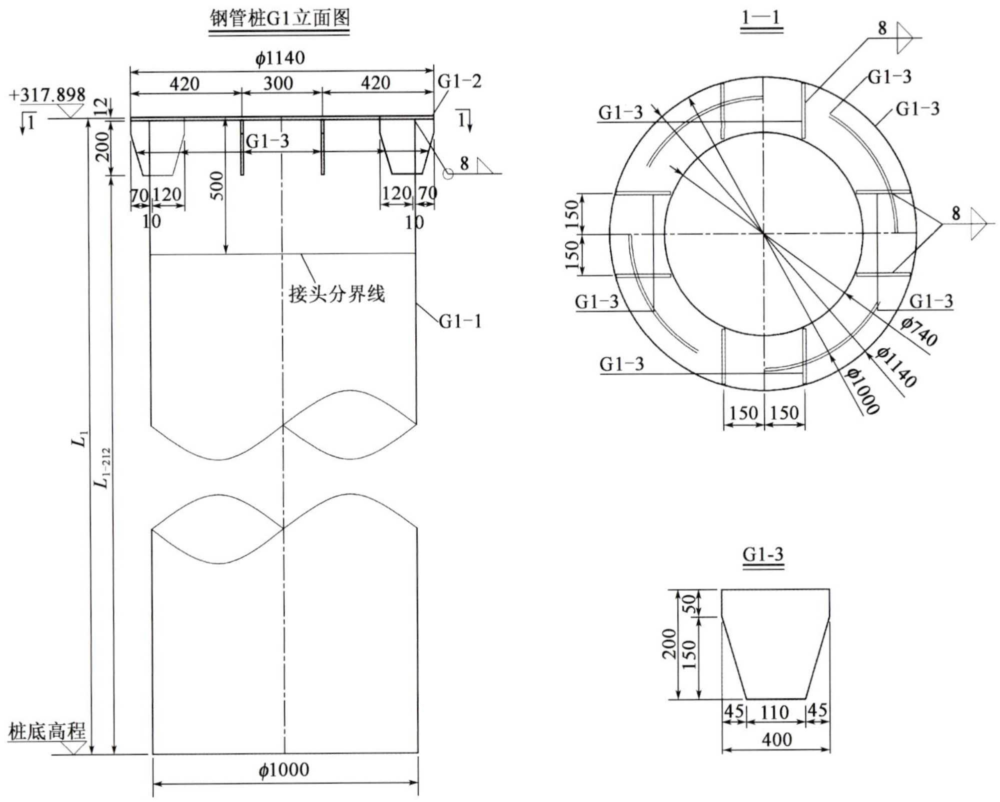

图 3-1-13　桩帽结构图(尺寸单位:mm;高程单位:m)

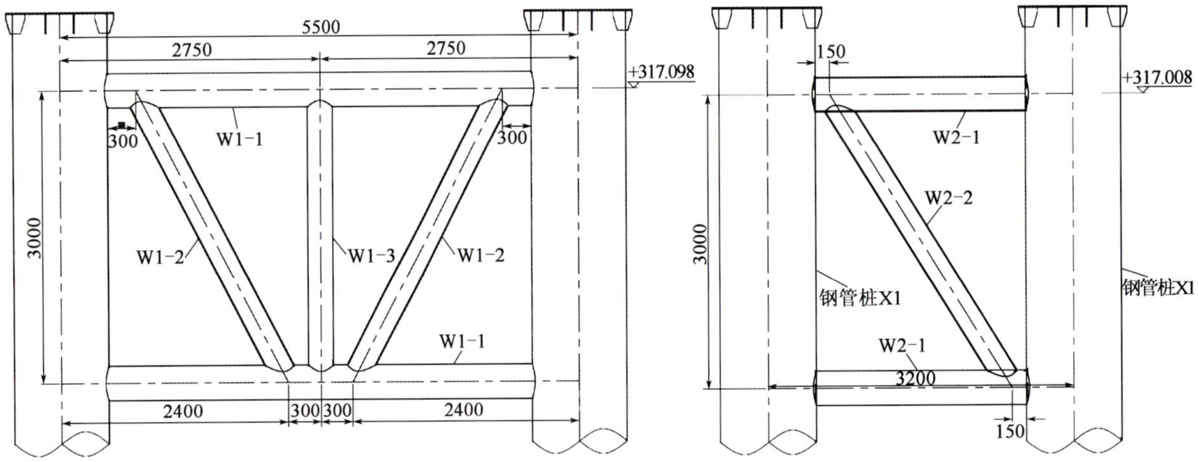

图 3-1-14　钢管连接系结构图(尺寸单位:mm)

③平联施工选在低平潮时进行。这时平联露出水面,便于吊装焊接作业。下层平联根据水位情况,尽量降低其高程以提高平台稳定性。

④使用 50t 履带式起重机吊装,用三台 2t 手拉葫芦配合调整平联的位置,将其安装就位,焊工坐在钢管桩的挂篮上施工,将平联焊接牢固。

⑤平联与钢管桩焊接形成全周连接角焊缝,焊角高度按设计要求进行。应特别注意平联两侧及下部与钢管桩的焊接质量。

⑥平联焊接要求:焊接质量按标准检验控制,同时满足设计要求。

(4)平台上部结构搭设

①分配梁在后场制作,用平板车运往桥墩处。在后场将分配梁肋板焊接完成。

分配梁肋板布置如图 3-1-15 所示。

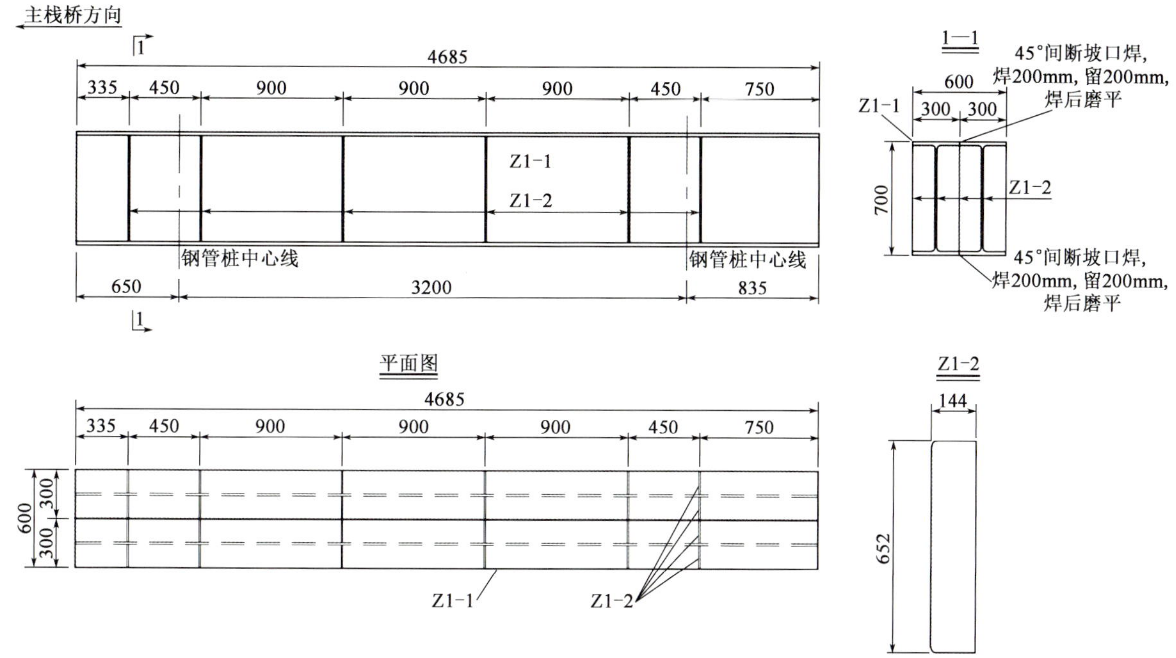

图 3-1-15　分配梁肋板布置图(尺寸单位:mm)

②钢管桩施沉到位,接长钢管桩顶,平联连接完成后,先用测量仪器在桩帽上测出主钢梁的轴线,根据轴线画出分配梁的边缘定位线及两端定位线,并做明显的标记。然后沿钢管桩横轴线在标记处放置 2HN700×300 型钢的分配梁。分配梁中线应与桩帽轴线重合。

③分配梁采用两点吊,吊点设在 1/4 梁长附近的肋板处。主梁用 80t 履带式起重机起吊安装,并用手拉葫芦配合微调就位。

④分配梁放置到位后,工人利用履带式起重机在钢管桩上焊接 2～4 个型钢短接头,在型钢短接头上放置挂篮,焊工在挂篮上焊接连接板。完成分配梁施工。分配梁布置如图 3-1-16 所示。

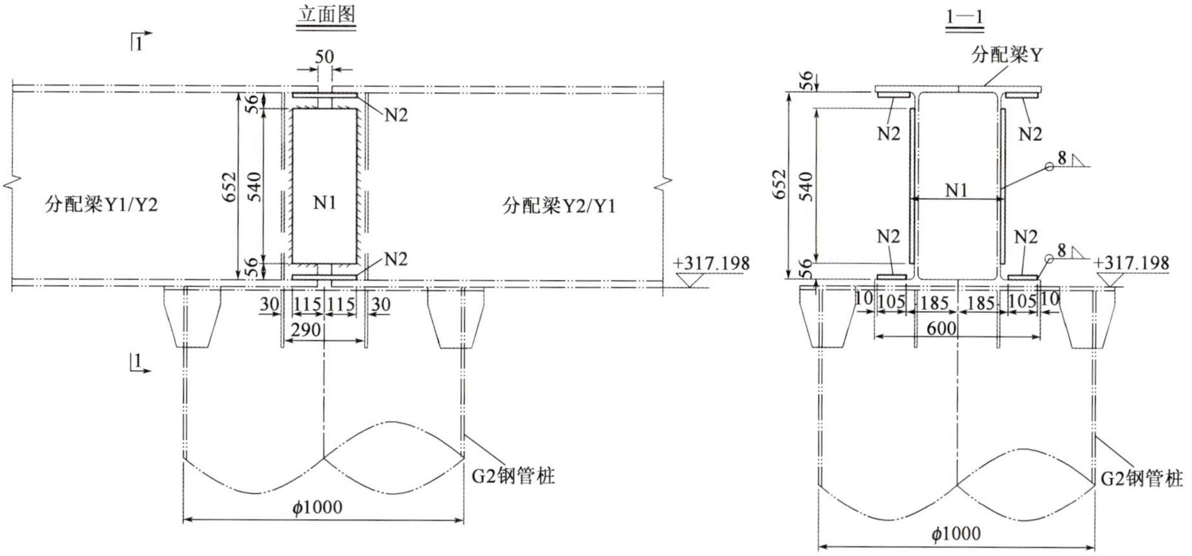

图 3-1-16　分配梁布置图(尺寸单位:mm)

⑤贝雷梁在后场按设计要求组合拼装成节,拼装完成后运至施工现场。现场在已安装完成的主梁上按设计位置做贝雷梁的安装线标记,80t 履带式起重机安装完成后,及时将贝雷梁在主梁上用卡板

(图 3-1-17)连接牢固,以使整个平台形成整体,以免钻孔时贝雷梁晃动。贝雷片组装形式如图 3-1-18 所示。

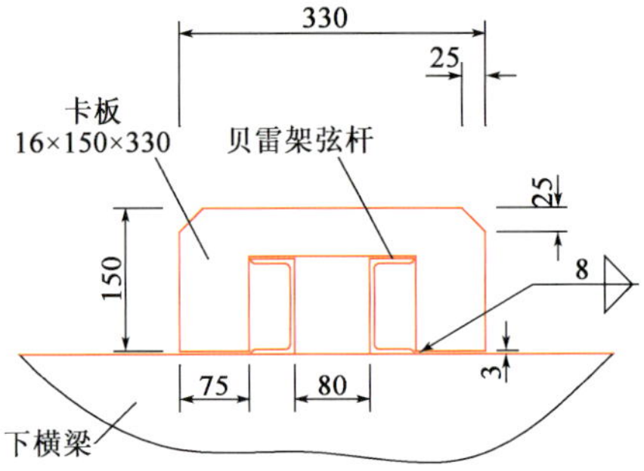

图 3-1-17　贝雷片与分配梁连接卡板图(尺寸单位:mm)

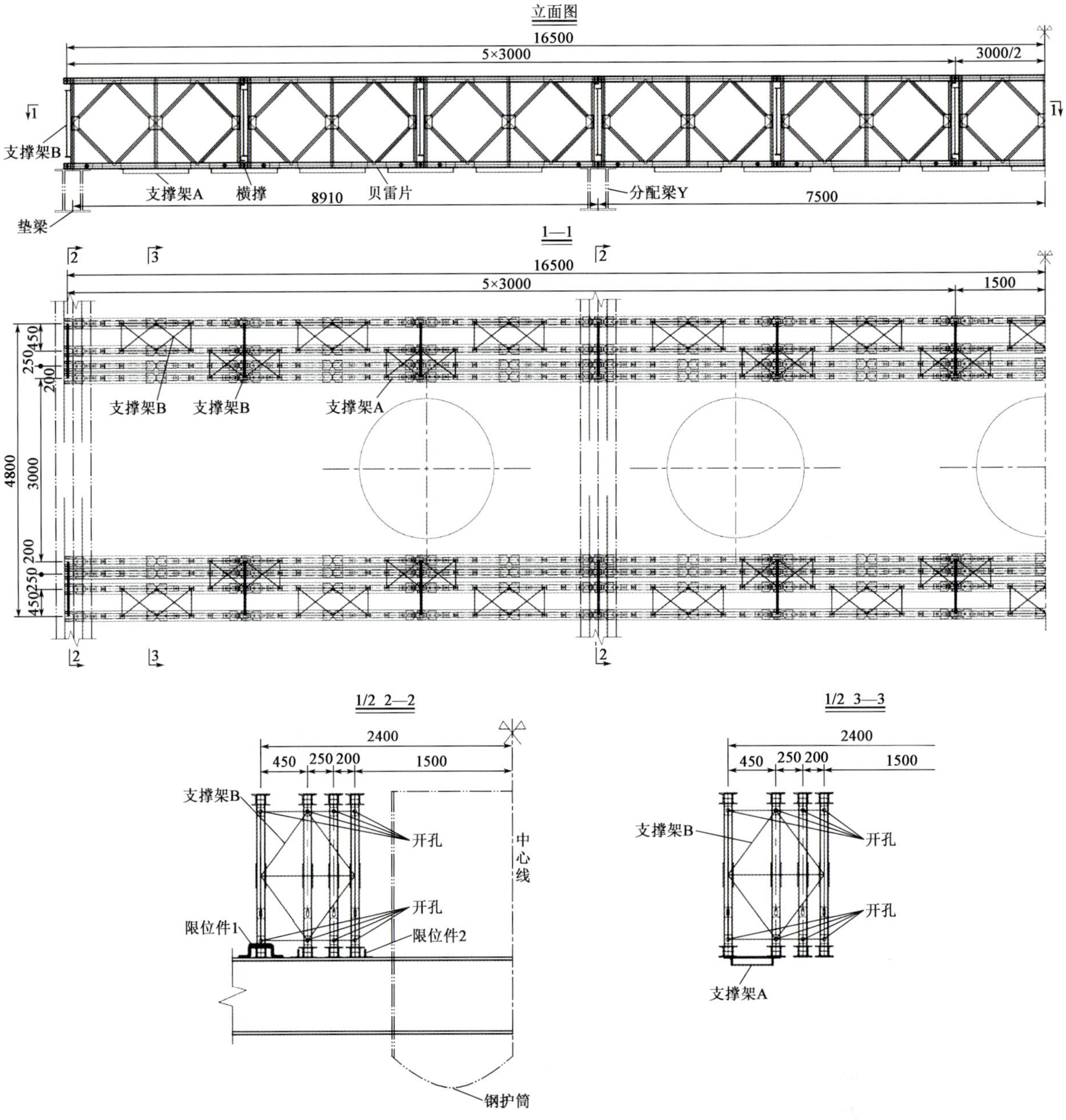

图 3-1-18　贝雷片组装图(尺寸单位:mm)

⑥在已安装好的贝雷片上铺设I12工字钢纵向分配梁，在I12工字钢分配梁上铺装10mm厚花纹钢板，花纹钢板与工字钢采用断续焊接，以免滑动。铺设工字钢和花纹钢板时要预留钻孔桩钢护筒位置，并用安全网封闭，以免人员掉落江中。花纹钢板铺设完成后，在平台四周焊接栏杆，并设置救生圈、灭火器等防护用品。栏杆外围用安全网封闭。

(5)插打钢护筒

在铺设完成的平台面板上用全站仪放出钢护筒十字中心线，将钢护筒限位器(图3-1-19)焊接在平台上，限位器十字轴线应与钢护筒十字中心线重合。使用100t履带式起重机配合DZ300振动锤分节插打钢护筒。

图3-1-19 限位器

(6)管桩插打

①管桩插打注意事项

a. 管桩插打之前，冲击锤与桩头法兰盘或液压夹持器连接螺栓必须拧紧，不能有微小间歇与松动。检查桩位是否正确，桩的垂直度是否符合规定。

b. 为确保管桩插打质量，钢管桩插打施工应选择在小潮汛期间进行。

c. 钢管桩插打过程中，应及时观测钢管桩的倾斜度，发现倾斜应及时采取措施调整，必要时应停止下沉，采取其他措施进行纠正。

d. 已插打的桩应按设计要求及时连接，尽量缩短单桩抗流时间。

②管桩插打要点

a. 在与桩头相接的桩顶30cm范围内加厚度8mm钢板加劲，以防桩头在锤击过程中破损。

b. 插打前，对桩架，桩锤、动力机械、电缆等主要设备部件进行检查，如有不妥处，立即改正处理及更换。

c. 按前项所述，桩已插入桩位并检查符合要求后，可将桩帽、桩锤轻落于桩顶。

d. 开锤前应检查桩锤、桩帽或送桩与桩的中心线是否一致，如有偏差应纠正。

e. 管桩插打时，如遇到下述情况之一者，应即刻停止插打，查明原因，采取措施后(措施见后)才可继续施工。

(a)贯入度突然急剧变化；

(b)桩身突然发生倾斜、移位；

(c)桩不下沉，桩锤有严重回弹现象；

(d)桩顶破碎或桩身开裂、变形；

(e)其他不正常现象。

f. 插打完成一根桩后，应立即进行检查，确认桩身无问题后，再插打下一根桩。不得用移船方法纠正桩位；打桩船进退作业中，应注意锚缆位置，防止缆绳绊桩。如桩顶被水淹没，应设置标志。

③管桩插打中出现的问题及其处理方法

a. 桩贯入度突然减小。一般是桩由软土层进入风化岩，或桩尖遇到石块等障碍物所致。此时不可硬打，以免桩身被打坏。

b. 桩身突然急剧下沉，有时随之发生倾斜和位移。一般是由于桩身破断，接头断裂或桩尖劈裂所致。应查明原因，再确定处理措施。对管桩的探察可采取以下两种方法：

（a）圆桶探察：用铁皮做成圆桶形状，吊入桩内探察管桩内壁的屈曲情况及破损处的高程，并探测桩内水位及泥面的高程。

（b）铁钩探察：用钢筋制成铁钩，吊入桩内轻轻地上下拉动及转动，可探测管内壁破损处。经检查后若仅系桩尖破损，可继续插打；若系桩身中部断裂，拔桩时常有一节断桩留在土中无法拔出或全桩均无法拔出，则需改移桩位补桩。

c. 桩未发生急剧下沉，但发生倾斜或桩位移动。产生原因一般是桩尖不对称、遇障碍物、桩的接头在土中被打坏而错动、桩顶和桩锤接触处不平。应查明原因后采取相应措施。如因倾斜移位，桩尖或桩头在土中被打坏，且倾斜移位值已超过容许限值时，可拔出换桩重打或在一旁加桩；如倾斜原因在桩顶或未入土部分或入土不深时，可用钢丝绳、链滑车等机具施加水平力纠正；若桩头不平，可修平或垫平再打。

d. 桩不下沉，桩身颤动，桩锤回跳。产生原因可能是桩端遇到障碍物、桩身弯曲、接桩后自由长度过大。若遇到障碍物，可分析障碍物的位置和类别，采取偏移桩位、加装铁靴，射水配合等方法穿过或避开障碍物；若桩身弯曲过大，须换接新桩；若桩身过长，可加夹杠。

e. 桩身转动：多产生于桩尖制造不对称或桩身有弯曲时，除加强检查外，一般可不处理。

f. 桩顶破损或桩顶开裂：其原因有多种，如桩顶面与轴线不垂直、未安装桩帽或虽已安置桩帽但桩帽内无缓冲垫或缓冲垫使用过久失去效用、连接上下两节桩的轴线不在一条直线上、贯入度已很小仍用重锤猛打等。破损桩头应全断面割除，重新安装桩帽。

（7）钢管桩插打控制标准

管桩插打控制应根据地质情况、设计承载力、锤型、桩型和桩长并通过试桩综合考虑确定。本工程以高程和贯入度进行双控。如桩底未达设计高程，而贯入度较小时，应会同有关部门研究确定处理方法；如桩底达设计高程而贯入度仍很大时，应继续插打，同时会同设计等有关单位共同研究确定处理措施。

管桩插打后允许偏差应符合下列规定：

①管桩插打允许偏差应符合表 3-1-2 的规定。

管桩插打允许偏差　　表 3-1-2

序号	检查项目		规定值或允许偏差	检验方法和频率
1	桩底端高程（mm）或最后贯入度（mm/击）		符合设计要求	查沉桩记录
2	设计高程处桩顶平面位置	打桩船插打	200mm	用 GPS 定位
		悬臂式导向架法	30mm	
		板凳式导向架法	30mm	
3	倾斜度		1/100	吊线用钢尺量或用测斜仪检查，抽查 10%，且不小于 10 根

②管桩插打完成后应及时测定处于自由状态下的桩顶偏位并记录，如偏位值较大应及时与设计联系。

③特殊地区的管桩插打桩位允许偏差值，可会同有关单位研究确定。

当桩底端高程不符合上述规定，影响桩的垂直承载力时，宜采用高应变动力试验法对单桩垂直承载力进行检测。采用动力试验法对桩进行检测时，应符合国家现行标准规定。

(8)钢管桩接长

栈桥钢管桩从厂家购买成品,按照设计要求采用螺旋卷制工艺生产,需接长时按照以下工艺进行:

①接口清理:钢管桩对接前,将接口两侧的铁锈、氧化铁皮、油污、水分清除干净,并显露出钢材的金属光泽。

②焊接:焊接采用手工电弧焊,采用E4303焊条,按焊接工艺要求,焊接应控制走向顺序、焊接电流及焊缝尺寸。接头处加劲板必须保证焊缝密贴;每一焊道熔敷金属的深度或熔敷的最大宽度不应超过焊道表面的宽度,同一焊缝应连续施焊,一次完成。构件两端宜加焊接起弧、熄弧板,起弧板长一般为8~10cm,以消除构件端部焊接缺陷应力集中。

③焊缝清理及处理:焊缝焊接完成后,清理焊缝表面的熔渣和金属飞溅物,焊工自行检查焊缝的外观质量;如不符合要求,应补焊或打磨,修补后的焊缝应光滑圆顺,不影响原焊缝的外观质量。

④焊接环境:湿度不宜大于80%。当处于下述情况时不应进行焊接(除非采取有效措施改善):+5℃以下;焊接表面处于潮湿状态,或暴露在雨、雪和高风速条件下;焊接操作人员处于恶劣条件下。

⑤构件焊接完毕后对焊缝进行锤击(用小锤敲打焊周边),以消除焊缝应力集中。

⑥焊缝质量验收:钢管桩成品外形尺寸允许偏差应符合表3-1-3的规定。

钢管桩成品外形尺寸允许偏差 表3-1-3

项目	允许偏差(mm)	说明
钢管外径	±10	测量外周长
管端椭圆度	<5	两端互相垂直的直径之差值
管端平整度	2	
管端平面倾斜	不得大于4	
桩长偏差	0.0,+300	
桩纵轴线的弯曲矢高	不大于30	

(9)钢管桩运输

①钢管桩应按不同的规格分别堆存。堆存形式和层数应安全可靠,避免产生轴向变形和局部压曲变形。长期堆存时应采取防腐蚀等保护措施。如钢管桩已实施涂层防腐,则在堆放支点处应设置柔软垫层,以免破坏防腐涂层。

②钢管桩在起吊、运输和堆存过程中,应避免由于碰撞、摩擦等原因造成防腐涂层破损、管端变形和破损,破损处应及时涂装。

③两端口加ϕ28mm的内支撑钢筋,以防吊装、运输过程中产生挤压变形。

(10)施工技术措施

①对钻孔平台支撑钢管桩及钻孔桩钢护筒均要进行仔细检查,不得有弯曲、严重局部变形和虚焊、漏焊等现象。

②钻孔平台支撑钢管桩的接桩及钻孔桩钢护筒的接长要求同栈桥钢管桩接桩要求。

③钻孔平台支撑钢管桩及钻孔桩钢护筒由栈桥上运输道运至各墩位处,墩位平台支撑钢管桩用DZ120振动锤插打,钻孔桩钢护筒由DZJ400液压振动锤插打。

④支撑钢管桩入土深度以设计高程及贯入度双控控制,钻孔桩钢护筒入土深度按设计高程控制。

⑤钻孔平台构架的贝雷梁,在岸边组拼好,由运输车运至各墩位处起吊安装,与桩顶分配梁按设计要求连接。

⑥钻孔平台顶面铺设分配梁,放置钻机等设备,设脚手板、安全网、栏杆、安全标志等设施。

1.1.4.3 主桥水中钻孔桩施工

主桥1～9号墩位于黄河主河槽内，全部是桩径为2.3m变为2m的变径桩，最长桩长98m（5号墩），最短桩长88m（2号墩），钻孔桩采用大扭矩旋转钻机成孔、垂直导管法灌注水下混凝土的成桩工艺进行施工。

1）钻孔桩施工工艺流程

钻孔桩施工工艺流程如图3-1-20所示。

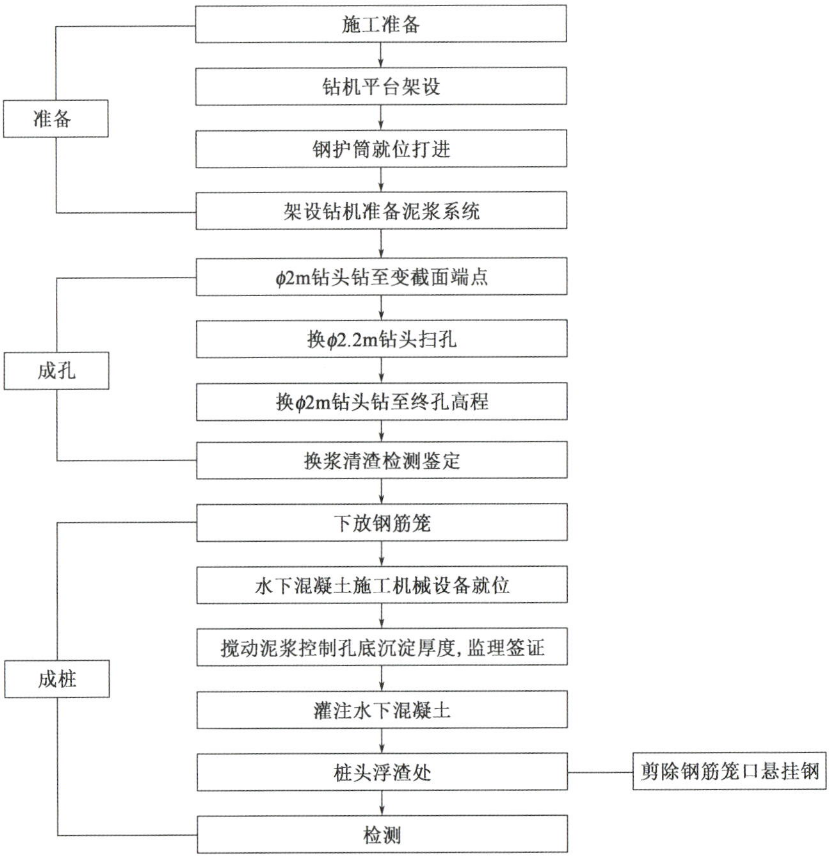

图3-1-20　钻孔桩施工工艺流程图

2）施工准备

（1）技术准备

①开工前应具备场地工程的地质资料和必要的水文地质资料，施工图及图纸会审纪要。

②施工现场环境和邻近区域内的地上及地下管线（高压线、管道、电缆）、地下构筑物、危险建筑、实际地质情况与设计方案的差别等的调查资料，提前做好准备工作，确保不影响现场施钻及其他工作。

③具有主要施工机械及其配套设备的技术性能资料，对所需的原材料做材料性能试验，试验室根据所用的原材料做混凝土的配合比试验。

④具有可操作性的桩基工程的施工组织设计或施工方案和有关施工工艺的试验参考资料。

⑤做好全面的施工准备，施工前对工程的地质情况尤其是对粉沙土的特性进行必要的研究，对钻孔过程中可能会遇到的问题及突发事件采取针对性的措施及应急处理方案。

（2）施工场地布置及辅助设备的安装

由于在黄河上作业考虑环保因素，每个钻孔平台上施工都要确保钻渣及泥浆不能流入黄河造成污染。根据工期要求每个钻孔平台需要5台气举反循环钻机同时作业,为满足现场需要,在钻孔平台下游侧设立单独的泥浆循环沉淀池及造浆池。将钢护筒连通以保证浇筑混凝土过程中泥浆不会溢出。泥浆循环沉淀池、造浆池布置如图3-1-21所示,钢护筒连通结构如图3-1-22所示。

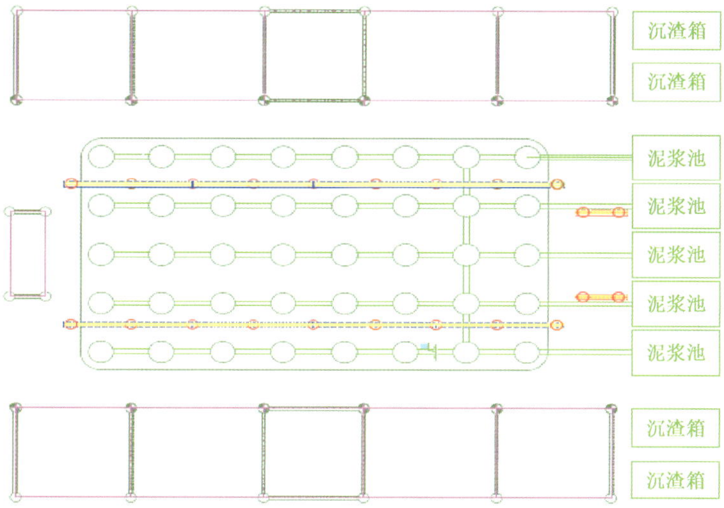

图3-1-21 泥浆循环沉淀池、造浆池平面布置示意图

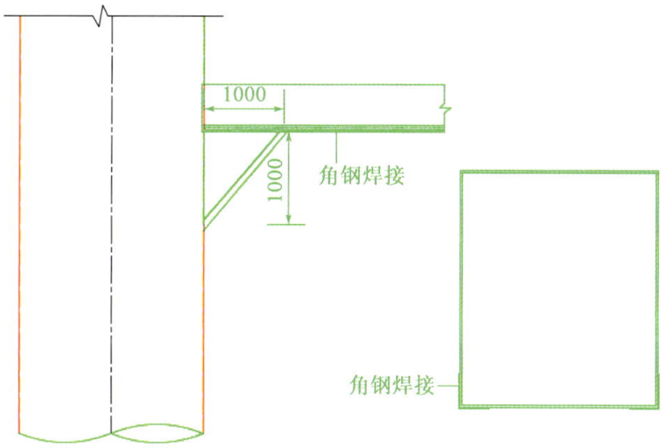

图3-1-22 钢护筒连通结构图(尺寸单位:mm)

泥浆池、沉淀池尺寸为4.8m×8m×4m,共5个造浆池、4个沉淀池,每个钻机单独使用一个造浆池。每个造浆池可容纳泥浆153m^3,考虑反循环钻机速度,可以在钻进过程进行补浆以满足钻孔需求。钢护筒连接通道截面尺寸为0.5m×0.75m。

(3)测量放样

工程桩测量放样:1~9号墩桩基钢护筒为永久钢护筒,钢护筒的打插定位即工程桩定位。工区测量队采用全站仪精确定位钢护筒中心位置,施工队当场引出交叉护桩,测量队对交叉点进行复测校正,根据护桩及引线确定限位器位置,保证桩位的准确性。要求钢护筒倾斜度不大于1%,平面误差不大于5cm。

支线栈桥施工过程中利用导向架定位钢管桩基础,工区测量班利用全站仪定位出钢管桩桩位横桥向所在轴线,然后利用导向架长度确定钢管桩位置(图3-1-23);平台施工时工区测量班使用全站仪在支线栈桥上确定钢管桩桩位顺桥向所在轴线,然后利用导向的长度确定钢管桩位置(图3-1-24)。

图 3-1-23　支线栈桥桩位确定

图 3-1-24　平台施工桩位确定

(4)钢护筒制造、插打

钢护筒作为钻孔桩施工的辅助装置,具有导正钻具、控制桩位、隔离地面水渗漏、防止孔口坍塌、抬高孔内静压水头和固定钢筋笼等作用;除 11 号墩外,1 ~9 号墩钢护筒为永久结构的一部分,参与结构受力。受运输、起吊能力限制,钢护筒在工厂分节制造,现场接高,整体插打。

①钢护筒分节

钢护筒外径为 2.3m,1 ~9 号墩壁厚均为 16mm,钢护筒参数及节段划分见表 3-1-4。

钢护筒参数及节段划分表　　表 3-1-4

墩号	顶面高程(m)	底面高程 H_1(m)	总长度(m)	外径(m)	壁厚(mm)	第一节长度(m)	第二节长度(m)	第三节长度(m)
1	320.108	285.198	34.91	2.3	16	12	12	10.91
2	320.108	285.846	34.262	2.3	16	20	14.262	0
3	320.108	284.494	35.614	2.3	16	20	15.614	0
4	320.108	285.142	34.966	2.3	16	20	14.966	0
5	320.108	286.79	33.318	2.3	16	18	15.318	0
6	320.108	286.438	33.67	2.3	16	18	15.67	0
7	320.108	285.086	35.022	2.3	16	18	17.022	0
8	320.108	284.734	35.374	2.3	16	18	17.374	0
9	320.108	287.382	32.726	2.3	16	12	12	8.726

注:从下往上依次为第一节、第二节、第三节。

②钢护筒制造、运输、起吊

为避免钢护筒底口插打时变形,在护筒底口增加厚度不小于 10mm、高度为 1000mm 的包箍,以增加护筒底口的刚度。

钢护筒材料、规格、制造工艺必须符合设计和规范要求,材料需具有出厂合格证和检验报告。

钢护筒生产时采取流水作业方式,其施工工艺流程:钢材定制、采购、试验合格后进场→剖口切割、下料→长度方向拼缝开 V 形坡口→钢板整平处理→卷制→竖向拼缝焊接→护筒短节整圆→横向拼缝焊接,护筒组焊成吊装节。

钢护筒加工完毕后,用载货汽车将钢护筒运输到位。由于护筒直径大,为防止钢护筒在运输过程出现变形,在钢护筒的上、下口及中间位置焊接“十”字形(或“米”字形)支撑。

钢护筒吊装施工时,为保证钢护筒起吊时不变形,采用长吊绳小夹角的方法减小水平分力,起吊时顶端吊点采用两点吊装,根部吊点采用一点吊装。先起吊顶部吊点,后起吊根部吊点,使平卧变为斜吊,根部离开地面时,顶端吊点迅速起吊到 90°后,拆除根部吊点。

③钢护筒插打

钢护筒在工厂分节段制造完成，用载货汽车运输至墩位处，采用 DZJ-400 型液压振动锤进行插打，振动锤参数见表 3-1-5，各墩钢护筒入土深度见表 3-1-6。0 号、10 号、11 号墩采用 100t 履带式起重机作为起吊设备，1～9 号墩采用 70t 门式起重机作为起吊设备。

DZJ-400 液压振动锤参数 表 3-1-5

序号	项目	参数
1	功率(kW)	400
2	偏心力矩(N·m)	3180
3	激振力(kN)	0～3250
4	转速(r/min)	0～960
5	振幅(mm)	0～12.3
6	最大拔桩力(kN)	850
7	长(m)	2.3
8	宽(m)	1.75
9	高(m)	3.9
10	质量(kg)	22000

钢护筒入土深度 表 3-1-6

墩号	1	2	3	4	5	6	7	8	9
入土深度(m)	27.0	18.5	17.5	18.8	20.2	21.6	21.9	22.3	25.5

钢护筒要求竖直，且定位准确，其平面位置偏差不大于 5cm，倾斜度不大于 1%。插打时，每根桩的下沉应一气呵成，不可中途停顿或有较长的间歇，以免桩周围的土恢复、摩阻力增大，导致继续下沉困难。振动的持续时间应根据不同机械和不同土质通过试验确定，一般不宜超过 3～5min。每次振动持续时间过短则土的结构未被破坏，时间过长则振动锤部件易遭破坏。钢护筒若一次插打不到位，可采用钻孔后再插打、钢护筒跟进施工方式，使钢护筒入土深度达到设计高程。

3）钻进成孔

（1）泥浆制备

泥浆使用优质膨润土制造，宜添加纯碱、纤维素、重晶石、防渗剂等添加剂改善泥浆性能，添加剂的使用应根据地质情况确定添加剂种类，通过现场试验确定投放用量，以保证泥浆相对密度、黏度等性能指标。

反循环钻机新制泥浆及钻进过程中，泥浆性能参数如下：

泥浆相对密度：一般地层为 1.05～1.15，松散易坍塌地层为 1.15～1.25。

黏度：一般地层为 16～22s，松散易坍塌地层为 19～28s。

含砂率：不大于 4%。

胶体率：不小于 9%。

pH 值：应大于 6.5。

在正常钻进和清孔等过程中，均要严格控制泥浆的相对密度、黏度、含砂率、pH 值等指标，降低孔底沉渣厚度，使其满足规定要求并尽可能提高指标值。

钻孔时由相邻的几个护筒相通并和泥浆净化器构成循环系统。

（2）泥浆循环、净化系统的布置

除了制浆系统外，还应设置相应的泥浆循环和净化系统，循环使用泥浆，以提高工作效率并同时减少对环境的污染。泥浆循环和净化系统根据钻孔泥浆的需用量、泥浆净化方式和钻孔设备的能力等确定，钻孔泥浆采用泥浆净化器和多级沉淀相结合的方式进行净化，并利用已扫孔的钢护筒将净化后的泥浆再输送回各钻孔护筒内使用。

在钻孔过程中，应检测泥浆的性能指标，每 2h 检测 1 次，当土层变化时应增加其检测频率。钻孔阶段、泥浆循环净化再生阶段及清孔阶段各泥浆的指标应符合设计及规范要求。钻孔施工中泥浆的排放和处理应符合环保要求，钻进过程中泥浆及钻渣的混合物进入泥浆净化器，进行泥浆净化，分离出的钻渣通过栈桥运到岸上处理，减少环境污染。

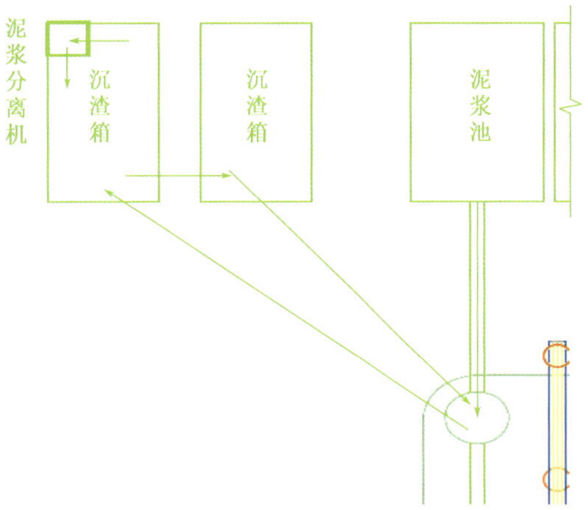

图 3-1-25　泥浆循环原理图

泥浆循环原理：钻进时新造泥浆从造浆池进入孔内，经钻机吸入沉渣箱，从沉渣箱进入相邻的沉渣箱返回孔内。相邻沉渣箱间的管道口设有滤网，能将大粒径钻渣过滤掉（图 3-1-25）。每个沉渣池上配备一台 $250m^3/h$ 的泥浆分离机用于沉渣箱内部泥浆分离细砂，泥浆分离机 24h 作业，保证分离效率。

（3）钻孔

钻机安置在平台分配梁上，根据施工作业面大小、进度安排、动力供应情况综合考虑钻机数量，施工要点为：

①钻机摆放位置要结合平台受力支承情况，合理布置，作业顺序统一安排，避免干扰。

②钻机组装就位，其底座应水平、稳定，钻架及钻杆要竖直，钻头、钻杆和桩径中心在同一条铅垂线上，以保证孔位正确，钻孔顺直，钻进过程中经常检查钻具、泥浆质量等。

③孔前应对钻孔的各项准备工作进行检查，钻孔时应按设计资料及实际地质情况绘制地质剖面图。

④钻孔时，钻压不得超过钻具重力之和（扣除浮力）的 80%，并保持重锤导向作用，保证成孔垂直度和孔形。

⑤钻孔作业分班连续进行，施工过程一气呵成，不在中途停顿，如确因故需停止钻进时，将钻头提升放至孔外，以免埋钻。经常对钻孔泥浆抽检试验，不符合要求时要及时补充或调整。

⑥钻进过程中，保持孔内水头，以加强护壁，防止坍孔。当孔外水位高度发生变化时，通过采取调整泥浆进出速度的措施，保证孔内外施工水位差控制在一定范围内。

⑦在钻进过程中，进尺的快慢根据土质情况来控制，并经常对钻孔泥浆的相对密度和浆面等检查观察。

⑧当钻进至接近钢护筒底口位置 1～2m 时，须采用低钻压、低转数钻进，并控制进尺，以确保护筒底口部位地层的稳定；当钻头钻出护筒底口 2～3m 后，再恢复正常钻进状态。升降钻具应平稳，尤其是当钻头处于护筒底口位置时，必须谨慎操作、防止钻头钩挂、冲撞钢护筒扰动钻孔孔壁。

⑨钻孔过程中如遇到坍孔、偏孔、扩孔、埋钻、卡钻、掉钻等故障时，应尽快查明原因，采取有效措施果断处理。

⑩及时详细地填写钻孔施工记录，在交接班时交代钻进情况及下一班应注意的事项，并注意地层变化。正常钻进时应参考地质资料掌握土层变化情况，及时捞取钻渣取样，判断土层，记入钻孔记录表，并与地质资料进行核对。根据核对判定的土层及时调整钻机的转速和进尺。

（4）桩基变截面处理

先使用 $\phi2.0m$ 的钻头钻至变截面端点，之后换成 $\phi2.2m$ 钻头并加设钢丝绳制成的钢刷进行扫孔，为保证扫孔彻底，每个钢护筒扫 2～3 遍，扫孔至变截面端点提起钻头，更换成 $\phi2.0m$ 的钻头钻至终孔。第二次更换成 $\phi2.0m$ 的钻头钻进之前进行二次对中，确保钻头中心与孔位中心的对中误差在规范要求之内，以确保钢筋的混凝土保护层厚度。

（5）钻孔意外应急处理措施

①钢护筒变形。应根据变形程度采取水下切割等方法校正；严重变形的钢护筒应拔出重打。

②斜孔。扫孔至倾斜位置，慢速来回转动钻具，钻头下放时要严格控制钻头的下放速度，借钻头的

重量来纠正孔斜。

③坍孔。坍孔不严重时,回填至坍孔位置以上,采取改善泥浆性能、加高水头后重新钻孔;若护筒底口发生坍孔时应采取护筒跟进、下内护筒等方法进行施工。坍孔严重时,应尽快回填,采用黏土并加入适量的碱和水泥,回填高度应高于坍孔处2~4m,待其固化后,提高泥浆的相对密度,快速穿过该地层。

④钻孔漏浆。跟进护筒或减小孔内外水头差、增加泥浆相对密度、改善泥浆性能。

⑤偏孔。当偏孔不严重时提钻至偏孔处,反复扫孔,使孔壁垂直;当孔壁偏孔严重时,回填至偏孔处重新钻孔。

⑥卡钻、埋钻。发生卡钻和埋钻时,宜采用冲、吸等方法,将钻头周围土层松动后提钻,并采取措施保持孔壁稳定。

(6)清孔及检孔

钻孔至设计高程后进行清孔,清孔的目的是将孔内的钻渣及其沉淀物清除掉,尽量减少孔底沉淀厚度,保证钻孔桩的承载力。采用换浆法清孔。

①终孔后及时清理,不能停歇过久,以免使泥浆、钻渣沉淀增多而造成清孔工作的困难甚至坍孔。

②清孔时利用钻机的泥浆循环系统,通过换浆进行清孔。即将钻头提高距孔底10~15cm,持续吸渣直到排出泥浆的含砂率满足规范要求为止,吸渣换浆时及时向孔内注入新鲜泥浆,保持孔内水位,避免坍孔。

③换浆清孔使泥浆指标和孔底沉淀物均达到验收标准,拆除钻机钻杆后,用检孔器和成孔探测仪对孔径、倾斜度进行检测,检查钻孔桩的孔径和倾斜度是否符合验收标准,若超标,根据情况进行处理,直至达到验收标准。钻孔成孔质量验收标准见表3-1-7。

钻孔成孔质量验收标准　　表3-1-7

序号	项目	允许偏差
1	孔径	不小于设计孔径
2	孔深	不小于设计孔深
3	孔位偏差	不大于50mm
4	倾斜度	不大于1/100孔深,偏差不大于50cm
5	灌注混凝土前孔底沉渣厚度	不大于20cm
6	清孔后泥浆指标	泥浆相对密度不大于1.1;黏度为17~20s;含砂率<2%

4)钢筋笼制作和安装

钢筋笼在南岸生产区长线胎模上分段制作,用加长平板车运输,通过栈桥运输到墩位处,用门式起重机起吊安装。

(1)材料准备

①按照工程进度要求,编制材料进场计划。

②钢筋材料进场后,首先要检验材料的牌号、等级、规格、生产厂家是否与合同相符,产品外观是否受损;检查无误后再检验其出厂质量合格证书和质量检验报告单。无合格证书和质量检验报告单的应不予验收。

③进场材料验收后,应按材料的不同种类、型号、规格、等级及生产厂家分别堆存,不得混杂存放,并设立识别标志,材料宜堆存在仓库(棚)内,钢筋露天堆置时,应垫高并加遮盖,以防淋雨锈蚀和其他污染,影响钢筋质量。

④材料入库存放后,应及时对进场材料按规定抽检频率进行验证试验,并将试验结果填写在材料标识牌上,以告知使用人员此材料的取舍。

⑤材料的发放应由钢筋笼制作班组根据现场技术交底规定的构件部位、品牌、规格、数量填写领料

单，经现场技术负责人核签后向料库管理人员领取。

(2)钢筋笼的分节及下料

在生产区钢筋车间内长线胎模上分段制作钢筋笼，下料前应将钢筋调直并清理污锈，钢筋表面应平直，无局部弯折。钢筋笼下料后采用切割机将钢筋的两头切平，使切口端面与钢筋轴线垂直，不得有马蹄形或挠曲，以保证钢筋连接顺利。

根据各墩钢筋笼总长，基本分节长度为12m，设一节调整节。各墩钢筋笼参数及节段划分见表3-1-8。

钢筋笼参数及节段划分表　　表3-1-8

墩号	总长度(m)	节段数量	基本分节长度(m)	调节段长度(m)	总质量(t)
0	99.65	9	12	3.65	34.7
1	93.65	8	12	9.65	25
2	89.65	8	12	5.65	23.7
3	91.65	8	12	7.65	23.9
4	93.15	8	12	9.65	26.0
5	99.65	9	12	3.65	21
6	97.15	8	12	13.15	20.9
7	93.15	8	12	9.15	21.3
8	97.15	8	12	13.15	21.7
9	97.15	8	12	13.15	25.7
10	93.15	8	12	9.65	26.5
11	67.75	6	12	7.75	15.7

钢筋笼现场接高、下放时，2～8号墩采用70t履带式起重机作为起吊设备。

(3)钢筋笼的制作

①钢筋的验收及管理

钢筋应具有出厂质量证明书。进场后按有关规定、批量、规格进行抽样检查，并由检查部门出具试验报告。对于需要焊接的材料还应具有焊接试验报告。确认该批材料满足设计、施工要求后，物资部门方可将该材料入库、登记、造册，不合格的材料应运出施工现场。

钢筋进库后须按不同钢种、等级、牌号、规格批号及生产厂家分别堆存，不得混杂，且应挂牌以资识别。钢筋在运输、储存过程中，应避免锈蚀和污染。钢筋宜堆置在仓库内，露天存放时，应垫高并加遮盖。

钢筋发料时应随同原材料发给使用单位原材料出厂质量保证书及进场抽样检查试验报告复印件。使用部门应按原材料的使用部位登记造册，做到原材料具有可追溯性。

②主筋下料及钢筋笼成型

a. 主筋下料

钢筋笼加工采用长线法施工，使用GHJ2500型数控滚焊机施焊。钢筋笼分节加工制作，基本节长为9m或12m，最后一节为调整节。将每根桩的钢筋笼按设计长度分节并编号，保证相邻节段可在胎架上对应配对绑扎，并选好接地钢筋刷上红漆进行示意，这样既能保证接地钢筋无误，又便于钢筋笼对接，保证对接质量。

钢筋采用切断机下料。钢筋下料前检查钢筋待加工的端部是否有弯曲现象，如有，应先用调直机调直；如果发现钢筋端面不平齐要用无齿锯切掉2～3cm，以确保钢筋端面与钢筋轴线垂直。钢筋下料时必须采用无齿锯进行切割下料，严禁使用气割和其他热加工方法切断钢筋。为保证钢筋连接时钢筋丝头在连接套筒中的对顶效果，下料切割端面应与钢筋轴线垂直，钢筋端部不得产生马蹄形。

在钢筋下料完成后，钢筋笼制作之前，进行主筋直螺纹加工。

b. 端头螺纹加工

加工螺纹头前应先调整好滚丝头四轮之间的距离。

(a)初调:根据加工钢筋的直径将相应规格的调径通、止光规放入滚丝头四轮之间,旋转外套,收滚丝轮与调径通、止光规接触,取出通光规,使通光规能通、止光规能止,而后锁紧外套。把行程调节板上相应规格的刻线对准护板上的“0”刻度线,而后锁紧行程调节板。

(b)精调:通过滚丝头,用螺纹环规检验,通环规能顺利旋入有效螺纹,止环规旋入不大于 $3P$(P 为螺距),用长度卡板测量螺纹头长度,如果有误差再次调整。螺纹头调整应遵循直径从大到小、由短到长、循序渐进的原则,严禁一次调过,以免造成螺纹头报废和损坏机床。

(c)装夹钢筋:装夹钢筋时将机床置于停车极限,把待加工的钢筋放入夹钢筋钳中,伸出长度应以钢筋端面与滚丝轮架外端面对齐为准,而后夹紧(向里向外都会影响螺纹头的加工长度)。

(d)滚轧螺纹头:在调整螺纹头直径和长度合格后进入正常加工,逆时针搬动进给手柄,使滚丝轮缓慢接触钢筋,并施以适当的力,当滚轧 $2P$ 后即可自动进给,严禁用力过猛或用脚踏进给手柄。

c. 钢筋连接

连接前的准备:先回收螺纹头上的塑料保护帽和套筒端头的塑料密封盖,并检查钢筋规格是否和套筒一致,检验螺纹扣是否完好无损、清洁。如发现杂物或锈蚀要清理干净。套筒质量检验如图 3-1-26 所示。

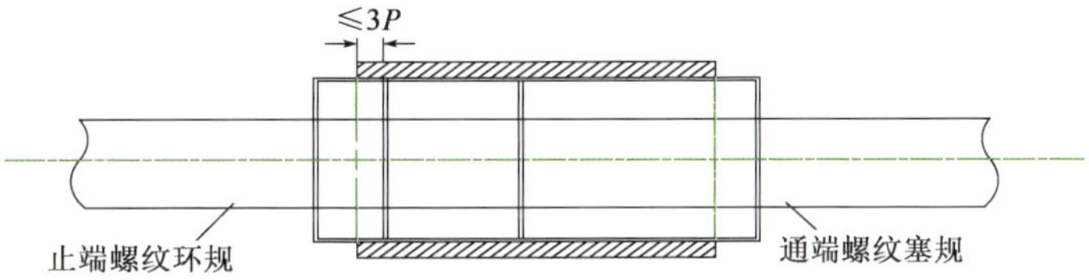

图 3-1-26 套筒质量检验示意图

(a)标准型接头的连接

同节内钢筋主筋连接使用标准型接头连接,把装好连接套筒的一端钢筋拧到被连接钢筋上,然后用扳手拧紧钢筋,使两根钢筋头顶紧,使套筒两端外露的螺纹不超过 1 个完整螺距,连接即完成,随后立即画上标记以便检查。

(b)加长型接头的连接

钢筋笼分节处使用加长型接头连接,先将标准套筒按顺序全部拧在加长螺纹头钢筋一侧,将待接钢筋的标准螺纹头靠紧后,再将套筒拧回到标准螺纹头一侧,并用扳手拧紧,连接即完成。

(c)接头检验

接头连接完成后,用目测法检验两端外露螺纹长度是否相等,且不超过一个完整螺距(加长螺纹除外)并符合直螺纹质量检验标准(表 3-1-9)。

直螺纹头质量检验标准 表 3-1-9

序号	检验项目	量具名称	检验要求
1	外观质量	目测	牙形饱满、牙顶宽度超过 $0.25P$(P 为螺距,下同)的秃牙部分,其累计长度不宜超过一个螺纹周长
2	螺纹头长度	专用量具	螺纹头长度应满足设计要求,标准型接头的螺纹头长度公差为 $+1P$
3	螺纹中径	通端螺纹环规	能顺利旋入螺纹并达到旋合长度
		止端螺纹环规	允许环规与端部螺纹部分旋合,旋入量不应超过 $3P$
4	螺纹长度	检验螺母	对标准螺纹头,螺母拧到螺纹头根部时,螺纹头端部应在螺母中部的凹槽内
5	螺纹牙形		目测法观测螺纹齿,不完整齿累计长度不得超过 1 个螺矩

为减少主筋接头工作量,除按有关规定(图纸所示尺寸)、规范切断后错接,以保证同一截面的钢筋接头数量不大于50%外,其余应尽量采用定尺料;在同一根钢筋上应少设接头,“同一截面”内,同一根钢筋上不得超过一个接头;两连接头在钢筋直径的35倍范围以内且不小于500mm,均视为“同一截面”。钢筋笼采用长线法在台座胎具上统一制作,台座胎具上根据施工进度要求调整安装钢筋笼主筋的定位模具,定位模具是根据钢筋笼的主筋规格、数量进行设计制作的。定位模具在台座上安装时要求纵向精确定位,以保证钢筋笼加工的线形质量。钢筋笼在胎具上成型时,钢筋连接按图纸要求进行施工;如无图纸要求的,按规范要求施工。桩身主筋与加劲箍筋务必焊牢,主筋与箍筋连接处宜点焊,若主筋较多时,可点焊或绑扎,主筋与箍筋绑扎时,应采用直径大于或等于1.0mm的铁丝绑扎。

d. 钢筋焊接

(a)主筋与钢筋笼支撑环之间采用单面满焊形式,保证钢筋笼的整体性。

(b)箍筋与主筋之间采用梅花点焊形式焊接在一起,焊接时注意控制电流,严禁烧伤主筋。

(c)螺纹箍筋之间的搭接采用单搭接焊,焊接长度为$10d=12$cm(d为钢筋直径)。

③钢筋笼保护层

钢筋笼主筋外缘至设计桩径混凝土表面净保护层厚度不小于9mm,在钢筋笼周围对称设置四个混凝土滑轮,间隔与加强筋基本相等。钢筋笼上部钢筋间距过小无法安装保护层垫块,主桥钢筋笼2.3m部分保护层焊接耳筋代替垫块。

在承台(或系梁)底面高程以下25cm处另设置加强保护层一道,沿圆周方向均匀设置4个。根据钻头直径、已成孔的扩孔率等推算实际成孔孔径。根据实际孔位偏差计算实际保护层厚度。钢筋笼下放过程中安装加强保护层,钢筋笼下放到设计高程后,调整钢筋笼平面位置与设计桩中心位置在同一垂直线上。

(4)钢筋笼的存放

钢筋笼分段加工制作完成后,存放在平整、干燥的场地上。

①存放及运输过程中,按分节情况进行分类编号,并将钢筋笼垫高,防止钢筋骨架黏上泥土、油污及水锈污染。

②钢筋骨架起吊时,起重机操作应平稳、缓慢,避免落钩时速度过快,导致钢筋笼冲击变形。并对吊点处支撑环增“+”形或“△”形支撑,防止吊点处骨架变形。

③起吊过程中不得造成钢筋笼产生残余变形。

(5)钢筋笼的安装

①钻孔桩成孔检验合格后,即可开始钢筋笼的吊装施工。为保证钢筋笼起吊时不变形,每节钢筋笼采用多点起吊和翻架吊装。钢筋笼下放时需严格检查钢筋笼保护层,确保其满足设计要求。

②两节笼对接时,按照长线法拼接的标记对位,使上下节中心线保持一致,各钢筋的对位准确。在钢筋笼的接长、安放过程中,始终保持骨架垂直;钢筋笼接长时每节接长应保证垂直度满足要求,接头牢固可靠。

③钢筋笼安装过程时采取有效的定位和下放措施,确保钢筋笼准确定位和防止碰撞孔壁,当下放困难时,应查明原因,不得强行下放。不得将变形的钢筋笼放入孔内。对接时要衔接迅速,减少作业时间,力争快下钢筋笼。

④钢筋笼安装到位后及时固定,防止脱落,并采取有效措施防止钢筋笼在混凝土灌注过程中上浮。钢筋笼下笼时要安装触底装置,避免钢筋笼变形。

⑤为了检测成桩质量,在钢筋笼制作时,根据设计和检测要求设置超声波检测钢筋骨架。钻孔桩钢筋骨架允许偏差及检验方法见表3-1-10,螺纹接头检验标准见表3-1-11。

钻孔桩钢筋骨架允许偏差及检验方法　表 3-1-10

序号	项目	允许偏差	检验方法
1	钢筋骨架在承台底以下长度	±100mm	尺量检查
2	钢筋骨架直径	±20mm	
3	主钢筋间距	$\pm 0.5d$	尺量检查不少于5处
4	加强筋间距	±20mm	
5	箍筋间距或螺旋筋间距	±20mm	
6	钢筋骨架垂直度	骨架长度1%	吊线尺量检查

注：d 为钢筋直径。

滚轧直螺纹接头检验标准　表 3-1-11

编号	检验项目	允许偏差	备注
1	两个接头之间最小间距	$>35d$	d 为钢筋直径
2	接头区内同一断面接头最大百分率	≤50%	
3	螺纹头的外观质量、尺寸、螺纹直径（大径、中径、小径）	符合规范要求	
4	套筒的外观质量、尺寸、螺纹直径（大径、中径、小径）	符合规范要求	

5）导管下放

（1）导管选择

①导管采用专用的螺纹扣导管，导管内径300mm，中间节长2.6m，最下节长4～5m，配备0.5m、1m、1.5m非标准节。导管制作要坚固、内壁光滑、顺直、无局部凹凸，对于旧导管在试压前应通过称重的方式判定导管壁厚是否满足使用要求。

②导管在使用前，除应对其规格、质量和拼接构造进行认真地检查外，还应进行试拼和试压，试压导管的长度应满足最长桩浇筑需要，导管自下而上顺序编号，且严格保持导管的组合顺序，每组导管不能混用。导管组拼后，轴线差不宜超过钻孔深的0.5%且不大于10cm。试压压力为孔底静水压力的1.5倍。检查合格后方可使用。

③导管长度应按孔深和工作平台高度决定。漏斗底至钻孔上口段，宜使用非标准节导管。

④导管下放应竖直、轻放，以免碰撞钢筋笼。下放时要记录下放的节数，下放到孔底后将理论长度与实际长度进行比较，二者要一致。

⑤完全下放导管到孔底后，并经检查无误后，轻轻提起导管，控制底口距离孔底0.25～0.4m，并位于钻孔中央。

（2）导管水密性试验

导管须经水密试验不漏水，其容许最大内压力必须大于 P_{max}。本工程导管可能承受的最大内压力为：

$P_{max} = 1.5 \times 120 \times 10 = 1800\text{kPa}$，取2000kPa。

水密性试验方法是把拼装好的导管先灌入70%的水，两端封闭，一端焊接出水管接头，另一端焊接进水管接头，并与压水泵出水管相接，启动压水泵给导管注入压力水，当压水泵的压力表压力达到导管需承受的计算压力时，稳压10min，这时接头及接缝处不渗漏即为合格。导管气密试验系统如图3-1-27所示。

（3）导管安装

导管安装时应逐节量取导管实际长度并按序编号，做好记录以便混凝土灌注过程中控制埋管深度。并应注意检查橡皮圈是否安置和每个导管两头丝扣有无破丝等，以免灌注过程中出现导管进水等现象。

6）二次清孔

导管下放到位后，应立即进行孔底沉渣检测，若沉渣厚度不满足设计要求时，采用气举反循环二次清孔，循环时应注意保持泥浆水头并补充优质泥浆防止塌空。清孔结束经监理工程师现场检验合格后，立即拆除吸泥弯头，开始浇筑水下混凝土。

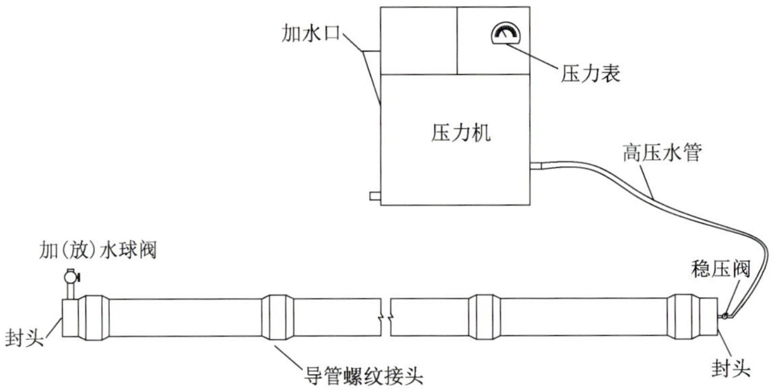

图 3-1-27　导管气密试验系统

浇筑混凝土前孔底沉渣厚度应不大于 20cm，孔内沉渣采用前端悬挂平砣测绳测量，测出的差值即为沉渣厚度。

(1)气举反循环清孔原理

气举反循环清孔是利用空压机的压缩空气，通过安装在导管内的风管送至桩孔内，高压气与泥浆混合，在导管内形成一种密度小于泥浆的浆气混合物，浆气混合物因其密度小而上升，在导管内混合器底端形成负压，下面的泥浆在负压的作用下上升，并在气压动量的联合作用下不断补浆，上升至混合器的泥浆与气体形成气浆混合物后继续上升，从而形成流动。导管的内断面积大大小于导管外壁与桩壁间的环状断面积，因此便形成了流速、流量极大的反循环，携带沉渣从导管内反出，排出导管外。

(2)气举反循环清孔工艺操作要领

①导管下放深度以出浆管底距沉淤面 300 ~ 400mm 为宜，风管下放深度一般以气浆混合器至泥浆面距离与孔深之比为 0.55 ~ 0.65 来确定。

主要参数：空压机的风量 6 ~ 9m^3/min，导管出水管直径大于 200mm，送风管直径（水管）25mm，浆气混合器用 ϕ25mm 水管制作，在 1m 左右长度范围内打 6 排孔、每排 4 个 ϕ8mm 孔。

②开始送风时应先孔内送浆（补浆），停止清孔时应先关气后断浆。清孔过程中，特别要注意补浆量，严防因补浆不足（水头损失）而造成坍孔。

③送风量应从小到大，风压应稍大于孔底水头压力，当孔底沉渣较厚、块度较大，或沉淀板结时，可适当加大送风量，并摇动出水管（导管），以利排渣。

④随着钻渣的排出，孔底沉淤厚度较小，出水管（导管）应同步跟进，以保持管底口与沉淤面的距离。

⑤清孔后，孔内泥浆相对密度应小于 1.10，黏度 17 ~ 20s，孔底沉渣厚度小于或等于 20cm。

⑥反循环法清孔时所需风压 P 的计算。

$$P = \frac{\gamma_s h_0}{1000} + \Delta P \tag{3-1-1}$$

式中：γ_s——泥浆重度（kN/m^3），一般取 1.2kN/m^3；

h_0——混合器沉没深度（m）；

ΔP——供气管道压力损失（MPa），一般取 0.05 ~ 0.1MPa。

(3)气举反循环清孔速度

气举反循环与正循环沉渣的冲洗、上返流速存在巨大差异。

气举反循环冲洗液携带钻渣后迅速进入过水断面较小的钻杆内腔，可以获得比正循环高出数倍的上返速度。

根据钻探水力学原理，冲洗液在钻孔内的上返速度是钻渣颗粒群悬浮速度的1.2～1.3倍，即 $v_a=(1.2\sim1.3)v_s$。反循环清孔至钻渣在导管内运动，使形态各异的钻渣群在有限的空间做悬浮运动，上升速度较快。由于返浆速度较大，以内径200mm的导管为例，粒径100～150mm的石块也能清运出来。这一优点和泵吸反循环清孔工艺相类似，但是泵吸法循环系统复杂，砂石泵故障多是主要缺点；而空气吸泥机法一般通过空气吸泥机法清孔，由于空气混合室构造、送风管距孔底距离较近等原因，只能清出约50mm粒径的石子。

而正循环清孔，冲洗液携带钻渣后进入钻杆与孔壁形成的环形空间上返，由于冲洗液上返断面面积大，上返速度较慢，因此可能部分相对密度较大的颗粒会回落，须反复循环清孔，耽搁时间。在选用基岩作持力层时，这种情况显得尤为明显。

7）水下混凝土灌注

（1）混凝土灌注设备

①导管及集料斗

导管采用无缝钢管制成，快速螺纹接头，导管接头处设2道密封圈，保证接头的密封性。

根据首批封底混凝土方量的要求，选用12m^3大集料斗和小集料斗灌注，能够满足混凝土浇筑的需要。

②混凝土生产、输送设备

根据大临建设情况，混凝土由1、2号混凝土拌和站供应，8m^3混凝土运输车运输。

（2）混凝土配合比设计

①桩身混凝土设计强度等级C40，混凝土配合比设计通过试配确定，混凝土除满足强度要求外，还须符合下列要求：

a. 应采用P·O 42.5级及以上的低细度、低C_3S含量的水泥，混凝土应具有良好的和易性、流动性。

b. 混凝土初凝时间≥4h。

c. 混凝土的坍落度控制在18～22cm。

d. 混凝土具有良好的和易性、流动性。

②外加剂：除高效减水剂、缓凝剂外、粉煤灰，不得掺加其他任何外加剂，外加剂的品种应与所用水泥相匹配，同时，每批外加剂均应试配检验合格后方可使用。

（3）首批混凝土数量

首盘混凝土的方量应满足导管首次埋置深度（≥1.0m）和填充导管底部的需要，设导管下口离孔底40cm，初灌量计算如下：

$$V=\frac{\pi D^2}{4}(H_1+H_2)+\frac{\pi d^2}{4}h_1 \tag{3-1-2}$$

式中：V——灌注首批混凝土所需数量（m^3）；

D——桩孔设计直径（m），取2m；

d——导管直径（m），取最大导管直径0.38m；

H_1——孔底至导管底端间距（m），取0.4m；

H_2——导管初次埋置深度（m），一般取1.0m；

h_1——孔内混凝土达到埋置深度H_2时，导管内混凝土柱平衡导管外压力所需的高度（m），$h_1=H_w r_w/r_c$；

r_w——孔内泥浆的重度（kN/m^3），取12kN/m^3；

H_w——孔内泥浆的深度（m），考虑到空钻，取114m；

r_c——混凝土拌和物的重度（kN/m^3），取24kN/m^3。

由（3-1-2）得：

$$V=\frac{\pi}{4}\times2^2\times(0.4+1)+\frac{\pi}{4}\times0.38^2\times114\times\frac{12}{24}=10.86m^3$$

(4)灌注混凝土

灌注混凝土前需对混凝土输送管路及容器洒水润湿,然后在填充导管内安装隔水设施,待储料斗储满混凝土后,开始灌注水下混凝土。首批灌注混凝土的数量要能满足导管首次埋置深度不得小于1m和填充导管底部高度的需要,封底时导管埋入混凝土中的深度不得小于1m,首批混凝土方量是根据桩径和导管埋深及导管内混凝土的方量而定,拌制好的混凝土用混凝土运输车运至桩基口处,注入钻机提升的料斗内,车内混凝土方量约12m^3,由一人统一指挥,双方都准备好后将隔水栓和阀门同时打开,进行封底,隔离栓采用钢板,钢板用细钢丝绳牵引,由钻机起吊。

①首批混凝土下落后,混凝土应连续灌注。在灌注过程中,导管埋置深度宜控制在2~6m。

②灌注混凝土过程中要采用重量不小于4kg测锤经常量测孔内混凝土面的上升高度。导管到达一定埋深后,逐级快速拆卸导管,并在每次起升导管前,探测一次孔内混凝土面高度。测量用的测绳在每根桩灌注前后用钢尺各校核一次,以避免发生错误。

③控制灌注的桩顶高程比设计高程高出1m左右,以保证混凝土强度,多余部分桩头必须凿除,确保桩头无松散层。

④灌注完混凝土后,应及时将导管、漏斗等进行清理和检查,以备下一孔使用。

⑤在灌注水下混凝土前,应填写检查钻孔桩和钢筋笼情况的"相关检测表格",在浇筑水下混凝土的过程中,应填写"水下混凝土浇筑记录"。

8)桩基混凝土灌注应注意的问题

(1)混凝土运抵灌注地点时,应检查其和易性、坍落度等情况。坍落度应控制在18~22cm。灌注首批混凝土时,导管下口至孔底的距离为0.25~0.4m,储料斗首批混凝土储量保证灌注后导管埋入混凝土中的深度不小于1.0m。混凝土初凝时间应大于整桩灌注时间。

(2)灌注开始后,应连续有节奏地灌注混凝土,并尽可能缩短拆除导管的间隔时间。当导管内混凝土不满时,徐徐地灌注,防止在导管内形成高压空气囊,造成堵管。及时测定孔内混凝土面的高度,及时调整导管埋深。

(3)灌注过程中若发生堵管现象时,可上下活动导管,严禁使用振捣设备振动导管,如处理无效时,应及时将导管及钢筋笼拔出,然后重新清孔,吊装钢筋骨架和灌注混凝土。

(4)混凝土灌注是一个完整、连续、不可间断的工作。灌注工作开始前,机械管理人员和负责司机应对混凝土灌注所使用的全部机械进行维修、保养,保证机械在施工过程中正常运转。

(5)灌注过程中应记录混凝土灌注量及相对的混凝土面高程,用以分析扩孔率,发现异常情况应及时报告主管工程师,并进行处理。

(6)在灌注混凝土将近结束时,应核对混凝土的灌入数量,以确保所测混凝土的灌注高度准确。在灌注过程中,应将孔内溢出地水或泥浆运往适当地点处理,不得随意排放。

(7)灌注时桩顶部高程较设计预加1m,在孔内混凝土面测3个点,根据现场实施情况适当调整。拔管应缓慢进行,保证桩芯混凝土密实度。

(8)水下混凝土灌注过程中,若发生导管漏水、将导管拔出混凝土面、机械故障或其他原因造成断桩事故,应予以重钻或与有关单位研究补救措施。

9)质量检测及处理预案

(1)超声波检测

桩基质量检测应按设计和规范规定达到28d强度以后进行。每根桩均按设计要求进行超声波无损检测。桩基检测前,先用水进行冲水检查,若有淤塞,进行不断冲洗,直至孔底。桩基检测应达到I类桩。

钻孔桩质量检测方法如下:

①混凝土强度试件每根桩至少制取5组。

②每根桩均采用超声波无破损法检测桩的完整性,超声波检测应在桩身混凝土浇筑完成后7~30d内进行。

(2)断桩处理预案

钻孔灌注桩基础目前已形成了一套比较成熟的施工技术,但是由于钻孔灌注桩的施工受多种因素影响,处理不好容易引起断桩,因此编制断桩处理预案十分必要。

(3)断桩原因分析

断桩是指钻孔灌注桩在灌注混凝土的过程中,泥浆或砂砾进入水泥混凝土,把灌注的混凝土隔开并形成上下两段,造成混凝土变质或截面积受损,从而使桩不能满足受力要求。

常见的断桩原因大致可分为以下几种情况:

①由于混凝土坍落度过小,或石料粒径过大、导管直径较小,在灌注过程中堵塞导管,且在混凝土初凝前无法疏通好,不得不提起导管,形成断桩。

②由于运输或等待时间过长等原因使混凝土发生离析,又没有进行二次搅拌,灌注时大量集料卡在导管内,不得不提出导管进行清理,引起断桩。

③由于水泥结块或在冬季施工时因集料含水量较大而冻结成块,搅拌时没有将结块打开,结块卡在导管内,而在混凝土初凝前不能疏通好,造成断桩。

④由于混凝土灌注过程中发生坍孔,无法清理,或使用吸泥机清理不彻底,使灌注中断造成断桩。

⑤由于检测和计算错误,导管长度不够使底口与孔底距离过大,首批灌注的混凝土不能埋住导管底部,从而形成断桩。

⑥由于在提拔导管时,盲目提拔,将导管提拔过量,使导管底口拔出混凝土面,或使导管口处于泥浆层,形成断桩。

⑦在提拔导管时,钢筋笼卡住导管,在混凝土初凝前无法提起,造成混凝土灌注中断,形成断桩。

⑧由于导管接口渗漏,使泥浆进入导管,在混凝土内形成夹层,造成断桩。

⑨处理堵管时,将导管提升到最小埋置深度,猛提猛插导管,使导管内混凝土连续下落,与表面的浮浆、泥土相结合形成夹泥缩孔。

⑩由于导管埋置深度过深,无法提起导管或将导管拔断,造成断桩。

⑪由于其他意外原因(如机械故障、停电、材料供应不足等)造成混凝土不能连续灌注,中断时间超过混凝土初凝时间,致使导管无法提起,形成断桩。

由此可见,钻孔灌注桩的施工受多方面因素的影响,灌注前应做好充分的准备,尽可能避免意外情况发生。

(4)预防措施

①施工材料

集料的最大粒径应不大于导管内径的1/8~1/6以及钢筋最小净距的1/4,同时不大于40mm。拌和前,应检查水泥是否结块;拌和前还应将细集料过筛,以免因细集料冻结成块造成堵管。控制混凝土的坍落度在18~22cm范围内,混凝土拌和物应具有良好的和易性。在运输和灌注过程中,混凝土不应有离析、泌水现象。

②混凝土灌注

a.根据桩径和石料的最大粒径确定导管的直径,采用ϕ380mm大直径导管。使用前要对每节导管编号,进行水密承压和接头抗拉试验,以防导管渗漏。导管安装完毕后还应建立复核和检验制度,尤其要记好每节导管的长度。

b.混凝土运至灌注地点时,应检查其均匀性和坍落度等,如不符合要求,应进行第二次拌和;二次拌和后仍不符合要求时,不能使用。

c.下导管时,其底口距孔底的距离应不大于40~50cm(导管口不能埋入沉淀的回淤泥渣中)。首批灌注混凝土的数量应能满足导管首次埋置深度($\geqslant$1m)和填充导管底部的需要。

d.关键设备(如发电机、托泵、起重设备、运输车辆等)要有备用,材料要准备充足,以保证混凝土能够连续灌注。

e. 首批混凝土拌和物下落后,应连续灌注混凝土。在随后的灌注过程中,一般控制导管的埋置深度在 2 ~ 6m 范围内为宜,要适时提拔导管,不要使其埋置过深。

f. 若使用传统的运输车从拌和站运送混凝土,应配置多台搅拌车运输,以保证凝土灌注的连续性。

(5)处理断桩的方法

使用冲击钻凿除已断桩基,重新施工。

1.2 水中承台施工

1.2.1 总体施工方案

三门峡黄河公铁两用大桥主桥是本标段控制工期的重点工程,也是施工难度最大、技术含量最高、安全风险最大的难点工程,因此必须加强前期的施工准备工作、全面精心策划、深入研究方案、科学组织管理、强化过程控制。

水中墩的桩基施工需搭设水上钻孔平台,钻孔桩采用泥浆护壁、旋转钻机成孔、垂直导管法灌注水下混凝土的成桩工艺进行施工;水中承台施工采用双壁钢围堰施工方案。

栈桥、钻孔平台的顶面高程必须满足汛期施工要求。

根据现场实际地形、水文和设计资料,结合项目部实际,1 ~ 9 号墩基础施工采用先钻孔平台钻孔,后双壁钢套箱围堰施工承台。

各墩基础施工方法见表 3-1-12。

各墩基础施工方法汇总表　　表 3-1-12

墩号	地面高程(m)	承台底高程(m)	最高施工水位(m)	水深(m)	钻孔桩施工方法	承台施工方法	起重设备
1	+313.156	+306.198	+316.808	3.652	钻孔平台钻孔	双壁钢围堰	70t 门式起重机 + 100t 履带式起重机
2	< +305.0	+304.846	+316.808	>11.808	钻孔平台钻孔	双壁钢围堰	70t 门式起重机 + 100t 履带式起重机
3	< +305.0	+305.494	+316.808	>11.808	钻孔平台钻孔	双壁钢围堰	70t 门式起重机 + 100t 履带式起重机
4	+305.0	+306.142	+316.808	11.808	钻孔平台钻孔	双壁钢围堰	70t 门式起重机 + 100t 履带式起重机
5	+307.0	+298.790	+316.808	9.808	钻孔平台钻孔	双壁钢围堰	70t 门式起重机 + 100t 履带式起重机
6	+308.0	+298.438	+316.808	8.808	钻孔平台钻孔	双壁钢围堰	70t 门式起重机 + 100t 履带式起重机
7	+307.0	+299.086	+316.808	9.808	钻孔平台钻孔	双壁钢围堰	70t 门式起重机 + 100t 履带式起重机
8	+307.0	+298.734	+316.808	9.808	钻孔平台钻孔	双壁钢围堰	70t 门式起重机 + 100t 履带式起重机
9	+312.907	+305.382	+316.808	3.901	钻孔平台钻孔	双壁钢围堰	70t 门式起重机 + 100t 履带式起重机

1.2.2 施工流程及施工步骤

主要施工步骤:钻孔桩施工完成,拆除围堰范围内钻孔平台,接高钢护筒并焊接牛腿→拼装围堰底节,安装提升下放系统→底节围堰下放入水自浮,并注水下沉一定深度→依次拼装围堰中节、顶节→围堰注水下沉、着床→浇筑刃脚、壁仓混凝土→围堰吸泥下沉至设计位置→河床清理、封底→抽水、凿桩头→浇筑第一层 3.0m 承台混凝土→浇筑第二层 3.5m 承台混凝土。

1)1 ~ 8 号墩承台施工步骤

(1)拆除围堰范围内钻孔平台,接高钢护筒并焊接牛腿、横向分配梁及导向装置。

钻孔桩施工完成后,拆除围堰范围内的钻孔平台,接高钢护筒,在钢护筒上焊接拼装牛腿,形成围堰拼装平台。

双壁围堰在工厂加工完成,分块运到墩位处,利用门式起重机、履带式起重机在拼装牛腿上进行底节拼装,并安装底层内支撑。

拼装完成后进行油密封试验。

(2)拼装围堰底节,安装提升下放系统,底节围堰下放入水自浮,并注水下沉一定深度。

安装提升下放系统和水平导向装置,利用提升下放系统施加顶升力,围堰底节整体提升30cm;拆除拼装牛腿,下放围堰,直至围堰底节处于自浮状态。

(3)依次拼装围堰中节并下沉。

逐块对称安装围堰中节,并将底节与中节按设计要求焊接成整体,面板与面板焊缝要求做煤油渗透试验;中节围堰拼装过程中安装顶层内支撑,注水一定深度,使围堰处于自浮状态。

(4)依次拼装围堰顶节并下沉。

重复上一步骤接高围堰,完成顶节拼装

(5)围堰注水下沉,浇筑刃脚混凝土使围堰着床。

调整围堰垂直度、扭角及平面位置,浇筑刃脚混凝土并注水使围堰着床。

(6)围堰壁仓内浇筑侧板混凝土,围堰吸泥下沉至设计位置。

围堰壁仓内浇筑侧板混凝土,同时射水吸泥下沉,直至围堰刃脚下沉到设计位置。

(7)河床清理、浇筑封底混凝土,抽水、凿桩头分两次浇筑承台混凝土。

整平围堰内河床面,冲洗封底混凝土高度范围内的钢护筒;水下浇筑围堰封底混凝土,待封底混凝土达到设计强度后进行堰内抽水;抽水完毕,堰内清理并割除钢护筒,凿除桩头;绑扎承台钢筋,分两次浇筑承台。

(8)围堰内注水,拆除第二道支撑,绑扎墩身钢筋并浇筑混凝土。

承台浇筑完成后,围堰内注水2m至承台顶,拆除底层内支撑;绑扎墩身钢筋,第一次浇筑墩身,埋设临时内支撑预埋件。

(9)设置临时支撑拆除顶层支护,浇筑剩余墩身混凝土。

设置临时支撑,拆除部分顶层内支撑;绑扎墩身钢筋,浇筑剩余墩身。

2)9号墩承台施工步骤

9号墩承台施工步骤与1~8号墩相同。由于开挖深度较浅钢围堰只在底节与顶节设置。下放底节至拼装高程后直接对称安装顶节围堰。

1.2.3 1~9号墩承台施工方案

1~9号墩承台采用双壁钢套箱围堰作为承台施工的挡水结构。钻孔桩施工完成后,拆除围堰范围内钻孔平台,在钢护筒上焊接简易牛腿作为围堰拼装平台,拼装围堰底节;接高钢护筒,在钢护筒顶安装分配梁、千斤顶等提升下放系统,拆除围堰拼装牛腿,利用提升下放系统将围堰底节下放入水自浮,并注水下沉一定深度;拆除围堰提升下放系统,依次拼装围堰中节、顶节,并注水下沉,使围堰着床,浇筑刃脚和壁仓混凝土,围堰继续吸泥下沉至设计位置;最后进行河床清理、围堰封底、抽水、凿桩头、绑钢筋、立模板、浇筑承台混凝土。承台厚6.5m(含加台厚度2m),分两次浇筑施工,第一次浇筑3.0m,第二次浇筑3.5m。

1.2.3.1 钢围堰加工及运输

1)钢套箱围堰结构

(1)1~8号墩双壁钢围堰

以6号墩为例,双壁钢套箱围堰平面尺寸为46.5m×28.8m,壁厚2m,围堰内壁距离承台边缘10cm。围堰顶高程+317.308m,底高程+294.408m,设防水位+316.808m,抽水水位+316.808m;围堰由侧板、内支撑和封底混凝土组成。

侧板总高度23.4m,分为底节(13.6m)、中间节(5.3m)和顶节(4.0m)。底(中)节侧板由面板、竖肋、水平环和隔仓板组成,其中面板采用6mm厚钢板,竖肋采用L63×10等边角钢,间距350mm。水平环最小间距0.8m,水平环板采用厚度16mm、20mm钢板,并加焊12mm厚钢板形成L形结构。根据实际受力大小，隔仓板旁2根斜撑采用L125×12等边角钢，其余斜撑采用L100×12等边角钢。隔仓板采用20mm厚钢板，并采用角钢加劲，壁板外侧贴20mm厚钢板补强。

围堰双壁板在平面上被隔仓板分成30个独立隔仓，在围堰注水、吸泥下沉过程中，通过调整隔仓间的水头差，可调整围堰的垂直度。顶节侧板由面板、小竖肋、大竖肋和横肋组成，面板采用6mm厚钢板，小竖肋采用L63×10等边角钢，间距350mm，大竖肋与中间侧板隔仓板对应布置，采用变高度工字形截面，横肋由下到上分别采用HW250×250型钢和L180×12等边角钢。

围堰设2道内支撑，底层内支撑高程+306.308m，采用ϕ820mm×14mm钢管，顶层内支撑高程+310.708m，采用ϕ1200mm×14mm钢管。

封底混凝土采用C30水下混凝土，厚度3.5m。6号墩双壁钢围堰布置如图3-1-28～图3-1-30所示。

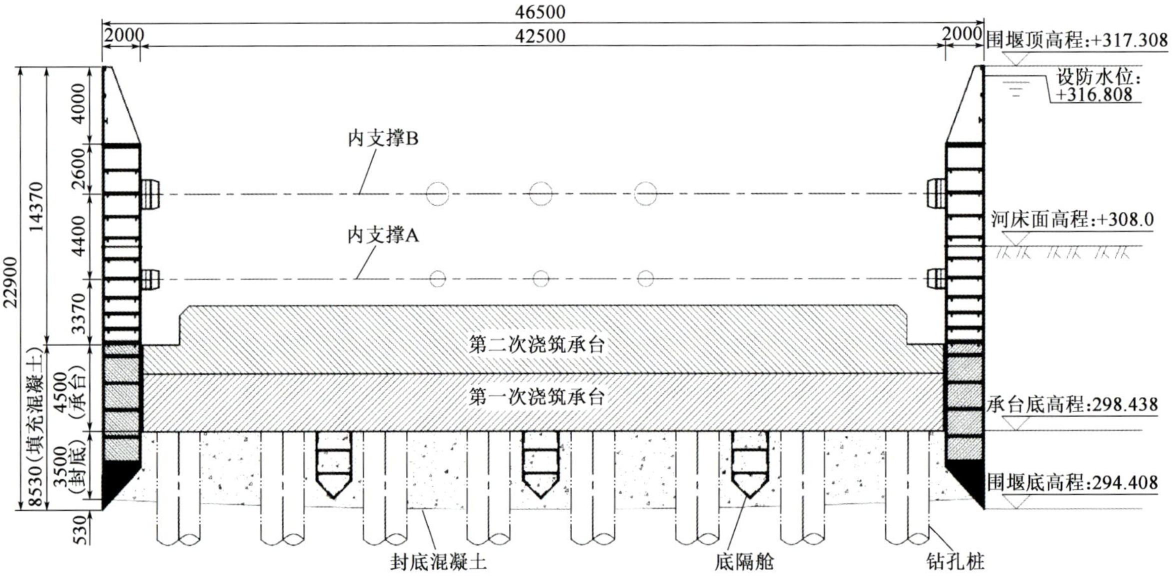

图3-1-28　6号钢围堰及承台立面图(尺寸单位:mm;高程单位:m)

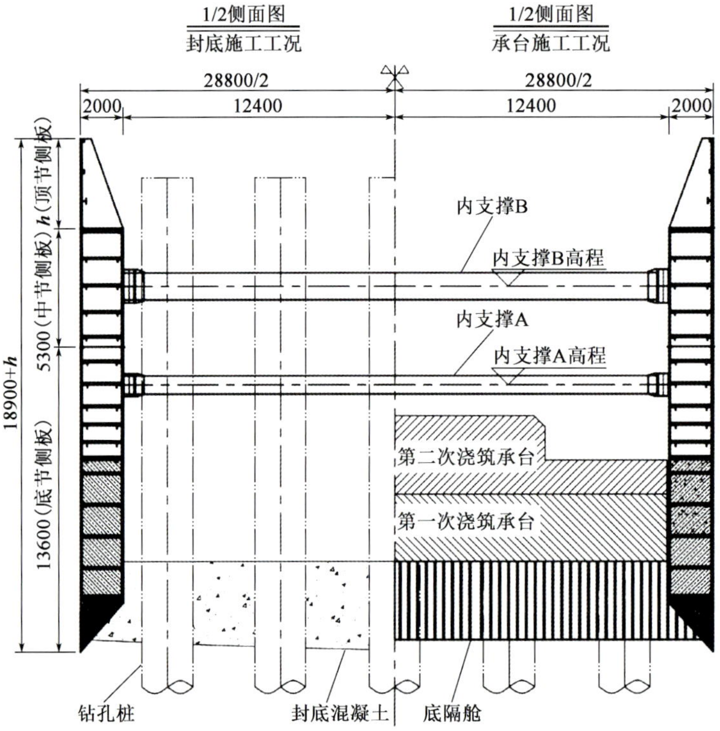

图3-1-29　6号钢围堰及承台侧面图(尺寸单位:mm)

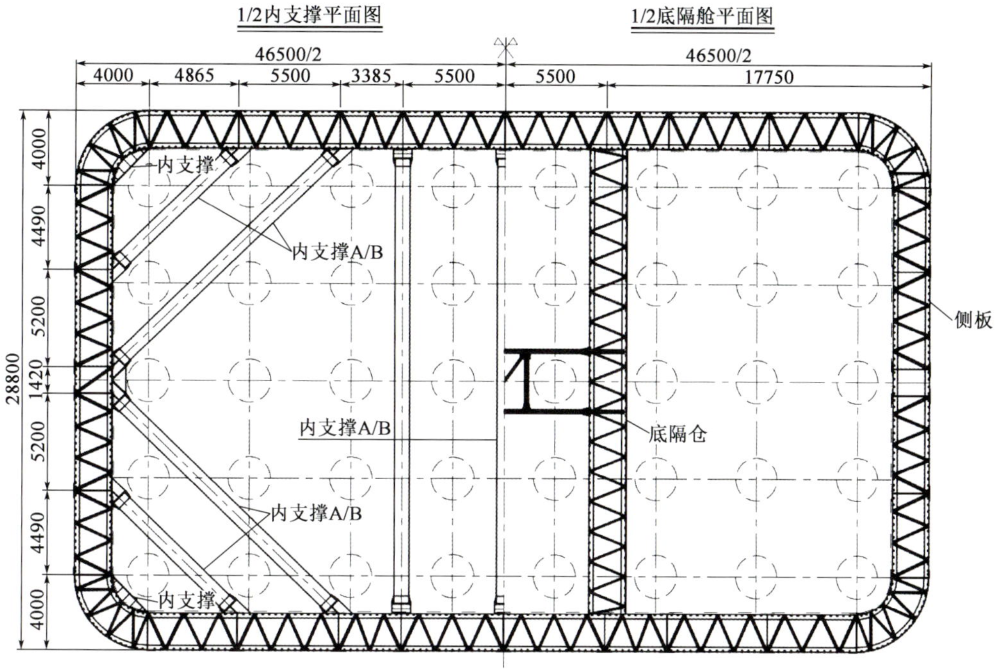

图 3-1-30 6 号钢围堰内支撑平面图(尺寸单位:mm)

1~5 号墩、7 号墩、8 号墩双壁钢围堰除围堰顶(底)高程、顶节侧板高度和内支撑位置不一样外,其他结构尺寸和材料规格均与 6 号墩围堰相同,其技术参数见表 3-1-13。

1~8 号墩双壁钢围堰技术参数表 表 3-1-13

名称	围堰顶高程(m)	河床面高程(m)	承台底高程(m)	围堰底高程(m)	内支撑 A 高程(m)	内支撑 B 高程(m)	顶节侧板高度(mm)
1 号墩围堰	+317.420	+313.400	+299.198	+295.168	+307.068	+311.468	3352
2 号墩围堰	+317.420	+301.2	+298.864	+294.816	+306.716	+311.116	3704
3 号墩围堰	+317.364	+303.5	+298.494	+294.464	+306.364	+310.764	4000
4 号墩围堰	+317.364	+305.7	+299.142	+295.112	+307.012	+311.412	3352
5 号墩围堰	+317.364	+307.0	+298.790	+294.760	+306.660	+311.060	3704
6 号墩围堰	+317.308	+308.0	+298.438	+294.408	+306.308	+310.708	4000
7 号墩围堰	+317.308	+307.0	+299.086	+295.056	+306.956	+311.356	3352
8 号墩围堰	+317.308	+307.0	+298.734	+294.704	+306.604	+311.004	3704

(2)9 号墩双壁钢围堰

9 号墩双壁钢套箱围堰平面尺寸、壁厚及围堰内壁与承台边缘距离、围堰顶高程、设防水位及抽水水位与 1~8 号墩相同;围堰由侧板、内支撑和封底混凝土组成。

侧板总高度 16.956m,分为底节(13.4m)和顶节(3.556m)。水平桁架采用 L100×12 等边角钢。其余板件设计参数与 1~8 号墩相同。

围堰设 1 道内支撑,位于高程 +313.152m 处,采用 ϕ820mm×14mm 钢管。承台施工完成后,在加台与围堰内壁间设混凝土垫块,并设置临时斜撑,然后拆除围堰内撑,进行墩身施工。

封底混凝土采用 C30 水下混凝土,厚度 2.5m。9 号墩双壁钢围堰布置如图 3-1-31 ~ 图 3-1-33 所示。

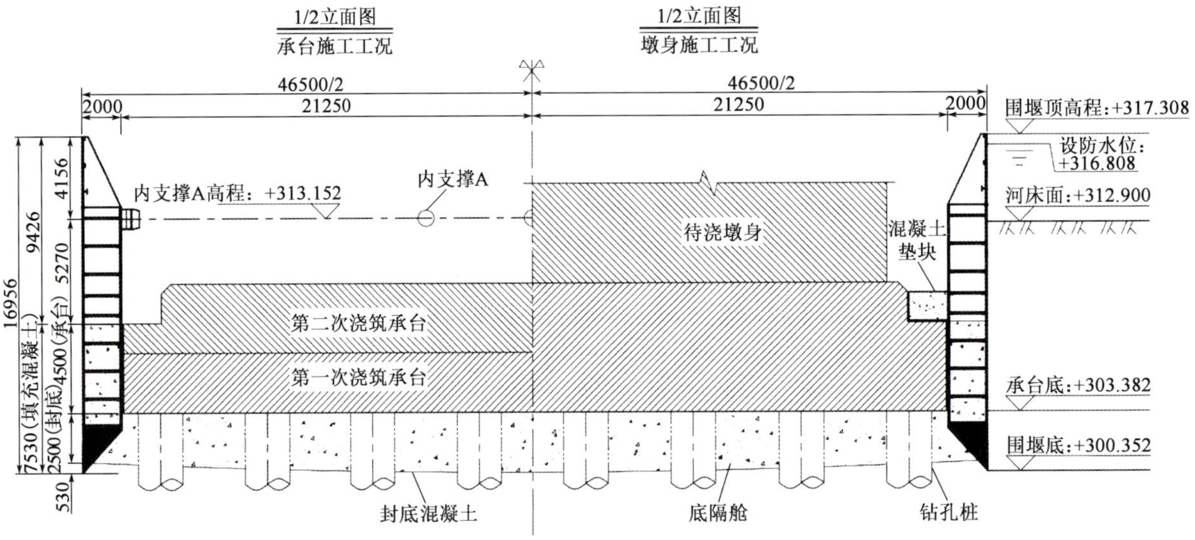

图 3-1-31　9 号钢围堰及承台立面图(尺寸单位:mm;高程单位:m)

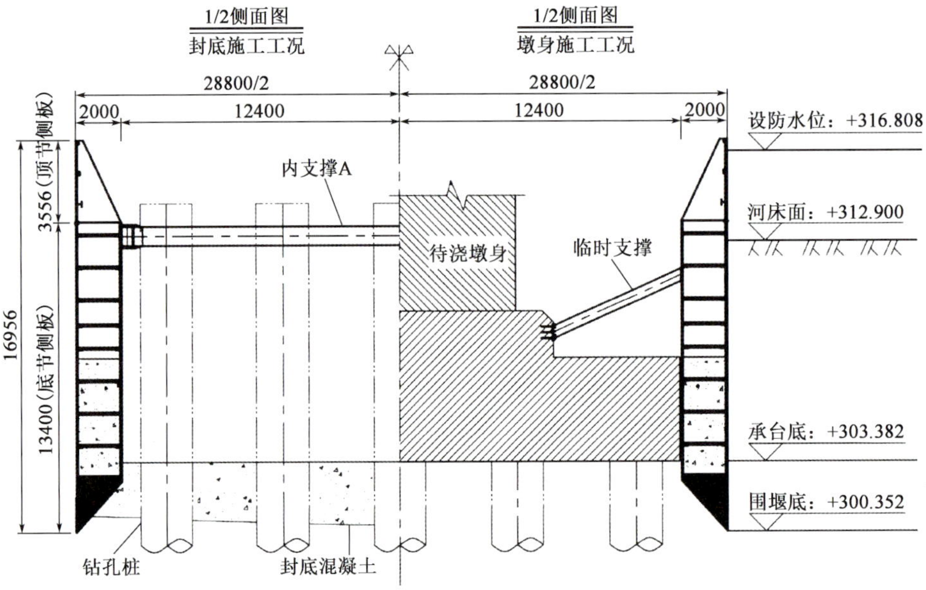

图 3-1-32　9 号钢围堰及承台侧面图(尺寸单位:mm;高程单位:m)

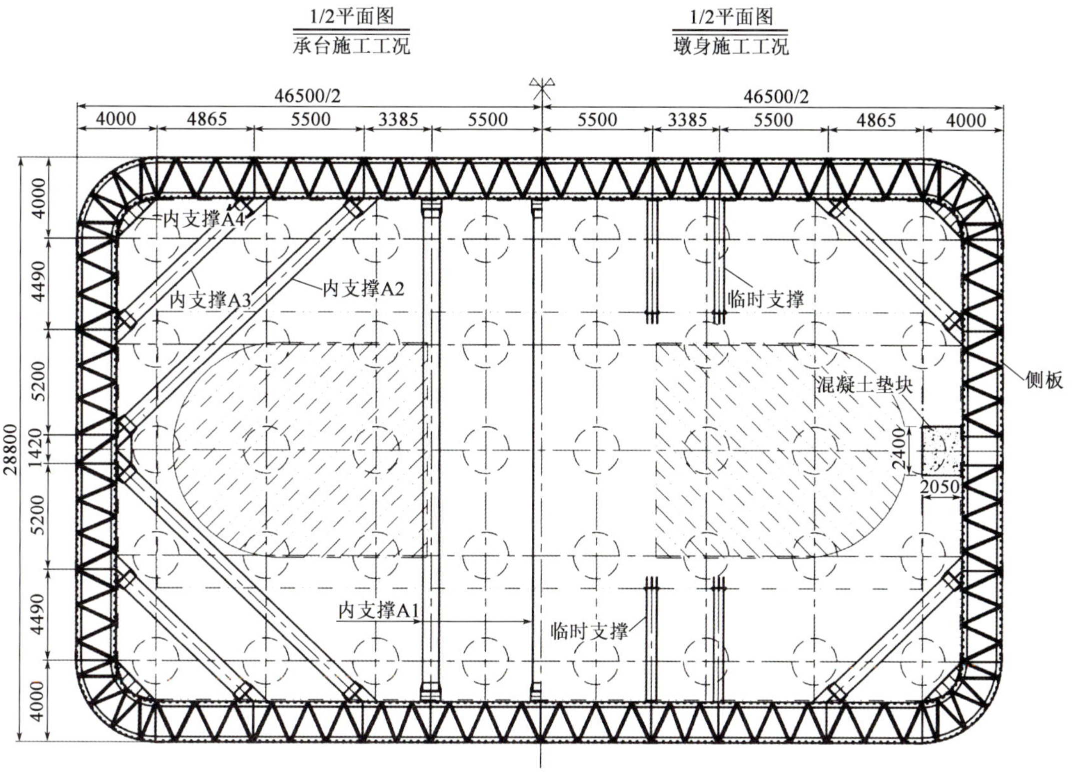

图 3-1-33　9 号钢围堰内支撑平面图(尺寸单位:mm)

2)围堰制造

(1)材料要求

钢材均为 Q235B,$[\sigma]=170\text{MPa}$,$[\tau]=100\text{MPa}$。电弧焊焊条采用 E43××、E50××、E50××-×均可。

(2)胎模制作

为满足工厂化施工要求,提高钢围堰加工精度,形成规模化流水线生产,在钢结构加工场地内根据需要布置胎模。胎模底座设计成水平,在场地硬化时预埋地脚螺栓,顶部以钢围堰外直径加工成弧度,纵向采用角钢焊接成整体。

(3)钢围堰单元模块加工

钢围堰加工精度、焊接强度应满足要求。整体拼装前应对钢围堰块件进行验收,按设计图纸要求对结构焊缝进行检查,内、外壁板对焊接缝通过煤油渗透试验,否则渗漏处必须补焊。焊接成型并经逐层检查焊接质量并做水密性试验后方可下水。

3)围堰拼装及下放

(1)拼装下放方案

钻孔桩施工完成后,撤走钻机、清理施工现场,将与承台施工无关的设备、材料全部撤出平台;拆除围堰范围内钻孔平台,接高支承钢护筒并焊接牛腿,在护筒顶安装围堰提升下放系统。

在钢护筒牛腿上拼装围堰底节侧板,并安装水平导向装置,利用提升下放系统将围堰底节提升30cm,拆除钢护筒牛腿,将围堰底节下放入水至自浮状态,并注水下沉一定深度,拆除提升下放系统。依次对称拼装围堰中间、顶节和内支撑,在壁板内注水,使围堰着床,然后吸泥下沉。围堰现场拼装采用门式起重机和履带式起重机配合施工。

围堰提升下放系统主要由挂梁 1、挂梁 2、挂梁 3、千斤顶、ϕ36mm 精轧螺纹钢筋等组成。挂梁 1 采用断面为 1100mm(高)×900mm(宽)焊接钢箱梁,挂梁 2、挂梁 3 均采用 2HN700 型钢组合梁。200t 千斤顶共 8 台。围堰提升下放系统布置如图 3-1-34 ~ 图 3-1-37 所示;牛腿及分配梁结构如图 3-1-38、图 3-1-39所示。

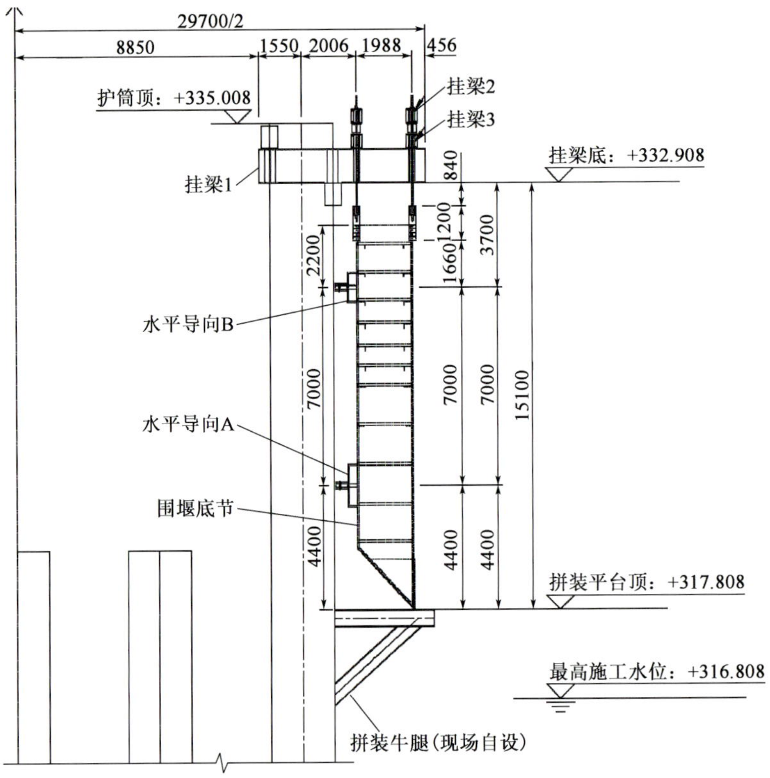

图 3-1-34　1/2 围堰底节提升下放系统立面图(尺寸单位：mm；高程单位：m)

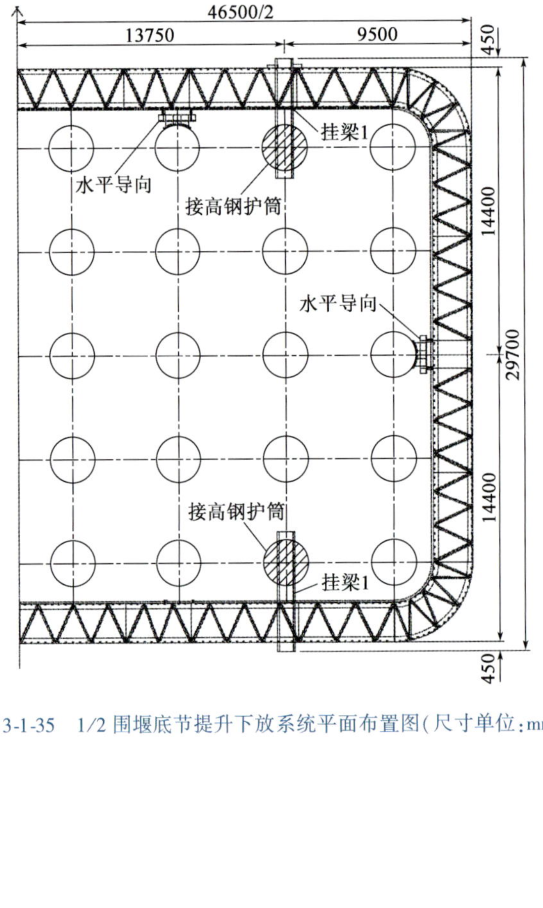

图 3-1-35　1/2 围堰底节提升下放系统平面布置图(尺寸单位：mm)

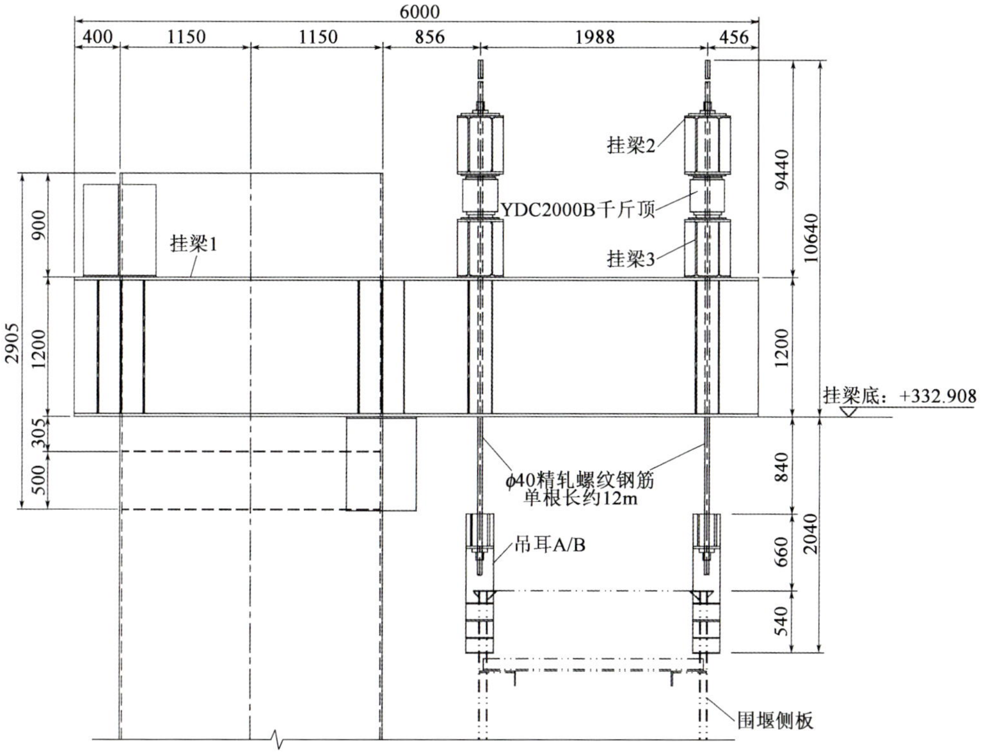

图3-1-36　围堰底节提升下放系统结构平面图(尺寸单位:mm;高程单位:m)

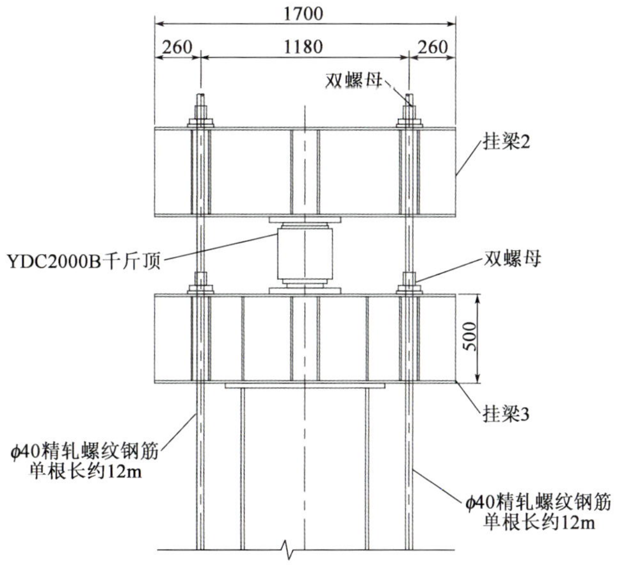

图3-1-37　围堰底节提升下放系统结构截面图(尺寸单位:mm)

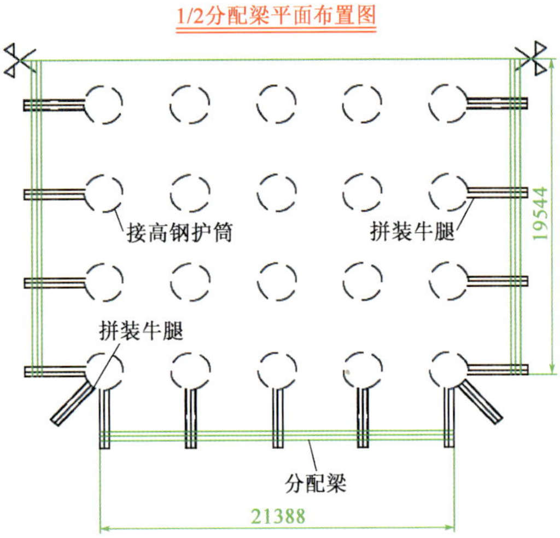

图 3-1-38　1/2 分配梁平面布置图(尺寸单位:mm)

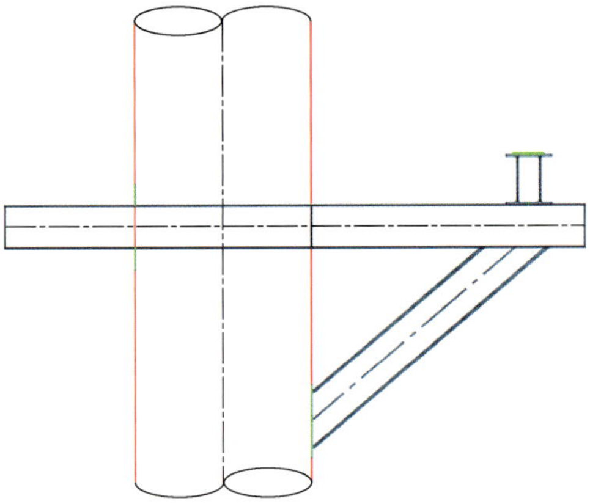

图 3-1-39　牛腿结构立面图

(2)壁板局部受力计算

精轧螺纹钢筋吊耳与围堰壁板焊接,单个吊耳设计荷载 60t,利用有限元软件建立吊耳-壁板模型进行计算分析,结果如图 3-1-40 所示。

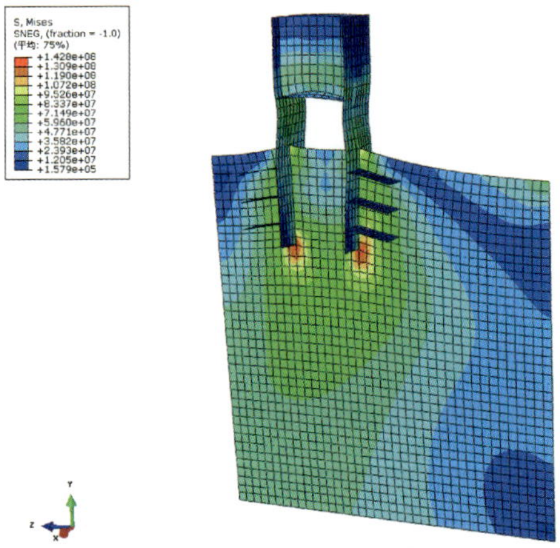

图 3-1-40　壁板局部受力图

由计算可知,围堰壁板最大应力 142.8MPa,受力满足要求。

4)围堰着床

(1)着床时机

钢围堰落河床工作应尽量安排在水位低、流速小时进行。围堰落河床前对墩位处河床进行一次全面的测量,若与预计不相符,不能满足围堰落床后使围堰进入稳定深度及围堰露出水面的高度时,则应根据实际情况,调整围堰落河床时高度,以满足围堰落河床的各项要求。

将钢围堰内基底残积淤泥和砂全部清理,保证钢围堰就位之处基本平整。

(2)着床方法

双壁钢围堰就位后自浮于水中,可在钢围堰刃脚段浇筑一定高度的水下混凝土,以增加刃脚部分的刚度,由于刃脚混凝土客观上增加了钢围堰自重,又可加大钢围堰入土后的下沉速度。钢围堰受到的水流力在围堰刃脚接近河床顶面时达到最大值,此时应在严格控制钢围堰定位精度的情况下及时着床。钢围堰刃脚着床后,利用深水抓斗或吸泥机辅以高压射水管吸泥取土,同时向钢围堰壁仓内注水,增加围堰的下沉重量。吸泥取土时从围堰中间逐步向刃脚处对称分层进行,以保证钢围堰平稳、竖直下沉。

为保证钢围堰顺利下沉，可事先在刃脚内部埋设高压水枪喷嘴。当钢围堰下沉困难时利用高压射水冲击刃脚底部土体，以减少围堰刃脚处的端阻力，同时采取在隔仓壁体内浇筑混凝土或灌砂、围堰顶部配重以及空气幕等方法达到助沉目的。

(3)控制措施

为保证钢围堰均匀正位下沉，围堰在下沉过程中需加强偏位观测，一般每下沉0.5m观测一次平面位置及垂直度，如发现倾斜或偏位时，及时采取措施进行纠偏。

偏侧取土法：围堰下沉过程中吸泥取土先从中间后向四周扩散以形成锅底，使围堰均匀下沉，当下沉过程中出现偏位或倾斜时应采取偏侧取土的方法，即在刃脚较高的一侧吸泥，逐步纠偏纠斜。

偏载压重法：采用偏侧取土法仍不能达到纠偏目的时，需要摸清刃脚处河床情况，若遇刃脚下有孤石或底层不均匀等异常时，需要水下清除孤石，然后在围堰较高处隔仓内注水偏载压重，多次运用偏载压重配合偏侧取土法，以达到围堰纠偏的目的。

5)围堰吸泥下沉

(1)吸泥下沉方法及吸泥设备

①气举反循环换吸泥法

钢围堰下沉穿过底层主要为粉土、粉质黏土、粉细砂，采用至少两台直径273mm空气吸泥机射水吸泥。空气吸泥机头部设置高压射水嘴进行射水破土。

②空气吸泥机

空气吸泥机主要由空压机、吸泥管、供气管、射水管、高压水泵、吸泥器组成，如图3-1-41所示。

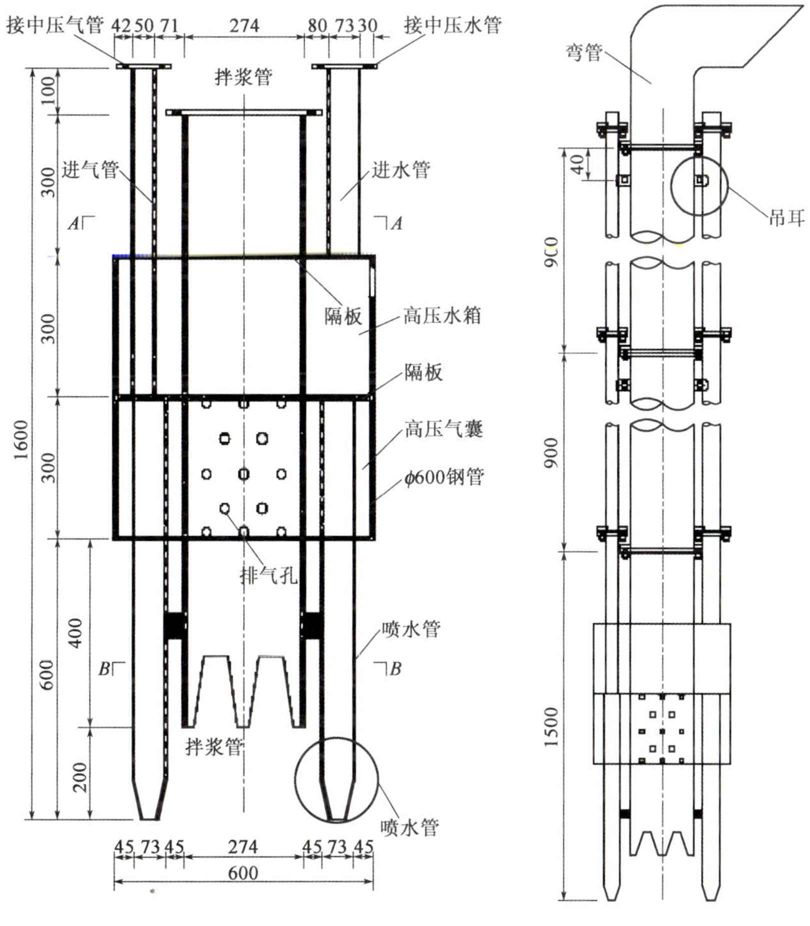

图3-1-41 空气吸泥机结构图(尺寸单位：mm)

a. 空压机

采用1台20m³/min的空压机,一起向供气管输送压缩空气。

b. 吸泥管

吸泥管采用ϕ273mm×11.5mm的导管加工而成,由直管、出泥弯管和橡胶软管组成。单根吸泥管总长18m,通过快速接头连接。

c. 供气管

空压机产生的空气通过供气管进入空气吸泥器。高压气体稀释水后,密度减轻的水往上流,底部的泥沙、石子等覆盖物被水流吸起经吸泥管排出围堰。供气管直径73mm,壁厚5mm,每节长9m,共2节,总长18m。供气管采用法兰盘连接。供气管用焊接在吸泥管上的加劲板固定。

d. 射水管

遇到比较密实的覆盖层,需要进行射水破土,射水管通过一根ϕ73mm×5mm的无缝钢管供水到空气吸泥器上部的高压水仓,再分成3根ϕ73mm×5mm的对称吸泥管穿出吸泥器与吸泥管齐平。射水管出口头直径缩小为40mm。射水的固定方式与供气管相似。

e. 水泵

采用一台高压水泵向射水管输送高压水。水泵扬程250m,流量250m³/h。

f. 吸泥器

吸泥器是采用一根ϕ600mm×8mm钢管加工而成的空心柱,钢管高0.6m,上下用14mm厚的钢板密封,中间穿过吸泥管和射水管,顶部与供气管相接,吸泥器结构见图3-1-41,排气孔、喷水嘴放大样如图3-1-42所示。

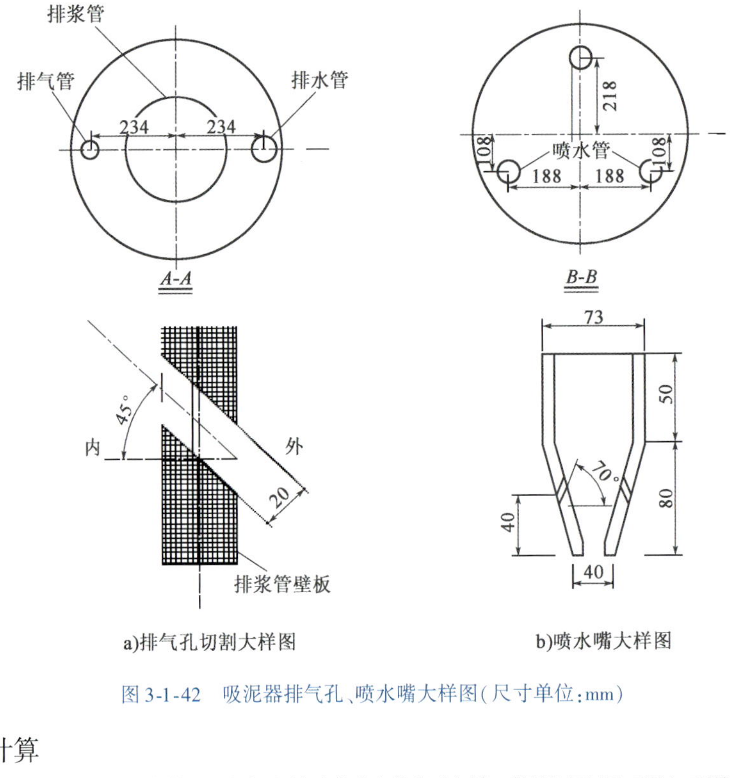

图3-1-42　吸泥器排气孔、喷水嘴大样图(尺寸单位:mm)

(2)下沉系数计算

分别以1号墩、6号墩和9号墩双壁钢围堰为例进行计算,假设围堰下沉至设计高程,此时双壁板内混凝土浇筑至承台顶面,双壁板内注满水。

①1号墩围堰下沉系数

1号墩围堰入土深度18.232m,总质量$G=1442$t,围堰壁板投影面积$A_2=274.9\text{m}^2$,围堰总周长$L_1=143.7$m。

围堰刃脚排水质量：$F_{刃脚}=1\times2.8\times137.4=384.72\text{t}$

围堰壁板排水质量：$F_{壁板}=1\times274.9\times16.4=4508.36\text{t}$

围堰壁板内水质量：$G_{水}=1\times274.9\times10.370=2850.71\text{t}$

刃脚混凝土质量：$G_{刃脚混凝土}=2.4\times2.8\times137.4=923.33\text{t}$

围堰壁板内混凝土质量：$G_{壁板混凝土}=2.4\times274.9\times6.03=3978.35\text{t}$

围堰与沙土摩阻力：$f=143.7\times18.232\times20=52398.8\text{kN}$

围堰的下沉系数：

$$K=\frac{G+G_{水}+G_{刃脚混凝土}+G_{壁板混凝土}}{F_{刃脚}+F_{壁板}+f}=\frac{1442+2850.71+923.33+3978.35}{384.72+4508.36+\dfrac{52398.8}{10}}=\frac{9194.39}{10132.96}=0.91$$

下沉系数不满足要求。

施工时，可先用长臂挖机或其他设备将围堰四周河床面向下清理3.5m，同时在围堰顶面压重430t，并采用高压射水辅助下沉，此时下沉系数计算如下：

围堰刃脚排水质量：$F_{刃脚}=1\times2.8\times137.4=384.72\text{t}$

围堰壁板排水质量：$F_{壁板}=1\times274.9\times16.4=4508.36\text{t}$

围堰壁板内水质量：$G_{水}=1\times274.9\times10.370=2850.71\text{t}$

刃脚混凝土质量：$G_{刃脚混凝土}=2.4\times2.8\times137.4=923.33\text{t}$

围堰壁板内混凝土质量：$G_{壁板混凝土}=2.4\times274.9\times6.03=3978.35\text{t}$

围堰与沙土摩阻力：$f=143.7\times14.732\times20=42338\text{kN}$

围堰的下沉系数：

$$K=\frac{G+G_{水}+G_{刃脚混凝土}+G_{壁板混凝土}}{F_{刃脚}+F_{壁板}+f}=\frac{1442+2850.71+923.33+3978.35+430}{384.72+4508.36+\dfrac{42338}{10}}=\frac{9624.39}{9126.98}=1.05$$

下沉系数满足要求。

②6号墩围堰下沉系数

6号墩围堰入土深度13.592m，总质量$G=1461\text{t}$，围堰壁板投影面积$A_2=274.9\text{m}^2$，围堰总周长$L_1=143.7\text{m}$。

围堰刃脚排水质量：$F_{刃脚}=1\times2.8\times137.4=384.72\text{t}$

围堰壁板排水质量：$F_{壁板}=1\times274.9\times16.4=4508.36\text{t}$

围堰壁板内水质量：$G_{水}=1\times274.9\times10.370=2850.71\text{t}$

刃脚混凝土质量：$G_{刃脚混凝土}=2.4\times2.8\times137.4=923.33\text{t}$

围堰壁板内混凝土质量：$G_{壁板混凝土}=2.4\times274.9\times6.03=3978.35\text{t}$

围堰与沙土摩阻力：$f=143.7\times13.592\times20=39063.4\text{kN}$

围堰的下沉系数：

$$K=\frac{G+G_{水}+G_{刃脚混凝土}+G_{壁板混凝土}}{F_{刃脚}+F_{壁板}+f}=\frac{1461+2850.71+923.33+3978.35}{384.72+4508.36+\dfrac{39063.4}{10}}=\frac{9213.39}{8763.42}=1.05$$

下沉系数满足要求。

③9号墩围堰下沉系数

9号墩围堰入土深度12.548m，总质量$G=1004\text{t}$，围堰壁板投影面积$A_2=274.9\text{m}^2$，围堰总周长$L_1=143.7\text{m}$。

围堰刃脚排水质量：$F_{刃脚}=1\times2.8\times137.4=384.72\text{t}$

围堰壁板排水质量：$F_{壁板}=1\times274.9\times10.9=2996.41\mathrm{t}$

围堰壁板内水质量：$G_{水}=1\times274.9\times5.870=1613.66\mathrm{t}$

刃脚混凝土质量：$G_{刃脚混凝土}=2.4\times2.8\times137.4=923.33\mathrm{t}$

围堰壁板内混凝土质量：$G_{壁板混凝土}=2.4\times274.9\times5.03=3318.59\mathrm{t}$

围堰与沙土摩阻力：$f=143.7\times12.548\times20=36063.0\mathrm{kN}$

围堰的下沉系数：

$$K=\frac{G+G_{水}+G_{刃脚混凝土}+G_{壁板混凝土}}{F_{刃脚}+F_{壁板}+f}=\frac{1004+1613.66+923.33+3318.59}{384.72+2996.41+\dfrac{36063.0}{10}}=\frac{6859.6}{6987.43}=0.98$$

下沉系数不满足要求，可采取压重450t、高压射水等措施辅助下沉。

1～9号墩双壁围堰吸泥下沉系数及辅助措施见表3-1-14。

围堰吸泥下沉系数及辅助措施　　表3-1-14

墩号	地面高程(m)	围堰底高程(m)	施工水位(m)	下沉系数	辅助措施
1	+313.4	+2195.168	+316.808	1.05	清理降低河床面3.5m，压重430t，高压射水
2	+301.2	+294.816	+316.808	1.37	无
3	+303.5	+294.464	+316.808	1.23	无
4	+305.7	+295.112	+316.808	1.16	无
5	+307.0	+294.760	+316.808	1.09	无
6	+308.0	+294.408	+316.808	1.05	无
7	+307.0	+295.056	+316.808	1.10	无
8	+307.0	+294.704	+316.808	1.09	无
9	+312.9	+300.352	+316.808	1.06	压重450t，高压射水

由上述围堰下沉系数计算可知，2～8号墩围堰依靠自重、双壁板内灌混凝土和注水可以顺利下沉到位，其中，2～4号、7号、8号墩围堰下沉系数较大，施工时，可根据实际下沉情况，调整双壁板内填充混凝土和注水高度，以实现围堰安全平稳下沉至设计位置。1号、9号墩围堰仅靠自重、双壁板内灌混凝土和注水难以下沉至设计高程，施工时，可根据实际情况采用事先清理河床高程、压重和高压射水等措施，辅助围堰下沉至设计高程。

(3)围堰着床监控监测

在钢围堰着床后必须对钢围堰的平面位移、竖向沉降、结构尺寸进行监控测量。平面位移观测，采用全站仪测量坐标的方法进行观测控制；竖向沉降观测，采用水准仪测量高程的方法进行观测控制；结构尺寸量测，采用钢尺测量长度的方法进行观测控制。测点的布置方法如下：

①平面点：在钢围堰壁顶四周用红油漆做十字标记，共设8个观测点，并编号。钢围堰着床后测出原始坐标，以后每三天测量坐标一次，和原始坐标比较，检查平面点坐标是否有偏差。

②沉降观测点：观测点布置在钢围堰的4个角，共布置4个测点，可以利用平面观测点的4个角点，当钢围堰着床后，用水准仪测出4个测点的原始高程，以后每三天观测一次，和原始高程比较，检查钢围堰是否具有沉降。

③尺寸量测：钢围堰尺寸测量点沿顺桥方向布置三道，钢围堰一着床立即测出钢围堰顺桥向的原始尺寸，以后每3d观测一次，和原始尺寸比较，检查钢围堰是否有变形。测点具体布置如图3-1-43所示。

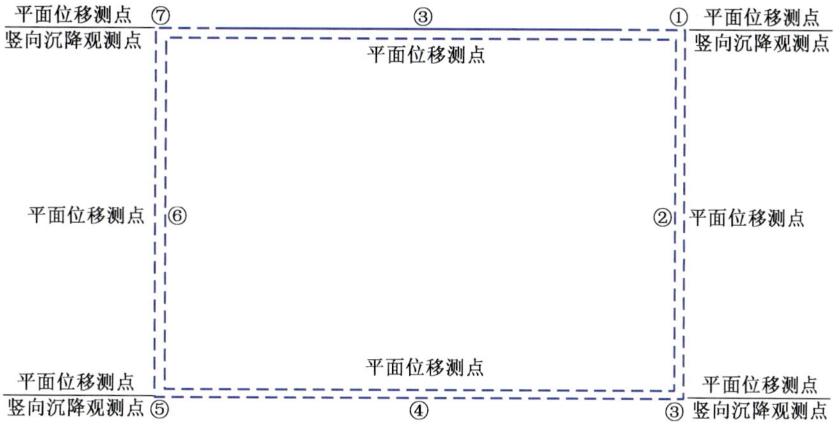

图 3-1-43 测点具体布置

1.2.3.2 围堰精确定位措施

(1)围堰下放前,在钻孔桩和围堰内壁间安装水平导向装置,水平导向装置竖向布置2层,每层4个,通过水平导向装置,可在围堰下放及注水、吸泥过程中控制并调整围堰的平面位置;水平导向装置与围堰内壁间相互作用力和摩擦力,可提供抵抗围堰倾斜和扭转的抗倾力矩和扭矩。

(2)在河床清理平整时,在围堰设计位置偏上游一定范围内均匀地抛投碎石,既可以减少河床局部冲刷,又能填平河床,防止整平后的泥沙淤积,有利于围堰着床。为正确掌握抛投碎石的范围和数量,定期测量河床高程、流速、流向;随时掌握围堰设计位置附近河床面的变化并绘出等高线图,指导施工。

(3)钢围堰着床前,潜水员水下详细探明河床高差情况,可用空压机送风吹扫,配合潜水员用铁耙子从高处向低处扒运,减少河床表面高差,为钢围堰准确、平稳落床创造良好条件。

(4)围堰着床时,先控制灌水下沉,在刃脚尖距河床较高处约0.5m时停止。用吸泥机吸泥调平河床,同时及时对称灌水下沉,保持围堰处于悬浮状态。直至将围堰刃脚下河床面高差调至小于1m时,立即同时启动几台水泵均匀对称地向井壁内灌水,尽快使刃脚落在河床上。此时应随时测量围堰倾斜,控制围堰中心点位置,防止围堰倾斜和偏位。着床过程中,应及时吸泥调平河床,直至将刃脚全部落在河床面上为止。

1.2.3.3 封底混凝土施工

1)工艺流程

封底施工工艺流程如图3-1-44所示。

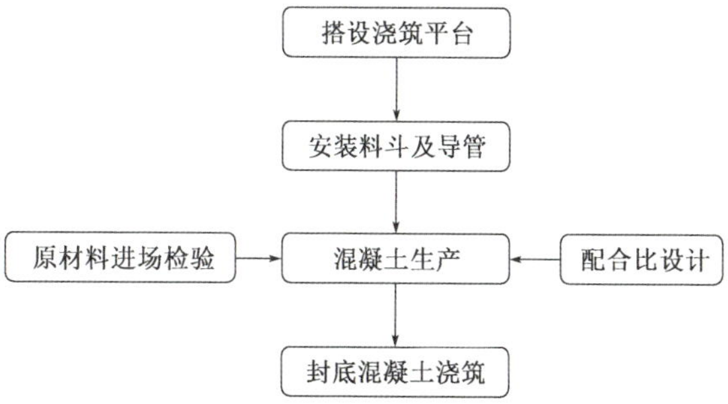

图 3-1-44 封底施工工艺流程

2)施工准备

(1)封底平台

封底平台在护筒上临时搭设。封底平台材料采用现场拆除的钻孔平台材料,主梁采用双肢H700×300型钢,次梁采用H500×300型钢,面板采用钢板或者脚手板铺设。

(2)混凝土浇筑设施布置

①料斗及导管支撑系统搭设

导管采用外径325mm的无缝钢管,导管使用前做水压、水密性试验,合格后使用。试验的水压按导管超压力的1.5倍取值。料斗直接置于夹具梁上,导管采用手拉葫芦吊挂于夹具梁或平台梁上。料斗及导管安装如图3-1-45所示。

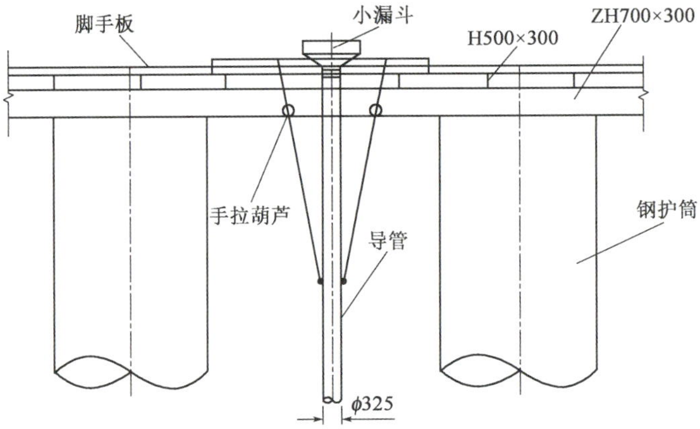

图 3-1-45　料斗及导管安装图(尺寸单位:mm)

②下料点的布置

围堰下料点按以下原则进行布置:

a. 全部导管作用范围覆盖整个混凝土浇筑区。

b. 确保该部分封底混凝土厚度,以防渗水。

c. 导管与钢护筒外侧壁尽量保持一定距离,利于混凝土的均匀扩散。

导管的移动半径按 3.5m 考虑,导管底口距离钢围堰封底混凝土底面 20cm 左右。

③混凝土生产

混凝土强度等级 C30,采用 3 个 HZS180 拌和机供应,生产能力≥2100m^3/h,满足混凝土连续浇筑要求。

各原材料预先储备,并做好在浇筑过程中补料的准备。

围堰封底系大体积、大方量水下混凝土浇筑,在混凝土开始浇筑前,对各种机具、设备进行详细检查及维护。

④测量准备

测量绳 30 根,施工前用江水浸泡 2d,并校核其长度。平台高程测量,每个浇筑点及测点处平台高程应提前测出,作为测量混凝土面的依据,并用油漆标示在该处。

⑤封底混凝土浇筑

a. 混凝土质量要求

混凝土配合比的合理设计,是封底成功的重要因素之一,除提高混凝土的和易性、流动性及稳定性外,还对封底混凝土其他性能指标进行了规定。在封底混凝土浇筑过程中,可根据具体情况,对混凝土配合比进行必要的调整,使得混凝土的各项指标均满足封底混凝土的质量要求。

混凝土性能指标:

(a)混凝土强度不能小于设计强度;

(b)混凝土初始坍落度 20cm ±2cm;

(c)5h 后,混凝土坍落度 >15cm;

(d)混凝土初凝时间 >30h;

(e)混凝土满足泵送要求;

(f)混凝土满足水下混凝土施工要求;

(g)混凝土 7d 强度达到设计强度的 90% 以上。

b. 首批混凝土方量

首批混凝土方量计算简图如图 3-1-46 所示。

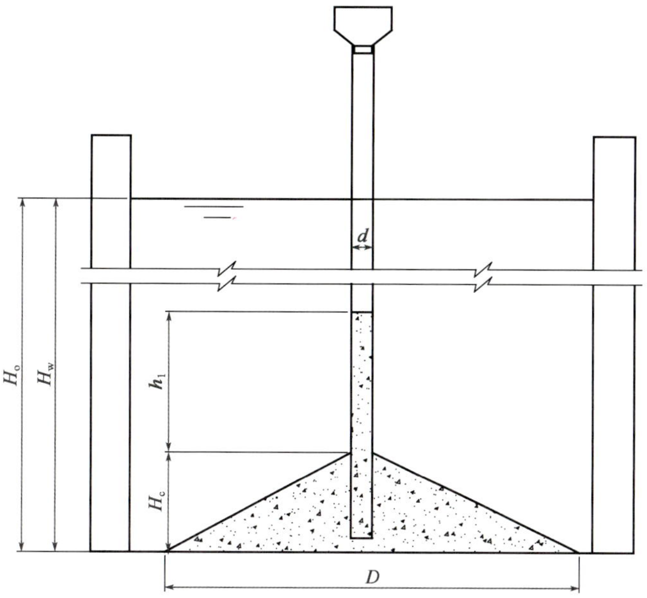

图 3-1-46 首批混凝土方量计算简图

首批混凝土方量按下式计算：

$$V = \frac{h_1}{4}\pi d^2 + \frac{H_c}{3}\pi D^2 \tag{3-1-3}$$

式中：D——导管作用半径(m)，取 3.5m 计算；

d——导管直径(m)，取 0.3m；

H_c——首批混凝土灌注高度(m)，按 0.8m 考虑(导管埋深 0.6m，底口河床表面 0.2m)；

h_1——围堰混凝土高度达到 H_c 时导管内混凝土柱与管外水压平衡的高度(m)，$h_1 = H_w\gamma_w/\gamma_c = H_w/2.4$；

γ_w——围堰内水的重度(kN/m^3)，为 $10kN/m^3$；

γ_c——混凝土拌和物重度(kN/m^3)，按 $24kN/m^3$ 取值；

H_w——围堰内水面至首批混凝土锥体重心的高度(m)，$H_w = H_o - H_c/3$；

H_o——围堰内水面至刃脚混凝土顶面高度(m)，约 316.808 − 294.408 = 22.4m(以 6 号墩围堰为例，水位 316.808m)。

计算得：$H_w = 22.4 - 0.8/3 = 22.1\text{m}$

$h_1 = 22.1/2.4 = 9.21\text{m}$

$V = 9.21 \times 3.14 \times 0.09/4 + 0.8 \times 3.14 \times 12.25/3 = 11\text{m}^3$

c. 混凝土浇筑

(a) 总顺序：封底混凝土一次性浇筑完成，浇筑顺序为“先上游，后下游”。浇筑前满布导管，配置不少于 4 套大料斗，8 套小料斗。其布料点分布方式如图 3-1-47 所示。

(b) 封底：在封底前，用测深锤从导管内测出导管下口与河床距离，依靠电动葫芦调整至 20cm 悬空。

先在上游侧布料点使用大料斗进行首批料的浇筑。用塞子堵住料斗管口并用起重机挂住塞子。拌和船泵送混凝土至料斗，当料斗内充满混凝土时，拔塞，同时连续不断泵料，完成导管首批封底混凝土浇筑。首批封底混凝土浇筑完成后，导管埋深为 0.8～1.0m。

上游侧布料点首批料浇筑完成后，换用小料斗继续浇筑，大料斗移至下一布料点。

在一根导管封底完成后进行其相邻导管封底时，先测量其导管底口处的混凝土顶高程，根据实测高程重新调整导管底口的高度。为保证封底混凝土的顺序进行，在每根导管封底完成后，按 45～60min 控制同一导管两次浇筑混凝土的间隔时间。

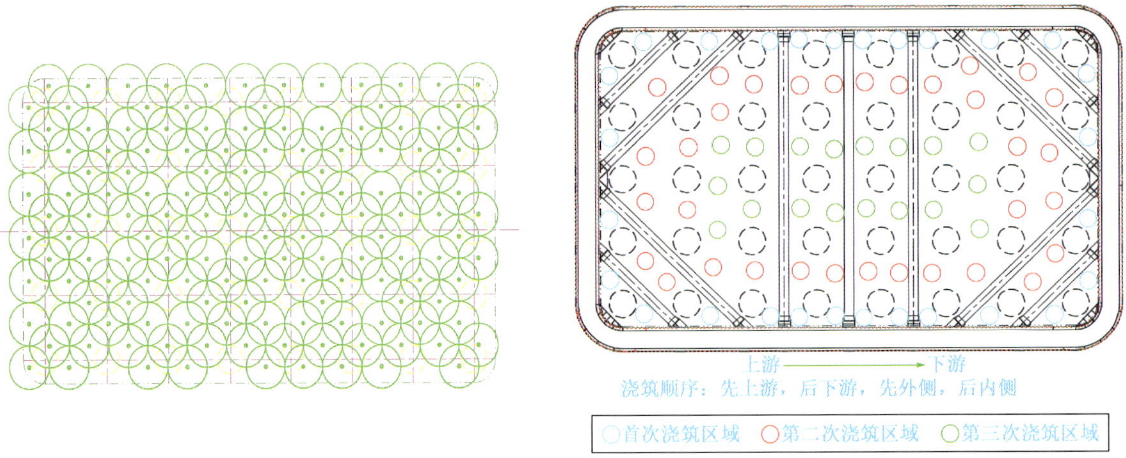

图 3-1-47　布料点分布方式图

(c)测量:封底混凝土施工前,按每个布料点布设一个测点,负责该布料点浇筑范围内混凝土面的测量。浇筑混凝土时做好测深记录,同时每根导管封底结束后应及时测量其埋深与流动范围,并做好详细记录。

(d)混凝土正常浇筑:封底混凝土浇筑至剩余 0.2m 作为抽水后承台底面的调平层。为保证导管有一定埋深,混凝土灌注顺利时,一般不随便提升导管,如需要提管,每次提升的高度都严格控制在 20cm 之内,且采用手拉葫芦进行提升。

浇筑过程中注意控制每一浇筑点的高程,浇筑点周围 5m 范围内的测点都要测一次,并记录浇筑和测量时间。

(e)终浇:根据现场测点的实测混凝土面高程,确定该点是否终浇,终浇前上提导管适当减小埋深,尽量排空导管内混凝土,使其表面平整。

混凝土浇筑临结束时,全面测出混凝土面高程,重点检测导管作用半径相交处、护筒周边、围堰内侧周边等部位,根据结果对高程偏低的测点附近导管增加浇筑量,力求封底混凝土顶面平整,并保证封底厚度达要求。当所有测点均符合要求后,终止混凝土浇筑,上拔导管,移至下一浇筑点。

(f)封底混凝土表面平整度保证措施:布料点分布均匀,保证最大作业半径不超过 3.5m;对每个布料点附近的混凝土面仔细测量,尤其是两个布料点半径相交处的混凝土面,保证其混凝土面顶高程。

1.2.3.4　抽水、凿桩头

1)抽水

当封底混凝土强度达到设计强度的 90% 时就可以进行钢围堰内抽水工作,抽水采用 4 台 $200m^3/h$ 离心泵进行。

(1)围堰抽水步骤

①委派潜水工封闭钢围堰壁体上的连通器。

②开始抽水过程中随时观测钢围堰状况是否正常。

③继续抽水至封底混凝土顶面,抽水结束。

④清除围堰封底混凝土上淤泥、杂物,转入凿桩头施工。

(2)钢围堰抽水注意事项

观察围堰壁体及钢管支撑的变形情况,钢管支撑除在围堰抽水时承受由围堰壁体传过的水压力外,还在浇筑承台时起拉伸作用,减小承台混凝土造成的钢围堰侧壁变形。

2)封底混凝土面清理

围堰抽水完毕,首先清除围堰内封底混凝土面清理的杂物,再清除在钻孔、清孔时遗留的泥渣,如图3-1-48所示。如泥渣量少,可采用人工清除,先以水冲,将泥类用污水泵排出围堰,再用人工挖掘,将废渣用吊斗吊运出围堰。必要时可采取射水,如清除量大可吊入小型挖掘机配合清理。将封底混凝土高出承台底高程的部分凿除,封底混凝土低于承台底高程的则用碎石垫层和砂浆面层找平。为便于施工,必须在围堰四角处设置汇水坑,里面放置一台水泵,确保将围堰渗水及时排除围堰外。所有清理出的废渣与桩头凿除的混凝土块等都必须运输到弃土场内。

图3-1-48 封底混凝土面清理

3)钢护筒割除

测量人员在钢护筒上准确放出承台底高程,并做好标记。根据设计施工图,桩顶伸入承台10cm,将桩顶以上的钢护筒割除,及时清理出基坑。在切割前,先开孔,排出护筒内积水,然后将护筒内无固体段水平切割,吊出围堰(图3-1-49)。余下护筒在水平圆周上分成2~3块,向下切割与桩顶处水平切割缝相连,再分别拆除,吊装至栈桥平台,及时倒运至中心料库入库保存(图3-1-50)。

图3-1-49 护筒水平切割

图3-1-50 护筒分块切割

4)桩头凿除

封底混凝土面清理完成,护筒切割到设计高程后,即可进行桩头处理。凿除多余的桩头采用环切法。在桩头上标出桩顶设计高程(加上伸入承台10cm),桩头切割线在桩顶高程以上10cm处,防止桩头凿低。

施工步骤:

第一步:在桩顶位置设置10cm的切割线。

第二步:采用切割机环切,深度为6cm。以便后续的风镐作业不会破坏钢筋保护层。

第三步:风镐剥离缺口上侧钢筋外保护层。

第四步:钢筋向外侧微弯,便于施工。

第五步:加钻顶断,钻头水平或稍向上,位置在桩顶线以上10cm。

第六步:将桩头破除混凝土整体由吊车提出,然后用人工凿除并清顶,桩头要平整,不得凹凸不平。桩顶嵌入承台≥10cm。

1.2.3.5 承台施工

1)基底处理

(1)将封底混凝土高出承台底高程的部分凿除。

(2)封底混凝土低于承台底高程的部分则用碎石垫层和砂浆面层找平,砂浆面层的厚度不得小于2cm。

(3)找平后的基坑顶面高程允许偏差为±50mm。

2)钻孔桩竣工验收,承台测量放样

(1)钻孔桩竣工验收

桩头处理完毕,在钻孔桩顶面测量放出设计中心位置,对其平面位置进行竣工验收,钻孔桩平面位置允许偏差为100mm;桩顶主筋伸入承台的长度应符合设计要求,允许偏差为±100mm。

(2)承台测量放样

①准确测量放出承台十字轴线及高程线,并做上醒目标记。

②依据承台十字轴线用墨线弹出承台的轮廓尺寸线。

3)钢筋施工

(1)钢筋制作

①钢筋进场存放及检验:所有钢筋均应有制造厂家的质量保证书和出厂合格证,试验室应按规定进行抽样检查,其技术要求应符合现行国家标准的有关规定;钢筋在现场存放应用枕木架空,并应设置挡雨设施,以防钢筋锈蚀。

②钢筋在车间下料、弯制成型,运至现场进行安装。

③加工前,钢筋表面的油污、浮锈等应清理干净,钢筋应顺直、无局部弯折。

④钢筋加工后,表面应无明显伤痕。

⑤加工好的钢筋应分类编号存放。

(2)钢筋连接

①直径20mm以下钢筋采用绑扎搭接接头,直径大于20mm钢筋采用直螺纹套筒连接接头。

②钢筋接头位置应避开钢筋弯曲处,且与起弯点的距离不得小于钢筋直径的10倍。

③配置在"同一截面"内的钢筋接头,不得超过钢筋数量的50%;"同一截面"内,同一根钢筋上不得超过一个接头。

(3)钢筋安装

①钢筋安装应按设计图纸和规范要求进行施工,钢筋品种、规格、数量、形状、位置、接头等均应符合设计图纸和施工规范的要求。

②钢筋绑扎采用直径0.7~1.2mm的扎丝隔点进行扎结,钢筋骨架应绑扎牢固,以保证在混凝土浇筑过程中不发生大的变形。

③承台钢筋与钻孔桩伸出的钢筋笼相碰或无法从钻孔桩伸出的钢筋笼主筋之间的空隙中穿过时,可适当挪动承台钢筋的位置,但不得减少承台钢筋数量。

④钢筋保护层:承台周边的钢筋保护层采用水泥砂浆垫块,其强度不小于承台混凝土的设计强度,保护层垫块宜错开布置,间距1.0m左右;承台底部钢筋保护层较厚,且有封底混凝土将承台底部与水隔离,因此,承台底部的钢筋保护层可采用架立钢筋设置。

⑤为便于钢筋定位并加大钢筋骨架的强度、刚度,应根据需要配置适当数量的架立钢筋。

(4)预埋件、预留孔

①接地装置应严格按设计要求施工。

②塔座预埋钢筋应按设计位置安装准确、牢固,若塔座钢筋与承台顶面钢筋相碰,可适当移动承台钢筋位置。同时按设计位置预埋塔式起重机基础、电梯或爬梯基础预埋件。

③为方便施工,在安装承台的水平钢筋网时宜预留适当数量的进人孔,并在进人孔处安装楼梯供人员上下;浇筑混凝土时,应注意将进人孔处断开的钢筋连接上。

4)冷却水管、测温元件安装

(1)冷却水管布置

①为减少混凝土内部水化热,降低承台混凝土内外温差,尽量避免承台混凝土开裂,采取在承台混凝土内设冷却水管通水降温的措施。

②冷却水管网按照冷却水由热中心区域(承台中间部位)流向边缘区的原则分层分区布置,每层冷却管的进、出水口相互错开。

③冷却水管采用直径50mm、壁厚3mm圆钢管。1个承台共布置3层,平面布设间距为100cm,层间距125cm,上下两层离表面50cm。

④布管时,冷却水管应与承台主筋错开;若错开有困难,可适当移动水管位置。

⑤冷却管应与钢筋骨架或架立钢筋绑扎牢靠,以防水管变形或接头脱落。

⑥冷却管网安装完成后,应将进出水管与总管、水泵接通,进行通水试验。

⑦冷却管网应分区分层编号,每一层管网的进出水管均应编号登记。

⑧温控完成后,冷却管采用水泥浆进行封堵。

⑨冷却水管接头处缠生胶带,布设完成后进行通水试验,检验是否渗漏及水流是否满足要求。

(2)测温元件布置

对大体积混凝土施工进行温度测试和监控,是为了掌握混凝土内部的最高温升及中心部位与表面部位的温度差,以便采取内部降温、外部保温蓄热的技术措施,降低并控制混凝土的内外温差,防止混凝土结构产生裂纹。

①为准确测量、监控承台混凝土的内部温度,指导混凝土的通水养护,确保承台大体积混凝土的施工质量,承台混凝土内需布置温度测量装置。

②混凝土的温度测试是采用热电偶作温度传感器,将其密封并牢固绑扎在承台水平钢筋上,用电缆连接到多点数字显示巡检仪上,逐次显示各测点的温度,以达到对混凝土温度测试和监控的目的。

③由于承台的平面形状是双向对称的,冷却水管也是对称布置的,考虑材料的节约和数据的可靠性、代表性,承台混凝土的温度测试监控可在1/4承台平面内进行。

④测温元件应进行编号并登记。

5)混凝土施工

(1)混凝土采用泵送,浇筑按照“斜向分段、水平分层”的原则进行。混凝土拌和严格按施工配合比配料,砂、石、水泥、水及外加剂计量准确,保证拌和时间。混凝土输送至墩位后,用布料杆浇筑。混凝土按水平分层浇筑,分层厚度不超过30cm。混凝土入模后及时振捣,振捣时间适当,不欠振、过振、漏振。浇筑一次完成,及时养护以防收缩裂纹。承台混凝土采用保湿蓄热养护。

(2)在承台混凝土浇筑过程中,当混凝土覆盖每层冷却水管厚度约0.5m时,即可通水冷却,直至承台内外温差满足要求。承台冷却水管停止使用后,先用空压机将水管内残余水压出并吹干,然后向水管内压浆。

(3)混凝土原材料选用水化热较低的水泥;采用级配良好的5~40mm碎石,减小针状、片状、石粉含量;采用优质中砂,细度模数在2.60左右,含泥量小于1%;在混凝土中掺入Ⅰ级粉煤灰,以减少水泥用量;在承台混凝土中掺用高效减水剂,延长混凝土初凝时间,满足混凝土设计强度,延缓水泥水化热峰值出现的时间。混凝土坍落度控制在18~20cm,和易性好,不泌水,便于泵送。

(4)混凝土浇筑按照“水平分层、斜向分段”的原则,增加散热面积,延长浇筑时间,使混凝土部分热量充分散发到空气中。

(5)混凝土内部温度是水泥水化热的绝热温升、浇筑温度和结构物的散热温降等温度的叠加。因此,降低混凝土入模温度,可降低混凝土内部温度。具体措施为,在混凝土中加冰块或选在低温时段拌制混凝土。

6)混凝土生产运输

(1)承台混凝土采用两次浇筑,单次浇筑最大用量3122m^3,对混凝土的连续供应能力要求高。

(2)承台混凝土在混凝土工厂拌制,由混凝土搅拌车运输至墩位处浇筑;浇筑前,混凝土工厂应准备好充足的材料。

(3)混凝土工厂配备2套独立的HZS-180型强制式混凝土生产设备,实行全自动化生产,生产的混凝土通过混凝土搅拌车及时地运输至现场,能够满足承台混凝土浇筑强度的要求。

(4)混凝土拌制前应测定砂、石的含水率,并根据结果提出施工配合比。

(5)混凝土的组成材料应以质量比配料,称量和配水机械装置应维持在良好状态,其精度应准确到0.7%;水、水泥、外加剂及掺合料的称量应准确到±1%,粗、细集料的称量应准确到±2%。

7)混凝土原材料供应

由于承台浇筑混凝土量大,混凝土原材料采用早准备、多储备的方法保证混凝土原材料供应。为确保原材料的供应不影响混凝土的正常灌注,材料场地应至少多储备1000m^3混凝土所需的原材料。

8)浇筑前的其他准备工作

(1)承台采用两次浇筑(首次浇筑承台,第二次浇筑加台),单次浇筑混凝土量大,浇筑前必须做好充分的准备工作。

(2)围堰顶搭设作业平台,并满铺脚手板,以方便施工,保证施工人员的安全。

(3)安装布料杆和串筒。

承台平面面积大,为使混凝土浇筑布料均匀,并减轻操作人员的劳动强度,承台混凝土浇筑时采用布料杆布料。布料杆平面位置与围堰封底时相同。另外,在混凝土下料点应布置串筒,使混凝土进入基坑的自由下落高度不超过2m。

9)混凝土浇筑

(1)第一次浇筑

①混凝土浇筑前,应对模板、钢筋、预埋件、冷却水管网和测温元件进行详细的检查,并做好记录,符合设计及规范要求后方可浇筑混凝土。基坑内的杂物、积水和钢筋上的污垢应清理干净。

②应注意对生产出来的混凝土进行检查监控,按规范的要求进行坍落度试验、制作混凝土试块,并观察混凝土的和易性,符合要求才能使用。

③混凝土生产后,泵送上围堰,再通过串筒进入基坑浇筑;混凝土进入基坑时,应控制混凝土自由下落高度不超过2m;浇筑过程中,出料口下面的混凝土堆积高度不得超过1m。

④承台混凝土浇筑采用斜向分层、从中间向两边全断面逐步推进的方法进行施工,施工中应尽量加快混凝土浇筑的速度。

⑤承台混凝土振捣采用B50振动棒和B70振动棒配合使用,浇筑承台时应准备足够数量的B50振动棒和B70振动棒。混凝土振捣时,振动棒应插入下一层一定深度(一般5~10cm);振动棒要快插慢抽,移动间距不大于振动棒作用半径的1.5倍(B50振动棒,一般为45~60cm;B70振动棒,一般为75~100cm);振捣时插点均匀、成行或交错式移动,以免漏振;每一次振动时间为20~30s,以免欠振或过振;振动完毕后,边振动边徐徐拔出振动棒。混凝土应振捣密实,混凝土密实的标志是“混凝土不再下沉、不再冒气泡、表面开始泛浆”。混凝土振捣时,振动棒不得碰撞模板,更不得别住钢筋进行振捣。

⑥混凝土浇筑应连续进行，若因故必须间断时，其间断时间不得超过混凝土的初凝时间。

⑦某一区域的冷却水管被混凝土完全覆盖后，即可将该区域的冷却水管通水，从而尽量减少新老混凝土的温差，防止混凝土开裂。

⑧混凝土浇筑期间，由专人检查预埋钢筋和其他预埋件的稳固情况，出松动、变形、移位等情况及时将其复位并固定好。

⑨为减少收缩裂缝，顶层混凝土浇筑完毕后，在顶部混凝土初凝前，对其进行二次振捣并压实抹平。

(2)第二次混凝土浇筑

①第一次浇筑的混凝土强度达到2.5MPa以上后，即可对其顶面进行凿毛处理，凿毛时应将表层浮浆完全凿除，使第一层混凝土顶面露出碎石；凿毛后，及时将碎渣清除，并用高压空气将混凝土顶面吹干净；混凝土凿毛后，在混凝土顶面放出承台十字中心线，用墨线弹出承台边线。

②待混凝土强度达到设计值的75%以上且混凝土表面和内部温差不大于20℃后，拆除承台模板。

③绑扎承台上加台钢筋，安装上部冷却管网、预埋件等并固定。

④第一次浇筑的混凝土达到设计强度的75%以上且混凝土龄期不少于7d时，可进行承台的第二次混凝土浇筑。

10)混凝土养护、测温监控及拆模

(1)混凝土养护

混凝土浇筑完毕后，应及时抹面收浆，混凝土终凝后即开始养护。承台混凝土养护采用保温蓄热法：混凝土终凝后，及时在混凝土表面覆盖2层草袋、2层塑料薄膜，上下两层草袋应相互错开，草袋之间应相互搭接，从而隔绝大气与混凝土表面的直接接触，形成良好的保温层，并保持混凝土表面湿润。

(2)通水冷却

①某一区域内的冷却水管被浇筑混凝土完全覆盖并振捣完毕后，即可在该区域的冷却水管中通水，对混凝土进行降温。

②冷却水的流量应使进、出口水的温差不大于6℃，可根据热工计算控制，一般地，水流量可控制在$1.2 \sim 1.5m^3/h$。

③承台混凝土通水冷却时，冷却管排出的水应立即排出基坑外，以保证围堰的安全。

④承台混凝土通水养护时间以混凝土内部温度与大气环境平均温度之差低于20℃为标准，一般混凝土养护时间为15d。

(3)测温监控

①混凝土温度监控。

测温时间：混凝土覆盖某测温点后该点即开始测温，直至混凝土内部温度与大气环境平均温度之差小于20℃时止。

测温频率：在温度上升阶段每2h测一次，温度下降阶段每4h测一次，温度稳定阶段每4h测一次；大气温度应同时测量。

通过对测定的温度数据进行计算、分析，及时指导现场混凝土养护。一般地，可通过调节冷却水流量、进出水口温差等方法来调控混凝土内部温度；通过改变混凝土表面养护方法来调控混凝土表层温度。

测定混凝土上升的峰值及其达到所需的时间，定期记录冷却水管进、出水口的水温，绘制混凝土内部温度变化曲线。根据观测结果确定冷却水管通水量、通水时间和蓄热养护时间等，以降低混凝土的内外温差。

②水流监控。

一般地，冷却水流量的大小会影响冷却管进、出口水的温差，影响冷却水和混凝土之间的热交换，从而影响混凝土内部温度的变化，因此，有必要对冷却水的流量、流速、冷却管进出口的水温进行监控；水流监控时间及监控频率应与承台混凝土温度监控同步。

③承台混凝土强度达到2.5MPa前,不得使其承受行人、支架、脚手架、模板及运输工具等荷载。

(4)拆模

①应注意拆模时间,使拆模后混凝土的强度足以抵抗温度应力。承台拆模条件:混凝土强度达到设计值的75%以上且混凝土表面和内部温差不大于20℃。

②拆模时,严禁用大锤和撬棍硬砸硬撬,以防损伤混凝土;若在混凝土养护过程中拆除模板,应选择在白天气温较高的时段进行,以防止混凝土表面直接接触冷空气骤然降温。

(5)冷却水管注浆

承台混凝土停止通水养护后,将冷却水管伸出承台顶面的部分割除,剩余部分则压注水泥浆封孔;封孔前用高压空气将水管内的残余水压出,并吹干冷却水管,然后用压浆机向水管内压注水泥浆封闭管路;水泥浆的配合比应经过试验确定,其强度不得低于承台混凝土的设计强度。

1.3 主桥墩身施工

1.3.1 总体施工方案

主桥桥墩均为门式空心墩,采用流水翻模施工法,因墩底实心段和墩帽施工周期较长,所以需加工1整套墩身模板、1套墩底实心段模板和2套墩帽模板,N7、N8公路墩身单独1套模板,能满足桥墩连续施工。施工采用塔式起重机吊装。主桥墩身工程数量见表3-1-15,N7、N8公路墩身工程数量见表3-1-16。

主桥墩身工程数量表　　表3-1-15

墩号	墩顶高程(m)	承台顶高程(m)	墩高(m)	实体段高(m)	墩中心里程
1	372.698	305.698	67	12	DK642 +437.500
2	373.346	305.346	68	12	DK642 +545.500
3	373.994	304.994	69	13	DK642 +653.500
4	374.642	305.642	69	12	DK642 +761.500
5	375.290	305.290	70	12	DK642 +869.500
6	375.938	304.938	71	13	DK642 +977.500
7	376.586	305.586	71	12	DK643 +085.500
8	377.234	305.234	72	12	DK643 +193.500
9	377.882	309.882	68	8	DK643 +301.500
10	378.530	317.530	61	2	DK643 +409.500
11	379.040	327.040	52	2	DK643 +494.250

N7、N8公路墩身工程数量表　　表3-1-16

墩号	墩顶高程(m)	承台顶高程(m)	墩高(m)	实体段高(m)	墩中心里程	备注
N7	386.022	318.022	68	1	DK642 +067.220	单墩
N8	385.797	317.797	68.5	1	DK642.026.319	下游侧
	386.297		68	1	DK642.026.319	上游侧

1.3.2 墩身施工流程

墩身施工工艺流程如图3-1-51所示。

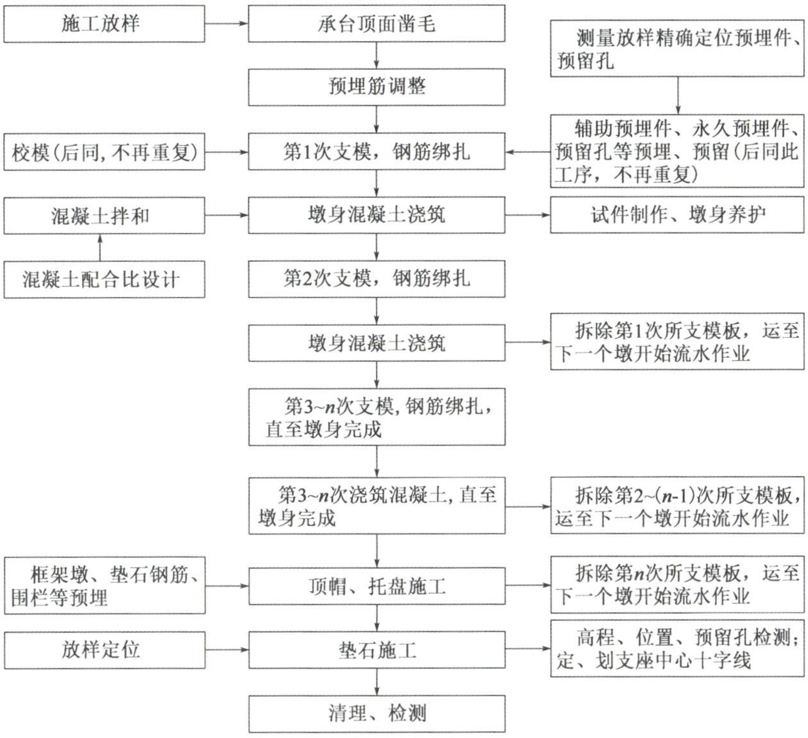

图 3-1-51　墩身施工工艺流程图

1.3.3　墩身施工方案

1.3.3.1　材料要求

根据设计使用年限、环境类别及作用等级,按照《铁路混凝土结构耐久性设计规范》(TB 10005—2010)的要求,对混凝土结构进行耐久性设计,采用合适的混凝土原材料及配合比,混凝土的集料及碱含量应符合《铁路混凝土》(TB/T 3275—2018)的规定。混凝土强度等级及耐久性指标见表 3-1-17。

混凝土强度等级及耐久性指标　表 3-1-17

项目	强度等级	碳化环境	冻融破坏环境	其他环境	备注
1～10 号墩下段	C40	T3	无	无	主桥 1～10 墩墩身下部高度为 24m
1～10 号墩上段及 11 号墩	C35	T2	无	无	
公路帽梁及公路立柱	C40	T2	无	无	
垫石	C50	T2	无	无	

1.3.3.2　墩身设计情况

门洞横向宽 11.4m。主桥 1～10 号墩身结构及 11 号墩身结构(带公路门式框架墩结构)分别如图 3-1-52、图 3-1-53 所示。

主桥 0～N8 号墩为北引桥公铁合建段,N7 号墩下游侧单幅公路与铁路已经完全分开,公路墩身采用带圆倒角的矩形等截面空心墩,横向(长)6.8m,纵向(宽)3.5m,壁厚 0.8m(图 3-1-54)。上游侧为公铁路合建框架墩,上层公路框架墩为两柱式框架,立柱纵向(长)2.5m,横向(宽)1.5m。帽梁为预应力变高度梁,纵向宽3.1m,跨中高 2.5m,立柱处高 3.5m。下层铁路墩采用门形空心墩,墩帽横向(长)31m,纵向(宽)5.8m,高 2.0m,为圆端形。墩身顶部横向宽 30.4m,纵向顶宽 5.2m。墩顶壁厚 0.7m,采用纵横向双向内外变坡,外侧坡率 35∶1,内侧坡率 50∶1,壁厚由上而下逐渐变厚。

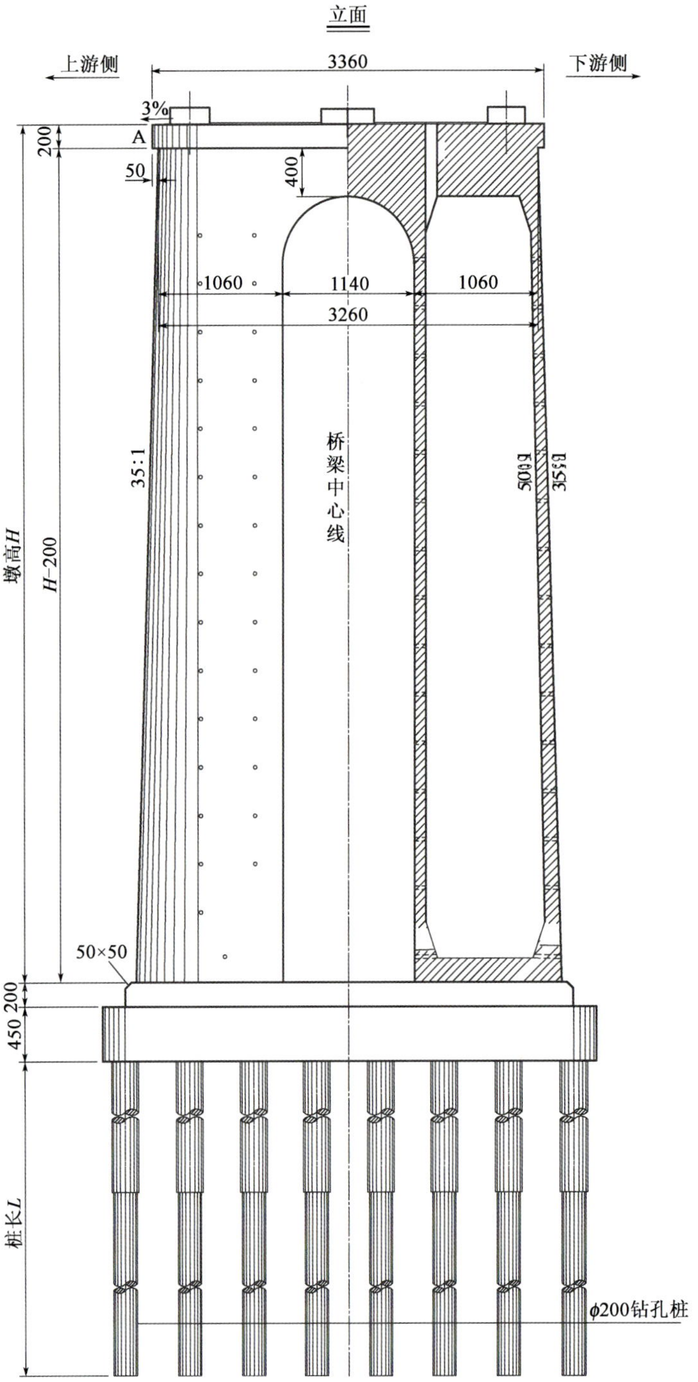

图 3-1-52　主桥 1～10 号墩结构图(尺寸单位:mm)

N8 号墩公路与铁路墩身已经完全分开,铁路墩身与相邻分建段墩身结构尺寸相同,采用圆端型空心墩,顶帽纵向宽 5.6m,横向宽 10.6m,墩帽高 0.6m,托盘高 2.4m。墩身顶纵向宽 5.2m,横向宽 8.4m,墩身外侧横、纵向均按 30∶1 的斜率变宽,墩身内侧纵、横向按 40∶1 的斜率变化,上端壁厚 60cm,由上至下不断变厚。公路墩身采用带圆倒角的矩形等截面空心墩,横向宽 6.8m,纵向宽 3.5m,壁厚 0.8m(图 3-1-55)。

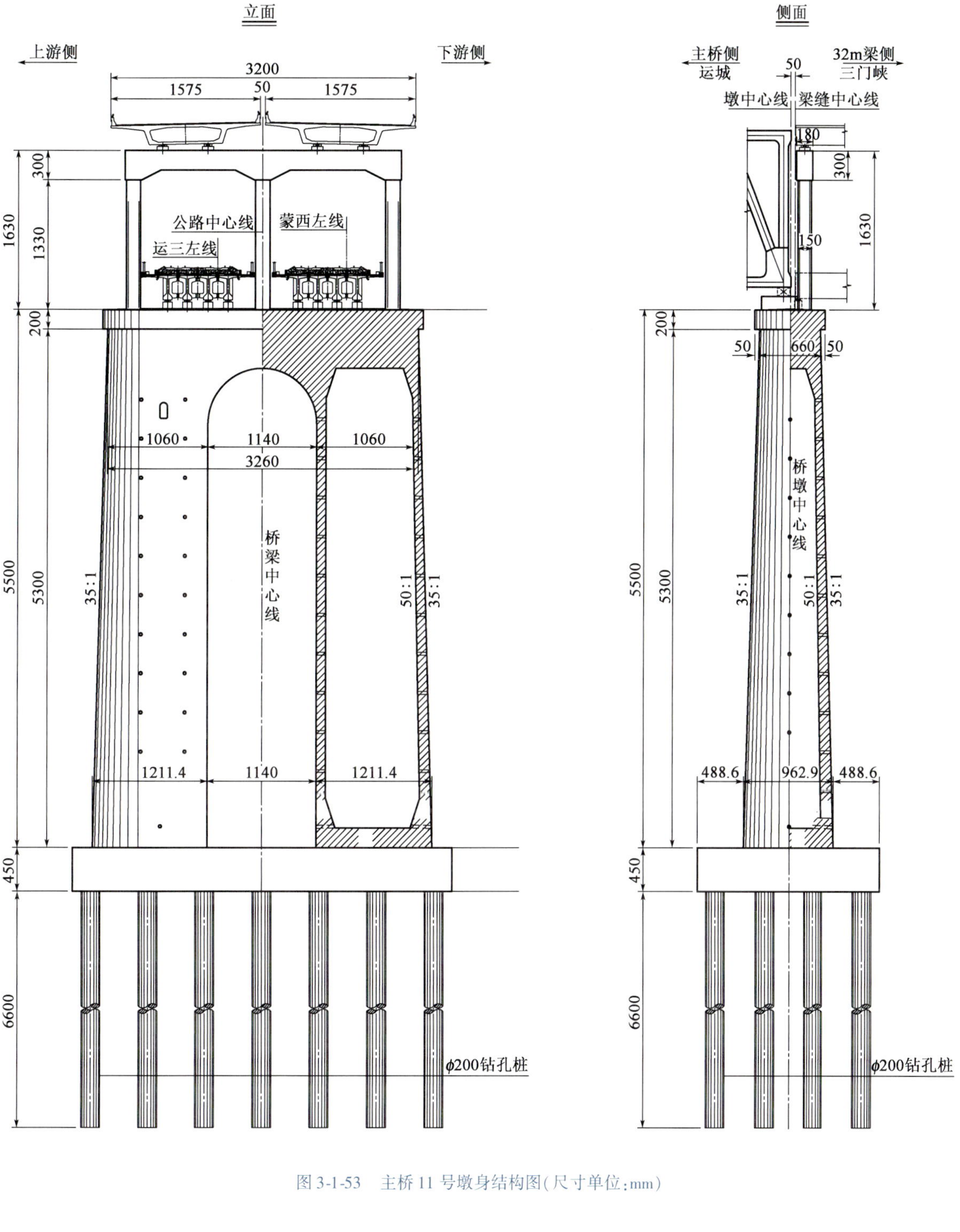

图3-1-53 主桥11号墩身结构图(尺寸单位:mm)

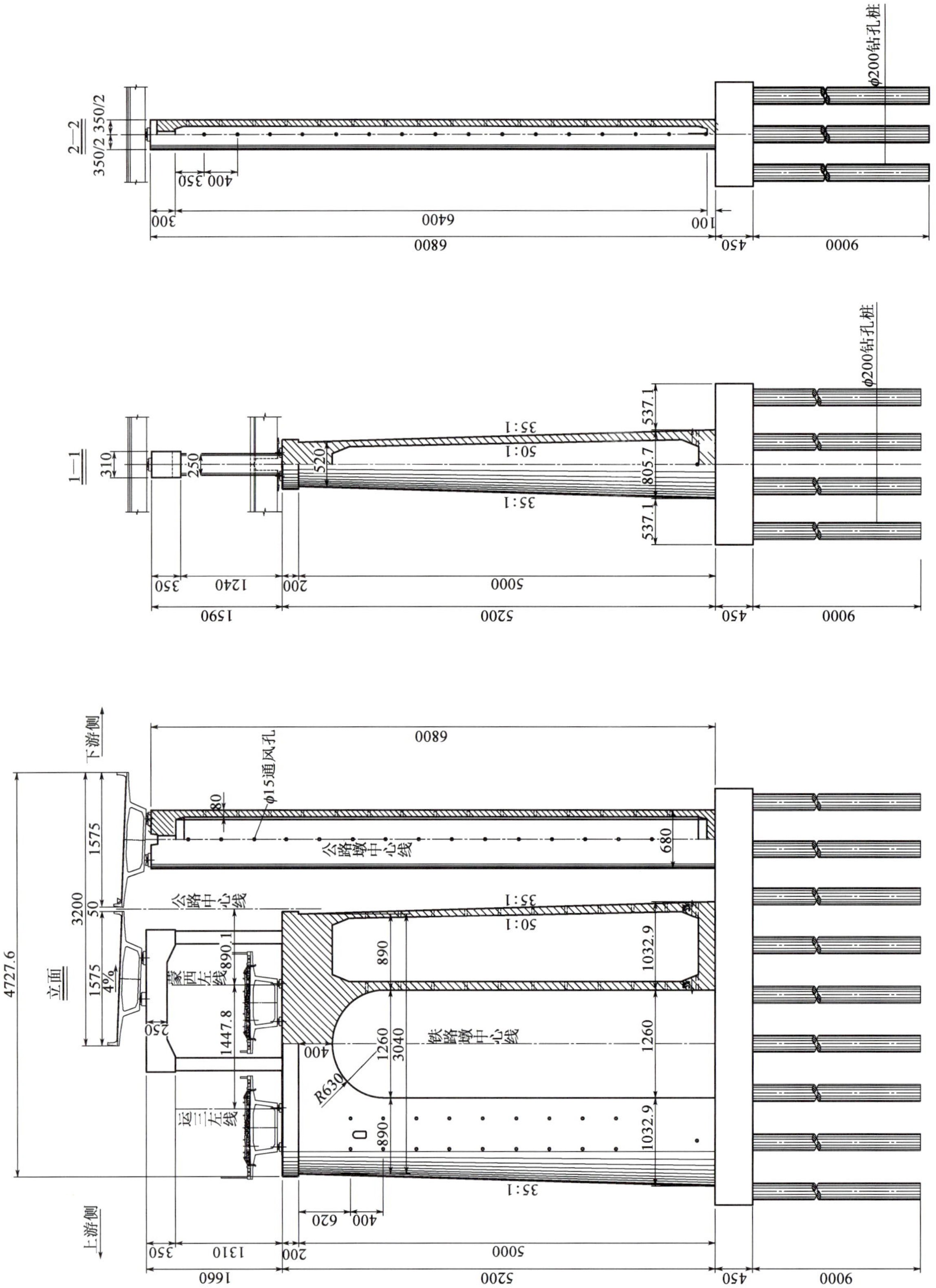

图3-1-54 北岸公铁合建段引桥N7号墩结构图(尺寸单位：mm)

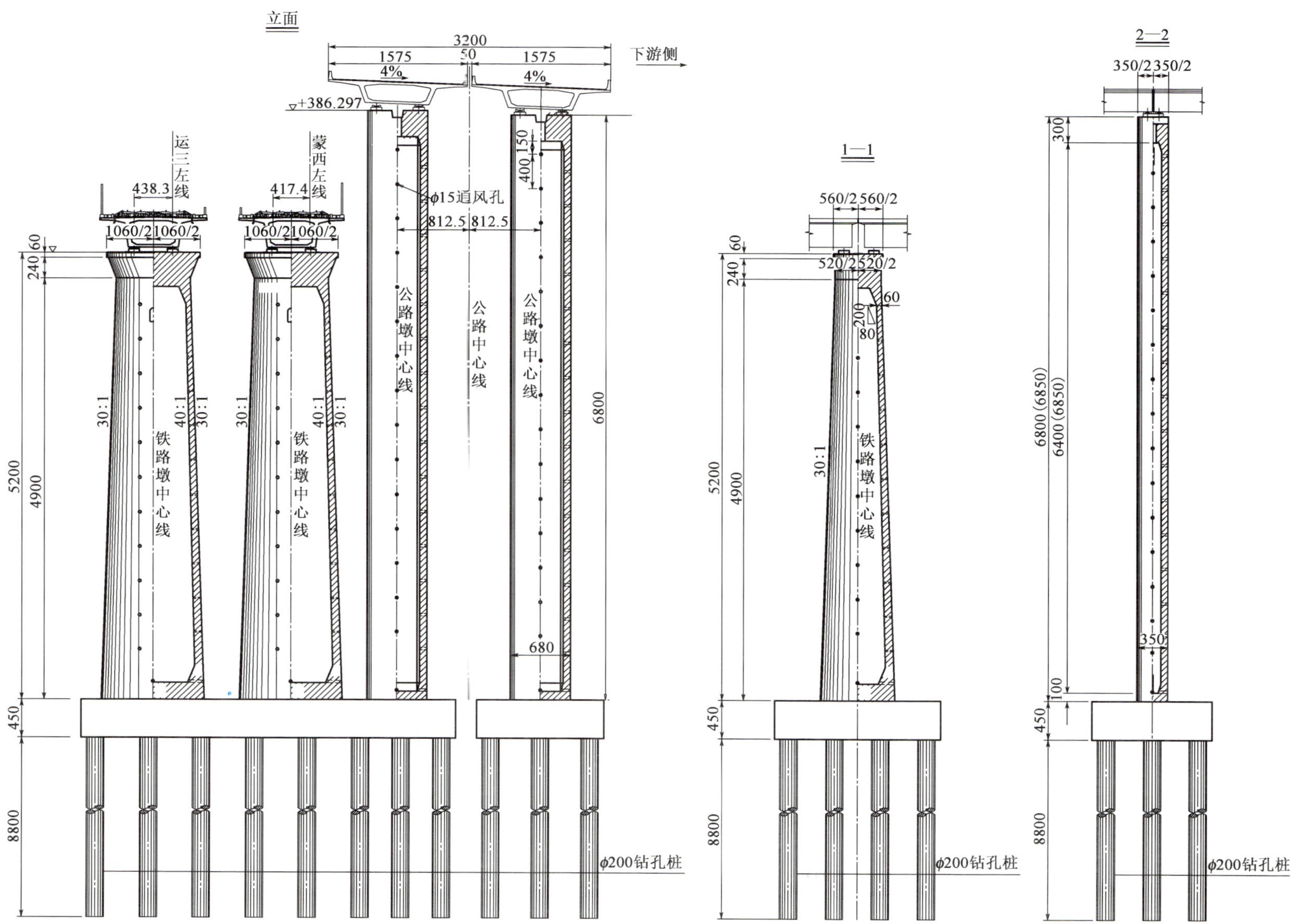

图3-1-55 北岸公铁合建段引桥N8号墩结构图(尺寸单位：mm)

1.3.3.3 施工方案

1)模板配置

考虑钢筋的安装和工人作业的便利,确定墩身每施工节段为6m高,模板相应标准节段高度定为2m。门式墩采用1整套(包含墩帽)模板外加1套墩帽模板和墩底实心段模板,模板均为大块钢模板,定尺加工(考虑墩底实心段顶端倒角位置和尺寸不统一,倒角处内模采用木模现场加工,施工时保证模板强度和尺寸满足要求),模板设计遵循尽可能通用的原则,并兼顾现场的实际施工需要。墩身外模上设操作平台,在操作平台上设置相应的安全防护设施保证作业安全。操作平台提供作业人员操作空间和堆放小型机具、少量材料。模板分块配置如图3-1-56~图3-1-61所示,模板施工平台及围栏详图如图3-1-62、图3-1-63所示。

2)墩身施工

(1)墩身翻模流水施工

主桥及北引桥墩身采用翻模流水施工。空心墩身一次浇筑高度为6m左右,其中钢筋绑扎用时4d左右,模板支护用时1.5d左右,混凝土浇筑用时0.5d左右,整体保证平均每天1m的进度。墩顶实心段及墩帽混凝土共分4次浇筑完成。第一层:浇筑至墩顶倒角底部,模板支护用时1d,钢筋绑扎用时1.5d,混凝土浇筑用时0.5d,共用时3d;第二层:浇筑高度4m,其中门形拱架及模板铺设用时2d,拱架预压用时2d,墩顶实心段封顶支架搭设及模板用时2d,钢筋绑扎用时3.5d,模板支护用时1.5d,混凝土浇筑用时1d,共用时12d;第三层:浇筑高度3m,其中钢筋绑扎及冷却管铺设用时5d,模板支护用时1.5d,混凝土浇筑用时0.5d,共用时7d;第四层(墩帽):浇筑高度2m,其中钢筋绑扎用时5d,模板支护用时2d,混凝土浇筑用时1d,共用时8d。整个墩顶及墩帽施工共耗时30d。N7、N8公路空心墩身一次浇筑高度6m,其中钢筋绑扎用时2.5d左右,模板支护用时1d左右,混凝土浇筑用时0.5d左右,整体保证平均每天1.5m的进度。混凝土在拌和站集中拌制,混凝土运输车运输至墩位处。垂直方向混凝土运输,一般情况下采用如下安排:墩身施工高度在栈桥平台以下时采用汽车起重机吊料斗、汽车泵或地泵泵送入模,墩身施工高度高于栈桥平台45m以内时可采用汽车泵或地泵泵送入模,高于45m以上时采用地泵泵送入模,混凝土下落高度大于2m时设置串筒。前期在墩旁布置"之"字形安全爬梯作为施工人员上下的主要通道,由于主桥门形墩的墩身间距较大,所以在墩身外靠小里程侧分别设置一套爬梯。后期在墩身靠上游侧设置施工电梯。墩身翻模流水施工布置和爬梯布置平面图如图3-1-64~图3-1-67所示。

(2)门形拱架

门形墩墩顶圆弧形帽梁采用弧形托架现浇,在墩身上预埋工字钢作为牛腿,并在牛腿上设置分配梁,将圆弧形托架支承于分配梁上,并作为帽梁现浇施工的承重结构,为减轻混凝土自重对拱架的压力,墩帽混凝土采取分层浇筑,第一次浇筑至墩顶倒角底部,第二次浇筑至拱架上方1m高的位置;第三次浇筑高度为3m,即浇筑至墩帽底部;第四次浇筑2m高的墩帽,墩内实心段封顶采用墩内预埋抗剪钢板,焊接牛腿并铺设施工平台,在平台上搭设满堂红支架支撑封顶模板,具体方案参照南引桥圆端型桥墩封顶方案。圆弧形托架结构布置如图3-1-68~图3-1-70所示。

(3)拱架预压

拱架及模板安装完毕后,浇筑混凝土之前,必须对拱架系统进行预压,采用编织袋装沙对拱架进行预压,预压顺序为拱圈两边拱脚→拱顶→拱圈1/4段位置对称预压,预压荷载最重为等效荷载的120%;拱架预压重量采用分级预压,即0→10%→20%→50%→60%→70%→80%→100%→120%,每阶段预压观测时间不少于2h,对原始数据进行整理以提供可靠数据,尤其是拱圈两边拱脚、拱顶、拱圈1/4段位置的预压观察和监控。

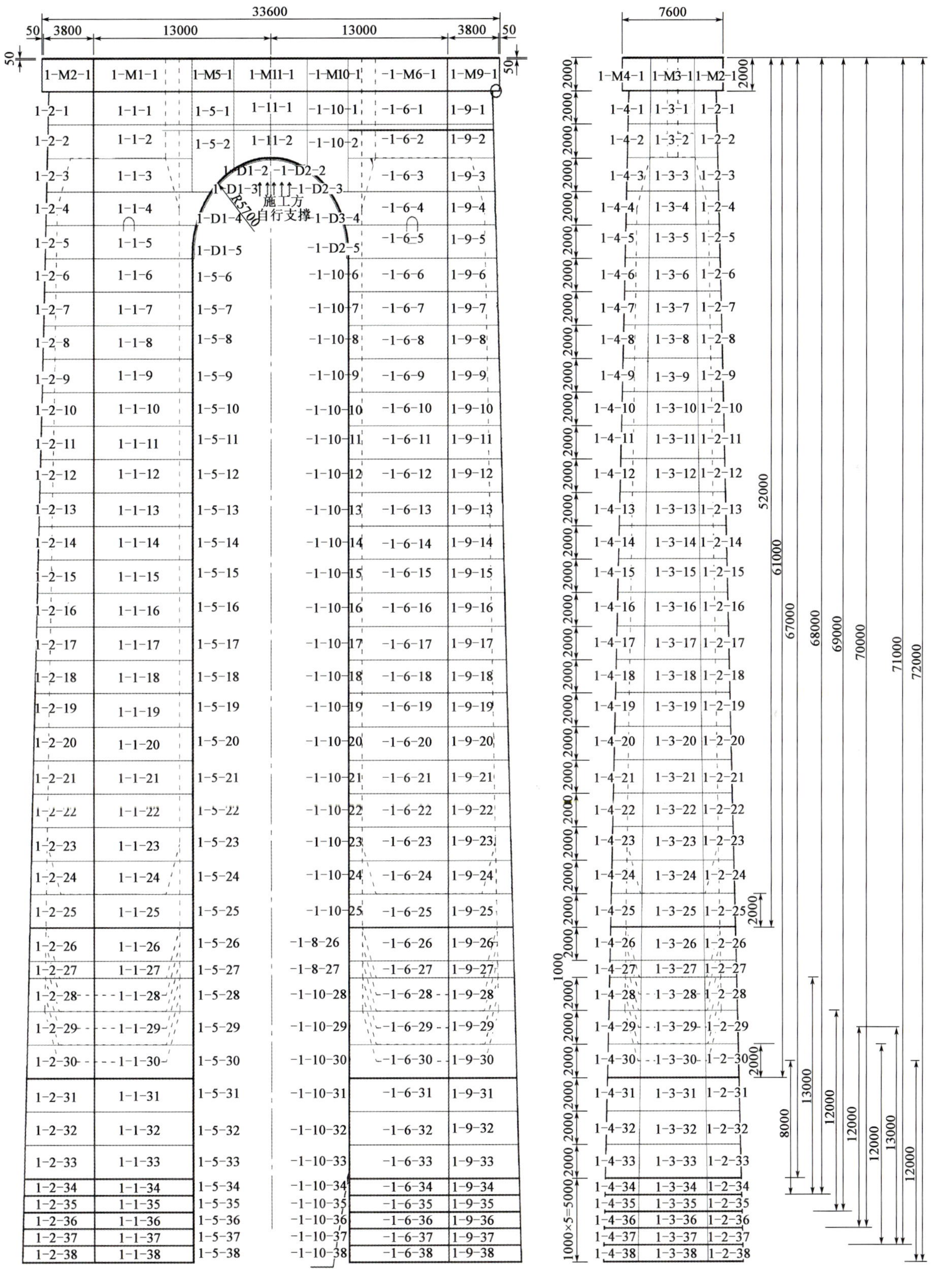

图 3-1-56　主桥墩身外模分块示意图(尺寸单位:mm)

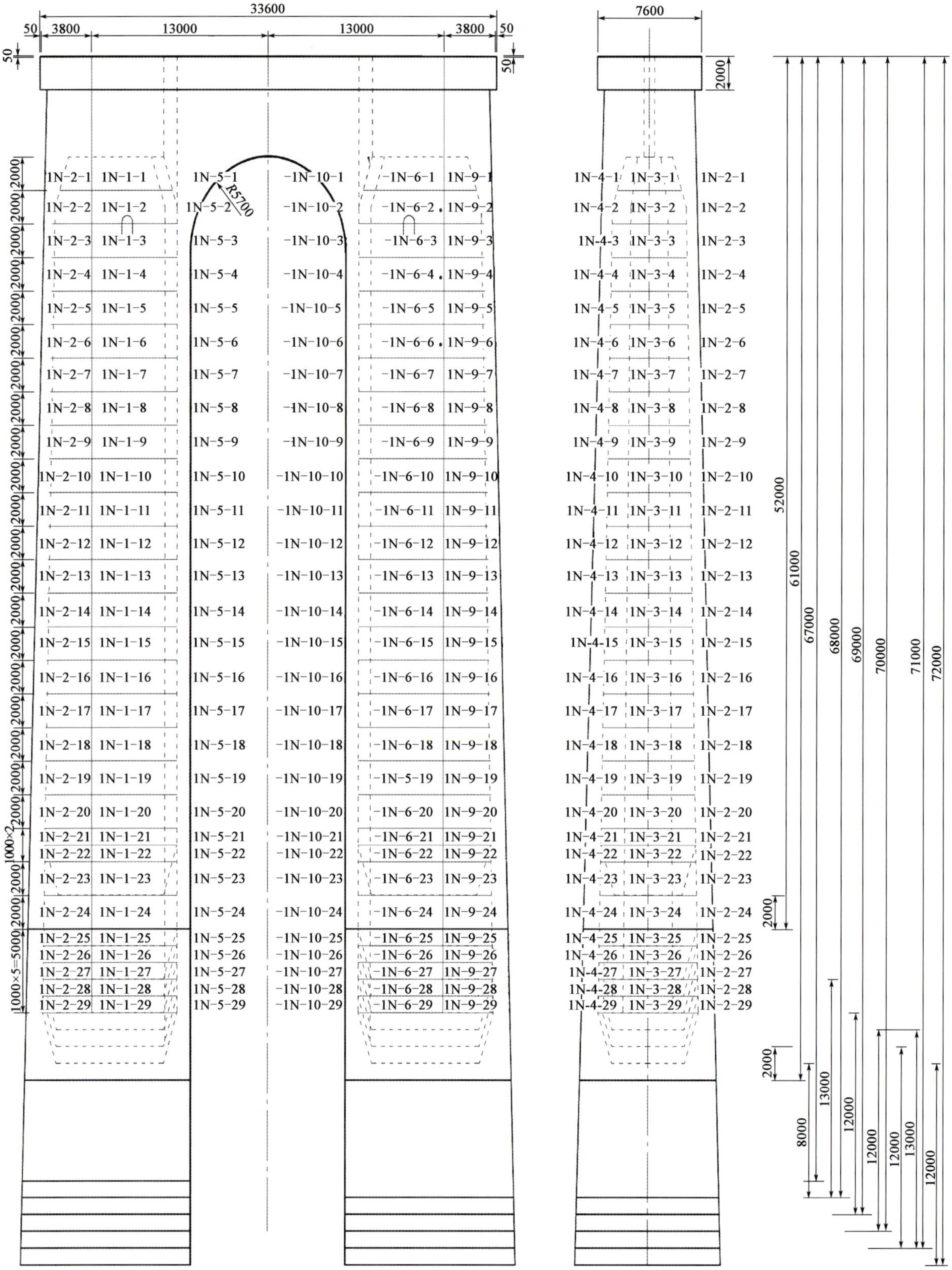

图 3-1-57　主桥墩身内模分块示意图(尺寸单位:mm)

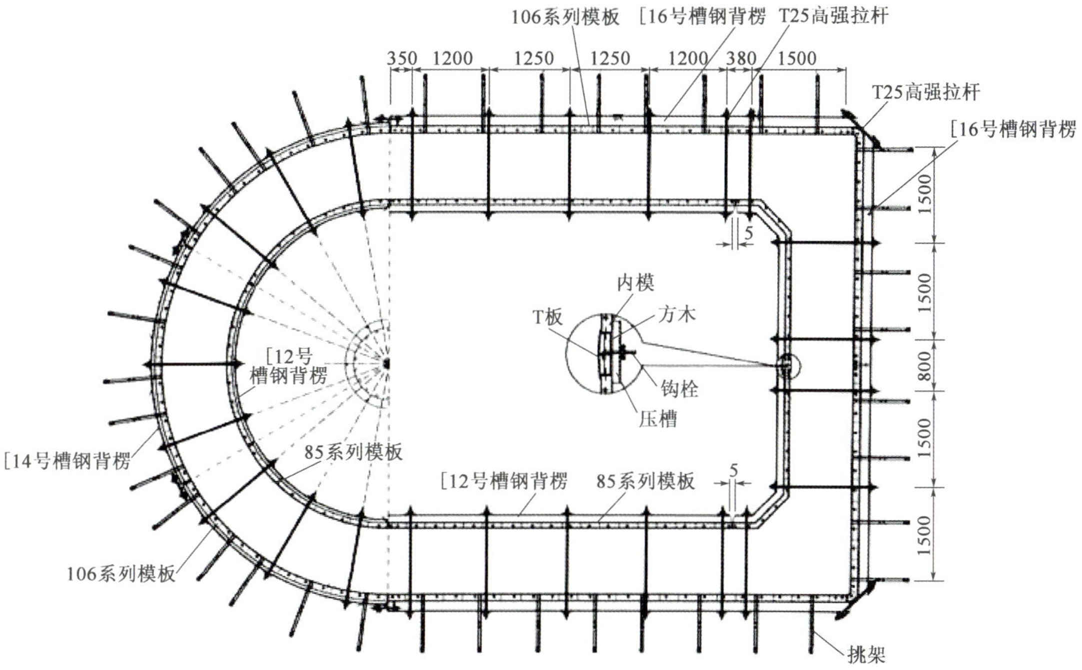

图3-1-58　主桥墩身1/2空心部分模板加固示意图(尺寸单位:mm)

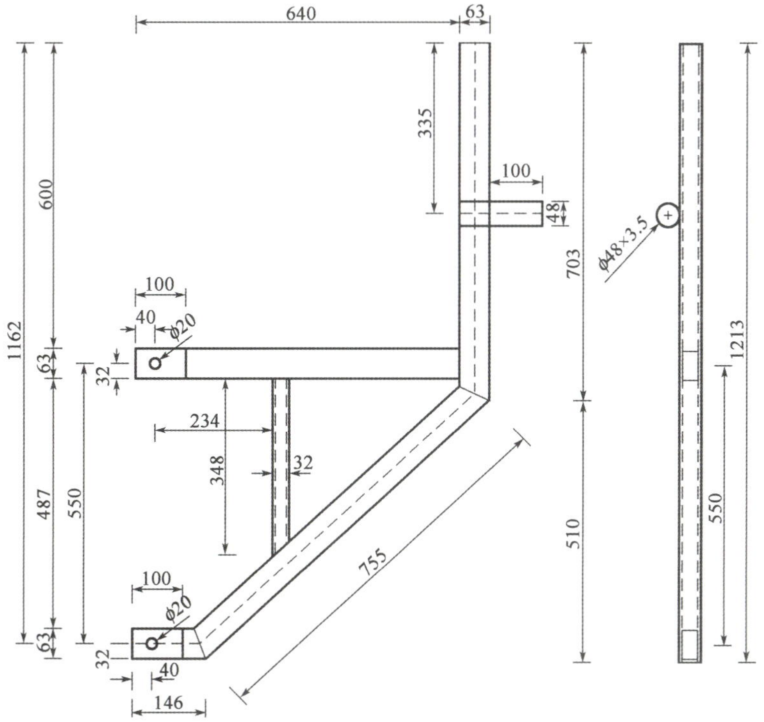

图3-1-59　主桥墩身模板施工平台及围栏详图(尺寸单位:mm)

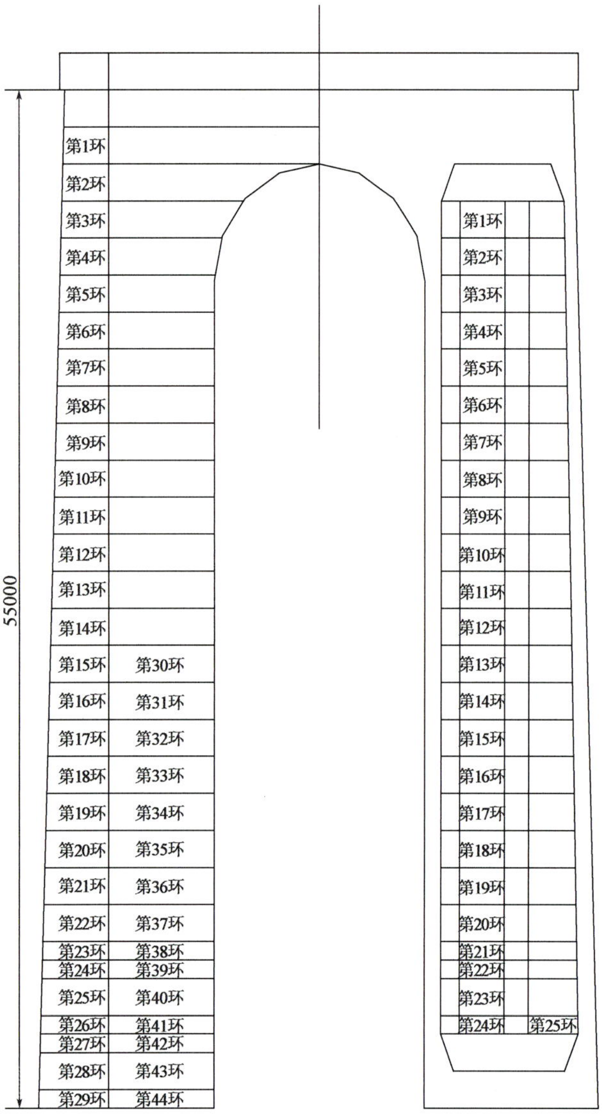

图 3-1-60　N7 号墩身内外模分块示意图(尺寸单位:mm)

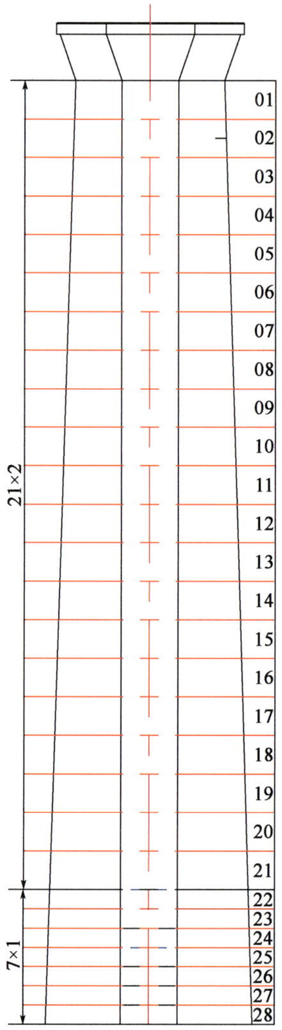

图 3-1-61　N8 号墩身内外模分块示意图(尺寸单位:m)

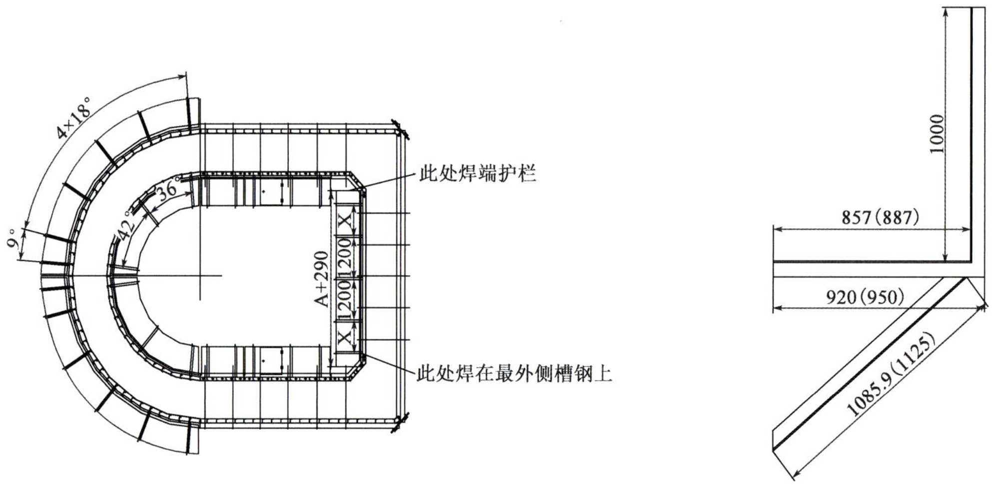

图 3-1-62　墩身内外模板站人平台及护栏示意图(尺寸单位:mm)

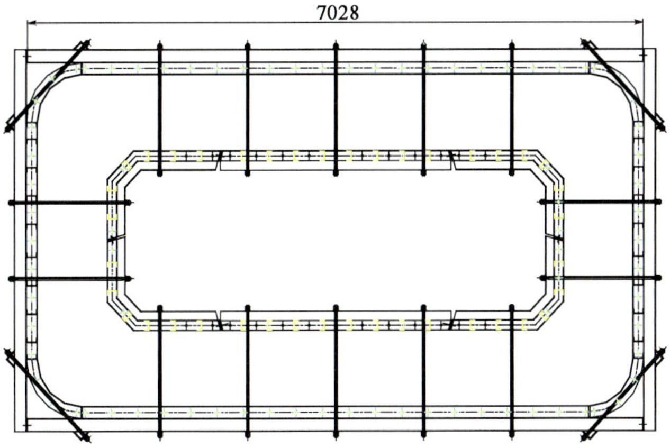

图 3-1-63　N7、N8 公路墩身内外模板示意图(尺寸单位:mm)

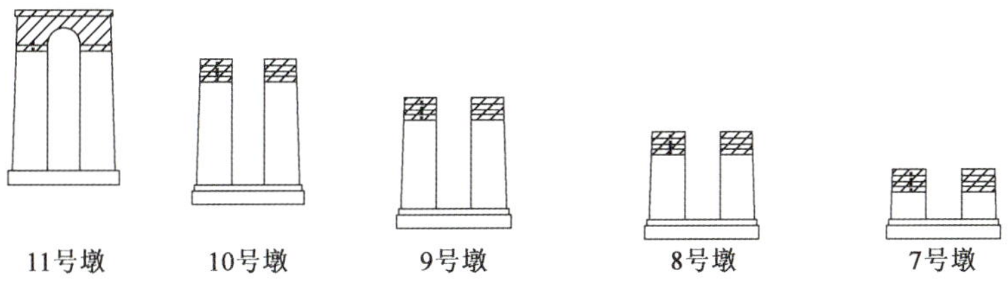

图 3-1-64　主桥及北引桥墩身翻模流水施工示意图

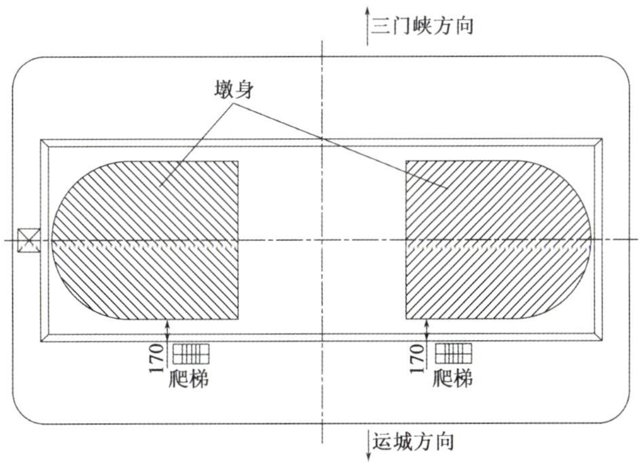

图 3-1-65　主桥墩身爬梯平面布置示意图(尺寸单位:cm)

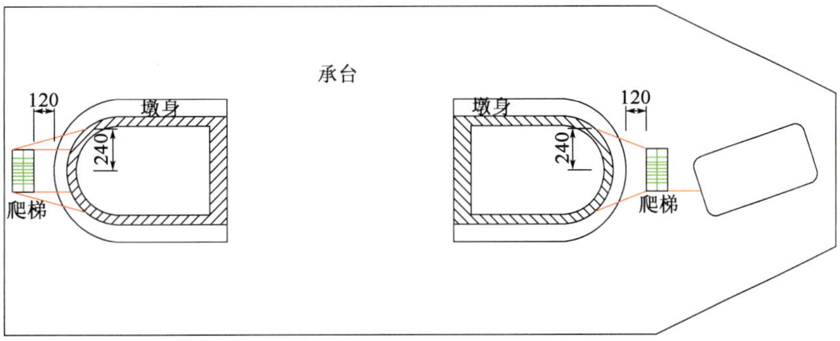

图 3-1-66　北引桥 N7 墩身爬梯平面布置示意图(尺寸单位:cm)

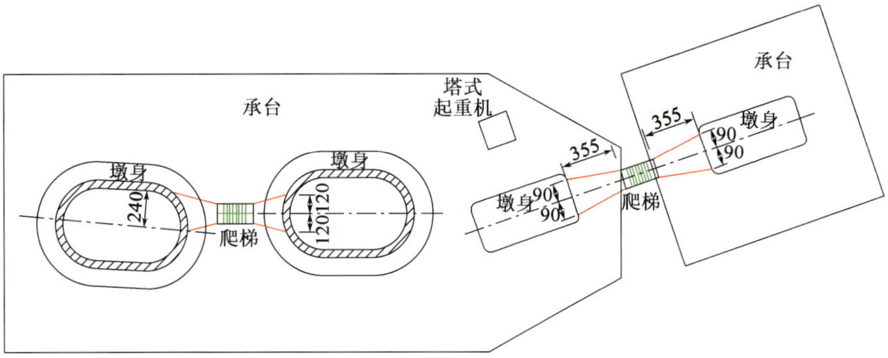

图 3-1-67　北引桥 N8 墩身爬梯平面布置示意图(尺寸单位:cm)

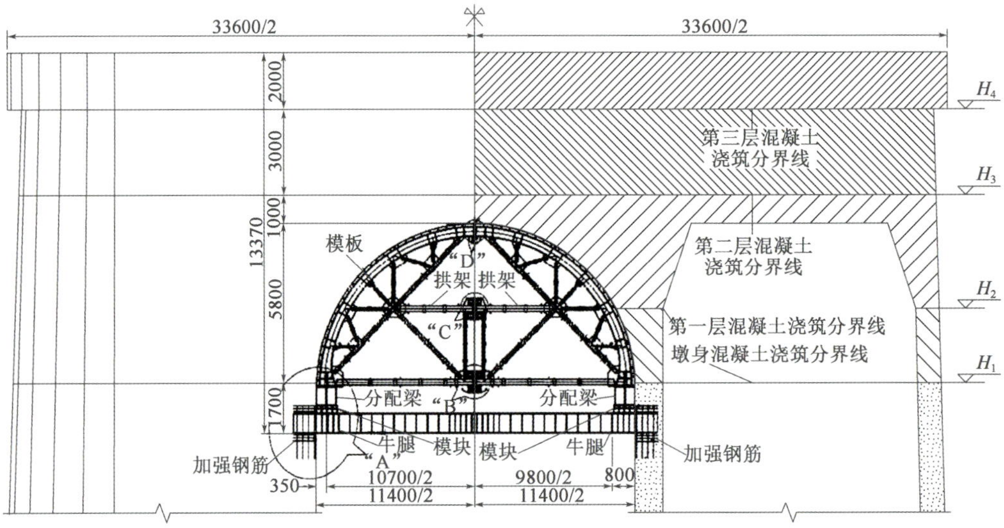

图 3-1-68　圆弧形帽梁现浇托架结构立面图(尺寸单位:mm)

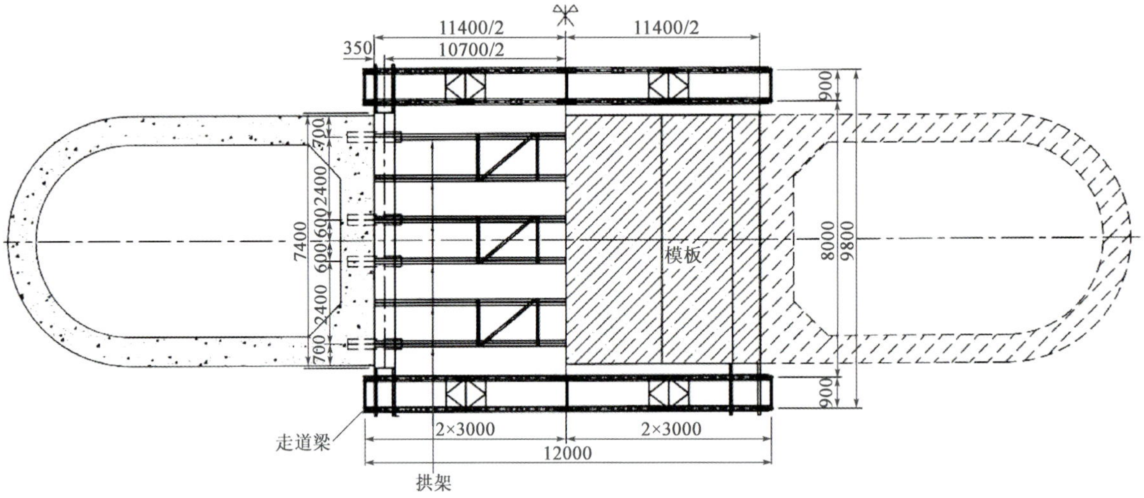

图 3-1-69　圆弧形帽梁现浇托架结构平面图(尺寸单位:mm)

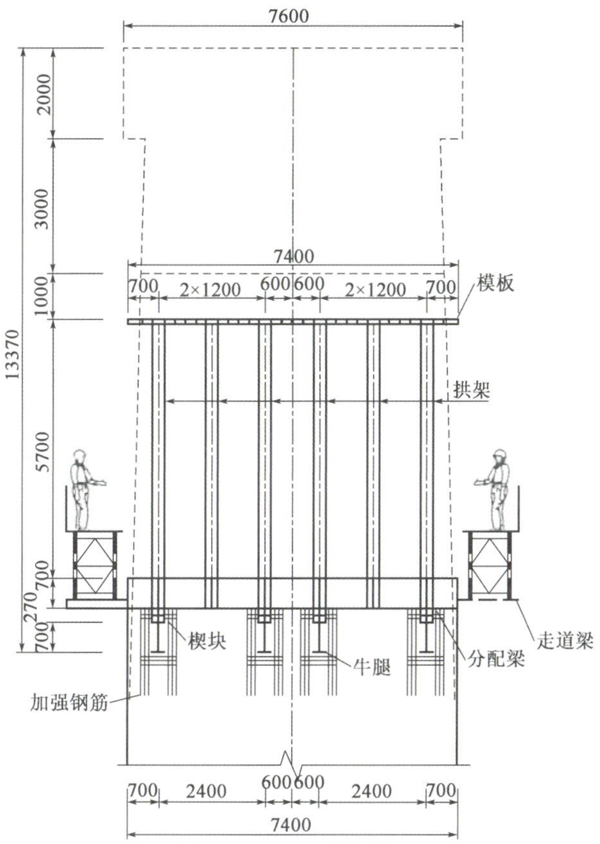

图 3-1-70 圆弧形帽梁现浇托架结构侧立面图(尺寸单位:mm)

①预压荷载计算

拱架上部对应的墩身混凝土体积为 187.5m^3,合 459.4t(钢筋混凝土重度按 2.45t/m^3)。

施工人员、机具堆放荷载取值 $q_2=1.5kN/m^2$,则:

$W_2=q_2S=1.5\times7.4\times11.4=126.54kN=12.7t$

振捣混凝土产生的荷载 $q_3=2.0kN/m^2$,则:

$W_3=q_3S=2.0\times7.4\times11.4=168.72kN=16.9t$

试验加载考虑 1.2 倍超载系数,则等截面需加载量为:

$W=(459.4+12.7+16.9)\times1.2=586.8t$

每个沙袋装沙约 1t,则需沙袋 586.8÷1=587 个。

观测点位置和预压加载顺序:按照等效压重的原则,主要在拱脚、拱顶、拱圈 1/4 段位置范围布置观测点,预压加载顺序如图 3-1-71 所示,加载分级为 0→10%→20%→50%→60%→70%→80%→100%→120%。

②预压工序流程

a. 压重前拱架的检测验收。

b. 压重的准备工作。

(a)根据拱架上方混凝土的重量及分布,绘出模板上压重沙袋的分布图;

(b)准备足够的沙料,将沙料装袋,施工中采用的沙袋尺寸要统一,并且装袋后要称重;

(c)测量准备;

(d)各种起重设备准备;

(e)其他准备。

c. 进行一次全面测量观测。

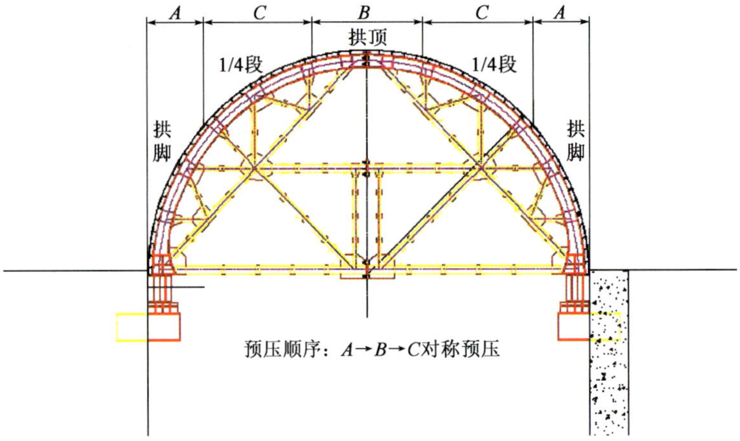

图 3-1-71　拱架预压示意图

d. 利用塔式起重机将沙袋吊至拱架模板上，人工进行垒码。

e. 在砌码上层沙袋时，注意吊篮不能直接放在已砌码好的底层沙袋上，防止局部结构超载现象。

f. 沙袋的砌码，注意施工中对侧面沙袋的防护，防止沙袋堆倾覆造成局部超载现象。

g. 按照流程每加载一级进行一次观测，并做好相关记录，直至加载至设计值。

h. 开始卸载：卸载前必须对压重情况进行一次全面观测，然后按照先压沙袋层后卸，后压沙袋层先卸的原则，同时注意分层均匀卸载。卸载过程中注意逐级观测，全部卸载完成后进行最后全面的观测。

i. 整理观测记录，并上报观测记录。

横向：在拱圈上均匀布置5个测点，具体位置如图3-1-72所示。

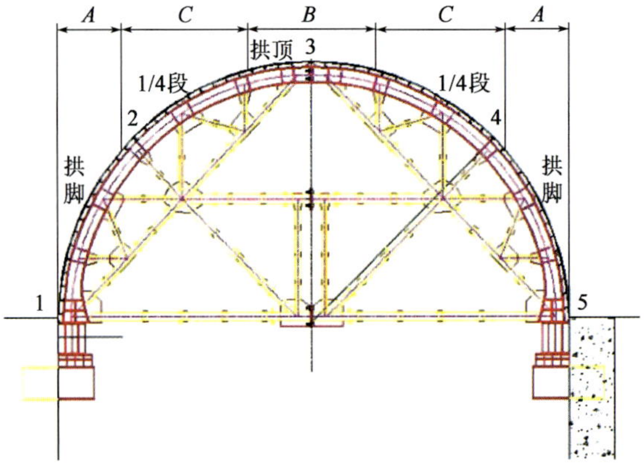

图 3-1-72　拱架预压测点布置示意图

1~5-测点编号

纵向：顺桥向7.4m范围内每个位置均匀布置3个测点。

共设置5×3=15个测点。

(4) N7、N8公路空心墩封顶

空心墩封顶在墩顶节段墩身内预埋双拼I20工字钢作为支架平台底座，工字钢间距按1m布置，外露长度为40cm，用I10工字钢做纵横梁，在I20工字钢上紧靠墩身内壁两侧各放置一根纵梁，再在纵梁上按1m间距布置I10工字钢横梁，然后用DN40脚手架管在I10工字钢横梁上搭设支架，脚手架管间距为1m，步距按1m布置，脚手架管顶部铺设10cm×10cm方木，钢模板底模铺设在方木上(图3-1-73)。

(5) 大体积混凝土温控措施

主桥墩顶、墩底实心段均为大体积混凝土，施工时需采取相应的温度控制措施。

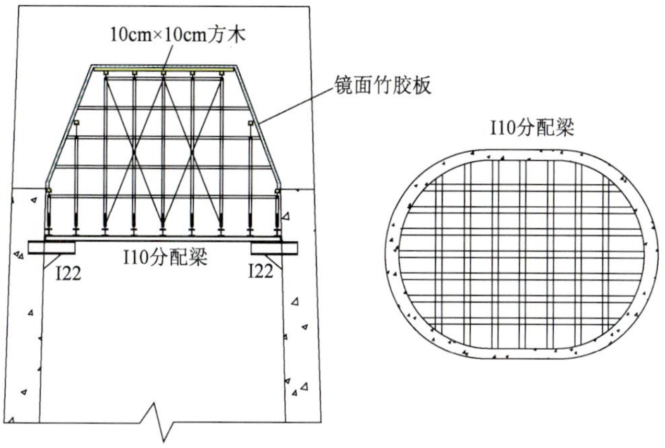

图3-1-73 空心墩封顶支架布置图

①混凝土温度控制原则

尽量降低混凝土的温升、延缓最高温度出现时间;降低降温速率;降低混凝土中心和表面之间、新老混凝土之间的温差以及控制混凝土表面和气温之间的差值。温度控制的方法和制度需根据气温(季节)、混凝土内部温度、结构尺寸、约束情况、混凝土配合比等具体条件确定。

②混凝土原材选择

为使大体积混凝土具有良好的抗侵蚀性、体积稳定性和抗裂性能,应选用低水化热和含碱性量低的水泥,避免使用早强水泥和高铝酸三钙含量的水泥;降低单方混凝土中胶凝材料及硅酸盐水泥的用量;选用坚固耐久、级配合格、粒形良好的洁净骨料;尽量降低拌和水用量,使用性能优良的高效减水剂。

③混凝土的温度控制

降低混凝土的浇筑温度对控制混凝土裂缝非常重要。相同混凝土,入模温度高的温升值要比入模温度低的大许多。混凝土的入模温度应视气温而调整。在炎热气候下不应超过28℃,冬季不应低于5℃。在混凝土浇筑之前,通过测量水泥、粉煤灰、砂、石、水的温度,可以估算浇筑温度。若浇筑温度不在控制要求内,则应采取相应措施。各层混凝土浇筑间歇期应控制在7d左右,最长不得超过10d。为降低老混凝土的约束,需做到薄层、短间歇、连续施工。如因故间歇期较长,应根据实际情况在充分验算的基础上对上层混凝土层厚进行调整。

④冷却管布置

冷却管采用直径50mm钢管(壁厚3mm),共布置5层,直管接头数量根据现场实际情况配置,管接头处缠生胶带以确保其密封性良好,每套冷却管成型后需做通水试验,冷却管布设位置必须准确,安放稳固,接头连接牢靠。当冷却管与钢筋相碰时,冷却管可适当调整位置。注意每层与钢筋牢固绑扎,管道通畅,丝口接头牢靠,浇筑前要通过通水试验,防止混凝土在浇筑过程中出现冷却管漏水或堵塞现象。冷却管要保证连续通水10~12d,每个出水口流量应大于10L/min。通水过程中对管道流量、进出水温度及混凝土内部温度均需1~2h进行一次测量记录。派专人测量混凝土温度,及时采取措施,控制混凝土表面温度与内部温度的差值小于20℃,以确保混凝土质量。经监理认可后,将冷却管灌浆封顶,并将伸出墩身的管道截除。墩帽冷却管布置如图3-1-74、图3-1-75所示。

⑤内表温差控制

对于大体积混凝土,由于水化放热会使温度持续升高,如果气温不是过低,在升温的一段时间内应加强散热,如对模板洒水降温等。当混凝土处于降温阶段则要保温覆盖以降低降温速率。

⑥温度监测

在混凝土中埋入一定数量的温度传感,测量混凝土不同部位温度变化过程,检验不同时期的温度特性和温差标准。当温控措施效果不佳,达不到温控标准时,可及时采取补救措施;当混凝土温度远低于温控标准时,则可减少温控措施,避免浪费。

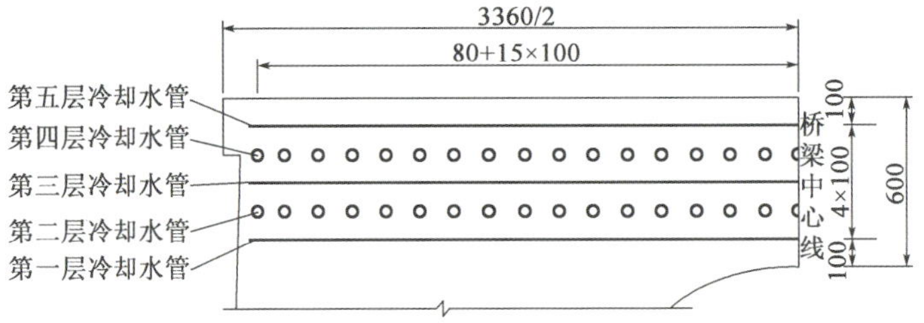

a) 墩帽冷却水管立面布置图

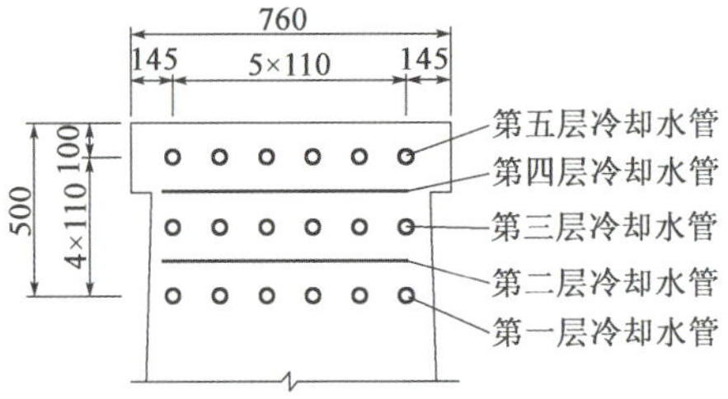

b) 墩帽冷却水管侧面布置图

图 3-1-74　墩帽冷却管布置立面图(尺寸单位:mm)

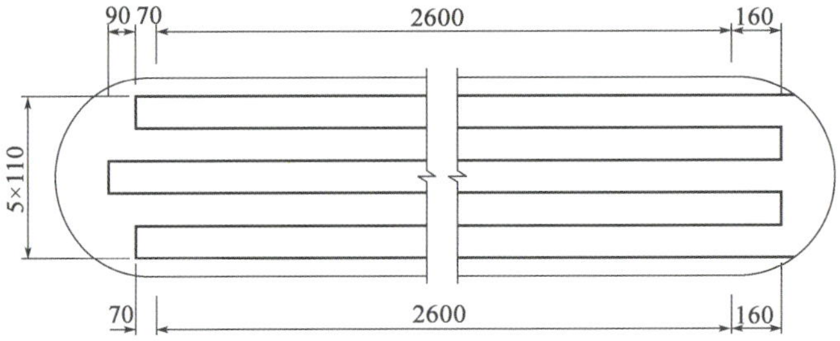

a) 墩帽冷却水管(第一、三、五层)平面布置图

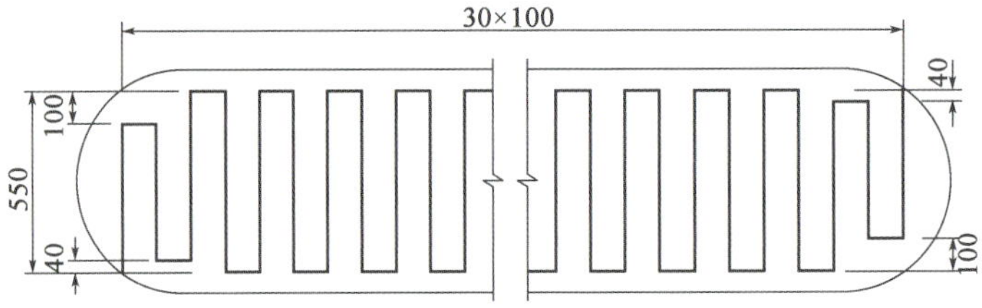

b) 墩帽冷却水管(第二、四层)平面布置图

图 3-1-75　墩帽冷却管布置平面图(尺寸单位:mm)

⑦养护

混凝土养护包括湿度和温度两个方面。结构表层混凝土的抗裂性和耐久性在很大程度上取决于施工养护过程中的温度和湿度养护。因为水泥只有水化到一定程度才能形成有利于混凝土强度和耐久性的微观结构。目前工程界普遍存在的问题是湿养护不足,对混凝土质量影响很大。湿养护时间应视混凝土材料的不同和具体环境条件而定。对于低水胶比又掺用掺合料的混凝土,潮湿养护尤其重要。湿养护的同时,还要控制混凝土的温度变化。根据季节不同采取保温和散热的综合措施,保证混凝土内表温差及气温与混凝土表面的温差在控制范围内。

(6)墩顶垫石

垫石模板采用竹胶板,模板在使用之前,要检查模板的几何尺寸是否正确,模板的接缝是否严密、模板错台等,验收合格后方可使用。支承垫石施工前制作墩顶预埋锚栓孔模具,用来准确定位锚栓孔的平面位置、深度和垂直度。垫石具体布置如图 3-1-76、图 3-1-77 所示。

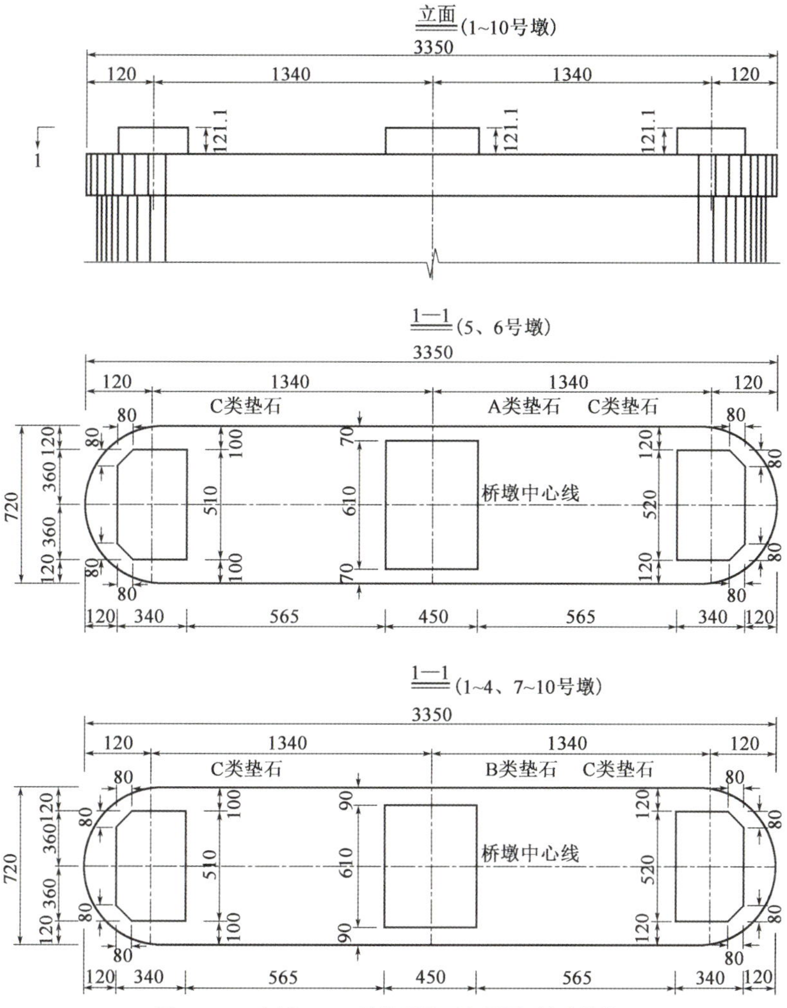

图3-1-76 主桥1~10号墩顶垫石布置图(尺寸单位:mm)

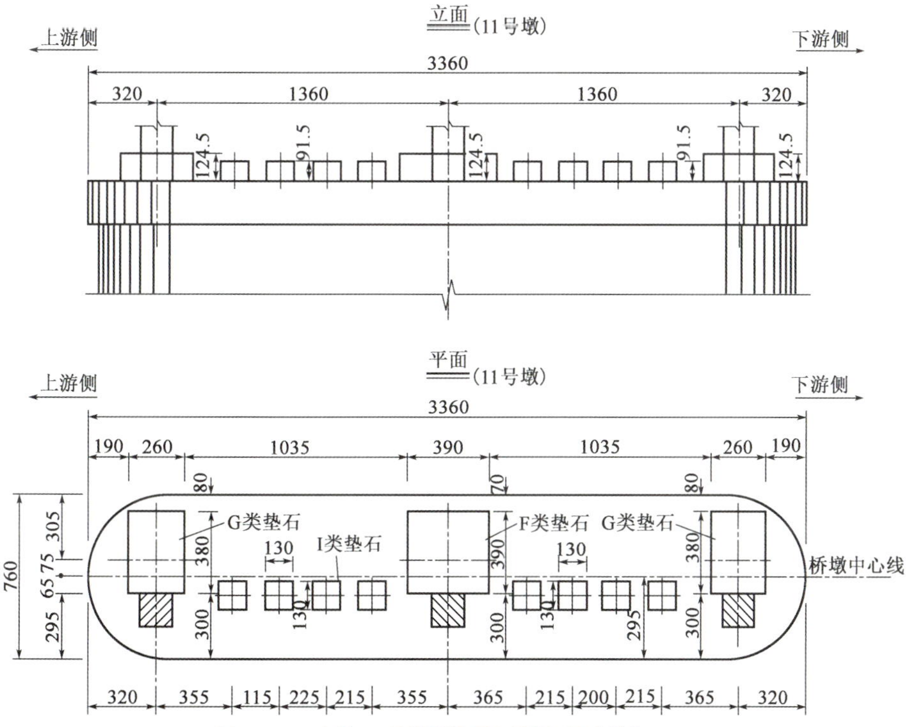

图3-1-77 主桥11号墩顶垫石布置图(尺寸单位:mm)

施工工艺流程:测量放样→墩顶凿毛、清理→钢筋修整→预埋支座锚栓孔→安装模板→模板高程调平→浇筑混凝土→带模养护→拆模→养护→支座安装。

①测量放样

支撑垫石采用全站仪进行放样。在墩台顶上放出支承垫石的 4 个角点,用记号笔做标记,现场用钢卷尺复核几何尺寸,并用墨线画出支撑垫石底面尺寸位置。

②墩顶凿毛、清理

支座垫石放线范围内全面进行凿毛,标准是凿去浮浆和松动石子,露出新鲜混凝土,在立模之前清扫、冲洗干净。

③垫石钢筋修整

支承垫石的钢筋同墩身钢筋同时绑扎成型,要求绑扎准确,确保钢架的高度及保护层的尺寸。如果钢筋顶面保护层超过设计要求时,需增设同规格钢筋网片。保护层垫块采用 C50 混凝土。

④预埋墩台顶支座锚栓孔

支座锚栓孔在墩台身施工时已按设计要求预埋,支承垫石施工时,用锚栓孔模具来准确定位其平面位置、深度和垂直度。

⑤安装模板

每次立模前要认真清洗模板面,涂刷水溶性脱模剂(可选用有机或无机型),应刷两遍,每遍不要太厚,防止流淌。第一遍晾干后再刷第二遍,要刷均匀,不可漏刷,不可流淌。刷隔离剂后用塑料布覆盖,保护其不被污染。在模板安装结束后,仔细检查模板的内侧尺寸、垂直度、纵横轴线、顶面高程等。

⑥模板高程调整

现场技术员利用测量队引至墩顶的水准点进行支撑垫石高程调平,在模板内侧钉水泥钢钉拉线控制高程。

⑦垫石混凝土施工

混凝土拌和采用经标定合格后的自动计量拌和站集中拌和,运输采用混凝土罐车。混凝土使用耐久性高的 C50 混凝土。

a. 混凝土浇筑

浇筑混凝土前应对模板、钢筋和预埋件仔细检查,并经监理工程师检查合格后方可浇筑混凝土,施工过程中应对模板的平面位置、垂直度进行观测,发现问题及时解决。

混凝土采用一次浇筑成型。罐车将混凝土运至现场,直接放至料斗中,用塔式起重机吊至支承垫石上方,缓慢放至支承垫石模板内。

b. 混凝土振捣

浇筑混凝土时采用插入式振捣棒振捣密实,由于钢筋较密,现场施工时采用 20 型振捣棒,必要时使用钢钎配合插捣。振捣棒的移动间距不大于振捣棒作用半径的 1.5 倍,振捣棒的作用半径为振捣棒直径的 8 ~ 10 倍。振捣棒要垂直插入新浇筑的混凝土内,并插入下层混凝土 5 ~ 10cm,在振捣过程中振捣棒要保持与侧模 5 ~ 10cm 的距离。每一处振动完毕后边振动边竖向缓慢提出振动棒,避免振捣棒碰撞模板及预埋件。振捣时每一振点的振捣时间为 20 ~ 30s,以混凝土不再下沉、不再出现气泡、表面呈现浮浆为度,防止过振、漏振。

c. 抹面、养护

混凝土振捣完成后,应及时修整、抹平混凝土裸露面,待定浆后再抹第二遍并压光。

混凝土初凝后及时覆盖土工布并洒水带模养护,此时土工布不能直接接触混凝土表面。拆模后的混凝土应立即使用土工布覆盖、包裹,支撑垫石顶放置存水设备,设置淋水装置,不间断养护,避免形成干湿循环,养护时间不少于 14d。

支承垫石混凝土允许偏差及检验方法见表 3-1-18。

支承垫石混凝土允许偏差及检验方法 表3-1-18

序号	项目		允许偏差(mm)	检验方法
1	支承垫石前后、左右边缘距设计中心线尺寸		±20	测量检查不少于5点
2	表面平整度		5	1m靠尺检查不少于5处
3	简支混凝土梁	每片混凝土梁一端两支撑垫石顶面高差	3	测量检查
		每孔混凝土梁一端两支撑垫石顶面高差	4	
4	简支钢梁	支撑垫石顶面高差	5	
5	支撑垫石顶面高程		0,-10	
6	预埋件和预留孔位置		5	

⑧拆模

当满足以下两个条件时拆模:一是混凝土强度达到2.5MPa以上(2~3d);二是混凝土温度已处于降温期,且混凝土芯部与表面、混凝土表面与环境的温度差均不大于20℃,芯部最高温度不超过65℃。拆下的模板放在平整的场地上,如果受地形限制需要堆放,模板之间用方木支垫,避免损伤模板板面。同时对模板及时开展清理、矫正、打磨、抛光、除锈、上油等工作。

⑨垫石混凝土养护

在混凝土浇筑后、模板拆除之前,要派专人对支承垫石等外露的混凝土覆盖土工布进行洒水养护,模板全部拆完后,及时采用土工布将支承垫石包裹严实。在养护期间,派专人不定期在支承垫石上注入清水(支承垫石也要用土工布盖严),确保整个支承垫石混凝土处于潮湿状态,养护期为14d。

3)施工人员上下通道

施工人员上下采用安全爬梯搭设“Z”字形通道,与模板上的平台通过跳板连接。

(1)爬梯安装前准备

①施工前做好对各个施工人员的安全技术交底及安全培训工作。准备好施工人员施工机具和安全防护设备。

②安全爬梯所用材料均应满足规范要求。

(2)安全爬梯的安装

①设计参数

跨距2m,步距1.5m,横距2m,高度72m,连墩件间距10m;立杆材料为ϕ203mm×10mm钢管,横杆材料为[10槽钢,斜杆材料为[6.3槽钢,连墩件材料为双I20工字钢,安全爬梯如图3-1-78所示。

②安全爬梯安装位置

a.主桥门式墩安全爬梯安装在墩柱中心大里程方向,距离加台边缘3.2m。

b.进行梁部施工时可继续增高爬梯,供施工人员上下通行。

③安装步骤

a.承台施工时已在安全爬梯立杆位置埋设预埋件。

b.将焊接好法兰接头的立杆安放到预埋件上,首节立杆长度3.8m,以后为标准节3.0m。

c.利用[20槽钢、[10槽钢进行横杆焊接,焊接完成之后安装行走斜梯,之后使用[6.3槽钢进行斜杆加固。

图3-1-78 安全爬梯安装图(尺寸单位:mm)

d. 每次安装竖杆之前，请工区测量队对杆位进行复测，保证竖杆竖直，现场设有与法兰接头同型号的垫片，以便用于立杆调整。

e. 平梯安放在横撑上，斜梯安放在横梯上，梯子内侧安装扶手。

f. 安全爬梯框架的立杆每间隔10m，采用双拼I20工字钢与墩身进行扶臂固定。

g. 模板拆除时，先拆除从爬梯向墩身的行走横梯，然后进行模板拆除。

h. 加高时重复步骤b～h。

i. 每施工一节墩身，安装一次爬梯，工人在施工时从墩身下层工作平台向上层工作平台行走时，通过设置斜梯实现（图3-1-79）。

图3-1-79　墩身工作平台上下行通道

j. 到达预定设置高度后顶端立杆作为护栏使用，确保人员安全出入。设置专用通道供人员由安全爬梯行走至墩身的工作平台（图3-1-80）。

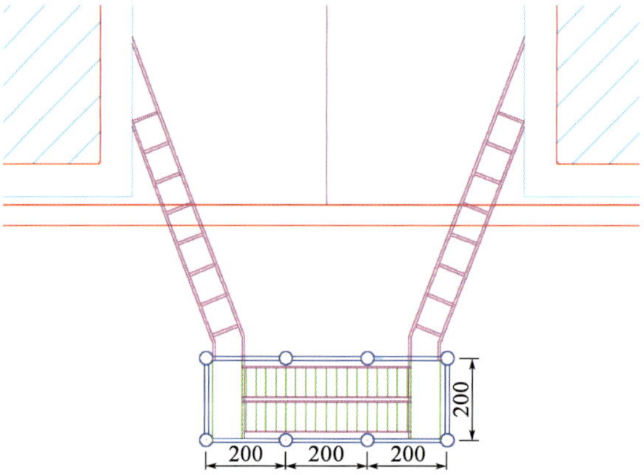

图3-1-80　爬梯上行墩身示意图（尺寸单位：mm）

4）爬梯搭设安全措施

（1）安全爬梯搭设人员必须是经过工区培训考核合格的施工人员。上岗人员要定期体检，合格者方可持证上岗。

（2）安全爬梯搭设前，组织相关作业班组人员进行安全技术交底，让每个人都了解施工中的注意事项，确保施工人员的安全。安全爬设必须按照施工方案搭设，不得改变支架结构。

（3）安全爬梯搭设时，所有操作人员必须戴安全帽、系安全带、穿防滑鞋，高空作业衣着要灵便，禁止穿硬底和带钉易滑的鞋。安全带应挂在牢固的物体上，严禁在一个物体上拴多根安全带，同时安全带必须是合格产品并定期检查，临边作业要设置好防护围栏和安全网；悬空作业应有可靠的防护措施。

（4）安全爬梯搭设过程中，行走横梯及斜梯上不准堆放零星杂物，如扣件、螺栓、螺母、短钢筋等，避免掉落造成人员伤害。小型工具应随手放入工具袋内,上下传递物件禁止抛掷。高空作业不宜上下重叠,确需时在两层中间设置可靠的隔离设施。

(5)遇恶劣天气(如风力在六级以上、大雾、暴雨等)影响施工安全时,应停止安全爬梯搭设或拆除工作,雨、雪天上架作业应有防滑措施,并应扫除积雪。

(6)安全爬梯应做好接地、避雷措施,特别是有电线穿过爬梯时要采取防护措施,避免爬梯带电。

(7)在搭设安全爬时,外侧必须有防止坠落物伤人的防护措施。

(8)搭拆安全爬梯时,地面应设置围挡和警戒标志,派专人看守,严禁非操作人员入内。

(9)固定爬梯框架前测量框架的对角尺寸,以及横杆的水平度和立杆的垂直度,达到要求后将钢管与爬梯框架的主要杆件用扣件进行连接,钢管与墩身预埋钢板进行焊接,焊接完成后及拆除钢管后及时对墩身预埋件进行防锈处理。

(10)支架搭设完毕或分段搭设完毕,应对脚手架的质量进行检查,经检查合格后方可交付使用。

(11)设专人定期对爬梯进行检查,检查立杆、底座有无下沉、松动,法兰连接是否良好,架体各部构件是否完整、齐全,是否有松动。

5)爬梯拆除安全措施

(1)安全爬梯经施工及安全负责人确认不再需要时,方可拆除。

(2)拆除现场必须设置警戒区,张贴醒目的警示标志。警戒区域严禁非工作人员通过,工作人员严禁在吊装重物下施工作业。

(3)工人须站在临时设置的安全爬梯脚手板上进行拆卸作业,并按规定使用安全防护用品。

(4)如遇强风、雪、雨等特殊天气,不得进行拆除施工。晚上拆除安全爬梯时应配备足够的照明。

(5)安全爬梯脚手架的拆除应在统一指挥下,按后装先拆、先装后拆的顺序进行。

(6)同一层的构配件和加固件应按先上后下、先外后里的顺序进行,最后拆除连墙件。

(7)在拆除过程中,安全爬梯的自由悬臂高度一般不得超过三个节段,当必须超过三个节段时,应加设临时拉结。

(8)连墙件、水平杆和剪刀撑等,必须在安全爬梯拆卸到相关的结构件时方可拆除。

6)塔式起重机布置及安装

(1)塔式起重机布置

主桥每个墩身配置1座塔式起重机,本桥根据起重范围和起重能力综合考虑,决定采用TC6015型塔式起重机。塔式起重机设置在下游侧墩身中线位置,具体布置位置如图3-1-81~图3-1-84所示。

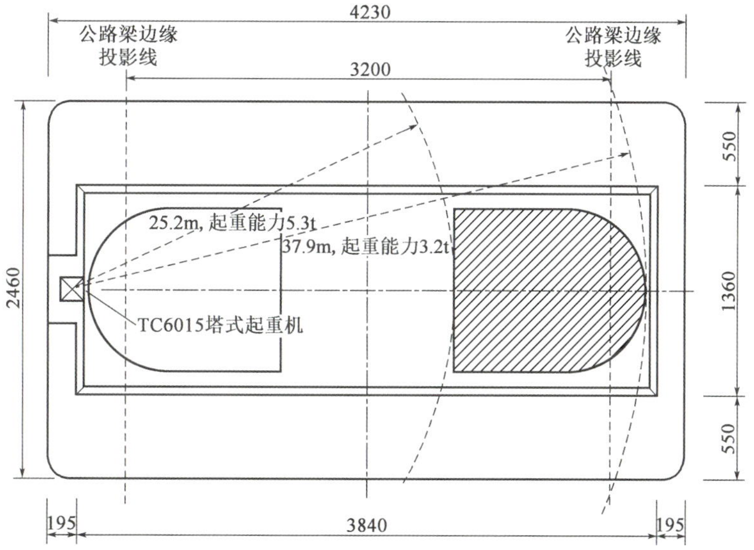

图3-1-81 主桥1~10号墩塔式起重机布置平面示意图(尺寸单位:mm)

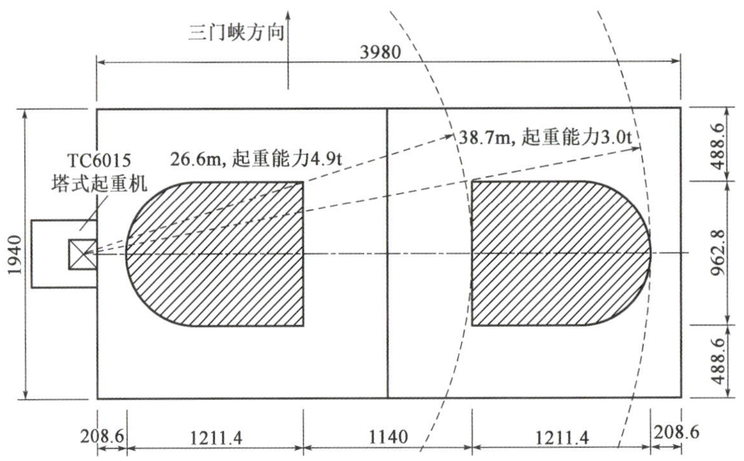

图 3-1-82　主桥 11 号墩塔式起重机布置平面示意图(尺寸单位:mm)

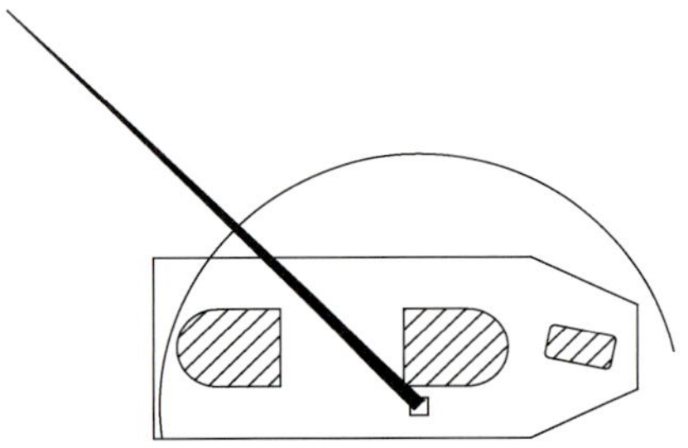

图 3-1-83　北引桥 N7 号墩塔式起重机布置平面示意图

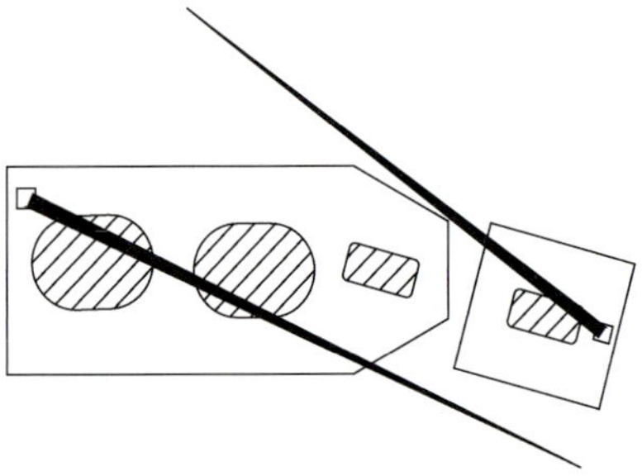

图 3-1-84　北引桥 N8 号墩塔式起重机布置平面示意图

塔式起重机基础设置在承台上,在承台浇筑混凝土前,先将地脚螺栓预埋在相应位置,要求平面位置误差不大于 3mm,立面位置上高度误差不大于 1/500。因主桥 1 ~ 9 号平台均在水中,所以预埋地脚螺栓应做防腐处理。

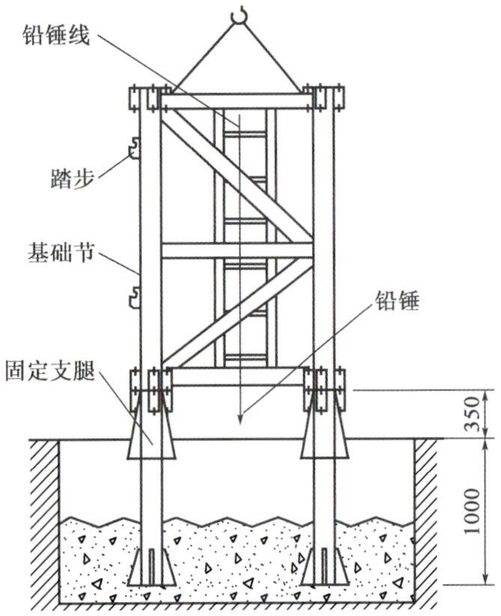

图 3-1-85　塔式起重机与基础连接详图(尺寸单位:cm)

(2)塔式起重机安装

①吊装标准节段

标准节段每节配备 8 颗高强度螺栓,内有供人上下及休息的平台。将第一段标准节放在塔身基础固定支脚框架上,用螺栓连接并固定,同时用经纬仪检查垂直度,主弦杆四侧垂直度误差小于 1.5/1000 后,拧紧高强度螺栓(扭矩 1800N · m)。吊装时,严禁吊点放在水平斜腹杆上。塔式起重机与基础连接详图如图 3-1-85 所示。

②吊装爬升架

爬升架在场地内组装完毕后,将吊具挂在爬升架上,用起重机吊起爬升架,将爬升架缓慢套装在已安装好的第二个标准节外侧。将爬升架上的活动爬爪放在基础节上部的踏步上,然后安装顶升液压缸,液压缸与踏步在塔身同侧,再将液压泵吊装到平台一角,接油管并检查液压系统的运转情况。

③安装回转支承总成

先对回转支承总成做全面的检查,检查合格后,将吊具挂在上支座的 4 个连接耳套上,将回转支承总成吊起，将下支座的8个连接套对准标准节4根主弦杆的8个连接套，缓慢落下。到位后，将下支座与爬升架连接，做好标记。操作顶升系统，将爬升架顶升至与下支座连接耳板接触，用4根销轴将爬升架与下支座连接牢固。

④安装塔帽

在地面上将塔帽组装好，用起重机将塔帽吊装到上支座上，将塔帽垂直的一侧对着上支座的起重臂方向，用4根销轴将塔帽与上支座紧固。

⑤安装平衡臂总成

在地面上，将起升机构、电阻箱、电控箱、平衡臂拉杆装在平衡臂上并固接好。将回转机构接上临时电源，将固转支承以上部分回转到便于安装平衡臂的方位固定好，吊住平衡臂上的4个安装吊耳、吊起平衡臂，用销轴将平衡臂前端与塔帽固定连接。将平衡臂逐渐抬高，将平衡臂上平衡拉杆与塔帽上平衡臂拉杆用销轴连接，穿好开口销。缓慢放下平衡臂，吊上平衡重。

⑥安装司机室

先安装司机室内的电气设备，然后吊装司机室到上支座靠右平台前端，对准耳板孔的位置后用3根销轴连接。

⑦安装起重臂

组装起重臂：起重臂为三角形变截面的空间桁架结构。先用枕木搭设拼装平台，组装时必须严格按照每节臂上的序号标记组装，节与节之间用销轴连接。事先将载重小车套到起重臂下弦杆的导轨上；将维修吊篮紧固到载重小车上；安装好起重臂根部处的变幅机构，安装好起重臂拉杆，并固定在起重臂上弦杆的定位托架内。

吊装起重臂：先挂绳、试吊。平衡后，起吊起重臂总成到安装高度，对位并连接固定好。将拉杆连接好，使之处于拉紧状态，最后松脱滑轮组上的起升钢丝绳。

⑧配装平衡重和穿绕起升钢丝绳

按要求配装平衡重并固定好。吊装完成后，进行起升钢丝绳的穿绕，起升钢丝绳由起升机构卷筒放出，经机构上排绳滑轨，绕过塔帽导向滑轮向下进入塔帽上起重量限制器滑轮，向前再绕到载重小车和吊钩滑轮组，最后将绳头通过绳尾固定在起重臂头部的防扭装置上。在空载状态下，检查塔身的垂直度，控制其偏差在4‰以内。

⑨电气安装与使用

电气安装应符合《塔式起重机使用说明书》的规定，并参照电气原理图、电气接线图及元件布置图等。连接各控制及动力电缆、制动器电缆，以及安全装置、接地装置、障碍灯等。电气元件接好后，按《塔式起重机使用说明书》的要求进行通电调试检测，各部位元件正常后，进行下一步操作。

⑩各机构运转情况检测

当电控系统启动成功后，即进行各机构的操作检测。其检测内容包括升降系统变幅操作、回转操作、行走操作、顶升液压系统操作。

(3)顶升加节

①准备工作

按液压泵站要求给油箱加油；清理好各个标准节，并按吊装顺序排成一排；放松电缆使其长度略大于总的顶升高度，并固定好电缆；旋转起重臂至爬升架前方，使平衡臂正好处于爬升架的后方；在引进平台上准备好引进滚轴，在爬升架平台上准备好高强度螺栓；做好顶升前塔机的配重平衡及记录。

②顶升作业

启动顶升液压缸，升起爬升架，到位后连接固定好，吊起标准节，送到爬升架内对好位，用高强度螺栓连接固定好。顶升时，设专人指挥，专人操作，专人紧固螺栓。

(4)塔机的附着

当塔身高度升到32m时，在20m处进行塔身的附着，后随着塔身的升高每不超过20m进行塔身附着一次,塔身高出墩顶作业平台不超过10m。

安装时先将附着框架套在塔身上,并通过内撑杆将塔身的主弦杆顶紧;通过销轴将附着撑杆的一端与附着框架相连,另一端与固定在墩身的连接基桩相连,每道附着架的附着撑杆尽量处于同一水平面上。

附着装置安装时,用经纬仪检查塔身轴线的垂直度,其偏差不得大于4/1000,附着撑杆与附着框架、连接基座以及附着框架与塔身内撑杆的连接须可靠,内撑杆可靠地将塔身主弦杆顶紧,各连接螺栓应紧固好。

塔式起重机应由专业队伍按方案进行搭设、拆除,搭设完成并经验收合格备案后方可投入使用,并设置好相关的标识标牌,如安全警示牌、使用注意事项等。在使用过程中要注意定期保养。

7)模板作业

(1)墩身模板由外模和内模、顶部实体段地面组成,均为大块定尺钢模板。内外模采用ϕ20mm精扎螺纹钢拉杆加固,实体段底模采用支架顶托,支架安放在墩身顶部提前预埋好的牛腿上。

(2)墩身模板采用流水作业,墩身第一次、第二次混凝土浇筑完毕,第二次混凝土强度达到拆模强度即可拆除第一次所支立模板,运至下一个墩使用,并开始第三次支立模板,如此循环流水,直至施工至顶帽底,施工过程中,始终需留下层模板作为上层模板的结合节和承重节。

(3)施工操作平台作为外模的一部分固定在外模上,提供工人作业空间和少量材料、小型机具的临时停放地。模板安装的允许偏差和检验方法见表3-1-19。

模板安装的允许偏差和检验方法　　表3-1-19

序号	项目	允许偏差(mm)	检验方法
1	前后、左右中心线尺寸	±10	测量每边不小于2处
2	表面平整度	3	2m靠尺检查不少于5处
3	相邻模板错台	1	尺量检查不少于5处
4	空心墩壁厚	±3	尺量检查不少于5处
5	同一梁端两垫石高差	2	测量检查
6	预埋铁件和预留孔位置	5	纵横两向尺量检查

8)钢筋作业

(1)钢筋加工等均实行工厂集中加工,统一配送;主筋采用套筒连接,分段接头错开布置。

(2)钢筋制作场地的储料区、加工区、半成品存放区布置紧凑、相互联系,且有较为清晰的区域划分。储料、加工、半成品都设棚,严禁露天存放钢筋原材和半成品。钢筋存放应设置垫木,离地20cm高。各类型号钢筋应在垫木上设栏分开存放,标识清楚(含检验状态的标识)。半成品存放按半成品钢筋编号存放,并悬牌标识。

(3)钢筋接头长度、接头错开距离及数量符合相应规范中的规定。套筒保证现场连接时,两端接头长度一致。

(4)安放钢筋时,钢筋的位置和混凝土保护层厚度,均应满足墩身不同部位净保护层的要求。钢筋的间距应先设置几根定位筋,在定位筋上标识间距,按标识线绑扎钢筋。钢筋保护层用垫块在钢筋与模板之间设置,保护层垫块数量不得少于4个/m^2。绑扎垫块和钢筋的铁丝不得伸入保护层内。保护层垫块的尺寸应保证钢筋混凝土保护层厚度的准确性,其使用的材料应与梁体混凝土同强度、同寿命。为了避免垫块影响混凝土表面外观,垫块设计成三足鼎形,由三点接触模板,垫块接触钢筋的一面做出凹槽,将钢筋嵌固在凹槽内,防止钢筋滚动。

(5)钢筋交叉点,用直径0.7~2.0mm的铁丝按梅花形交错绑扎,绑扎的铁丝头不得伸入混凝土的保护层内。骨架绑扎成型后,应保证其在模板的位置正确,不得倾斜、扭曲。

(6)为保证混凝土入槽顺利而临时移动的钢筋,在混凝土灌注到位前,应将钢筋恢复原位,固定牢固。

（7）当公路帽梁钢筋与预应力筋位置相冲突时，应保证预应力筋的正确位置，将钢筋做适当弯折通过或间距稍做调整；当钢筋与预留孔洞、预埋件相冲突时，可适当挪移钢筋保证预埋件、孔洞位置正确。钢筋安装及钢筋保护层厚度允许偏差和检验方法见表3-1-20，预埋件及预留孔洞的允许偏差和检验方法见表3-1-21。

钢筋安装及钢筋保护层厚度允许偏差和检验方法　表3-1-20

序号	项目		允许偏差（mm）	检验方法
1	受力钢筋排距		±5	尺量两端、中间各一处
2	同一排中受力钢筋间距	基础、板、墙	±20	
		柱、梁	±10	
3	分布钢筋间距		±20	尺量连续三处
4	箍筋间距		±10	
5	弯起点位置（加工偏差20mm包括在内）		30	尺量
6	钢筋保护层厚度 C	$c \geqslant 30$mm	0～+10	尺量两端、中间各一处

预埋件及预留孔洞的允许偏差和检验方法　表3-1-21

序号	项目		允许偏差（mm）	检验方法
1	预留孔洞	中心位置	10	尺量
		尺寸	0～+10	尺量不少于两处
2	预埋件	中心位置	3	尺量
		外露长度	0～+10	

（8）在墩身钢筋绑扎过程中，为了更好地控制混凝土保护层厚度，采用钢筋保护层卡具对钢筋进行定位。卡具与每次施工的顶节模板栓接固定，如图3-1-86所示。

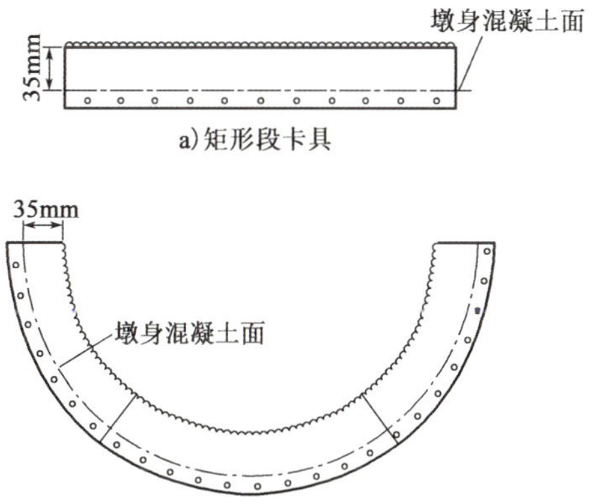

图3-1-86　卡具与每次施工的顶节模板栓接固定

9）综合接地

（1）桥墩中应有两根接地钢筋，一端与承台中的环接钢筋相连，另一端与墩帽处的接地端子相连。墩帽处的接地端子采用桥隧型接地端子，设置在桥墩终点侧立面。

（2）地钢筋均应优先利用结构物中的非预应力结构钢筋。若结构中无通长钢筋，则采用专门的接地钢筋或按焊接要求连接结构物中的非预应力结构钢筋，以此作为接地钢筋。兼有接地功能（含连接）的结构钢筋和专门接地钢筋直径应不小于16mm。施工时应对接地钢筋做出标识，便于检查。

（3）在墩身内利用结构钢筋作为接地引上线分别引至支座边，并与接地端子焊接。接地钢筋应做好标识，接地端子顶面高出混凝土面1cm。

（4）接地钢筋焊接要求：接地钢筋之间的连接均采用双面焊接，焊接长度不小于100mm，焊缝高度8mm。

（5）墩身混凝土施工前，接地钢筋网应保证各点电气连续贯通，综合接地混凝土浇筑前逐一测试电阻不大于1Ω后方可施工。综合接地布置如图3-1-87～图3-1-90所示。

10）混凝土作业

（1）采用承台凿毛环切工艺，用黑线在承台顶面弹出桥墩轮廓线，沿轮廓线用小型切割机切出约3cm的环向竖直面，再采用凿毛机凿毛，凿毛表面要平整，露出新鲜石子，残留的浮渣及时清除，并用高压水冲洗干净，存水用干布吸干。空心段凿毛要注意在钢筋网内侧凿毛，混凝土保护层对应位置不要破坏，以免影响混凝土接茬处的外观质量。其他墩身混凝土结合面凿毛均照此作业。

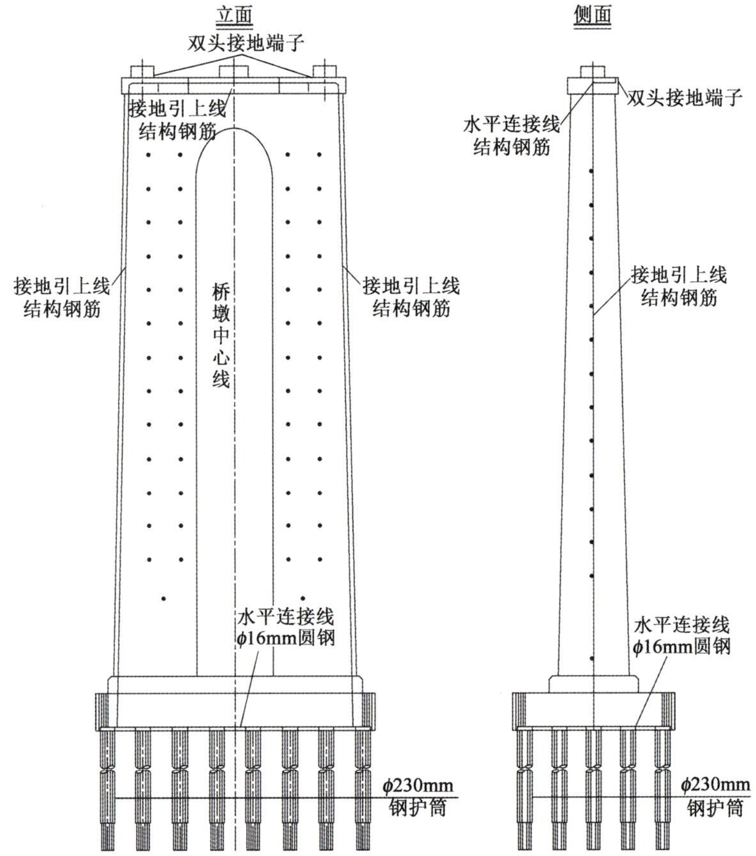

图 3-1-87　主桥 1～10 号墩综合接地钢筋立面图

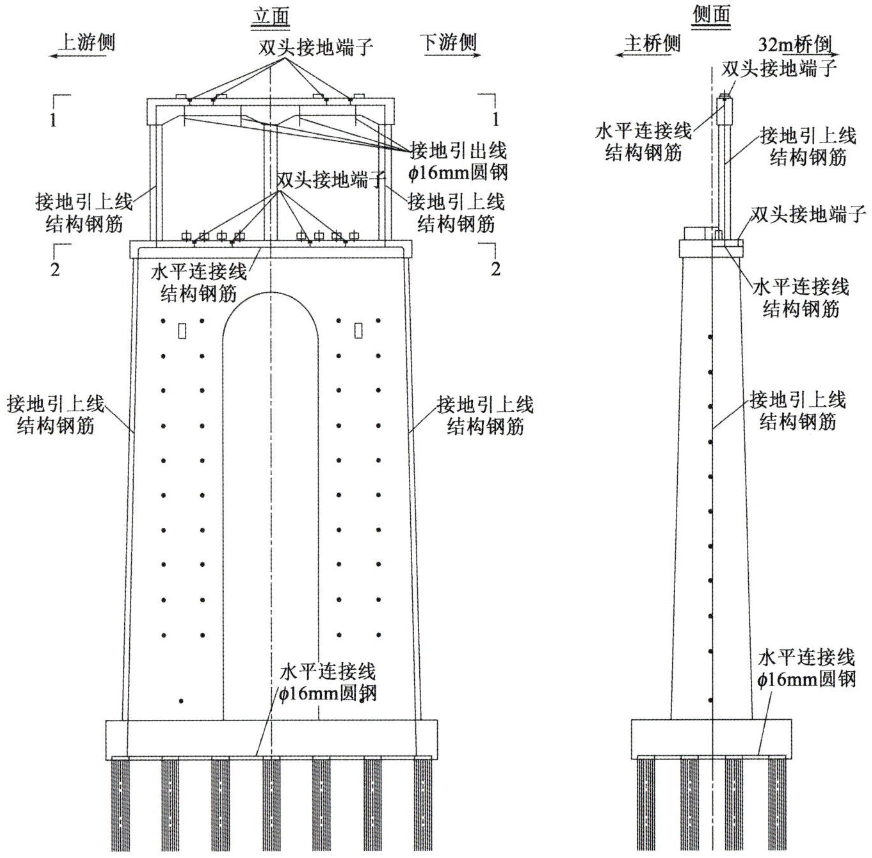

图 3-1-88　主桥 11 号墩综合接地钢筋立面图

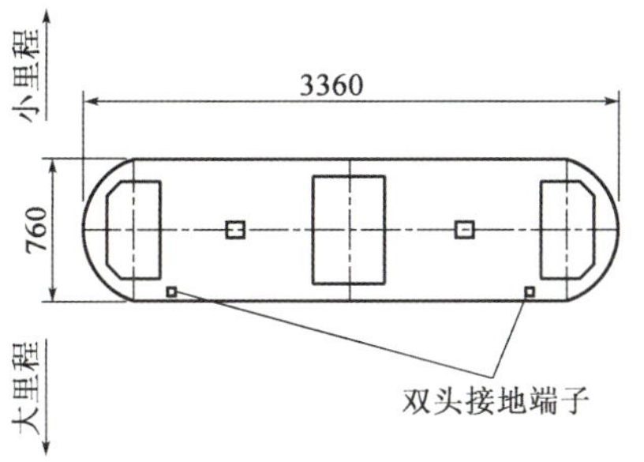

图3-1-89 主桥1~10号墩综合接地钢筋平面图(尺寸单位:mm)

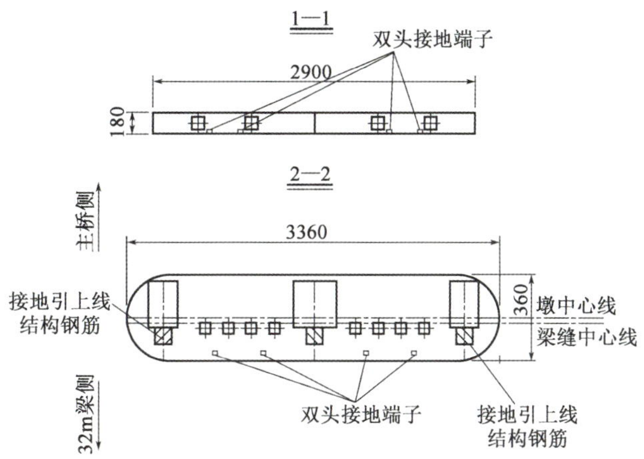

图3-1-90 主桥11号墩综合接地钢筋平面图(尺寸单位:mm)

(2)墩身混凝土浇筑采取水平分层、斜向分段连续浇筑方法,每段斜度不大于5°,从一点开始环向浇筑,直至再与此点接头。每层混凝土厚度控制在30cm左右,先后两层、接头处混凝土的间隔时间不得超过初凝时间,并保证不同层混凝土的浇筑间隔时间相对均衡,混凝土浇筑速度应控制在1.2m/h以下。

(3)采用插入式振捣器振捣,振动棒应垂直点振,不得平拉,不得采用振动棒推赶混凝土。点振移动间距不应超过振动棒作用半径的1.5倍。振捣时应快插慢拔,每一处振完后应徐徐提出振动棒。振捣时避免振动棒触碰模板、钢筋、波纹管等;对每一振动部位必须振到该部位混凝土密实为止,也就是混凝土停止下沉,不再冒气泡,表面呈现平坦、泛浆。

插入式振捣棒振捣密实后,用木尺赶压抹平。混凝土灌注完成后,混凝土初凝前,做第二次赶压抹平,表面用木模搓平、搓毛。

(4)灌注过程中,随机取样制作标准养护和施工用混凝土强度、弹性模量试件。

(5)墩身混凝土每节段为一个作业区段,混凝土浇筑一次成型;墩顶实体段考虑钢筋安装一次成型,混凝土分两次浇筑,使第一次浇筑混凝土分担部分自重,减少支架承受荷载。

(6)垫石混凝土采用塔式起重机+料斗提升,其他部位混凝土采用汽车起重机、汽车泵或地泵运送入模。混凝土入模高度超过2m时需加设串筒,防止下落离析。

(7)采取必要的措施,缩短承台身与承台之间浇筑混凝土的间隔时间,间隔期不宜大于10d。并采取有效措施,降低混凝土水化热,加强墩身混凝土的养护,避免墩身出现裂纹。

(8)非冬季施工期间,所有墩身养护采用自动喷淋养护系统,系统可实现全自动控制和时间间隔控制,达到全天候、全方位、全湿润的三全养护质量标准。垫石养生采用透水土工布覆盖,墩顶设储水装置,洒水养生。

①"高墩混凝土喷淋养护"工艺原理是通过蓄水池、高扬程水泵、时间继电器、输水管、喷淋管组成喷淋系统,如图3-1-91所示。蓄水池的蓄水量能够满足连续喷淋作业条件后,设定时间继电器的时间间隔和持续时间并开动喷淋系统电源,喷淋系统进入工作状态。继电器到达制定的喷淋时间后接通水泵开关,高扬程水泵从蓄水池内抽水送至输水管内,输水管连接喷淋管对需养护的混凝土面进行喷水养护,喷水时间达到预定的时间后,时间继电器关闭水泵开关停止喷水。

②工艺流程。

施工工艺流程图如图3-1-92所示。

③操作要点。

供给水池蓄水容量不小于18m^3,采用砖块砌筑并用砂浆抹面以防渗水,其尺寸为3m×3m×2m。

水池应尽量靠近桥墩修建,且能保证不影响桥墩施工的其他工序作业,如有多个桥墩,可修建在中间位或修建多个水池。

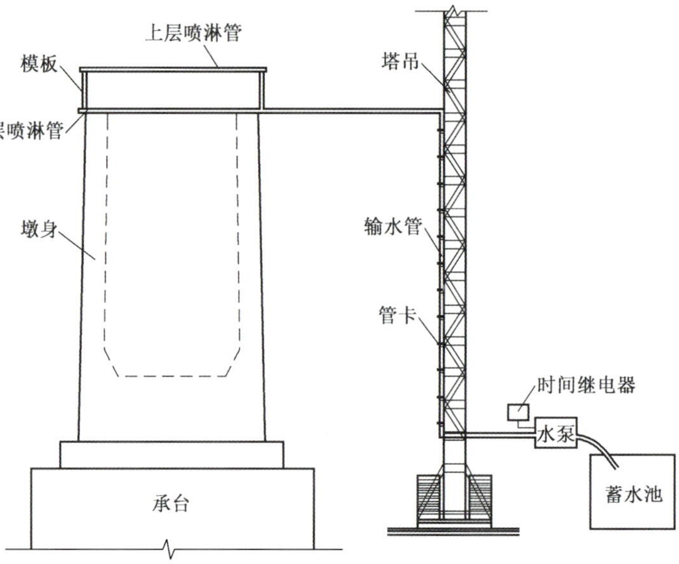

图 3-1-91　高墩混凝土喷淋养护

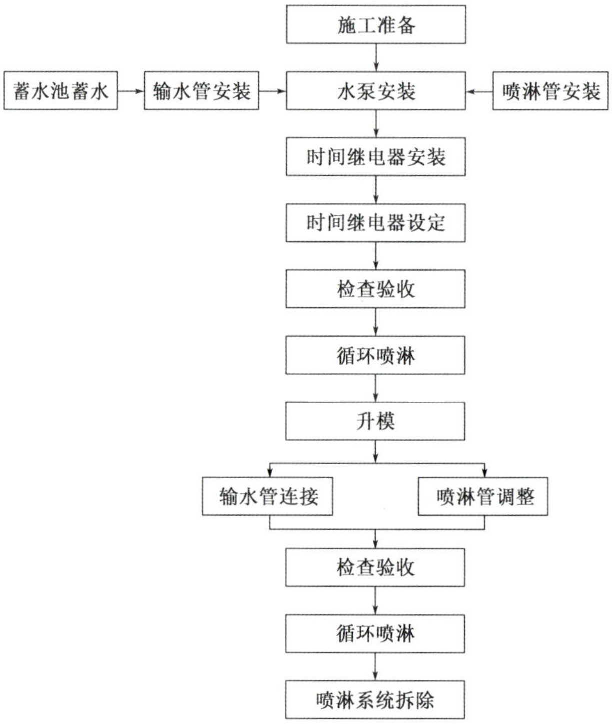

图 3-1-92　施工工艺流程图

供给水池应始终保证有足够的蓄水量，防止高扬程水泵在缺水状态下工作时烧毁水泵造成喷淋系统失效。

在水池内标注警戒水位线，水位下降至警戒水位线时应对水池进行补给，确保水池水位符合要求。

水泵扬程应高于桥梁最高墩身5m，以确保养护用水能够泵送至最高墩身施工作业面后有足够的水压将水花喷射到混凝土养护面上。

高扬程水泵应具备耐久性，以保证在反复开关及长时间工作时的可靠性，防止在上述使用环境下由于水泵的性能不稳定而影响整个喷淋系统的喷淋效果。

水泵还应具备一定的送水量以满足同墩位各墩身同时喷淋时的水量需求，送水量可根据下列公式确定：

$$S = 10.3\frac{n^2}{d^{5.33}} \tag{3-1-4}$$

$$H = \frac{P}{\rho g}$$

$$Q = \sqrt{\frac{H}{SL}}$$

$$v = 4\frac{Q}{\pi d^2}$$

式中：S——管道摩阻；

n——管内壁粗糙率；

d——管内径(m)；

H——水头差(m)；

P——管道两端压强差(Pa)；

ρ——液体密度(g/cm^3)；

g——重力加速度(m/s^2)；

Q——流量(m^3/s)；

H——管道两端水头差(m)；

L——管道长度(m)；

v——管道流速(m/s)。

输水管采用DN50钢管(根据表3-1-22、表3-1-23确定)，连接水泵与喷淋管。输水管用管卡牢固固定在塔式起重机标准节上，升至墩顶后与喷淋管道连接。若墩身高度大于120m，墩身下部范围输水管应使用DN65钢管或根据现场实际情况采用适当管径的钢管。使用较大管径的钢管应通过计算获得。

管径、流速、流量对照表　　表3-1-22

管径(DN)	流量(m^3/h)													
	0.4m/s	0.6m/s	0.8m/s	1.0m/s	1.2m/s	1.4m/s	1.6m/s	1.8m/s	2.0m/s	2.2m/s	2.4m/s	2.6m/s	2.8m/s	3.0m/s
20	0.5	0.7	0.9	1.1	1.4	1.6	1.8	2	2.3	2.5	2.7	2.9	3.2	3.4
25	0.7	1.1	1.4	1.8	2.1	2.5	2.8	3.2	3.5	3.9	4.2	4.6	4.9	5.3
32	1.2	1.7	2.3	2.9	3.5	4.1	4.6	5.2	5.8	6.4	6.9	7.5	8.1	8.7
40	1.8	2.7	3.6	4.5	5.4	6.3	7.2	8.10	9.0	10.0	10.9	11.8	12.7	13.6
50	2.8	4.2	5.7	7.1	8.5	9.9	11.3	12.7	14.1	15.6	17.0	18.4	19.8	21.2
65	4.8	7.2	9.6	11.9	14.3	16.7	19.1	21.5	23.9	26.3	28.7	31.1	33.4	35.8
80	7.2	10.9	14.5	18.1	21.7	25.3	29.0	32.6	36.2	39.8	43.4	47.0	50.7	54.3
100	11.3	17.0	22.6	28.3	33.9	39.6	45.2	50.9	56.5	62.2	67.9	73.5	79.2	84.8
125	17.7	26.5	35.3	44.2	53.0	61.9	70.7	79.5	88.4	97.2	106.0	114.9	123.7	132.5
150	25.4	38.2	50.9	63.6	76.3	89.1	101.8	114.5	127.2	140.0	152.7	165.4	178.1	190.9
200	45.2	67.9	90.5	113.1	135.7	158.3	181.0	203.6	226.2	248.8	271.4	294.1	316.7	339.3
250	70.7	106.0	141.4	176.7	212.1	247.4	282.7	318.1	353.4	388.8	424.1	459.5	494.8	530.1
300	101.8	152.7	203.6	254.5	305.4	356.3	407.1	458.0	508.9	559.8	610.7	661.6	712.5	763.4

管径流速推荐表(单位:m/s)　　表 3-1-23

管径(DN)	20	25	32	40	50	65	80	100	125	150	200	250	300	350	400
闭式系统流速	0.5~0.6	0.6~0.7	0.7~0.9	0.8~1	0.9~1.2	1.1~1.4	1.2~1.6	1.3~1.8	1.5~2.0	1.6~2.2	1.8~2.5	1.8~2.6	1.9~2.9	1.6~2.5	1.8~2.6
开式系统流速	0.4~0.5	0.5~0.6	0.6~0.8	0.7~0.9	0.8~1.0	0.9~1.2	1.1~1.4	1.2~1.6	1.4~1.8	1.5~2.0	1.6~2.3	1.7~2.4	1.7~2.4	1.6~2.1	1.8~2.3

喷淋管采用 ϕ30mmPVC 管制作,其上以 10cm 间距冲钻 ϕ2.5mm 小孔用于喷水,其喷水孔应正对混凝土面,以防水压有损失的情况下,喷出水花不能喷射到混凝土养护面之上。喷淋管沿墩身一圈布设,并固定在模板下方。

喷淋管在底层模板上安装时应调整其与混凝土面的距离,确保喷淋时水柱在混凝土面上能够散射开,并使相邻两喷水孔喷出水柱的散射范围能够相互重叠。

自动控制系统由时间继电器及电磁开关组成,设定时间继电器计时间隔后,继电器控制电磁开关接通或关闭高扬程水泵的电力供应。

时间继电器及开关应具备高频率开关状态下的稳定性,且在不同环境温度下均可调节,以确保高温时段的养护频率符合要求及雨天停止工作以节约资源。

时间继电器应由专人设置,高温时段设置为 20min 喷淋一次,常温时段为 30min 喷淋一次,每次喷淋 5min,喷淋时间的设置应考虑在第二次喷淋时上次喷淋水分还未完全蒸发。

在高墩或缺水地区,当墩身施工完成后,可采用墩顶安放水箱与喷淋系统连接的方式进行养护。

(9)墩身拆模时要满足表 3-1-24 中条件。

拆除承重模板时混凝土强度要求　　表 3-1-24

序号	结构类型	结构跨度(m)	达到混凝土设计强度标准值的百分率(%)
1	板、拱	<2	≥50
		2~8	≥75
		>8	≥100
2	梁	≤8	≥75
		>8	≥100
3	悬臂梁(板)	≤2	≥75
		>2	≥100

拆模后,混凝土墩台允许偏差和检验方法见表 3-1-25。

混凝土墩台允许偏差和检验方法　　表 3-1-25

序号	项目		允许偏差	检验方法
1	墩台左右、前后边缘距设计中心线尺寸		±20mm	测量检查不少于 5 处
2	采用滑动模板施工的墩身部分	墩台左右、前后边缘距设计中心线尺寸	±30mm	
		桥墩平面扭角	2°	
3	表面平整度		5mm	2m 靠尺检查不少于 5 处
4	空心墩壁厚		±5mm	尺量检查不少于 5 处
5	墩台支撑垫石顶面	高程	0 -15mm	测量检查
		中心位置	15mm	

第2章　上部结构施工

2.1　钢梁存放及拼装

根据本桥的总体施工方案，钢桁梁除铁路桥面系采用板单元件涂装后发运至桥址进行匹配总拼外，其他杆件均在涂装完成后陆运至桥址存梁场地进行存放、预拼，再用平车转运至总拼场地进行节段总拼、顶推安装。

本桥钢桁梁共95个节间，计划按铁路桥面系"3＋1"的匹配总拼方案进行配套生产，共11个匹配制造轮次。为了满足钢梁架设、顶推作业的要求，根据工期计划安排，需平均每15d完成一个轮次的匹配制造，一个月可完成8个节间的铁路桥面板匹配总拼和主桁杆件的预拼工作。

为了保证钢桁梁施工的有序进行，桥址钢梁存放、桥面系总拼场地的布置方案初步规划如下。

2.1.1　场地总体规划

桥址存梁及桥面系总拼场地总面积约21440m²，分为A、B、C三个区域。A区为铁路桥面系总拼、补涂装及存放场地，面积约为40×200＝8000m²，布置1台60t门式起重机起重吊装；B区为铁路桥面系板单元件存放、双拼场地以及公路横梁、腹杆等吊重小于20t构件的存放和预拼场地，面积约为40×168＝6720m²，布置1台20t门式起重机起重吊装；C区为上弦杆、下弦杆等吊重大于20t构件的存放和预拼场地，面积约为40×168＝6720m²，布置1台60t门式起重机起重吊装。A、B、C三个区域合计可存放9个节间的钢梁，可满足本桥钢桁梁的铁路桥面系总拼、杆件存放及预拼要求，其区域划分如图3-2-1、图3-2-2所示。

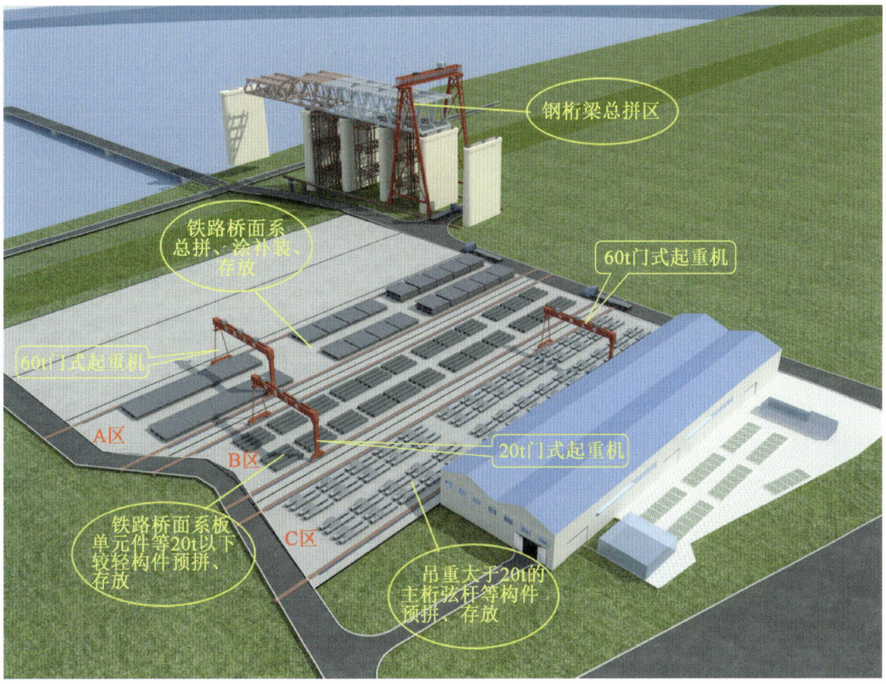

图3-2-1　存梁场地区域划分图

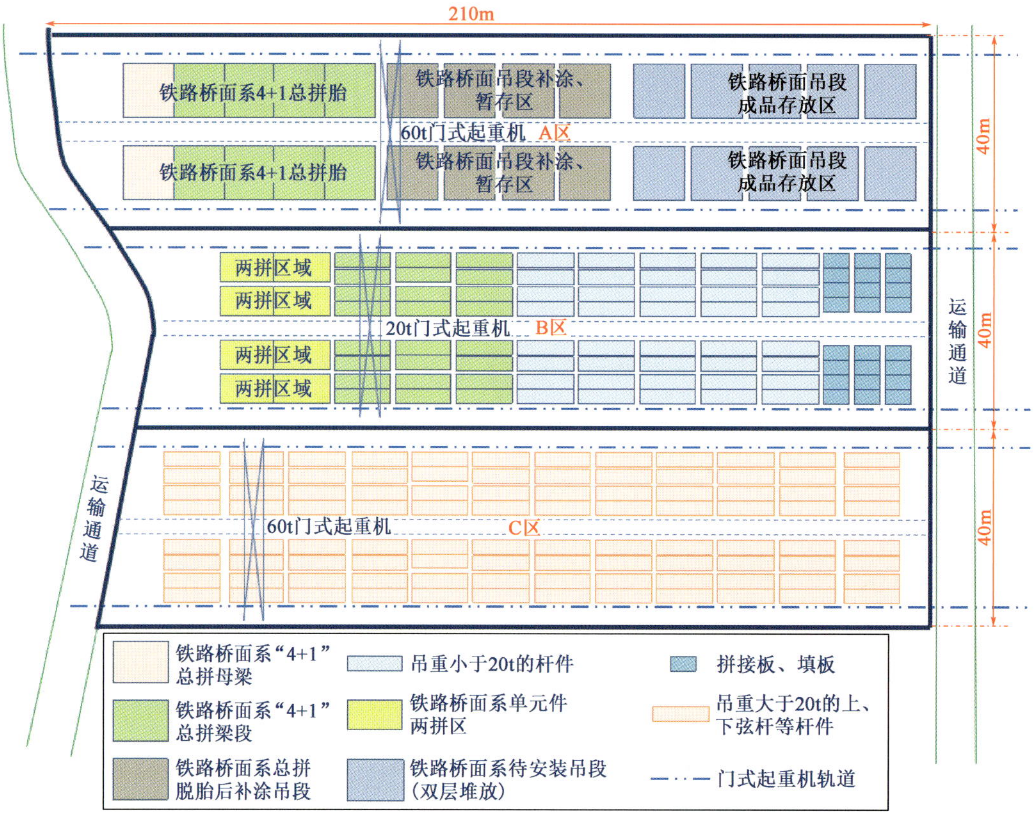

图 3-2-2　存梁场地区域详细布置示意图

2.1.2　门式起重机及轨道布置情况

根据存梁场地的整体规划，A 区、B 区、C 区分别布置一台 60t、20t、60t 门式起重机，起重机走行轨道中心距分别为 32m、30m、32m，可满足存梁场地内的各类起重作业。2 台 60t 门式起重机的有效吊高均为 15m，20t 门式起重机的有效吊高为 9m。为方便平车的转运，轨道需延伸至运输便道之外，延伸距离为 15m，如图 3-2-3、图 3-2-4 所示。

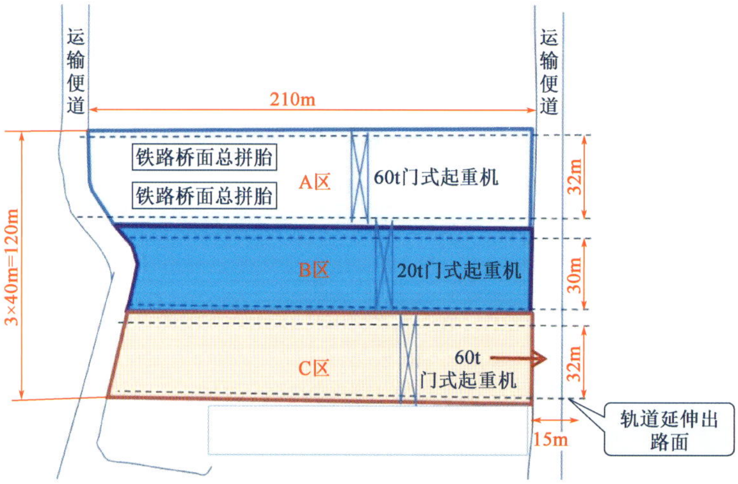

图 3-2-3　桥址存梁场地门式起重机及轨道布置图

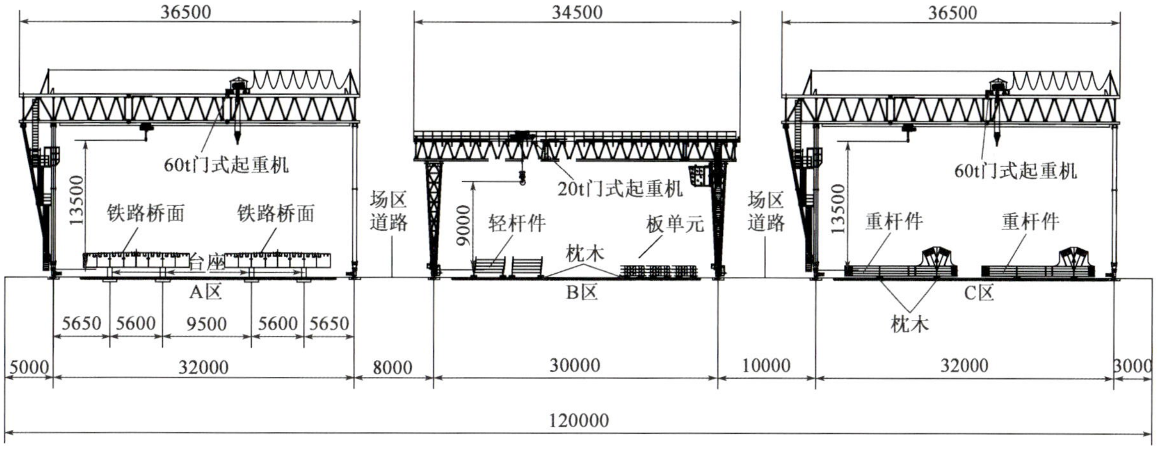

图 3-2-4　门式起重机布置横断面图示(尺寸单位:mm)

门式起重机走行线采用钢筋混凝土结构,考虑场地原土为湿陷性黄土结构,门式起重机基础加大处理并在所有与原土接缝处埋设防水卷材。门式起重机走行线基础如图 3-2-5 所示。

2.1.3　钢梁转运路线

根据存梁场地的整体规划,钢梁运输共设两条转运线路。运输线路 1 为预拼好的钢梁吊段运送钢梁总拼区进行节段总拼的线路;运输线路 2 为铁路桥面板单元(图 3-2-6)经过双拼后从 B 区运输至“4 + 1”桥面系总拼胎架的线路。

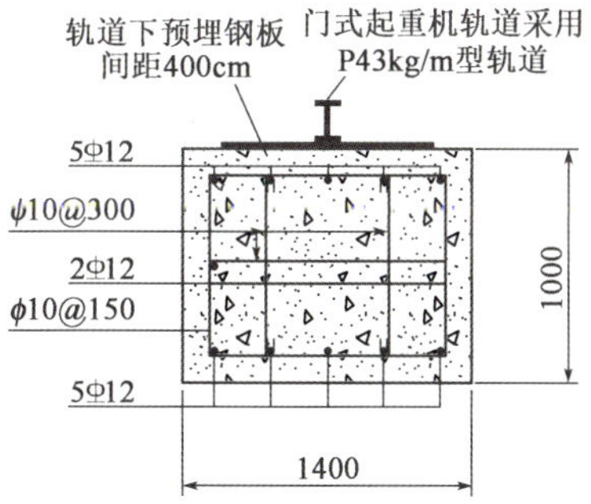

图 3-2-5　门式起重机走行线基础(尺寸单位:mm)

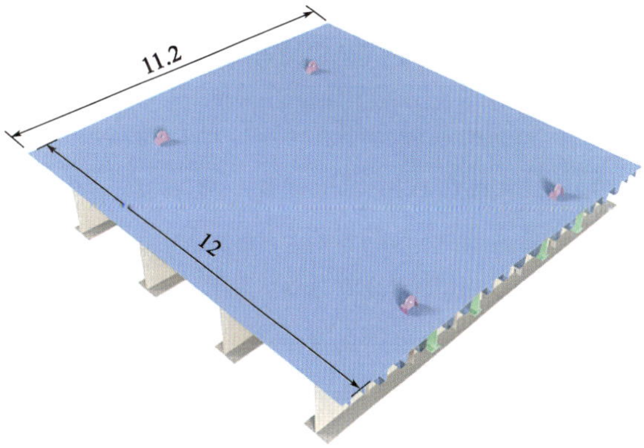

图 3-2-6　标准铁路桥面板单元结构(尺寸单位:m)

铁路桥面吊装段宽 11.2m、长 12m,不利于公路运输,因此铁路桥面系的制造采用单元件在九江制造基地预制并涂装后发运至存梁场地的“4 + 1”总拼胎架上进行匹配总拼的方案。总拼作业区为桥位存梁场地的 A 区,为保证施工进度,总拼胎架需左右幅各布置一个。铁路桥面系的板单元件从九江制造基地制造、涂装并运输至现场存梁场的 B 区存放,桥面板单元在 B 区经过双拼等工序后用平板车通过图 3-2-7 所示的运输线路 2 转运到 A 区的总拼胎架上拼焊成铁路桥面吊装段。吊装段脱胎后对焊缝区域进行补涂装,验收合格后的成品按架设的先后顺序暂存于存梁区,最后通过运输线路 1 转运至钢梁总拼区安装。

A 区、B 区、C 区各设一条横穿场地的运输便道,用于原材料进出场,靠近桥位侧设 18m 长的装车区域。因进出场材料墩位较大,所有重车行走区域均为 C40 钢筋混凝土,厚度为 20cm,与原土接缝处埋设防水卷材。

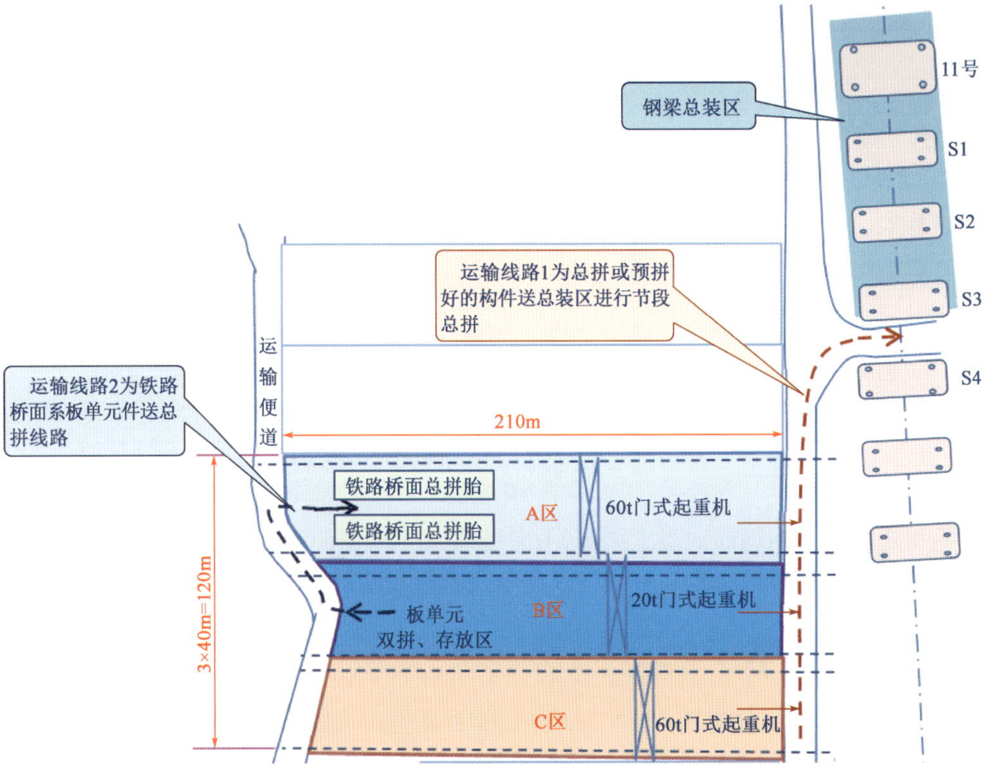

图 3-2-7　钢梁转运线路图

注：S1～S4、11 号表示墩位编号。

2.1.4　场地硬化要求及存梁台座布置

由于存梁场地需满足钢梁存放、预拼等要求，因此在门式起重机所占的区域内均应用碎渣铺平、压实后用 20cm 厚的 C30 混凝土硬化。A、B、C 三个区域共需硬化面积约 16000m^2。

为了方便 A 区域内的铁路桥面板吊段的总拼及存放，需在存放场地的纵向通长布置 4 道钢筋混凝土台座，如图 3-2-8、图 3-2-9 所示。此工程共需混凝土约 576m^3。

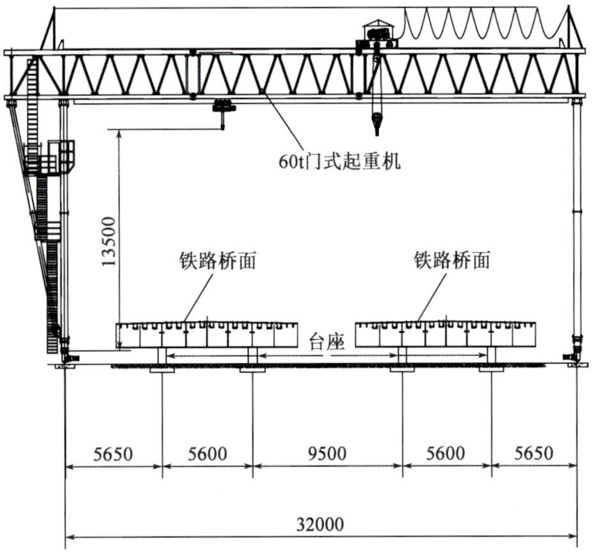

图 3-2-8　A 区混凝土台座横断面尺寸(尺寸单位:mm)

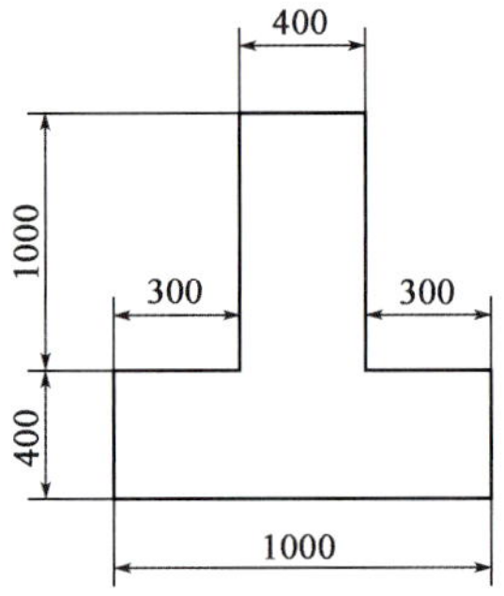

图 3-2-9　混凝土台座横断面尺寸(尺寸单位:mm)

B区、C区内的杆件或桥面板单元件均需在存放场地横向布置钢筋混凝土台座(截面尺寸与A区相同),板单元的双拼区域需在硬化后的地面上另搭设简易钢平台。

2.1.5 湿陷性黄土防水处理及排水

场地原为果园,原土均为湿陷性黄土,由于钢梁场地为重载场地,所有结构物均需要做防水处理。本场地采用全场地20cm灰土换填碾压处理作为封水层。所有与原土接缝的结构物均埋设防水卷材,防止渗水导致下沉。在重载台座预埋沉降观测装置,定期对台座进行沉降观测,发现沉降及时处理。将场地划分为间距50m的单元建设,每个单元设1m深的防水缝(混凝土板外包防水卷材)。

每个功能区域设置通长水沟两道,水沟全部与相邻结构物同时浇筑,水沟采用整体现浇形式,保证水沟一次成型没有施工缝,浇筑完成的水沟在其内涂抹防水油漆与沥青渣油。所有结构接缝处均涂抹防水油漆及沥青渣油。排水图如图3-2-10所示。

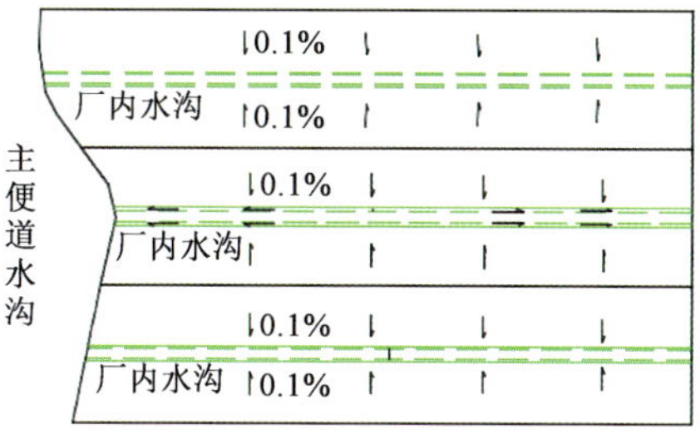

图3-2-10 排水图

2.2 钢桁梁顶推平台架设

2.2.1 拼装平台概况

拼装平台位于南岸11~S04号墩之间,长约121m,满足一次拼装、顶推施工8个节间钢梁需要,主要由钻孔桩基础、钢管支架、桩顶分配梁和滑道梁组成(图3-2-11)。滑道梁顶设6‰纵坡(三门峡到运城为下坡),滑道梁顶面采用4mm不锈钢板作为滑动面,滑道梁安装到位,高程、纵坡及表面平整度满足要求并验收合格后,再在滑道梁顶面焊接不锈钢板。

图3-2-11 拼装支架及滑道梁三维效果图

三门峡公铁两用大桥的滑道梁安装是主桥安装前的重要环节,它是施工过程中主桥支撑和行走的平台。滑道梁总质量约723t,每条滑道梁分为15段出厂,共计45段,单条滑道梁支架纵、横立面图如图3-2-12、图3-2-13所示。

滑道梁共分为4种截面,如图3-2-14所示。

现场采用高强度螺栓连接,节点形式如图3-2-15所示。

墩帽与滑道梁节点如图3-2-16、图3-2-17所示。

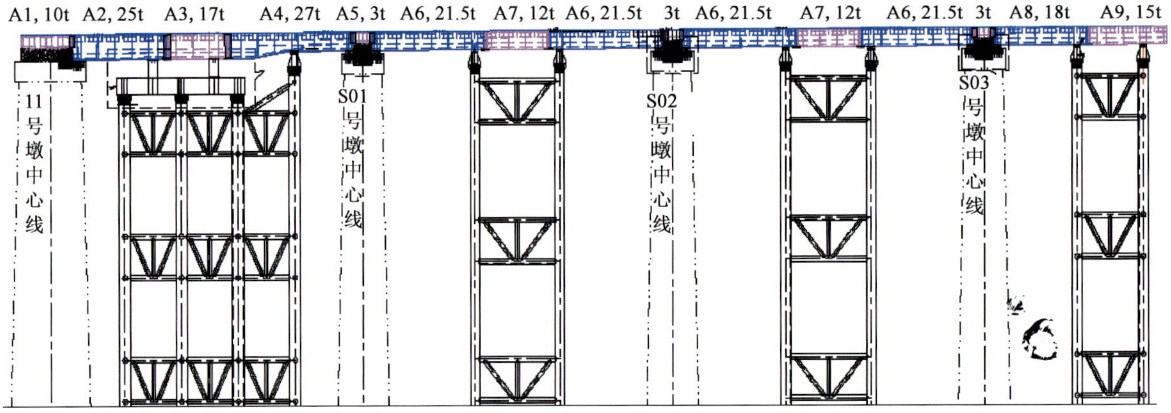

图 3-2-12　滑道梁支架纵立面图

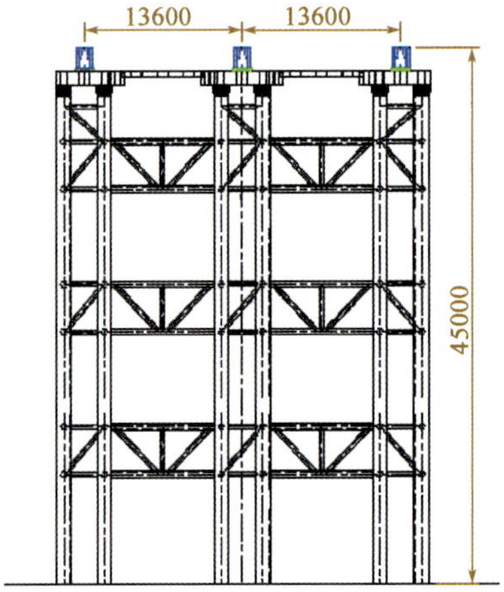

图 3-2-13　滑道梁支架横立面图(尺寸单位:mm)

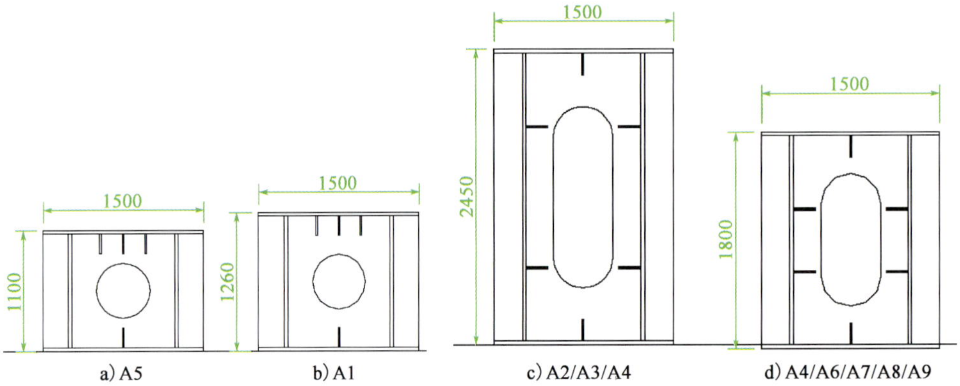

图 3-2-14　滑道梁截面图(尺寸单位:mm)

注:截面编号见图 3-2-12。

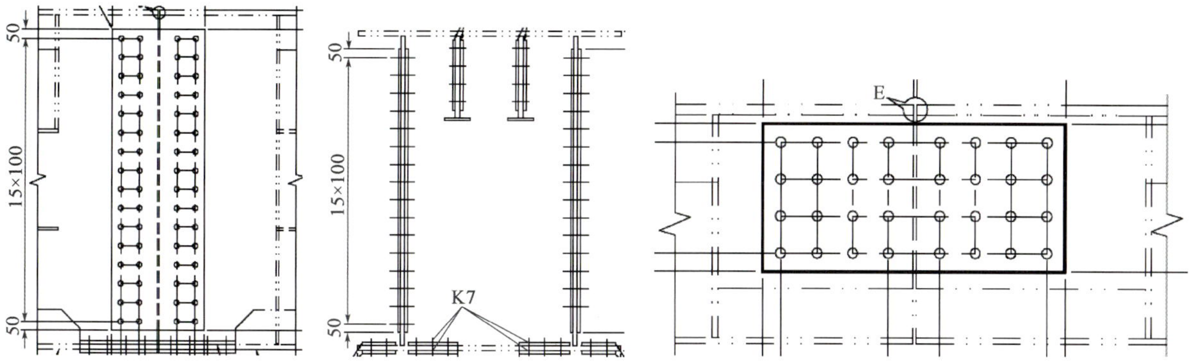

图 3-2-15　滑道梁节点形式(尺寸单位:mm)

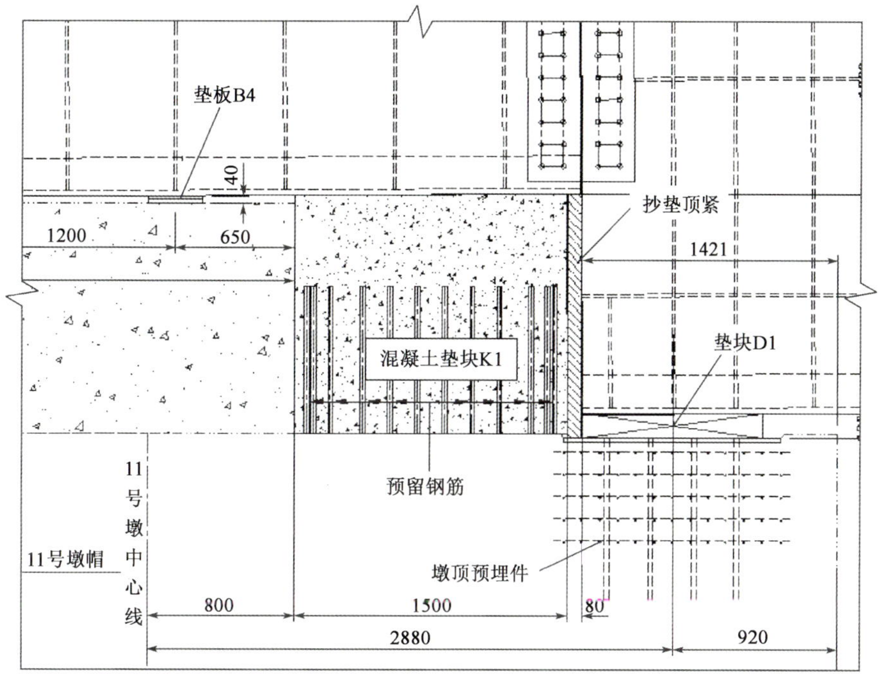

图 3-2-16　墩帽节点图(尺寸单位:mm)

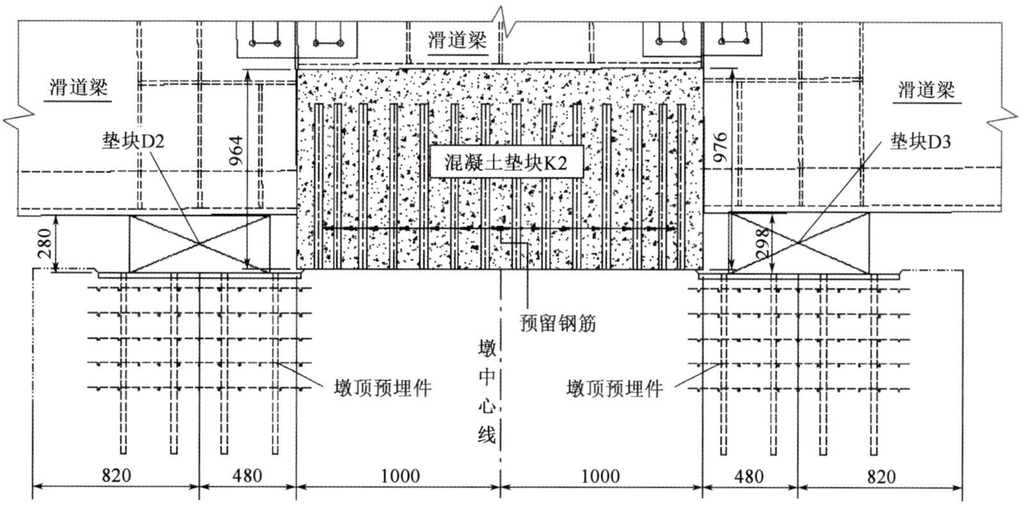

图 3-2-17　滑道梁节点图(尺寸单位:mm)

2.2.2 工程重难点分析

1)施工重难点

(1)拼装支架较高,立体交叉作业频繁,保证施工安全为本工程的重点。

(2)各工序使用多种机械施工,合理安排施工机械为本工程重点。

(3)工期紧、任务重,保证工期为本工程重难点。

2)解决措施

(1)完善安全设施,安排专人监护施工现场,确保施工安全。

(2)合理安排机械,增强各工序间的衔接性,提高机械使用率。

(3)根据拼装支架平台结构特点,确定各工序的先后顺序,组成一条施工流水线,提高整体施工效率,确保工期。

2.2.3 施工部署

1)总体安装思路

(1)平台安装顺序:钢管支架→分配梁→滑道梁→附属构件。

(2)钢管支架高 40 ~ 48m,现场避开连接系拼装成片,以片为单位进行吊装,钢柱安装后补缺连接系、分配梁;滑道梁在地面拼装成段后安装,最后安装附属构件。

(3)钢管支架的钢柱每根分 2 ~ 3 节,单元划分如图 3-2-18 所示。

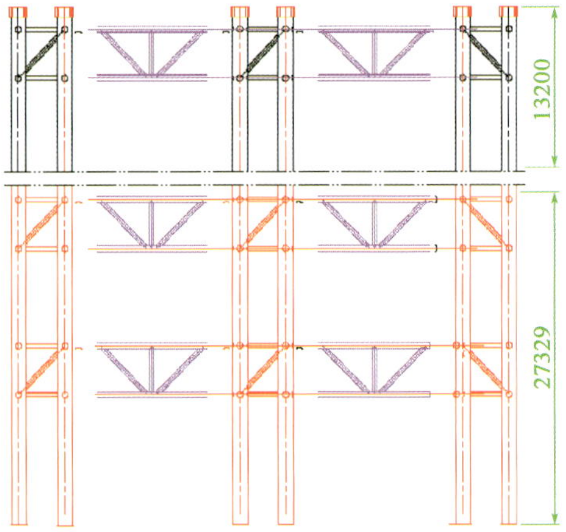

图 3-2-18 单元划分示意图(尺寸单位:mm)

(4)钢管支架分段后最重部分约 32t,位于 11 号墩处,使用 300t 和 350t 履带式起重机以自内而外、由远及近为原则进行安装,避免 300t 履带式起重机碰杆;下游滑道梁由出厂的 15 段组拼为 8 段进行吊装,最大吊装量 44t,采用现场已有的 300t 履带式起重机主臂 78m 工况进行滑道梁的安装;上游和中桁的滑道梁由出厂的 15 段组拼为 7 段进行吊装,采用 350t 履带式起重机直接吊装就位。

2)施工现场平、立面布置

钢管支架和滑道梁施工区域位于河堤区域,地势较陡,施工机械(回转中心)只能行走至 S01 号墩处,11 号墩处滑道梁吊装半径最大;吊装时的单元划分及施工平面图如图 3-2-19、图 3-2-20 所示。

根据现场施工情况,钢管支架和滑道梁吊装选用两台履带式起重机,分别是现有 300t 履带式起重机(QUY300),选用 78m 主臂;即将进场的 350t 履带式起重机,选用 54m 主臂和 42m 辅臂;钢管支架和滑道梁拼装选用现有 75t 履带式起重机。3 台履带式起重机性能参数见表 3-2-1 ~ 表 3-2-3。

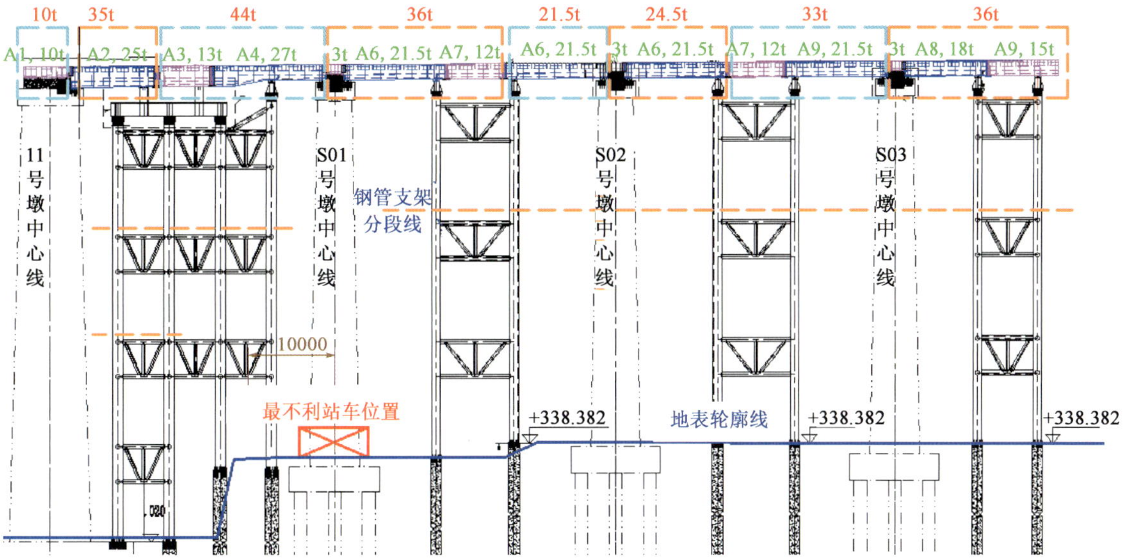

图 3-2-19　单元划分示意图(尺寸单位:mm;高程单位:m)

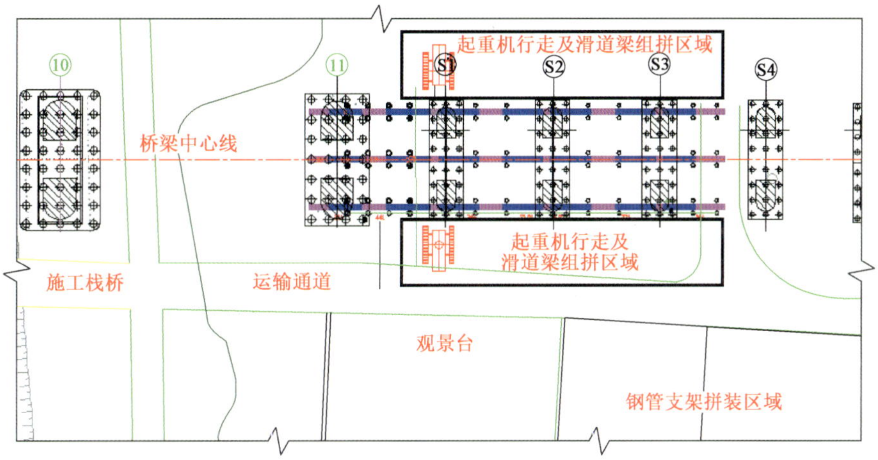

图 3-2-20　施工平面图

300t 履带式起重机性能参数表(单位:t)　　表 3-2-1

幅度(m)	臂长(m)											
	30	36	42	48	54	60	66	72	78	84	90	96
5.5	100.0											
6	100.0	100.0										
7	100.0	100.0	100.0									
8	100.0	100.0	100.0	100.0	100.0							
9	100.0	100.0	100.0	100.0	100.0	100.0						
10	100.0	100.0	100.0	100.0	100.0	97.9	82.7	74.3				
12	100.0	100.0	100.0	100.0	96.3	90.2	78.6	70.8	58.3	48.6	41.7	
14	91.7	91.7	91.4	91.3	91.1	82.5	74.5	67.3	57.3	47.7	40.8	34.3
16	76.0	76.0	75.6	75.5	75.3	74.8	70.4	63.8	56.3	46.8	39.9	33.5
18	64.7	64.5	64.2	64.1	63.8	63.3	62.9	60.3	55.3	45.9	39.0	32.7
20	56.1	55.9	55.5	55.4	55.1	54.6	54.2	53.8	51.1	45.0	38.1	31.9
22	49.4	49.2	48.7	48.6	48.3	47.8	47.3	46.9	46.6	44.1	35.2	31.1

续上表

幅度(m)	臂长(m)											
	30	36	42	48	54	60	66	72	78	84	90	96
24	44.0	43.7	43.3	43.1	42.8	42.3	41.8	41.4	41.1	40.7	33.0	28.8
26	39.6	39.3	38.8	38.7	38.3	37.8	37.3	36.9	36.5	36.2	31.0	27.0
28	27.8/35.6	35.6	35.0	34.9	34.5	34.0	33.5	33.1	32.7	32.4	29.1	25.3
30		32.5	31.9	31.7	31.3	30.8	30.3	29.9	29.5	29.1	27.2	23.9
34		33.0/27.8	26.8	26.7	26.2	25.7	25.1	24.7	24.3	23.9	23.6	20.8
38			23.0	22.8	22.3	21.7	21.2	20.7	20.3	19.9	19.6	17.9

350t 履带式起重机性能参数表(单位:t)　　表 3-2-2

幅度(m)	副臂长度(m)							
	24	30	36	42	48	54	60	66
	87°							
12								
14	93	85						
16	86	81	74					
18	77	74	70	65				
20	72	68	66	63	57	50		
22	68	64	61	59	55	48	45	
24	62	60	57	54	51	45	42	38
26	56	56	52	50	48	45	40	36
28		52	50	47	44	42	38	35
30		48	47	44	43	40	37	34
32		46	43	42	40	37	36	33
34			40	40	38	36	34	31
36			37.5	37	35.5	33.5	32	30

注:标准塔臂工况,主臂 54m,配重 125t,车身压重 50t。

75t 履带式起重机性能参数表(单位:t)　　表 3-2-3

幅度(m)	臂长(m)									
	13	16	19	22	25	28	31	34	37	40
3.5	75									
4	70	704.1	58.5							
5	55.5	55.0	54.5	53.5	45.7					
6	41.8	41.5	41.2	40.8	39.8	39.5	39.0			
7	33.5	33.3	32.6	32.6	32.0	32.0	31.5	30.5	30.5	
8	27.6	27.6	27.0	27.0	26.6	26.6	26.0	26.0	26.0	25.8
9	23.5	23.4	23.4	23.0	22.8	22.5	22.2	22.0	22.0	22.0
10	20.4	20.4	20.4	20.2	19.8	19.8	19.5	19.2	19.2	19.2
12	16.2	16.1	16.0	15.9	15.7	15.6	15.4	15.1	14.9	14.8
14		13.1	13.1	13.0	12.8	12.7	12.6	12.3	12.2	12.0
16			11.0	11.0	10.8	10.7	10.6	10.2	10.2	10.2

3)拼装支架安装流程

拼装支架安装流程如图3-2-21所示。

a)第一步：施工准备

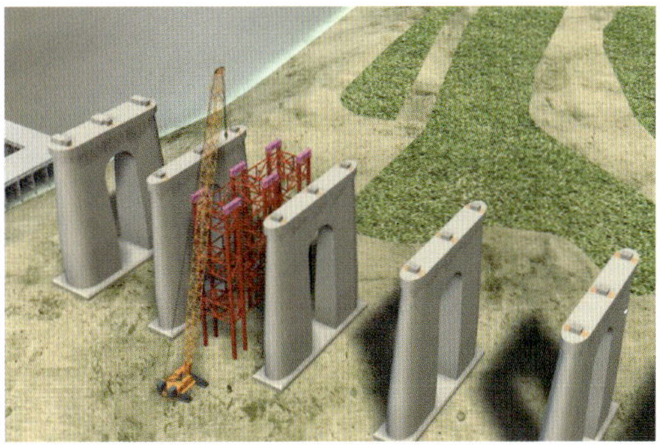

b)第二步：安装第二跨钢管支架及分配梁

c)第三步：安装第三跨钢管支架及分配梁

d)第四步：350t履带式起重机进场后组装为塔式工况，站在上游侧吊装，300t履带式起重机行走至下游侧吊装。共同完成第四跨支架及分配梁的安装

e)第五步：安装第一跨钢管支架及分配梁

f)第六步：吊装第二跨滑道梁。350t履带式起重机负责上游边桁及中桁滑道梁的安装，300t履带式起重机负责下游边桁滑道梁的安装

g)第七步：安装第三跨滑道梁

h)第八步：安装第四跨滑道梁

图 3-2-21

i)第九步：安装第一跨滑道梁　　j)第十步：安装完成

图 3-2-21　拼装支架安装流程

4)支架拼装

(1)钢管支架拼装

钢管支架原材料用 75t 履带式起重机卸车，在观景台南侧料场存放和拼装，钢管支架拼装单元较轻，可用 75t 履带式起重机完成拼装作业。

钢管支架拼装马凳高度须大于 500mm，保证相贯口周圈都能焊接到位，避免局部受热变形影响以后的安装精度。

(2)滑道梁拼装

滑道梁使用 300t 和 350t 履带式起重机(就近)卸车直接摆放到支架两侧，用拼装用马凳垫好，拼装时用现场 75t 履带式起重机组装成段，待 300t 和 350t 履带式起重机安装。卸车分布图如图 3-2-22 所示。

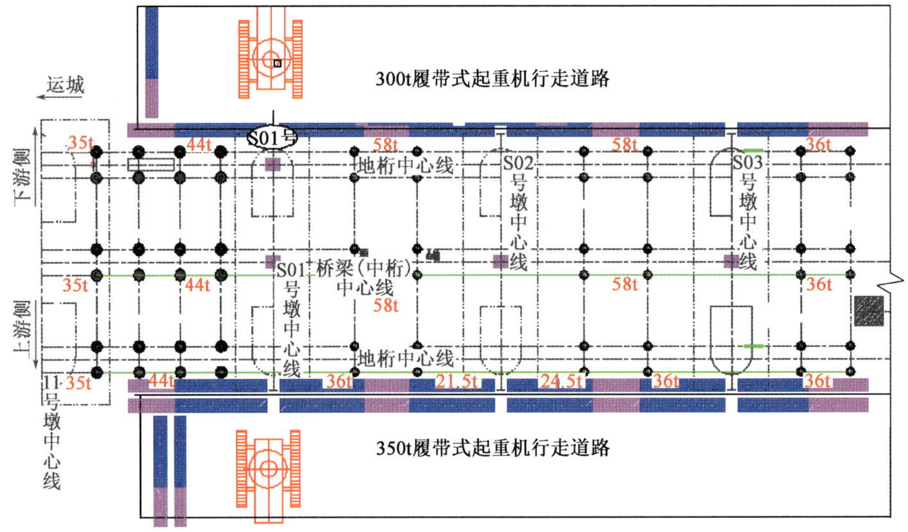

图 3-2-22　卸车分布图

滑道梁拼装时用马凳支撑，钢板塞垫调平。滑道梁拼装如图 3-2-23 所示。

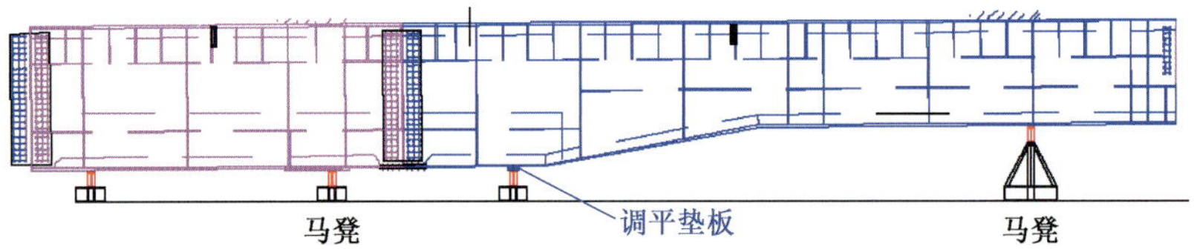

图 3-2-23　滑道梁拼装示意图(A3 + A4)

5)钢管支架安装

钢管支架柱分段后,最大起重半径26m,单片最大质量32t,使用350t履带式起重机安装;最不利工况都在第一跨,由于地势陡峭,起重机只能行走到S01号墩,中桁部分吊装分配给350t履带式起重机施工。

(1)中桁和上游钢管支架吊装

350t履带式起重机最大起重半径36m,最大起重量30t,机械工况平面图如图3-2-24所示,立面图如图3-2-25所示。

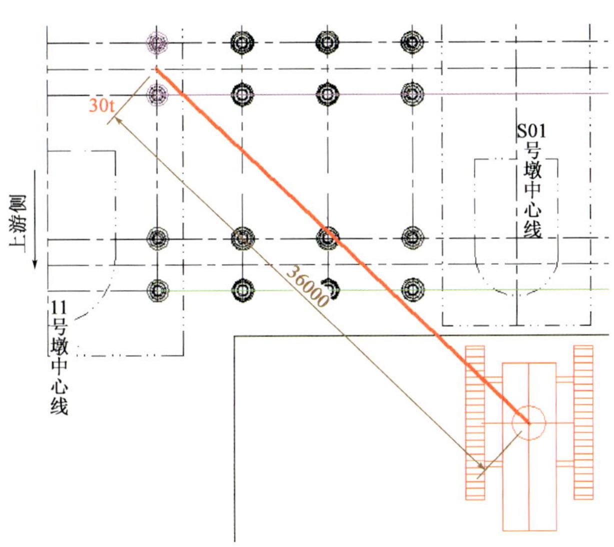

图3-2-24 机械工况平面图(尺寸单位:mm)

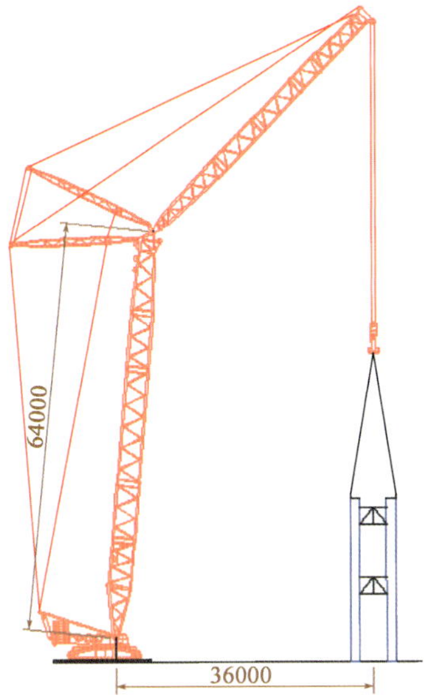

图3-2-25 机械工况立面图(尺寸单位:mm)

经放样,此时起重机额定起重量37t>30t,满足吊装需要。

最大起重量32t,起重半径30m,起重量满足要求,不再做分析。

(2)下游钢管支架安装

下游300t履带式起重机最不利工况也在第一跨,最大起重半径26m,工况平面图如图3-2-26所示。

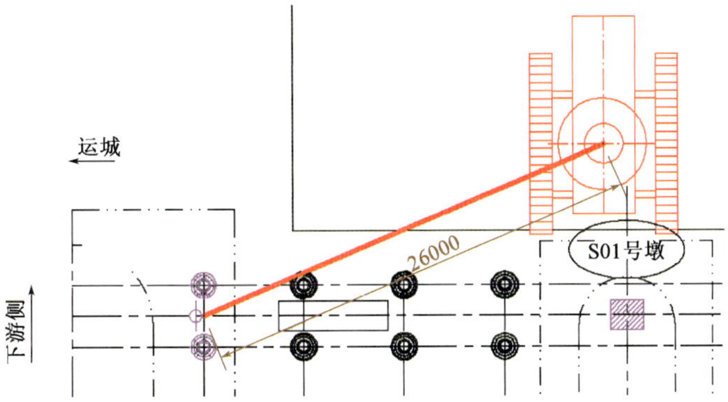

图3-2-26 工况平面图(尺寸单位:mm)

经放样,此时起重机额定起重量36t>30t,满足吊装需要。

(3)钢管桩高程控制

①钢管桩下部钻孔桩帽梁施工时,按照设计要求复测预埋件高程,确保预埋件高程符合要求。

②钢管支架施工时,根据预埋件高程及钢管桩顶高程,考虑焊缝宽度及时调整钢管长度,确保钢管桩顶帽高程满足设计要求。

③桩帽施工前,通过调整桩帽高度,确保钢管桩顶高程符合设计要求。

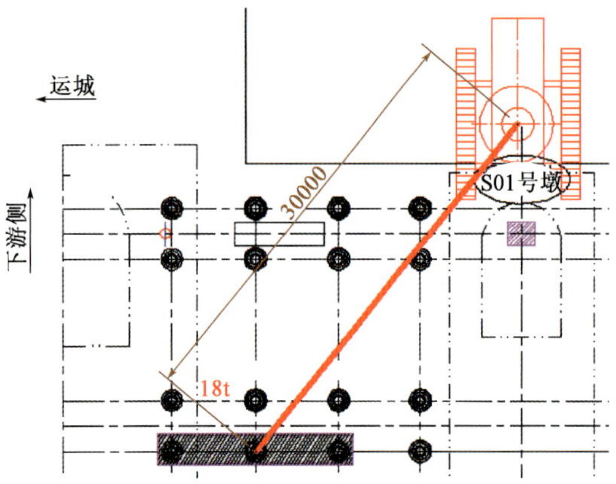

图 3-2-27　吊装分析图

通过以上措施，保证分配梁、钢垫块及滑道梁施工完成后，滑道梁顶高程满足设计要求。

6）分配梁安装

分配梁最重单元质量 18t，位于第一跨最北端，使用 300t 履带式起重机安装，起重半径最大 30m，吊装分析图如图 3-2-27 所示。

经放样，此时起重机额定起重量 36.5t > 18t，满足吊装需要。

第一跨钢管支架间无空档，安装时注意顺序，先安装分配梁，再安装边桁钢管支架，否则 300t 履带式起重机碰杆，350t 塔式工况履带式起重机不受制约。

7）滑道梁吊装工况分析

根据现场情况，吊装机械只能行走至 S01 号墩处，根据两履带式起重机的起重性能，将滑道梁在地面拼接后再吊装，吊装单元划分如图 3-2-28 所示。

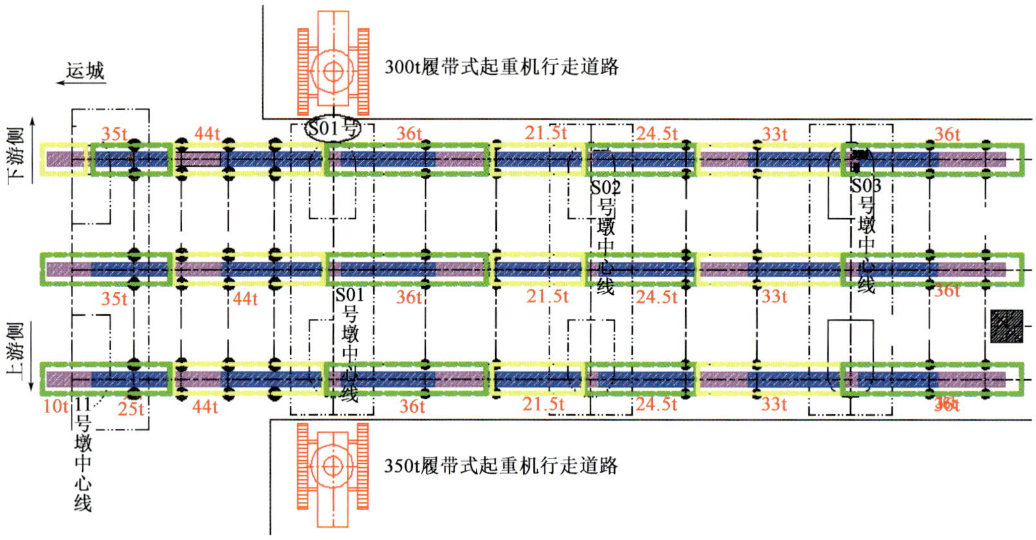

图 3-2-28　吊装单元划分

两台履带式起重机明确分工，300t 履带式起重机只吊装下游，350t 履带式起重机吊装上游和中桁，如图 3-2-29 所示。

（1）下游滑道梁吊装

下游滑道梁使用 300t 履带式起重机安装，根据吊装单元划分图得知，受地势影响，滑道梁起重半径最大的工况（A1、A2）及起重量最大的工况（A3 + A4）均在第一跨，现只对第一跨滑道梁吊装进行工况分析。

①吊装最远构件滑道梁 A1 时，工况分析如下：

按最大起重半径分析，滑道梁 A1 质量 10t，起重半径 35m，工况分析平面图如图 3-2-30 所示。

大臂投影伸出长度 8.3m，通过投影点的高差验算是否碰大臂，如图 3-2-31 所示。

起重机此时额定起重量 20t > 10t，满足吊装需要。

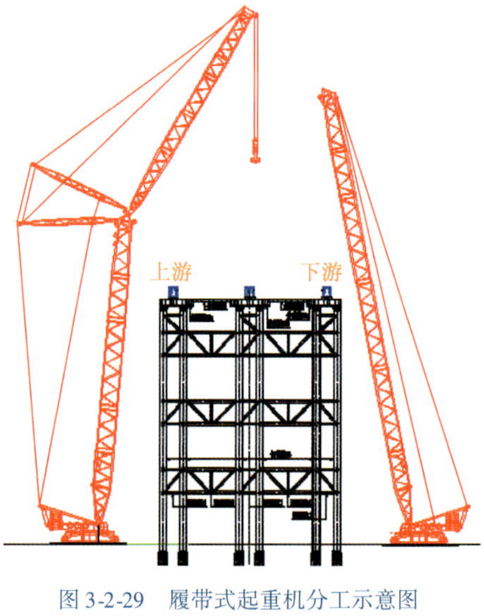

图 3-2-29　履带式起重机分工示意图

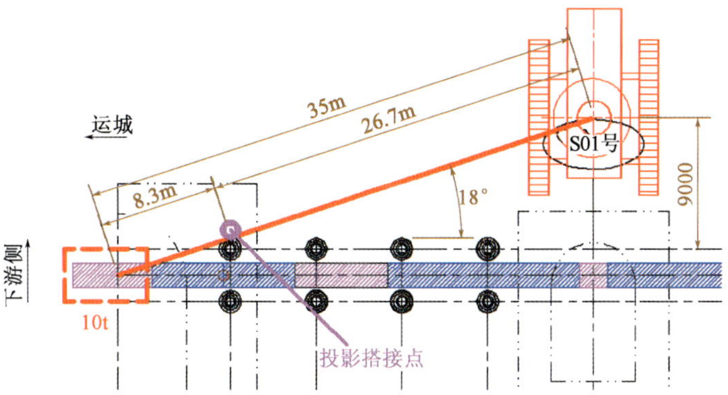

图 3-2-30 A1 工况分析平面图

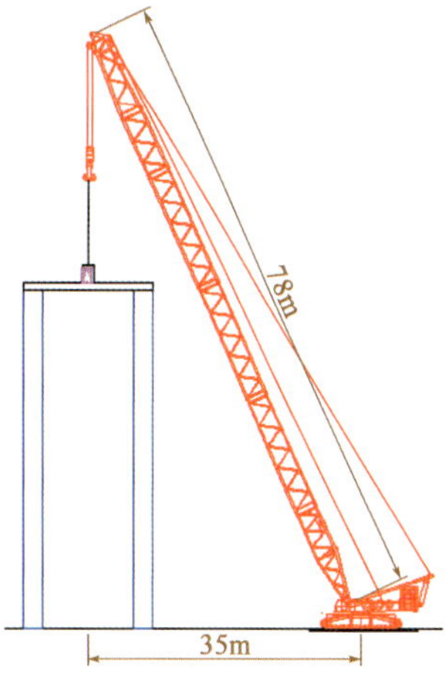

图 3-2-31 A1 工况分析立面图

②吊装构件 A2 时,工况分析如下:

构件 A2 质量 25t,此时起重半径 28m,工况分析平面图如图 3-2-32 所示。

大臂投影伸出长度 6.6m,通过投影点的高差验算是否碰大臂,工况分析立面图如图 3-2-33 所示。

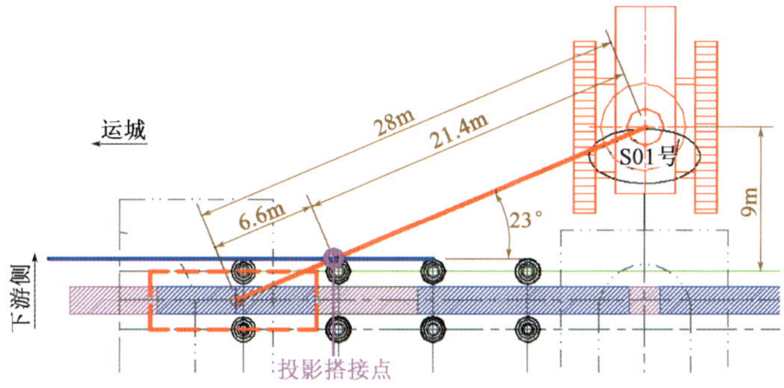

图 3-2-32 A2 工况分析平面图

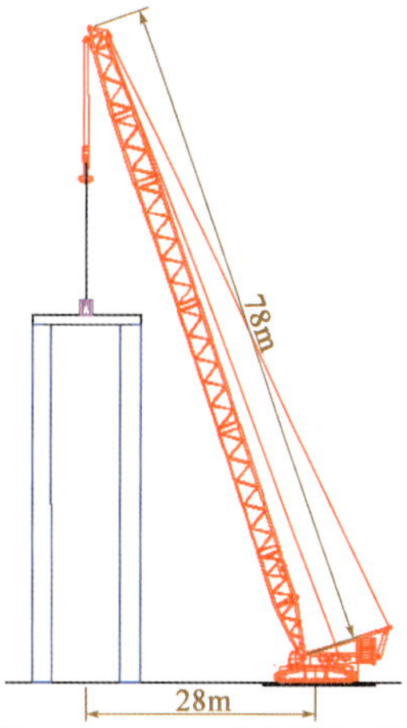

图 3-2-33 A2 工况分析立面图

起重机此时额定起重量 32.7t > 25t,满足吊装需要。

③吊装最重构件 A3 + A4 时,工况分析如下:

构件 A3 + A4 总质量 44t,此时起重半径 18m,工况分析平面图如图 3-2-34 所示。

大臂投影伸出长度 4.2m,通过投影点的高差验算是否碰大臂。工况分析立面图如图 3-2-35 所示。

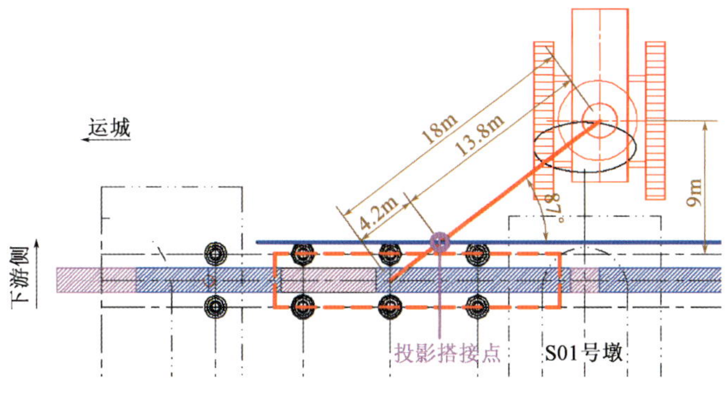

图 3-2-34 A3 + A4 工况分析平面图

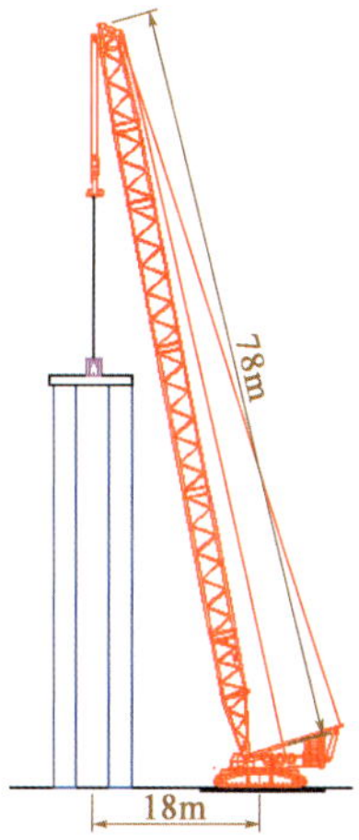

图 3-2-35 A3 + A4 工况分析立面图

经放样，此时起重机额定起重量 55.3t > 44t，满足吊装需要。

边桁其他滑道梁质量均小于 44t，且在 18m 作业半径内可以全部覆盖，故可采用同样的方式将滑道梁吊放到边桁支架上。

(2)上游和中桁滑道梁安装

上游和中桁滑道梁采用 350t 履带式起重机(54m 塔臂，42m 辅臂)安装，中桁与上游滑道梁分段相同，只分析中桁安装即可。

施工半径最大工况为 A1 + A2，质量为 35t；最重工况为 A3 + A4，质量为 44t；下面对该两段进行分析。

①中桁 A1 + A2，起重半径 36m，工况分析平面图如图 3-2-36 所示。

中桁和下游采用塔式工况，塔臂 54m，支架高 45m，中桁 A1 + A2 工况分析立面图如图 3-2-37 所示。

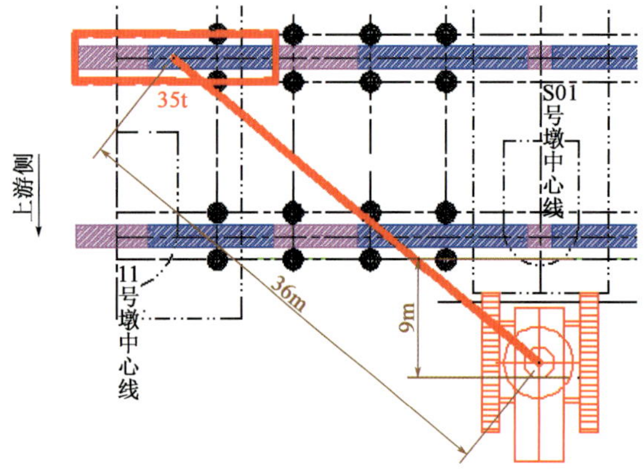

图 3-2-36　A1 + A2 工况分析平面图

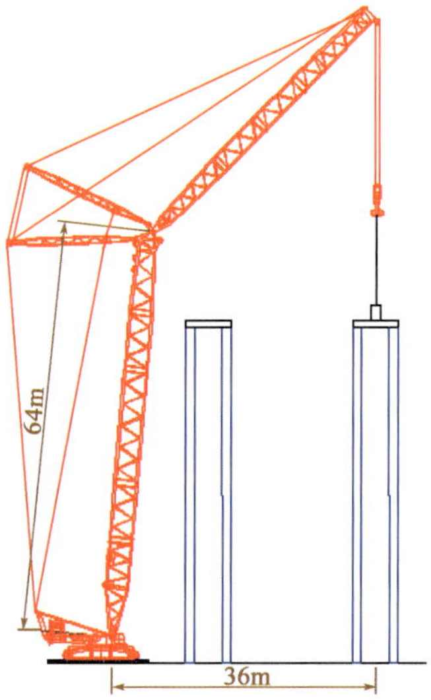

图 3-2-37　A1 + A2 工况分析立面图

经放样，此时起重机额定起重量 37t > 35t，满足吊装需要。

②A3 + A4 最大质量 44t，工况分析图如图 3-2-38 所示。

中桁 A3 + A4 的工况分析立面图如图 3-2-39 所示。

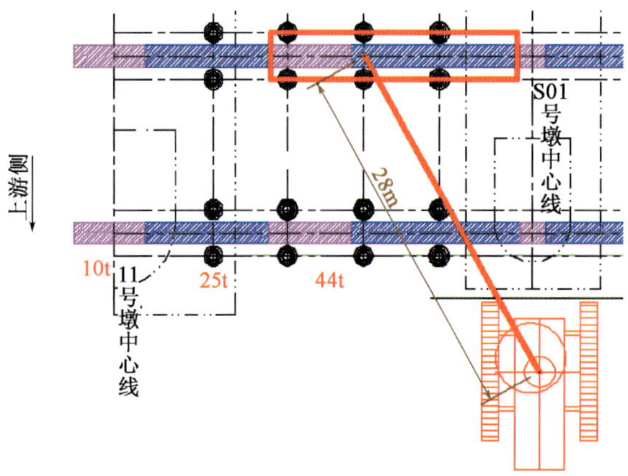

图 3-2-38　A3 + A4 工况分析平面图

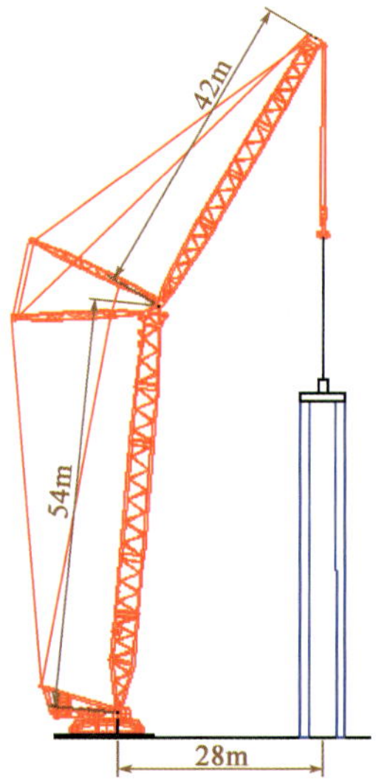

图 3-2-39　A3 + A4 工况分析立面图

经放样，此时起重机额定起重量 47t > 44t，满足吊装需要。

8）吊索具及吊耳配置

滑道梁组拼后最大质量 44t，长 20m（最长分段 21m），考虑 4 点吊，3 点受力验算，单吊点 $q = 150\text{kN}$，吊装示意图如图 3-2-40 所示。

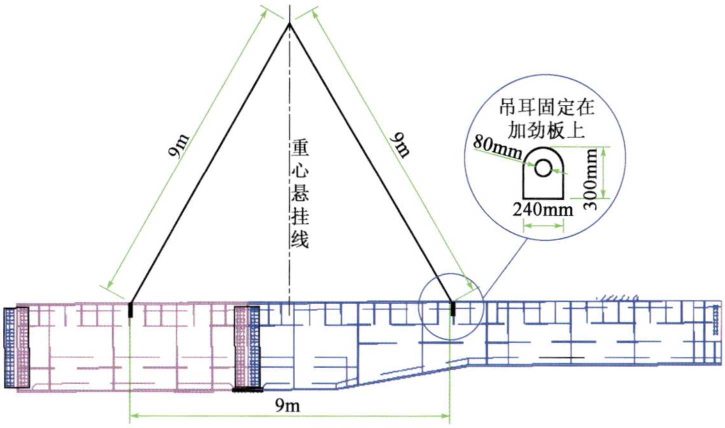

图 3-2-40 吊装示意图

（1）钢丝绳计算

滑道梁最大质量 44t，考虑 3 点受力，单吊点受力 $q = 150\text{kN}$，钢丝绳轴线拉力：

$$T = \frac{150}{\cos 30°} = 173\text{kN}$$

钢丝绳取 $d = 46\text{mm}$，公称抗拉强度 1770MPa，钢丝绳最小破断拉力 1240kN，取 6 倍安全系数，即 $1240/6 = 207\text{kN} > 173\text{kN}$，满足要求。

（2）吊耳计算

吊耳采用 240mm × 240mm × 20mm 钢板，吊耳孔直径 80mm（21t 卸扣，销轴直径 76mm），孔边距 80mm，则吊耳板抗剪受力为：

$$\tau = \frac{173 \times 1000}{80 \times 20} = 108\text{N/mm}^2 \leqslant 125\text{N/mm}^2$$

吊耳焊缝受力：

$$\delta = \frac{173 \times 1000}{0.7 \times 16 \times (240 \times 2)} = 32\text{N/mm}^2 \leqslant 185\text{N/mm}^2$$

吊耳及钢丝绳参数见表 3-2-4。

吊耳及钢丝绳参数 表 3-2-4

滑道梁质量（t）	吊耳尺寸（mm）			吊孔直径（mm）		卸扣规格	钢丝绳		
	厚	宽	长	孔边距	孔径		直径（mm）	长度（mm）	数量
30 ~ 50	20	240	300	80	80	21t	46	9000	4
≤30	20	200	300	60	80	16t	46	9000	4

2.3 钢桁梁导梁拼装施工

2.3.1 工程概况

1）工程简介

三门峡黄河公铁两用大桥主桥钢桁梁采用顶推施工，为保证顶推过程的钢梁受力安全、主墩受力安全，同时避免顶推过程的起顶反力过大，主梁前端加设导梁。

2）钢结构概况

导梁采用变高连续钢横梁，三角形桁式，桁高 10 ~ 15m，节间长 12m，设置 6 个节间，总长 72m，横向为 3 片主桁，中边桁中心距 13.6m。中边桁之间均设置 X 形平联（无横联）。导梁布置如图 3-2-41 所示。

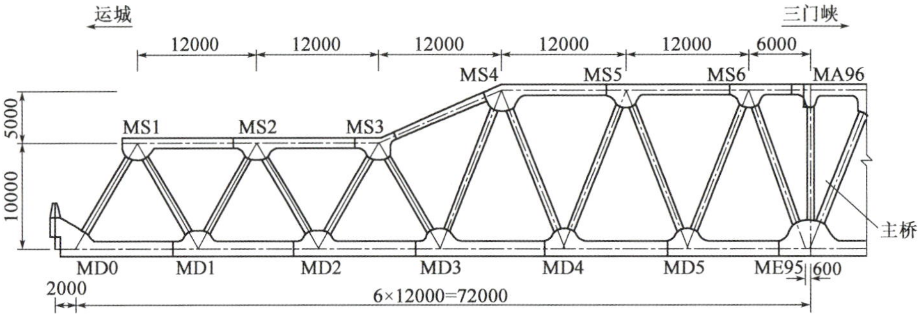

图 3-2-41　导梁布置图（尺寸单位：mm）

3）导梁截面

导梁截面组成见表 3-2-5。

导梁截面组成　　表 3-2-5

位置	截面示意图（mm）	截面组成（mm）	材质
导梁下弦	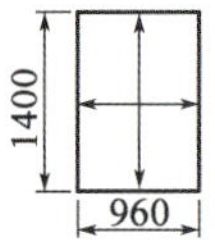	2-□24 × 1438 1-□18 × 960 1-□18 × 1048 2-□18 × 220 2-□18 × 180	Q345qD
导梁上弦	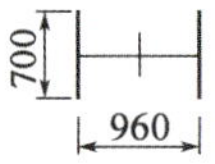	2-□28 × 700 1-□20 × 960 2-□12 × 140	Q345qD
导梁腹杆	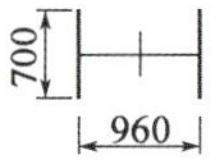	2-□28 × 700 1-□20 × 904 2-□12 × 140	Q345qD
	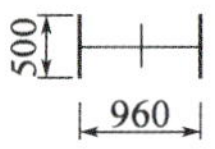	2-□20 × 500 1-□18 × 920 2-□12 × 140	Q345qD
导梁平联	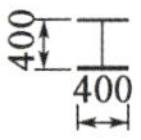	1-□12 × 372 2-□14 × 400	Q345qD

4)导梁构件形式

导梁构件形式见表3-2-6。

导梁构件形式 表3-2-6

名称	构件形式	备注
上弦	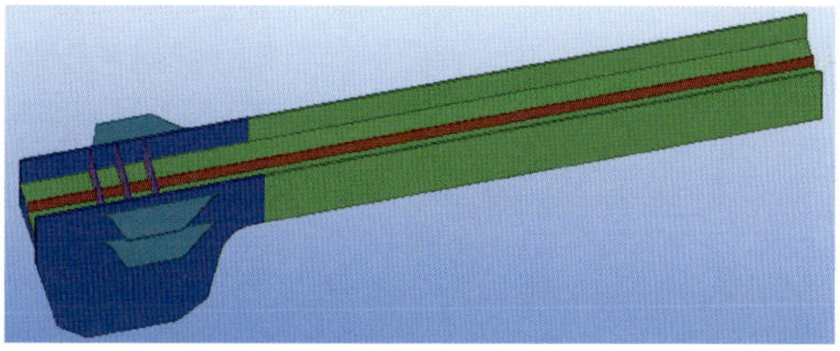	—
上弦	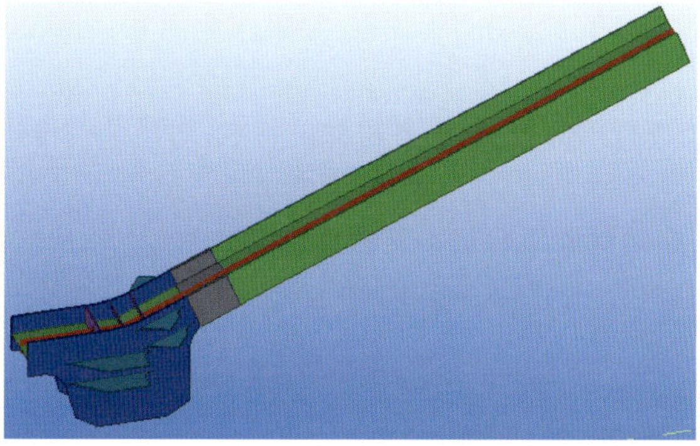	变高
上弦	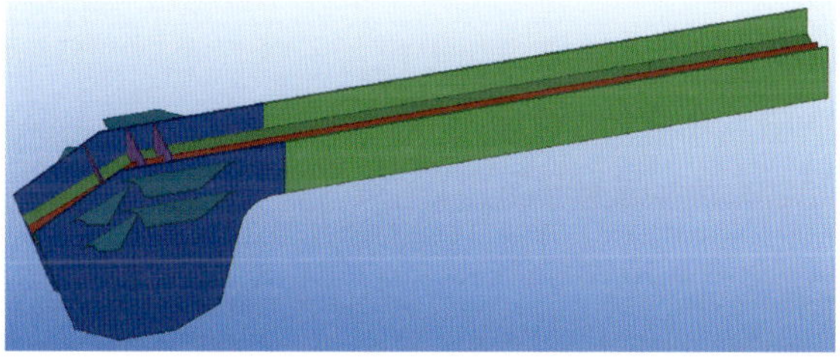	变高
下弦	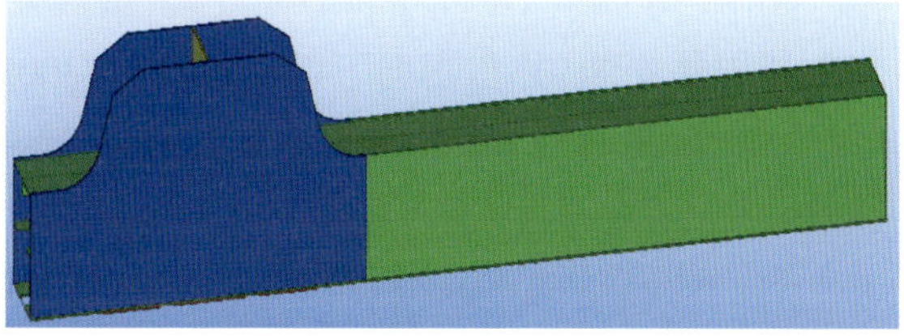	—
腹杆平联等	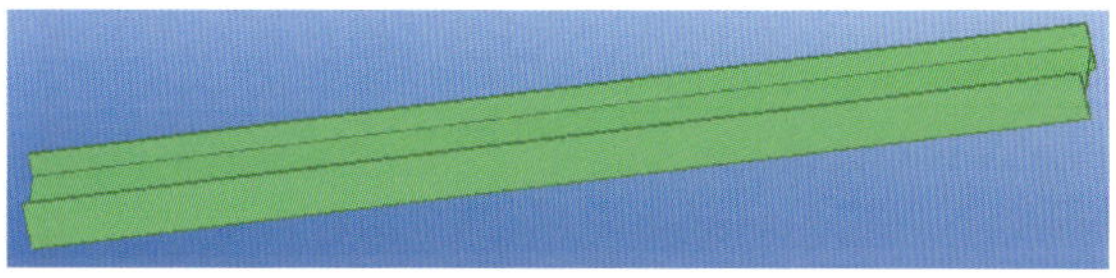	均为H形

5)节点形式

导梁构件间连接采用10.9级高强度大六角螺栓,连接形式分为插入式和对接式两种。

主杆对接使用对接式节点,如图3-2-42所示。

腹杆平联端部连接使用插入式连接(无连接板),如图3-2-43所示。

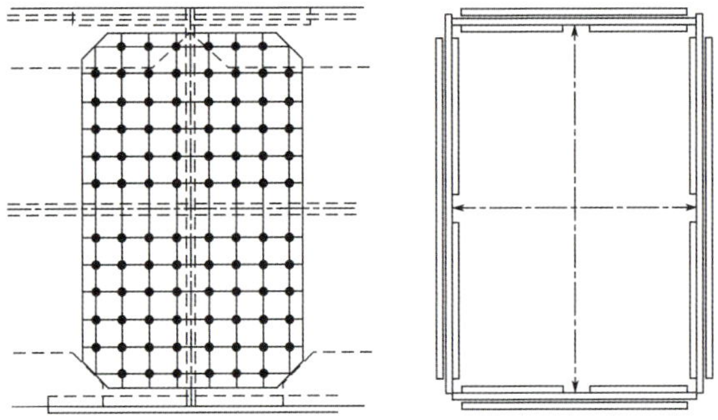

图 3-2-42　对接式节点

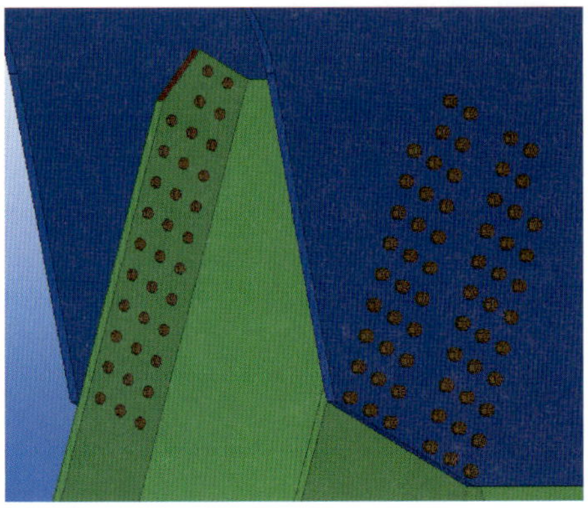

图 3-2-43　插入式连接

6)施工重难点及应对措施

(1)导梁直接在拼装平台安装完成,期间不顶推,导梁作业面大,塔式起重机覆盖范围有限,如何安排机械设备是本工程重点。

应对措施:对导梁的安装进行预部署,根据各机械的特点,对吊装构件进行分工,保证各机械设备的使用率,促进生产量最大化。

(2)导梁施工工期较短,如何保证工期是本工程重难点。

应对措施:合理安排构件进场,避免构件缺少影响安装进度;安排夜班人员,提前完成部分构件的翻身、装连接板、倒运工作。

2.3.2　施工部署

1)施工机械

(1)拼装支架安装采用 300t 和 350t 履带式起重机。

(2)主桥架设采用 M1200 塔式起重机,臂长 50m。

(3)导梁单元拼装采用 75t 履带式起重机。

2)施工平面布置

施工平面布置见图 3-2-20。

3)施工技术路线

为保证整体工期,提高机械使用率,导梁从 D2 向主桥方向安装,最后安装 D0 和 D1;塔式起重机负责其覆盖范围内的导梁安装和主桥构件安装,并负责向下游倒运构件;300t 履带式起重机负责 11 ~ S2 号下游导梁安装,350t 履带式起重机负责 11 ~ S2 号墩上游和中桁的导梁安装,导梁安装就位图如图 3-2-44所示(整个过程不顶推)。

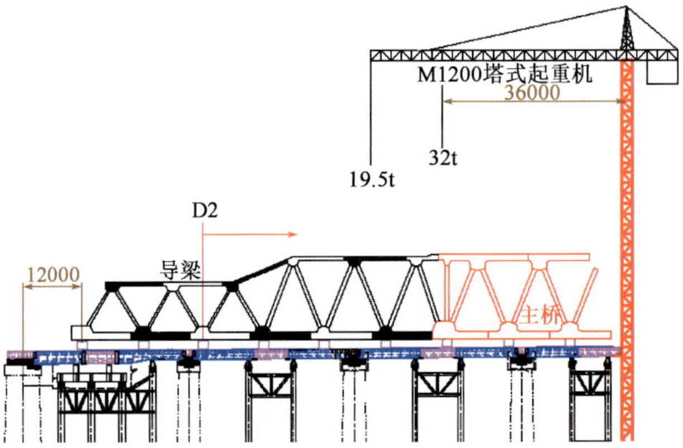

图 3-2-44　导梁安装就位图(尺寸单位:mm)

4)主要构件清单

主要构件清单见表 3-2-7。

主要构件清单(含两个节间主桥) 表 3-2-7

位置	编号	数量	单件质量(t)
导梁上弦	S1	3	8.8
导梁上弦	S2	3	9.3
导梁上弦	S3	3	10.6
导梁上弦	S4	3	9.5
导梁上弦	S5	3	9.7
导梁上弦	S6	3	9.2
导梁下弦	D0	3	14.2
导梁下弦	D1	3	17.3
导梁下弦	D2	3	17.3
导梁下弦	D3	3	17.3
导梁下弦	D4	3	17
导梁下弦	D5	3	18.4
导梁腹杆	—	36	<7
主桁上弦	A0-1	3	40
主桁上弦	A2	3	26
主桁下弦	E0	3	30
主桁下弦	E1	3	30
主桁下弦	E2	3	24
主桁腹杆	—	18	<20
公路横梁	—	12	<10
铁路桥面板	QM3	2	30
铁路桥面板	QM1	4	54

5)塔式起重机覆盖区域吊装

本方案主要组织导梁安装,部分主桁工况不在此进行研究。

塔式起重机任务:

(1)导梁覆盖范围较轻构件安装。

(2)构件倒运。

(3)回旋吊安装。

6)履带式起重机施工区构件分段吊装及吊装顺序

(1)构件分段

履带式起重机施工区域为 6 个节间导梁,构件较轻,为减少拼装支架上作业,导梁弦杆进行合理的组合分段,如图 3-2-45 所示。

(2)构件及单元吊装顺序

①根据现场各工序进度,滑道梁只能安装 S1 ~ S3 号区域,根据杆件类别安装顺序如图 3-2-46 所示。

②根据导梁结构安装顺序为:下弦→下弦平联→腹杆→上弦→上弦平联。

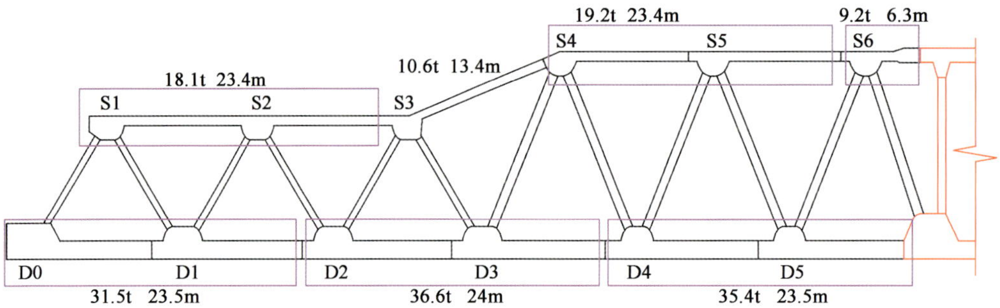

图 3-2-45 弦杆组合分段

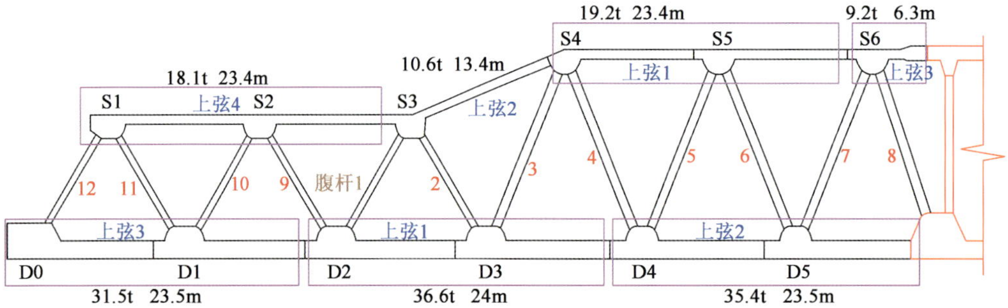

图 3-2-46 安装顺序

2.3.3 导梁安装

1）导梁弦杆存放和拼装

（1）卸车存放

为加快施工进度，导梁直接在安装区域附近卸车，尽量避免货车倒运；350t 履带式起重机可覆盖施工便道对面料场的部分区域，构件进场后直接在料场卸车，如图 3-2-47 所示。

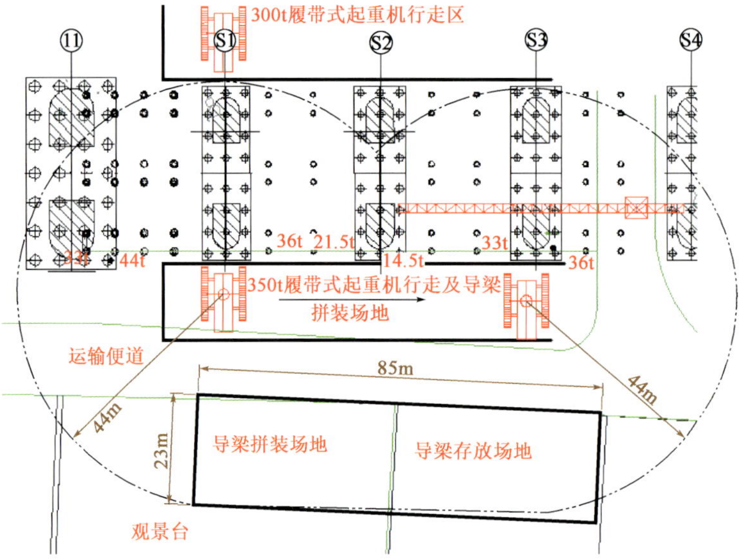

图 3-2-47 卸车位置示意图

350t 履带式起重机 44m 半径起重量为 30t，导梁构件最大质量 18.4t，导梁存放场地满足免倒运存放要求。

（2）导梁弦杆拼装及验收标准

导梁弦杆拼装及验收标准见表 3-2-8。

导梁弦杆拼装及验收标准表　　表3-2-8

序号	名称	允许偏差(mm)	检查方法
1	钢梁中心线高差	±3	水准仪
2	钢梁高程(滑块抄垫高程)	节点预拱度±3	水准仪
3	侧弯矢高	$\pm L/2000(\pm10)$	拉线和卷尺
4	扭曲	$\pm H/250$	拉线吊线和卷尺
5	节点间隙	±1	塞尺
6	节点对口错边	±3	板尺和塞尺

①导梁节点拼装标准

导梁拼装时,冲钉和安装螺栓总数不得少于孔眼总数的1/3,其中冲钉占2/3(图3-2-48);孔眼较少的部位,冲钉和安装螺栓总数不得少于6个或全部放足。

悬臂拼装时,导梁杆件安装对孔后,应上足50%冲钉,30%螺栓,方可松钩并立即补足50%螺栓(图3-2-49)。

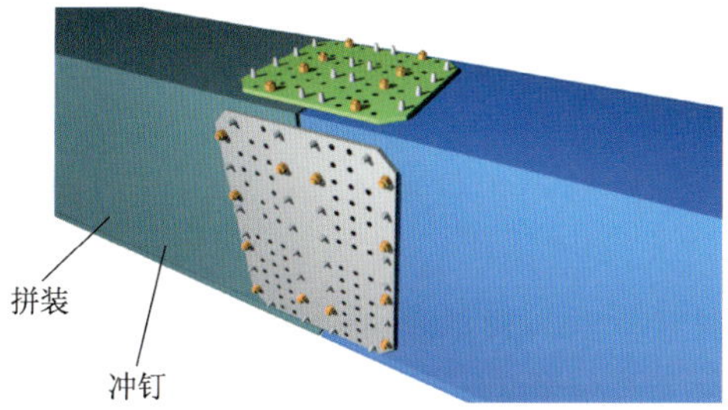

图3-2-48　导梁拼装

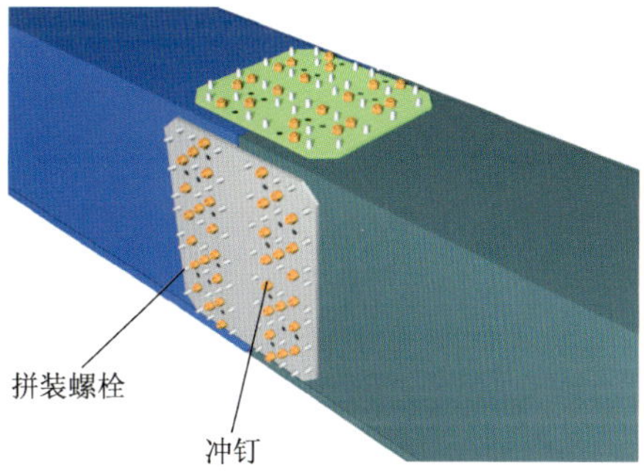

图3-2-49　悬臂拼装

②导梁弦杆拼装

导梁下弦拼装较为方便,使用600mm高马凳支撑,按拼装标准施工即可;导梁上弦构件进场一般需要进行构件翻身,翻身后腹杆节点朝下,需要高1700mm以上马凳支撑拼装,主桥对马凳的需求高度为2500mm,为长远考虑,马凳直接做成高2500mm,如图3-2-50所示。

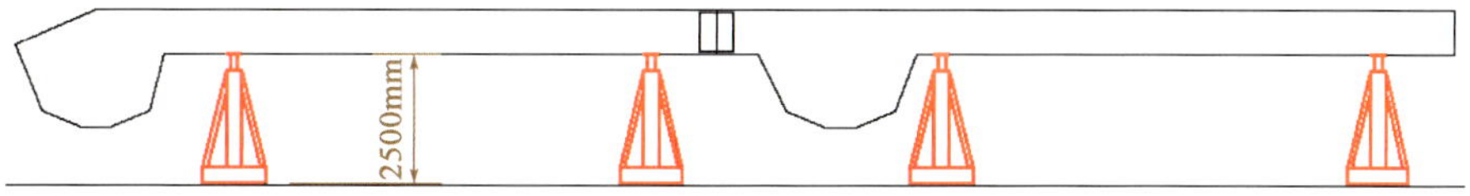

图3-2-50　导梁弦杆拼装

马凳主杆为Ⅰ25a工字钢,斜撑为L75×5等边角钢,马凳结构如图3-2-51所示。

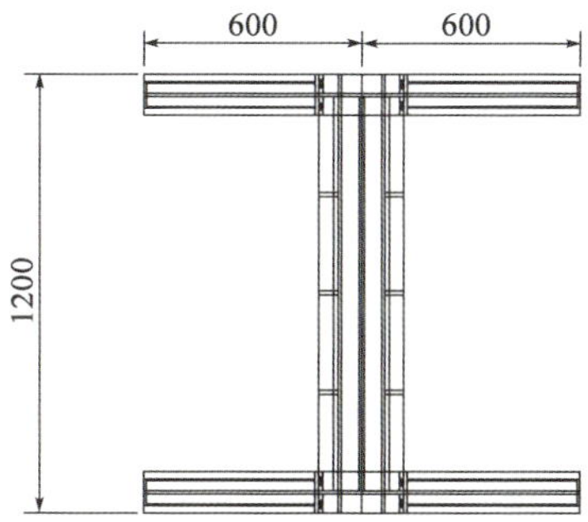

a)马凳俯视图

图　3-2-51

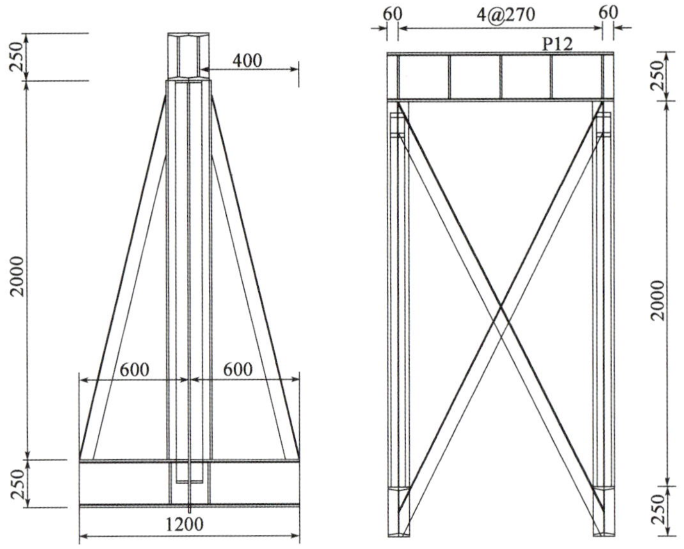

b）马凳侧视图　　c）马凳正视图

图 3-2-51　马凳结构（尺寸单位：mm）

③平联拼装

平联拼装使用高 600mm 马凳，拼装需调平，拉对角尺寸，核对构件尺寸，确认无误后施拧螺栓并刷漆，最后吊装（图 3-2-52）。

高 600mm 马凳与高 2500mm 马凳结构组成相同，仅立杆及斜撑长度不同，因为主桥下弦杆质量普遍在 30t 以下，主桥正式架设时，可在地面把下弦杆拼为 2 根一个单元，由 70t 回旋起重机进行吊装，届时该部分马凳可长期使用。

2）导梁弦杆吊装

（1）机械说明

350t 履带式起重机可趴杆至下游，起重量 37t，不碰杆，如图 3-2-53所示。故不再进行碰杆验算。

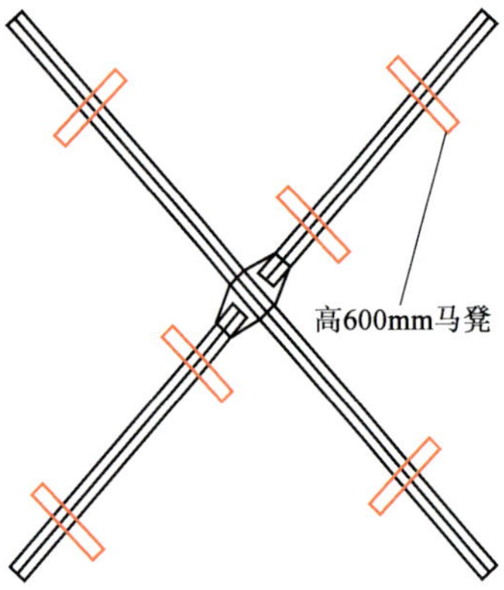

图 3-2-52　平联拼装

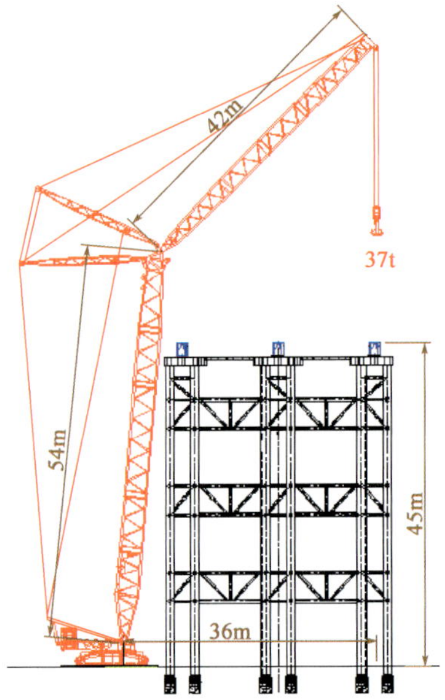

图 3-2-53　350t 履带式起重机施工示意图

机械施工立面图如图 3-2-54 所示。

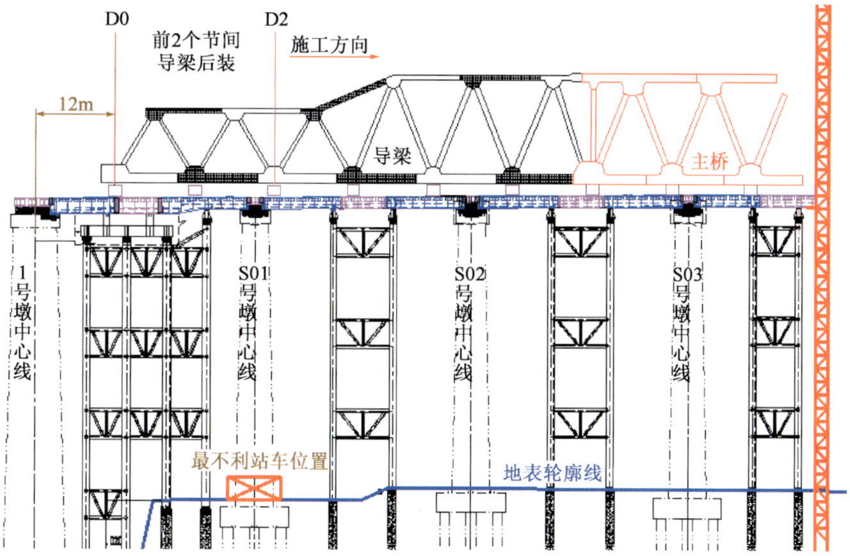

图 3-2-54 机械施工立面图

(2)下弦吊装

最重构件为 D2 + D3,质量为 36.6t,该单元上游 350t 履带式起重机可吊装上游和中桁,下游只能由 300t 履带式起重机安装(350t 超载)。平面工况如图 3-2-55 所示。

350t 履带式起重机中桁吊装半径 25m,起重量 50t > 36.6t,满足要求;300t 履带式起重机下游吊装半径 18m,起重量 55t > 36.6t,满足要求。300t 履带式起重机吊装半径 18m,立面放样如图 3-2-56 所示。

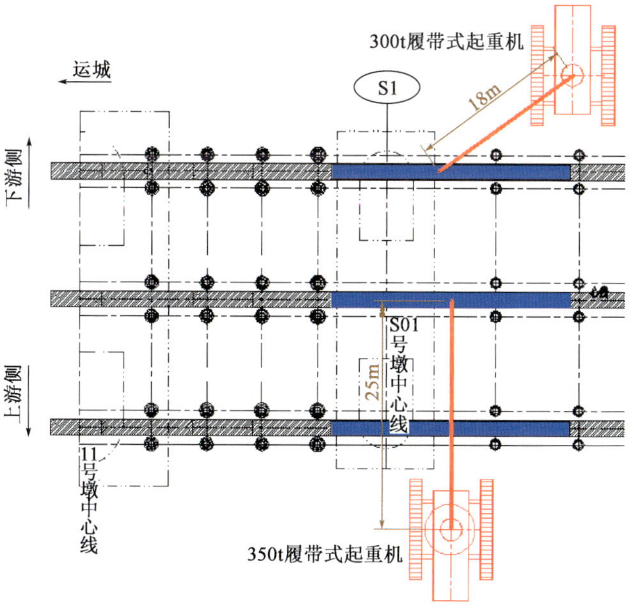

图 3-2-55 平面工况图(1)

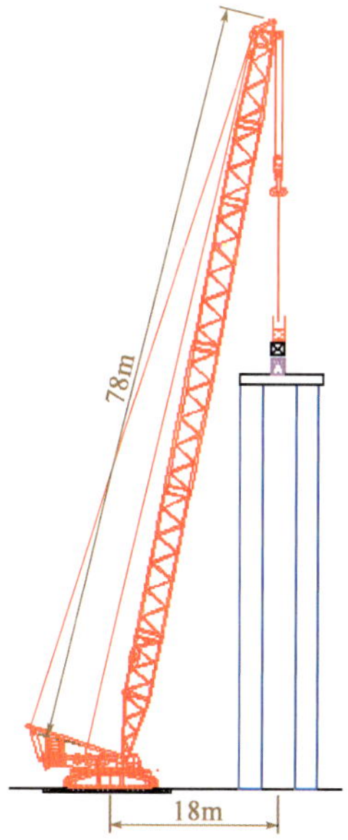

图 3-2-56 300t 履带式起重机立面放样图(吊装半径 18m)

经放样,300t 履带式起重机不碰杆。

最远构件为 D0 + D1,质量为 31.5t,平面工况如图 3-2-57 所示。

350t 履带式起重机中桁吊装半径 30m,起重量 44t > 31.5t,满足要求;300t 履带式起重机下游吊装半径 22m,起重量 46t > 31.5t,满足要求。300t 履带式起重机吊装半径 22m,立面放样如图 3-2-58 所示。

经放样,300t 履带式起重机不碰杆。

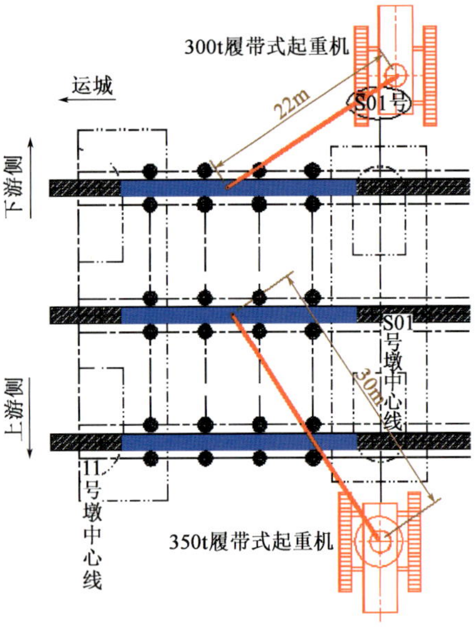

图 3-2-57　平面工况图(2)

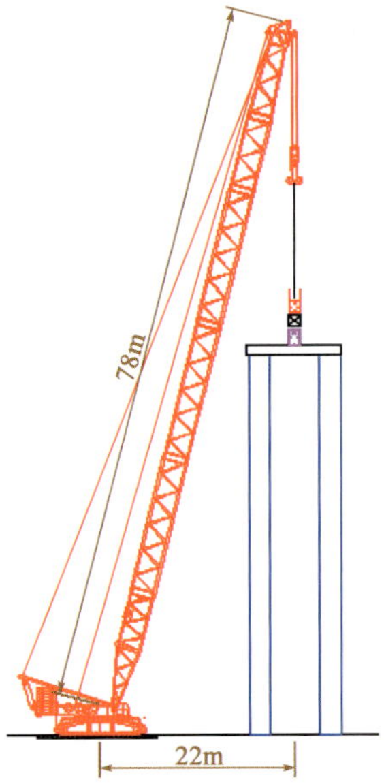

图 3-2-58　300t 履带式起重机立面放样图(吊装半径 22m)

(3)上弦吊装

上弦吊装节点连接较多且上弦有变高点,上弦每片桁架有 6 根主弦,分为 4 个单元,起重最重 19.2t,最大起重半径 40m,以最大起重半径 S1 + S2 为例,重量按 19.2t 计,平面工况如图 3-2-59 所示。

350t 履带式起重机下游吊装半径 40m,起重量 32.5t > 19.2t。满足要求,上弦吊装立面放样如图 3-2-60所示。

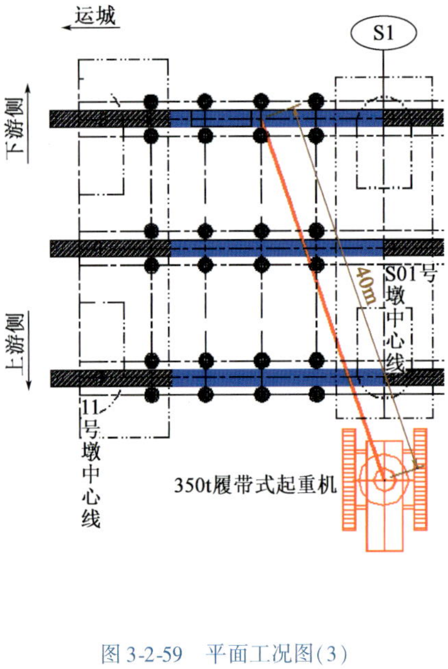

图 3-2-59　平面工况图(3)

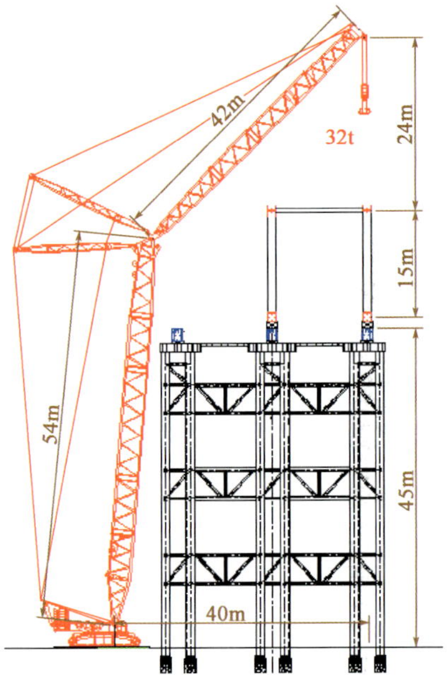

图 3-2-60　350t 履带式起重机立面放样图

(4)其他构件安装

①腹杆安装

导梁腹杆最大质量 7t,主要由 350t 履带式起重机安装,300t 履带式起重机可安装下游边桁腹杆,以缓解 350t 履带式起重机压力。

②平联安装

X 形平联在地面拼装成剪刀形，整体吊装，单片 X 形平联最大质量 6t，全部由 350t 履带式起重机吊装(300t 履带式起重机碰杆)。

3)导梁安装措施

(1)下弦杆

下弦杆拼装单元(D2 + D3)最大质量 37t，长 24m，四点吊装，能利用吊具的尽量使用吊具(图 3-2-61)。无吊具固定位置的吊点设置焊接吊耳(做好防腐措施，导梁拆除可重复使用)。

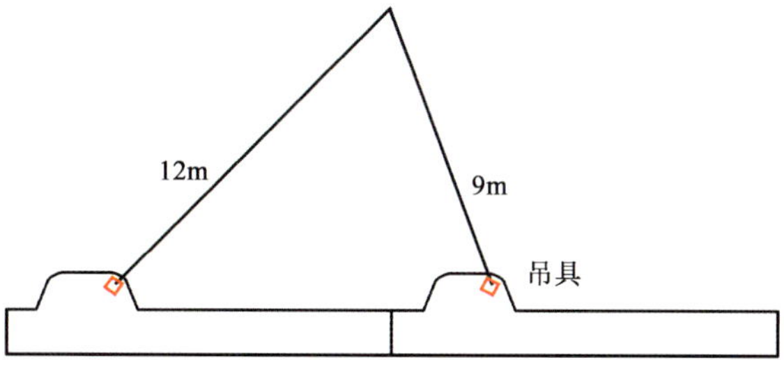

图 3-2-61 起吊示意图

①钢丝绳计算

单吊点受力 $q = 120\text{kN}$ 钢丝绳轴线拉力：

$$T = \frac{120}{\cos 30^\circ} = 140\text{kN}$$

钢丝绳取 $\phi 42\text{mm}$(使用主桥吊装用钢丝绳)，公称抗拉强度 1770MPa，钢丝绳最小破断拉力 1030kN，取 5 倍安全系数，即 $1030/5 = 206\text{kN} > 140\text{kN}$，满足要求。

②吊装吊具(主桥钢梁用吊具)

吊装吊具结构如图 3-2-62 所示。

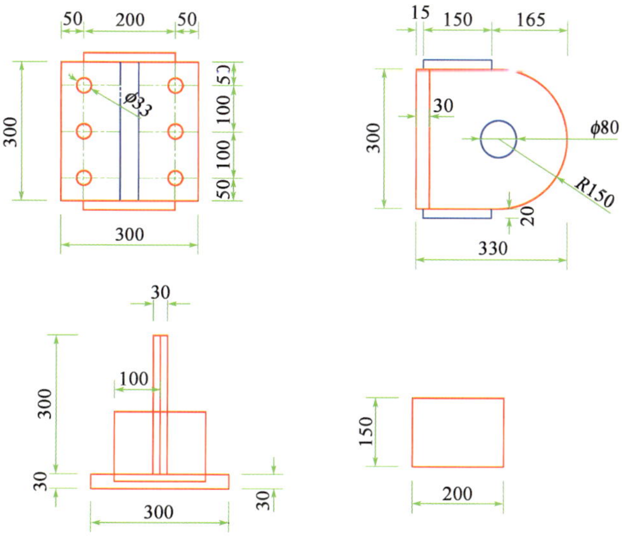

图 3-2-62 吊具结构图(尺寸单位：mm)

按最重构件验算：

最重构件单点受力 $q = 140\text{kN}$。

吊耳板抗剪受力：

$$\tau = \frac{140 \times 1000}{110 \times 30} = 43\text{N/mm}^2 \leqslant 125\text{N/mm}^2$$

吊具焊缝受力：

$$\delta = \frac{140 \times 1000}{0.7 \times 14 \times (300 \times 2 + 200 \times 2)} = 15\text{N/mm}^2 \leqslant 185\text{N/mm}^2$$

吊具由 6 套 M30 螺栓固定，螺栓抗剪受力：

$$\tau = \frac{140 \times 1000}{\pi \times 15^2 \times 6} = 34\text{N/mm}^2 \leqslant 130\text{N/mm}^2$$

各项指标均满足要求。

③吊耳

吊耳结构如图 3-2-63 所示。

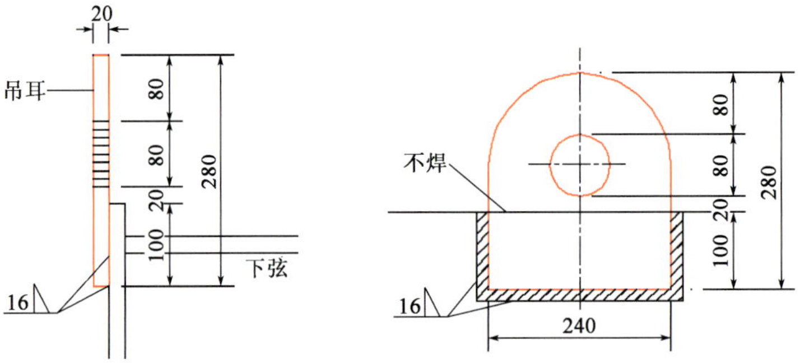

图 3-2-63　吊耳结构(尺寸单位:mm)

吊耳板抗剪受力为：

$$\tau = \frac{140 \times 1000}{80 \times 20} = 88\text{N/mm}^2 \leqslant 125\text{N/mm}^2$$

吊耳焊缝连接为三边围焊，按两吊耳受力验算，$q = \frac{185}{\cos 30°} = 210\text{kN}$，吊耳焊缝受力：

$$\delta = \frac{210 \times 1000}{0.7 \times 16 \times 100 \times 2} = 94\text{N/mm}^2 \leqslant 185\text{N/mm}^2$$

(2)上弦安装

①上弦 S4 + S5 最重拼装单元质量 19.2t，弦杆主截面为 H 型钢，采用 2 点吊，吊耳焊型钢中间，如图 3-2-64所示。

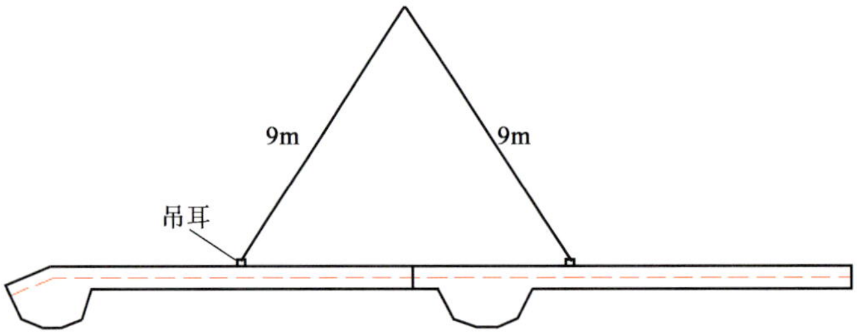

图 3-2-64　上弦安装起吊示意图

②吊耳结构(图 3-2-65)。

吊耳采用 180mm × 240mm × 20mm 钢板，吊耳孔直径 60mm，孔边距 60mm。则吊耳板抗剪受力为：

$$\tau = \frac{60 \times 1000}{60 \times 20} = 50\text{N/mm}^2 \leqslant 125\text{N/mm}^2$$

吊耳焊缝连接为三边围焊，为保证施工安全，按两吊耳受力验算，$q = \frac{91}{\cos 30°} = 105\text{kN}$，吊耳焊缝受力：

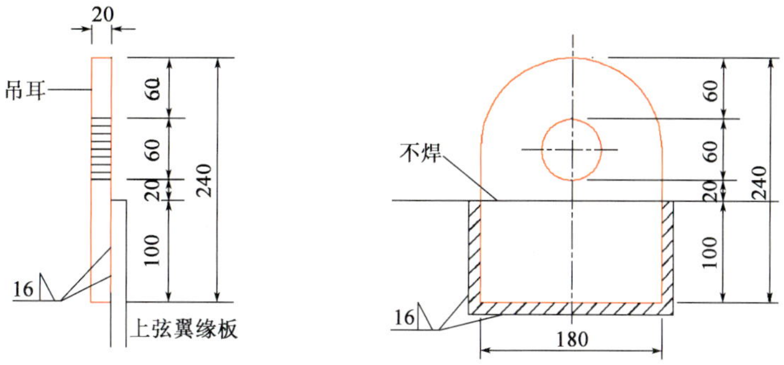

图 3-2-65 吊耳结构(尺寸单位:mm)

$$\delta=\frac{105\times1000}{0.7\times16\times100\times2}=47\text{N/mm}^2\leqslant185\text{N/mm}^2$$

(3)腹杆吊装

腹杆节点均为插入式连接,无连接板,不需要调整起钩角度,实际施工竖直起钩,插入下弦杆两节点板内侧,两侧各固定一颗拼装螺栓,以螺栓为轴落钩旋转即可就位;腹杆最大质量7t,孔边距50mm,M33孔,翼缘板厚20mm,直接用5t高强卸扣固定2点吊装,孔边剪力验算(按单孔受力计):

$$\tau=\frac{70\times1000}{\left(50-\dfrac{33}{2}\right)\times20}=106\text{N/mm}^2\leqslant125\text{N/mm}^2$$

构件满足起吊要求。

(4)平联安装

平联组装为X形后质量为6t,采用4根3t吊带吊装,吊点为捆绑式。

4)导梁安装安全措施

(1)生命线

导梁上弦为H型钢,翼缘板为立板,以此做夹具固定生命线立柱不安全,须采用1.2m长的∟75×5等边角钢焊接在导梁上弦翼缘板上,如图3-2-66所示。

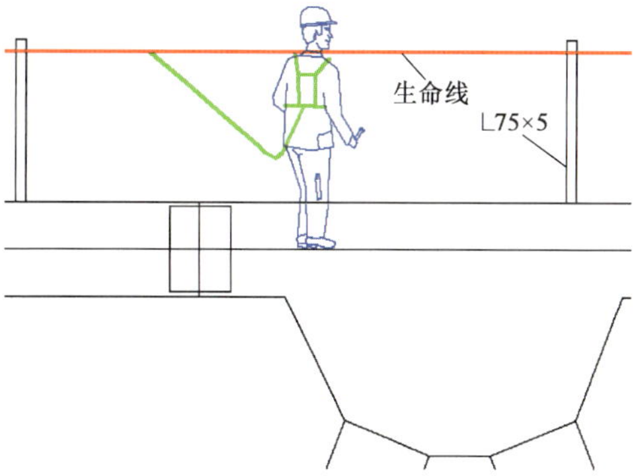

图 3-2-66 生命线示意图

(2)下弦安装操作平台

下弦采用成品移动脚手架作为施工平台,如图3-2-67所示。

(3)上弦操作平台

上弦采用吊笼作为操作平台,如图3-2-68所示。

图 3-2-67 下弦安装操作平台

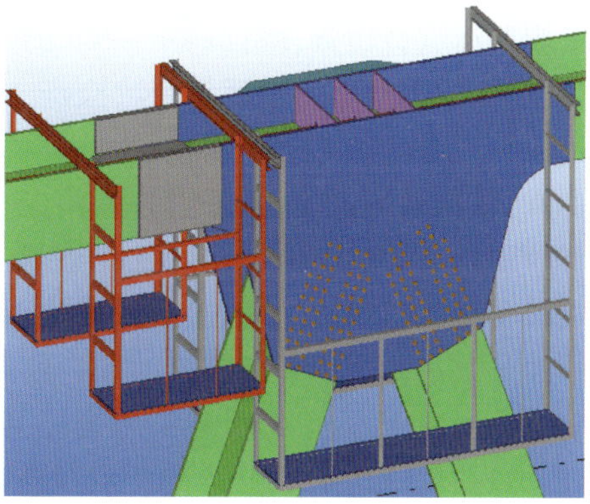

图 3-2-68 上弦操作平台

上弦腹杆施工平台需要现做,上弦对接头施工平台把滑道梁吊笼高度方向截短1m即可使用(也适用主桥上弦对接头)。

2.3.4 高强度螺栓施工

1)高强度螺栓验收及储存管理

(1)高强度螺栓质量复验:制造厂应以批为单位,提供产品质量检验报告(含扭矩系数)及出厂合格证,施工单位根据GB/T 1228—2006 ~ GB/T 1231—2006的规定,对高强度螺栓连接副进行外形尺寸、形位公差、表面缺陷、螺纹参数、机械性能、螺纹脱碳、扭矩系数、标记与包装进行检查和复验,并做好记录,不合格产品不得使用。

(2)高强度螺栓、螺母、垫圈按包装箱上注明的批号、规格分类保管,要做好防潮、防尘工作,下面应以木板垫高通风,防止锈蚀和表面状况改变,入库后要建立明细库存表、发放登记表,加强管理。高强度螺栓到达工地后,不宜存放时间太久,施工单位应组织好进料工作。

(3)每个螺栓须经过外观检查,若有严重瑕疵影响使用或用肉眼和低倍放大镜检查发现有裂纹锈蚀,须剔除。

(4)螺栓清理后,应成套配好,每套包括1颗螺栓、1个螺母、2个垫圈。垫圈放置时要注意将45°斜坡面贴近螺杆头和螺母支承面,螺母要旋入几个螺距,必要时可在螺栓端部注明其长度。

(5)库房必须按值班技术人员签字的领螺栓单据发料,螺栓要轻拿轻放,防止螺纹损坏。同时使用过程中要注意防尘,保证螺纹表面的清洁。

(6)必须严格按节点图上实际需用的规格、数量领取高强度螺栓。

2)高强度螺栓施拧及检查

(1)高强度螺栓施拧采用扭矩法施工。施工前应做好施拧工艺性试验,试验内容应根据有关规范、规定要求同时结合本项目的实际情况制定,并严格按照制定的要求进行。

(2)高强度螺栓的初拧值取终拧值的50%,初拧后对每个螺栓用敲击法进行检查。终拧采用扭矩法,采用电动扳手(不能使用电动扳手的部位可用带响扳手)将初拧后的螺母紧至终拧值,考虑到螺栓预应力损失及施工误差,实际使用扭矩,应按设计预拉力提高10%确定。扭矩值可按式(3-2-1)计算。

$$M = KNd \tag{3-2-1}$$

式中:M——扭矩(N·m);

K——扭矩系数,按试验的数理统计值;

N——螺栓的施工预拉力(kN),取设计预拉力的1.1倍;

d——螺栓的公称直径(mm)。

上式扭矩系数值,应随各种自然及人为因素的变化和跟踪取得试验资料作相应修改。

(3)高强度螺栓施拧完毕,应按下述规定进行检查(具体的检查方法,根据本桥试验结果确定)。

①应设专职人员进行检查,终拧后4 ~ 24h内完成。

②初拧检查,一般用0.3kg手锤敲击法检查,同时用0.3mm塞尺插入杆缝,插入深度小于20mm为合格。

③终拧检查,根据现场试验,采用紧扣法检查并确定检查扭矩。首先检查初拧划线,检查终拧后螺母的转角,即可判断有否漏拧,同时也可发现垫圈、螺栓是否转动;然后用标定的指针扳手,再拧紧螺栓读取螺母刚刚转动时的扭矩值。超拧、欠拧值均不得大于实际试验规定值的10%。

④螺栓的抽查数目。主桁节点螺栓的抽查数量为其总数的5%,并不少于5个,下平联、纵横梁、连接系等每个节间不得少于5个,每个栓群不合格数量不得超过抽查总数的20%。如超过此值,则继续抽查直到累计总数的80%合格为止。然后对欠拧者补拧,超拧者更换螺栓重新拧紧。

⑤所用电动扳手和带响扳手均需编号建立履历簿,要注意电动扳手、带响扳手的标定工作,当发现

某把电动扳手或带响扳手误差超过3%时，要复查该扳手已拧过螺栓的合格率，标定的要求应在施拧施工工艺中明确规定。

⑥初拧、终拧检查合格的螺栓群，应做出规定的标记，并立即在螺栓、螺母、垫圈的外露部分涂上油漆，之后才允许拆除脚手架。

⑦对高强度螺栓应加强管理，同一批号的高强度螺栓、螺母、垫圈使用于一个部位，不要混用，在一个节点上不能同时使用两个生产厂家生产的同一直径的螺栓。

⑧为便于施拧和检查，在钢梁拼装时，螺栓插入方向应以便于施拧为主，但要考虑到全桥螺帽方向的一致性，在螺栓施拧工艺中应列出具体规定。

⑨电扳电源应设专线并配稳压器以保证电压稳定。

⑩所有扳手班前标定、班后检查，做好标定记录。

3)高强度螺栓施拧工艺

(1)所有高强度螺栓朝向外侧。

(2)高强度螺栓施拧顺序1→2→3→4(图3-2-69)。

(3)雨、雪、高温烈日天气不得施工。

(4)湿度超过90%、温度低于-6℃、高于40℃不得施工。

(5)安装完成后螺栓应垂直节点板。

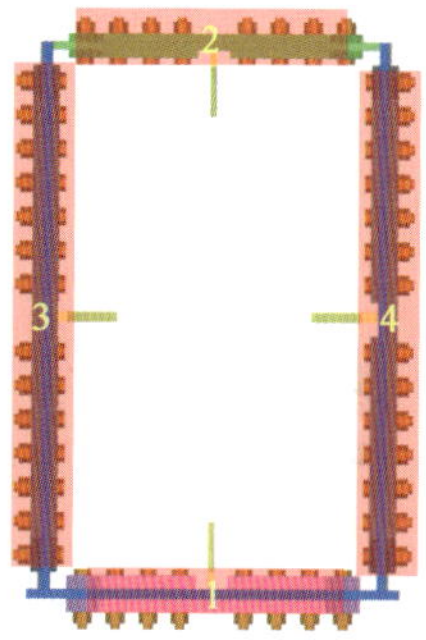

图3-2-69 高强度螺栓施拧顺序

2.3.5 涂装工程

钢导梁只进行一般的防腐涂装，无须按照设计主梁的涂装要求施工。

2.4 钢桁梁高强度螺栓施工

2.4.1 工程概况

三门峡黄河公铁两用大桥全桥钢桁梁采用高强度螺栓连接副(图3-2-70)，由于工程规模宏大，高强度螺栓数量多达130万套。高强度螺栓主要参数见表3-2-9。

图3-2-70 高强度螺栓连接副示意图

M24、M30高强度螺栓主要参数　　表3-2-9

螺栓规格	M24	M30
螺杆材质	35VB	35VB
螺母材质	45钢	45钢
垫圈材质	45钢	45钢
性能等级	10.9s	10.9s
设计预拉力(通常)	240kN	360kN
施工预拉力	待定	待定
扭矩系数平均值(国标)	0.110~0.150	0.110~0.150
扭矩系数平均值(企标)	0.120~0.140	0.120~0.140
执行标准	GB/T 1228—2006~GB/T 1231—2006	
生产厂家	巢湖高强度螺栓厂	

2.4.2 高强度螺栓的验收与储存管理

1)高强度螺栓的验收

(1)高强度螺栓连接副由1个10.9s高强度大六角头螺栓、1个10H高强度大六角螺母和2个HRC35~45高强度垫圈组成。

(2)高强度螺栓产品质量复验：生产厂家应以批为单位配套供应(每批不得大于3000套)，必须按批提供产品质量检验报告及产品质量保证书。

产品质量检验报告应含以下内容：

①材料的炉号、制作批号、化学性能及机械性能证明或试验。

②螺栓的楔负载试验。

③螺母的保证荷载试验。

④螺母及垫圈的硬度试验。

⑤扭矩系数试验(注明试验温度，含扭矩系数平均值及标准偏差)。

另外，出厂时每批次均应附产品规格、数量、出厂日期、装箱单等资料(有条件时应附该厂家所采用磷化工艺处理的高强度螺栓扭矩系数受不同环境温度影响的资料)。

(3)施工现场应根据GB/T 1228—2006 ~ GB/T 1231—2006的规定对高强度螺栓连接副进行外形尺寸、形位公差、表面缺陷、机械性能、扭矩系数、标记与包装等的检查和复验，并做好记录，不合格产品不得使用。检查复验内容如下：

①外观检查：检查螺杆、螺母、垫圈表面有无裂纹以及锈蚀情况。

②形式尺寸、形位公差检查：检查螺杆垂直度，垫圈的平整度及表度，螺杆、螺母、垫圈各部位尺寸以及螺杆、螺母能否自由配套等。

③机械性能试验：

a. 螺栓的楔负载试验：主要是检验螺杆轴线与螺母支承面不垂直(夹角10°)情况下螺栓的承载能力。

b. 螺母保证荷载试验：检验在规定荷载作用下螺母是否脱扣或断裂，以及卸载后能否用手将螺母自由旋出(变形情况)。

c. 螺栓的屈服轴力和破坏轴力试验：检验高强度螺栓超扭矩施拧时的屈服轴力和破坏轴力。

d. 螺栓(当长度 l/直径 $d \leqslant 3$ 时)、螺母、垫圈的硬度试验。

④高强度螺栓连接副应按出厂批号复验扭矩系数，每批抽取8套，其平均值应在0.110 ~ 0.150之间，标准偏差应不大于0.01。不同批号的螺栓、螺母、垫圈分类造册。

(4)包装箱应牢固、防潮。箱内应按连接副的组合包装，不同批号的连接副不得混装。每箱质量不得超过40kg，在包装箱醒目的位置注明规格、批号、数量、生产日期。不得出现生锈和沾染脏物现象，螺纹不应损伤。检查数量按包装箱数抽查5%且不应小于3箱(如每箱抽取3套+3套+2套=8套)。

2)高强度螺栓的储存管理

(1)高强度螺栓应根据施工计划制订物资采购计划，分批次采购，采购计划应及时根据现场施工进度进行调整。保证高强度螺栓采购入库后的库存时间不超过6个月。

(2)高强度螺栓在运输、保管过程中应防雨、防潮，轻装、轻卸，防止损伤螺纹。

(3)高强度螺栓入库时，应清点检查，按包装箱上注明的规格、批号分类存放。要做好防潮、防尘工作，室内架空存放，底层应以木板垫高通风，垫高高度至少30cm，靠墙的地方离墙应大于30cm，堆放不宜超过5层，防止高强度螺栓表面状况改变和锈蚀。入库后要建立库存明细表及发放数量表，加强螺栓管理。

(4)螺栓、螺母、垫圈应尽可能保持其原有表面处理状况。为使高强度螺栓的扭矩系数不发生变化，保管期内不得任意开箱，防止生锈和沾染污物。

(5)如需在螺栓头部写明长度，应在干燥空气条件下进行。开箱后仅在螺栓头部写明长度，不必穿入垫圈拧上螺母配套(此项工作宜在桥上使用螺栓前进行)。每处理完一盒立即封闭一盒，处理完一箱立即封闭一箱。

(6)每个施拧工班应派专人领取高强度螺栓，领料单由值班技术人员签字生效。搬运过程中要轻拿轻放，防止螺纹碰伤。

(7)高强度螺栓箱外裸露,尤其施拧前在桥上长时间裸露,将导致扭矩系数发生变化。因此,应根据当天施拧实际需要领取足够数量的高强度螺栓;在桥上使用前开箱,用多少开多少。没有用完的高强度螺栓立即放入箱中封闭,不允许高强度螺栓在桥上裸露过夜。

(8)领用高强度螺栓必须严格按预拼图上实际需用规格、数量领取,不得以短代长或以长代短(控制螺栓外露2~3个螺距)。

(9)施工人员必须用规定的工具袋或原包装箱整箱将螺栓运到施工现场,在搬运过程中要轻拿轻放,防止碰损丝扣及沾染泥沙。

2.4.3 高强度螺栓工艺性试验

高强度螺栓采用扭矩法施工,紧扣法检查、验收。施工前高强度螺栓需进行施拧工艺性试验。

1)高强度螺栓的扭矩系数试验

高强度螺栓的扭矩系数试验在扭矩系数试验仪上进行,每一连接副只能试验一次,不得重复使用。

扭矩系数计算公式如下:

$$K=\frac{T}{Pd} \tag{3-2-2}$$

式中:K——扭矩系数;

T——施拧扭矩(峰值)(N·m);

P——螺栓预拉力(峰值)(kN);

d——螺栓的螺纹公称直径(mm)。

(1)施拧扭矩T是施加于螺母上的扭矩,其误差不得大于测试扭矩的2%。使用的扭矩扳手准确度级别应不低于《扭矩扳子检定规程》(JJG 707—2014)中规定的2级。

(2)螺栓预拉力P用轴力计测定,其误差不得大于测定螺栓预拉力的2%。轴力计的最小示值应在1kN以下。

(3)进行扭矩系数试验时,螺栓预拉力值P应控制在表3-2-10规定的范围内,超出该范围所测的扭矩系数无效。

M24、M30高强度螺栓扭矩系数试验预拉力控制范围值　　表3-2-10

螺栓规格		M24	M30
预拉力P(kN)	最大值	275	429
	最小值	225	351

(4)组装连接副时,螺母下的垫圈有倒角的一侧应朝向螺母支承面。试验时,垫圈不得发生转动,否则试验无效。

(5)进行扭矩系数试验时,应同时记录环境温度。试验所用的机具、仪表及连接副均应放置在该环境内至少2h以上。

2)检查扭矩试验

本桥采用紧扣法检查,用检查扭矩扳手拧紧螺母,测得螺母与螺栓刚发生微小相对转角时的扭矩,紧扣检查扭矩应在0.9~1.1N·m范围内。紧扣检查扭矩由试验确定,并在测定紧扣检查扭矩值时,应确认高强度螺栓的预拉力的误差是否在设计预拉力的±2%范围内。

3)板面抗滑移系数试验

(1)抗滑移系数检验应以钢结构制作批为检验单位,由制作厂家和安装单位分别进行,每一检验批为三组;单项工程的构件摩擦面选用两种及两种以上表面处理工艺时,每种表面处理工艺均需检验。

(2)抗滑移系数检验用的试件由钢结构制作厂加工,试件与所代表的构件应为同一材质、同一摩擦面处理工艺、同批制作,使用同一性能等级的高强度螺栓,并在相同条件下同批发运、存放。

(3)试验方法:试件板面应平整、无油污,孔边、板边无飞边、毛刺。按图 3-2-71 所示进行试件组装(试件钢板厚度 $2t_2 \geqslant t_1$),先打入冲钉定位,然后逐个换成贴有电阻丝片的高强度螺栓(或压力传感器),拧紧高强度螺栓,并用电阻应变仪准确控制每个高强度螺栓的预拉力达到 $0.95P \sim 1.05P$(P 为高强度螺栓设计预拉力)。将试件装在试验机上,使试件的轴线与试验机夹具中心线严格对中,在试件侧面划直线,划线位置如图 3-2-71 所示,测出高强度螺栓预拉力实测值,然后进行拉力试验,平稳加载,加载速度为 3 ~ 5kN/s,拉至滑动,测得滑动荷载 N。

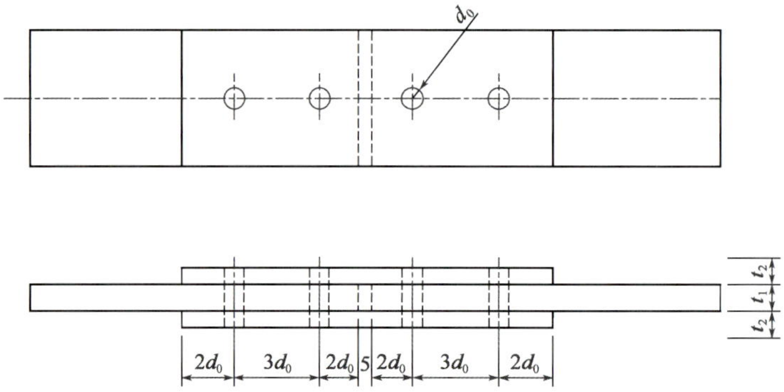

图 3-2-71　抗滑移系数试件(尺寸单位:mm)

t_1、t_2-钢板厚度;d_0-螺栓半径

(4)抗滑移系数 μ 应按式(3-2-3)计算,抗滑移系数 μ 的计算结果应精确到小数点后 2 位。

$$\mu = \frac{N}{n_f \sum P_t} \tag{3-2-3}$$

式中:N——滑移荷载(N);

n_f——传力摩擦面面数,$n_f = 2$;

P_t——高强度螺栓预拉力实测值(N)(误差小于或等于 2%),试验时控制在 $0.95P \sim 1.05P$ 范围内(P 为设计预拉力);

$\sum P_t$——与试件滑动荷载一侧对应的高强度螺栓预拉力之和(N)。

抗滑移系数检测的最小值必须大于或等于设计规定值。当不符合上述规定时,构件摩擦面应重新处理。处理后的摩擦面应按规定重新检验。

2.4.4　高强度螺栓的施拧

1)施拧工具

高强度螺栓的初拧、终拧均使用定扭矩电动扳手,为便于现场操作管理和施工质量控制。初拧、终拧扳手严格分开,不能使用电动扳手的部位采用数显扳手或表盘扳手施拧。终拧扭矩检查主要采用便携式扭矩测试仪并配备数显扭矩扳手、数显扳手及表盘扳手。其他辅助工具包括冲钉、手锤、套筒扳手等。

2)施拧工具的校验与保管

(1)高强度螺栓施拧的电动扳手采用扭矩系数试验仪标定。扭矩检查的数显扳手采用挂重法标定。每把电动扳手、数显扳手要有专人检查校正,建立履历簿,详细登记。

(2)施拧扳手的标定次数为每班上班前和下班后各一次。标定误差规定为上班前标定不得大于规定值的 ±5%;下班后标定不得大于规定值的 ±5%。若上班前标定误差大于 ±5%,应调整至 ±5% 以内;若下班后标定误差大于 ±5%,应立即检查并保留校正记录,同时对该扳手当班施拧的全部螺栓进行紧扣检查。

(3)紧扣检查用的表盘扳手或数显扳手,使用前必须标定,其扭矩误差不得大于所使用扭矩的 ±5%。

(4)对每台电动扳手和控制器,应固定配套编号,不得混杂,使用过程中不得随意调节控制器的旋钮并指定专人使用。

(5)将扭矩系数试验仪用作当天上桥螺栓标定施拧扳手,可同时测出当天上桥高强度螺栓的扭矩系数,坚持对每天测出的扭矩系数进行统计,即使温度、湿度发生较大变化,也可正确选用施拧扭矩,消除因扭矩系数发生变化而对高强度螺栓终拧预拉力的影响。电动扳手用5套当天上桥用的高强度螺栓进行标定,取其扭矩平均值。数显扳手、表盘扳手分级标定3次,取其扭矩平均值。

(6)施拧扳手要指定专人进行维修与保养。

3)施拧前准备

(1)本桥高强度螺栓采用扭矩法施拧,施工前应做施拧工艺试验和摩擦面抗滑移系数试验。

(2)拼装前应清除所有降低连接板摩擦面抗滑移系数的油迹、污垢,以及孔边、板边的飞边、毛刺和其他附着物。摩擦面必须无任何油漆。可用细铜丝刷、干净棉丝除去栓接板面和栓孔内脏物。对沾有油污处,应用油漆稀释剂或丙酮擦净。栓接板面必须干燥,不应在雨中作业。对翘曲板面应予以冷作整平。如摩擦面在大气中暴露时间超过6个月,须检查摩擦面有无影响或抗滑移系数降低的状况,有疑点时必须进行试验。对已经变质的摩擦面,必须根据设计要求重新处理。

(3)在拼装部位用白色油漆标示出不同规格的高强度螺栓的使用区域线,并分别注明螺栓的规格和数量,但标示线不得侵入高强度螺栓垫圈的范围,此步工作在节点板预装时完成。

(4)在拼装现场,首先用公称直径比钢梁设计孔径小0.2mm的冲钉将板束准确对孔,再用部分工具螺栓将板层充分压紧,之后方可安装高强度螺栓。

(5)电动扳手电源应设专用电源线,使其与大型用电机具的电源分开,避免由于启动时电压波动影响电动扳手的输出扭矩,从而导致螺栓预紧力误差增大;应配稳压器,使用电压应控制在200~220V之间,稳压器输出电源线长度一般不超过15m,以防止线路太长引起电动扳手的电压降低。

4)高强度螺栓施拧

(1)施拧扭矩值计算

①高强度螺栓初拧扭矩值取终拧扭矩值的50%,初拧后对每个螺栓用敲击法进行检查。

②终拧采用扭矩法,用电动扳手将初拧后的高强度螺栓拧紧到终拧值,考虑到螺栓预拉力的损失及误差,实际使用扭矩应按设计预拉力提高10%确定。终拧扭矩值按式(3-2-4)计算:

$$M = KNd \tag{3-2-4}$$

式中:M——扭矩值(N·m);

K——每批高强度螺栓扭矩系数平均值,按工地复验数据取值;

N——高强度螺栓的施工预拉力(kN),取设计预拉力的1.1倍;

d——高强度螺栓的公称直径(mm)。

上式扭矩系数值,随各种自然及人为因素而变化,须跟踪取得试验资料作相应修正,即做好各规格高强度螺栓在不同温度、湿度情况下的扭矩系数试验。

(2)高强度螺栓施拧

①高强度螺栓的安装

a.构件拼装时为保证梁体预拱度,首先用公称直径比钢梁设计孔径小0.2mm的冲钉将板束准确对孔,根据每个接头的受力要求梅花形打入冲钉、安装工具螺栓并拧紧,待板层充分压紧后方可松钩。

b.穿放螺栓前,需将栓孔的尘土、浮锈清除干净。严禁强行穿入螺栓。对于螺栓不能自由穿入的栓孔,应用与栓孔直径相同的绞刀或钻头进行修整或扩钻,严禁气割扩孔。为防止钢屑落入板层缝中,绞孔或扩钻前应将该孔四周的螺栓全部拧紧。对于经绞孔或扩钻的构件及孔眼位置,应有施工记录备案。

c.高强度螺栓安装时应注意垫圈的正反向,螺栓头一侧及螺母一侧应各置一个垫圈,垫圈有内倒角的一面应分别朝向螺栓头和螺母支承面。螺母、垫圈正确安装方向如图3-2-72所示。

a)正确安装

b)错误安装

图 3-2-72　垫圈安装状态

d.高强度螺栓的安装方向

箱形弦杆(箱内竖向加劲板除外)、U 肋螺母一律朝外,箱形弦杆内竖向加劲板螺母朝就近的桥面板;“工”字形、“王”字形斜杆腹板螺母朝上,翼缘板螺母朝外,箱形斜杆螺母均朝外。

铁路桥面板横梁腹板螺母一律朝三门峡方向,铁路桥面板横梁下翼缘板螺母朝下,铁路桥面板纵梁腹板螺母一律朝边桁外侧,铁路桥面板纵梁翼缘板螺母一律朝下弦水平中心线。

桥门架/横联与主桁连接,其与主桁竖杆腹板连接螺母一律朝三门峡方向,与主桁竖杆翼缘板连接螺母一律朝主桁中心线,其余螺母一律朝外。

个别部位的高强度螺栓,其螺母位置无法满足上述几点要求时,可由现场技术负责人决定,但尽可能全桥一致。

②高强度螺栓的施拧原则与顺序

施拧原则:自中间向两边、自中排向边排上下层对称施拧,逐步将板束压密压平,避免中间空鼓现象。本桥几种接头高强度螺栓施拧顺序应符合下列规定:

a.一般接头应按从接头中心向两端扩散的顺序进行,如图 3-2-73 所示。适用于主桁上下弦杆上的纵肋、正交易性钢箱铁路桥面板横梁、桥面板 U 肋、桥门架/横联与桥面板连接处等部位。

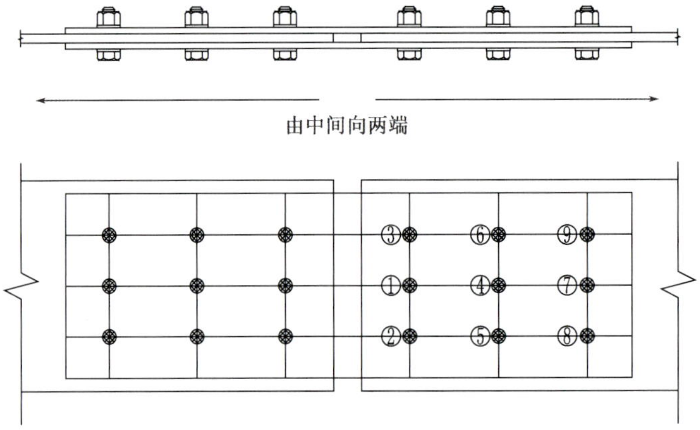

图 3-2-73　一般接头高强度螺栓施拧顺序示意图

b.箱形接头应按 A→C→B→D 的顺序进行,如图 3-2-74 所示。适用于主桁上下弦杆、主桁箱形斜杆等部位。

c.工形接头栓群应按 1~6 的顺序进行,如图 3-2-75 所示。适用于主桁“工”字形、“王”字形斜杆,铁路桥面板纵梁,正交易性钢桥面板横梁等部位。

d.两个或多个螺栓群的拧紧顺序应先拧紧主要构件接头,后拧紧次要构件接头。

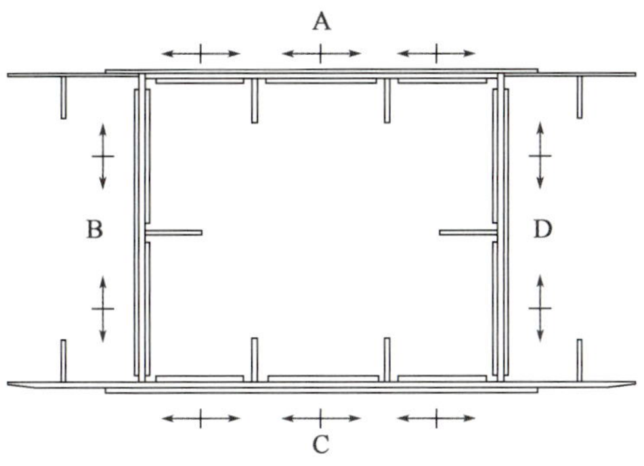

图 3-2-74　箱形箱形接头高强度螺栓施拧顺序示意图

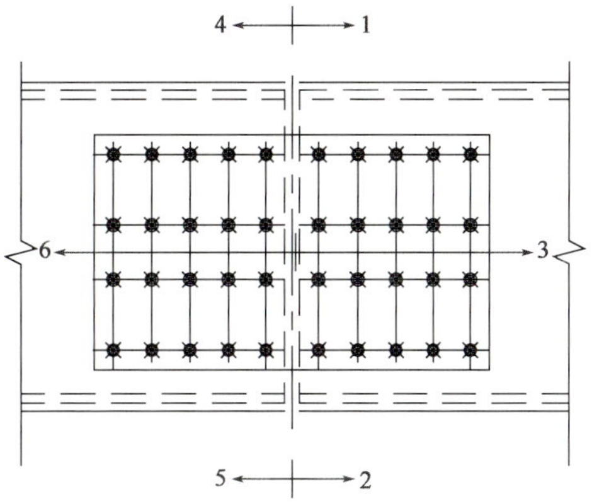

图 3-2-75　工形接头高强度螺栓施拧顺序示意图

③高强度螺栓的初拧

a. 初拧前应检查拼装部位的冲钉和高强度螺栓是否符合规定，检查螺栓规格有无用错；螺母、垫圈有无装反；螺栓朝向是否符合要求，检查无误后方可施拧。

b. 50% 未穿入冲钉的孔眼，分三个批次安装高强度螺栓。先将接头的全部空孔穿入高强度螺栓，用套筒扳手逐个将高强度螺栓进行一般拧紧，并做标识（标识为一个白点）；再将接头的工具螺栓置换成高强度螺栓后进行一般拧紧，并做标识；最后针对该接头高强度螺栓规格、批号选用相应的初拧电动扳手，自中间向两边、自中排向边排上下层对称初拧，施拧的同时要跟踪对称卡游，避免螺栓随螺母转动，确保施拧质量。初拧完毕后，用白色油漆笔对该接头已初拧高强度螺栓做初拧标志线，标志线应经拼接板→垫圈→螺母→螺栓外露螺纹一笔画出，画线应连续并成一直线，一般宜在螺母棱角处画线，以便于终拧完成后检查有无漏拧以及垫圈或螺栓是否随螺母转动。

c. 50% 冲钉分三次退除，先退除 20% 冲钉，穿入高强度螺栓后用套筒扳手进行一般拧紧，并做标识；再退除 20% 冲钉，穿入高强度螺栓后进行一般拧紧，并做标识；退除剩余 10% 冲钉，穿入高强度螺栓后进行一般拧紧，并做标识；最后对做白点标识的高强度螺栓同样按照规定的施拧原则进行初拧，同时跟踪卡游。初拧完成后用白色油漆笔做初拧标记（图 3-2-76、图 3-2-77）。

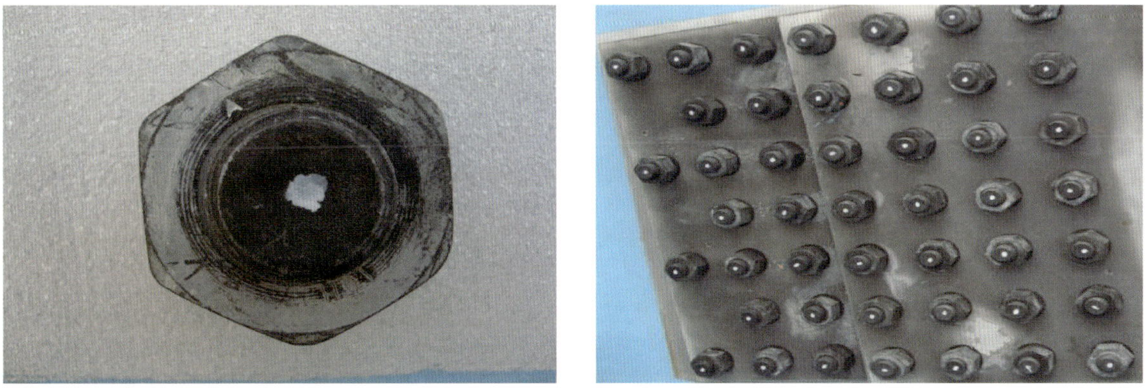

图 3-2-76　已初拧螺栓标记照片（现场施拧过程控制状态）

④高强度螺栓终拧

高强度螺栓终拧前，应先检查初拧划线是否符合要求及有无漏拧的高强度螺栓，检查符合要求后方可进行终拧。

终拧的方法及施拧顺序与初拧基本相同。终拧完毕后观察螺母转角是否满足要求，个别转角偏差过大的可用手动数显扳手检查其终拧扭矩值，扭矩不够的补拧至规定扭矩，扭矩超出的更换高强度螺栓。终拧结束后，用红色油漆笔在螺栓端部做好终拧标记，表示该处高强度螺栓施拧工作完毕。该部位终拧完成后及时做好终拧日期、终拧扭矩、扳手编号、天气情况和施拧人员等相关记录备查。

a）试验室实测

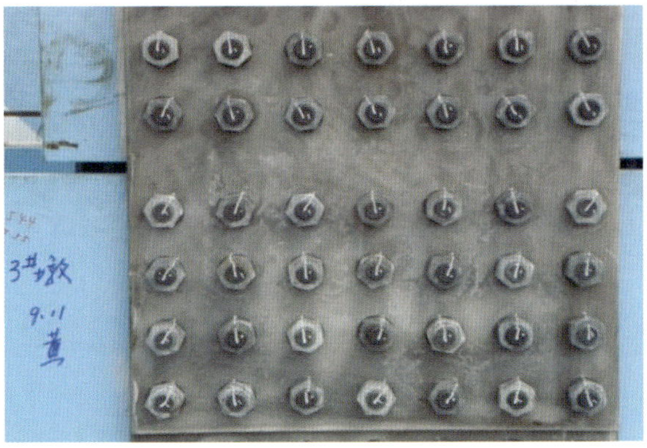

b）实际控制状态

图 3-2-77　螺栓初拧后标记状态照片

⑤用数显扳手或表盘扳手施拧

使用数显扳手或表盘扳手施拧时，要注意施力均匀，不得冲击施拧，施拧完毕后用红色油漆在螺栓端部画线标记（图 3-2-78、图 3-2-79）。

a）试验室实测

b）现场状态

图 3-2-78　终拧转动状态及终拧标记照片

a）现场螺栓转角及检查标记

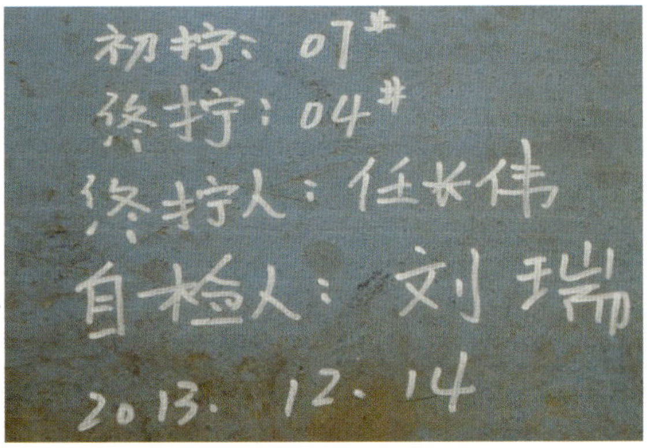

b）施拧后施拧人员标记

图 3-2-79　终拧及终拧检查标记状态照片

所有高强度螺栓初拧完成后再进行终拧。高强度螺栓初拧完成后应使用敲击法逐个检查，检查不合格的进行复拧。初拧检查结束后方可进行终拧。

5）高强度螺栓施拧注意事项

（1）根据当天施拧实际需要领取足够规格及数量的高强度螺栓；桥上使用时应按用多少箱开多少箱的原则进行施工。现场需要有螺栓临时存放仓库，以保证当天未使用完的螺栓不会在桥上裸露过夜，仓库须做好防潮、通风的工作。

(2)现场未使用完的高强度螺栓及其组件应按连接副的组合包装入箱，入箱时不同批号的连接副不得混装。入箱后在醒目位置注明规格批号、数量、生产日期，以便保管。未使用完的高强度螺栓当天回收的宗旨是“从哪箱中来回哪箱中去”。

(3)领用高强度螺栓不得以短代长或以长代短，在施工中控制螺栓的露出长度为1～4个完整螺距。螺栓在高空使用时必须使用规定的工具袋进行装载，不得使用金属器皿装载。

(4)组装使用时，螺栓头一侧及螺母一侧应各放置一个垫圈，垫圈有内倒角的一面应分别朝向螺栓头和螺母支承面。

(5)不得使用生锈、螺纹损坏、表面潮湿或有灰尘、砂土和表面状况发生变化的高强度螺栓。凡表面状况发生变化的高强度螺栓，应送回原生产厂家重新进行表面处理。重新处理后，按原供货要求进行复验，合格后方可使用

(6)温度与湿度对扭矩系数影响很大，当温度与湿度变化较大时，可根据当天上桥的高强度螺栓，在扭轴仪上标定电动扳手时所得的扭矩系数平均值，调整终拧扭矩。

(7)桥上当天穿入节点板中的高强度螺栓必须在当天初拧或终拧完毕。终拧扭矩检查应在终拧后4～24h内进行。雨天、雾天不得进行高强度螺栓施拧。

(8)杆件拼装对孔时，应用冲钉和拼装撬棍的尖端探孔，严禁用手指伸进孔眼内检查，严禁用大锤猛击单个冲钉过孔，避免造成孔眼变形。

(9)施工人员在施工期间应及时关注当地天气变化，并提前做好天气变化对施工影响的准备工作。

(10)为防止螺栓在施拧时出现卡游现象，施拧时必须用套筒扳手卡住螺栓头(卡游现象指拧紧螺母时，螺栓跟着转动)。

(11)在每班作业后应对扳手进行复核检查。当发现偏差超过±5%时，应复查该扳手已拧螺栓的合格率。

(12)高强度螺栓经终拧检查合格后，其螺栓、螺母、垫圈的外露部分应立即涂装(雨天和严寒天气除外)，板层尤其是朝上的缝隙应用腻子腻缝，然后按照钢梁涂装的规定，对外露的高强度螺栓和喷铝板面进行涂装。涂装后，才允许拆除施拧螺栓的脚手架。

2.4.5 高强度螺栓施拧质量检查

1)检查方法及工具

(1)高强度螺栓连接副施工质量的检查严格按照报检程序进行。首先是自检，自检合格后报分部质监部检查，分部质监部检查合格后报监理检查。当天施拧的螺栓于24h内检查完毕，并做好检查记录。

(2)检查工具包括重约0.3kg的小锤、数显扭矩扳手，检查之前，检查扭矩扳手必须标定，其扭矩误差不得大于使用扭矩值的±3%。

2)初拧检查

高强度螺栓安装后(强调施拧该螺栓之前)手动进行一般性初拧；每一个螺栓初拧后在螺栓头端部画点标记，无标记者为漏拧，需重新进行初拧并标记，由施拧工班自行检查初拧紧情况(初拧的准备工作及初拧的过程控制在整个施拧过程中十分重要)。

对初拧后的全部高强度螺栓连接副要逐个用敲击法检查。检查方法为：用重约0.3kg的小锤敲击螺母对边的一侧，同时用手指紧按住螺母对边的另一侧，如感觉颤动较大者即认为不合格，应予复拧，复拧扭矩等于初拧扭矩(由施拧工班自行检查)。

检查合格后用白色油漆在螺栓、螺母、垫圈及构件上画线标记，初拧后终拧前在棱角处画初拧贯通标记线，如图3-2-80所示。

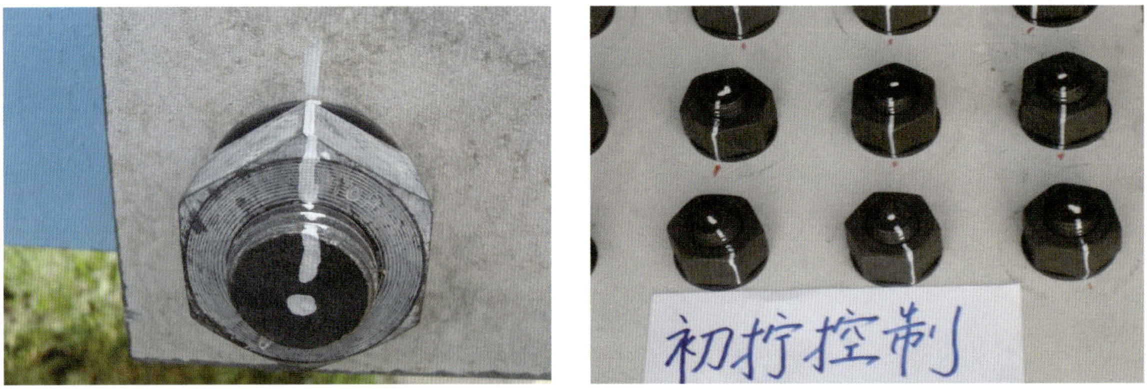

图 3-2-80　合适的初拧控制及标记例照

3)终拧检查

(1)首先观察全部终拧后的高强度螺栓连接副,检查初拧后用白色油漆标记的螺栓、螺母、垫圈相对位置是否发生转动,以检查是否漏拧。检查判定方法:螺栓、螺母、垫圈之划线均未错动者为漏拧;螺栓、螺母的画线未出现错动者为螺栓随螺母转动;螺母、垫圈的画线未出现错动者为垫圈随螺母转动,如图 3-2-81 所示。

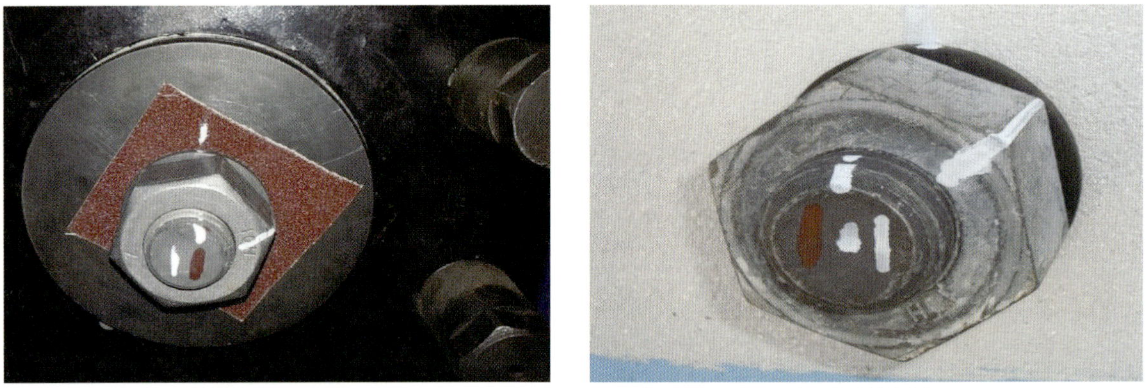

a)试验室终拧控制　　b)现场终拧控制

图 3-2-81　合适的终拧控制及标记照片

(2)检查螺栓的数目:主桁、桥面板、桥门架/横联的栓群中螺栓的抽查数量为其总数的 10%,且不少于 5 套。

(3)终拧检查在螺栓终拧 4～24h 内完成。检查方法为紧扣检查法,在螺母棱角处用画针画线并延伸至板面、垫圈、栓头,用标定好的数显扳手再次拧紧螺母,读取螺母与垫圈画线刚刚转动时的扭矩值,偏差不超过检查扭矩值的 ±10% 视为合格(图 3-2-82～图 3-2-84)。

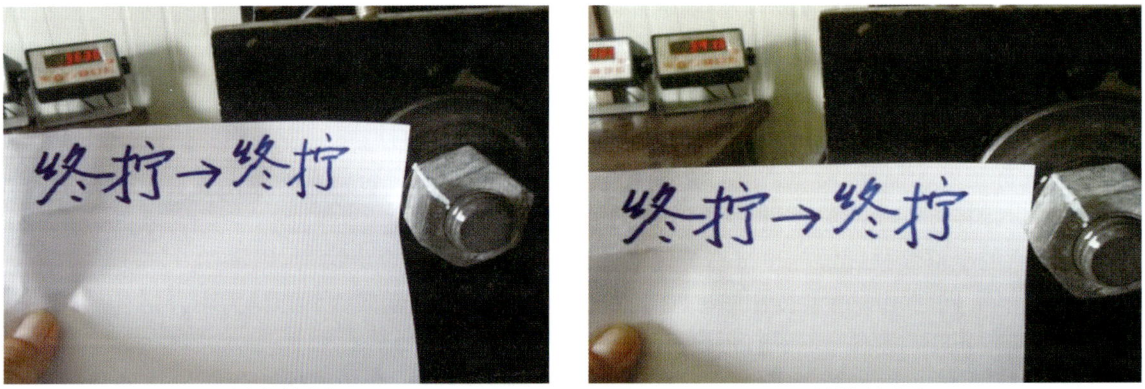

a)紧扣转动前　　b)紧扣转动后

图 3-2-82　试验室终拧紧扣检查照片

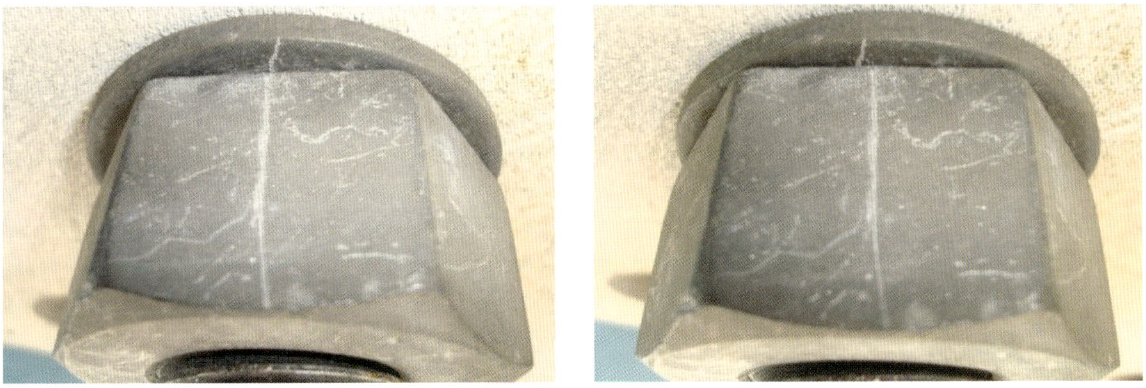

a）紧扣检查前　　b）紧扣检查后

图 3-2-83　现场终拧紧扣检查照片

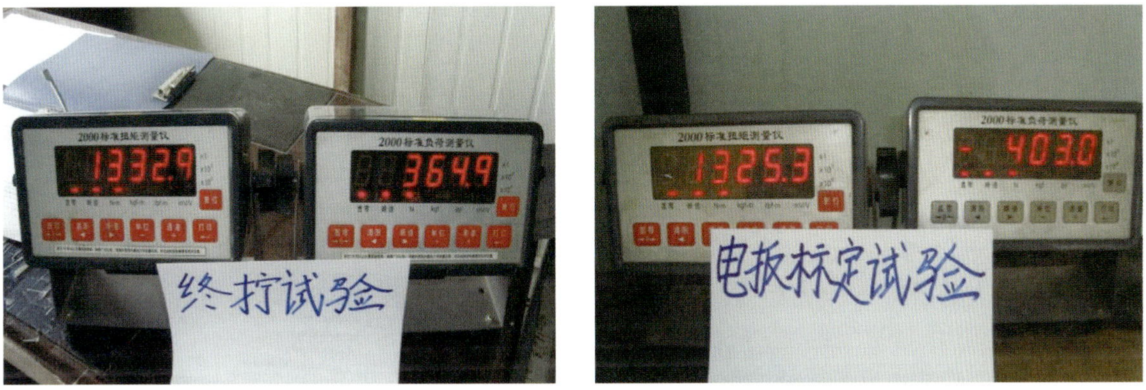

a）设计值　　b）施工预拉力值

图 3-2-84　实现高强度螺栓设计预拉力值

（4）每个节点或栓群抽查的螺栓，其不合格者不得超过抽查总数的 20%，对不合格的螺栓群应继续抽查，直到累计总数有 80% 的合格率为止，欠拧者（含漏拧者）要补拧，超拧者（含垫圈转动者）要更换。

（5）检查合格后，在螺栓端头点以黄色油漆标记。

质检抽查：每个节点或栓群抽查的螺栓，其不合格者不得超过抽查总数的 20%。对不合格的螺栓群应继续抽查，直到累计总数有 80% 的合格率为止。欠拧者（含漏拧者）要补拧，补拧需使用数显扳手或者表盘扳手进行，不得使用电动扳手 2 次施拧；超拧者要更换，更换后需使用与此节点相同编号的电动扳手施拧或使用表盘扳手及数显扳手直接施拧到终拧值并做好标记（标记为在螺栓处画双红杠线）。质检合格后，按照终拧完成后的标记方法将质检人员姓名及检查日期在栓群旁钢梁板面上注明。

在质检合格后方可报监理验收，验收合格后按照终拧完成后的标记方法将监理人员姓名和检查日期一同在螺栓群边注明。

2.4.6　质量、安全、环保措施

1）质量保证措施

（1）施工前认真做好技术交底，使每个施工人员熟悉和掌握钢梁架设施工流程、高强螺栓施拧工艺、质量标准。上岗前进行考核，考核合格者才能参与高强度螺栓施工作业。

（2）加强过程控制，层层落实岗位责任制，将责任落实到人。对高强度螺栓施拧人员进行两两编组并固定，明确责任区域。划分值班技术人员责任区域，与施拧人员相对应，每个拼接接头施工完成后应注明施拧人员、施拧时间、检查时间、检查结果等。

(3)每班组设专职质检员。高强度螺栓施拧的初拧检查、终拧检查必须在质检员的监督下进行,质检员确认检查合格后方可进入下道工序。

(4)钢梁架设前详细检查钢梁拼接接头处有无污染、变形、摩擦面是否受损或霉变、栓孔重合率资料、拼接板是否变形,将影响高强度螺栓施拧质量的不利因素在架设前消除。

(5)拼接板预拼装时应根据预拼图仔细校对,确定拼接板发送号、安装方向、高强度螺栓规格等。根据预拼图计算当班领用高强度螺栓的数量、规格,由值班技术员签发领取,并登记记录。禁止施工人员直接领取高强度螺栓连接副。

(6)施工扳手坚持班前、班后标定。施拧扭矩、检查扭矩由试验室根据施工环境综合确定。

(7)严格控制高强度螺栓产品质量,不合格者坚决不用。高强度螺栓连接副组合时应逐个检查,确保垫圈有倒角一面的安装方向正确。

(8)工具螺栓的数量应能保证压平、压紧板束。工具螺栓的区分标志应明确。初拧标记、终拧检查画线、终拧标记、补拧标记的颜色应严格区分。高强度螺栓施拧前应检查确认板缝中无杂物。

(9)加强与气象部门的联系,大雨天气不得进行高强度螺栓的施拧。拼接板表面潮湿时应用压风机吹干。高强度螺栓终拧检查完成后及时涂填缝腻子。

(10)钢梁架设前,技术人员现场示范讲解电动扳手、检查扳手的操作方法,保证每个高强度螺栓施拧操作人员能够掌握扳手的操作方法。设备维护人员应在现场值班,做好电动扳手、稳压电源等设备的维护保养工作,确保设备工作正常。

(11)初拧检查、终拧检查扭矩不合格的高强度螺栓,应及时标记并立即补拧(或更换),不得延后。

2)安全保证措施

(1)钢梁安装开始前,架梁使用的材料、工具、吊具、脚手板、梯子、安全带、安全网等应经有关人员验收合格后方能使用,并应配足、配齐,机械应经过试运转并试吊认可后使用。

(2)所有高空作业人员必须经过专业技术培训及专业考试合格,做到持证上岗,未经专职培训考核合格的人员,不得进入工作岗位。并需定期进行体检,凡不合格者不得参加架梁高空作业。

(3)各操作人员必须严格遵守有关安全规程,提高安全意识,进入施工现场必须戴安全帽,穿防滑鞋,消除不安全因素。

(4)拼装脚手架结构必须牢固,连接螺栓必须拧紧,脚手板必须使用红、白松木,板的厚度不得小于50mm,跨度不得超过2m,不得使用腐朽木料。脚手板必须钉牢,不得有缝隙和探头板,板边缘应有100mm高的挡板,并装设护栏。

(5)施拧小工具、扳手、冲钉、螺栓等物要用工具袋装好,严禁上抛下掷,多余料具要及时清理干净,留用的要堆放在安全可靠的位置。

(6)打冲钉时不要用力过猛,对面不准站人,防止冲钉飞出伤人。每班要清除一次脚手架,冲钉及时回收交库。在更换冲钉锤击时应向钢梁箱体内部锤击并应使用双层布袋或者麻袋在另一端进行阻挡及回收以防高空坠落伤人。平面拼装孔眼应用安全冲钉,防止冲钉坠落伤人或者使用双层布袋或者麻袋在另一端进行阻挡回收以防高空坠落伤人。

(7)钢梁上各种电动机械的动力电缆和照明线路必须保证绝缘良好,有专人值班,手持电动工具电源处应加漏电保护器,电器设备如出现故障应及时修理。

(8)施工现场醒目位置设置安全宣传牌,危险作业的场所应悬挂危险警示标志。

(9)进行夜间施工时,照明设施应满足夜间施工的要求。

3)环境保护措施

(1)进行高强度螺栓表面涂装时,操作人员要佩戴口罩进行防护。涂料不得污染操作平台。没有用完的涂料应回收集中处理,禁止随意倾倒。

(2)将施工噪声控制到最低程度,施工人员休息场所尽量远离有噪声的地方。

(3)施工和生活中产生的废弃物要集中处理,不得随意丢弃,避免长江环境受到污染。

2.5 主桥钢梁顶推施工

2.5.1 顶推施工概况

1）顶推总体方案

本工程采用单向多点顶推施工方法，即在拼装平台逐节间拼装钢导梁和钢桁梁，然后通过1～11号墩的水平顶推系统将钢梁向前顶推，直至钢梁顶推到位。

2）顶推前的准备工作

（1）熟悉钢梁结构设计图、设计说明书、杆件应力、重量表。

（2）熟悉桥墩结构图及竣工里程、高程、中线测量资料。

（3）熟悉拼装平台及墩顶布置检查等资料。

（4）清理滑道梁不锈钢板上的焊渣及飞溅物等，减小污垢对摩擦的影响。滑道梁经检查合格后，在滑道梁上涂黄油进行润滑。

（5）墩顶滑块摆放位置要居中，不能偏向一边或与钢梁顶推方向有夹角，以防对顶推产生不利影响。

（6）对钢绞线进行预紧，最大限度减少每组钢绞线的受力不均匀程度。钢绞线应严格对中，且成一条直线。

（7）每次顶推之前，检查滑块底的工程塑料合金（MGE）板是否被挤压变形，以便及时更换。

（8）检查顶推各设备是否正常及各线路连接是否正确。

（9）滑块倒运完毕。

（10）钢梁架设节间封闭。

（11）滑块钢板抄垫满足预拱度要求。

（12）滑块看护人员就位，确保润滑系统准备完善，在顶推过程监护滑块，有异常情况立即暂停顶推，问题解决后继续顶推。

（13）顶推系统准备就绪，试顶推10～50cm，确保多点同步顶推，避免桥体扭曲偏位，增加纠偏次数。

（14）测量人员就位，在顶推过程中，实时测量钢桁梁直线度，若出现横向偏位超过5cm，应进行主动纠偏。

3）顶推施工工艺流程

顶推施工工艺流程如图3-2-85所示。

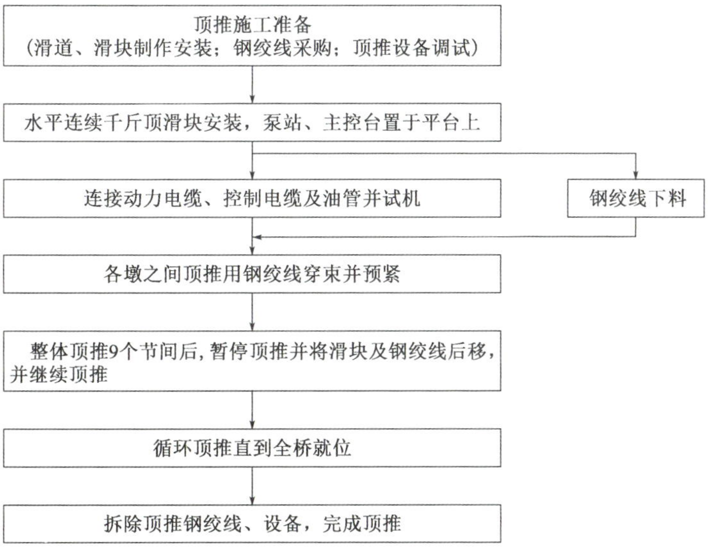

图3-2-85 顶推施工工艺流程图

4)顶推墩顶布置

(1)1～10号墩墩顶布置

根据监控计算,各墩偏心力比较大,为确保混凝土托梁及墩身安全,1～10号墩顶的每一条滑道上分别布置2个滑块,前滑块在大里程侧距离墩身中心4.7m,后滑块在小里程侧距离墩身中心6m。每个滑道梁前后端距离墩身中心7.3m处各布置2台竖向千斤顶,在大里程侧距离墩身中心线3.4m处设置中部竖向千斤顶起顶点。每片桁合计设置6台,其中中桁为800t、边桁650t。

在起顶梁体倒换滑块时要确保竖向千斤顶布置在设计指定位置。竖向顶上方抄垫块横向尺寸为700mm、纵向尺寸为800mm。

此时顶推墩顶布置如图3-2-86所示。

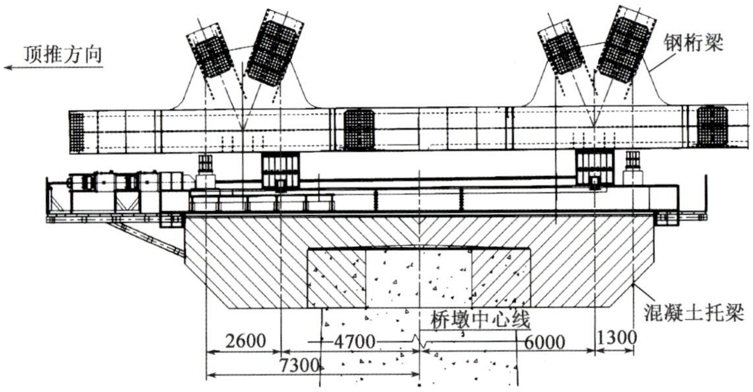

图3-2-86 墩顶布置图(尺寸单位:mm)

3台350t水平千斤顶布置于每条滑道的运城侧。滑道的三门峡侧布置1台5t卷扬机,用于滑块倒运。1～10号墩墩顶布置如图3-2-87所示。

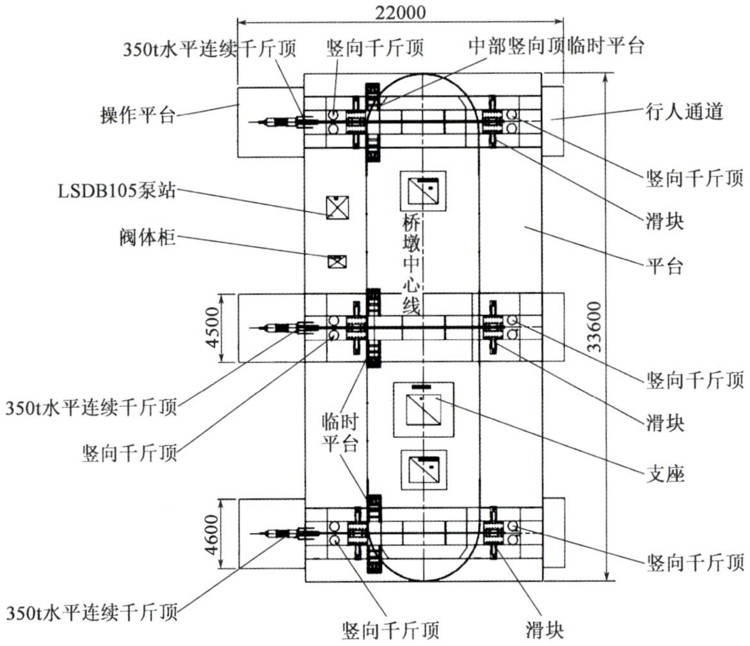

图3-2-87 墩顶布置图(尺寸单位:mm)

(2)拼装平台顶推布置

在顶推滑移过程中,由于在11号墩处墩顶支反力较小,因此边桁只需在每个滑道梁前端布置2台竖向千斤顶,中桁需在滑块前后端各布置2台竖向千斤顶,其中中桁为800t、边桁900t。在起顶梁体时确保千斤顶纵向设置在下弦横隔板位置,千斤顶横向均布于钢梁下弦腹板位置处(图3-2-88)。

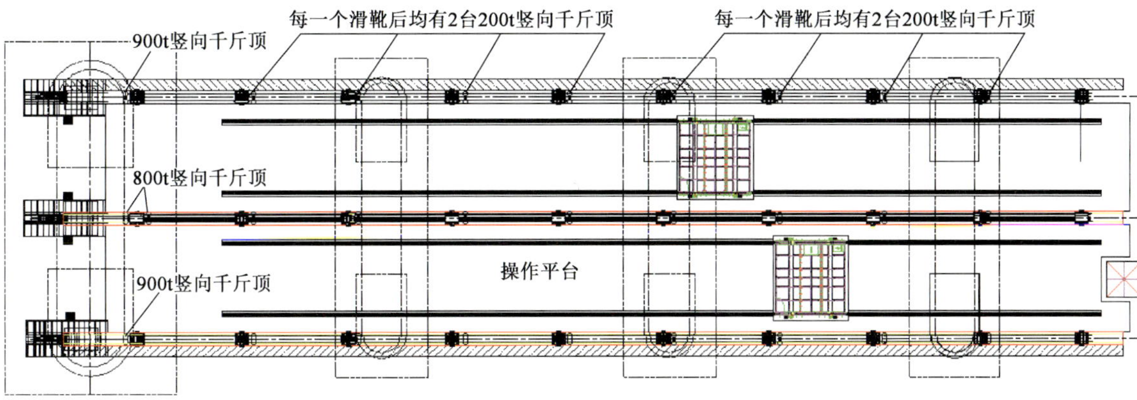

图 3-2-88　11 ~ S03 号墩墩顶布置图

在拼装平台每个中、边桁滑道梁后端各布置 2 台 300t 竖向千斤顶，用于拼装时钢梁调节高程。倒换滑块时，平台上每个滑块均配备 2 台 200t 竖向千斤顶，用于整体顶升拼装平台梁体，以达到整体起顶梁体后再倒换滑块的目的。

2.5.2　顶推施工步骤

为尽量减少在顶推过程中竖向支反力产生的偏心弯矩的影响，同时为减少拆除倒换滑块的时间，将顶推施工设计为 3 个竖向起顶点，2 个滑块 1.3m + 9.4m + 1.3m 的顶推方式。

墩顶布置如图 3-2-89 所示。

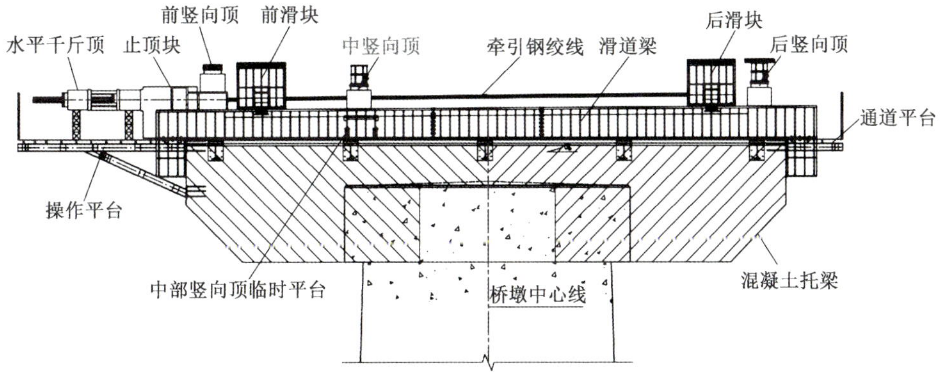

图 3-2-89　墩顶布置示意图

根据工况，中竖向顶需要频繁挪移，为了节约挪移中竖向顶的时间，专门在顶推方向前方距离墩身中心线 3.4m 处，滑道两侧设计了一个与滑块纠偏装置不相干涉的中部竖向顶临时安置平台（图 3-2-90、图 3-2-91）。当后滑块与中部竖向顶产生干涉时，将中部竖向顶分别往两侧挪移至滑道外侧。

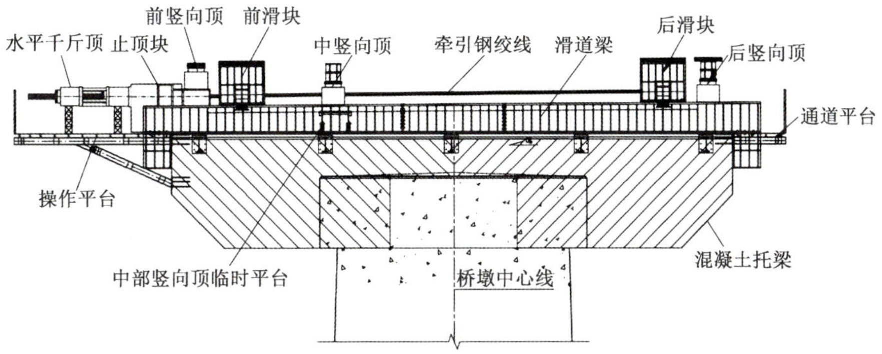

图 3-2-90　中竖向千斤顶临时平台平面图

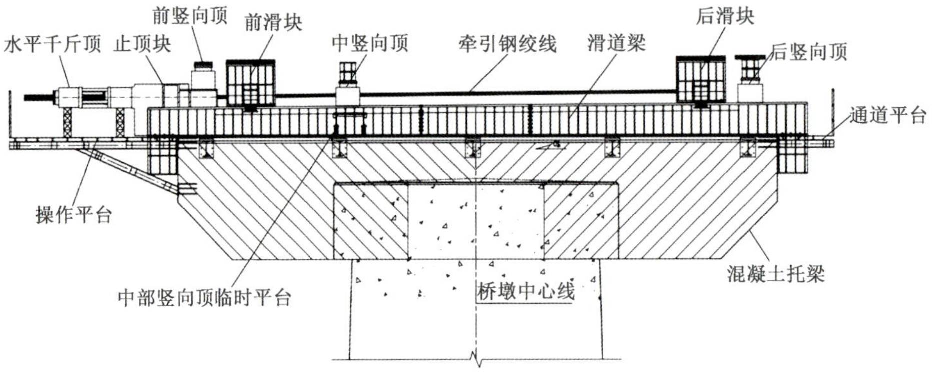

图 3-2-91　中竖向千斤顶临时平台断面图

顶推步骤如下：

步骤一：前后竖向顶分别位于墩顶身心线 7.3m 的滑道梁上。前滑块距离墩身中心线 4.7m，后滑块距离墩身中心 6m，双滑块受力。

滑块受力，竖向顶悬空，钢绞线分别穿过前、后端滑块并用锚具固定。顶推时，钢绞线拉动前、后滑块移动（图 3-2-92）。

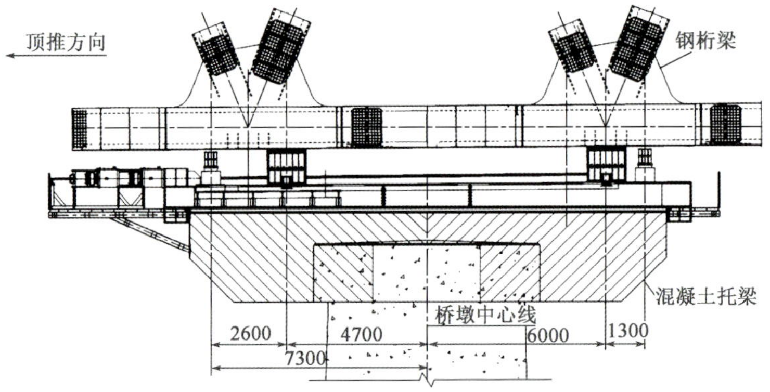

图 3-2-92　顶推初始状态（尺寸单位：mm）

步骤二：顶推钢梁 1.3m，后竖向顶前移 1.3m。钢绞线卸载，水平千斤顶松前后锚（图 3-2-93）。前后竖向顶加塞抄垫块，做好顶升桁架梁准备。

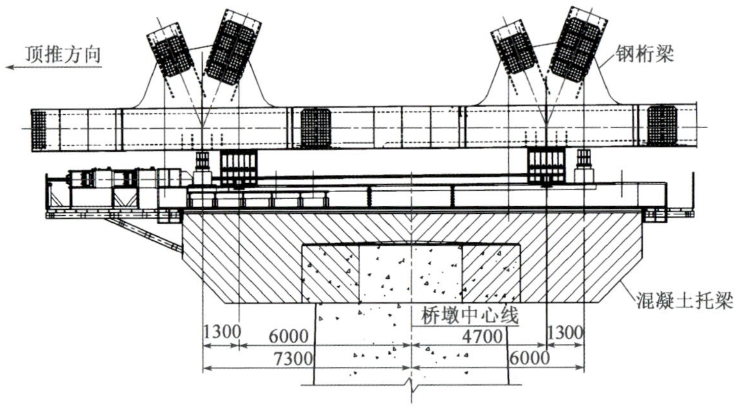

图 3-2-93　顶推 1.3m 状态（尺寸单位：mm）

步骤三：竖向顶上方进行抄垫，做好顶升桁架梁准备（图 3-2-94）。

步骤四：顶升钢桁梁，前后滑块脱空，拆除前滑块上层抄垫块；竖向顶落梁，后滑块受力。

此时状态：后竖向顶距墩身中心线 6m。前滑块脱空，后滑块距离墩身中心 4.7m（图 3-2-95）。

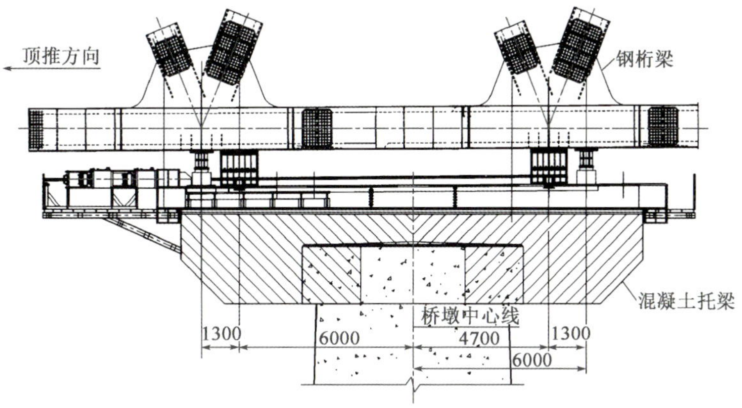

图 3-2-94 第一次顶升状态(尺寸单位:mm)

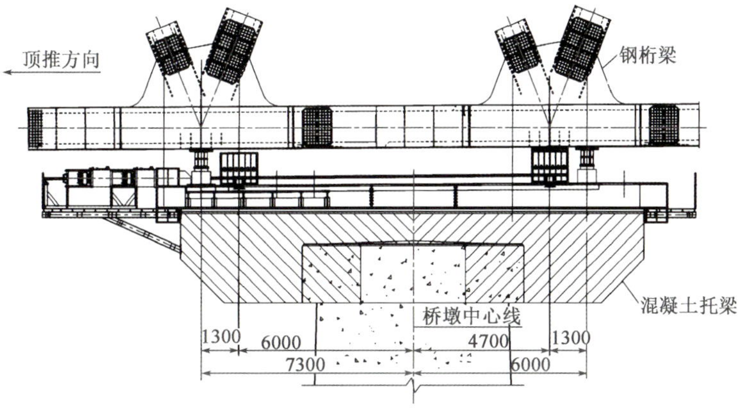

图 3-2-95 后滑块单独受力状态(尺寸单位:mm)

步骤五:顶推钢梁 9.4m,同时后竖向顶都向后移 1.3m。

此时状态:后竖向顶距墩身中心线 7.3m(图 3-2-96)。

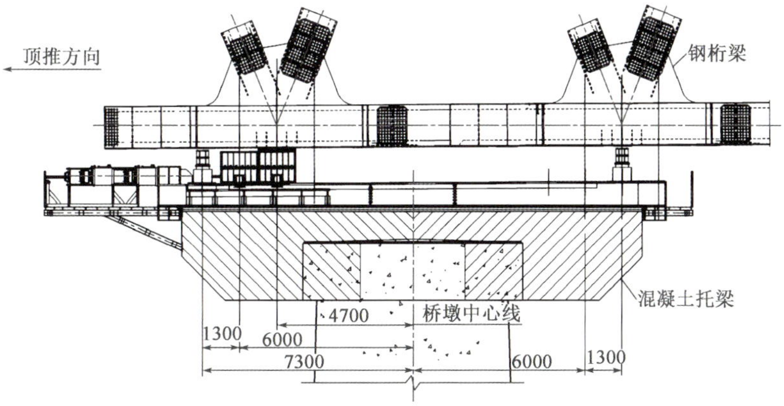

图 3-2-96 顶推 9.4m 状态(尺寸单位:mm)

步骤六:增加中部竖向千斤顶,中、后竖向千斤顶做好顶升钢桁梁准备;中竖向顶距墩身中心线 3.4m。前滑块距离墩身中心 6m,后滑块距离墩身中 4.7m(图 3-2-97)。

步骤七:顶升钢桁梁后,拆除后滑块上方的部分抄垫钢板,在前滑块上方抄垫适当抄垫钢板(与原后滑块上方抄垫钢板厚度一致),进行中部竖向顶卸载操作(此时注意控制好后竖向顶的压力值变化范围,一旦后竖向顶压力上升超过原支撑力的 10%,则对后竖向顶适当卸载,保持后竖向顶压力增大值小于 10%)(图 3-2-98)。

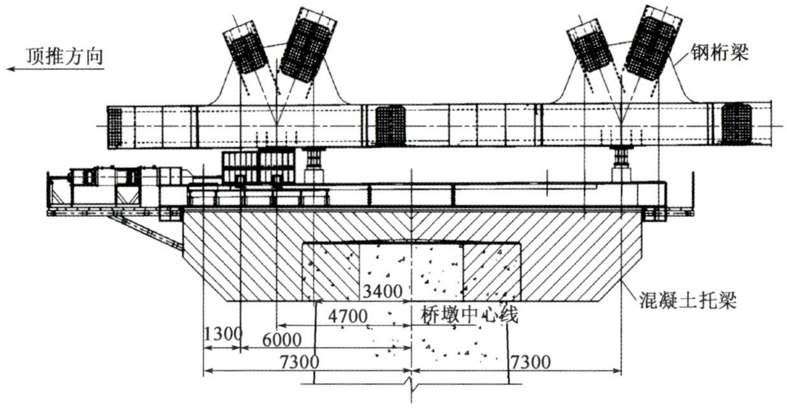

图 3-2-97 中部竖向顶投入使用(第二次顶升)状态(尺寸单位:mm)

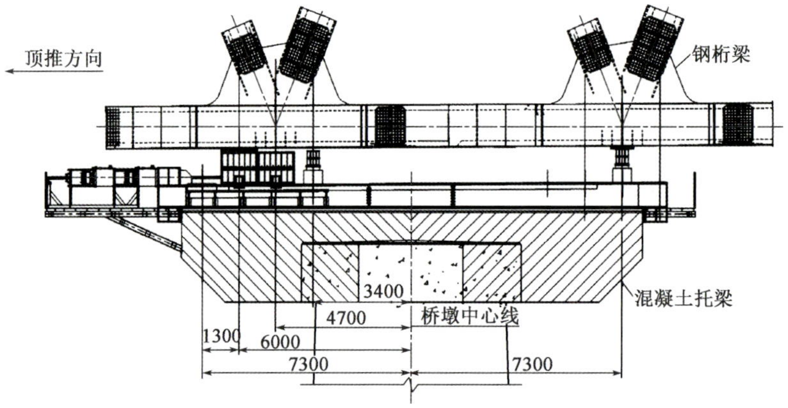

图 3-2-98 前滑块与后竖向顶共同受力状态(尺寸单位:mm)

步骤八:将中部竖向顶转移至两侧滑箱上(图 3-2-99)。

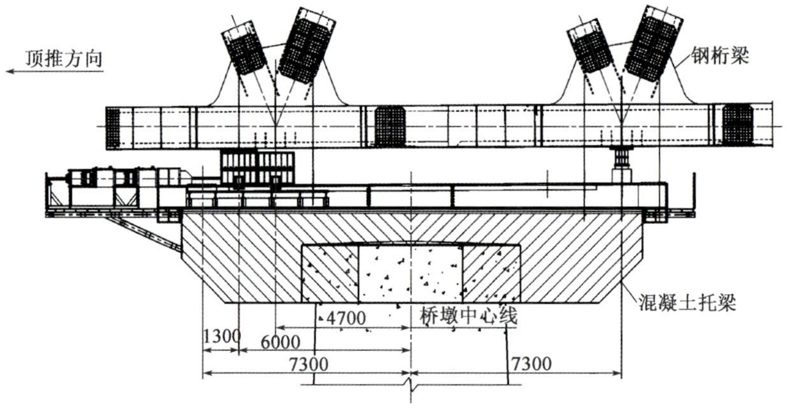

图 3-2-99 中部竖向顶移出状态(尺寸单位:mm)

步骤九:后滑块后移 10.7m;后移过程中重新安装中部竖向顶。此时状态:前滑块距离墩身中心 6m,后滑块距离墩身中心 6m。前滑块及后竖向顶同时受力(图 3-2-100)。

步骤十:中部竖向顶进行适当抄垫。中部竖向顶起顶钢桁梁(注意控制后竖向顶压力变化,一旦发现后竖向顶压力降低值超过 10% 时,适当加压。直至将后滑块抄垫至与前滑块一致)(图 3-2-101)。

步骤十一:前滑块后移 1.3m(图 3-2-102)。

步骤十二:中部及后部竖向顶卸载,前后滑块同时受力(图 3-2-103)。

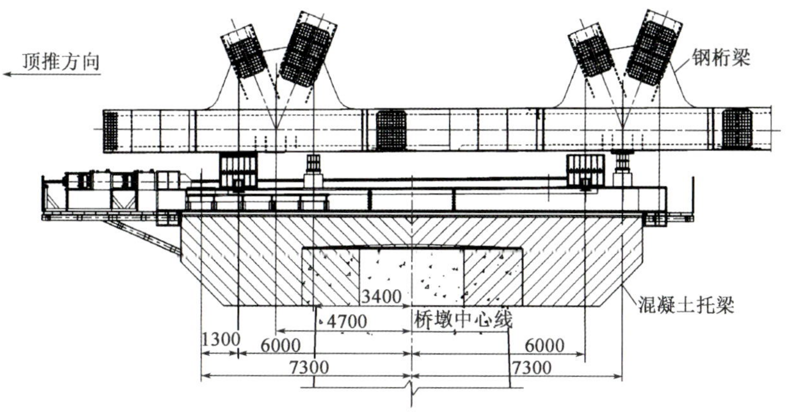

图 3-2-100 第一次倒滑块状态(尺寸单位:mm)

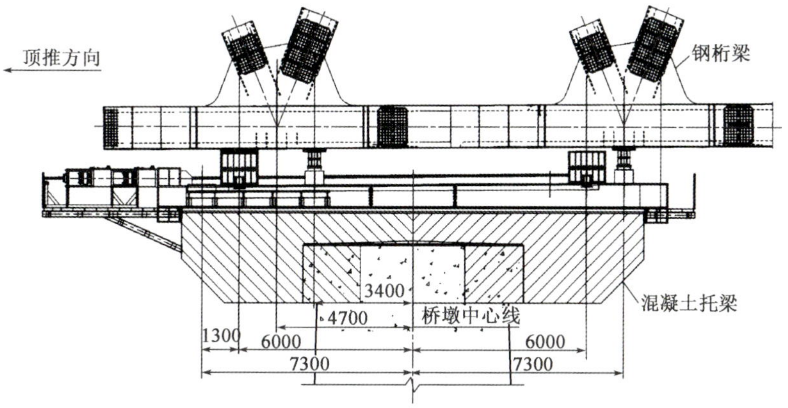

图 3-2-101 第二次顶升状态(尺寸单位:mm)

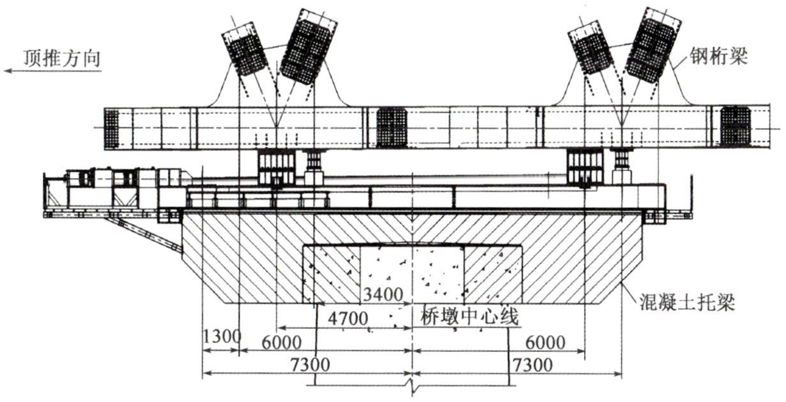

图 3-2-102 第二次倒滑块状态(尺寸单位:mm)

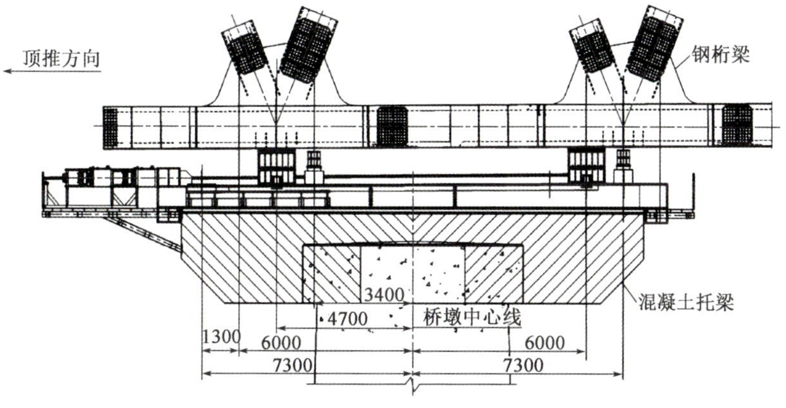

图 3-2-103 前后滑块共同受力状态(尺寸单位:mm)

步骤十三:顶推1.3m。将中部竖向顶挪移至前端,前后竖向顶进行抄垫,做好顶升钢桁梁的准备(图3-2-104)。

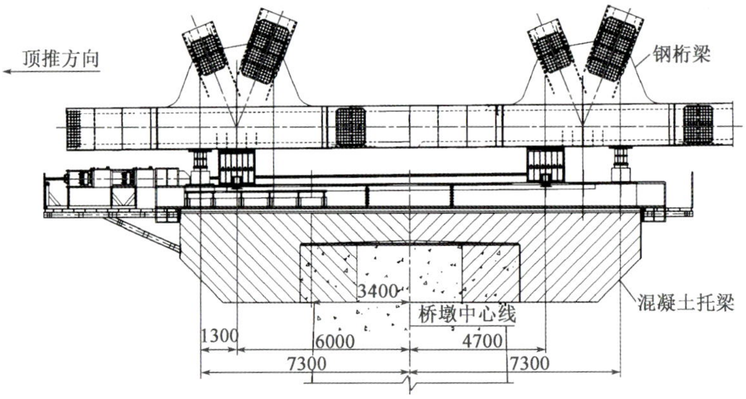

图3-2-104　顶推1.3m状态(尺寸单位:mm)

步骤十四:顶升钢桁梁,前、后滑块悬空后,将前、后滑块后移1.3m(尽量减少滑块的悬空高度,使其小于或等于3mm)(图3-2-105)。

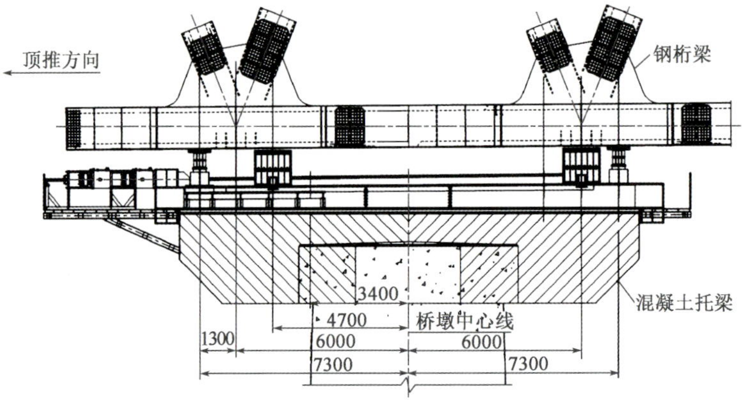

图3-2-105　第三次顶升及第三次倒换滑块状态(尺寸单位:mm)

步骤十五:前后竖向顶卸载后,顶推状态回到步骤一,单节间顶推一个周期结束(图3-2-106)。

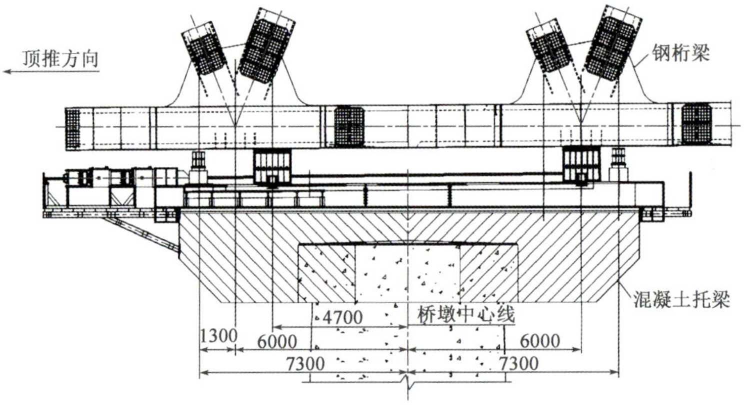

图3-2-106　顶推恢复初始状态(尺寸单位:mm)

2.5.3　导梁上墩施工步骤

钢梁最大悬臂为导梁即将上墩时,为了钢桁梁安全上墩,钢梁接近墩时,对顶推过程中杆件应力及桥梁线形进行实时监控,并尽快顶推上墩。

当导梁前端进入滑道梁上方时，利用导梁前端100t液压千斤顶起顶导梁，将导梁下弦底面与滑块之间用抄垫块抄实，带导梁顶升到足够高度后将千斤顶撤除，更换前墩的竖向顶继续顶升导梁，直至使得导梁头到达设计高程，然后塞入滑块继续顶推，从而实现上墩。

拼装平台处梁底面距离墩顶面净高程为3305mm（拼装平台梁底距离滑道面净空800mm + 11号墩墩顶滑道梁高度1260mm + 垫石高度1245mm），顶推高程与设计高程平行，则梁体在上墩后梁底面距离墩顶面净高程为3305mm。

下挠梁最大值为470mm，则导梁在上墩前导梁底面距离滑道梁顶面的最小距离为776mm（3305mm - 最高垫石高度1211mm - 最高滑道梁高度848mm - 最大下挠量470mm）。0～10号墩投入使用的竖向千斤顶最大高度为635mm。则导梁到达前墩时导梁底部与滑道面的距离大于竖向千斤顶的高度（776mm > 635mm），即竖向顶可以直接放置于导梁端头下方顶升导梁从而实现上墩操作。

顶推过程中，导梁端部高程是不断变化的。为了保证导梁顺利过墩，在导梁接近混凝土托梁前端时，应对其高程进行监测。同时为了尽量减少钢桁梁的悬臂长度，当导梁鼻梁刚刚上墩时应及时进行相应抄垫。

充分考虑下挠量的不确定因素后，假定导梁到达前墩准备上墩前，导梁底面实际低于滑道面的工况下制定的导梁上墩步骤如下：

步骤一：在导梁前端增设鼻梁结构（图3-2-107）。此时利用100t液压千斤顶支垫于鼻梁前端，100t液压千斤下方抄垫一块MGE滑板。原墩顶竖向千斤顶位于鼻梁后部，竖向顶紧贴滑道梁后端。上墩布置如图3-2-108所示。

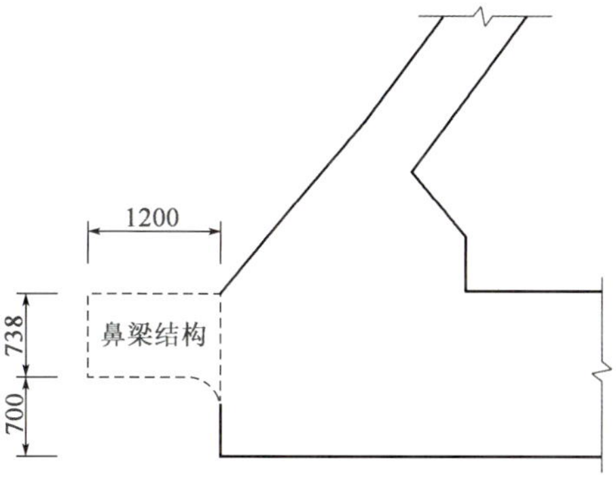

图3-2-107 鼻梁结构外形图（尺寸单位：mm）

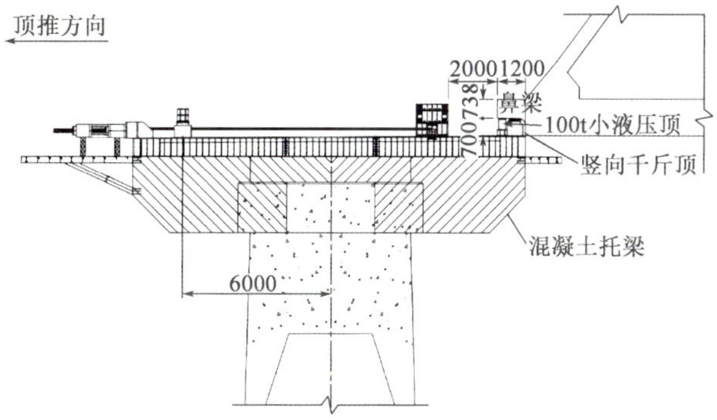

图3-2-108 步骤一（尺寸单位：mm）

步骤二：100t液压千斤顶顶升导梁，在竖向千斤顶上填塞抄垫块；在100t液压千斤顶上加塞抄垫块后继续顶升导梁，再在竖向顶上方加塞抄垫块，往复操作直至导梁底面距离滑道顶面达到700mm（图3-2-109）。

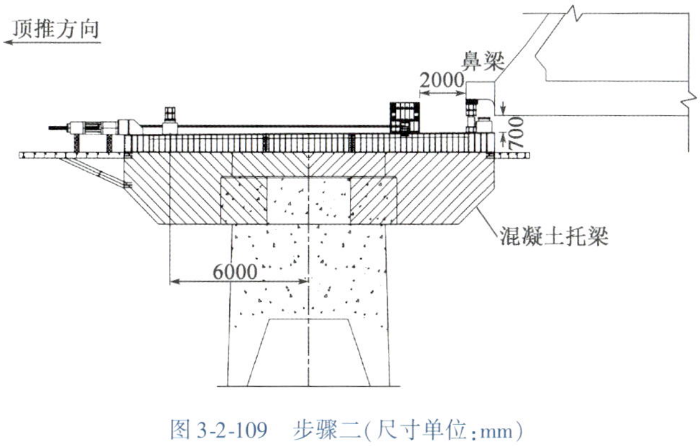

图3-2-109 步骤二（尺寸单位：mm）

步骤三：竖向千斤顶上方抄垫清空，100t液压千斤顶带载和导梁一起继续向前顶推2m。顶推后，在竖向千斤顶上方加塞抄垫（图3-2-110）。

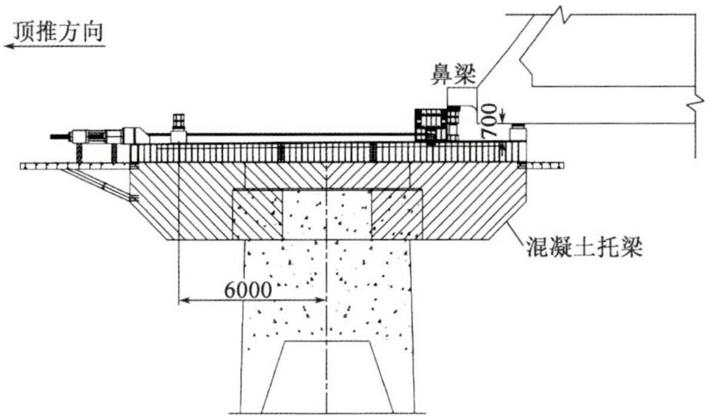

图 3-2-110　步骤三(尺寸单位:mm)

步骤四:100t 液压小千斤顶卸载,拆除 100t 液压千斤顶及其上方抄垫块,将滑块向后移至鼻梁后部(图 3-2-111)。

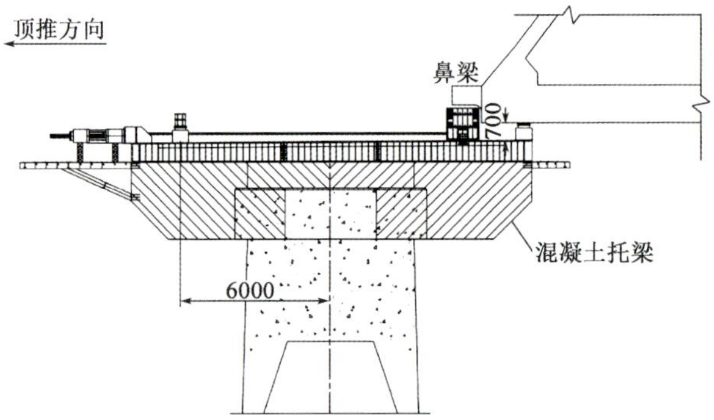

图 3-2-111　步骤四(尺寸单位:mm)

步骤五:竖向顶开始顶升导梁,在滑块上加塞抄垫,如此往复,直至导梁底面与滑道顶面距离为 1300mm。拆除滑块上方多余的抄垫(图 3-2-112)。

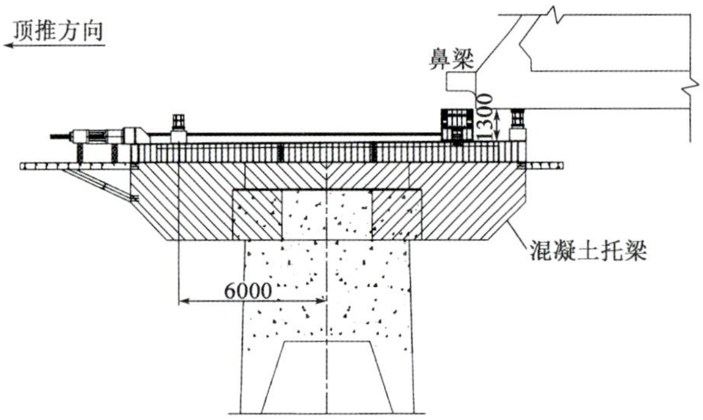

图 3-2-112　步骤五(尺寸单位:mm)

步骤六:将滑块后移至导梁前端节点正下方,竖向千斤顶卸载,拆除竖向千斤顶上方多余抄垫。导梁上墩完成,可以继续顶推(图 3-2-113)。

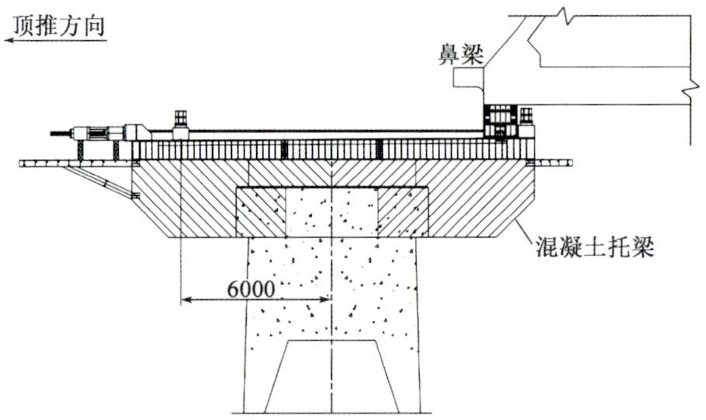

图 3-2-113　步骤六(尺寸单位:mm)

2.5.4　顶推同步性控制

1）顶推系统组成

顶推系统主要由主控系统及控制系统软件组成，其中软件系统包括上位机软件及下位机软件，组成框图如图 3-2-114 所示。

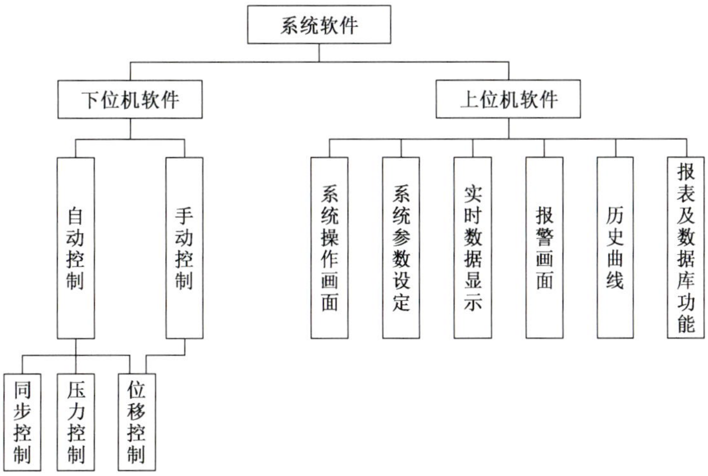

图 3-2-114　系统软件组成框图

上位机软件工作界面如图 3-2-115 ~ 图 3-2-117 所示。

图 3-2-115　上位机软件工作画面（顶推内容）

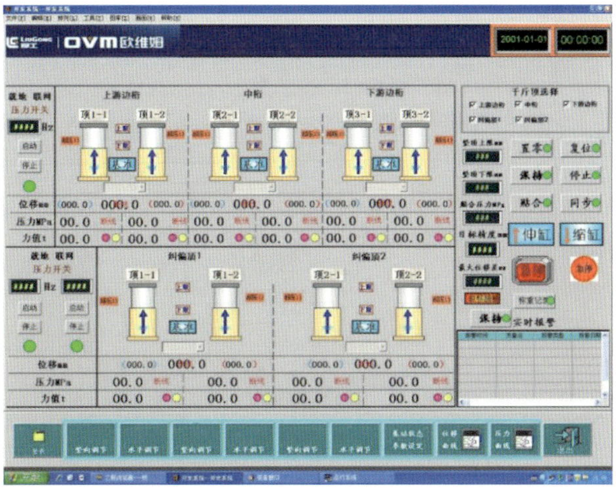

图 3-2-116　上位机软件工作画面（顶升内容）

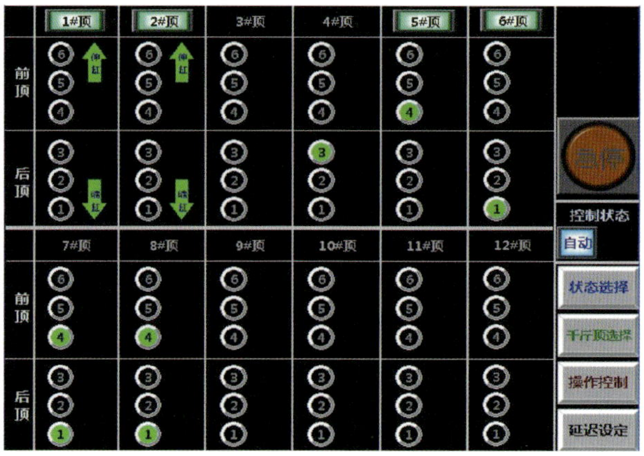

图 3-2-117　下位机软件界面

2）系统控制策略

（1）连续顶推位移同步调节：中央控制室除了控制集群千斤顶的统一动作之外，还必须保证千斤顶每行程的同步。

（2）在连续顶推千斤顶每行程的伸缸过程中，66 套位移传感器测量连续顶推千斤顶快慢、66 套压力传感测量连续顶推千斤顶压力大小、198 个感应开关组成一个大型的监控群，使位移量之差和压力之差控制在设定值以内。

（3）本工程中的控制系统采用 PLC 现场总线控制系统，工程控制主机系统对顶推过程各墩分控系统收集的数据信息进行相应运算处理，从而确保顶推过程的安全及平稳进行。同时也包含了故障报警以及相应的辅助功能等内容。

（4）在顶推过程中对水平千斤顶的位移改变情况进行收集，利用闭环控制比例阀开口值与位移之间的协调配合，将比例阀改变开口值大小以及位移状况作为相应的参考数据，合理地控制水平千斤顶改变速度，从而有效实现合理控制顶推速度。

本工程水平连续顶推千斤顶布置为每墩每桁各 1 台，每墩 3 台水平连续顶推千斤顶共用 1 台液压泵站，同一油路确保其顶推力基本一致。同一墩上 3 台顶推顶间若某台顶伸缸较快则通过电磁阀通断使其流量稍微变慢。不同墩间连续顶推千斤顶间通过调节液压泵站的流量来确保同步（图 3-2-118）。若某台液压泵站伸缸较快，则对该液压泵站进油路减小相应变量泵与比例阀开口值，从而减小流量，反之，则增加相应变量泵与比例阀开口值，从而增大流量。

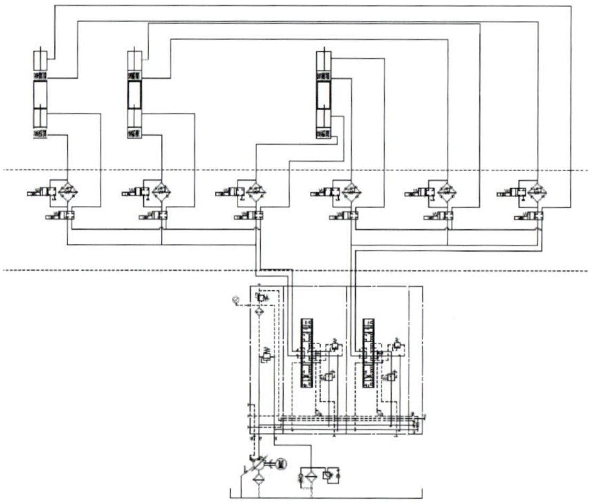

图 3-2-118　连续顶推同步控制流程示意图

压力传感器可提高构件的安全性,实时监测每个顶的荷载变化情况。在顶推过程中,计算机通过压力传感器监测每台千斤顶的荷载变化情况。如果千斤顶的荷载有异常突变,计算机会自动停机,并报警示意。系统控制流程如图3-2-119所示。

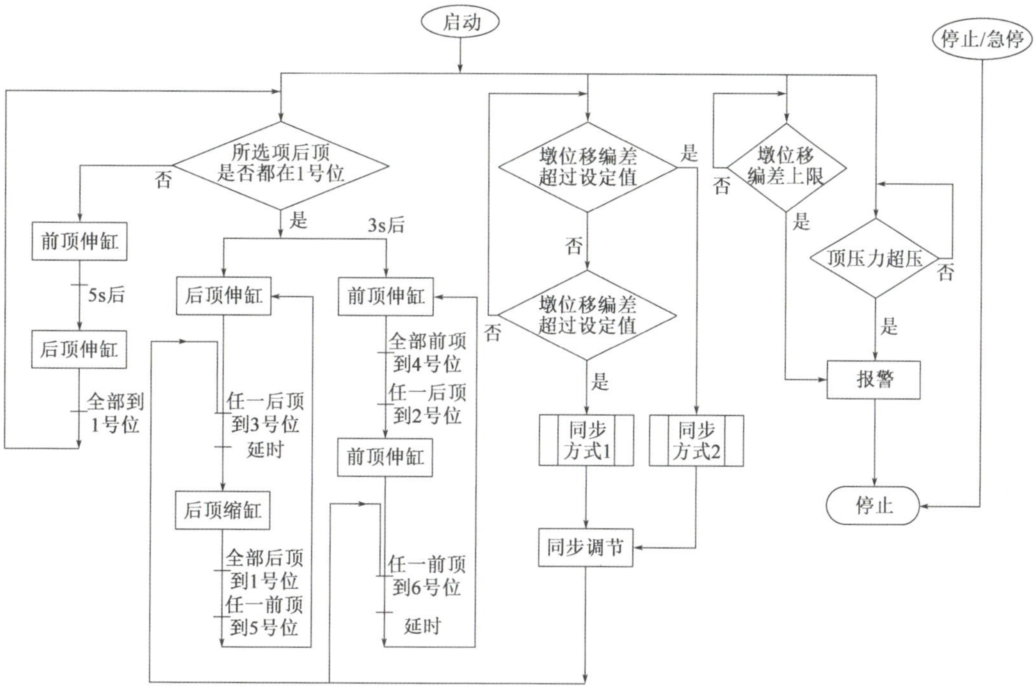

图3-2-119 连续顶推同步控制流程图

本工程顶推倒滑块时钢梁的起顶和下降是其中的关键点,以下仅针对顶升控制画面及顶升、下降流程进行介绍。

顶推工况下起顶及下降同步控制。同一墩上每桁上同一支点2台千斤顶共用同一液压油路板以确保同一支点2台千斤顶共同受力。中边桁6个支点同步通过电磁阀通断进行微调整流量快慢以达到各支点同步控制。同步控制精度同一墩为3~5mm。同步顶升液压原理如图3-2-120、图3-2-121所示。

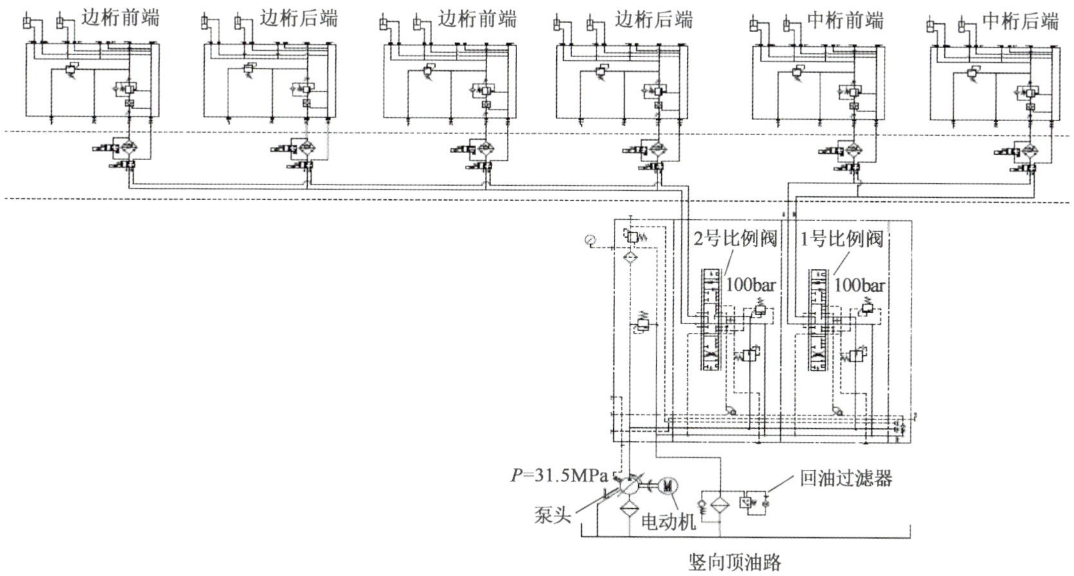

图3-2-120 同步顶升液压原理图1

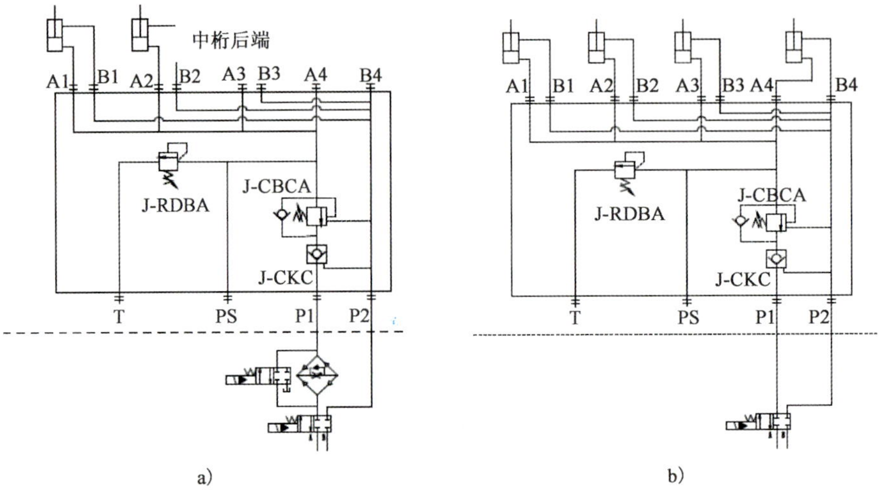

图 3-2-121　同步顶升液压原理图 2

桥面板结合工况下起顶及下降同步控制，同步控制精度同一墩为 3～5mm。顶升控制系统操作界面如图 3-2-122 所示。

顶升控制操作界面信息解释如图 3-2-123、图 3-2-124 所示。

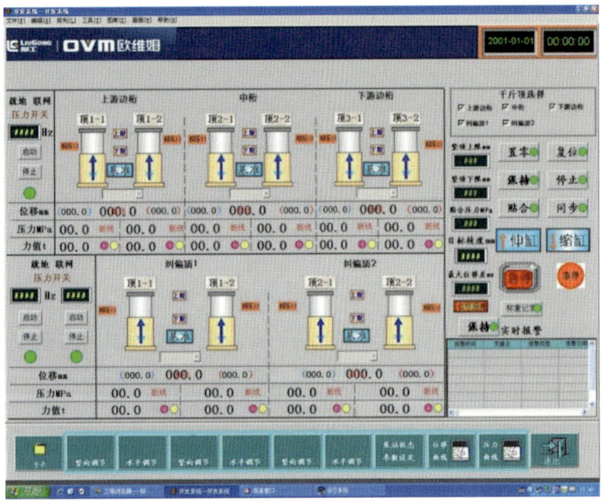

图 3-2-122　顶升控制系统操作界面

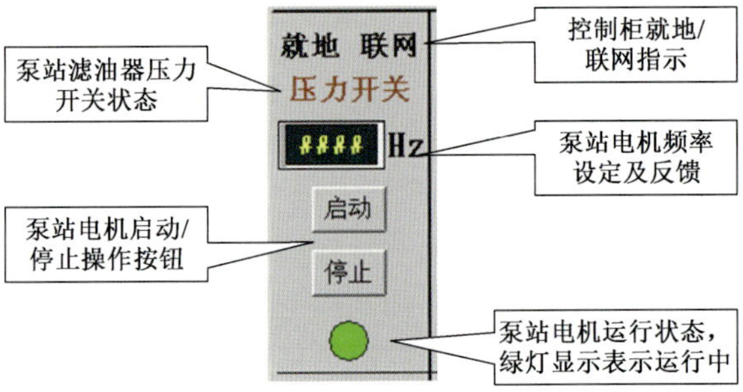

图 3-2-123　顶升控制操作界面信息详解——泵站及控制柜信息区

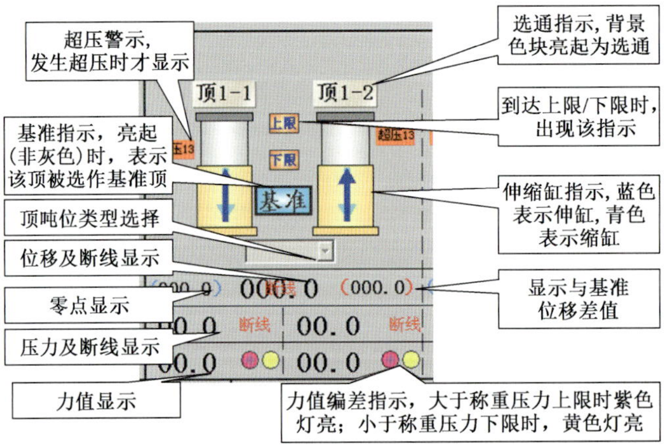

图 3-2-124　顶升控制操作界面信息详解——千斤顶及监控数据信息区

在主控计算机远程操作时，现场人员可通过现场控制柜观察当前机械的工作状态(图3-2-125、图3-2-126)。

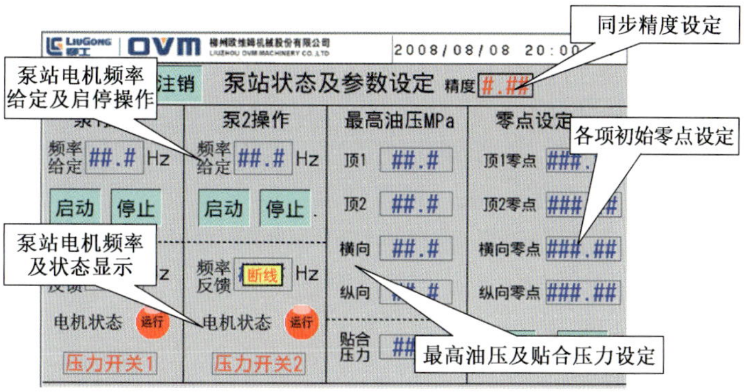

图3-2-125　顶升控制操作画面信息详解——泵站及参数设定信息区

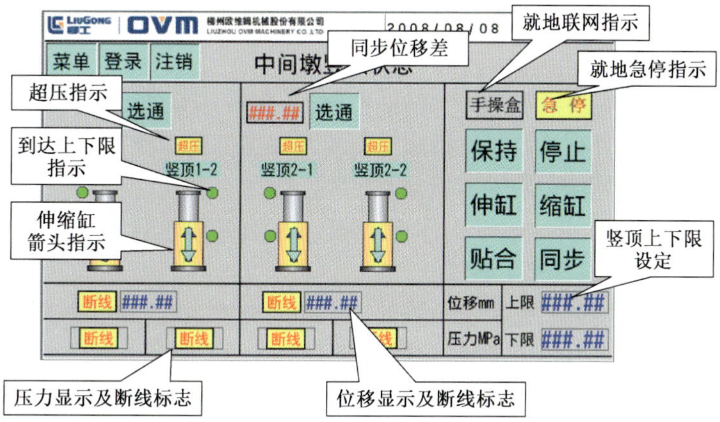

图3-2-126　现场控制柜触摸屏操作画面信息详解

图3-2-127为顶升下降工艺流程图。

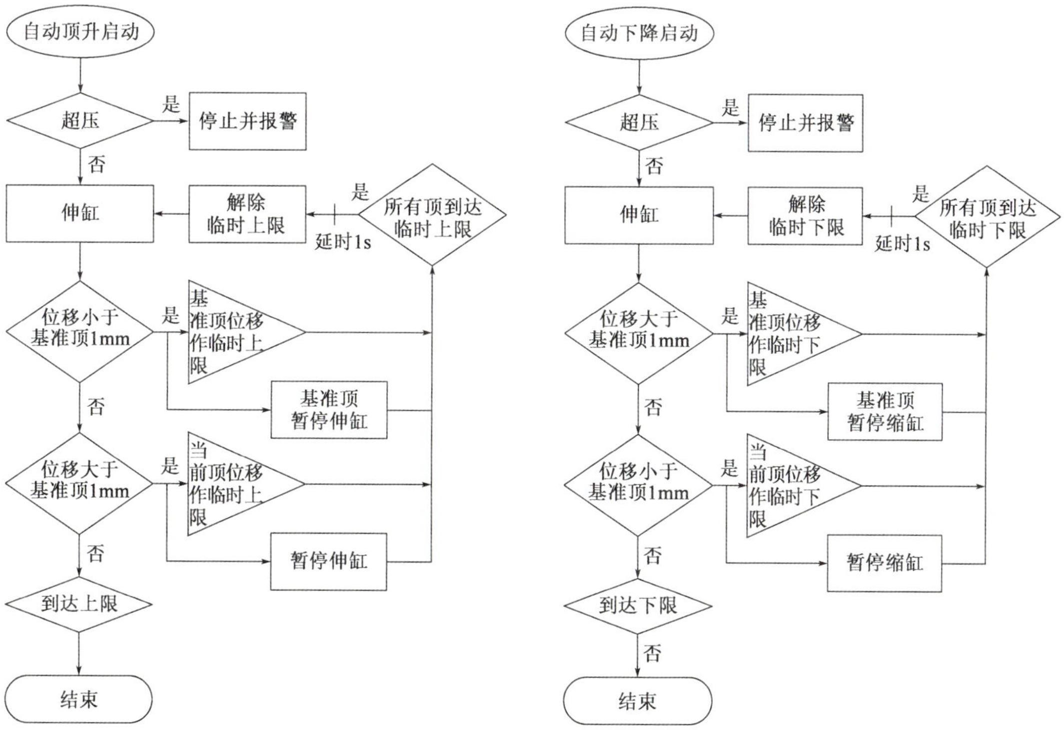

a)顶升流程图　　b)下降流程图

图3-2-127　顶升下降工艺流程图

3)顶推同步性措施

本工程中,采用压力和位移交替控制来实现顶推的同步性,分两步进行。即先进行顶推分级加载预紧,然后再进行位移同步顶推。

在倒换滑块起顶时,确定各个墩顶的支反力,按照实测滑块的静摩擦系数计算出摩阻力,再根据摩阻力来确定千斤顶需施加的顶推力。

将顶推时的顶推力分为5个等级,分别是30%、50%、70%、80%、85%,顶推时按等级加载。

顶推工作就绪后,首先选择手动模式,逐一将顶推顶前后主顶的活塞回到行程开关位置后开始手动顶推。主控台操作人员按下“前顶进”按钮,观察操作界面的压力显示,分别在30%、50%、70%、80%、85%荷载牵引力状态下,检查各受力结构变形情况。检查油泵、顶推顶、前后夹持器、前后监控器、压力表、钢绞线是否异常,如有异常立即报告。

加载85%后,各水平千斤顶的受力均一致,转换至自动运行模式,以位移控制进行自动连续顶推。各墩分控系统收集水平千斤顶位移信号加以运算,并发送至工程控制主机系统;主控机对数据分析后再下令各墩分控系统执行相应的指令,在此过程中,主控机和各墩分控系统不断地收集信号、运算、执行相应指令,形成一种闭环控制。

在以位移控制顶推过程中,顶推压力作为辅助控制,各墩液压泵站均有压力限定装置,分控系统有压力监控措施,主控机上显示所有分控监控措施。滑块与滑道间的摩擦力发生变化时,顶推压力也随之变动。在压力不超过一定范围值内,系统不报警。

当超压时,分控系统会报警,并在显示上体现出来,液压泵站限压装置启用,使水平千斤顶压力不再升高,顶推力不会增大,以保护钢梁和主墩安全。

当墩顶上突然停电时,主控机上监控系统立即显示停电分控系统,并下令其他分控系统停止执行当前指令,防止其他水平千斤顶压力超压,保护钢梁和所有主墩的安全。

主控机发出指令给各分控系统执行是同步的,即主控机同时对各分控系统发出指令,各分控系统同时执行指令,各墩的水平千斤顶同时动作,使得主墩受到较小的水平力,保护主墩安全。

4)顶升同步性措施

顶升施工原理与顶推相同,也是采用压力和位移交替控制来实现顶升的同步性。先加载预紧,再进行等压同步,位移为辅顶升。

根据监控单位针对当前顶升状态提供的各点顶升力,设定好起顶力,各点按照设定好的起顶力等压起顶。待滑块向后滑移完成后,将滑块上方抄垫钢板,抄垫至梁底等高状态(各桁滑块上方抄垫钢板顶部与三桁底板均距离3mm),抄垫误差控制在≤3mm。如此可有效保证每次滑块倒换落梁完成后每个滑块受力均维持在合理范围内。

顶升工作准备后,主控机上选择顶升操作系统,启动顶升指令,各分控系统执行顶升预紧,使各竖向千斤顶的压力达到相同的值。这时各分控系统收集信号加以运算后发送给主控机,主控机分析后发送下一道指令,各分控系统执行命令,开始以位移控制顶升。在顶升过程中,压力也在不断地升高,辅助位移控制顶升。压力不超过一定值,系统不报警。

顶升过程中千斤顶超压时,液压泵站限压装置启用,分控和主控系统也报警;当压力超过千斤顶的限压值时,下令全桥分控系统停止执行当前指令,并显示超压千斤顶,要求千斤顶低于限压值后才能恢复顶升指令,保护钢梁安全。

当墩顶上突然停电时,主控机上监控立即显示停电分控系统,并下令其他分控系统停止执行当前指令,防止其他竖向千斤顶压力超压,保护钢梁的安全。

在顶推施工过程中,根据测桥墩应力状态和桥墩墩顶位移和转角等数据,随时调整水平千斤顶油压。

5)顶推过程控制措施

(1)顶推力的确定

在倒换滑块起顶时,根据摩阻力确定千斤顶施加的顶推力。滑块和滑槽的相对位置采用自动加黄油的装置,确保顶推过程中同步性和减少摩擦力。

刚开始顶推时,顶推启动顺序建议先拼装平台后1~10号桥墩,纵向行走时当12m顶推走完6m之后,1~10号桥墩滑块纵向启动早于平台纵向启动。

刚开始顶推时,拼装平台水平千斤顶加载至85%,1~10号桥墩水平千斤顶加载至70%,再同步顶推;顶推走完6m之后,停止顶推,放钢绞线使滑块不受力再重新加载,拼装平台水平千斤顶加载至70%,1~10号桥墩水平千斤顶加载至85%,再次同步顶推至12m。

(2)导梁上墩高度调整

顶推过程中,导梁端部高程是不断变化的。为了保证导梁顺利通过临时墩,在导梁接近临时墩时,应对其高程进行监测。根据高程来确定,如导梁高程过低时,利用导梁前端100t液压千斤顶起顶导梁,然后塞入滑块继续顶推,从而实现上墩。

(3)顶推过程中钢梁受力控制

主梁顶推过程中监控测量钢梁的应力,一旦出现异常,则立即停工,查找原因,并予以调整。处理完问题后再继续顶推。

(4)顶推过程中桥墩受力及变形控制

根据结构的受竖向支反力可知,在桥墩受最大支反力作用时,桥墩受最大弯矩为260040kN·m,假设滑块摩擦系数为0.05,桥墩受最大纵向水平力为$43340\times0.05=2167$kN。由最大弯矩引起的纵向位移为$0.0137\times260040/1000=3.6$cm;由最水平力引起的纵向位移为$0.7\times2167/1000=1.5$cm;最不利工况为两者叠加,即5.1cm,所以要求墩顶纵向位移不能超过5cm,如顶推能达到多点同步,墩顶纵向位移不超过4cm。

在主墩墩顶进行线形监测,将监测数据和实际理论数据对比。当超出预警值,立即停止顶推工作,通过增加或减少水平力、抄垫进行纠偏后再进行下一步工作。

(5)顶推后的线形调整

在顶推后拼装钢桁梁前需对钢梁线形进行测量调整。在测量出数据后,竖向千斤顶起顶,调整三桁高程差在规范允许范围之内(5mm),然后通过横向纠偏装置进行轴线调整,再落梁使滑块受力,使钢梁线形达到规范和设计要求。

2.5.5 顶推纠偏及限位

针对钢梁横向偏位引起的诸多问题,采用以下几项技术措施实现钢梁顶推施工中的横向偏位调整。

(1)采用单动一侧连续千斤顶的方式进行纠偏

在钢梁顶推初期,由于钢梁拼装长度相对较短,钢梁刚度较大,重量较轻,顶推摩阻力相对较小,只用单侧千斤顶就可以将钢梁顶推前移。钢梁轴线出现横向偏位以后,在顶推过程中采用单动一侧连续千斤顶的方式进行纠偏。

(2)采用液压纠偏滚轮对钢梁横向偏位进行约束

在滑块两侧设置有可调式液压纠偏滚轮,通过液压缸的伸缩,可采用最小的纠偏力来达到纠偏效果。

(3)利用纠偏反力座进行钢梁的横移调整

采用焊接在滑道梁上的横向纠偏反力座进行纠偏。利用滑道梁端部设置的水平千斤顶横向作用于滑块,使滑块和钢梁共同横移,实现钢梁偏位的调整。

2.5.6 钢梁顶推施工控制标准

(1)钢梁拼装线形标准

按照《铁路桥涵工程施工质量验收标准》(TB 10424—2019)及设计图纸的要求,顶推过程中轴线偏差不超过5cm,三桁高差不超过5mm。

(2)顶推支反力控制标准

顶推施工过程中保证支点不脱空,因纵向支点高度误差导致的支反力偏差不大于其正常情况下理论值的5%(要求纵向整体高度偏差在2cm以内),因横向支点高度误差导致的支反力偏差不大于其正常情况下理论值的10%(以主动落梁的方式使滑块受力,要求横向支点高度相对偏差在3mm以内)。

(3)顶推过程位移标准

顶推钢梁横向偏位不大于5cm,墩顶纵向偏位不大于4cm,各个桥墩的滑块和桥墩的相对位置偏差在1cm以内。

(4)顶推过程控制应力标准

取理论计算结果和应力监测结果的最大值乘1.4作为其代表值,桥墩墩身拉应力代表值不超过混凝土抗拉强度标准值,托架混凝土压应力代表值不超过混凝土抗压强度标准值,托架钢筋应力代表值不超过抗拉强度标准值。

第3章 主桥钢梁施工监控

3.1 施工监控概述

3.1.1 施工监控目标

桥梁施工监控的目标是桥梁结构成桥时桥梁结构受力合理,线形平顺;施工过程中各工况结构均处于符合规范和设计要求的受力状态下,即在正常施工条件下,桥梁结构受力合理;对施工过程进行必要的优化论证分析。

要实现以上施工监控目标,就必须对桥梁的施工全过程进行仿真分析,对桥梁主要结构的空间坐标、主要结构截面的应变或应力、温度及其影响进行现场监测与控制,对误差进行分析与控制,以确保施工监控最终目标的实现。

三门峡黄河公铁两用大桥为11跨连续钢桁结合梁桥,其受力控制主要是使桥墩、主梁的内力分布与设计内力状态相一致,并符合相关规范要求。

大桥顶推施工过程中,托梁承受较大弯矩,桥墩承受较大偏心荷载,为保证结构受力合理,须对整个施工过程中的桥墩应力、托架应力、支点支反力、桥墩变形进行监控,在前期施工中找出规律,以此对后期施工的受力状况进行预测,并进一步对顶推施工方案的合理性进行验证。

1)线形控制

对钢桁架桥,施工监控的主要工作是控制主梁架设线形。对本桥,结合其施工特点,在施工过程及成桥时,其线形控制主要包括:

(1)整体主梁成桥线形。

(2)顶推施工拼装过程中主梁的拼装线形。

(3)顶推施工拼装过程中主梁连接三桁高差。

(4)顶推施工顶推过程中主梁的轴向偏位。

2)施工过程控制

除控制主梁架设线形外,结构参数影响分析修正等也是监控关注的重点,本桥施工监控主要解决的问题如下:

(1)根据本桥施工方法及受力特点,优化施工方案,对现有施工方案提出合理意见,通过施工过程全仿真模拟计算整个施工过程。

(2)根据施工过程全仿真分析,修正参数,确定顶推过程中主梁的受力变化与线形变化。

(3)钢桁梁在顶推过程中,杆件的局部受力分析,杆件局部失稳计算,钢桁梁的整体纠偏和侧向失稳控制。

(4)考虑在钢梁顶推过程中温度对钢梁线形的影响,对支墩顶升、支墩下落结构受力的影响。

(5)构件拼装、顶推过程中,杆件的变形、应力控制在安全范围内。

(6)主梁顶推过程中,混凝土桥墩临时托架变形、应力控制在安全范围内。

(7)主梁顶推过程中,混凝土桥墩墩顶位移控制在安全范围内,应力满足要求,混凝土裂缝宽度满足要求,临时结构滑道梁受力满足要求。

(8)参数识别控制,根据当前监测数据,识别、修正桁梁的制造参数误差和自身材料误差,指导监控计算。

(9)安全预警,根据当前监测数据和计算结果,预测结构最不利受力阶段,并在此阶段加强监测和控制。

3.1.2 施工监控控制标准

1)钢梁控制标准

施工监控的精度,也即施工监控的目标,应满足指标文件及施工图设计(设计文件)要求。在确定控制目标时,需依据《高速铁路桥涵工程施工质量验收标准》(TB 10752—2018)及设计图纸的相关规定,并参考国外相关技术规范的精度要求。考虑目前仪器测量误差,本桥控制精度见表3-3-1。同时,在顶推施工过程中,结构抗倾覆系数大于1.3。

三门峡黄河公铁两用大桥施工控制精度　　表3-3-1

序号	项目		允许偏差(mm)
1	墩台处轴线偏差		10
2	两孔(联)间相邻横梁中线相对偏差		5
3	墩台处横梁顶与设计高程偏差		±10
4	两孔(联)间相邻横梁相对高差		5
5	每孔梁对角线支点的相对高差		5
6	固定支座处钢梁节点中心线与设计里程纵向偏差		±10
7	钢梁平面	弦杆节点对梁跨端节点中心连线偏移	20
		弦杆节点对相邻两个奇数或偶数节点中心连线偏差	5

2)桥墩控制标准

(1)顶推过程支反力标准

横向3支点高度误差导致的支反力偏差,不大于其正常情况下理论值的10%。落梁过程中,以千斤顶反力进行控制,滑块则主动支撑钢梁。为方便施工,滑块在抄垫时,可以与梁底保持一定距离,此距离三桁间应保持一致,且最大误差不超过3mm。

竖向千斤顶起顶和回落控制值与理论值的误差范围为±10%(主要考虑理论计算误差、荷载统计误差)。千斤顶起顶和回落时,应该分级起顶,拟定初始分级以20%的支反力控制值进行,等加载的力达到控制力的60%后,以10%的力分级起顶。

(2)应力监测标准

取理论计算结果和应力监测结果的最大值乘1.4作为其代表值,桥墩墩身拉应力代表值不超过混凝土抗拉强度设计值,托架混凝土压应力代表值不超过混凝土抗压强度设计值,托架钢筋应力代表值不超过抗拉强度设计值。

3.1.3 施工监控重难点及解决方法

(1)温度对连续梁结构架设线形的影响

本桥为11跨84m+9×108m+84m连续钢桁梁,顶推时间长,受温度等外界环境影响较大。对主梁结构温度分布的准确模拟是准确把握和推算已拼装主梁实际线形的关键。

解决方法:主梁结构温度测量传感器布置于主梁的上弦杆、腹杆、下弦杆,同时中桁和边桁都有布置,这样能有效模拟主梁温度分布规律,为推算主梁实际线形提供真实有效的数据;同时,线形测量集中在夜间温度变化较小的时间段进行。

(2)三桁线形控制

钢桁梁为三主桁结构,无上下平联,现场拼装时,主桁相对高差、桁间距控制难度大;主桁三桁截面差异较大,刚度分布不均,三桁高差控制难度较大。

解决方法:主梁拼装时保证杆件在无应力状态;增大平台刚度,增加支点数量,减少变形;主梁在平台拼装时将结构杆件一次性加载到位,对拼装节段统一调整线形;在主梁连接已拼装梁段时,已拼装梁段预留2~3个节段(24~36m)于拼装平台上,便于与后拼装主梁连接以及控制三桁高差。

(3)顶推施工线形及结构受力控制

本桥单向顶推架设施工,顶推工作量相对较大,拼装线形、顶推过程中千斤顶顶推力的控制是整个主梁架设的关键。

解决方法:顶推过程中加强线形及应力监测,及时分析数据,监控小组建立有效的反馈机制,使钢梁线形、钢梁受力、桥墩受力、临时结构受力可控。

(4)误差累积特性的影响

施工中各种参数(如材料的重度、弹性模量、施工荷载等)偏差,以及测量误差,尤其是某些具有累积特性的偏差(如高程误差、轴线误差等),都对施工监控的准确分析、预测有很大的影响。

解决方法:钢梁拼装施工前称重,进行钢结构试验等保证其参数较准确;施工计算时,计算各个参数对结构受力及线形的影响,并在施工过程中根据监测结果实时修正计算。

(5)结构线形调整范围有限

本桥拼接节点为栓焊结合连接,结构线形主要通过制造精度和现场拼装精度决定,钢桁梁拼装过程中,必须严格遵循施工规范。一旦出现偏差,线形调整将相当困难,并可能产生附加应力。

解决方法:保证拼装线形质量,且顶推过程中尽量减少调整后拼主梁线形的情况。

(6)顶推过程中支点竖向力的控制

本桥主梁有预拱,顶推过程中支点受力不均,为保证结构受力合理,要控制施工过程中竖向千斤顶的顶推力。

解决方法:对竖向千斤顶,起顶时控制千斤顶的竖向力,以控制顶推力为主调整支点受力;对纵向顶推系统,保证顶推力和理论计算顶推力相差较小,以减少纵向水平力和水平纠偏频率。

(7)组合梁体系的监测

本桥铁路桥面系采用正交异性整体钢桥面板,公路桥面系采用混凝土桥面板与横梁、上弦杆相结合的组合体系。顶推施工过程中,公路混凝十桥面板未加载,上弦部分结构线形测量较频繁且风险较大;同时,组合梁体系的特点是以剪力钉连接钢梁和混凝土结构,上弦杆杆件顶板部分不能布置传感器。

解决方法:主梁上弦杆增加临时栏杆等临时结构。为保证监测人员的工作安全,避免在顶推作业的同时进行测量,尽量减少上弦线形测量频率,以下弦线形测量为主;主桁上弦杆顶面不布置应力传感器,将上弦杆上端应力传感器布置于腹板上;上弦杆和腹杆应力测量导线牵引至下铁路桥面处,方便监测。

(8)顶落施工的影响分析

本桥公路桥面为钢-混凝土结合桥面系,混凝土桥面板抗裂强度较差,容易出现裂缝。钢桁梁起顶顺序、起顶时机及起顶梁的大小,直接关系到成桥混凝土桥面板的内力状态。

解决方法:施工监控时必须模拟实际的施工工序进行精确计算分析,同时结合实测的应力和线形结果,合理优化钢桁梁的起顶顺序、起顶时机及起顶梁的大小,起到指导和优化施工的作用;在顶落梁前后监测混凝土桥面板内应变计的应力、应变情况,监测顶落梁过程对混凝土桥面板受力的实际改善情况。

(9)施工临时荷载的控制

施工过程中临时构件、临时荷载较复杂。

解决方法:尽量减小因施工临时荷载施加的不确定性导致的施工控制风险。事先按照施工组织设计和施工单位沟通,掌握临时荷载的大小和摆放位置及时间,再通过理论计算,进行合理优化,减少因施工临时荷载引起的线形、内力及位移偏差以及安全风险。

(10)顶推过程中桥墩受力与墩顶位移监控

顶推过程中桥墩受偏心弯矩作用,且顶推时有竖向振动产生竖向附加力,纵向千斤顶移动不同步产生的纵向水平力,三力综合作用导致桥墩承受较大弯矩,桥墩部分位置承受较大拉应力。桥墩墩顶在纵向力和偏心力的作用下产生位移较大。

解决方法:计算顶推过程中每个墩的支反力变化,预测桥墩最不利受力阶段的受力情况,理论计算出每个桥墩的竖向力和水平力控制值。同时,在桥墩墩身受拉应力作用较大的部位布置应力传感器,监测混凝土桥墩的受拉应力值,在桥墩墩顶布置三维坐标监测点,确定桥墩纵向偏位和转角,一旦应力和位移超出允许值,立即预警。

(11)顶推过程中桥墩临时托架受力监控

桥墩临时托架为悬臂结构,钢梁的重量都是通过托架传递到桥墩,托架根部受到较大的应力作用,由于托架为混凝土结构,在最大悬臂集中荷载作用时,托架根部混凝土易开裂。

解决方法:计算顶推过程中每个墩的支反力变化,理论计算出托架承受的最大悬臂集中荷载,验算托架受力。同时,在桥墩托架根部受拉应力作用较大的部位布置应力传感器,监测混凝土的受拉应力值,一旦应力超出允许值,立即预警。由于本桥为三桁结构,每个桥墩上布置3个托架,施工过程中要保证3个托架受力均匀,横向支点最好设计成弹性支撑,使得支反力能主动分配。

(12)顶推施工反力和同步性控制

顶推施工过程中竖向千斤顶和纵向千斤顶需保证同步才能合理分配桥墩支点受力,但受限于桥梁施工特点和目前的施工技术水平,很难保证所有支点完全同步。

解决方法:滑块支点部位采用柔性支撑以减少横向支点高差造成的支点受力不均;竖向千斤顶起顶时采用主动支撑方式,控制竖向千斤顶受力;滑块和滑槽的相对位置采取自动控制措施,保证顶推的同步性;拼装平台上的支点高度预留上下调节空间,调节空间为±10cm。

3.2 施工监控理论分析

3.2.1 主要计算内容

本桥采用顶推法施工,施工过程中存在多次结构体系转换的情况。施工过程计算确定每个阶段的结构受力及线形,必要时,调整线形和支点受力,使各施工工况及最终的成桥线形和受力状态满足设计和规范要求。

要正确模拟桥梁施工过程中结构的力学行为,必须采用合适的有限元模型对桥梁中不同构件和边界进行模拟,正确划分施工过程中的受力阶段,同时运用适当的分析方法来模拟施工行为。

施工中影响因素很多,为了准确把握施工过程中结构的受力和线形情况,施工监控分析计算的内容如下:

1)应力计算

(1)计算主梁顶推过程中关键杆件的应力;

(2)计算主墩在顶推施工过程中的应力;

(3)计算铁路钢桥面板关键点在顶推施工过程中的应力;

(4)计算顶落梁前后关键杆件的应力及混凝土桥面板的应力;

(5)计算二期恒载铺设后全桥关键杆件的应力;

(6)计算主梁在荷载组合作用下关键杆件的应力;

(7)计算顶推过程中桥墩的应力;

(8)计算顶推过程中桥墩临时托架的应力。

2)线形计算

(1)计算主梁无应力制造线形;

(2)计算主梁拼装线形;

(3)计算主梁顶推过程中的主梁线形;

(4)计算桥面混凝土板安装过程中的主梁线形;

(5)计算顶落梁前后的主梁线形;

(6)计算二期恒载铺装前的主梁线形;

(7)计算二期恒载铺设后的主梁线形。

3)支座反力计算

(1)计算顶推过程中各主墩的支座反力;

(2)计算主梁顶落梁过程中的支座反力;

(3)计算成桥阶段各主墩的支座反力。

4)其他计算

(1)计算顶推过程中导梁的受力与变形;

(2)计算临时顶推支架和平台的受力与变形;

(3)计算顶推过程中墩顶的位移与转角;

(4)计算风荷载对施工和临时结构的影响;

(5)计算温度荷载对结构线形和受力的影响。

3.2.2 计算分析资料收集

1)荷载统计

荷载类型及取值见第1篇第5章5.2节。

2)几何参数统计

(1)杆件截面几何参数

结构模型计算时,主要杆件下弦杆、上弦杆、腹杆、公路横梁、铁路横梁及小纵梁截面的几何参数统计见表3-3-2,杆件编号与图纸相同。

杆件截面几何参数表 表3-3-2

位置	编号	$A_z(m^2)$	$I_x(m^4)$	$I_y(m^4)$	$I_z(m^4)$
下弦杆	1	3.10×10^{-1}	1.03×10^{-1}	9.16×10^{-2}	8.41×10^{-2}
	1	2.57×10^{-1}	8.01×10^{-2}	7.33×10^{-2}	6.87×10^{-2}
	3	1.65×10^{-1}	5.52×10^{-2}	4.40×10^{-2}	4.07×10^{-2}
	6	1.73×10^{-1}	5.88×10^{-2}	3.41×10^{-2}	4.70×10^{-2}
	7	1.67×10^{-1}	5.46×10^{-2}	3.28×10^{-2}	4.48×10^{-2}
	8	1.54×10^{-1}	5.25×10^{-2}	2.98×10^{-2}	4.08×10^{-2}
上弦杆	10	2.20×10^{-1}	5.36×10^{-2}	4.17×10^{-2}	6.02×10^{-2}
	11	1.87×10^{-1}	4.62×10^{-2}	3.43×10^{-2}	5.04×10^{-2}
	12	1.74×10^{-1}	4.18×10^{-2}	3.13×10^{-2}	4.42×10^{-2}
	13	1.44×10^{-1}	3.50×10^{-2}	2.48×10^{-2}	3.47×10^{-2}
	15	1.65×10^{-1}	2.68×10^{-2}	2.85×10^{-2}	3.82×10^{-2}
	16	1.44×10^{-1}	2.40×10^{-2}	2.36×10^{-2}	3.29×10^{-2}
	17	1.32×10^{-1}	2.28×10^{-2}	1.95×10^{-2}	2.79×10^{-2}
	18	1.24×10^{-1}	2.05×10^{-2}	1.88×10^{-2}	2.60×10^{-2}

续上表

位置	编号	A_z(m²)	I_x(m⁴)	I_y(m⁴)	I_z(m⁴)
腹杆	21	2.38×10^{-1}	5.74×10^{-2}	4.12×10^{-2}	6.94×10^{-2}
	22	2.12×10^{-1}	4.94×10^{-2}	3.71×10^{-2}	5.99×10^{-2}
	23	1.77×10^{-1}	4.02×10^{-2}	3.01×10^{-2}	4.74×10^{-2}
	24	1.59×10^{-1}	3.51×10^{-2}	2.69×10^{-2}	4.12×10^{-2}
	25	1.35×10^{-1}	2.13×10^{-2}	2.27×10^{-2}	2.89×10^{-2}
	26	1.09×10^{-1}	1.72×10^{-2}	1.74×10^{-2}	2.25×10^{-2}
	27	9.30×10^{-2}	1.49×10^{-2}	1.45×10^{-2}	1.94×10^{-2}
	28	6.61×10^{-2}	1.60×10^{-3}	1.16×10^{-2}	1.76×10^{-5}
公路横梁	41	5.04×10^{-2}	1.45×10^{-2}	1.06×10^{-3}	7.63×10^{-6}
	42	6.04×10^{-2}	1.72×10^{-2}	1.24×10^{-3}	1.27×10^{-5}
	43	6.04×10^{-2}	1.72×10^{-2}	1.24×10^{-3}	1.26×10^{-5}
	44	4.03×10^{-2}	7.78×10^{-3}	8.37×10^{-4}	5.41×10^{-6}
铁路横梁	51	5.03×10^{-2}	1.26×10^{-2}	9.96×10^{-4}	1.08×10^{-5}
	52	5.62×10^{-2}	1.41×10^{-2}	1.12×10^{-3}	1.52×10^{-5}
	53	7.75×10^{-2}	1.96×10^{-2}	2.27×10^{-3}	2.99×10^{-5}
铁路小纵梁	54	1.31×10^{-2}	4.77×10^{-4}	2.94×10^{-5}	1.20×10^{-6}

(2)构件局部坐标系

主要构件局部坐标系如图 3-3-1 所示。

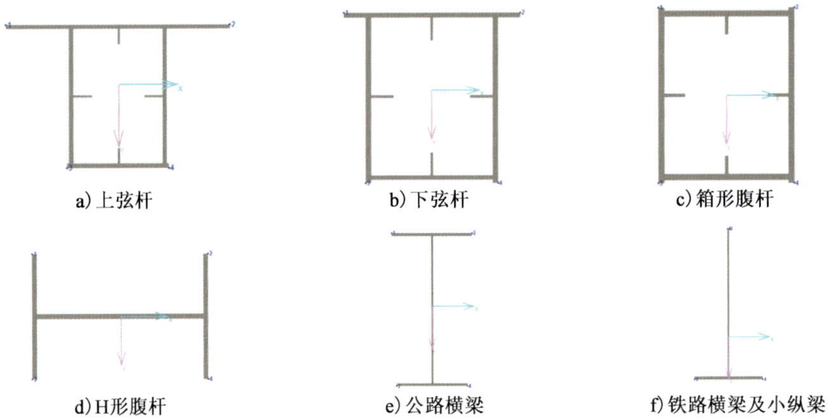

图 3-3-1　主要构件局部坐标系

(3)边界条件

①竖向约束:每个墩的中、边桁 3 个支点均设置竖向约束。

②横向约束:每个墩的中桁支点处均设置横向约束。

施工过程模拟分析是在一次成桥计算的基础上,根据施工组织设计,对主梁施工过程进行模拟分析。

3.2.3　目标状态计算

1)整体模型

监控理论计算的最终目的是使成桥状态的内力、线形等计算值与设计值(目标值)相吻合,按施工的进程进行分析,直到成桥,看其成桥状态是否满足设计要求。本桥整体结构分析采用 3Dbridge 软件,模型结构计算离散如图 3-3-2 所示。

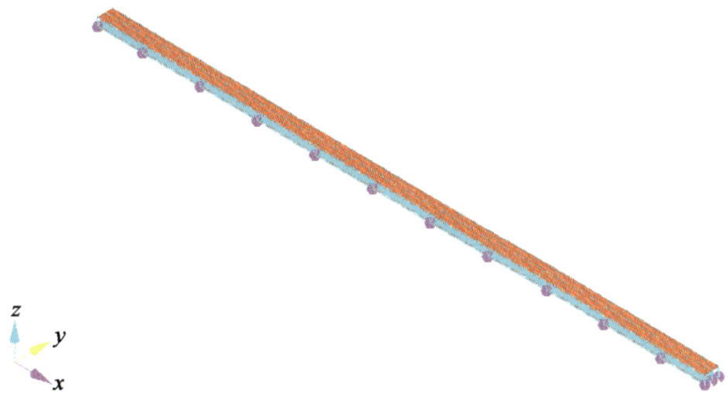

图 3-3-2　模型结构计算离散图

(1)梁单元

主桁杆件、铁路纵横梁、铁路U肋、公路横梁,共划分为33681个梁单元。

(2)矩形薄板单元

公路桥面板和铁路桥面板上顶板采用板单元模拟,公路桥面板厚0.3m、铁路桥面板厚0.016m,共划分为15960个板单元。

(3)边界条件

在边桁和中桁下弦节点设约束,约束设置和支座类型相对应。

2)单元坐标系及符号约定

(1)总体坐标系

总体坐标系为Z轴竖直向上的符合右手法则的三维笛卡儿直角坐标系,X向沿桥梁纵向指向南岸。

(2)梁单元局部坐标系

3Dbridge梁单元局部坐标系如图3-3-3a)所示。坐标系的X、Y轴应为梁单元节点所在截面的形心主惯性轴,Z轴由单元I端至J端为正向。

(3)板壳单元局部坐标系

3Dbridge板壳单元局部坐标系如图3-3-3b)所示。坐标系的原点为板壳单元的形心,X轴为坐标系原点到JK边中点连线,Y轴为坐标系原点到KL边中点连线,X、Y、Z轴组成右手坐标系。

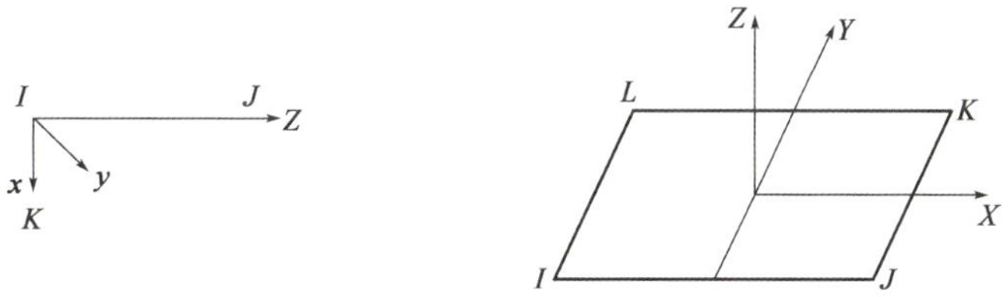

a)梁单元局部坐标系示意图　　b)壳单元局部坐标系示意图

图 3-3-3　3Dbridge单元局部坐标系示意图

(4)内力及应力符号规定

3Dbridge单元荷载和板壳单元荷载的方向规定:与该单元局部坐标系一致为正,反之为负。

输出结果的符号规定:梁单元两端内力与单元I端或J端局部坐标系一致为正,反之为负。梁单元两端截面的正应力以截面受压为正,受拉为负。

板壳单元节点处的应力符号规定:应力方向与该点截面的法线正向一致为正,反之为负。也即截面的正应力以受拉为正,受压为负。板壳单元节点处每单位长度的内力符号规定:使该点处的截面产生正的应力的力或力偶则为正值,反之为负。

位移的文本输出规定:节点位移输出总体坐标系下位移,位移方向与总体坐标轴一致为正,反之为负。

3.2.4 顶推过程全仿真模拟

(1)基本原理。

钢梁顶推全过程反力控制及后拼线形的控制是钢梁顶推施工监控的重点。通过调整顶推竖向千斤顶的受力,确保桥墩、临时结构及钢梁受力合理。对每一轮次顶推完成后的全桥线形进行误差分析及后拼修正,降低因多次拼装造成的累积误差。

(2)计算方法。

依据相关设计图纸和施工方案,采用空间杆系有限元理论进行钢梁顶推全过程的钢梁及导梁整体应力验算。

计算模型选择的单元种类包括空间梁单元、板单元、单向受压杆单元。计算模型参与结构包括钢梁、导梁和等效支承体系。其中,钢梁、导梁和顶推拼装平台等,采用梁单元模拟;等效支承体系包括顶推拼装平台垫块、临时墩支承等处的等效支承,采用单向受压杆单元模拟。

按"一次落架法"+"强迫位移法"模拟顶推施工过程,采用"支承位置及相对高程不变,梁随顶推不断前进"的方法建模。

计算工况包括钢梁拼装、钢梁标准顶推(每顶推 12m 计算一次)、导梁最大悬臂、导梁上墩、导梁分段拆除、可能的支点沉降或高程调整等。

通过钢梁顶推全过程整体应力复算,获取的结果包括各计算工况下钢梁及导梁各截面的弯矩、整体应力及挠度、各顶推支点反力等,并统计钢梁及导梁最大应力、顶推支点最大反力等。通过结果分析,验算钢梁顶推全过程的钢梁及导梁整体应力。

(3)线形调整。

由于主梁存在预拱度,主梁的线形与桥墩初始高程可能不匹配,施工时应注意两者的匹配度,特别是靠近拼装平台的两跨桥墩高程必须调整到位之后才能继续拼装后续钢桁梁。同时,如果主梁顶推计算表明,在没有调整支点高程的情况下,桥墩或者主梁受力不满足要求,需对主梁线形进行"主动调整"。主动调整时,可以用竖向千斤顶对主梁进行主动支撑,以千斤顶的力为控制目标,保证竖向不脱空、受力不过大。

(4)拼装线形。

拼装线形应按照精确的钢梁相对高差控制方法来确定,以确保后续拼接线形精确无误。

(5)顶推过程支反力。

本桥按照直线顶推计算,计算是在调整因预拱度造成不匹配的基础上进行的。以导梁位于 11 号墩墩顶为起始阶段,12m 顶推计算一次,直到钢梁前端到达 0 号墩墩顶,总共顶推 102 次。

(6)顶推过程支点高程变化敏感性分析。

以一个桥墩为分析对象,研究支撑点高程变化对其受力的影响。支点高程变化包括横向支点高程不一致、纵向支点高程误差等。

(7)顶推过程主梁受力分析。

(8)顶推过程中桥墩及托架受力分析。

3.3 施工监测内容和方法

3.3.1 变形监测

1)钢导梁变形监测

(1)测点布置

为方便导梁上墩,以及推算导梁的受力情况,对导梁线形进行监测,包括导梁的高程、轴偏及里程等。在导梁上布置临时测点(图3-3-4),临时测点应在导梁制造时采用铳点、刻丝等有效手段制作。导梁上弦杆处的节点线形测点布置在上弦杆顶面的中间位置;导梁下弦杆处的节点线形测点布置在平联上顶面的中心位置,距下弦边缘100mm。

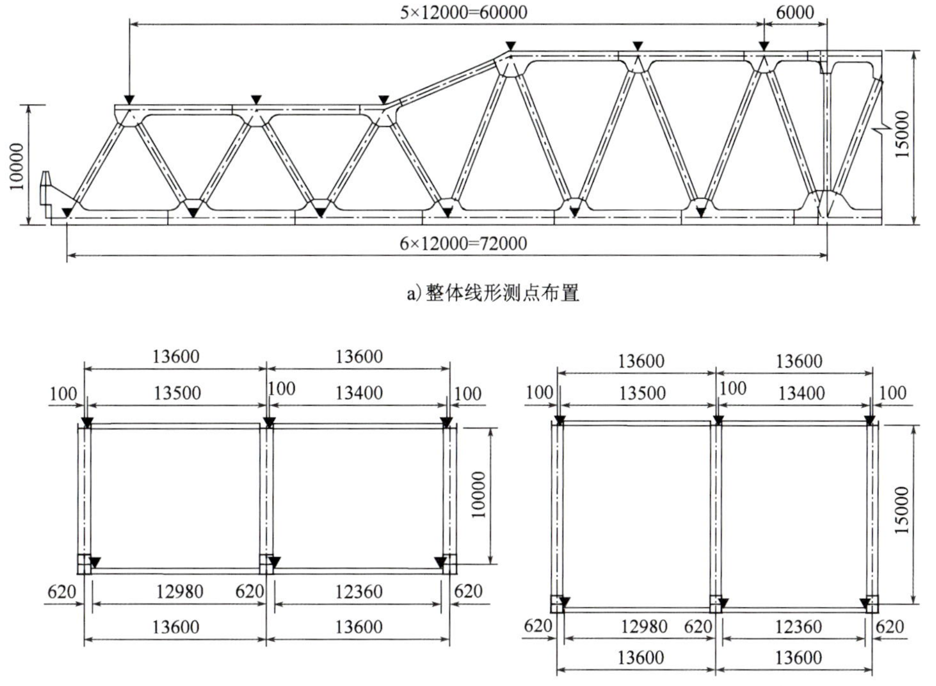

a)整体线形测点布置

b)前端导梁节点线形测点布置断面　　c)后端导梁节点线形测点布置断面

图3-3-4　钢导梁线形测点布置示意图(尺寸单位:mm)

(2)监测工况

①钢导梁上墩之前。

②开始顶推时,钢导梁上墩之后每顶推12m测量一次,直到钢桁梁上墩。

开始顶推时,应加强对导梁的变形监测,摸清规律后,后续施工可适当减少导梁监测线形测点。

2)钢桁梁变形监测

(1)测点布置

钢桁梁线形监测包括钢桁梁的高程、轴偏及里程等。要求在钢桁梁上布置相应的临时测点(图3-3-5),临时测点应在钢梁制造厂内采用铳点、刻丝等有效手段制作。临时测点纵向布置在节点横梁处,横向布置在距主桁中心0.9m处。

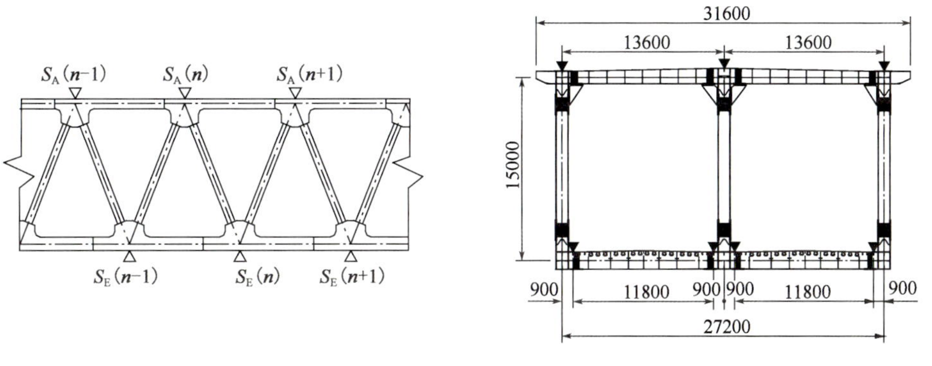

a)线形测点立面　　b)线形测点剖面

图3-3-5　钢桁梁线形测点布置示意图(尺寸单位:mm)

(2)监测工况

①钢桁梁顶推之前,测量拼装平台上桁梁的拼装线形。

②钢桁梁顶推之后,通测所有已经拼装梁段线形。

3)桥墩墩顶位移监测

对桥墩墩顶布置线形测点,测点布置在墩顶靠近边托梁位置,如图3-3-6所示,0~11号墩每个墩顶布置4个线形测点,测试4个测点的三维坐标。混凝土墩顶偏位和转角监测点可以用直径 $d \geq 20$mm螺纹钢筋制作,在混凝土浇筑时预埋,埋置深度不小于0.5m,浇筑完成后外露10mm,并对钢筋顶面进行打磨、刻丝、喷漆标记及保护。

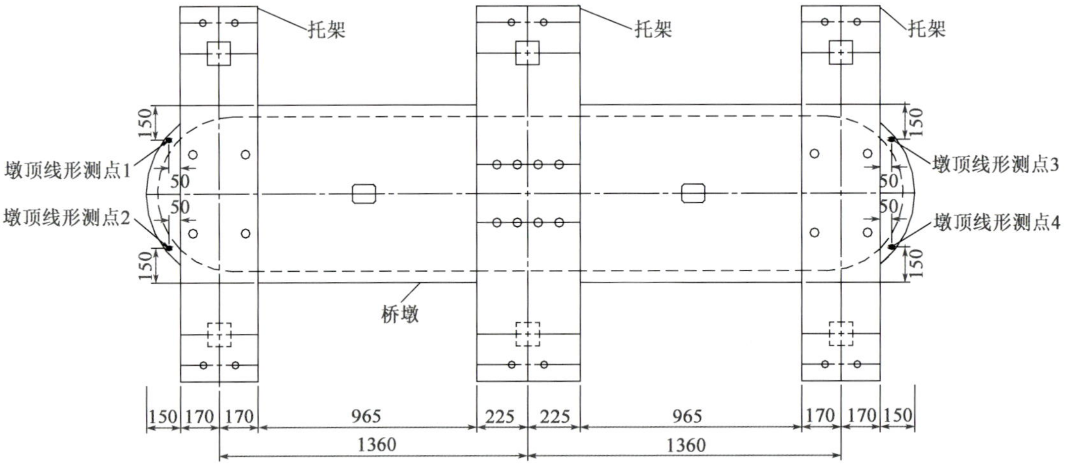

图3-3-6　墩顶线形测点布置示意图(尺寸单位:cm)

每个桥墩浇筑完成7d后,选择日照充足时对墩顶三维坐标进行连续观测。

3.3.2　应力监测

1)钢导梁应力监测

(1)测点布置

根据导梁的受力特点,钢导梁受力最大的部位在变截面处和导梁根部,在布置导梁监测截面时,主要考虑这两个位置。钢导梁应力测试断面测点布置如图3-3-7所示。传感器主要布置于中桁的上弦杆、下弦杆和腹杆,如图3-3-8所示。

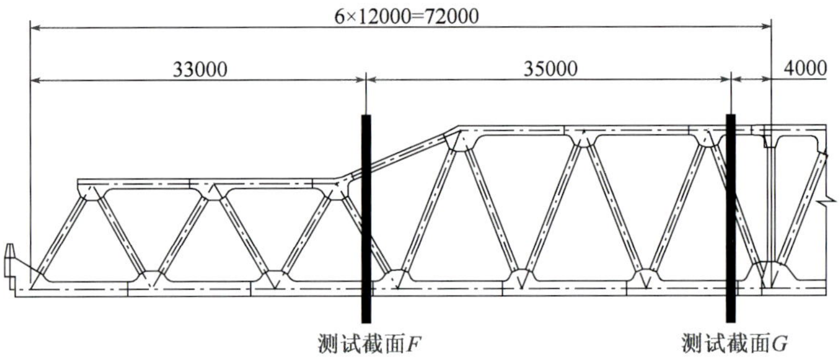

图3-3-7　钢导梁应力测试断面测点布置示意图(尺寸单位:mm)

(2)监测工况

根据顶推受力计算,导梁上墩到主梁上墩这段时间内,导梁受力最不利,顶推过程中会产生最大应力,因此导梁应力监测工况集中在此期间。测试工况如下:

①导梁上墩前,测量初始应力。

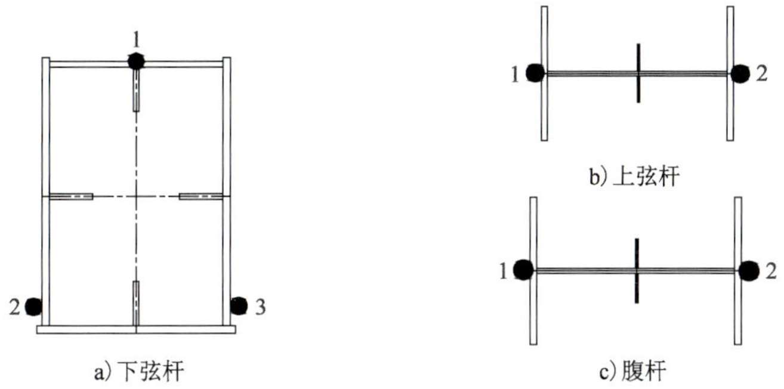

图 3-3-8 钢导梁应力测试传感器布置示意图
1～3-测点编号

②导梁上墩后,测量一次应力。

③导梁上墩后每顶推 12m 测量一次应力,直至主梁上墩。

④刚开始顶推时,应加强对导梁的应力监测,待摸清规律后,后续施工可适当减少导梁应力测点。

2)钢桁梁应力监测

(1)测点布置

因本桥顶推施工时桥墩跨径不完全一致,导致施工过程中的钢桁梁受力最不利位置和成桥时钢桁梁受力最不利位置有所不同。施工过程中钢桁梁受力最不利位置为顶推最大悬臂处和钢桁梁完全上墩后的支点处,成桥时钢桁梁受力最不利位置为桥墩支点处。由于顶推施工过程中,顶推前端受力较复杂,顶推前期的受力分析是把握整个顶推受力规律的关键,所以钢桁梁的测点位置布置为:考虑顶推施工过程前端 0～3 号墩之间测试断面主要布置在跨中位置,监测截面如图 3-3-9a)所示;随着顶推完成,应力监控重点转向特定跨度的支点,即选取一个 84m 跨和一个 108m 跨的支点位置(9 号和 10 号墩墩顶)进行应力监测,测点布置如图 3-3-9b)所示;腹杆断面位于杆件中间位置,上、下弦杆断面位于距节点 4.5m 的位置。

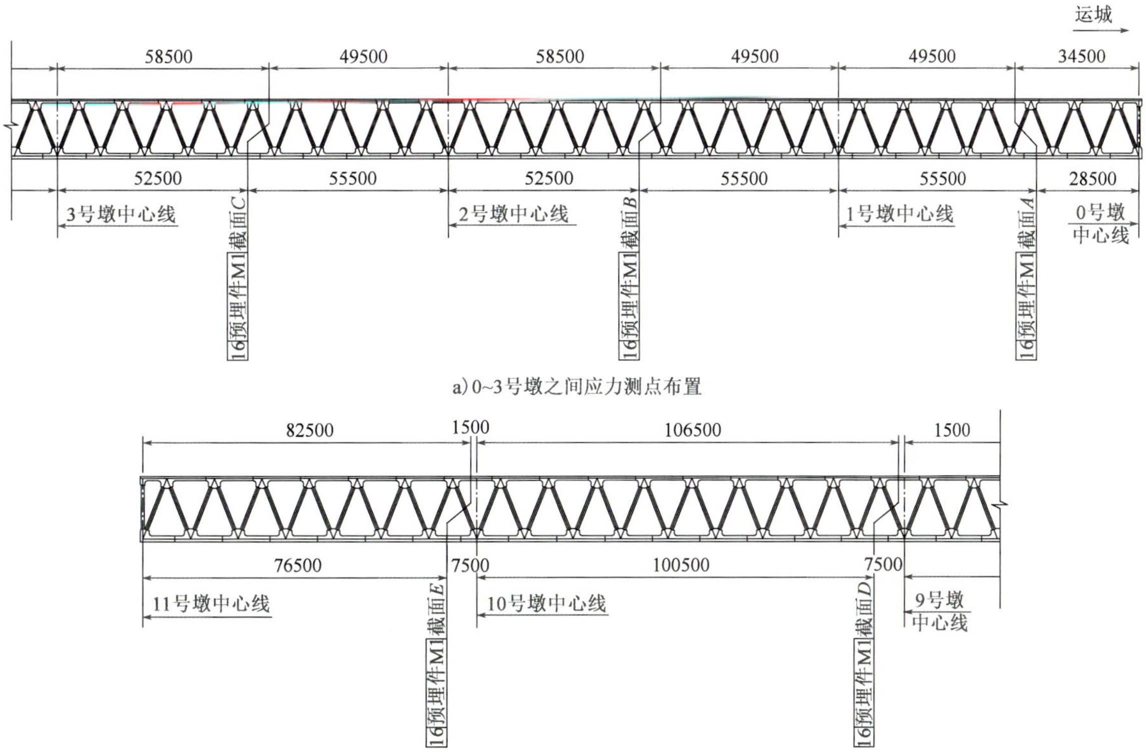

b)9~11号墩之间应力测点布置

图 3-3-9 钢桁梁应力测试断面测点布置示意图(尺寸单位:mm)

钢桁梁每个应力、温度测试断面根据杆件的不同，将传感器分别布置于上游侧边桁和中桁的上弦杆、下弦杆和腹杆。应力、温度测试断面测点布置如图 3-3-10 所示，应力测点中心距杆件焊接板边缘 100mm。

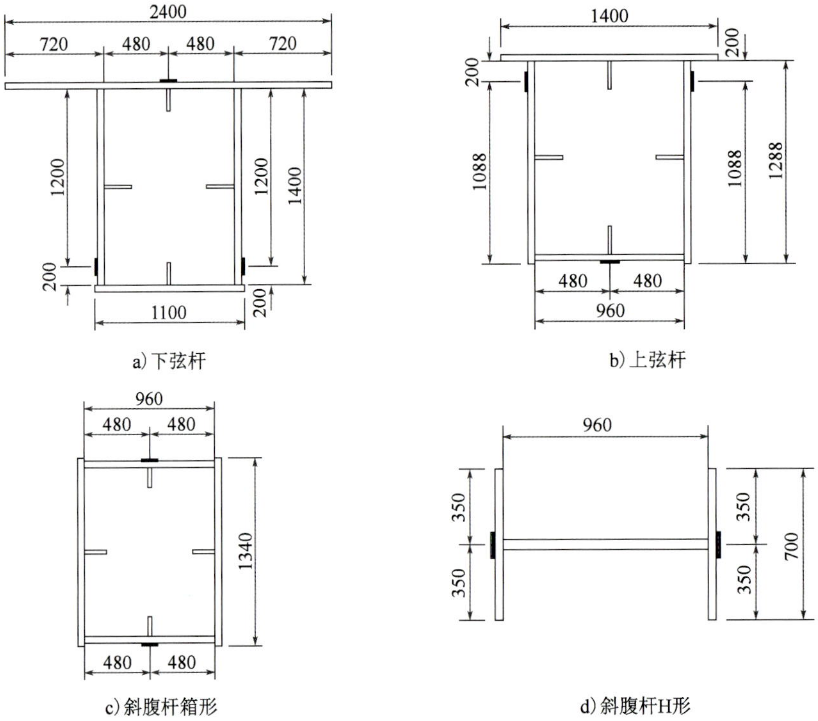

a）下弦杆　b）上弦杆

c）斜腹杆箱形　d）斜腹杆H形

图 3-3-10　钢桁梁应力测试截面测点布置示意图（尺寸单位：mm）

另外，要求所有主梁的应力、温度监测元件均在钢桁梁制造厂内完成安装，并从焊接阶段开始，连续监测其安装内力。预埋件结构如图 3-3-11 所示，预埋件材料与主体结构材料相同。钢桁梁应力测试现场原件如图 3-3-12 所示。

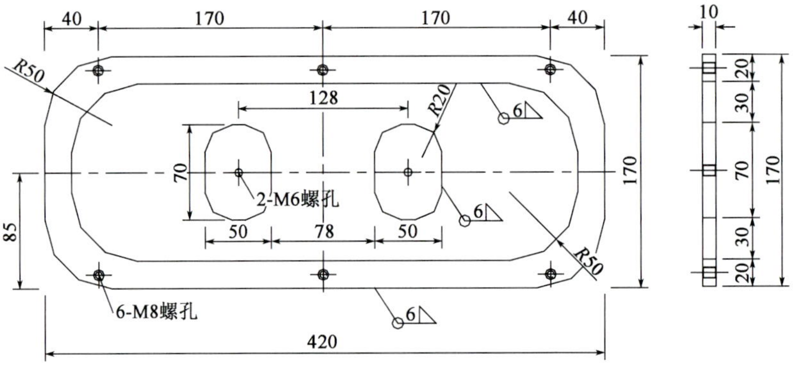

图 3-3-11　钢桁梁应力测试预埋件结构图（尺寸单位：mm）

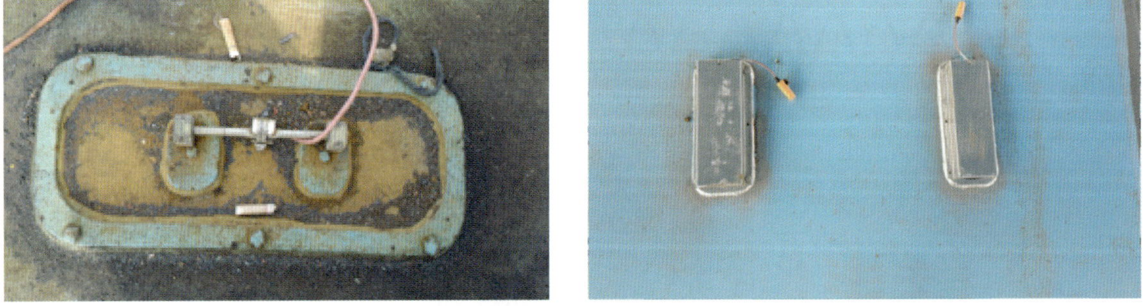

图 3-3-12　钢桁梁应力测试现场原件

(2)监测工况

①在顶推施工过程中,测试断面过墩时为受力最不利时刻,因此,所有断面的测试工况均在其截面过墩时。

②顶推施工完成后,测试公路桥面板施工、成桥时的应力。

本桥为连续顶推施工,监控实施过程中,最初顶推第二、三跨应力、温度监测可以适当加密测试工况。待数据分析清楚、摸清规律后,后续桥跨施工过程中测点可根据实施需要进行适当减少或优化。

3)墩顶处混凝土板应力监测

(1)测点布置

为监测墩顶处混凝土应力的改善情况,在1号、2号墩顶和1号、2号墩跨中部位混凝土板布置测点,共布置3个监测断面,监测断面及测点布置如图3-3-13所示。

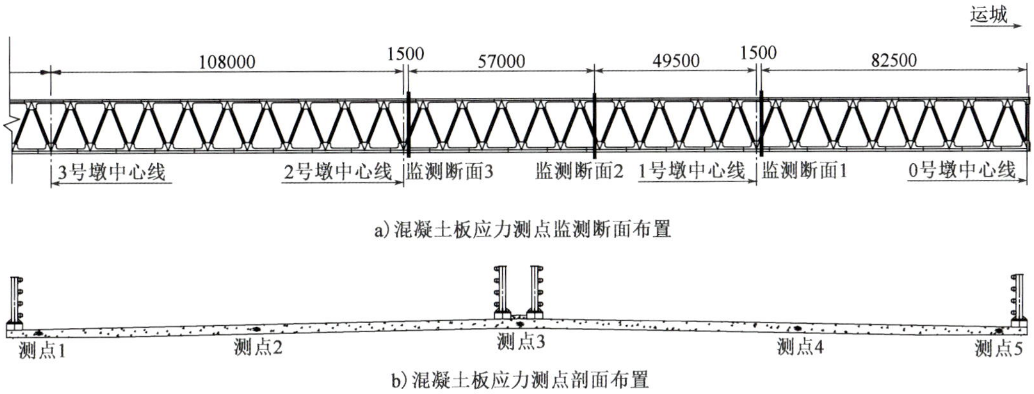

图3-3-13 混凝土板应力测点布置示意图(尺寸单位:mm)

(2)监测工况

①浇筑湿接缝之前。

②浇筑湿接缝之后、落梁之前。

③落梁之后。

④成桥。

4)桥墩墩身应力监测

(1)测点布置

在1~10号墩墩顶附近布置应力传感器,监测断面在距墩顶10m处,测点布置于桥墩上游角点位置,如图3-3-14所示。

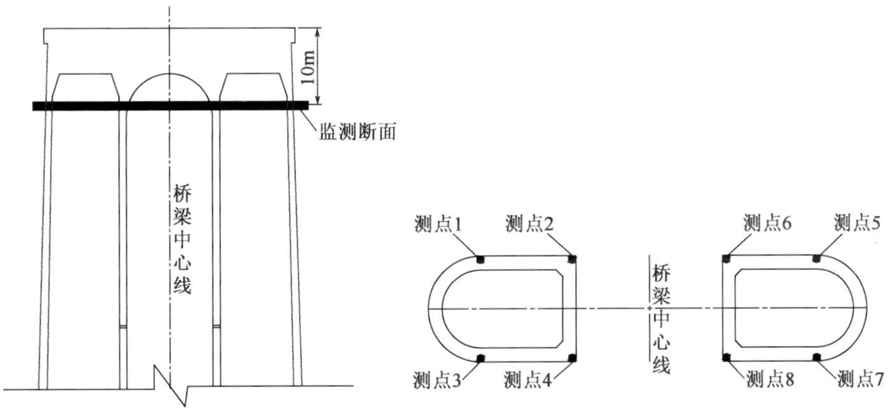

图3-3-14 桥墩应力测点布置示意图

(2)监测工况

①桥墩还没有受加劲梁竖向力作用时测量初始应力。

②导梁上墩之后对桥墩托架应力进行测量,每滑动 12m 测量一次,直到下一个桥墩主梁上墩。

③根据计算结果,测量竖向支反力较大的桥墩应力,每 12m 测量一次,直至其受力减小或后期顶推相对平稳。

5)桥墩托架应力监测

(1)测点布置

在 1 ~ 10 号桥墩临时托架布置应力传感器,如图 3-3-15 所示,每个托架布置两个应力监测断面,每个监测断面布置两个应力监测点。

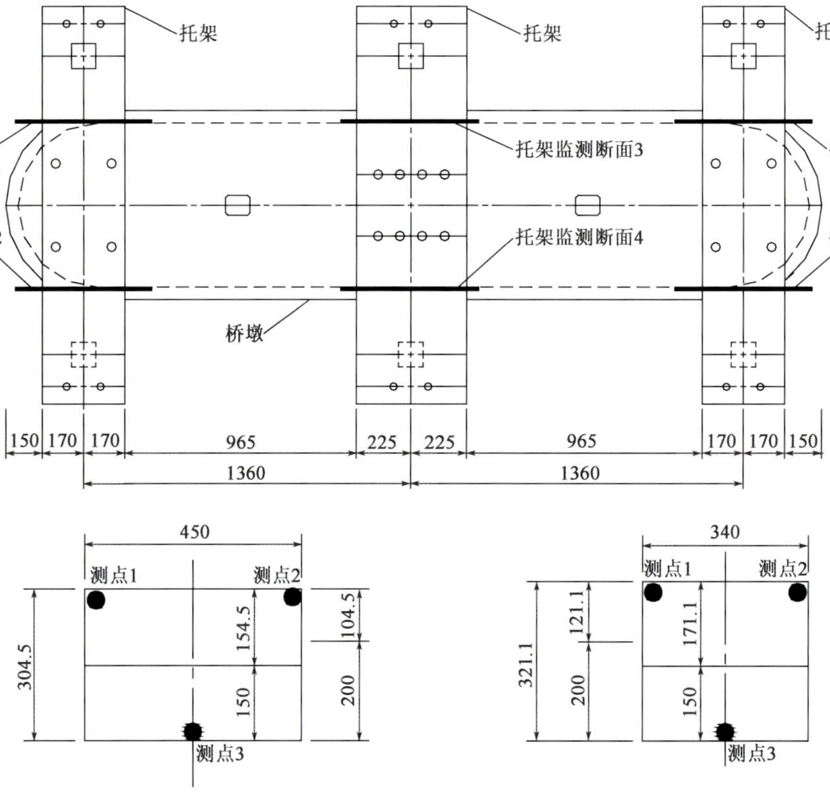

图 3-3-15　桥墩临时托架应力测点布置图(尺寸单位:cm)

(2)监测工况

托架浇筑完成 7d 后测量初始应力,其余工况同桥墩墩身应力监测。

6)应力传感器及导线长度统计

应力传感器及导线长度统计见表 3-3-3。

应力传感器及导线长度统计表　　表 3-3-3

结构	杆件	截面	测点	型号	导线长度(m)	传感器数量(个)	传感器总数(个)
钢桁架梁	边桁下弦	*A—E*	1、2、3	ZX-212AT	3	15	80
	边桁上弦	*A—E*	1、2、3	ZX-212AT	17	15	
	边桁腹杆	*A—E*	1、2	ZX-212AT	10	10	
	中桁下弦	*A—E*	1、2、3	ZX-212AT	17	15	
	中桁上弦	*A—E*	1、2、3	ZX-212AT	17	15	
	中桁腹杆	*A—E*	1、2	ZX-212AT	10	10	

续上表

结构	杆件	截面	测点	型号	导线长度(m)	传感器数量(个)	传感器总数(个)
钢导梁	边桁下弦	*F*—*G*	1、2、3	ZX-212AT	17	6	28
	边桁上弦	*F*—*G*	1、2	ZX-212AT	3	4	
	边桁腹杆	*F*—*G*	1、2	ZX-212AT	10	4	
	中桁下弦	*F*—*G*	1、2、3	ZX-212AT	17	6	
	中桁上弦	*F*—*G*	1、2	ZX-212AT	3	4	
	中桁腹杆	*F*—*G*	1、2	ZX-212AT	10	4	
混凝土板	—	1	1、5	ZX-215AT	15	2	15
			2、4	ZX-215AT	8	2	
			3	ZX-215AT	3	1	
	—	2	1、5	ZX-215AT	15	2	
			2、4	ZX-215AT	8	2	
			3	ZX-215AT	3	1	
	—	3	1、5	ZX-215AT	15	2	
			2、4	ZX-215AT	8	2	
			3	ZX-215AT	3	1	
混凝土桥墩	1～10号墩	1	1～8	ZX-215AT	20/25	80	80
混凝土临时托架	1～10号墩	1、2、3、4、5、6	3	ZX-215AT	10/20	60	60
			1、2	ZX-432AT	15/20	120	120

3.3.3 温度监测

温度是影响连续梁应力的最主要的因素之一。温度变化包括日温度变化和季节变化两部分，日温度变化比较复杂，尤其是日照作用；季节温差对主梁的挠度影响比较简单，其变化是均匀的。

针对不同季节的特征天气状况（晴天、阴天），选择代表性的时段进行构件温度场及环境温度的连续观测，以掌握该条件下墩、主梁的温度分布规律，模拟各构件的特征数值温度场，为施工控制计算中的温度修正计算提供科学的特征数据，并为支座位移参数、伸缩缝位移参数提供参考。

3.3.4 施工监测方法及注意事项

1）变形监测

（1）监测方法

主梁挠度监测采用 Leica NA2 自动安平水准仪 + FS1 测微器，精度级别为 S1，配备 2m 的铟钢尺，按三等水准测量进行闭合测量。

挠度监测前，应先复核高程基准点，无误后方可开展工作。测量时，按照三等水准测量的要求，采用附合导线测量法。对于基准点，要求与施工单位一起每隔两个月复测一次。

主梁的横向变形和桥墩偏位采用全站仪测量。测量时，将全站仪架设在墩顶梁面中心，后视另一墩顶梁面中心，视线为基准线，测量横向测点坐标即可。

为了克服温度变化对结构变形的影响，固定观测时间十分重要，一般应选择在夜晚进行，且在春、冬季 7:00 或夏、秋季 6:00 以前完成测量测试工作。

结构变形监测所用水准仪及测量机器人如图 3-3-16 所示。

a) Leica NA2自动安平水准仪

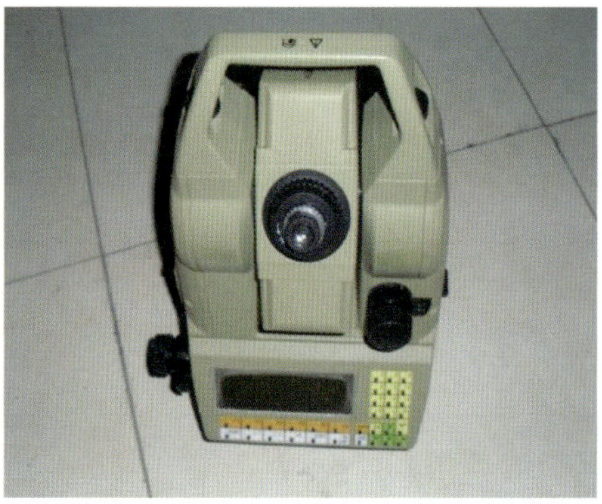

b) 测量机器人Leica TCA2003

图 3-3-16　结构变形监测设备

(2)注意事项

①桥梁施工变形及变位监测工作贯穿施工的全过程,其特点是理论计算与施工实施紧密相连。因而需要监控、施工和监理各方面密切合作,各司其职,完成工作。

②施工中严格按照平衡施工的要求进行,控制梁段上的施工堆积物并及时清理桥面施工荷载,避免引起安全问题及测量误差。

③变形测量工作主要由施工单位进行,监理单位对施工单位的测量结果签字确认。测量工作应定人、定仪器,避免由于在高墩上测量而人为引起误差。

④施工控制组要在掌握设计文件要求的基础上,结合施工组织设计和施工现场情况,认真仔细收集、分析实测资料,使施工控制工作顺利进行。

2)应力监测

(1)测试原理及方法

钢弦应力计具有长期稳定性好、抗损伤性能好、埋设定位容易及对施工干扰小等优点,适用于混凝土内部应力测试。经综合分析比较,混凝土埋入式钢弦应力计选用的是 ZX215AT 型应变传感器,钢梁选用的是表面粘贴式 ZX212AT 型应变传感器。

钢弦应力计的主要技术参数见表 3-3-4。

钢弦应力计的主要技术参数　　表 3-3-4

项目	参数值	项目	参数值
量程	±1500με	使用环境温度	-10 ~ +70℃
灵敏度	1με 或 0.1Hz	温度测量范围	-20 ~ +110℃
ZX-215AT 型测量标距	157mm	温度测量精度	±1℃

为提高测试效率,且使监控人员能够实时了解梁的应力状态,多数断面应力测试采用 JMZX-256 型自动化综合测试系统(图 3-3-17)进行自动采集,少量断面采用 JMZX300 型振弦检测仪直接测量。

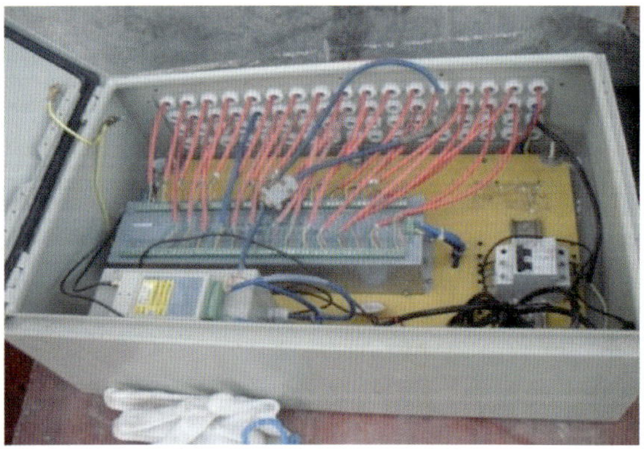

a)应变采集箱(含手机模块)

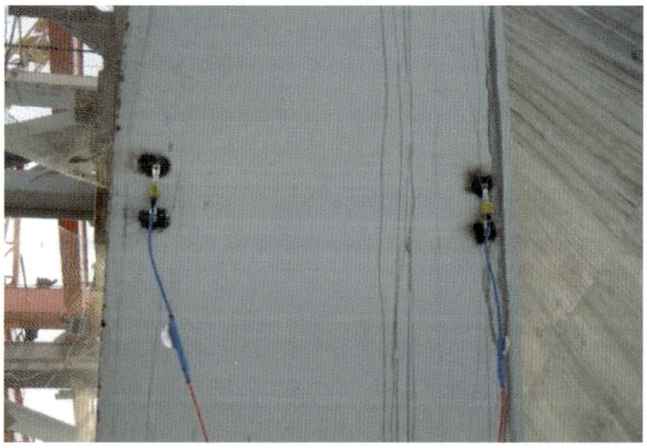

b)ZX212AT型振弦式应变传感器

图 3-3-17　JMZX-256 型自动化综合测试系统

JMZX-256 型自动化综合测试系统是一种功能强大的分布式全自动静态网络数据采集系统,由上位机、采集模块(MCU)、系统软件及相关配件组成。现场布设的钢弦应力计直接接入采集模块。采用移动无线数据网 GPRS(手机模块通信范围为中国移动网信号覆盖区域)或有线传输后进入移动网传输方式,可极大提高系统的灵活性。该系统采用全密封设计,防水防潮、防雷击,可实现长期无人值守的自动化测量。计算机作为自动化测量系统的上位机,与系统软件组成监测指挥系统,通过不同的数据传输方式与各采集模块(MCU)联系,完成系统管理、系统参数设定、指定系统的指令下达与数据实时采集、定时测量数据的上载传输、数据分析与处理、数据库管理、显示或打印数据报表、绘制各参数变量随时间的走势图、数据存储等。采集模块是本系统的二次仪表,布置在测试现场。手机无线应力监测系统结构如图 3-3-18 所示。

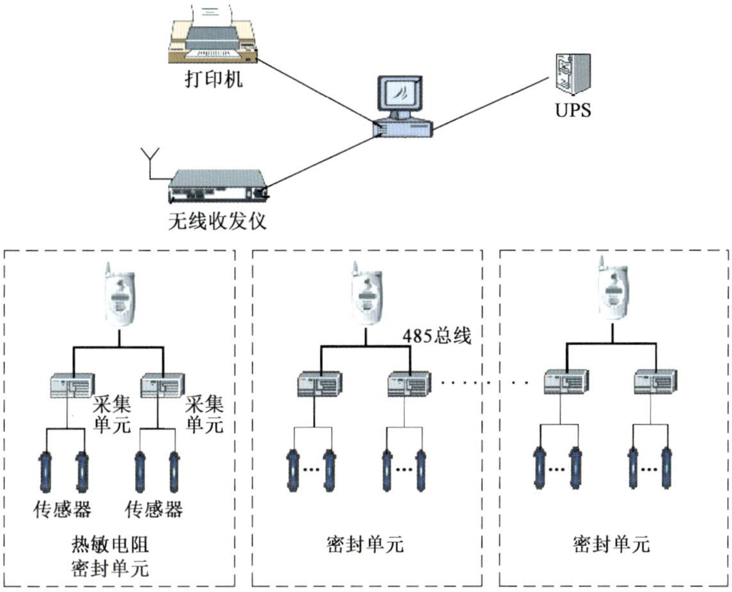

图 3-3-18 无线手机应力监测系统结构示意图

(2)注意事项

①安装混凝土应变传感器时,应将传感器的轴向对准拟测变形方向,用铁丝将混凝土计悬绑于周围钢筋上并固定好。

②传感器是精密仪器,搬运时不能受到剧烈撞击、振动或由较高处坠入地面,以免造成损坏。

③在安装使用传感器前,必须测定并记录零点频率值(零输入时),作为计算时对测量值进行修正的原始数据。零点频率值应在混凝土浇筑后的当天晚上温度较稳定时进行调零操作。

④应高度重视对传感器信号传输电缆的保护。从埋设点引出的电缆线应蛇行捆绑在相邻的主钢筋上,并引到箱梁顶面,以免不均匀下沉和变形拉断电缆线。同时,还应保护好裸露在地表上的电缆线,以防止人为破坏或后续施工破坏。

⑤应做好传感器引出的电缆插头的防水保护工作。出厂时,插头已套装了防水套筒。每次现场测量完毕,都要将防水套筒套装在插头上,以免插头被雨水淋湿造成短路而无法测得数据。当插头不慎被水浸泡,擦干后也无法测量到正确数据时,应急措施是把插头拆下来,改用三个鳄鱼夹分别连接电缆线的各点,再接入钢弦频率测定仪,即可正确测量。

⑥在浇筑过程中,严禁将砂浆直接倾倒在传感器上,并防止振捣棒或重物击中传感器和导线,以免改变传感器的安装位置(方向)甚至损坏传感器。

⑦应力传感器埋置时需填写应力测点安装原始记录表。

3)温度监测

应力传感器同时具有测量温度的功能,布置温度监测断面与应力监测断面一致,结构杆件温度采用

ZX-215AT 传感器测量。

大气温度采用水银温度计测量。对桥墩进行日照影响偏位观测时，在连续观测桥墩墩顶位移的同时记录阳光直射面和阴暗面桥墩混凝土的表面温度。

3.3.5 监测工况汇总

根据本桥的施工步骤和具体结构形式确定其测试工况与测试内容，见表 3-3-5。

本桥顶推施工上部结构监控测试工况与测试内容 表 3-3-5

施工工况	导梁线形监测	导梁应力监测	钢梁线形监测	钢梁应力监测	桥墩及托架应力监测	桥墩偏位监测
钢导梁拼装完成	●	●			●	●
1.5 节钢桁梁拼装			◐	●		
顶推 1 节间			●			
拼装 1 节钢桁梁			◐	●		
顶推 1 节间			●			
拼装 1 节钢桁梁			◐	●		
顶推 4.5 节间	●	●	●			
拼装 4 节钢桁梁			◐	●		
顶推 4 节间	●	●	●	●	●	●
重复拼装 7 个节间			◐	●	●	●
重复顶推 7 个节间	●	●	●	●	●	●
拼装完成			◐		●	●
顶推完成	●	●	●	●	●	●
桥面板加载			●	●		
顶落梁施工			●	●		
支座安装			●	●		
二期恒载施工			●	●	●	●

注：表中●表示线形应力全部监测；◐表示只监测拼装平台上的钢梁部分。顶落梁施工前后监测混凝土桥面板应力。

3.4 施工控制内容和方法

3.4.1 钢梁施工准备阶段

钢梁施工之前，收集资料，分析桥梁设计及架设特点，对桥梁进行初步计算分析，结合相应的施工监控经验，对施工方法提出建议。根据设计文件和施工方案，编制施工监控方案，确定监测内容和监测方法，确定监测预埋件的埋设位置及埋设时间。

3.4.2 钢桁梁顶推施工阶段

(1)导梁拼装线形的确定

导梁拼装前，根据顶推路线，设计导梁拼装线形。导梁在此理论线形之上进行拼装，并安装传感器。拼装完成后对导梁进行线形测量、初始应力测试。待导梁线形满足要求后再进行顶推施工。在导梁最大悬臂阶段，测量导梁线形及应力，进一步掌握导梁和钢桁梁之间的关系以及对导梁后续施工受力情况进行预测。

(2)钢桁梁拼装线形的确定

钢桁梁拼装前,计算钢桁梁理论拼装线形,调整支点高程进行钢桁梁拼装并埋设传感器。拼装完成后对钢桁梁进行线形测量、初始应力测试。待线形满足要求后再进行顶推施工。

(3)顶推力的确定

建立钢梁的计算模型,模拟顶推施工过程,计算主梁每前行一个节间各个墩顶的支反力,按照实测滑块的静摩擦因数计算摩阻力,再根据摩阻力来确定纵向千斤顶需施加的顶推力。顶推过程中,应确保千斤顶施力的同步性,防止梁体发生扭转、横移以及产生纵向附加力等状况。同时,记录顶推千斤顶的油压,一旦出现油压过大超出理论值,应停止顶推,查找原因,待问题解决后再进行顶推施工。

(4)导梁端部高程监控

顶推过程中,对导梁端部高程进行实时监测。若导梁高程不满足施工要求,则可通过调整后侧支点高程使导梁顺利上墩。

(5)主梁轴线位置监控

在钢梁的顶推施工过程中,采用全站仪自始至终测量梁的轴线偏位。如果钢梁偏位过大,则通知主控台调整轴线位置。

(6)主梁顶推后线形监控

在钢梁顶推过程中,主梁线形受温度、临时墩变形、临时荷载作用等影响较大,必须加强分析、监测,每顶推完一个轮次,通测整个已拼装钢桁梁线形,根据主梁温度分布、支点高程、荷载等分析已拼装主梁的实际线形,当主梁线形偏离理论值较大时,应查找原因,考虑调整后拼钢桁梁线形。

(7)主梁拼装线形修正

每一轮次顶推完成后对全桥线形进行通测,分析已完成拼装梁段的累积误差,确定后拼梁段的修正量。具体工艺流程如图3-3-19所示。

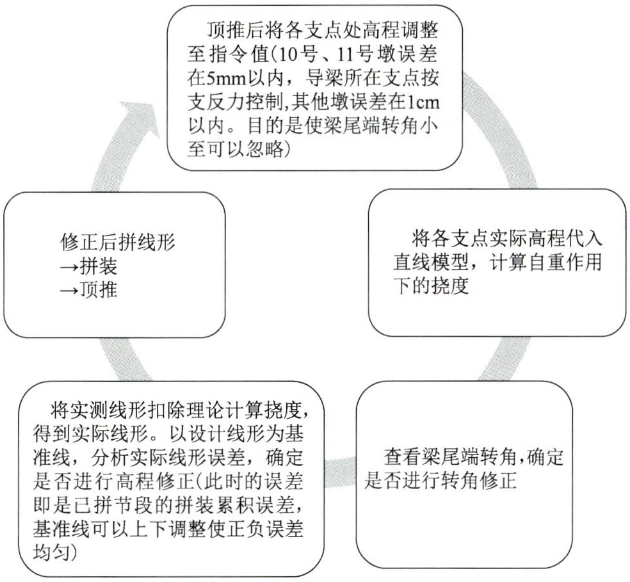

图3-3-19 拼装线形修正流程图

(8)钢梁受力控制

主梁顶推过程中钢梁截面应力是不断变化的。为确保施工安全,需精准计算钢梁截面的应力变化情况。同时,密切跟踪观测钢梁的截面应力,一旦出现异常,应立即停工,查找原因,并予以调整。

(9)桥墩受力及变形控制

桥墩在顶推施工过程中除受较大的竖向荷载作用外,还受到较大的偏心弯矩和纵向支点顶推不同步产生的纵向水平推力的作用,如果存在横向支点顶推不同步的情况,钢梁还会受到一定程度的扭转力,钢梁纠偏系统的作用也会对桥墩产生横桥向反作用力。在桥墩墩身埋设应力监测点,在桥墩墩顶进行线形监测,将监测数据与理论数据进行对比,一旦超出预警值,应停止顶推工作,找出原因和解决办法后再进行下一步工作。

(10)桥墩临时托架受力

桥墩临时托架在较大集中力的作用下,根部混凝土结构易开裂。顶推施工前,应精确计算托架承受的最大集中力,验算结构的安全性,同时在托架上布置应力传感器,监测托架应力,一旦超出预警值,应停止顶推工作,找出原因和解决办法后再进行下一步工作。

3.4.3 顶落梁施工阶段

加载桥面板之前和之后,分别监测钢桁梁的线形、应力。如果桥面板存在不均匀加载的情况,应及时确定桥面板的加载位置,进行理论分析,评估其对结构整体安全性的影响,并制定相应的调整方案。

针对顶落梁作业,需预先计算顶落梁对混凝土桥面板受力的影响,并在顶梁之前以及顶梁完成后分别测量混凝土桥面板应力,对比分析顶落梁措施实际造成的受力影响与理论预测值之间的差异。分析出现差异的原因,采取改进措施。

3.4.4 二期恒载施工阶段

二期恒载施工后,测量桥梁成桥线形、杆件应力,提交监控资料及监控总报告等。

第4章 主桥钢梁落梁、桥面板架设及桥面结合施工

4.1 施工概况

4.1.1 钢桁梁落梁

钢桁梁顶推完成后，将滑道梁分段拆除，钢桁梁采用隔墩落梁的方式分批落梁至支座上，单号墩(1号、3号、5号、7号、9号、11号)为一组，双号墩(0号、2号、4号、6号、8号、10号)为一组。单号墩首批落梁高度为50mm，后续每批次落梁高度均为100mm，确保相邻墩之间高差变化控制在50mm左右。整体落梁约600mm时，拆除滑道梁，支座就位。继续落梁约500mm后进行全桥最后一次纵、横向线形精确定位调整，钢梁下落到支座上，落梁完成。然后进行支座灌浆(除6号墩外，其余墩均进行支座灌浆)。钢桁梁落梁前工况如图3-4-1所示。

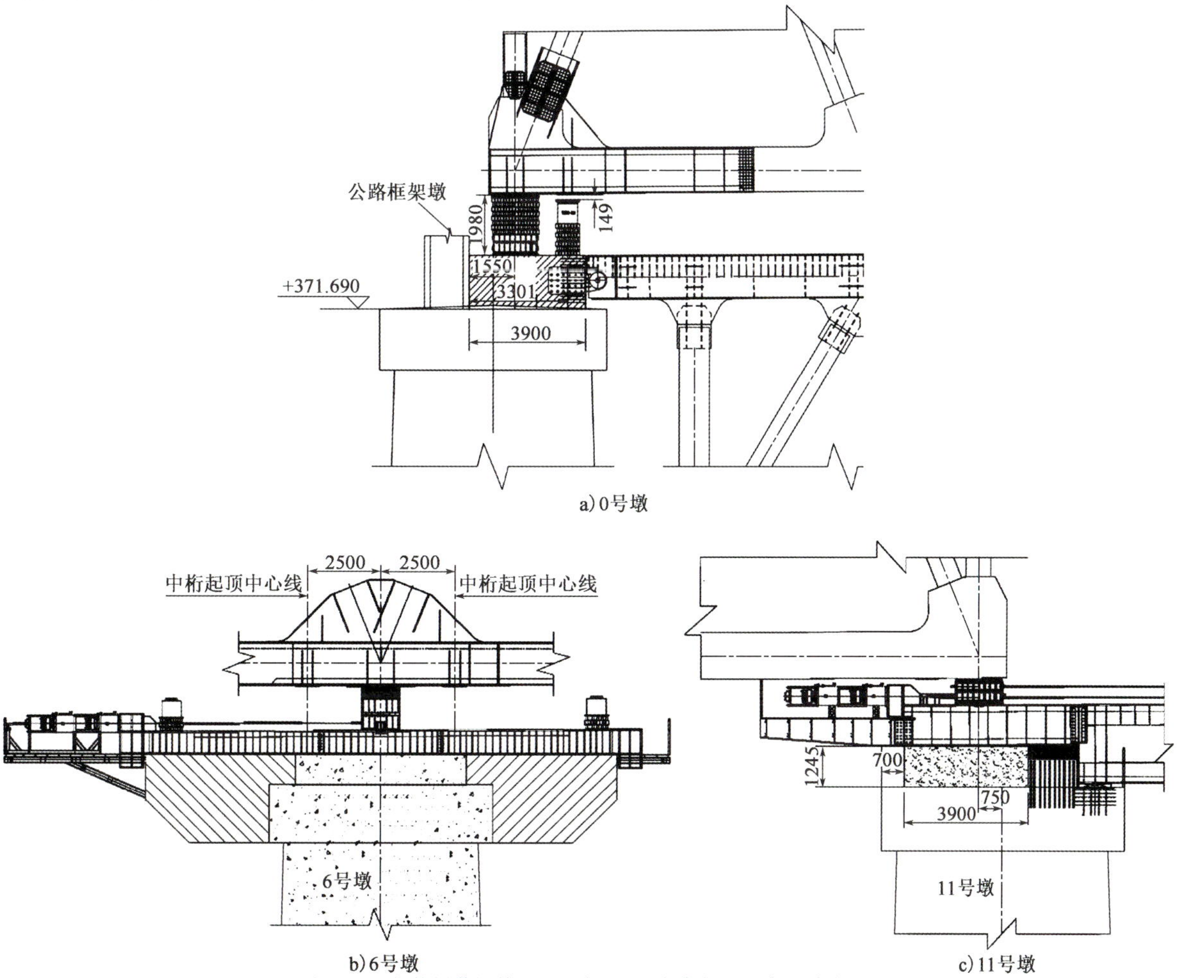

图3-4-1 钢桁梁落梁前工况示意图(尺寸单位：mm；高程单位：m)

4.1.2 公路桥面板架设

落梁完成后，进行桥面板铺设，利用原有 70t 全回转式起重机（设备编号为 1 号）在主桥 10 号墩顶处拼装另一台 70t 全回转式起重机（设备编号为 2 号）。两台起重机分别向 0 号墩方向、11 号墩方向移动，整体由南北两侧向中间进行桥面板架设（图 3-4-2）。两台起重机碰面后，剩余 3 个节间桥面板未架设，利用 1 号起重机拆除 2 号起重机。湿接缝混凝土浇筑至此处时（冬季施工期间不进行湿接缝混凝土浇筑），1 号起重机移至公路桥面板顶部，架设剩余节间桥面板后，移至 11 号墩处进行拆除。

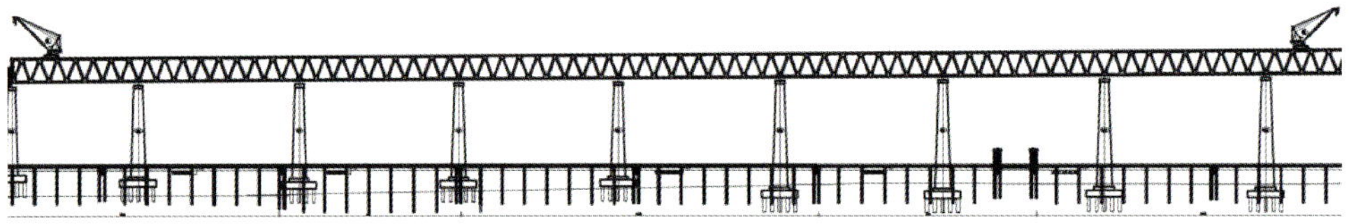

图 3-4-2　由南北两侧向中间架设

4.1.3 桥面结合

当公路桥面板铺设及湿接缝浇筑完成后（不含墩顶 3 个节间湿接缝），需在主墩上进行钢桁梁的起顶作业，以完成公路桥面板的结合（图 3-4-3 ~ 图 3-4-5）。1 ~ 10 号墩顶桥面板结合时，1 号和 10 号墩起顶高度为 22cm，2 ~ 9 号起顶高度为 24cm。墩顶桥面板采用分批次结合，共分 4 批。第一批：1 号墩、5 号墩、9 号墩；第二批：2 号墩、6 号墩、10 号墩；第三批：3 号墩、7 号墩；第四批：4 号墩、8 号墩。各墩起顶高度同前。现场每次桥面结合最多时为 3 个墩同时进行，分 4 批进行。

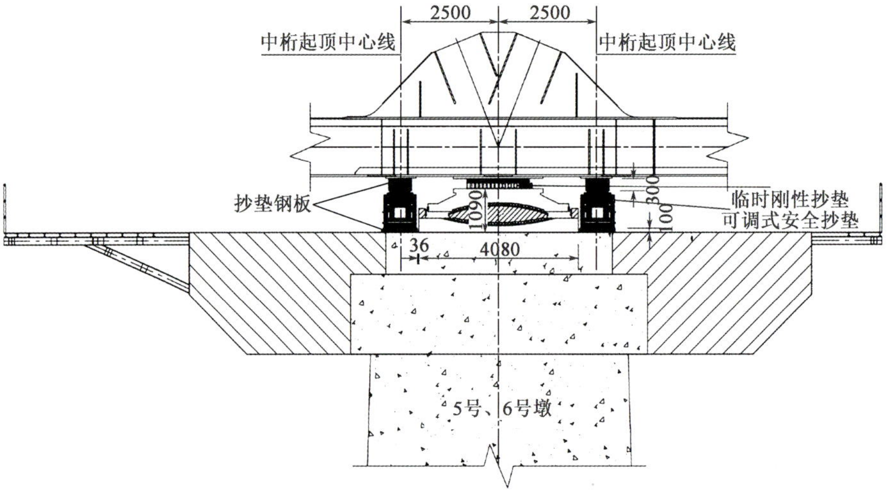

图 3-4-3　桥面结合时 5 号、6 号墩墩顶立面布置示意图（尺寸单位：mm）

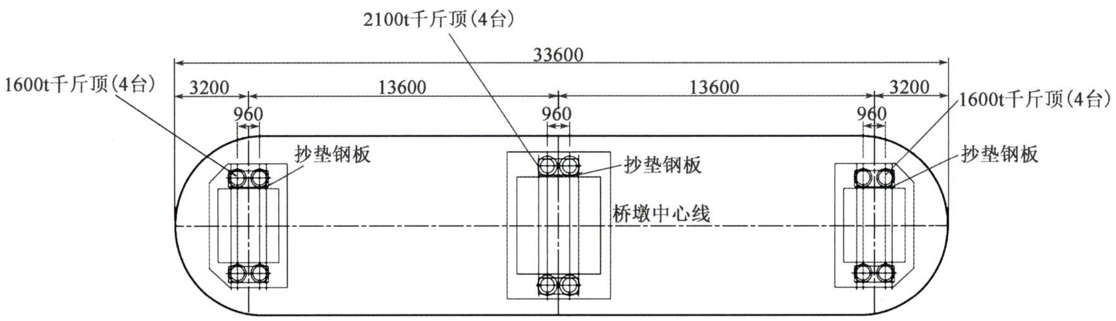

图 3-4-4　桥面结合时 1 ~ 10 号墩墩顶平面布置示意图（尺寸单位：mm）

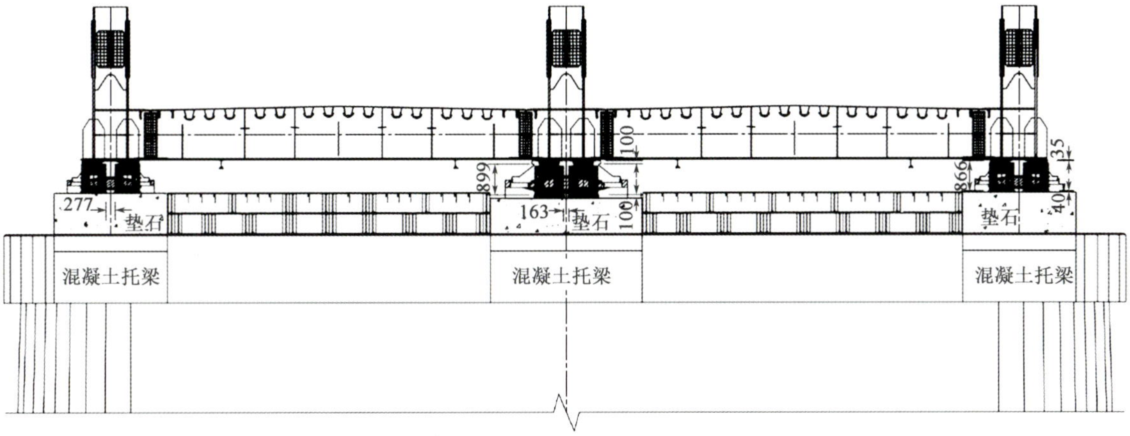

图 3-4-5　桥面结合时 1～10 号墩墩顶立面布置示意图(尺寸单位:mm)

4.1.4　施工重难点及应对措施

(1)钢梁自重达 43000t,落梁高度大(约为 1.2m)、吨位重、位移大、循环轮次多、历时时间长,施工难度巨大、安全风险极高。

(2)起落梁过程中,钢梁支点体系需要多次转换,个别工况下千斤顶需长期支撑受力,存在较大的安全风险。

(3)起落梁过程中单片桁最大支点反力达 22300kN,桥面结合时单片桁最大支点反力达 64290kN,装置设计及合理布置为本工程的重难点。

(4)全桥落梁过程中千斤顶数量多、起顶力大,千斤顶同步性控制要求高。

(5)公路桥面板自重达 29t、吊装高度达 80m,公路桥面板吨位重、起吊高度大、数量多、架设历时时间长,施工难度大、安全风险高。

应对措施:在架设桥面板时,应做好相应的安全防护措施。组织专职安全员,每天组织班前安全教育,加强工人安全意识,降低安全风险。

(6)公路桥面板结构尺寸大(长 14.25m,宽 3.42m),铺设对位难度大。

应对措施:配备定位块,统一指挥,桥面板架设前前期检查与校正必须及时完成,如桥面板的外露钢筋检查与校正、剪力钉的检查与校正等。

(7)湿接缝混凝土浇筑时垂直运输距离较大,养护困难。

应对措施:采用地泵接泵管的方式浇筑湿接缝混凝土,由于垂直运输距离大,在铁路层设置混凝土输送泵,混凝土运输至铁路层输送泵内,再浇筑至公路层湿接缝处。浇筑过程中应注意控制混凝土坍落度。

4.2　落梁施工工艺

4.2.1　方案概述

安装钢梁 E95 节点,完成最后一次全桥顶推,进入落梁前施工工况。落梁采用隔墩式落梁,即 1 号、3 号、5 号、7 号、9 号、11 号为一组同时落梁;0 号、2 号、4 号、6 号、8 号、10 号墩为一组同时落梁。

1)落梁前全桥支点体系

落梁前滑块支撑在墩中心,位于滑道梁 B 段上。竖向千斤顶位于顶推时的竖向起顶位置,需将中桁竖向千斤顶布置在钢梁大节点腹板中心偏移 2.3(2.5)m 处的顶梁区下方,边桁竖向千斤顶布置在钢梁大节点腹板中心偏移 2m 处的顶梁区下方。

2）工艺流程

（1）全桥拆除顶推系统。11 号墩用气刨刨除部分滑道梁，以便空出安装落梁系统的空间。

（2）0 ~ 11 号墩布置落梁设备。

（3）分 2 轮次（每轮次将 12 个墩分成 2 组分批次间隔式落梁）落梁 200mm。

（4）拆除滑块，更换为抄垫块。

（5）分 4 轮次落梁约 400mm。

（6）采用气刨在 A、C 滑道梁靠近 B 滑道梁侧刨出竖向顶安放空间。

（7）拆除主墩垫石上滑道梁 B 段，布置球型支座及抄垫支点。

（8）安放竖向起顶装置后再分 5 轮次落梁约 500mm。

（9）将钢梁落在支座上的垫块上。

（10）全桥最后一次纵、横向线形精确定位调整，钢梁下落到支座上，落梁完成。

（11）进行支座灌浆（除 6 号墩外，其余墩均进行支座灌浆）。

落梁顺序为先将 1 号、3 号、5 号、7 号、9 号、11 号墩落梁 50mm，转至 0 号、2 号、4 号、6 号、8 号、10 号墩落梁 100mm，再转至 1 号、3 号、5 号、7 号、9 号、11 号墩落梁 100mm，依次循环直至全桥落至球型支座顶部（落梁总高度约为 1200mm）。

4.2.2 施工前准备工作及注意事项

（1）落梁施工前，对所有参与施工的千斤顶、液压泵站、仪器仪表、管道线路等进行全面仔细的检查，确保其性能良好，并进行整体调试。

（2）球型支座及纵横向纠偏装置安装前，必须对各墩顶预埋钢板进行仔细检查，对存在空鼓的预埋板，根据其严重性，采取必要的补强措施。

（3）对滑道梁、墩顶垫石、纵横向纠偏装置预埋板处的局部受压进行反复计算复核，在落梁前对墩顶预埋板处的混凝土进行检查。

（4）根据方案要求，落梁前将所需的抄垫钢板、抄垫块、滑块等放置在主墩墩顶。

4.2.3 落梁及桥面结合临时钢结构

本桥在后期落梁及桥面结合施工时也将用到大量临时钢构件，为保证施工进度，这些钢结构件需及早进行加工并进场，同时为了保证落梁及桥面结合的效率，这些临时钢构件的加工精度需要有所保证。

1）纵横向纠偏装置

落梁时梁体受到周边环境因素及自身因素影响难免产生纵、横向的偏移，为及时对这些偏移进行有效的纠正，设计如图 3-4-6、图 3-4-7 所示的落梁纠偏装置钢构件。

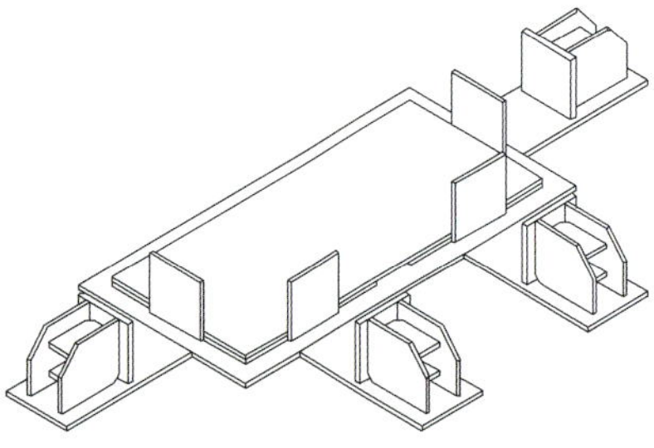

图 3-4-6　纠偏装置钢构件 3D 图

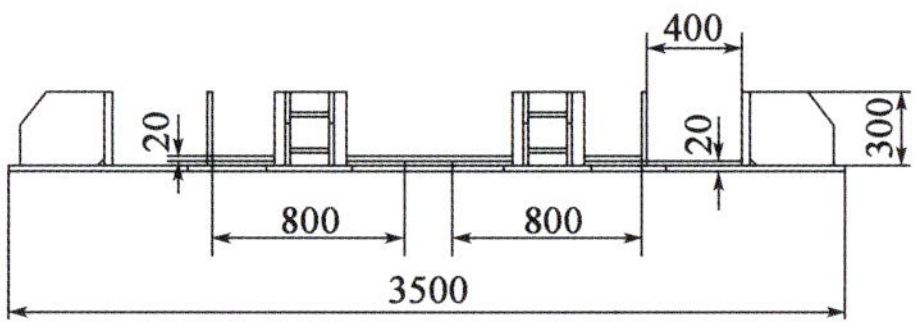

图 3-4-7　纠偏装置钢构件立面图（尺寸单位：mm）

使用时的纵横向纠偏装置模型如图 3-4-8 所示。

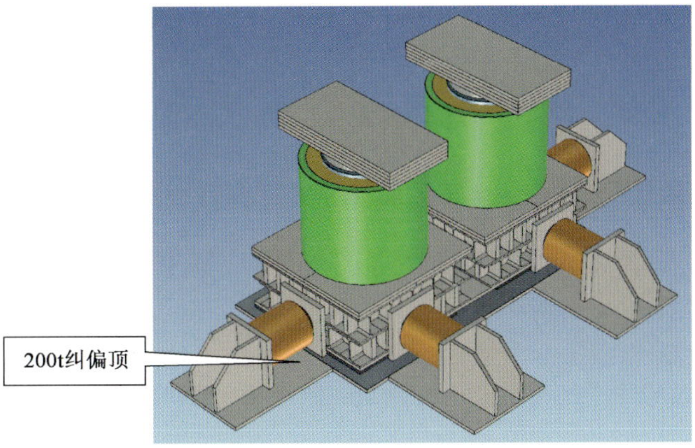

图 3-4-8 纵横向纠偏装置模型图

纠偏装置安装前,1～10 号墩须将原先滑道梁下的找平垫层凿除并处理平整。0 号及 11 号墩也需要对支座垫石表面进行相应清理及平整。

注意:由于 0 号及 11 号墩支座垫石较小,需要在纠偏结构上增加部分“加强牛腿”(图 3-4-9)。该加强牛腿在纠偏装置(主体)安装就位后,根据现场情况再行焊接安装。

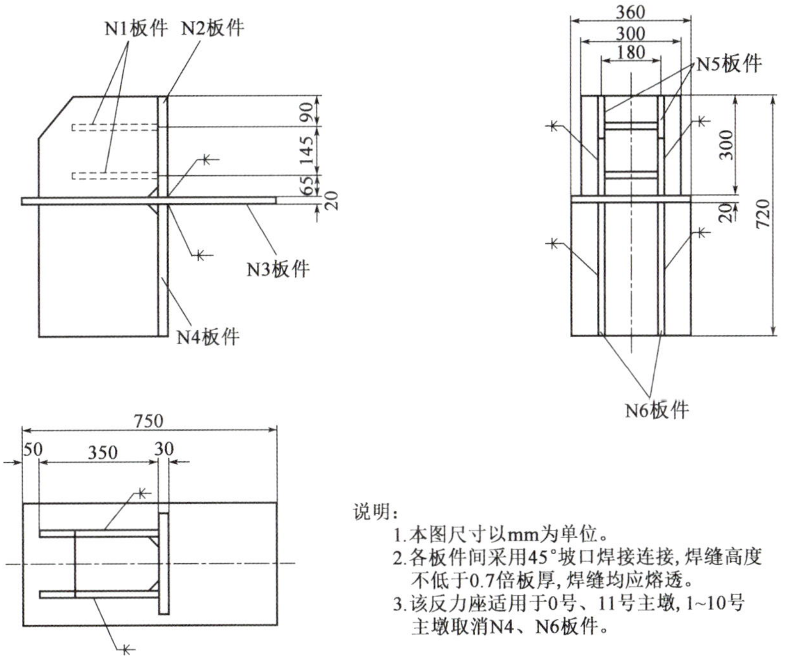

图 3-4-9 边墩加强牛腿图

纠偏装置检算如下:

(1)钢板强度验算

钢板厚度:$\delta=30\text{mm}$;竖肋间距:$l_1=180\text{mm}$;横肋间距:$l_2=145\text{mm}$;则

$$\frac{l_1}{l_2}=\frac{180}{145}=1.24<2\text{(按双向板计算)}$$

查《实用建筑结构静力计算手册》可知均布荷载作用下双向矩形板的弯矩系数。

钢板表面均布荷载:

$q=1500\div0.3^2\times0.18=3000\text{kN/m}$

$M_x=0.0143\times3000\times0.145=6.2\text{kN}\cdot\text{m}$

$M_y=0.0271\times3000\times0.145=11.8\text{kN}\cdot\text{m}$

$$M_x^{\mu}=6.2+0.3\times11.8=9.74\text{kN}\cdot\text{m}$$

$$M_y^{\mu}=11.8+0.3\times6.2=13.7\text{kN}\cdot\text{m}$$

$$W=\frac{1}{6}bh^2=\frac{1}{6}\times1000\times30^2=150000\text{mm}^2$$

$$\sigma=\frac{M_{\max}}{W}=\frac{13.7\times1000\times1000}{150000}=91\text{MPa}$$

结论:纠偏千斤顶反力为 1500kN 时,钢板最大弯曲应力 91MPa,小于 Q235 钢板强度设计值 205MPa,满足现场施工要求。

(2)竖肋钢板焊缝验算

钢板厚度:$\delta=20\text{mm}$;

焊脚高度:$h_{\text{f}}=15\text{mm}$;

角焊缝计算厚度:$h_{\text{e}}=10.5\text{mm}$;

角焊缝计算长度:$l_{\text{w}}=329\text{mm}$;

单个竖肋水平力:750kN。

侧面角焊缝验算:

$$\tau_{\text{f}}=\frac{N}{h_{\text{e}}l_{\text{w}}}=\frac{750\times1000}{10.5\times329}=217\text{MPa}$$

结论:纠偏千斤顶反力为 1500kN 时,两个竖肋均采用双面角焊缝,计算的单面角焊缝最大应力值为 108.5MPa,小于角焊缝强度设计值 160MPa,故焊缝满足设计要求。

1~10 号墩纠偏装置安装布置如图 3-4-10、图 3-4-11 所示。

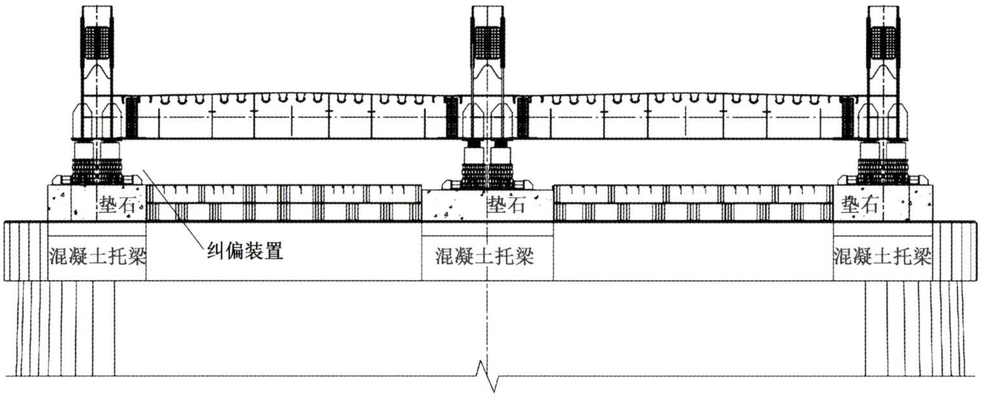

图 3-4-10　1~10 号墩纠偏装置横断面布置图(尺寸单位:mm)

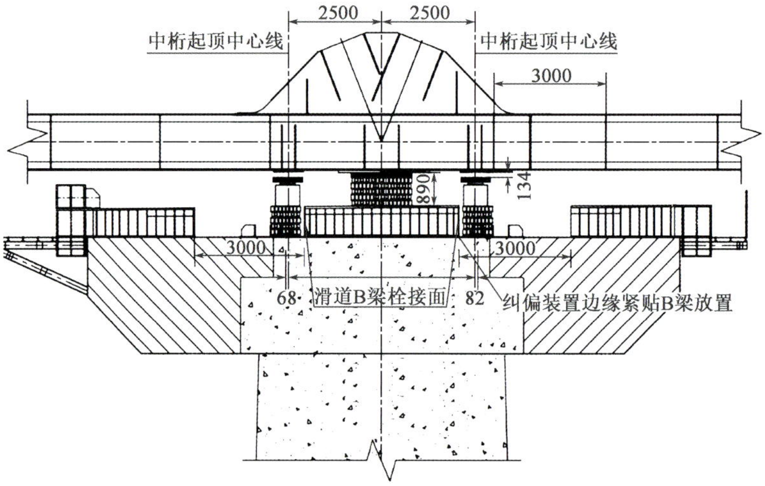

图 3-4-11　1~10 号墩纠偏装置纵断面布置图(尺寸单位:mm)

0号墩纠偏装置布置如图3-4-12～图3-4-14所示。

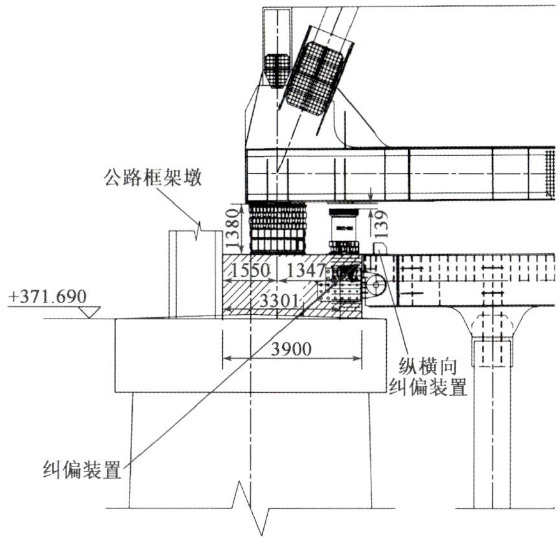

图3-4-12　0号墩纠偏装置布置图(尺寸单位:mm;高程单位:m)

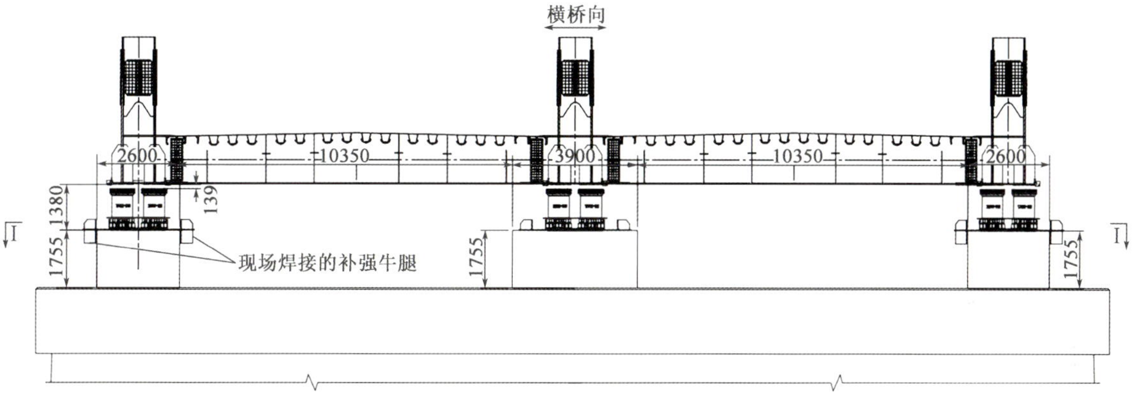

图3-4-13　0号墩纠偏装置立面布置图(尺寸单位:mm)

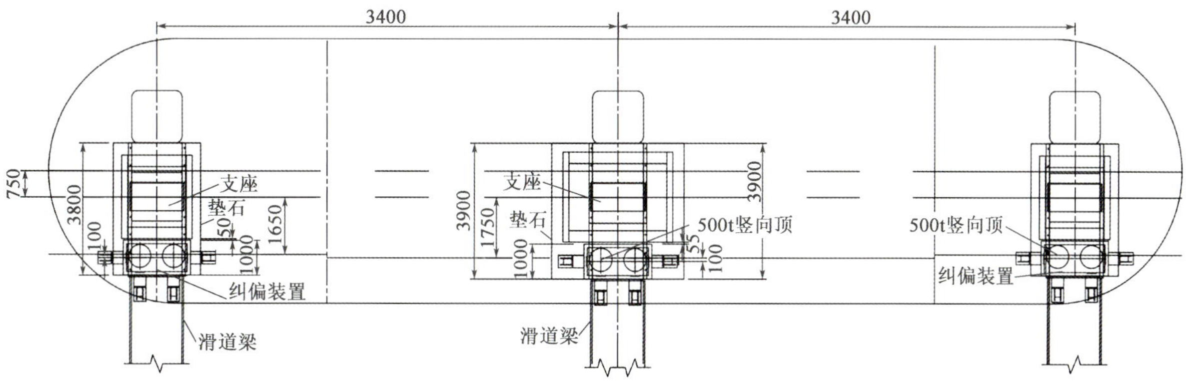

图3-4-14　0号墩纠偏装置布置平面图(Ⅰ-Ⅰ剖面)(尺寸单位:mm)

11号墩纠偏装置如图3-4-15、图3-4-16所示。

2)抄垫临时钢结构

本桥落梁净空高度达1211mm,全桥12个墩身,每个墩身3个主桁,落梁时临时抄垫钢结构的量非常大。后期落梁及桥面结合施工的工期紧、任务重。为节约成本,设计时考虑到充分利用顶推过程中用到的抄垫钢结构,对于需要大量反复挪移使用的临时抄垫钢结构,本着轻便的原则进行设计,如图3-4-17～图3-4-19所示。

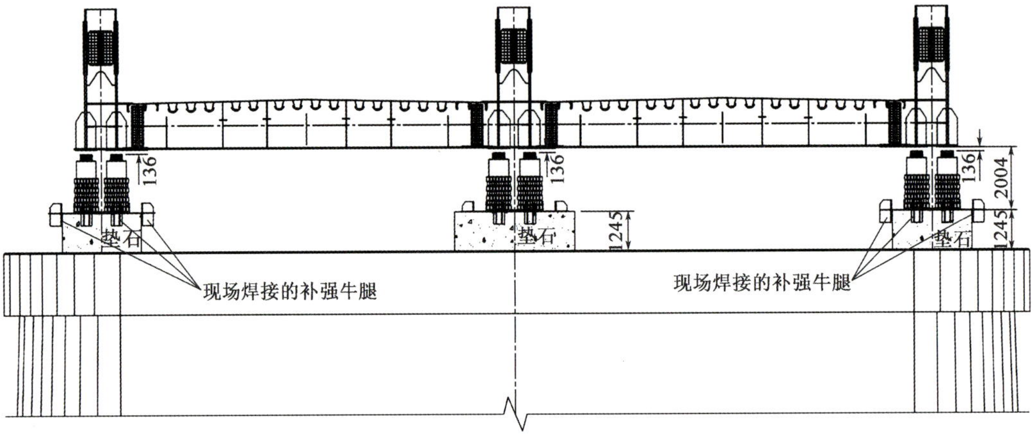

图 3-4-15　11 号墩纠偏装置立面布置图(尺寸单位:mm)

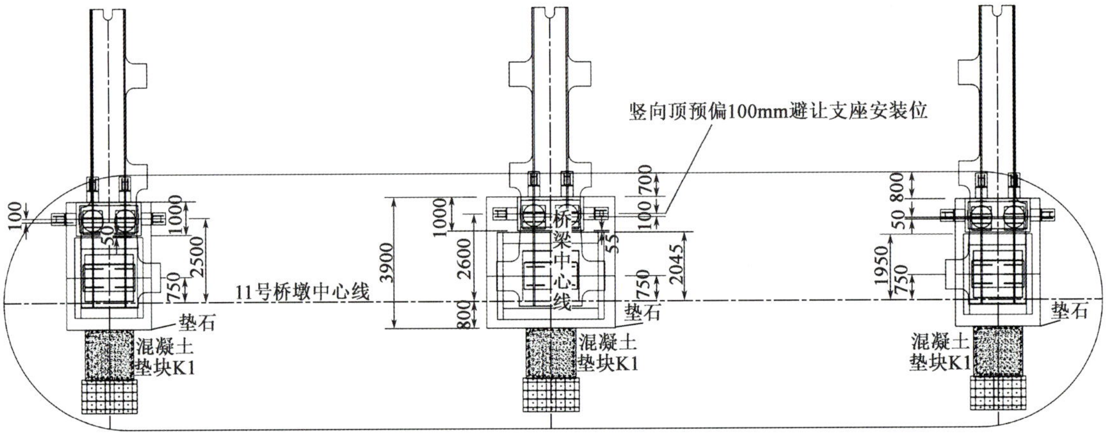

图 3-4-16　11 号墩纠偏装置平面布置图(尺寸单位:mm)

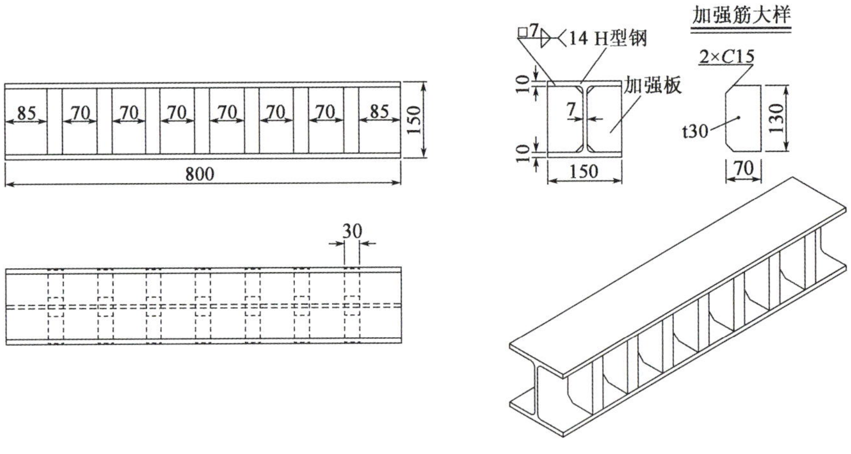

图 3-4-17　抄垫型钢(尺寸单位:mm)

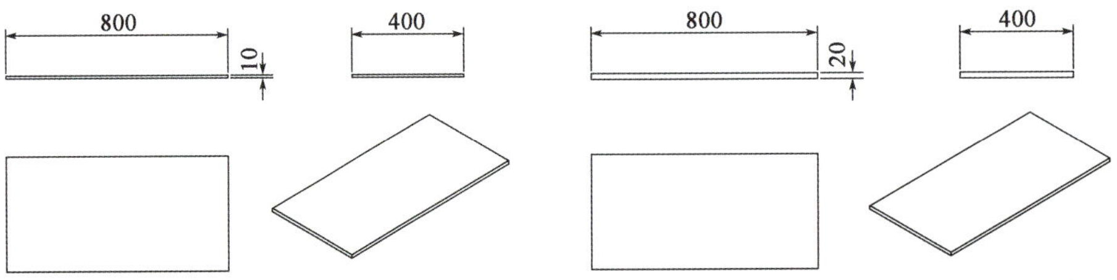

a)10mm抄垫钢板　　b)20mm抄垫钢板

图 3-4-18　抄垫钢板(尺寸单位:mm)

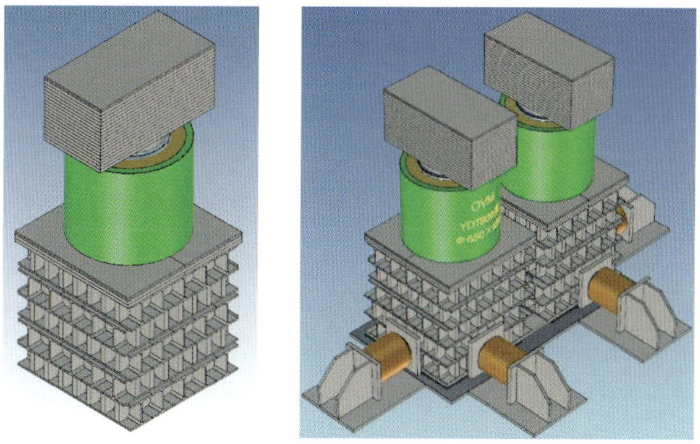

图 3-4-19　竖向顶相关抄垫块及抄垫钢板三维示意图

支座上方也需放置大量临时抄垫钢结构，根据各支座支点承受支反力的大小，同时为保证抄垫与节点底面有足够的接触面积，0 号和 11 号墩每个支座上方放置 2 组抄垫块，1～10 号墩每个支座上方放置 4 组抄垫块。每组抄垫块为多层结构，每层 5 根抄垫型钢，交错放置。

0 号和 11 号墩支座顶部最小尺寸为 1400mm（纵）×1500mm（横），1～10 号墩支座顶部最小尺寸为 2000mm（纵）×1700mm（横），如图 3-4-20 所示。

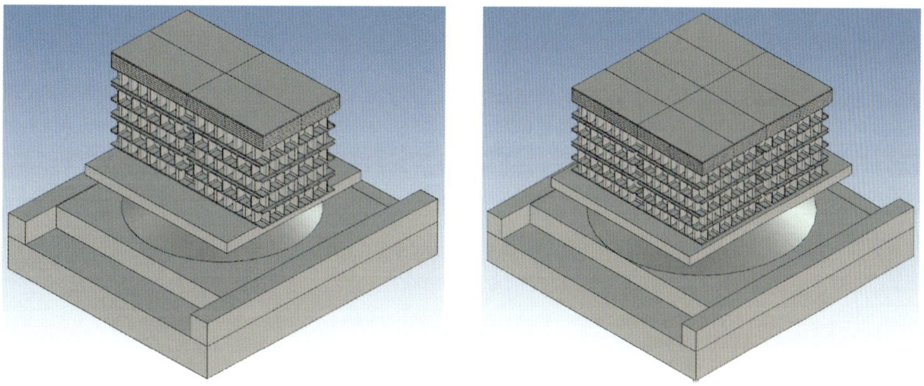

a）0号、11号支座抄垫　　b）1号、10号支座抄垫

图 3-4-20　支座顶部抄垫三维示意图

3）竖向顶提篮临时钢结构

落梁时竖向顶位于抄垫垛的上部，在更换行程时，需将竖向顶挪开才能抽掉竖向顶下方的型钢抄垫。竖向顶体积大、重量重，拆装挪移的过程费时、费力，且起落梁时频繁的拆装挪移安全风险也较大，为了节约工期并保证施工质量及安全，设计一种竖向顶提篮结构，当需要拆除竖向顶下方抄垫块时，利用葫芦将提篮结构连带竖向顶一同提起，让竖向顶紧贴梁底，使得竖向顶下方脱空，方便安全地拆除竖向顶下方抄垫块。

提篮结构下方为 2 块 400mm×1800mm×20mm 双拼开孔钢板，为方便安装，两块钢板安装就位后在现场拼焊；上方为两个可调式的葫芦卡子，通过卡子卡住钢桁梁支座翼板，葫芦挂在卡子上，需要抽出竖向顶下方抄垫块时，用葫芦将提篮板连同竖向顶一同向上拉空，空余出下方抽出抄垫块的空间（图 3-4-21）。

4.2.4　落梁施工

1）落梁施工步骤

落梁步骤为：1 号、3 号、5 号、7 号、9 号、11 号墩落梁 50mm→0 号、2 号、4 号、6 号、8 号、10 号墩落梁

100mm→1 号、3 号、5 号、7 号、9 号、11 号墩落梁 100mm→0 号、2 号、4 号、6 号、8 号、10 号墩落梁 100mm，依次循环落梁（图 3-4-22），直至将梁体落梁至设计高度。

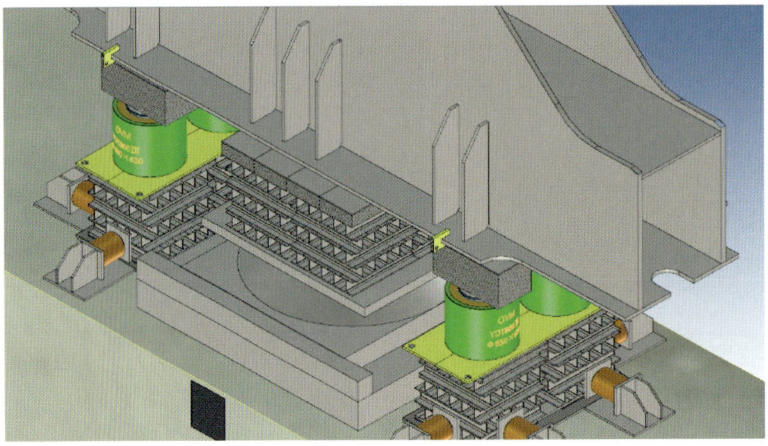

图 3-4-21　三维模拟布置图

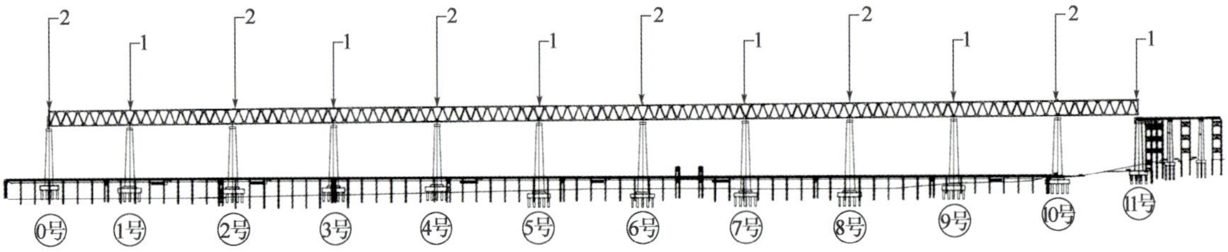

图 3-4-22　间隔式落梁示意图

1、2-落梁顺序

2）落梁相关结构干涉分析

各墩竖向顶布置及高度位置关系见表 3-4-1。

由表 3-4-1 可知，竖向顶本身高度完全满足落梁工况下的施工需求，相关结构不会产生干涉。

0 号墩与 11 号墩，由于处于梁体的端头，梁体受温度变化伸缩量较大，为避免竖向顶跟随梁体伸长时与支座产生干涉，将竖向顶往中跨侧移动 50mm。0 号墩布置如图 3-4-23 ~ 图 3-4-25 所示。

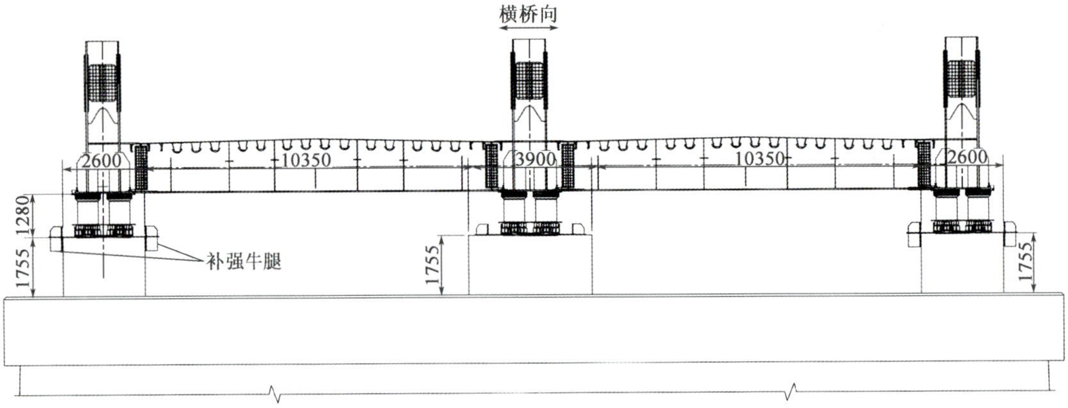

图 3-4-23　0 号墩竖向顶系统立面布置图（尺寸单位：mm）

各墩竖向顶布置及高度位置关系统计表（单位：mm）

表 3-4-1

墩号	上游边桁					中桁					下游边桁				
	滑道梁到梁底净空	滑道梁高度	垫石距离梁底高度	支座高度	竖向顶高度	滑道梁到梁底净空	滑道梁高度	垫石距离梁底高度	支座高度	竖向顶高度	滑道梁到梁底净空	滑道梁高度	垫石距离梁底高度	支座高度	竖向顶高度
0	1979	23	2002	900	632	1984	23	2007	900	733	1979	23	2002	900	632
1	1206	800	2006	940	635	1345	800	2145	1090	630	1210	800	2010	940	635
2	1239	800	2039	940	635	1402	800	2202	1090	630	1235	800	2035	940	635
3	1289	800	2089	940	635	1437	800	2237	1090	630	1280	800	2080	940	635
4	1219	800	2019	940	635	1379	800	2179	1090	630	1216	800	2016	940	635
5	1240	800	2040	940	635	1379	800	2179	1090	630	1242	800	2042	940	635
6	1233	800	2033	940	635	1395	800	2195	1090	630	1243	800	2043	940	635
7	1242	800	2042	940	635	1365	800	2165	1090	630	1235	800	2035	940	635
8	1217	800	2017	940	635	1378	800	2178	1090	630	1229	800	2029	940	635
9	1274	800	2074	940	635	1393	800	2193	1090	630	1278	800	2078	940	635
10	1261	800	2061	940	635	1397	800	2197	1090	630	1264	800	2064	940	635
11	720	1292	2012	900	675	720	1292	2012	900	630	720	1292	2012	900	675

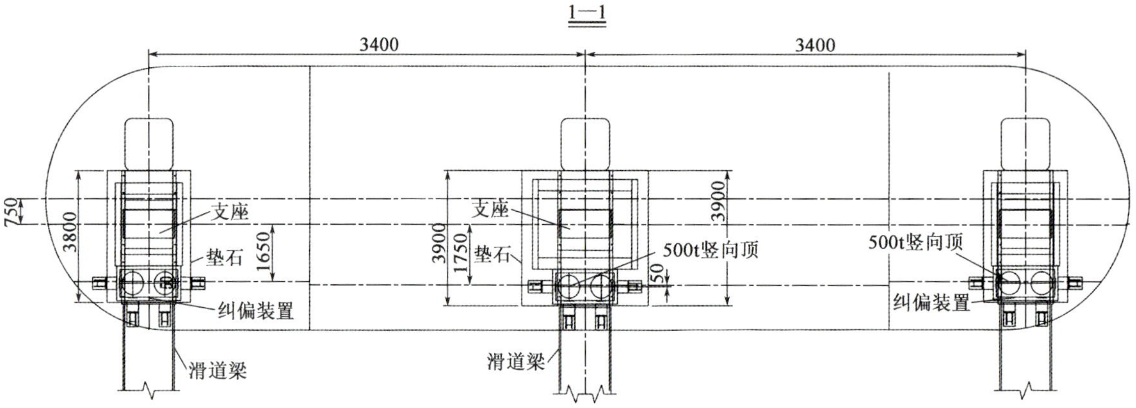

图 3-4-24　0 号墩竖向顶系统平面布置图(尺寸单位:mm)

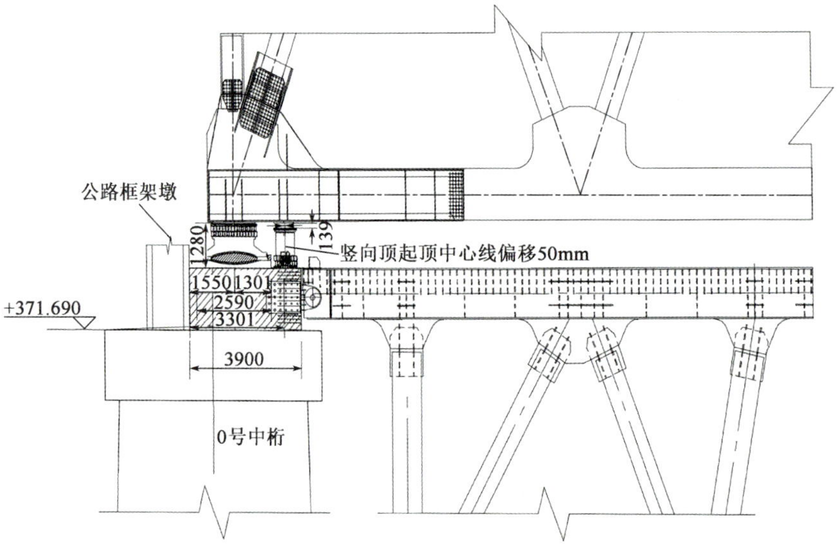

图 3-4-25　0 号墩竖向顶系统侧面布置图(尺寸单位:mm;高程单位:m)

11 号墩布置图如图 3-4-26 ~ 图 3-4-28 所示。

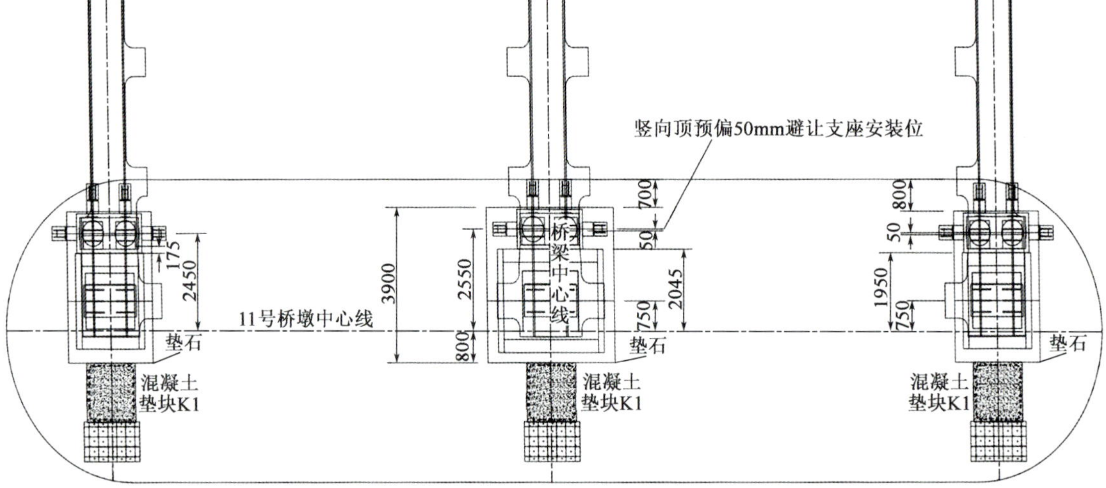

图 3-4-26　11 号墩竖向顶系统立面布置图(尺寸单位:mm)

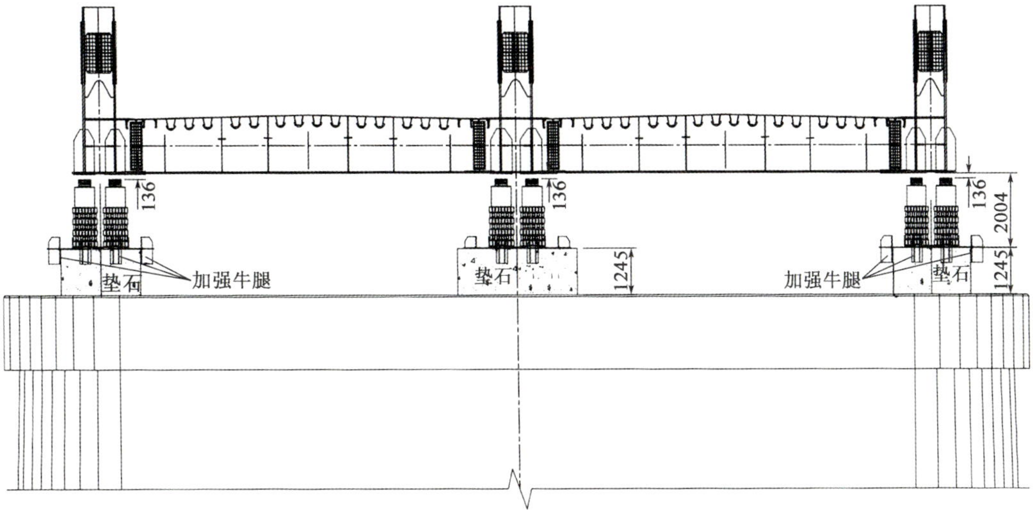

图3-4-27 11号墩竖向顶系统立面布置图(尺寸单位:mm)

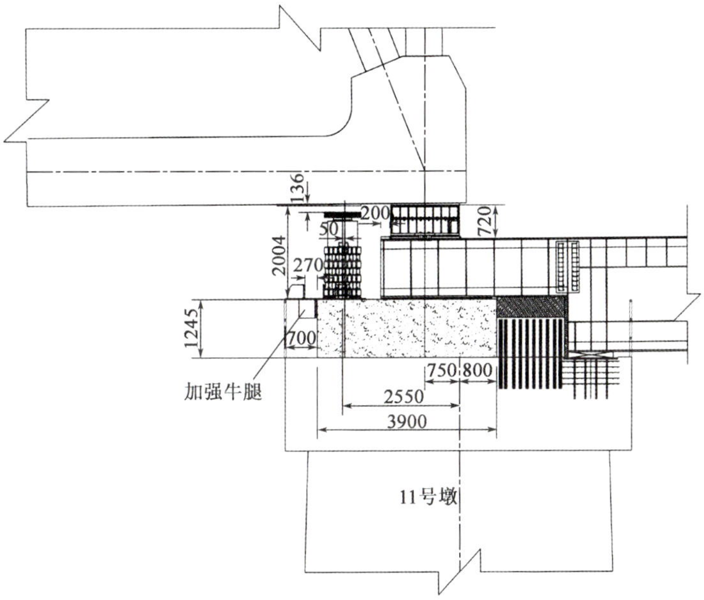

图3-4-28 11号墩竖向顶系统侧面布置图(尺寸单位:mm)

3)间隔式落梁步骤

(1)0号墩落梁步骤

步骤一:落梁100mm。共计落梁100mm。

步骤二:落梁100mm。共计落梁200mm。

步骤三:落梁100mm。共计落梁300mm。

步骤四:落梁100mm。共计落梁400mm。

步骤五:落梁100mm。共计落梁500mm。

步骤六:落梁100mm。共计落梁600mm。

步骤七:滑块受力状态下,安装纠偏反力座,调节竖向顶上端抄垫板至梁底距离小于或等于10mm。将钢梁顶升至抄垫块刚刚托空即可,尽量减少竖向顶活塞伸长量。

步骤八:拆除滑块,将支座挪移就位,在支座上方垫好型钢抄垫,型钢抄垫与支座间设施双层不锈钢板摩擦副。将抄垫钢板抄垫至紧贴梁底面。竖向顶缩缸将抄垫间隙控制在130mm左右。

步骤九：落梁 100mm。共计落梁 700mm。

步骤十：落梁 100mm。共计落梁 800mm。

步骤十一：落梁 100mm。共计落梁 900mm。

步骤十二：落梁 100mm。共计落梁 1000mm。

步骤十三：落梁约 80mm。共计落梁约 1080mm。落梁距离支座顶面剩余 20mm 左右时进行最后一次梁体精调，精调完成后，梁体落梁在支座上，保留支座与梁体间的摩擦副结构。

全桥精确顶推到位后 0 号墩状态如图 3-4-29～图 3-4-33 所示。

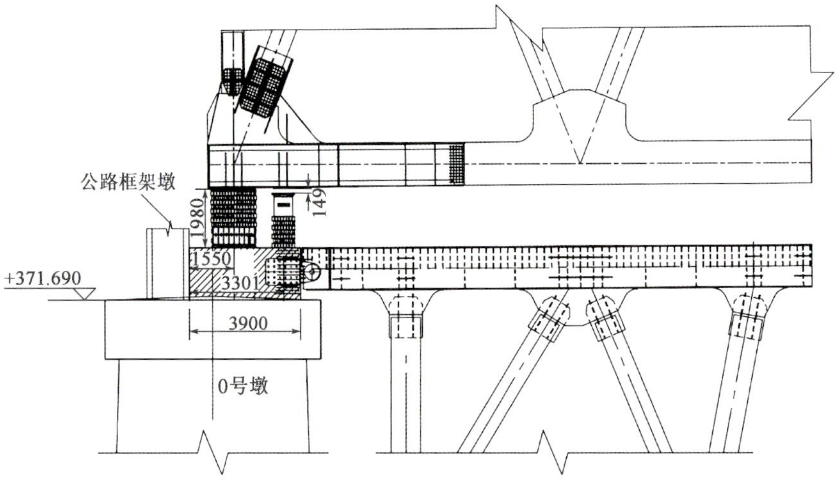

图 3-4-29　0 号墩顶推到位后状态(尺寸单位：mm；高程单位：m)

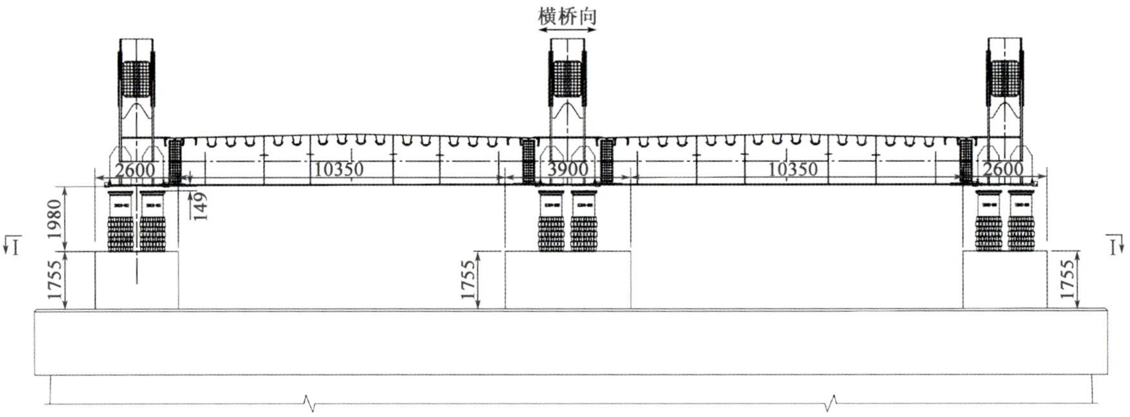

图 3-4-30　0 号墩顶推到位后状态立面图(尺寸单位：mm)

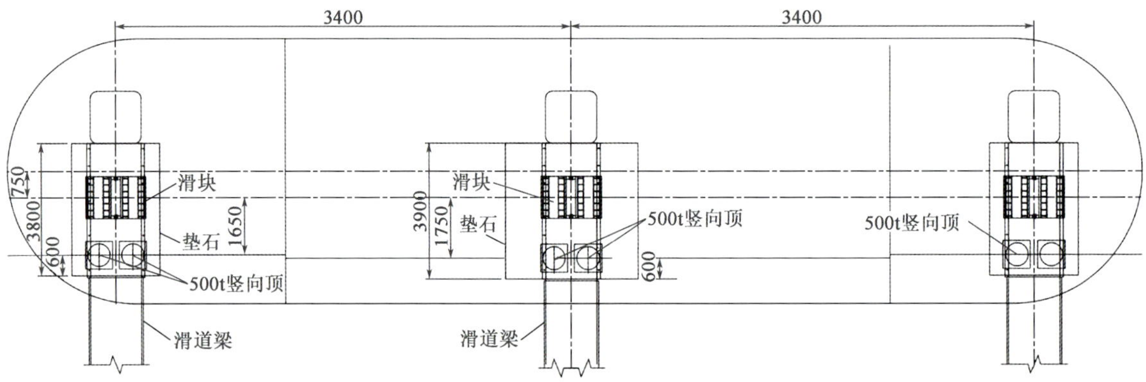

图 3-4-31　0 号墩顶推到位后状态平面图(Ⅰ-Ⅰ剖面)(尺寸单位：mm)

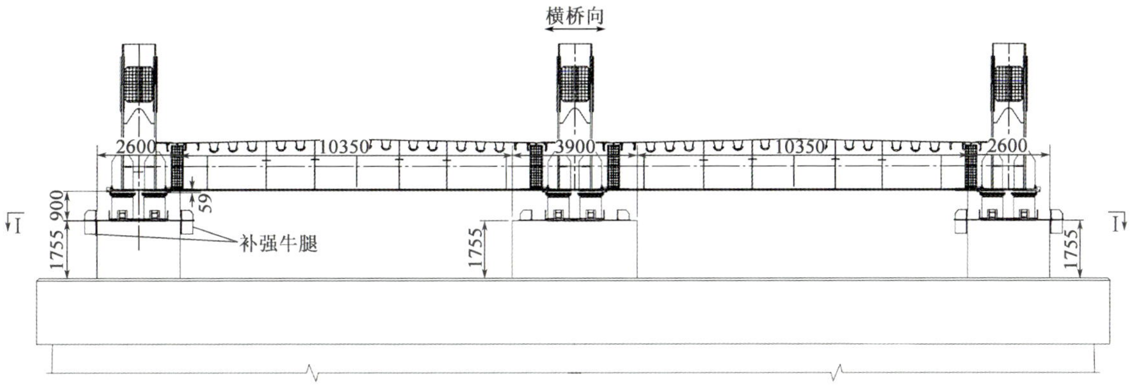

图 3-4-32　0 号墩支座就位后状态立面图(尺寸单位:mm)

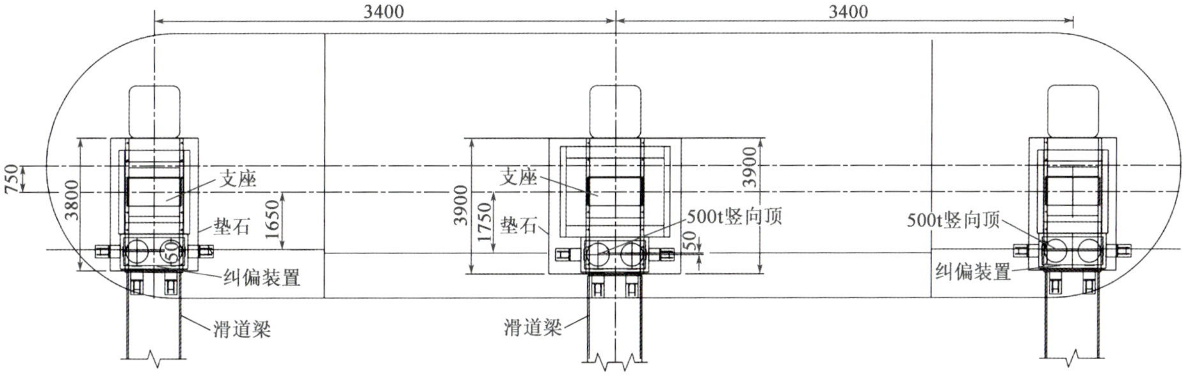

图 3-4-33　0 号墩支座就位后状态平面图(Ⅰ-Ⅰ剖面)(尺寸单位:mm)

(2)11 号墩落梁步骤

步骤一:拆除顶推系统。

步骤二:割除部分滑道梁。

步骤二:安装纠偏装置、竖向顶及抄垫块。

步骤四:落梁 50mm,拆除滑块,替换为抄垫块。总共落梁 50mm。

步骤五:落梁 100mm。总共落梁 150mm。

步骤六:落梁 100mm。总共落梁 250mm。

步骤七:落梁 100mm。总共落梁 350mm。

步骤八:落梁 100mm。总共落梁 450mm。

步骤九:落梁 100mm。将竖向顶上方抄垫抄垫钢板抄垫至距离梁底小于或等于 10mm。总共落梁 550mm。

步骤十:拆除支座垫石上方的剩余滑道梁。

步骤十一:将支座挪移就位,在支座上方垫好型钢抄垫,型钢抄垫与支座间设施双层不锈钢板摩擦副。将抄垫钢板抄垫至紧贴梁底面。竖向顶缩缸将抄垫间隙控制在 130mm 左右。

步骤十二:落梁 100mm。总共落梁 650mm。

步骤十三:落梁 100mm。总共落梁 750mm。

步骤十四:落梁 100mm。总共落梁 850mm。

步骤十五:落梁 100mm。总共落梁 950mm。

步骤十六:落梁约 54mm。还差 20mm 左右落梁到位时,进行梁体精调,完成最后一步落梁。总共落梁约 1004mm。

11 号墩顶推到位后状态如图 3-4-34 ~ 图 3-4-38 所示。

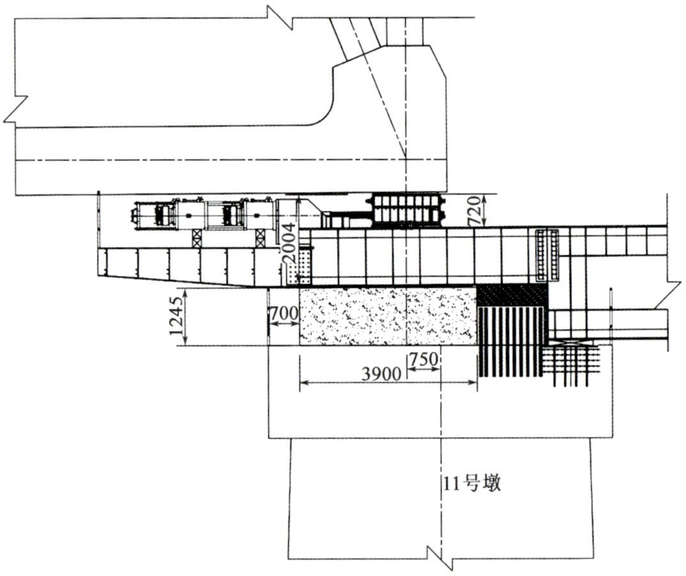

图 3-4-34　11 号墩顶推到位后状态侧向图(尺寸单位:mm)

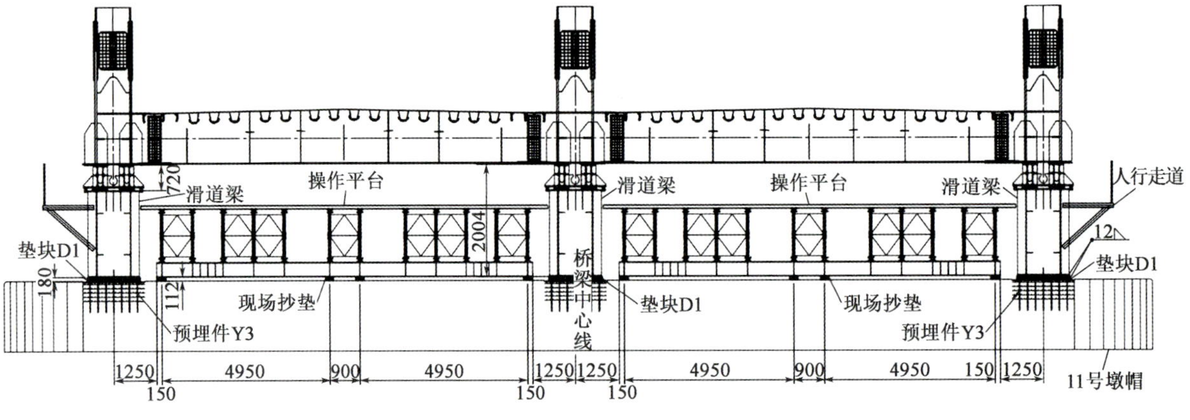

图 3-4-35　11 号墩顶推到位后状态立面图(尺寸单位:mm)

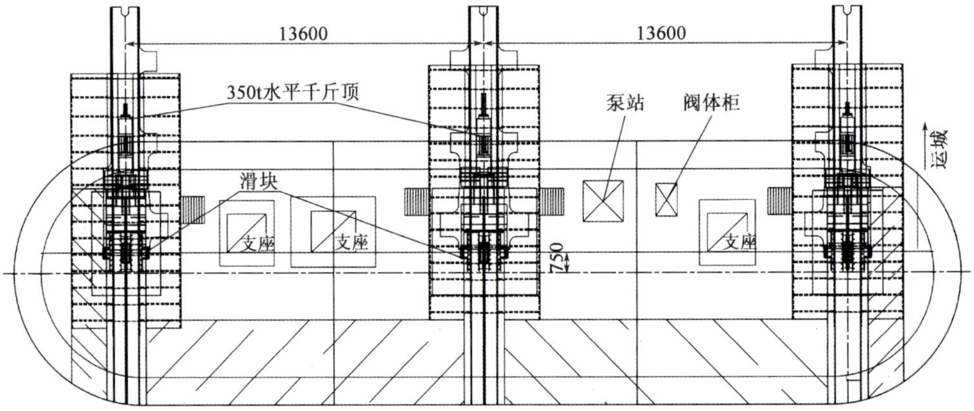

图 3-4-36　11 号墩顶推到位后状态平面图(尺寸单位:mm)

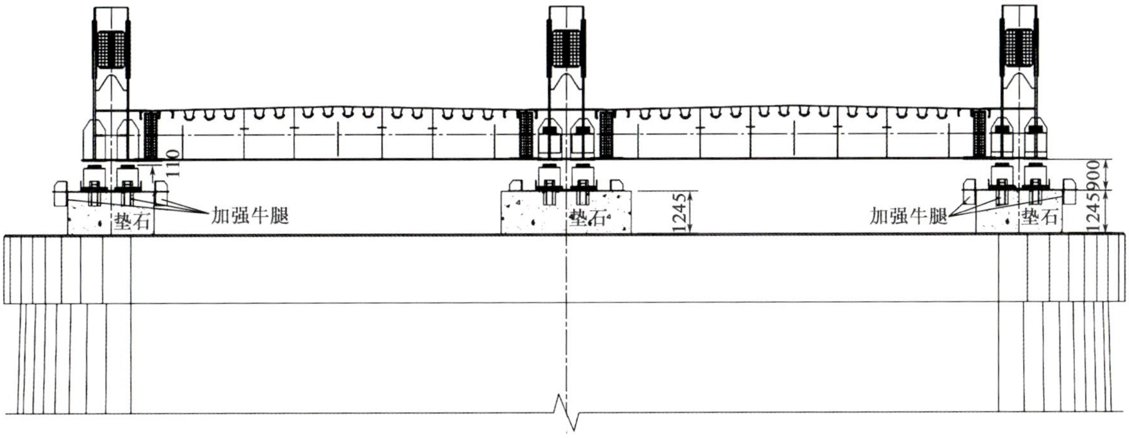

图 3-4-37 11 号墩落梁就位后状态立面图(尺寸单位:mm)

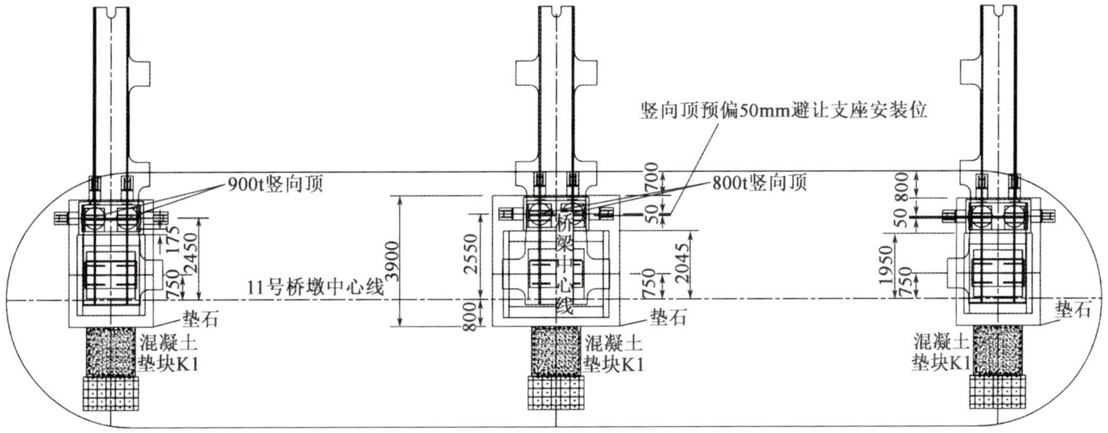

图 3-4-38 11 号墩落梁就位后状态平面图(尺寸单位:mm)

(3)2 号、4 号、6 号、8 号、10 号墩落梁步骤

步骤一:拆除顶推设备,将竖向顶挪移至设计起顶位置。

步骤二:落梁 100mm。总共落梁 100mm。

步骤三:落梁 100mm。总共落梁 200mm。

步骤四:将滑块更换为抄垫型钢,落梁 100mm。总共落梁 300mm。

步骤五:落梁 100mm。总共落梁 400mm。

步骤六:落梁 100mm。总共落梁 500mm。

步骤七:落梁 100mm。总共落梁 600mm。

步骤八:拆除竖向顶并割除 B 梁两端各 3000mm 的滑道梁,安装纠偏装置并重新安装竖向顶。调节竖向顶抄垫钢板至梁底距离小于或等于 10mm。

步骤九:拆除滑道梁 B 段,将支座挪移至就位位置,在支座上放置抄垫型钢,并在抄垫型钢与支座间布置双层不锈钢板摩擦副。

步骤十:落梁 100mm。总共落梁 700mm。

步骤十一:落梁 100mm。总共落梁 800mm。

步骤十二:落梁 100mm。总共落梁 900mm。

步骤十三:落梁 100mm。总共落梁 1000mm。

步骤十四:落梁约 100mm。最后 20mm 落梁前,进行梁体精调。总共落梁约 1200mm。

顶推到位后 2 号、4 号、6 号、8 号、10 号墩状态如图 3-4-39 ~ 图 3-4-41 所示。

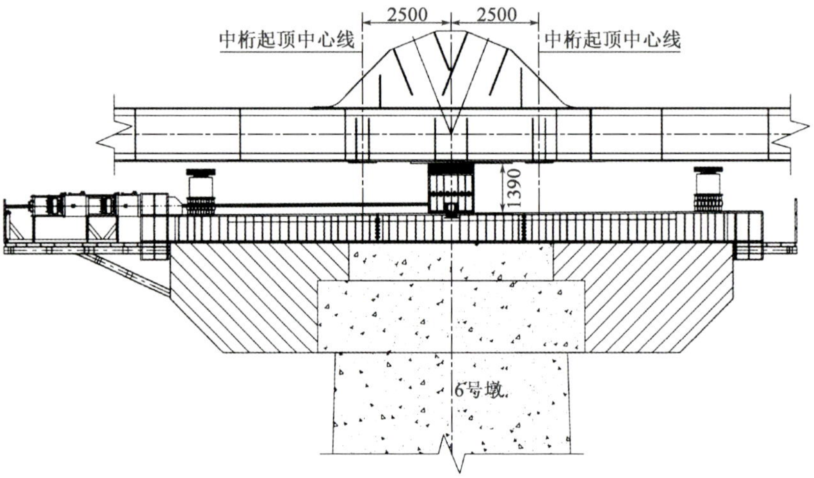

图 3-4-39　顶推到位后 2 号、4 号、6 号、8 号、10 号墩状态图(尺寸单位:mm)

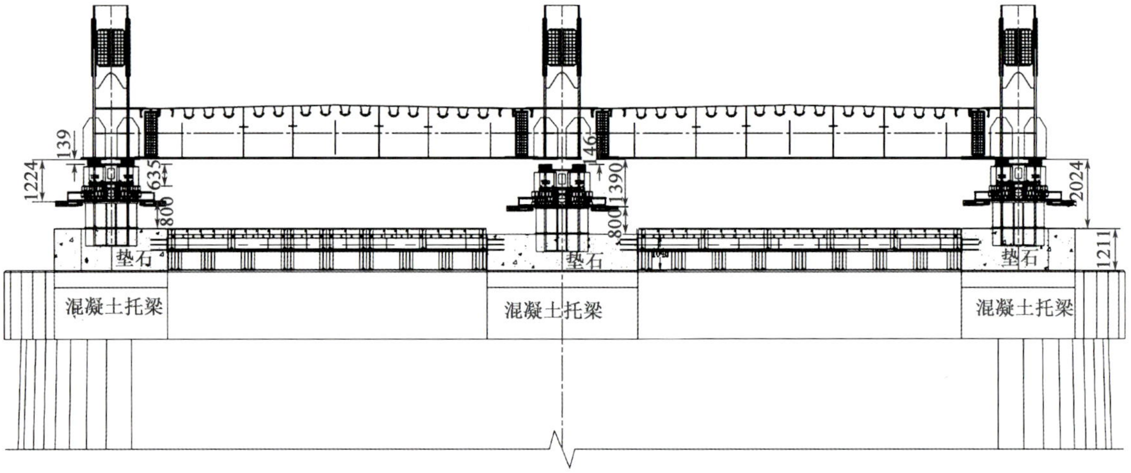

图 3-4-40　顶推到位后 2 号、4 号、6 号、8 号、10 号墩状态立面图(尺寸单位:mm)

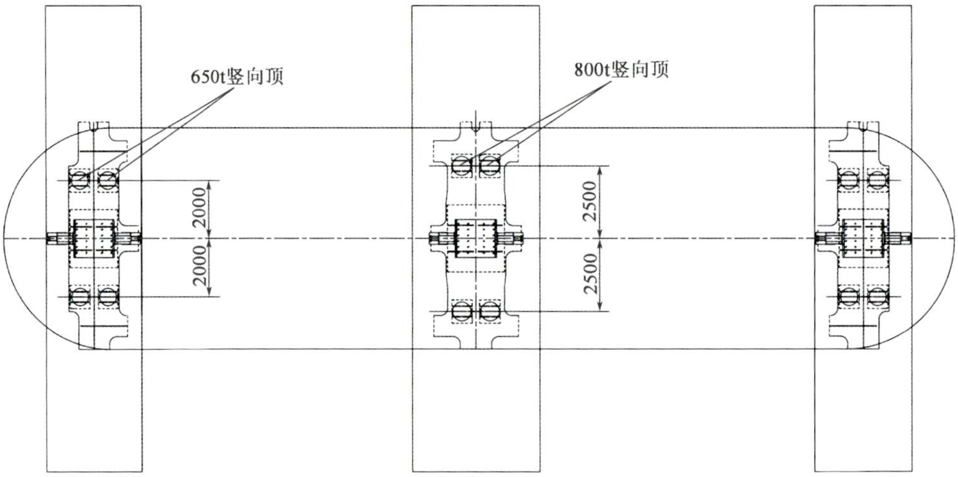

图 3-4-41　顶推到位后 2 号、4 号、6 号、8 号、10 号墩状态平面图(尺寸单位:mm)

(4)1 号、3 号、5 号、7 号、9 号墩落梁步骤

步骤一:拆除顶推系统并重新调整好竖向顶位置。

步骤二:落梁 50mm。总共落梁 50mm。

步骤三:落梁 100mm。总共落梁 150mm。

步骤四:落梁 100mm。将滑块取出替换为抄垫型钢,总共落梁 250mm。

步骤五:落梁 100mm。总共落梁 350mm。

步骤六:落梁 100mm。总共落梁 450mm。

步骤七:落梁 100mm。总共落梁 550mm。

步骤八:割除竖向顶下方区域 3000mm 范围,安装纠偏装置及重新布置竖向顶,竖向顶上部垫钢板调节至距离梁底小于或等于 10mm。

步骤九:在钢梁横隔板处设置拆除 B 梁,支座挪移至就位位置,支座上抄垫钢板抄垫至紧贴梁底。

步骤十:落梁 100mm。总共落梁 650mm。

步骤十一:落梁 100mm。总共落梁 750mm。

步骤十二:落梁 100mm。总共落梁 850mm。

步骤十三:落梁 100mm。总共落梁 950mm。

步骤十四:落梁 100mm。总共落梁 1050mm。

步骤十五:竖向顶顶空梁体,落梁至还差 20mm 时进行梁体精调,完成最后一步落梁。落梁约 40mm。总共落梁约 1090mm。

顶推到位后 1 号、3 号、5 号、7 号、9 号墩状态如图 3-4-42 ~ 图 3-4-44 所示。

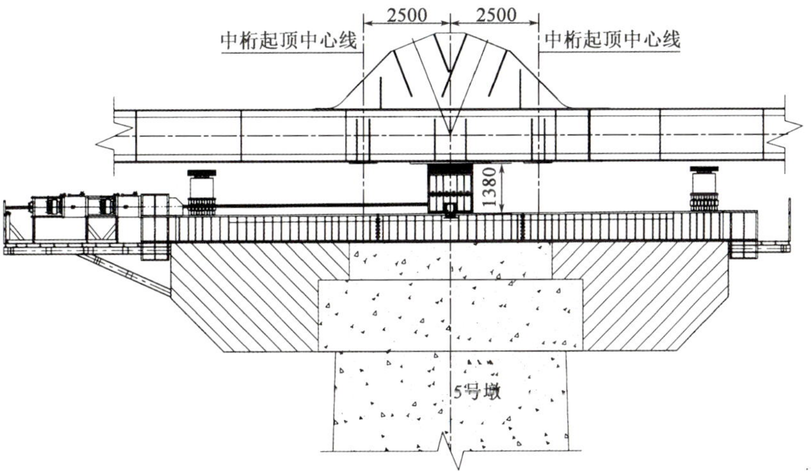

图 3-4-42 顶推到位后 1 号、3 号、5 号、7 号、9 号墩状态图(尺寸单位:mm)

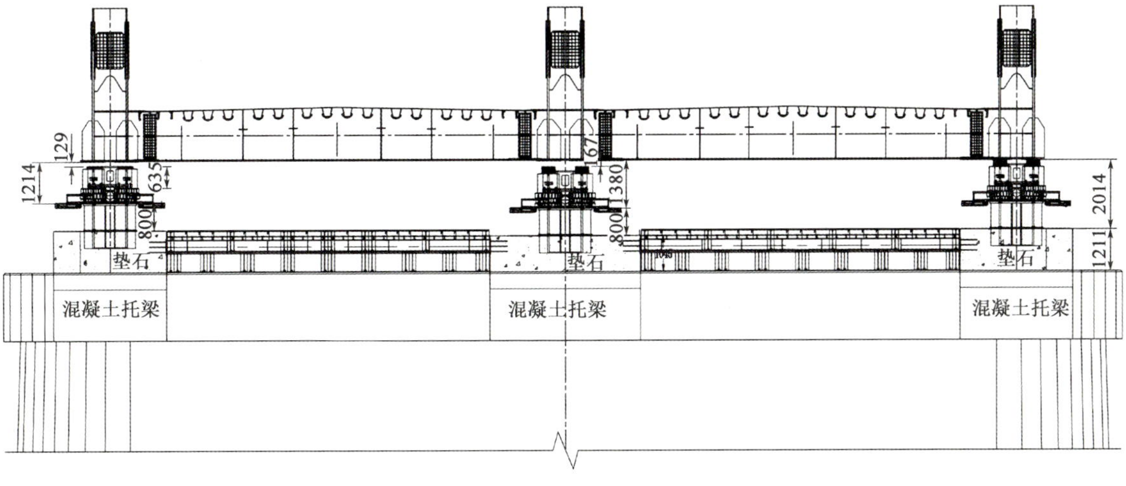

图 3-4-43 顶推到位后 1 号、3 号、5 号、7 号、9 号墩状态立面图(尺寸单位:mm)

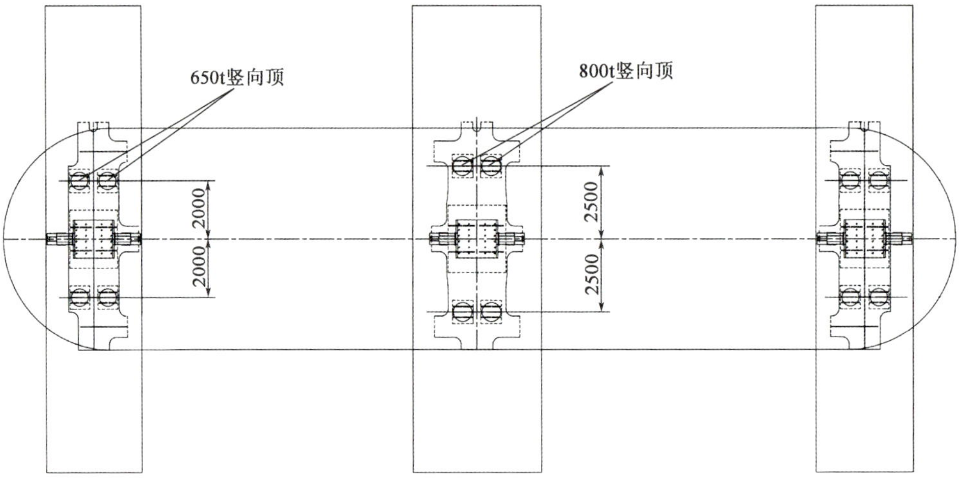

图 3-4-44　顶推到位后 1 号、3 号、5 号、7 号、9 号墩状态平面图(尺寸单位:mm)

4.2.5　支座灌浆

首先进行灌浆试验,试验合格后方可进行支座灌浆。支座灌浆应选取合适的条件,如梁体温差变化较小的阴天。将梁体起顶至支座托空(视具体高程要求,顶空至比支座就位高度高出约 10mm 即可)。调节支座位置,支座上部与梁体对孔完成,在螺栓安装孔内插入定位销(定位销需单独加工制作,每个支座至少配 4 根定位销,定位销使支座与梁体间不发生水平运动,保持竖向运动)。拆除支座上部双层不锈钢板摩擦副,待支座精调完成报验合格后,解锁支座。在支座四边支模,进行支座灌浆,达到设计强度后,将梁体回落至支座受力位置。

由于 5 号、6 号墩为固定支座,其余墩为活动支座,应首先对固定支座进行灌浆,由于本桥设置两个墩固定支座,先对 5 号墩进行支座灌浆,再进行其余墩(活动支座)的支座灌浆。6 号墩需在桥面结合完成后,合龙温度为 18℃时进行支座灌浆。

5 号、6 号墩支座灌浆如图 3-4-45 所示。

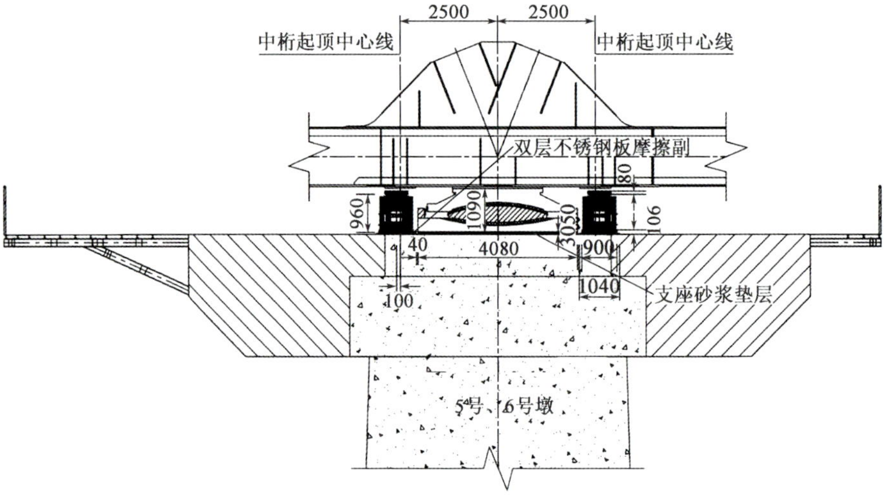

图 3-4-45　5 号、6 号墩支座灌浆示意图(尺寸单位:mm)

1 ~ 10 墩桥面结合布置图如图 3-4-46 所示。

(1)0 号墩支座灌浆

0 号墩支座灌浆如图 3-4-47 ~ 图 3-4-49 所示。

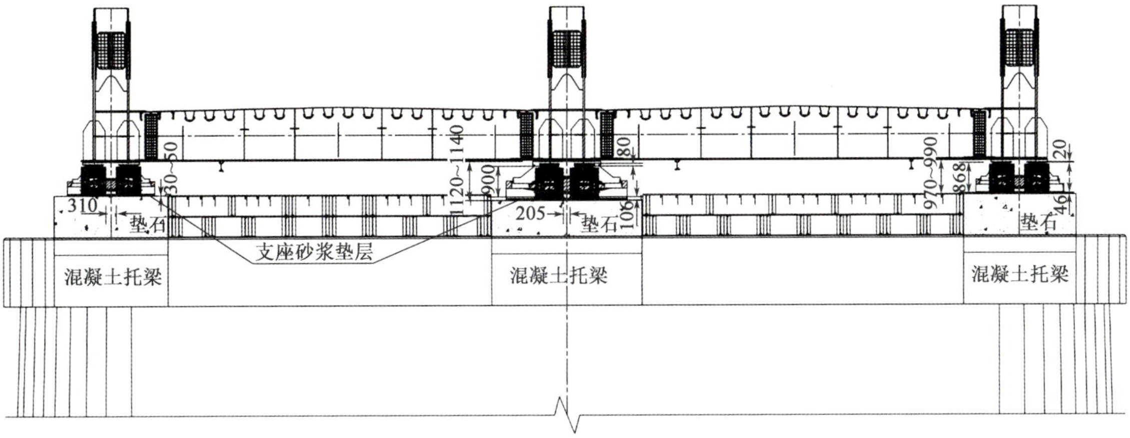

图 3-4-46 1～10 号墩桥面结合布置图(尺寸单位:mm)

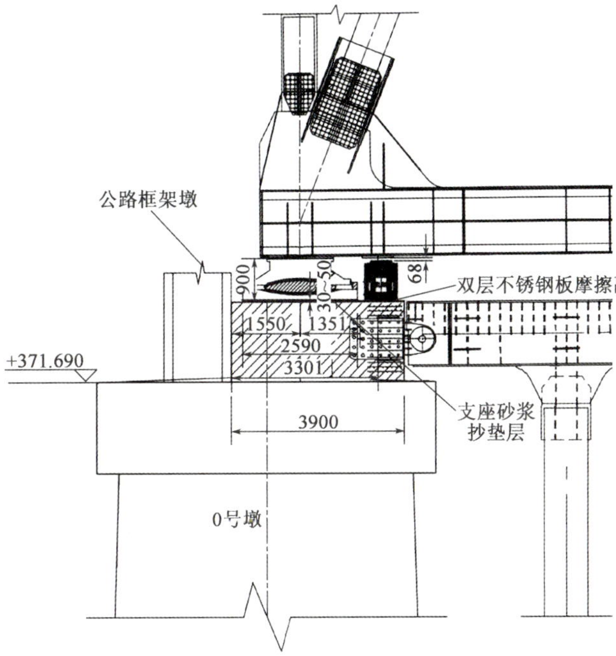

图 3-4-47 0 号墩支座灌装示意图(尺寸单位:mm;高程单位:m)

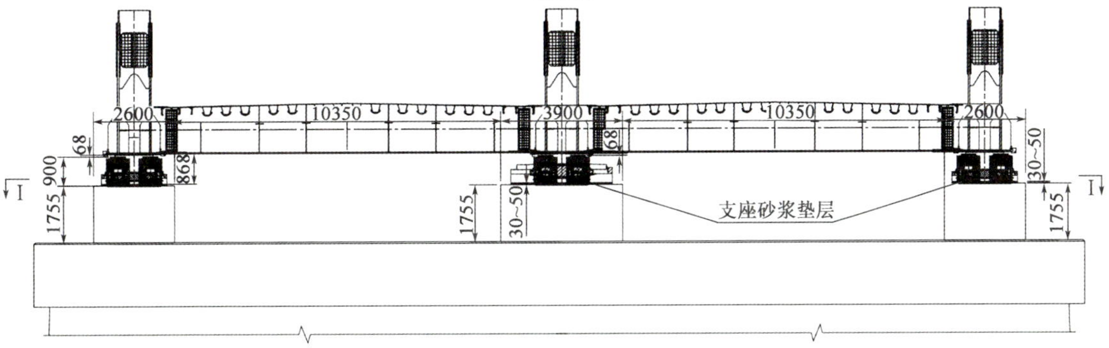

图 3-4-48 0 号墩支座灌浆立面图(尺寸单位:mm)

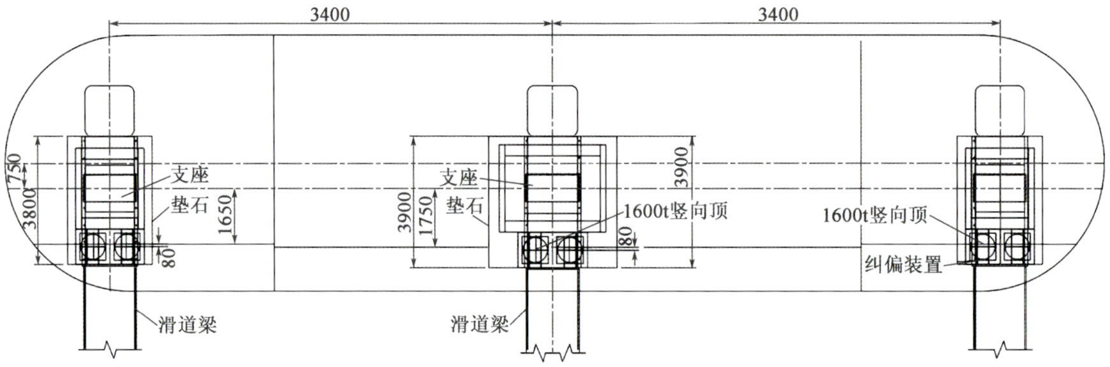

图 3-4-49　0 号墩支座灌浆平面图(Ⅰ-Ⅰ 剖面)(尺寸单位:mm)

(2)11 号墩支座灌浆

11 号墩支座灌浆如图 3-4-50 ~ 图 3-4-52 所示。

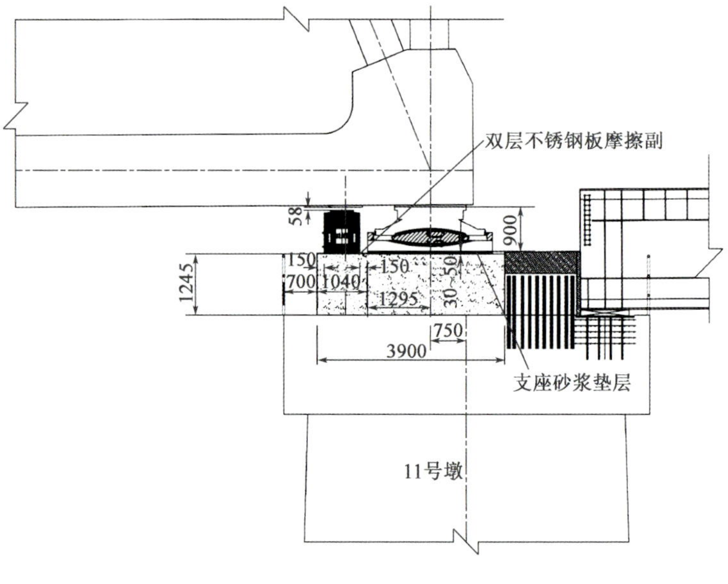

图 3-4-50　11 号墩支座灌浆示意图(尺寸单位:mm)

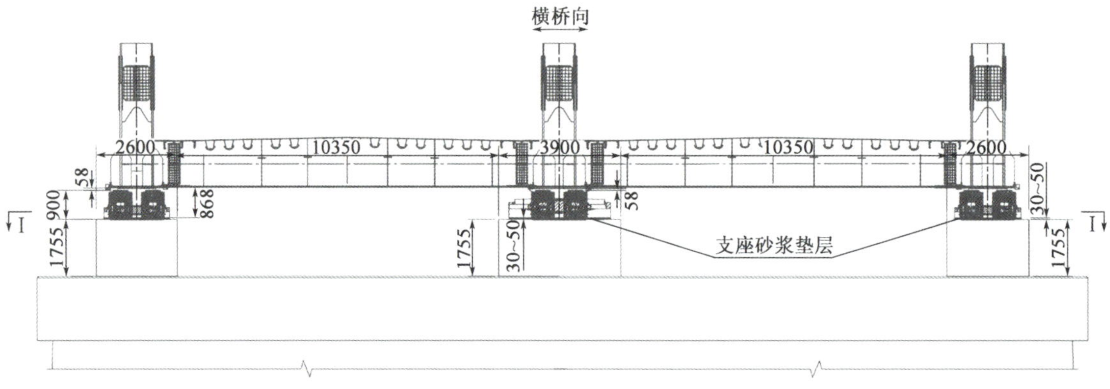

图 3-4-51　11 号墩支座灌浆平面图(尺寸单位:mm)

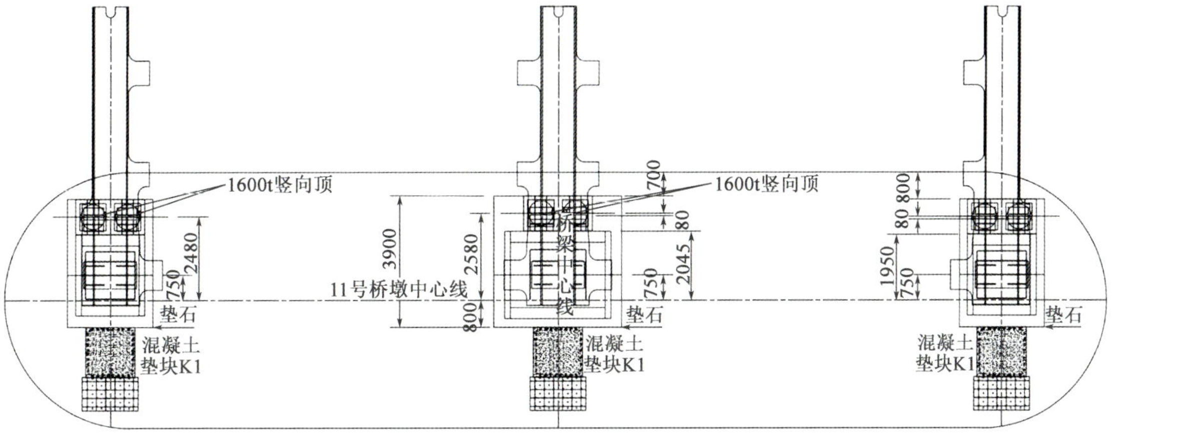

图3-4-52 11号墩支座灌浆立面图(Ⅰ-Ⅰ剖面)(尺寸单位:mm)

4.3 公路桥面板架设

4.3.1 施工总体安排

(1)为满足施工进度要求,采用两个铺架点同时由南北两侧向中间铺板,相应的桥下装板、运板、吊装、桥上铺板、湿接缝等施工全部按两套人员和设备配备。

(2)桥面板铺设完成后,湿接缝混凝土浇筑应避开冬季施工。施工过程中必须保证其他材料运输通道的畅通,湿接缝混凝土施工必须同时左右对应浇筑。

(3)钢桁梁顶推完成后,将原有70t全回转式起重机移至10号墩墩顶位置,进行另一台全回转式起重机的拼装工作,两台全回转式起重机同时进行公路桥面板架设;在存板区利用门式起重机进行装板作业,特殊情况也可利用履带起重机配合以保证装板速度。场内运输采用平板汽车将待架桥面板从存板区逐块运输至全回转式起重机下方。运板人员在确保桥面板挂钩牢固、钢丝绳无损坏、板面平稳后进行提升作业。

工艺流程如下:

(1)在公路桥面板存板区清理桥面板附着残渣并检查其编号。

(2)桥面板外露钢筋检查校正,同时处理钢筋的防锈水泥并进行除锈。

(3)顶部剪力钉检查校正,测量橡胶垫的粘贴位置并放线、粘贴橡胶垫。

(4)利用存板区门式起重机吊装桥面板至运板车上。

(5)利用运板车分别运输桥面板至南北两侧全回转式起重机的指定提升位置处。

(6)利用70t全回转式起重机架设桥面板。

(7)两台起重机碰面后,利用1号起重机拆卸2号起重机,此时剩余2个节间桥面板暂不架设,用于1号起重机站位。

(8)湿接缝钢筋制作安装。

(9)桥面板外露钢筋焊接。

(10)湿接缝模板制作安装。

(11)采用混凝土地泵在公路层接力的方式浇筑湿接缝混凝土。

(12)湿接缝混凝土的养护。

(13)1号全回转式起重机移至公路桥面板上,架设剩余两节间桥面板。

(14)剩余湿接缝钢筋、模板制作安装、混凝土浇筑;同时1号全回转式起重机移至11号墩处利用塔式起重机和汽车起重机拆除。

(15)墩顶处节点湿接缝浇筑,全桥 12 个墩顶公路层处,每个墩顶公路层处湿接缝分 4 批次进行浇筑。

4.3.2 施工前准备工作及注意事项

(1)安全:安全准备工作,班前安全教育,制作安装好生命线(设计专用、可靠、方便的生命线柱)、临边防护栏杆、工作挂篮、成品移动脚手架施工平台、桥面板吊架及吊具,组织专人对所有设备工装进行定期检查。

(2)施工供电三级配电二级保护准备工作:二级配电箱布置在铁路桥面上,至用工点距离约 110m,输送电压需上调 20V 左右。三级配电箱布置在公路层。

(3)供水:制作安装好水箱、水泵、水管。

(4)环保:制作好污水沉淀活动箱。

(5)资源准备:人员培训、材料供应(ϕ25mm、ϕ12mm 螺纹钢,橡胶垫,U 形螺栓)、设备配置(回转式起重机、塔式起重机、汽车起重机、门式起重机等)。

(6)存板区装车前,在存板区做好桥面板外露钢筋水泥浆的清理、外露钢筋的校正、桥面板吊装顺序的整理、桥面板与吊具的捆绑等工作。

(7)提板、铺板前,做好测量放线、剪力钉的校正、橡胶垫的粘接等工作。

4.3.3 公路桥面板检查

公路桥面板出存板区前,应对即将架设的每一块桥面板进行全面检查验收,待架桥面板经检查核实编号正确,并按要求填写签证表(图 3-4-53)。检查内容包括公路桥面板的外露钢筋是否符合设计要求、表面是否有污渍、表面的防锈层是否去除、是否歪斜等,检验合格后方可出存板区。

图 3-4-53 存板区桥面板

4.3.4 公路桥面板的运输

公路桥面板采用轮胎式运板车运输。待公路桥面板检查合格后,利用存板区现有的 50t 门式起重机将桥面板吊放到运板平板车上(图 3-4-54、图 3-4-55),运大尺寸板时,需考虑运板车车厢的强度,防止因道路不平而导致桥面板 4 个支撑点不在同一平面内,同时防止桥面板产生裂纹。

采用倒链或者钢丝绳将桥面板固定好,防止发生侧滑或者掉落。由运板车将桥面板分别运至 1 号回转式起重机和 2 号回旋式起重机对应位置的栈桥上(图 3-4-56)。公路桥面板运输过程中应注意安放平稳,桥面板与平板车之间应用枕木抄垫,或加设橡胶垫。

图 3-4-54 存放区桥面板吊装

图 3-4-55 存板区桥面板运输

图 3-4-56 桥面板运输至栈桥现场

4.3.5 公路桥面板的吊装

由于采用两个铺架点同时由南北两侧向中间铺板,相应的桥下装板、运板、吊装、桥上铺板、湿接缝等施工全部按两套相同的人员和设备配备。在正式起吊提升前应进行如下检查:

(1)公路桥面板吊架安全检查,检查吊架焊缝是否有脱焊、开裂现象;起重机起吊后是否水平;吊架连接系是否牢固。

(2)检查起吊保险绳是否牢固,钢丝绳安全性能是否良好。

(3)检查起吊的吊链和卸扣情况,发生损坏立即上报,并进行更换。

(4)检查钢丝绳是否起毛、是否断股,如有发生,立即上报,并及时更换。

公路桥面板吊装时,在吊装区域拉起警戒线,阻止车辆及工人通过吊装区域,防止物品坠落而砸伤人员和损害车辆。

桥面板吊装如图 3-4-57、图 3-4-58 所示。

4.3.6 公路桥面板的铺设

1)铺设前准备工作

(1)生命线的安装。安全是所有施工的第一要素,在架设桥面板前,必须安装生命线,以保障工人工作时的生命安全。桥面板铺架施工过程中,为保证人员高空行走安全,准备 1.3m 长的 L100 × 10 等边角钢作为构件,分别设置在上弦中桁中心线和上弦边桁中心线与横梁中心线相交的地方,利用螺栓将套筒与此处的剪力钉固定。在构件上方 1.2m 处设置一道生命线(图 3-4-59),选用 ϕ10mm 镀锌钢丝绳,并在每个立柱处用 1 个绳夹将立柱两侧的钢丝绳卡紧在一起(钢丝绳末端设 3 个绳夹)。作业人员在进行高空作业时,可将安全带挂设在生命线上,防止高空坠落事故的发生。

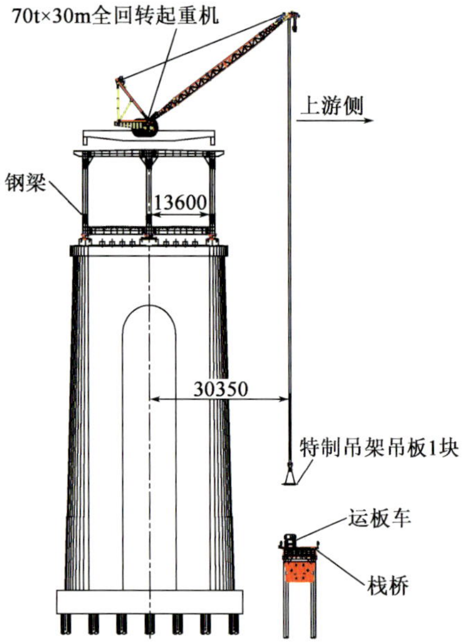

图 3-4-57　在主栈桥处公路桥面板吊装示意图(尺寸单位:mm)

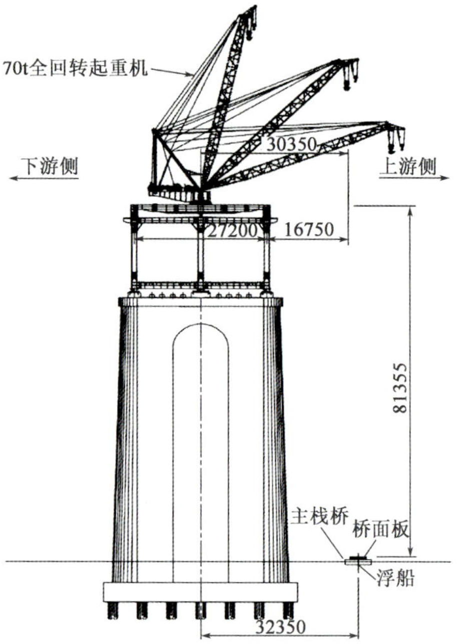

图 3-4-58　在起重船上吊装公路桥面板示意图(尺寸单位:mm)

图 3-4-59　安全生命线现场

(2)钢横梁杆件的检查与验收。为确保公路桥面板间湿接缝的现浇混凝土与钢横梁杆件的良好黏结力,在公路桥面板吊装前,需去除钢横梁上弦顶面油漆面。同时对待架设区域的钢横梁表面进行检查和验收,检查钢横梁顶面是否有杂物或者油污,钢横梁上弦顶面安全生命线是否合格等。公路桥面板架设前应将钢横梁顶面的杂物和油污清除干净。架设前还应检查架设位置剪力钉(图 3-4-60)的位置和数量是否和设计一致,剪力钉是否顺直,有无弯曲或脱焊、缺失。确保架设区域的剪力钉顺直,避免外露钢筋与桁架上剪力钉位置冲突。在桥面板铺设过程中如果剪力钉上口与钢筋位置冲突,工人可用无缝钢管套在剪力钉上进行调整。

(3)粘贴橡胶垫。为减少桥面板架设时外露钢筋之间的冲突,根据测量放线结果,粘贴橡胶垫位置必须准确。钢横梁上弦公路层橡胶垫的安装:根据设计要求,为使公路桥面板与钢横梁紧密接触,在钢桁梁外延粘贴橡胶垫。所垫橡胶垫宽度均按照设计图纸要求,横梁处宽度为 6cm,边桁、中桁宽度均为 5cm,厚度按上弦顶板底面、横梁顶板底面控制,公路桥面板底面距离钢横梁上弦杆件顶面高度顺桥向变化,相应橡胶垫层厚度也随之变化(图 3-4-61)。橡胶垫采用氯丁支座橡胶,材质符合桥梁用橡胶支座标准。

图3-4-60 钢桁梁剪力钉

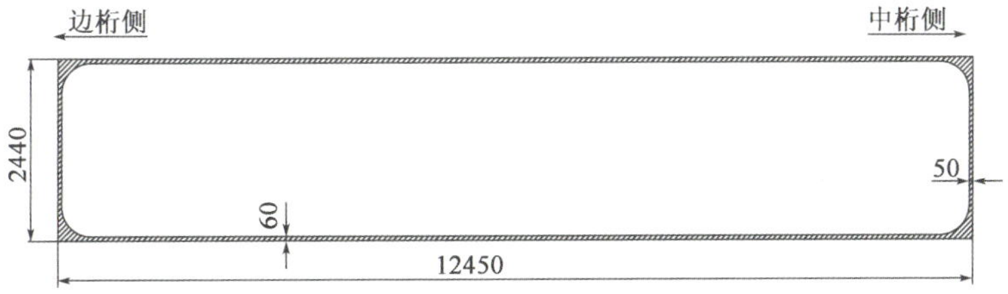

图3-4-61 橡胶垫平面布置图(适用于CM-A、CM-B)(尺寸单位:mm)

(4)桥面板铺架定位块结构。为保证桥面板铺设定位准确,在横梁上弦顶板上固定直角边长为270mm×270mm的三角形导向定位块。

2)桥面板铺设施工步骤

步骤一:钢桁梁顶推完成后,利用原有70t全回转式起重机(编号为1号)在主桥10号墩顶处拼装另一台70t全回转式起重机(编号为2号),如图3-4-62所示。

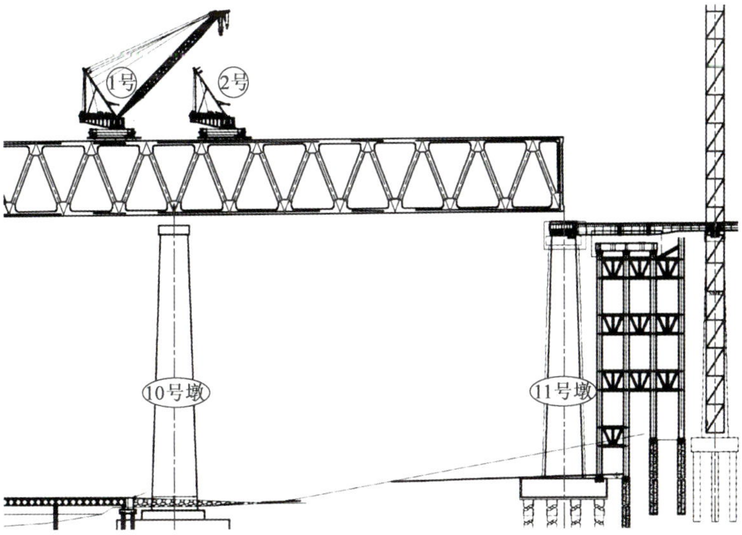

图3-4-62 步骤一

步骤二:1号全回转式起重机向0号墩方向移动,2号全回转式起重机向11号墩方向移动,准备由南北两侧向中间架设桥面板(图3-4-63)。

步骤三:2号全回转式起重机移至距11号墩方向梁端1.5个节间位置,准备吊装、铺设公路桥面板,1号全回转式起重机继续向0号墩方向移动(图3-4-64)。

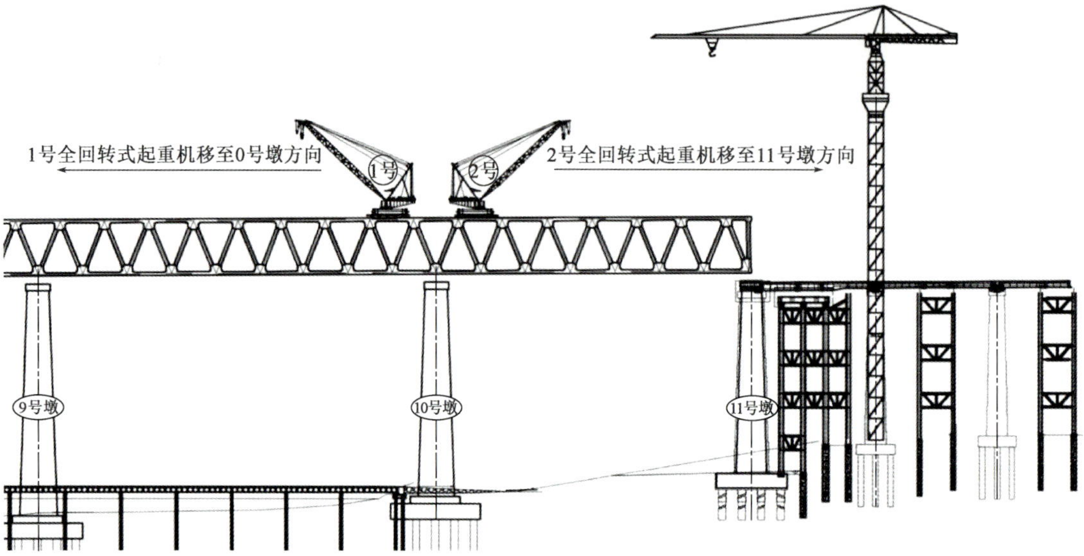

图 3-4-63　步骤二

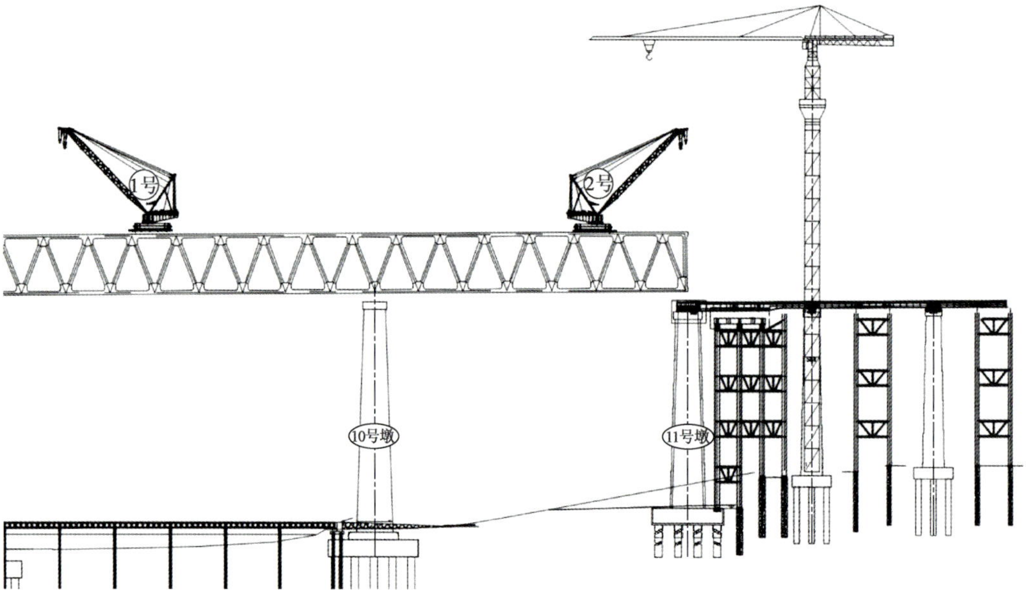

图 3-4-64　步骤三

桥面板吊装立面布置如图 3-4-65 所示。

桥面板架设顺序(图中所示为 1 个节间桥面板的架设顺序)及 70t 全回转式起重机站位平面布置如图 3-4-66 所示。

步骤四:1 号全回转式起重机移至距 0 号墩方向梁端 1.5 个节间位置,准备吊装、铺设公路桥面板,架设顺序同 2 号起重机(图 3-4-67)。

此时 2 号全回转式起重机已架设 21 个节间桥面板(图 3-4-68)。

步骤五:两台全回转式起重机同时由南北两侧向中间架设桥面板,在主桥 4 号与 5 号墩之间碰面(具体位置如图 3-4-69 所示),此时剩余 3 个节间桥面板未铺设。利用 1 号全回转式起重机拆除 2 号起重机。

步骤六:1 号全回转式起重机铺设 1 个节间桥面板,剩余两个节间暂不架设,用于起重机站位;湿接缝混凝土施工应避开冬季施工(图 3-4-70)。

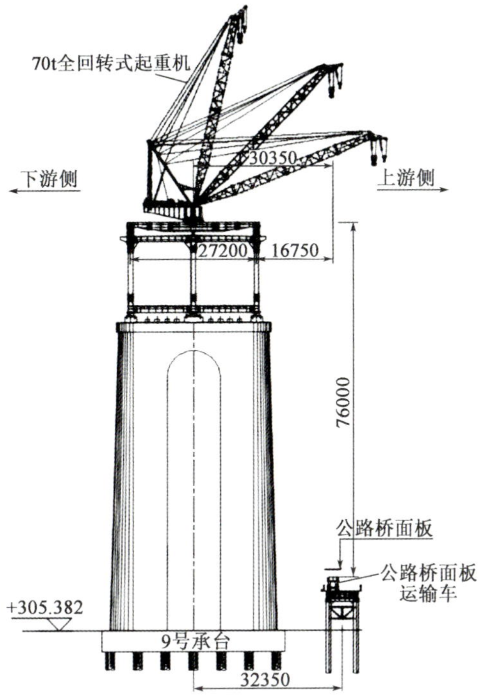

图3-4-65 吊装立面布置(尺寸单位:mm)

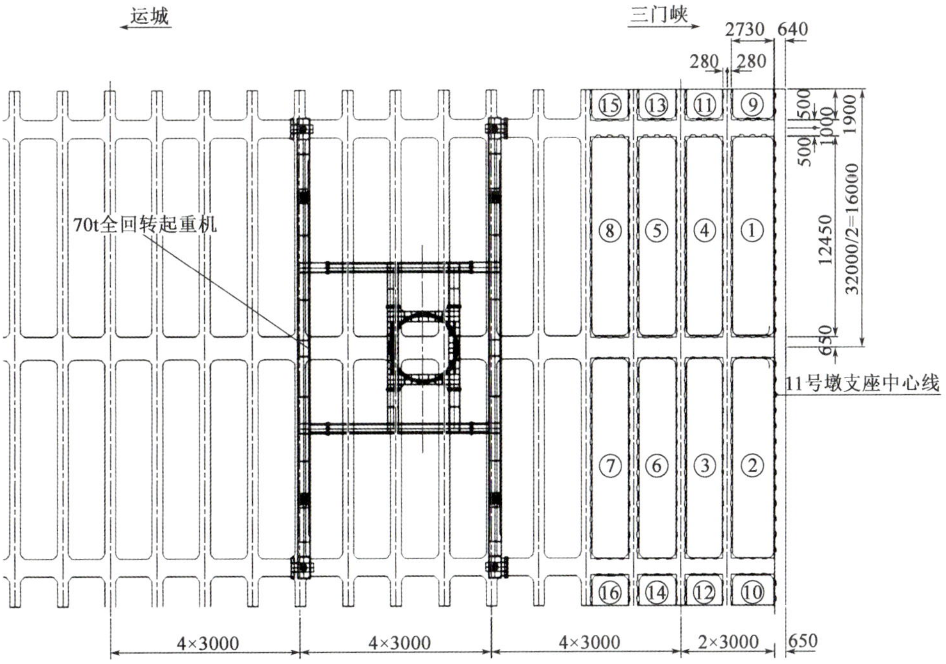

图3-4-66 起重机站位平面布置图(尺寸单位:mm)

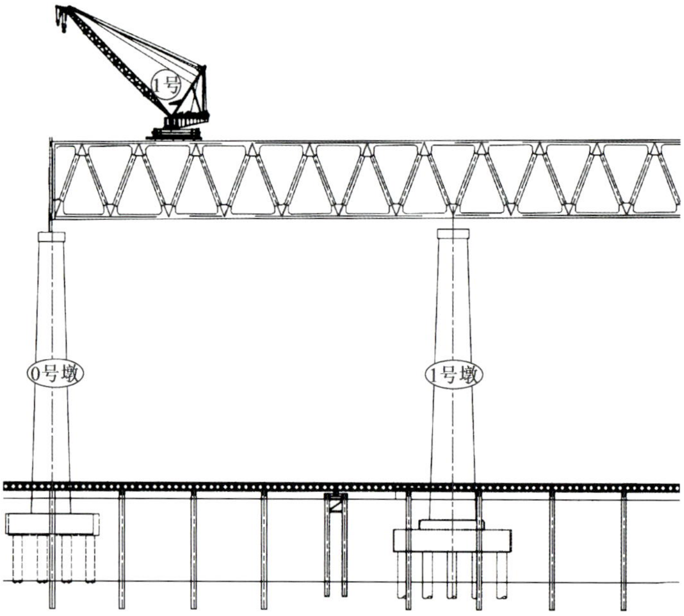

图 3-4-67　步骤四

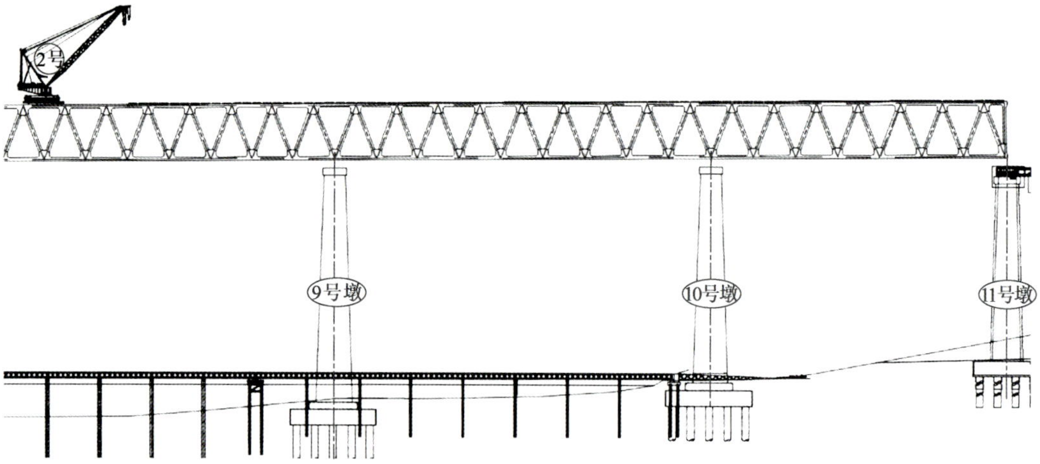

图 3-4-68　已架设 21 个节单元

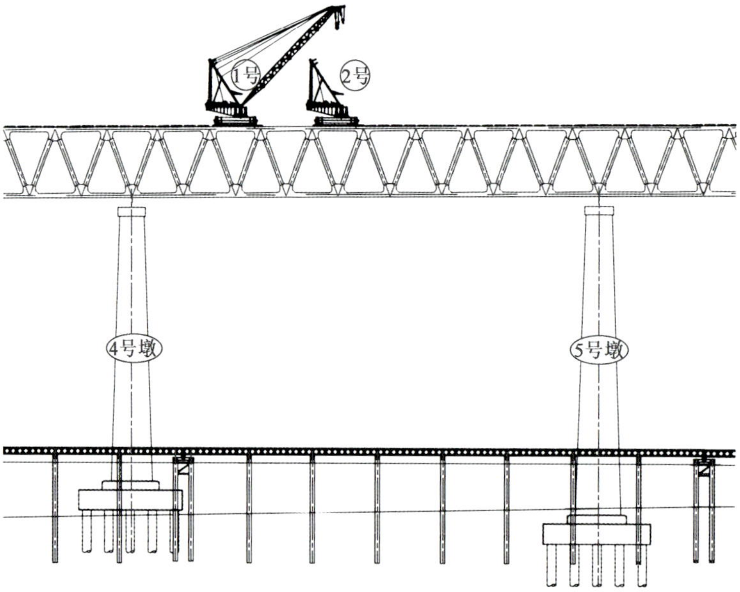

图 3-4-69　两起重机碰面

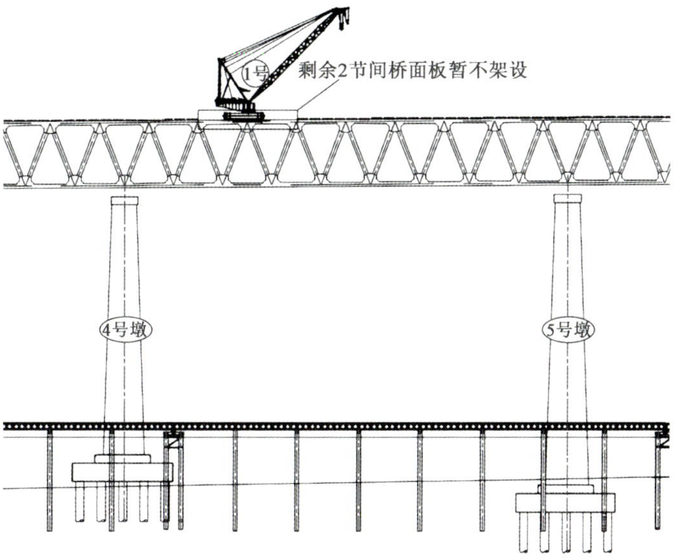

图 3-4-70 步骤六

步骤七:浇筑湿接缝混凝土,1～10 号墩每个墩顶预留 3 个节间湿接缝暂不浇筑,1 号吊机移动至公路桥面板顶面,架设剩余两节间桥面(图 3-4-71)。

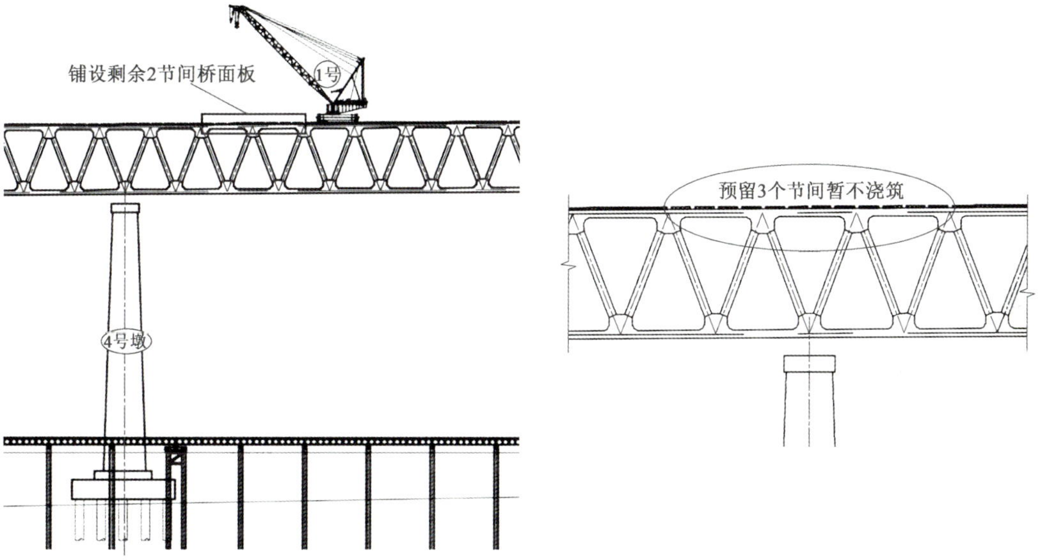

图 3-4-71 步骤七

步骤八:采用 S1200M64 塔式起重机及汽车起重机拆除 1 号全回转式起重机(图 3-4-72)。

步骤九:全桥公路桥面板铺设及跨中湿接缝浇筑完成后,进行墩顶桥面结合,主桥 1～10 号墩共分 4 批次结合,此时全桥公路桥面板架设全部完成(图 3-4-73)。

3)CM-A/CM-B 型板的铺设

公路桥面板 CM-A/CM-B 型板(简称“大板”)铺设时,1 名信号工使用对讲机对桥面板的吊装及对位全程进行指挥,对位时在桥面板的 4 个角位置分别站 1 名工人,负责桥面板的精准对位,施工人员必须佩戴好安全带,另一端挂在生命线上。4 名工人,分别对应 2 个定位块,按照信号工指令,缓慢放置桥面板,使其准确入位。如遇到桥面板外露钢筋与剪力钉发生冲突时,应迅速组织工人调整剪力钉,使得桥面板能准确入位(图 3-4-74)。待桥面板铺设完成后,摘钩,全回转式起重机继续进行下一块公路桥面板的吊装、铺设。

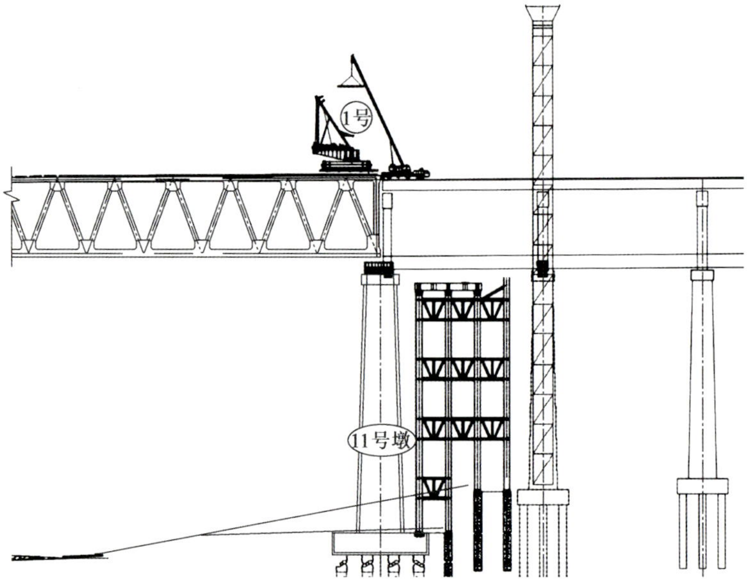

图 3-4-72　步骤八

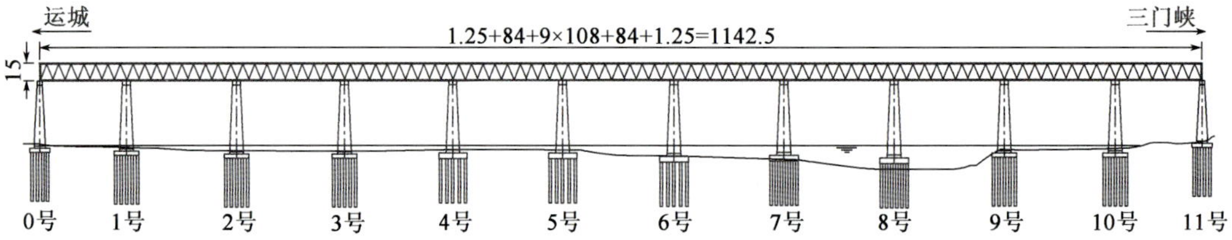

图 3-4-73　步骤九(尺寸单位:m)

图 3-4-74　桥面板架设现场图

4)CS-A/CS-B 型板的铺设

由于桥面板对位难度大,夜间不安排桥面板铺设施工,只进行吊装施工,夜间利用全回转式起重机进行 CS-A/CS-B 型板(简称“小板”)的起吊,放置在指定位置。放置小板时,使用方木和橡胶板进行支垫。小板安装工作安排在白天进行,待一个节间大板铺设完成后,依次铺设两侧小板。

4.3.7　钢筋加工制作与安装

1)桥面板的外露钢筋

在公路桥面板铺设后,应立即对相邻两块桥面板的外露钢筋(图 3-4-75)采用单面焊接。

图3-4-75 剪力钉与外露钢筋现场图

(1)根据设计图纸要求,钢筋净保护层厚度除注明外均为30mm。

(2)相邻两块桥面板的横向钢筋伸出预制板部分应预弯一定角度以错开一个钢筋直径,安装后采用双面焊接,焊接长度$L \geq 300$mm。

(3)湿接缝钢筋与剪力钉相碰时,可适当移动,但不得减少数量。

2)湿接缝钢筋

所有钢筋应有出厂合格证、质量保证书和相应的实验检验报告。在加工前,应进行除锈、除渍、调直等工作。钢筋加工与焊接应严格按照施工规范以及图纸要求。

(1)钢筋下料

螺纹钢采取定尺加工,采用钢筋切断机按设计长度切断即可。

①箍筋在桥下钢筋加工区完成加工后,运至公路桥面板上。

②纵横向主筋直接用全回转式起重机运至公路桥面板上,在桥上加工后,放入指定位置。钢筋下料长度误差为±10mm(表3-4-2)。完成下料后,使用钢筋弯曲机进行弯制,保证弯折处无裂纹。

钢筋焊接标准 表3-4-2

项目	允许偏差(mm)
受力钢筋顺长度方向加工后全长	±10
弯起钢筋各部分尺寸	±20
箍筋、螺旋筋各部分尺寸	±5

(2)钢筋安装

湿接缝中纵桥向钢筋分布在桥面板外露钢筋的外侧,在铺设桥面板前,应先放置湿接缝中纵桥向下层钢筋,待桥面板外露钢筋焊接完成后,再放置湿接缝上层钢筋。

湿接缝横桥向钢筋分布在桥面板外露钢筋的内侧,在桥面板外露钢筋的下侧焊接完成后,放置湿接缝横桥向钢筋,然后再进行桥面板外露钢筋的上侧焊接。湿接缝横桥向钢筋放置时,应注意2%的横桥向坡度。最后在桥面板外露钢筋外侧安装箍筋。

(3)钢筋焊接

根据设计要求,钢筋的连接均为焊接,ϕ25mm主筋采用单面焊,焊接长度不小于300mm,使用E50级二氧化碳保护焊丝。已铺好的相邻两块桥面板的横向伸出钢筋错开一个钢筋直径。桥面板铺设完成后立即焊接,并采用定位块定位,确保桥面板铺设后湿接缝强度达到设计值前不发生移动。

(4)钢筋绑扎的注意事项

①钢筋的交叉点宜采用直径0.7~2.0mm的铁丝绑扎牢固。绑扎宜采取逐点改变绕丝方向的8字形方式交错绑扎,对ϕ25mm及以上的钢筋,宜采取对角线十字形方式绑扎。

②绑扎时除特殊规定之外,箍筋与主筋应保持垂直。

③绑扎钢筋的铁丝接头不得进入混凝土保护层内。

④结构或者构件拐角处的钢筋交叉点应全部绑扎；中间平直部分的交叉点可交错绑扎，但绑扎的交叉点宜占全部交叉点的40%以上。

4.3.8 模板工程

为保证工期，湿接缝灌注混凝土施工应紧跟铺设进度向前推进。确保施工过程中运板及其他材料运输通道的畅通。

公路桥面板架设完成后，需在湿接缝端部以及小板悬出钢梁200mm底部范围设置模板。对于湿接缝端头，采用钢板及型钢进行固定，作为端头封堵模板，施工人员站在吊篮上安装和固定模板。模板安装前，应对模板表面进行打磨，均匀涂刷脱模剂。灌注前将桥面板侧面洒水湿润。

模板制作安装注意事项：

(1)安置模板时，模板工应佩戴好安全带，且将安全带挂设在生命线上，确保安全施工。同时，应固定好模板及其他材料设备，防止脱落砸伤或损坏桥下施工人员及设备。

(2)模板应具有足够的强度、刚度和稳定性，应能承受施工过程中所产生的各种荷载。

4.3.9 湿接缝混凝土浇筑

1)混凝土拌和

预制板预制采用C60混凝土，拌制及运输方式见第2篇2.3.5节。

2)准备工作

在混凝土浇筑过程中，保证模板温度在5～35℃范围内，严禁过冷或过热。计划施工期间，进入冬季低温期，为保证混凝土浇筑时模板温度满足要求，防止因温差过大产生裂纹，需采用热风机对模板进行预热，确保模板温度达到允许范围方可浇筑湿接缝混凝土。

3)混凝土的浇筑

(1)湿接缝混凝土浇筑采用混凝土输送泵接输送管的方式进行浇筑，由于混凝土的垂直运输距离较大，且跨越铁路桥面，在公路层设置混凝土输送泵，混凝土垂直运输至公路层输送泵内，再水平运输至公路层湿接缝处。施工过程中注意控制混凝土坍落度。

不同振捣方式混凝土浇筑厚度见表3-4-3。

不同振捣方式混凝土浇筑厚度　　表3-4-3

振捣方式		浇筑厚度(mm)
采用插入式振动器		300
采用附着式振动器		300
采用表面振捣器	无筋或配筋稀疏时	250
	配筋较密时	150

(2)采用振动器振捣混凝土时，应符合以下规定：

①插入式振动器的移位间距应不超过振动器作用半径的1.5倍，与侧模应保存50～100mm的距离，且插入下层混凝土中的深度宜为50～100mm；或者使用平板振动器。

②每一振点的振捣延续时间宜为20～30s，以混凝土停止下沉、不出现气泡、表面呈现浮浆为度。

(3)收面抹光：混凝土振捣完成，进行初次抹光，待混凝土初凝时进行第二次收光，保证外观质量，防止表面开裂。

(4)混凝土浇筑具体流程如下：

混凝土运输→混凝土布料→混凝土振捣→混凝土平整、抹光。

(5)混凝土浇筑注意事项:

①在浇筑边桁上弦及小板周围的混凝土时,应佩戴安全带,且将安全带挂设在生命线上,确保安全施工。同时应避免浇筑混凝土时喷洒到桥下,防止砸伤其他施工人员及设备。

②混凝土浇筑之前,应对已安装好的钢筋进行全面检查,确定没有移位后方可进行混凝土浇筑。

③钢筋与模板报检合格后,方可进行混凝土浇筑。

④由拌和站运输至施工现场,在运输过程中保证混凝土的和易性。

⑤振捣过程中若出现大气泡采用扫把将其扫破。严禁过振,避免混凝土表面出现水波纹。

(6)混凝土试块制作:

在混凝土浇筑过程中随机采取混凝土制作试件,脱模试件与湿接缝混凝土同条件按28d标准时间进行养护。

试件与湿接缝同条件振捣和养护,试件养护位置为最后完成混凝土浇筑的湿接缝处。

(7)安全及环境保护:

①混凝土浇筑作业设负责人一名,统一协调指挥所,操作人员要集中精力,发现异常情况要及时汇报、及时处理。

②混凝土浇筑必须做到有序作业,工具摆放合理。

③在浇筑湿接缝混凝土时,安排专人负责监控振动器的运转使用情况,如有故障则迅速组织更换。

④夜间施工时,确保照明充足。

⑤作业人员必须穿绝缘胶鞋、防滑鞋,佩戴安全帽、绝缘手套等劳保防护用品。

⑥振动器在使用时应接好漏电保护器。

⑦不合格混凝土不得用于湿接缝浇筑,混凝土残渣及时并统一处理,不得随意丢弃。

⑧清洗泵送混凝土泵管的废水经统一处理后排放。

4.3.10 湿接缝脱模(小板端部有侧模板和悬臂底模板)

根据同样试块的检测,当混凝土的强度及弹性模量达到设计值的100%时,进行脱模。脱模时,湿接缝混凝土表面与环境温差应不大于20℃。

脱模注意事项:

(1)脱模前,脱模工应佩戴安全带,且将安全带挂设在生命线上,才能进行脱模施工。脱模时,应采取措施保证混凝土残渣不脱落,以免砸到桥下施工人员及设备。

(2)在低温、干燥或者大风环境下拆除模板时,应采取必要的措施,防止混凝土表面产生裂缝。

(3)拆除模板时,不得损伤混凝土结构。

4.4 桥面结合施工工艺

4.4.1 方案概述

落梁并最终纠偏精调完成后,开始进行公路桥面板铺装工作,待桥面板架设工作及湿接缝浇筑(不含墩顶3节间)全部完成后,开始进行墩顶上方区域的桥面结合施工(湿接缝浇筑)。安装高压大吨位竖向顶升系统,起顶钢桁梁使其与支座脱空,根据设计起顶高度要求,将梁体顶升至设计高度。立即锁定竖向顶上方的可调式安全抄垫,并在支座上方安装临时刚性抄垫,使千斤顶安全抄垫与临时刚性抄垫共同受力。

1~10号墩顶桥面板结合时,钢梁需起顶,其中1号和10号墩起顶22cm,2~9号墩起顶24cm。另外,墩顶桥面板采用分批次结合,共分4批,分别为:

第一批：1 号墩、5 号墩、9 号墩。

第二批：2 号墩、6 号墩、10 号墩。

第三批：3 号墩、7 号墩。

第四批：4 号墩、8 号墩。

各墩起顶高度同前。现场每次桥面结合最多时为 3 个墩同时进行，分 4 批进行。因此现场配备足够 3 个墩同时使用的大型顶升设备，顶升完成一批次再倒换到下一批次结合墩使用。

桥面结合时的重点监控内容：采取反力和位移双控，同一批次每片桁反力（设计标准值）控制在 10% 以内，每个墩三片主桁高差控制在 5mm 以内，同一批次结合的各墩之间高差控制在 1cm 以内。每个批次分级顶落梁高度控制：1 号、10 号墩为 37mm，2 ~ 9 号墩为 40mm。总共分 6 级完成。

公路桥面板结合后，再将钢桁梁缓慢分级下落到位，进行 6 号墩支座灌浆，完成全桥的落梁施工。

桥面结合施工工艺流程如图 3-4-76 所示。

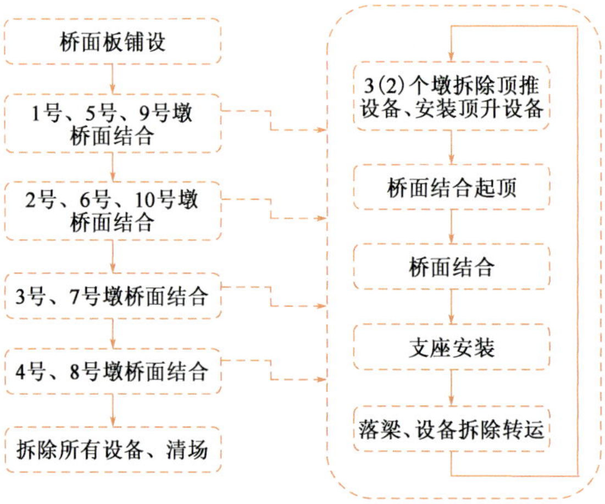

图 3-4-76　桥面结合施工工艺流程图

1）桥面结合设备布置

参照《铁路桥梁钢结构设计规范》（TB 10091—2017）“1.0.9 起顶设施及结构本身都应按起顶荷重超载 30% 检算”要求，根据表 3-4-4 数据，中桁最大支点反力为 61200kN（6120t）、边桁最大支反力为 41500kN（4150t），考虑 1.3 的安全系数，千斤顶能力计算如下：

中桁：6120 × 1.3/4 = 1989t，即中桁布置 4 台 2100t 千斤顶。

边桁：4150 × 1.3/4 = 1349t，即边桁布置 4 台 1600t 千斤顶。

2）竖向顶安全系数

桥面结合时最多需 3 个墩同步起落梁作业，3 个工作墩之间间隔两个非工作墩，各墩顶最大支反力及竖向顶安全系数见表 3-4-4（设计已考虑安全系数及各种不利工况条件）。

根据该表可知，结合桥面板所用千斤顶起顶安全系数最小为 1.3，完全满足桥面结合时的起顶力需求。

3）竖向千斤顶布置

每桁布置 4 台对应的竖向千斤顶，每台千斤顶均需严格按照设计图，布置于指定起顶点。竖向千斤顶布置如图 3-4-77 ~ 图 3-4-79 所示。

4）竖向千斤顶可能干涉问题说明

本工程所使用的竖向千斤顶为本项目特别定制的高压大吨位竖向千斤顶。其结构尺寸相对较大，需按照图纸认真核对竖向千斤顶的尺寸、支座尺寸、钢桁梁起顶位置等重要参数，避免在施工时因起顶设备与结构设施产生干涉而导致工程延误问题。

桥面结合过程各墩各桁高度参数统计见表 3-4-5。

表 3-4-4

公路桥面板结合时各墩顶最大支反力及竖向顶安全系数

项目	方案	1 号、10 号墩支反力(kN)			2 号、9 号墩支反力(kN)			3 ~ 8 号墩支反力(kN)			备注
		边桁	中桁	边桁	边桁	中桁	边桁	边桁	中桁	边桁	
起顶最大反力	分 4 批次顶落梁以结合混凝土板： (1)1 号、5 号、9 号墩，依次顶落 22cm、24cm、24cm。 (2)2 号、6 号、10 号墩，依次顶落 24cm、24cm、22cm。 (3)3 号、7 号墩，依次顶落 24cm、24cm。 (4)4 号、8 号墩，依次顶落 24cm、24cm	36200	53900	36200	41500	61200	41500	41000	61000	41000	铁路道砟尽量少铺，左右幅桥面需对称铺设
安全系数	每个边桁配置 4 台 1600t 竖向千斤顶，中桁配置 4 台 2100t 竖向千斤顶	1.8	1.6	1.8	1.5	1.4	1.5	1.6	1.4	1.6	单桁竖向顶的安全系数（按反力标准值计算）
		1.6	1.4	1.6	1.4	1.3	1.4	1.4	1.3	1.4	单桁竖向顶的安全系数（考虑 10% 的不平衡系数，按反力标准值的 1.1 倍计算）

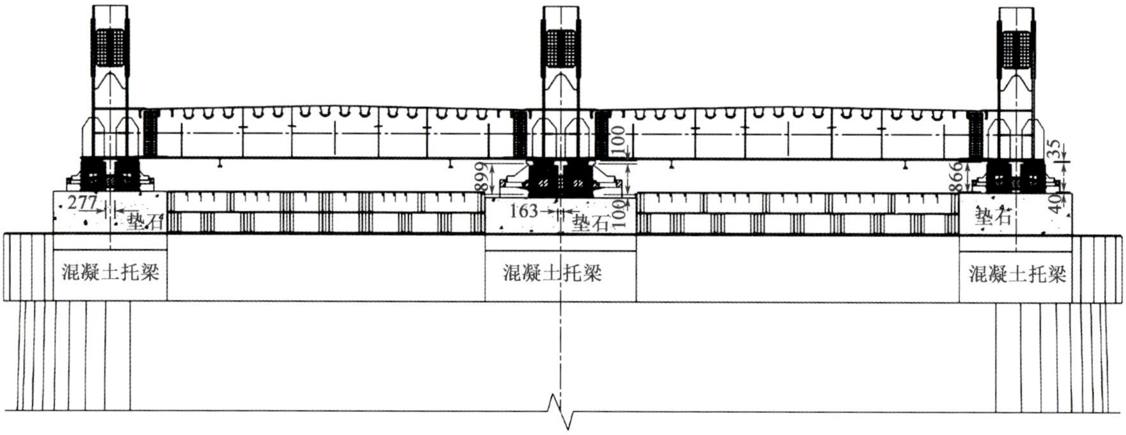

图 3-4-77　千斤顶布置立面图(尺寸单位:mm)

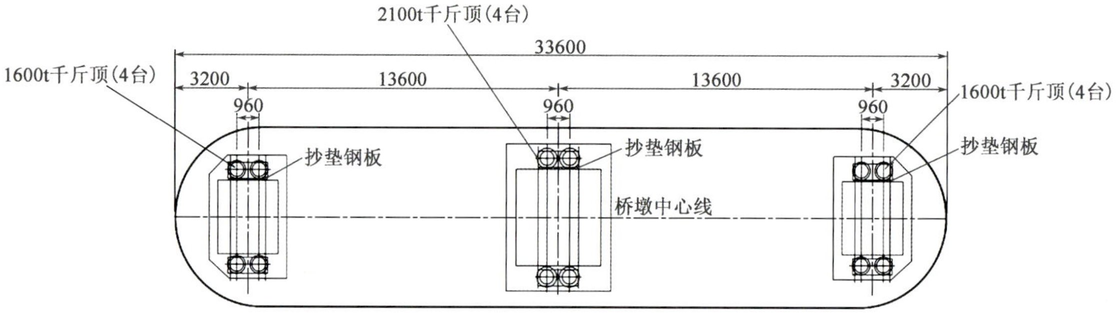

图 3-4-78　千斤顶布置平面图(尺寸单位:mm)

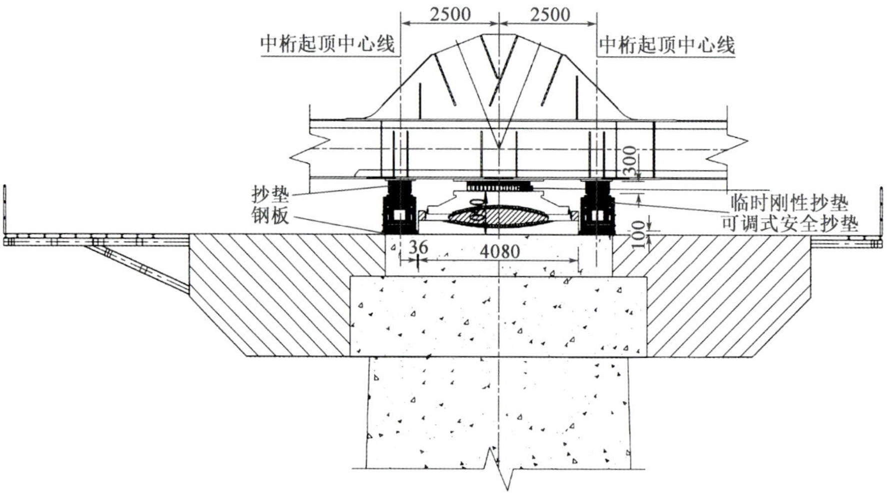

图 3-4-79　墩顶千斤顶布置立面图(尺寸单位:mm)

桥面结合过程各墩各桁高度参数统计表　　表 3-4-5

墩号	桥面结合过程各墩各桁高度(mm)														
	上游边桁					中桁					下游边桁				
	双层不锈钢摩擦副高度	砂浆找平层(30～50mm)	支座高度	垫石距离梁底高度	安装了可调式安全抄垫的竖向顶高度	不锈钢摩擦副高度	砂浆找平层(30～50mm)	支座高度	垫石距离梁底高度	安装了可调式安全抄垫的竖向顶高度	双层不锈钢摩擦副高度	砂浆找平层(30～50mm)	支座高度	垫石距离梁底高度	安装了可调式安全抄垫的竖向顶高度
0	6	30	900	936	868	6	30	900	936	900	6	30	900	936	868
1	6	30	940	976	868	6	30	1090	1126	900	6	30	940	976	868
2	6	30	940	976	868	6	30	1090	1126	900	6	30	940	976	868
3	6	30	940	976	868	6	30	1090	1126	900	6	30	940	976	868
4	6	30	940	976	868	6	30	1090	1126	900	6	30	940	976	868
5	6	30	940	976	868	6	30	1090	1126	900	6	30	940	976	868
6	6	30	940	976	868	6	30	1090	1126	900	6	30	940	976	868
7	6	30	940	976	868	6	30	1090	1126	900	6	30	940	976	868
8	6	30	940	976	868	6	30	1090	1126	900	6	30	940	976	868
9	6	30	940	976	868	6	30	1090	1126	900	6	30	940	976	868
10	6	30	940	976	868	6	30	1090	1126	900	6	30	940	976	868
11	6	30	900	936	868	6	30	900	936	900	6	30	900	936	868

边桁支座最小高度为940mm，中桁支座最小高度为1090mm，安装可调式安全抄垫的中桁竖向顶最大高度为900mm（2100t千斤顶，中桁），边桁竖向千斤顶高度为868mm。因此在高度方向，竖向千斤顶拥有足够的安装空间。

中桁支座纵向长度及起顶位置有两种规格，支座高度及宽度相同，因此判断竖向顶横向干涉问题选取两种类型的墩顶布置最具意义，如图3-4-80～图3-4-84所示。

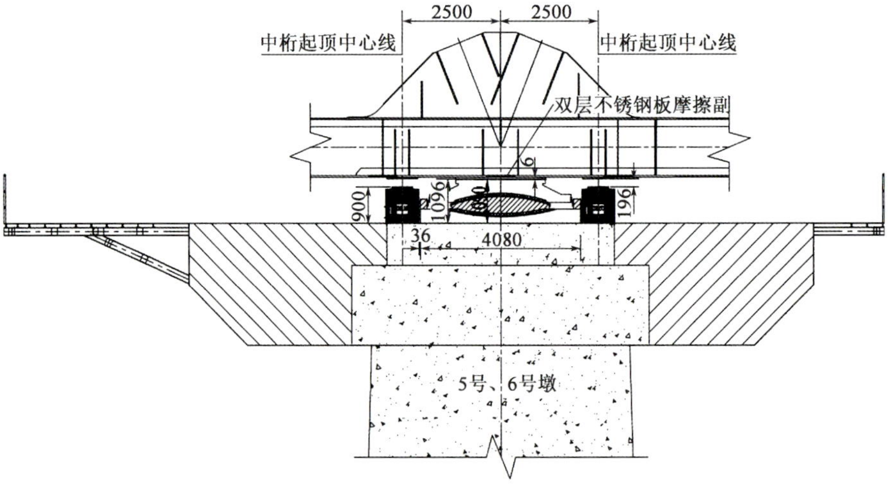

图3-4-80　5号、6号墩中桁千斤顶立面布置（尺寸单位：mm）

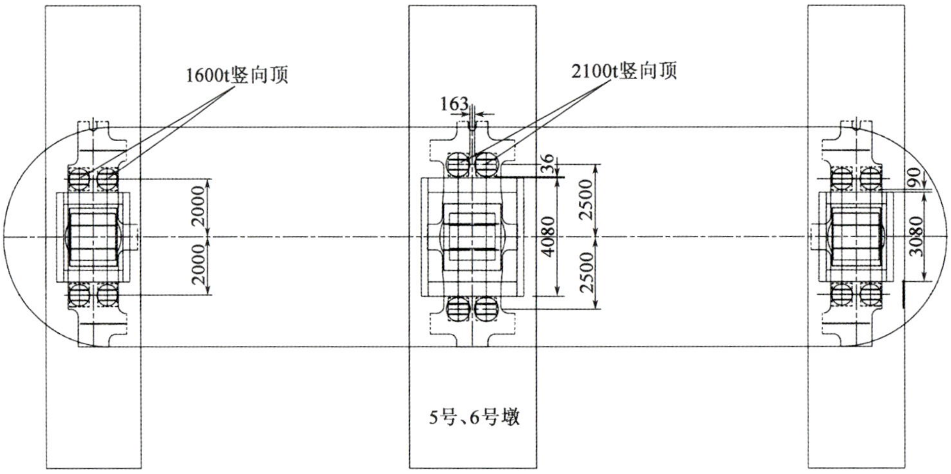

图3-4-81　5号、6号墩中桁千斤顶平面布置（尺寸单位：mm）

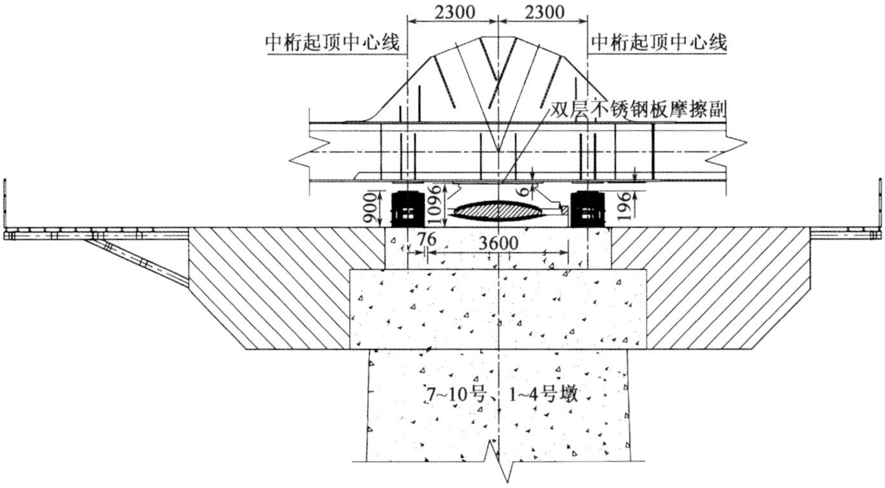

图3-4-82　7～10号、1～4号墩中桁千斤顶立面布置（尺寸单位：mm）

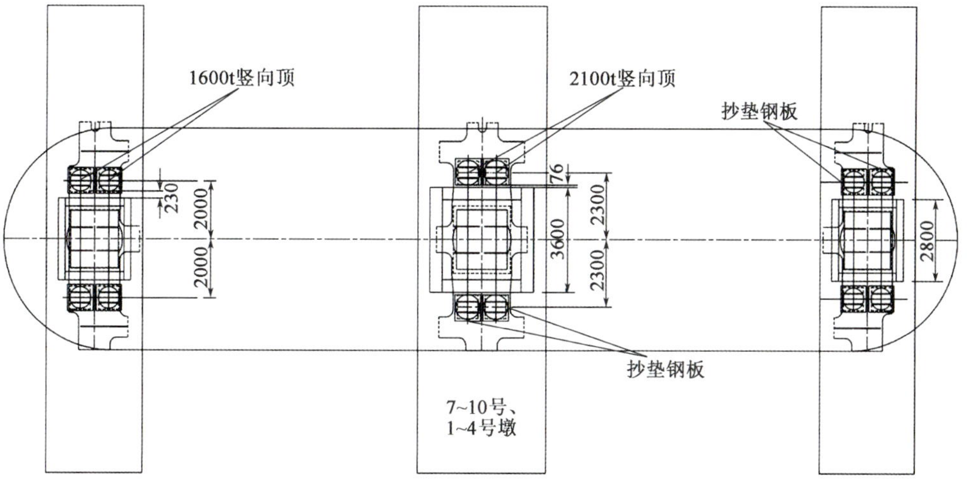

图3-4-83 7~10号、1~4号墩中桁千斤顶平面布置(尺寸单位:mm)

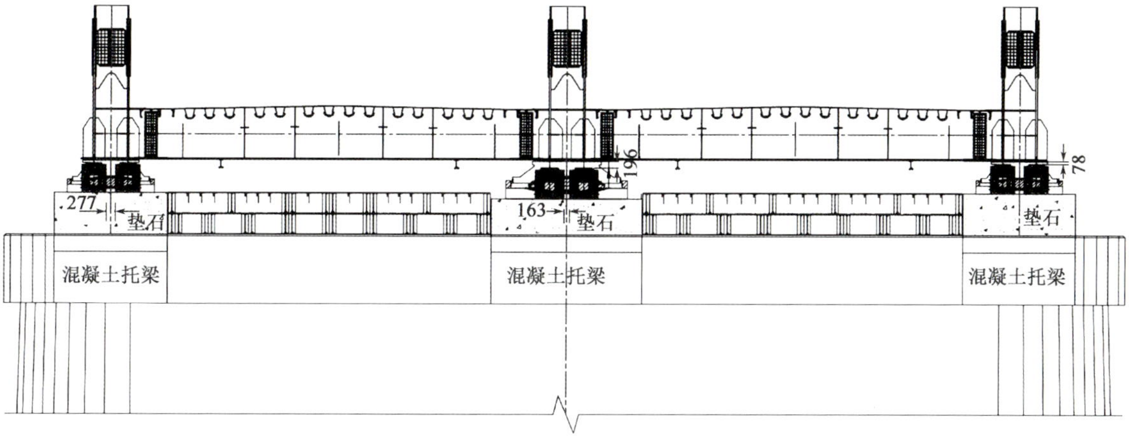

图3-4-84 7~10号、1~4号墩中桁千斤顶立面布置(尺寸单位:mm)

由图3-4-80~图3-4-84可知,中桁竖向顶距离支座最小间距为36mm,不存在干涉困扰。

边行支座纵向长度最长的为5号、6号墩的支座,边桁支座高度均为940mm;起顶位置均为支座中心线处2000mm,因此判断干涉问题选取5号、6号墩边桁千斤顶竖向布置图(图3-4-85)最具意义。

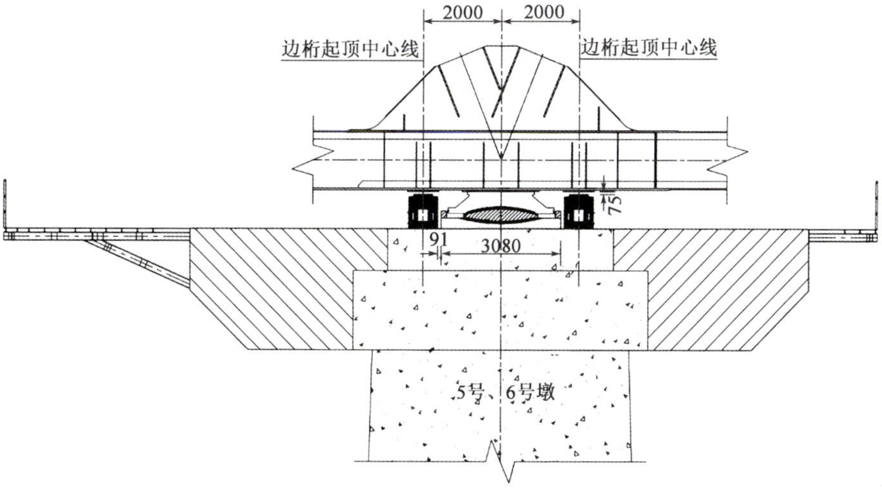

图3-4-85 5号、6号墩边桁千斤顶竖向布置(尺寸单位:mm)

由图3-4-85可知，边桁竖向顶距离支座最小间距为91mm，不存在干涉困扰。

各墩中桁布置竖向千斤顶为2100t，边桁布置竖向千斤顶为1600t，横向起顶点均在主桁腹板正下方，每桁起顶点横向中心距相同，大于或等于960mm。因此判断竖向顶横向是否干涉选取5号、6号墩中、边桁千斤顶竖向布置（图3-4-86）即可。

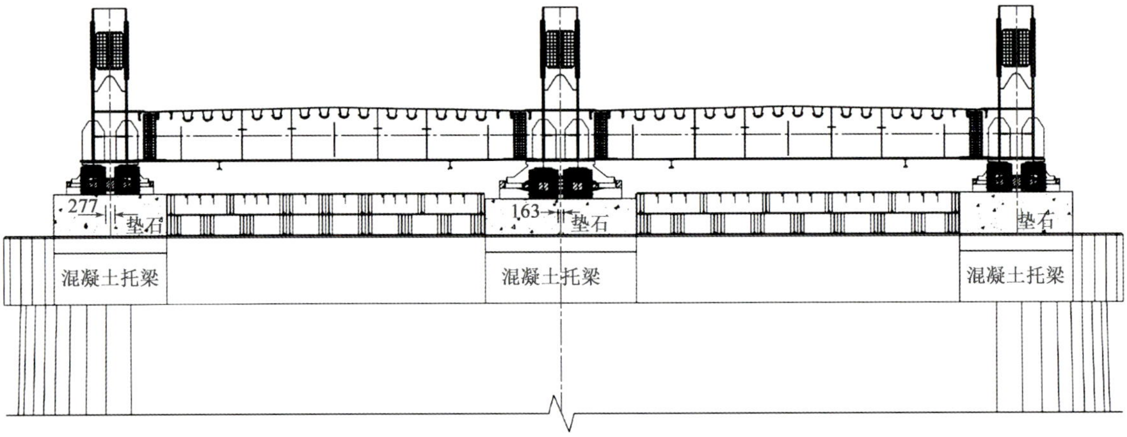

图3-4-86　5号、6号墩中、边桁千斤顶布置（尺寸单位：mm）

由图3-4-86可知，中、边桁竖向顶间横向最小间距为163mm，不存在干涉困扰。

4.4.2　同步顶升落梁安全应急预案

同步顶升落梁是一项比较危险的工序，为保证起落梁的安全及施工质量，必须对某些危险因素采取相应的应急措施。

（1）温差变化引起的水平力及位移

在千斤顶下方设置滑移垫块（图3-4-87），确保在大温差情况下千斤顶能随之移动，抵消部分水平荷载。

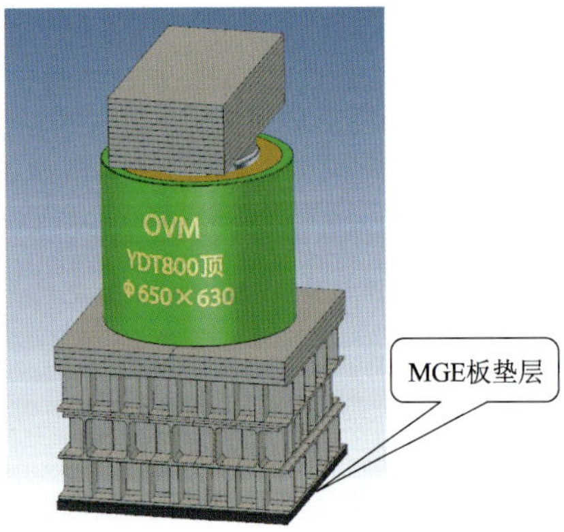

图3-4-87　MGE板垫层位置

（2）液压油路的损坏，泄漏

液压系统油路上设置有溢流阀，以确保顶升系统的超压保护，必须定期进行溢流阀的检查。

液压系统油路上设置有液压锁，以确保顶升千斤顶在泵站控制系统停机、停电、故障检修状态下能保持载荷，安全受力。必须定期进行液压锁的检查。

液压油管在工作时处于高压状态，顶升前必须检查其完好性及接头松紧状况，并采取防护措施。定期进行抗压试验。

（3）安全保险措施

顶升起落梁时间较长，为确保安全，在千斤顶系统之外设置安全保险墩、支座抄垫或临时钢结构可调式安全抄垫（图3-4-88、图3-4-89），防止千斤顶在顶升、落梁状态时出现故障。

（4）千斤顶故障、损坏

千斤顶密封件损伤泄漏时，将荷载转换到保险墩上，更换密封件。现场必须保证有必要的密封件备件，千斤顶部件损坏时必须及时进行维修更换。

（5）纠偏限位

设置顶推纠偏、限位装置，以保证结构就位安装精度，避免顶升起落梁次数较多及温差位移造成结构偏位。

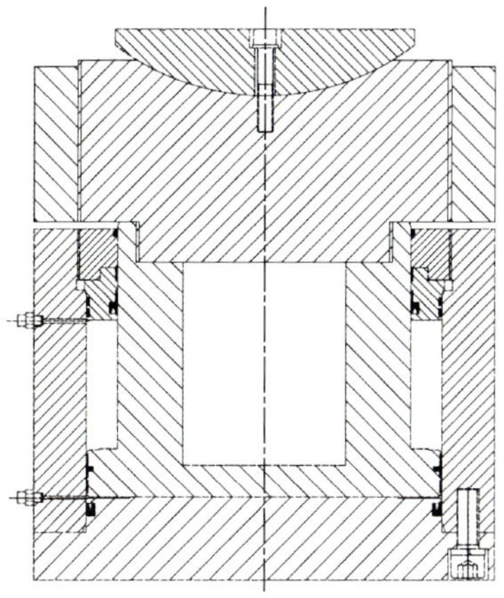

图3-4-88 千斤顶可调式安全抄垫装置结构示意图

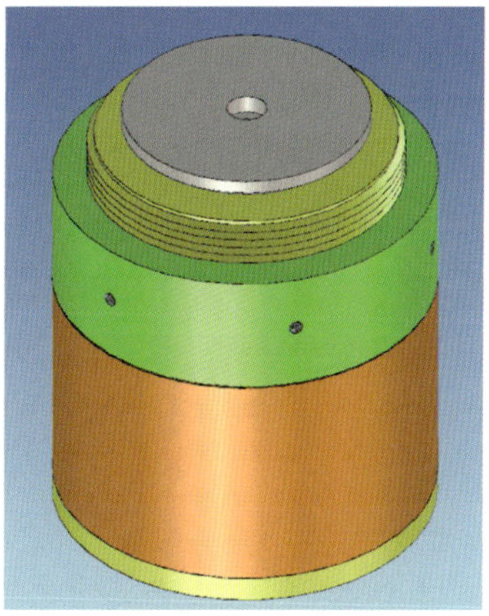

图3-4-89 千斤顶可调式安全抄垫三维示意图

4.4.3 同步顶升落梁操作步骤

(1)设备安装前应进行现场调试。将控制系统、液压泵站、千斤顶、压力和位移传感器连接好,测试千斤顶能否按指令正确执行各种动作。

(2)将设备安装连接好,位移传感器安装在最能真实反映顶升高度的位置点上,不推荐安装在千斤顶上,以免千斤顶自身位移变化影响测量精度。

(3)称重测试。采用位移传感器测量钢箱梁位移变化,当梁体整体离开支座时,记录此时各千斤顶的负荷,这个负荷就是各千斤顶顶升时的荷载。

(4)试顶升。为了观察整个顶升施工系统的工作状态以及对称重结果进行校核,在正式顶升之前,应进行试顶升,试顶升高度5~10mm,持荷时间约60min。通过监测仪器对梁体整体进行监测,提供整体姿态、结构位移等情况,如有问题则调整各千斤顶负荷,直至达到要求为止,为正式顶升提供依据。

(5)正式顶升。试顶升后,便进行正式顶升,千斤顶最大行程为200mm,分级进行顶升,每一次顶升标准行程按工程进行设定。顶升的同时采用监测仪器监测梁体姿态,一旦梁体位移和压力变化超出设定值,立即暂停,关闭液控单向阀,检查分析原因。

(6)顶升到位后,关闭液控单向阀,以确保梁体锁定在一定的高度上,同时抄垫好钢垫板,确保梁体安全。

(7)调整支座、抄垫。

(8)固定好支座、抄垫后,进行同步下降操作,系统监控位移和压力变化,实时进行调整。

(9)整个顶升、下降过程应保持位置同步误差小于±1mm,一旦位置误差超限或任一液压缸的压力误差大于设定值,控制系统立即关闭液控单向阀,以确保梁体安全。每一轮顶升、下降完成后,随时整理分析计算机显示的各液压缸的位移和千斤顶压力情况,如有异常,及时处理。

4.4.4 桥面结合施工步骤

当公路桥面板铺设后,根据方案既定的桥面结合顺序,布置大吨位竖向顶。根据方案,分批次同步顶升钢桁梁,由于桥面结合时最大顶升高度为240mm,桥面结合时采用起顶力与顶升位移双控分级加载起顶。每次顶升40mm,后支座与竖向顶进行一次交替受力。同时调整竖向顶的抄垫钢板。

步骤一:布置竖向起顶装置(图3-4-90)。

中桁千斤顶与梁底间的空间较充裕,先在竖向顶下方抄垫106mm厚的抄垫钢板及双层(3mm+3mm)不锈钢板摩擦副。在竖向顶上方抄垫80mm厚钢板。

边桁千斤顶与梁底间的空间较小,先行在竖向顶下方抄垫46mm厚钢板及双层(3mm+3mm)不锈钢摩擦副,竖向顶上方抄垫20mm厚钢板(图3-4-91)。

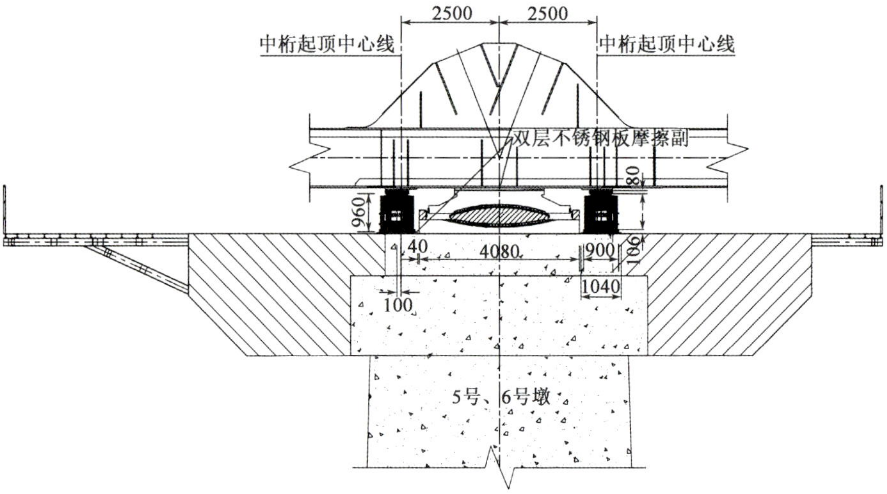

a) 5号、6号墩

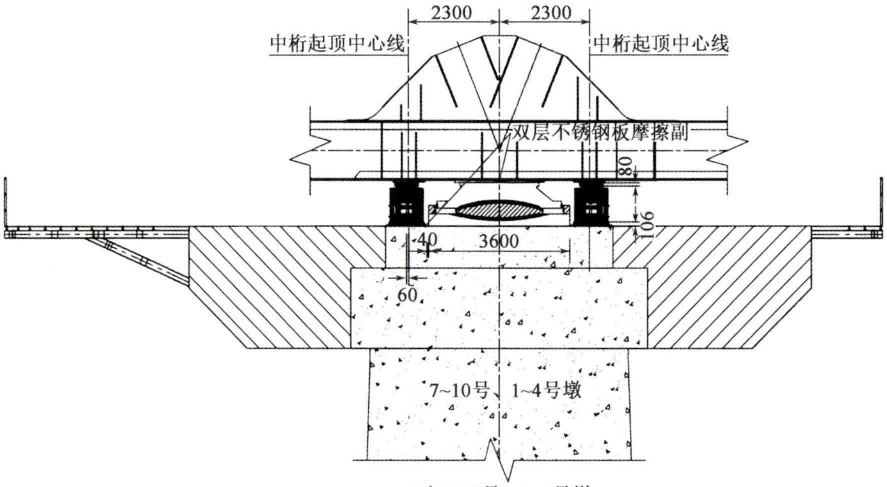

b) 7~10号、1~4号墩

图 3-4-90　桥面结合时中桁初始状态布置示意图(尺寸单位:mm)

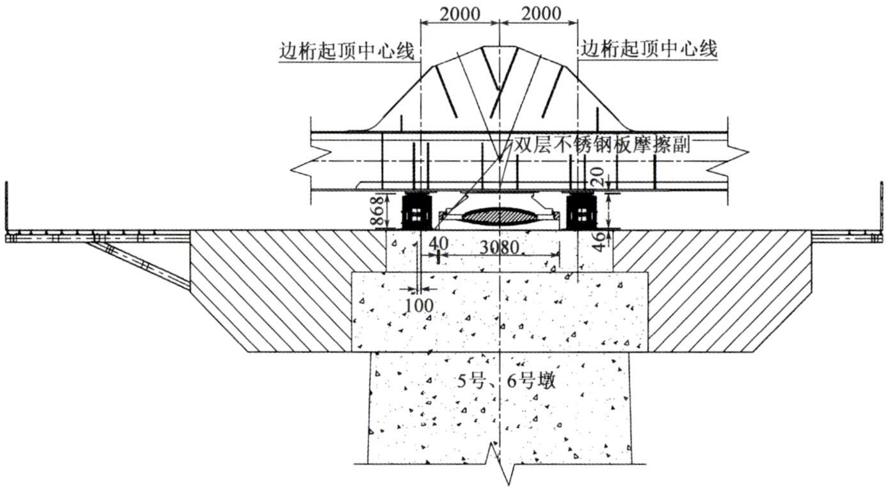

图 3-4-91　桥面结合时边桁初始状态布置示意图

步骤二:梁体顶升40mm,在支座上方加塞40mm厚抄垫钢板。竖向顶缩缸回程,中桁顶直接在竖向顶上方抄垫40mm厚抄垫钢板。总顶升高度40mm。边桁则分别在竖向顶上下方各抄垫20mm厚抄垫钢板。中、边桁桥面结合步骤以5号、6号墩为例,如图3-4-92、图3-4-93所示。

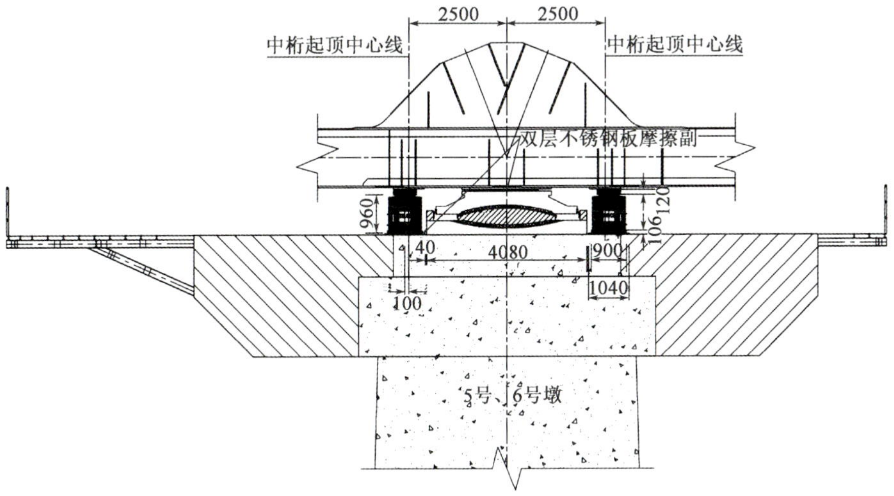

图3-4-92 步骤二:中桁状态布置示意图(尺寸单位:mm)

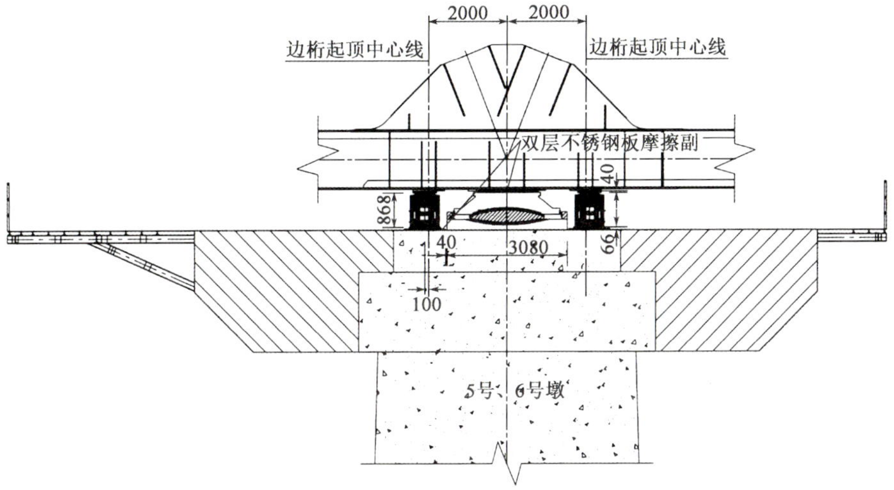

图3-4-93 步骤二:边桁状态布置示意图(尺寸单位:mm)

步骤三:梁体顶升40mm,在支座上方加塞40mm厚抄垫钢板。竖向顶缩缸回程,中桁顶直接在竖向顶上方抄垫40mm厚抄垫钢板;边桁竖向顶上、下方各增加20mm厚抄垫钢板。总顶升高度80mm,如图3-4-94～图3-4-96所示。

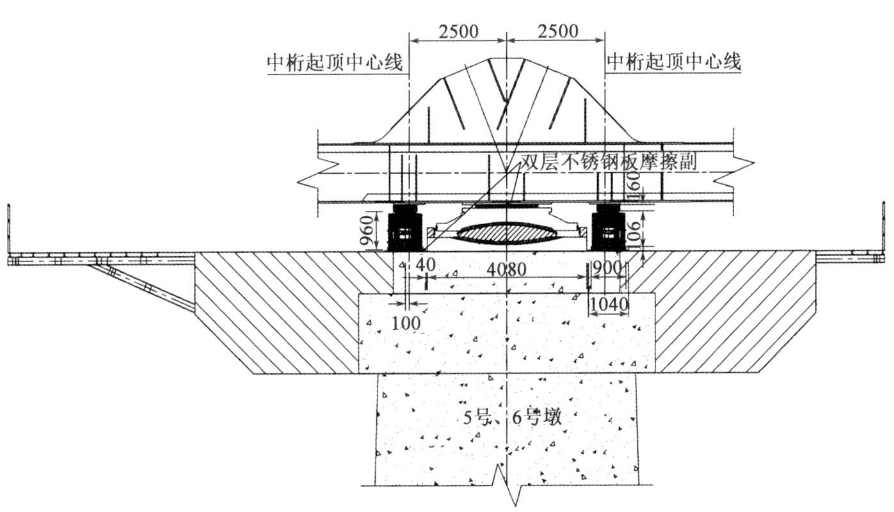

图3-4-94 步骤三:中桁顶升40mm,总顶升80mm

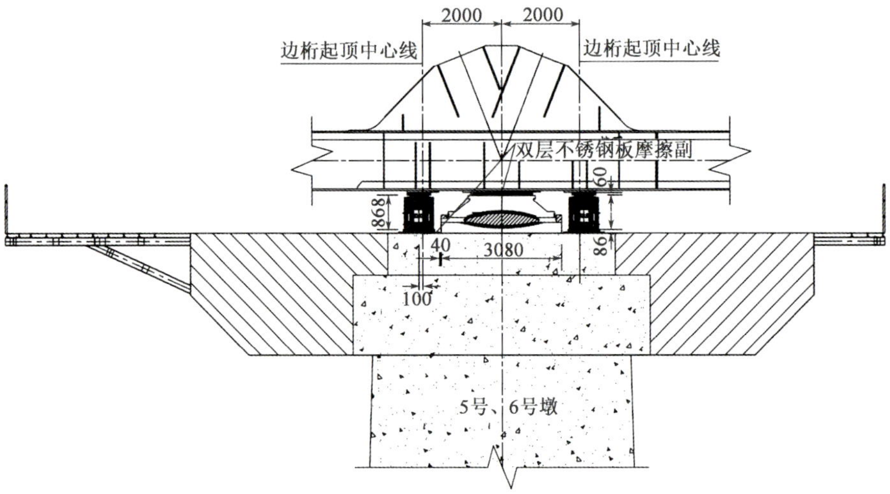

图 3-4-95　步骤三:边桁顶升 40mm,总顶升 80mm

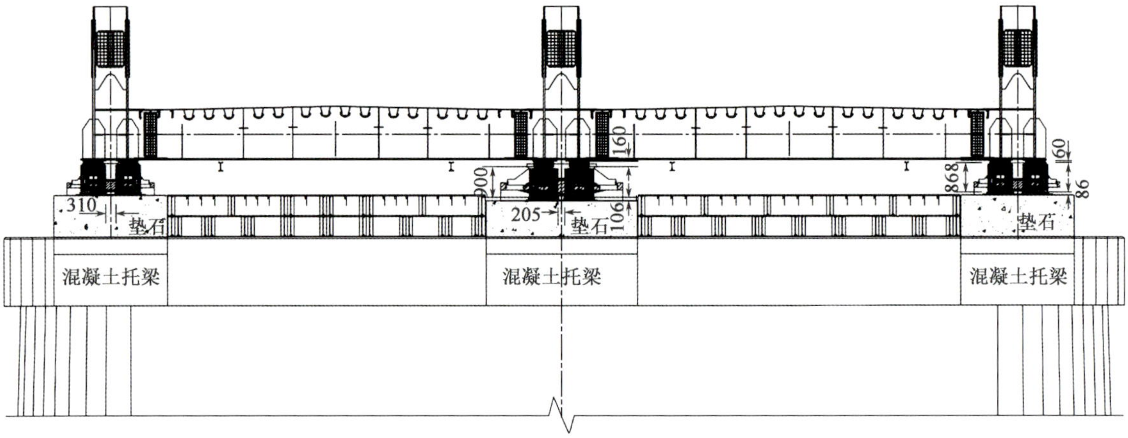

图 3-4-96　步骤三:中、边桁状态布置示意图(尺寸单位:mm)

步骤四:梁体顶升 40mm,在支座上方加塞 40mm 厚抄垫钢板。竖向顶缩缸回程,中桁顶直接在竖向顶上方抄垫 40mm 厚抄垫钢板。在边桁竖向顶上、下方各增加 20mm 厚抄垫钢板。总顶升高度 120mm。步骤四如图 3-4-97 ~ 图 3-4-99 所示。

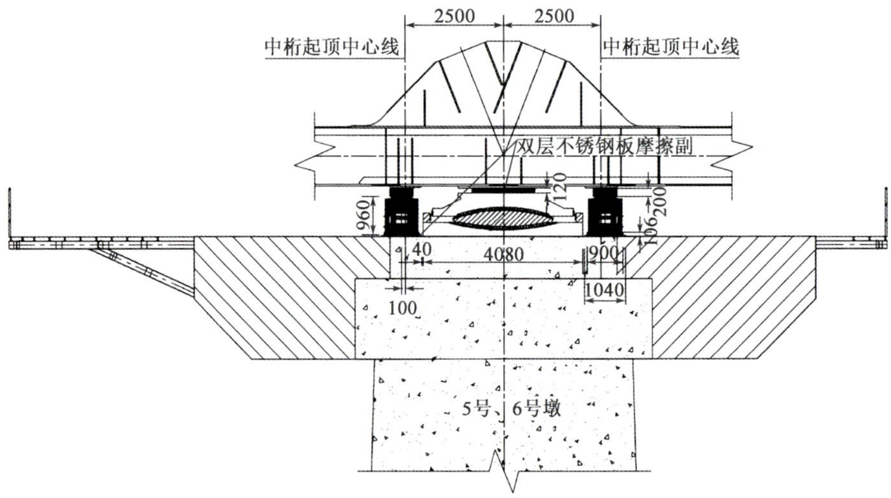

图 3-4-97　步骤四:中桁顶升 40mm,总顶升 120mm(尺寸单位:mm)

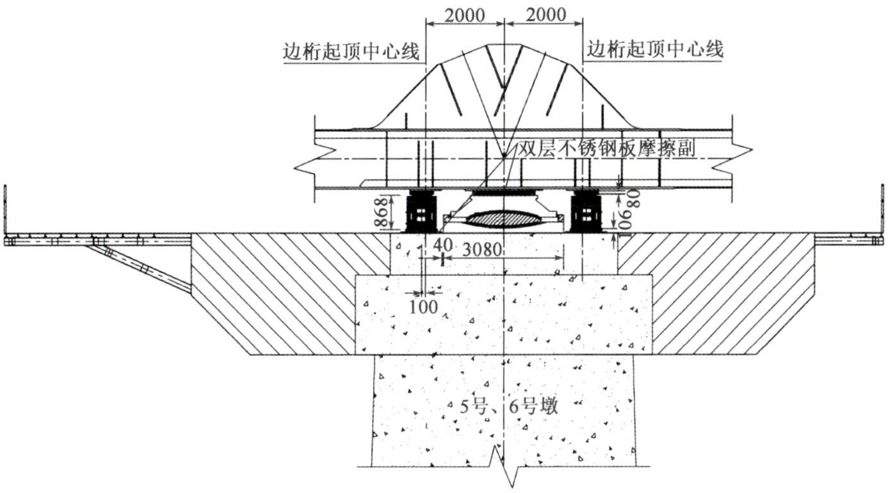

图3-4-98 步骤四:边桁顶升40mm,总顶升120mm(尺寸单位:mm)

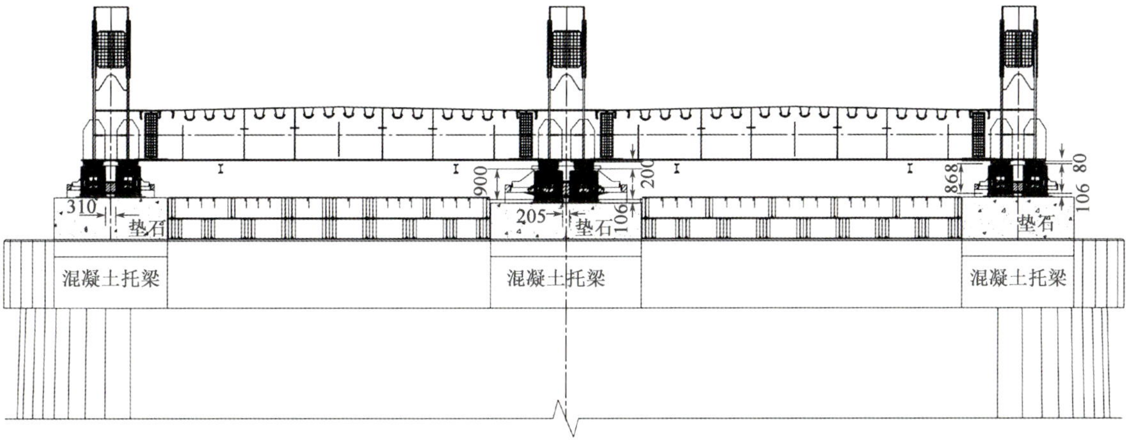

图3-4-99 步骤四:中、边桁状态布置示意图(尺寸单位:mm)

步骤五:梁体顶升40mm,在支座上方加塞40mm厚抄垫钢板。竖向顶缩缸回程,中桁顶直接在竖向顶上方抄垫40mm厚抄垫钢板;在边桁竖向顶上、下方各增加20mm厚抄垫钢板。总顶升高度160mm。步骤五如图3-4-100~图3-4-102所示。

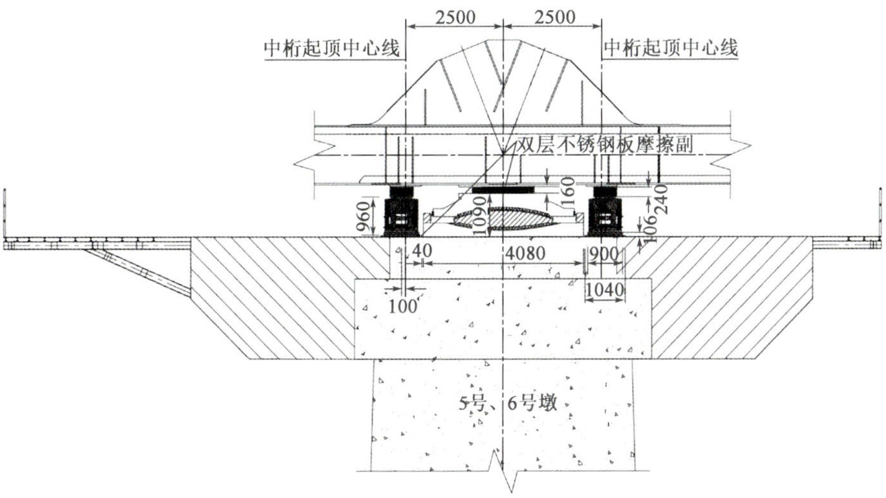

图3-4-100 步骤五:中桁顶升40mm,总顶升160mm(尺寸单位:mm)

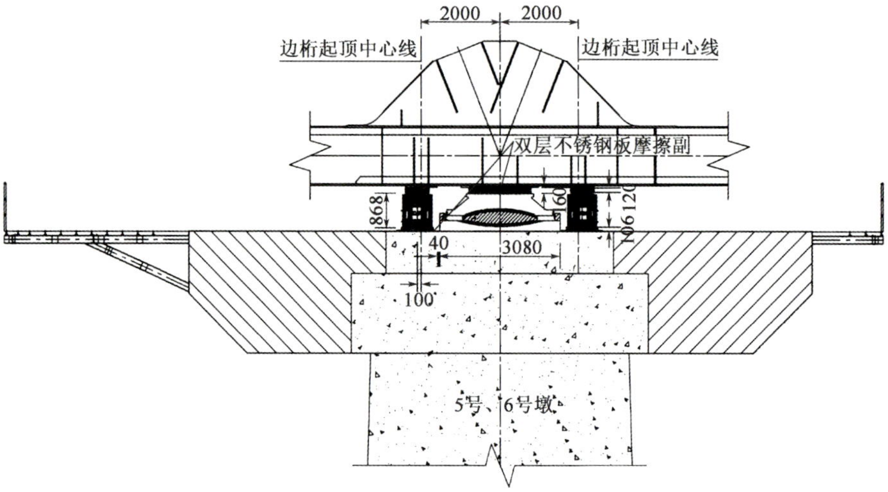

图 3-4-101　步骤五:边桁顶升 40mm,总顶升 160mm(尺寸单位:mm)

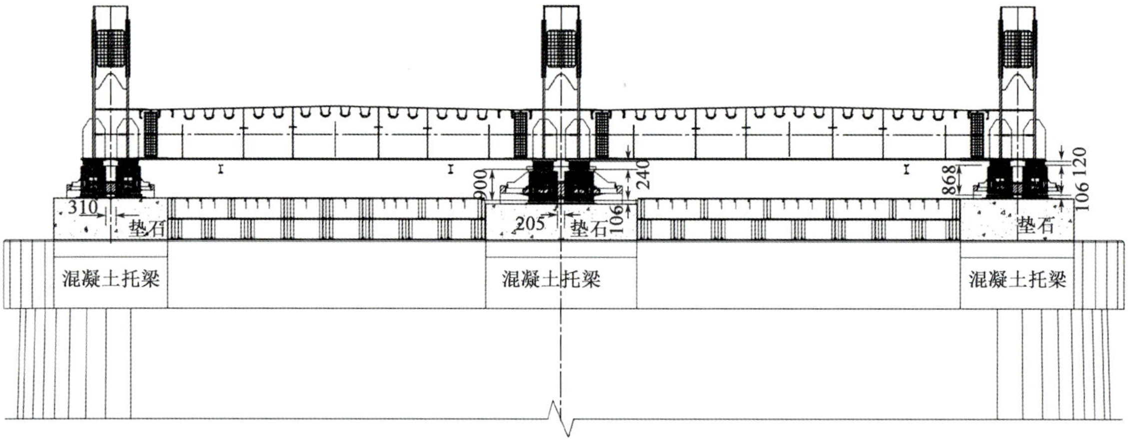

图 3-4-102　步骤五:中、边桁状态布置示意图(尺寸单位:mm)

步骤六:梁体顶升 40mm,在支座上方加塞 40mm 厚抄垫钢板。竖向顶缩缸回程,中、边桁直接在竖向顶上方抄垫 40mm 厚抄垫钢板。总顶升高度 200mm。步骤六如图 3-4-103 ~ 图 3-4-105 所示。

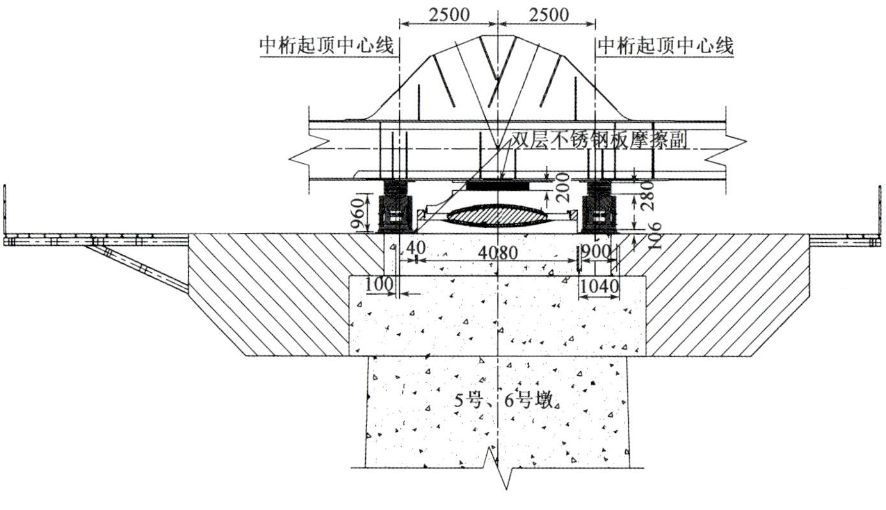

图 3-4-103　步骤六:中桁顶升 40mm,总顶升 200mm(尺寸单位:mm)

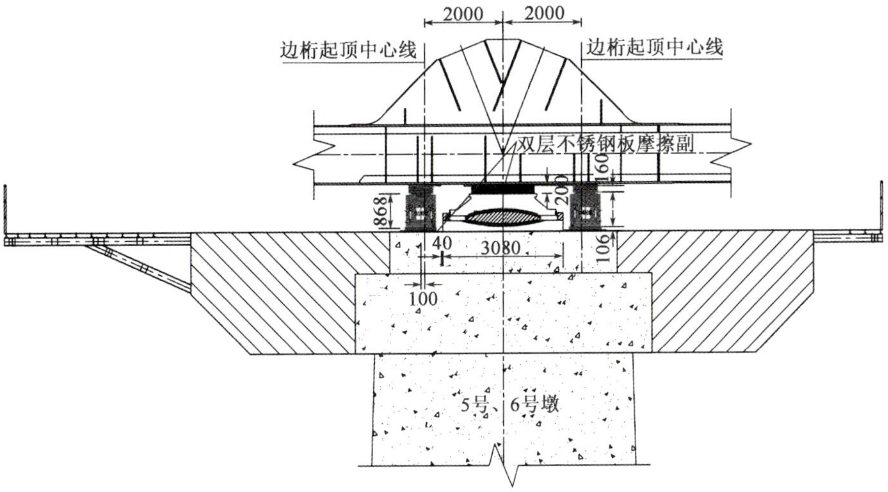

图 3-4-104 步骤六:边桁顶升 40mm,总顶升 200mm(尺寸单位:mm)

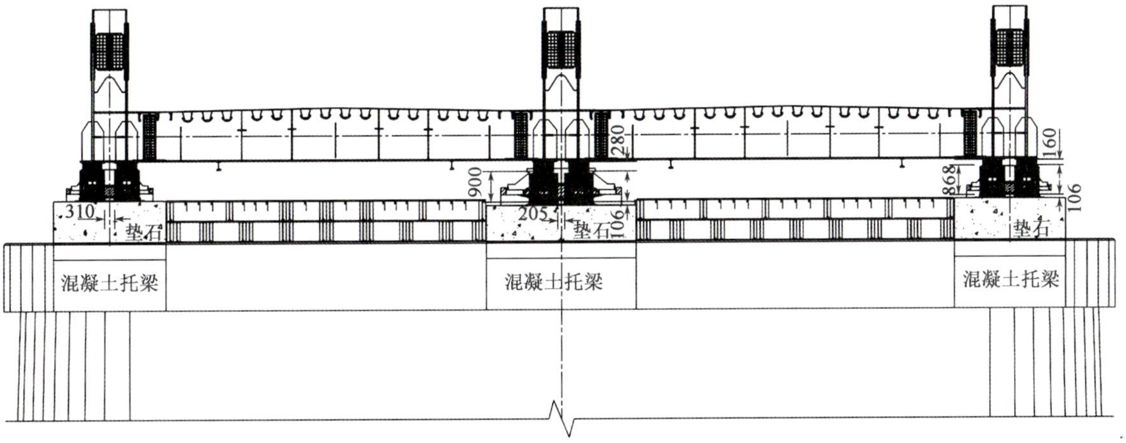

图 3-4-105 步骤六:中、边桁状态布置示意图(尺寸单位:mm)

步骤七:根据设计要求梁体顶升 20(40)mm,将支座上方加塞 20(40)mm 厚的抄垫钢板。将竖向顶上的可调式安全抄垫上的螺母锁紧,竖向顶稍微缩缸回程,将支反力转移至支座和安全抄垫上。总顶升高度 220(240)mm。湿接缝浇筑、等强结束后,开始逆向落梁。步骤七如图 3-4-106 ~ 图 3-4-108 所示。

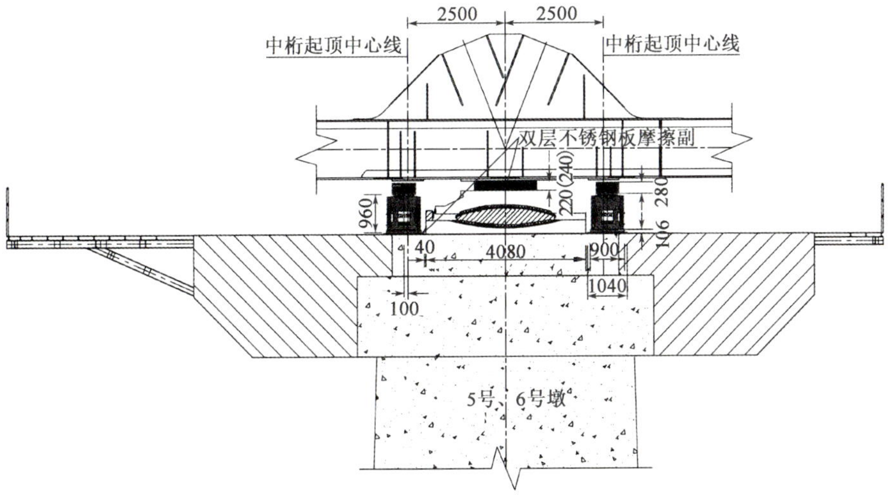

图 3-4-106 步骤七:中桁顶升 20(40)mm,总顶升 220(240)mm(尺寸单位:mm)

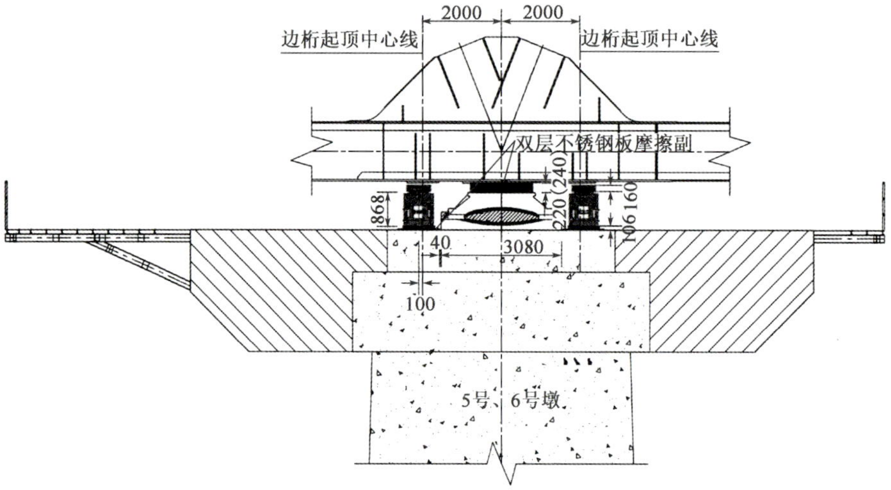

图 3-4-107　步骤七：边桁顶升 20(40)mm，总顶升 220(240)mm(尺寸单位：mm)

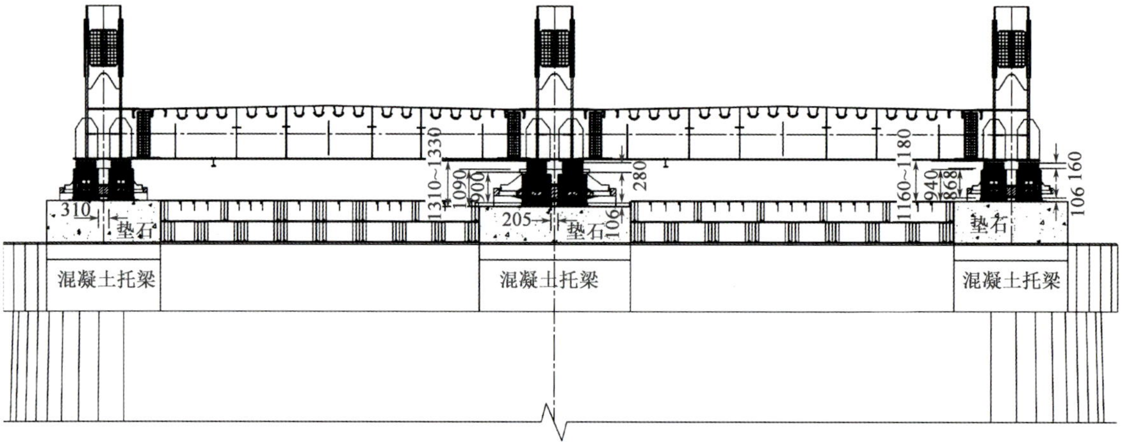

图 3-4-108　步骤七：中、边桁状态布置示意图

湿接缝完成强度达标后，解除安全抄垫锁定。拆除支座上方 20(40)mm 的抄垫钢板，落梁 20(40)mm，总顶升高度变为 200mm。后续反向进行步骤六、五、四、三、二，从而完成桥面结合施工。

4.4.5　桥面结合墩顶设施的倒运

1)墩顶设施倒运概述

根据设计给出的指标"单根检修小车轨道，单点可以承受 5t 的起吊力"而最重 2100t 竖向千斤顶的顶升能力仅为 2.5t，可采用轨道进行倒运。落梁完成后，梁底距墩顶距离较小(图 3-4-109)。为实现墩与墩间利用"单轨跑车"配合 5t 倒链将墩顶桥面结合设备进行墩间倒运，需拆除墩顶影响千斤顶倒运的施工平台。单轨跑车携带重物通过布置在各墩墩顶上的 3t 卷扬机进行牵引移动。5t 倒链距离墩顶混凝土面的最大提升高度为 1.2m。

拆除墩顶支座平台及设备平台后(该过程虽然工程量大，但可以在公路桥面板铺设时进行，不占用主线工期)，受竖向千斤顶与可调式安全抄垫结构整体高度制约，无法整体吊装挂钩，因此采取将竖向千斤顶及可调式安全抄垫分离倒运的方式进行墩间竖向千斤顶的倒运施工(图 3-4-110)。

将混凝土托梁上竖向顶分拆成竖向顶主体及可调式安全抄垫部分。利用梁底可用结构悬挂导链，将分拆后的竖向顶用单轨跑车提升托空后，由 3t 卷扬机牵引至前方待用墩，重新安装使用，每墩通过检修小车轨道倒运 24 次即可完成墩顶竖向千斤顶的倒运工作(图 3-4-111)。

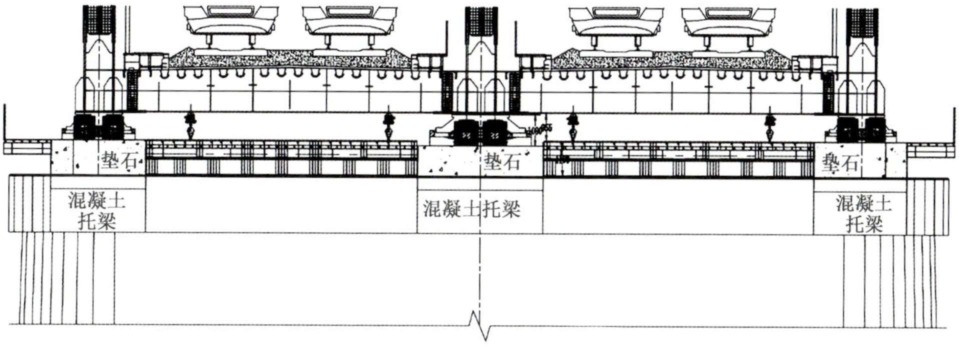

图 3-4-109　落梁完成后墩顶状态立面示意图(尺寸单位:mm)

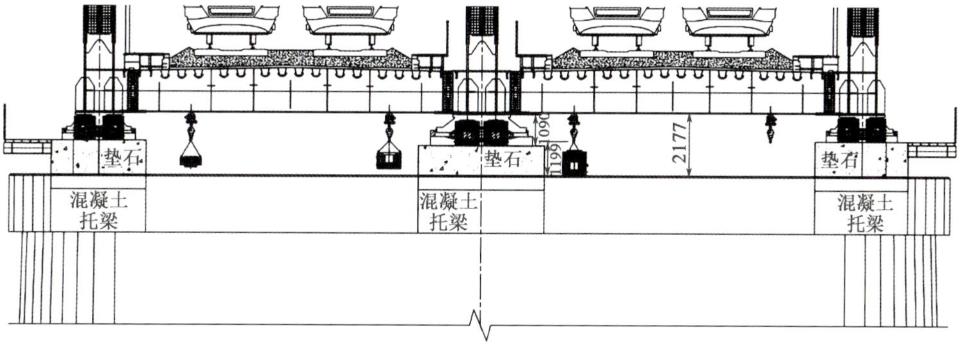

图 3-4-110　拆除干涉平台并将竖向千斤顶分拆后墩顶状态立面示意图(尺寸单位:mm)

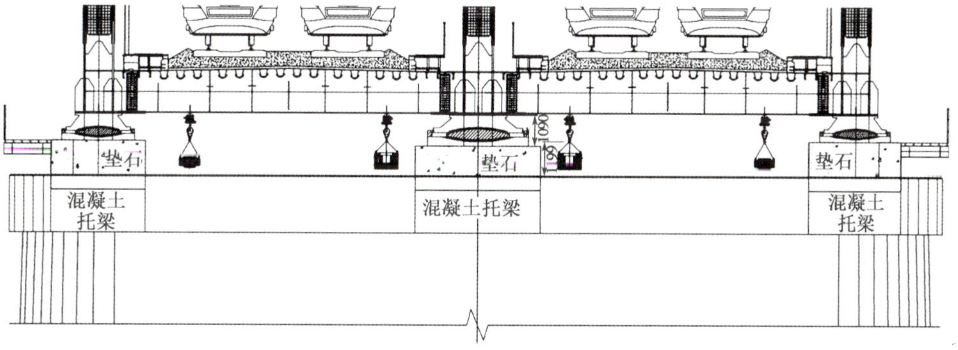

图 3-4-111　竖向顶拆分倒运状态示意图(尺寸单位:mm)

2)墩顶设施倒运步骤

根据桥面结合施工顺序,先进行 1 号、5 号、9 号墩桥面结合施工,然后进行 2 号、6 号、10 号墩桥面结合施工,之后进行 3 号、7 号墩桥面结合施工,最后进行 4 号、8 号墩桥面结合施工。由此得出最优的墩顶设施倒运步骤。

倒运步骤:

(1)桥面结合设备首先安装于 1 号、5 号、9 号三个墩上,待此三个墩的桥面结合任务及支座安装完成后将 1 号墩上的设施通过检修小车轨道转移至 2 号墩。

(2)将 5 号墩上的设施通过检修小车轨道转移至 6 号墩。

(3)将 9 号墩上的设施通过检修小车轨道转移至 10 号墩,在 2 号、6 号、10 号三个墩上重新安装完成桥面结合设施后,进行第二步桥面结合施工。

(4)将 2 号、6 号墩设备分别转移至 3 号、7 号墩,而 10 号墩设备可以移除作为备用,倒运下桥。

(5)待3号、7号墩完成桥面结合任务后将其设施分别倒运至4号、8号墩。最终完成全桥的桥面结合任务。

4.4.6 墩顶处湿接缝混凝土浇筑

主桥1~10号墩顶处均预留3个节间湿接缝混凝土未浇筑(图3-4-112),共分4批次浇筑进行桥面结合。

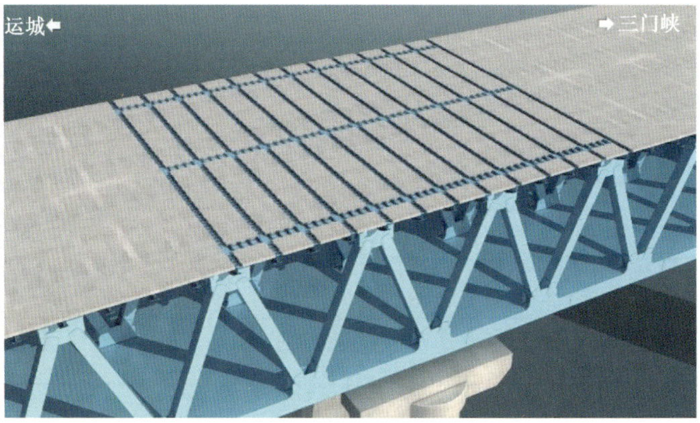

图3-4-112 墩顶处预留3个节间湿接缝未浇筑

第一批次为1号、5号、9号墩进行起顶,浇筑墩顶处湿接缝混凝土,待混凝土强度达到设计值的100%,且龄期不小于7d,钢桁梁同步缓慢回落至设计高程;第二批次为2号、6号、10号墩;第三批次为3号、7号墩;第四批次为4号、8号墩。至此,桥面结合全部完成。

04

第 4 篇

专项课题研究

三门峡钢桁组合梁公铁两用桥

建造关键技术

KEY TECHNOLOGY FOR THE CONSTRUCTION

OF SANMENXIA STEEL-TRUSS COMPOSITE GIRDER HIGHWAY-RAILWAY DUAL-PURPOSE BRIDGE

第1章 大跨长联钢桁组合梁公铁两用大桥施工期抗风性能及措施研究

1.1 研究内容及研究成果

1.1.1 工程背景

三门峡黄河公铁两用大桥采用跨径布置为(84 +9 ×108 +84)m 的 11 跨连续钢桁结合连续梁桥,主桥全长 1142.5m,图 4-1-1 为三门峡黄河公铁两用大桥跨径布置示意图。主梁采用三角形桁式,桁高15m,节间长 12m,横向为 3 片主桁,中、边桁中心距 13.6m。钢桁梁上层为运三(运城—三门峡)高速公路,采用双向六车道;钢桁梁下层为运三铁路及浩吉铁路,为四线铁路,图 4-1-2 为钢桁梁断面示意图,主桥桥墩高度在 60 ~72m 之间。

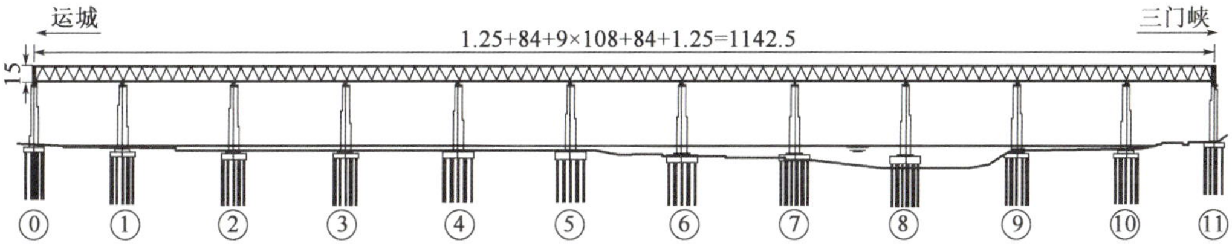

图 4-1-1 三门峡黄河公铁两用大桥主桥布置示意图(尺寸单位:m)

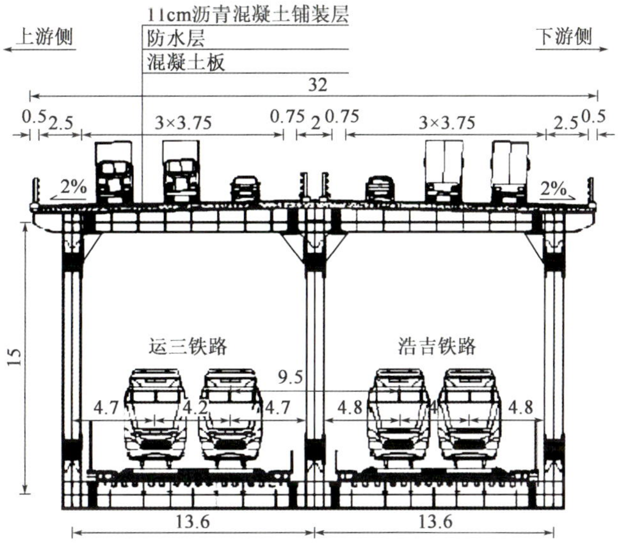

图 4-1-2 钢桁梁断面示意图(尺寸单位:m)

钢桁梁主梁断面钝体效应明显、阻风面积大,因此其横向风荷载较大。此外,三门峡黄河公铁两用大桥地处太行山脉与秦岭山脉交汇处,在桥址南北两侧有东西走向山脊,北侧山脊海拔达到 1500m,南侧山脊海拔达到 2200m,山脊之间的间距约为 10km。两侧山脊海拔高、间距小,由于流体需满足质量守恒，因此，在此处形成了明显的风口，风口内的风速明显高于周边平坦地区的风速。大桥所在区域一年中随时可能出现大风，如 2015 年出现了 9 ~ 10 级阵风（瞬时风速达 21 ~ 25m/s）；2016 年 6 月出现一次大风，导致碗口粗的大树发生折断。据当地村民反映，2016 年的这次大风是 1997 年以来出现的最强风，瞬时风速达到 11 级。考虑到桥址处复杂的地形地貌，仅采用周边气象站的气象资料难以获得桥址处准确的风场信息，因此有必要针对浩吉铁路三门峡黄河公铁两用大桥周边复杂微地形风场进行模拟。

桥梁上部结构（84 + 9 × 108 + 84）m 连续钢桁梁采用由南岸（三门峡侧）向北岸（运城侧）单向顶推法施工。首先在施工平台上拼装导梁，在导梁后拼装钢主梁，在保证稳定的前提下，拼装部分主梁后，向 0 号墩方向顶推，直至主梁顶推到位；然后铺装公路桥面板，进行混凝土桥面板结构施工；最后进行公路、铁路附属结构施工，完成主桥施工。其顶推跨数、顶推重量为当时同类型世界之最。图 4-1-3 ~ 图 4-1-5 分别为三门峡黄河公铁两用大桥顶推过程三种典型工况示意图。当顶推至导梁最大伸臂状态时，悬臂长、结构柔度大、重量较轻（顶推施工过程无道砟轨道及公路混凝土桥面板等二期恒载），尚没有形成最终稳定的结构体系。为此，顶推过程中不仅需要考虑静风荷载效应，还要考虑结构在脉动风作用下的风致抖振响应及其抖振对下部结构受力的影响。

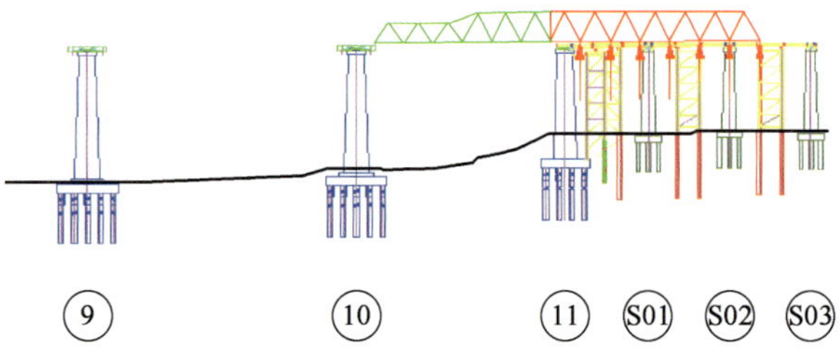

图 4-1-3　导梁前端准备上 10 号墩示意图

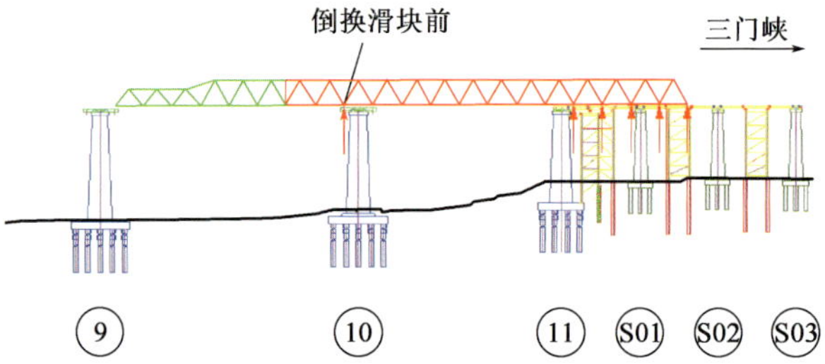

图 4-1-4　导梁前端准备上 9 号墩示意图

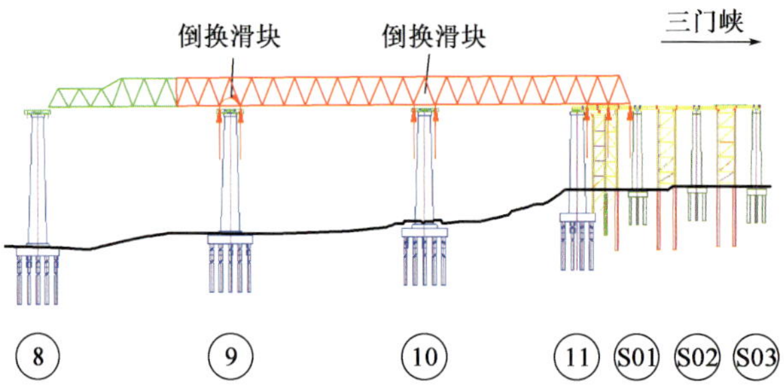

图 4-1-5　导梁前端准备上 8 号墩示意图

具体而言，本桥在施工期的主要风环境及结构抗风问题如下：

（1）桥位处局部地形引起的风环境问题。大桥位于出风口，具有明显的峡谷风效应，因此必须进行地形数值模拟以确定各风向下峡谷地形引起的风速加速效应。

（2）钢桁梁顶推全过程中在横风作用下须考虑的整体稳定性问题，必要时需提出防护措施和应急预案。钢桁梁由三片主桁组成，挡风面积大，须特别关注其稳定性问题。

（3）顶推过程中，特别是顶推至大伸臂状态时，由于悬臂长、结构柔度大，导致的导梁及钢桁梁的风致抖振位移及抖振内力问题。

（4）钢桁梁顶推启动瞬间存在动、静摩擦力转换，存在顶推启动-停止的惯性作用，可能诱发结构振动问题。

1.1.2　主要研究内容

（1）峡谷地形引起的风速加速效应及设计风参数研究：采用 CFD 仿真软件对桥址 100km × 100km

区域进行了流场仿真分析,获取各个来流风向角下的风速分布特征。

(2)主梁及导梁三分力系数及风荷载研究:分别制作主梁及导梁节段模型,进行模型测力风洞试验,测定三分力系数以计算竖向、侧向及扭转风荷载。

(3)钢桁梁顶推全过程最不利工况静风稳定性及风致抖振响应:基于随机风致抖振理论对设计风速下的导梁端部抖振位移、墩顶内力等响应进行仿真,确定风振响应的动力放大系数;本桥桥墩平均高度超过70m,风振分析中进一步研究了墩梁耦合效应对抖振位移及内力的影响。

(4)钢桁梁顶推启动瞬态动力效应分析,采用瞬态动力学分析方法,模拟钢桁梁顶推启动瞬间的结构竖向位移、加速度及钢桁梁作用于桥墩的动态力。

1.1.3 研究结论

(1)进行了桥位周边复杂微地形风场数值模拟,计算域大小采用100km×100km,计算域地理信息系统(GIS)地形数据解析度为30m×30m;关心区域内网格最为细密,其水平解析度为20m×20m,高度解析度为1m×1m,网格总数约为500万个,入口来流风速为10m/s,均匀来流。为精细化模拟不同风向情况下的风场分布,分析了24种风向角工况,每种工况之间风向角相差15°(图4-1-6),得到不同风向角工况下来流因地形的影响而产生的风速变化量。各来流风向角下全桥合成风速(为顺桥向及横桥向的合成风速)如图4-1-7所示。研究结果表明,在特定风向角下,跨轴线向部分区域有较为明显的风加速,与上游来流风速相比增速达到20%。

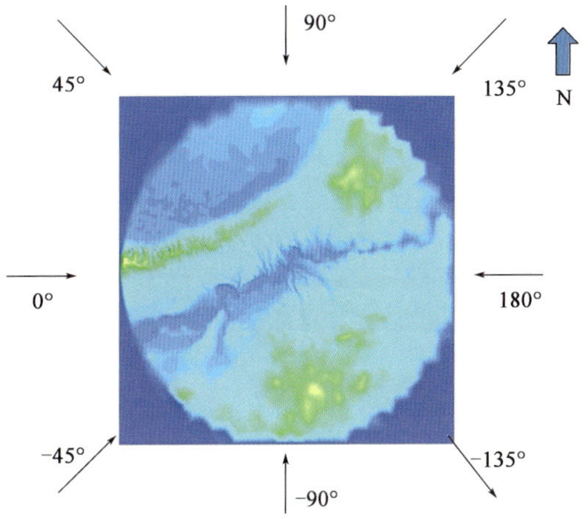

图4-1-6 风向示意图

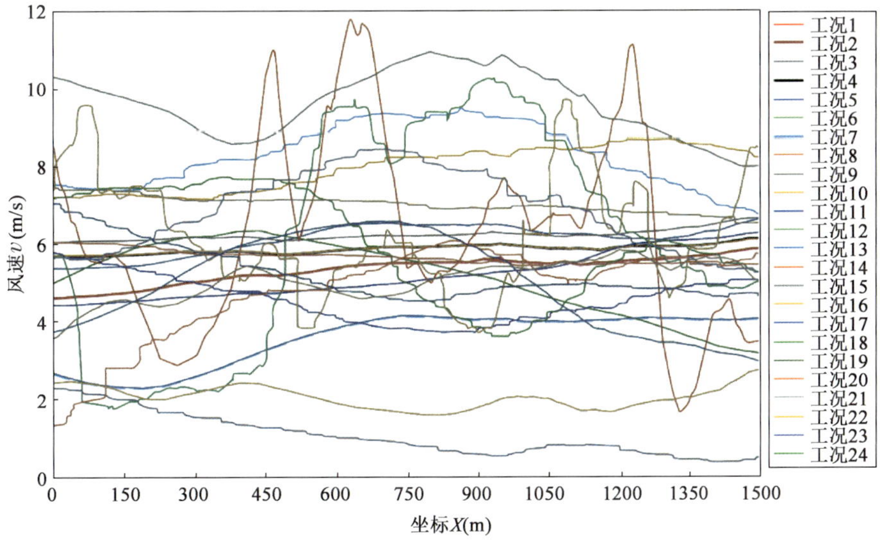

图4-1-7 不同风向角下沿主桥风速分布(坐标0为运城侧起点,入口风速为10m/s)

依据以上分析,应用《公路桥梁抗风设计规范》(JTG/T 3360-01—2018)直接确定桥位处桥面高程设计风速(百年一遇10min平均风速)为38.5m/s,施工阶段设计风速为30.8m/s。

(2)制作了缩尺比为1:60的导梁整体模型并进行了均匀流场下的模型测力风洞试验,得到了不同来流风攻角下导梁风荷载在体轴和风轴下的三分力系数,图4-1-8所示为体轴和风轴的定义。图4-1-9所示为导梁断面在体轴下的三分力风洞试验值,其中阻力系数按导梁高度进行无量纲化,升力系数按导梁宽度进行无量纲化,气动扭矩系数按导梁宽度的平方进行无量纲化。在0°风攻角下,导梁体轴下阻力系数为 0.966，对应的顺风风荷载比规范计算值(1.20)小 16%。由于断面几乎对称，升力系数及扭矩系数均很小。

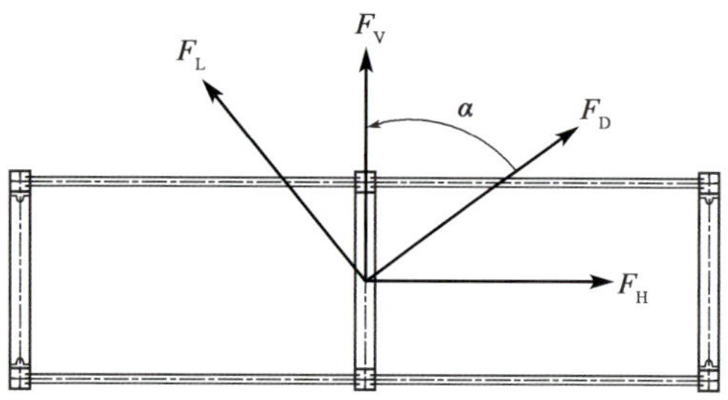

图 4-1-8 风攻角及断面体轴和风轴三分力定义

注：F_D、F_L 分别为风轴坐标系的阻力和升力；F_A、F_V 分别为体轴坐标系的横向气动力和竖向气动力。

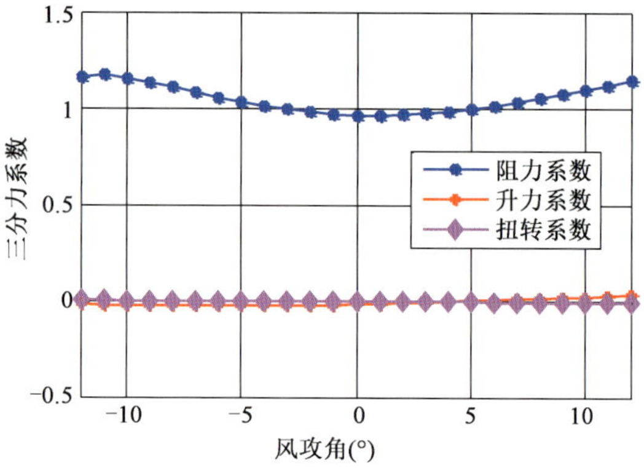

图 4-1-9 体轴下导梁断面三分力系数

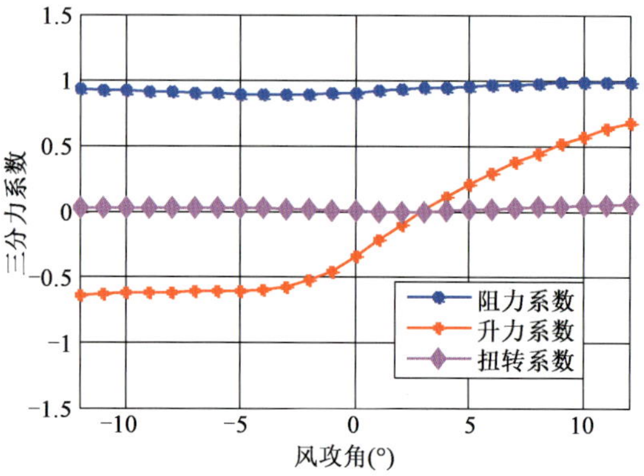

图 4-1-10 体轴下主梁断面三分力系数

(3)制作了缩尺比为 1 : 60 的主梁节段模型并进行了均匀流场下的模型测力风洞试验，得到了不同来流风攻角下主梁风荷载三分力系数。图 4-1-10 所示为主梁断面在体轴下的三分力系数，其中阻力系数按导梁高度进行无量纲化，升力系数按导梁宽度进行无量纲化，气动扭矩系数按导梁宽度的平方进行无量纲化。来流 0°风攻角下主梁阻力系数为 0.904，对应的顺风风荷载比规范取值小 40%。升力系数为 -0.35，方向向下，扭矩系数为 0.002。

(4)对于工况 1，即导梁前端准备上 10 号墩(悬臂 84m)，相应的施工状态如图 4-1-3 所示。表 4-1-1 给出了结构自重、平均风荷载以及脉动风荷载作用下 11 号墩顶支座竖向反力的分析结果。

工况 1 下 11 号墩顶支座竖向反力(单位：kN) 表 4-1-1

墩梁耦合效应	荷载作用	下游支座	中间支座	上游支座
不考虑	自重	8285	9902	8284
	平均风荷载	236	77	-86
	脉动风荷载峰值	843	508	471
考虑	自重	7527	8516	7527
	平均风荷载	284	89	-108
	脉动风荷载峰值	978	584	517

不考虑墩梁耦合效应时：自重荷载作用下，11 号墩三片桁架对应的支座竖向支反力分别为 8285kN、9902kN、8284kN，设计计算结果为 8030kN、10150kN、7250kN，误差分别为 3.2%、2.4%、14.3%。在桥面风速为 30.8m/s 的设计风速下，按抖振分析计算得到：11 号墩下游边桁架对应的支座竖向支反力平均值为 236kN、脉动峰值为 843kN，峰值约占恒载反力的 10.5%；11 号墩中桁架对应的支座竖向支反力平均值为 77kN，峰值为 508kN，峰值约占恒载反力的 5%；11 号墩上游边桁架对应的支座竖向支反力平均值为 -86kN，峰值为 471kN，峰值约占恒载反力的 6.5%。

考虑墩梁耦合效应时：自重荷载作用下，11 号墩三片桁架对应的支座竖向支反力分别为 7527kN、8516kN、7527kN，与不考虑墩梁耦合效应时的差别最大可达到 15%。在设计风速下(桥面平均风速 30.8m/s)，按抖振分析计算得到：11 号墩下游边桁架对应的支座竖向支反力平均值为 284kN，峰值为

978kN,峰值约占恒载竖向反力的 13%;11 号墩中桁架对应支座竖向支反力平均值为 89kN,峰值为 584kN,峰值约占恒载反力的 6.9%;11 号墩上游边桁架对应的支座竖向支反力平均值为 −108kN,峰值为 517kN,峰值约占恒载竖向反力的 7.1%。

(5)对于工况 2,即导梁前端准备上 9 号墩(悬臂 96m),相应的施工状态如图 4-1-4 所示。表 4-1-2 给出了结构自重、平均风荷载以及脉动风荷载作用下 10 号墩顶支座竖向支反力的分析结果。

工况 2 下 10 号墩顶支座竖向支反力(单位:kN)　表 4-1-2

墩梁耦合效应	荷载作用	下游支座	中间支座	上游支座
不考虑	自重	11746	14976	11746
	平均风荷载	496	199	−171
	脉动风荷载峰值	1304	903	422
考虑	自重	12062	14721	12062
	平均风荷载	568	201	−214
	脉动风荷载峰值	1478	938	453

不考虑墩梁耦合效应时:自重荷载作用下,10 号墩三片桁架对应的支座竖向支反力分别为 11746kN、14976kN、11746kN,设计计算结果为 12190kN、14760kN、11020kN,误差分别为 3.7%、1.4%、6.5%,二者计算结果相近。在设计风速下(桥面平均风速 30.8m/s),按抖振分析计算得到:10 号墩下游边桁架对应的支座竖向支反力平均值为 496kN,峰值为 1304kN,约占恒载反力的 11.1%;10 号墩中桁架对应的支座竖向支反力平均值为 199kN,峰值为 903kN,约占恒载竖向支反力的 6.1%;10 号墩上游边桁架对应的竖向支反力平均值为 −171kN,峰值为 422kN,约占恒载竖向支反力的 3.8%。

考虑墩梁耦合效应时:自重荷载作用下,在 10 号墩三片桁架对应的顶支座竖向支反力分别为 12062kN、14721kN、12062kN,与不考虑耦合效应计算结果基本相同。在设计风速下(桥面平均风速 30.8m/s),按抖振分析计算得到:10 号墩下游边桁架对应的顶支座竖向支反力平均值为 568kN,峰值为 1478kN,约占恒载支反力的 12.1%;10 号墩中桁架对应的竖向顶支座竖向支反力平均值为 201kN,峰值为 938kN,约占恒载竖向支反力的 6.4%;10 号墩上游边桁架对应的竖向支反力平均值为 214kN,峰值为 453kN,约占恒载竖向支反力的 4.1%。

(6)对于工况 3,即导梁前端准备上 8 号墩,并在 9 号墩和 10 号墩顶倒换滑块(悬臂 108m),相应的施工状态如图 4-1-5 所示。表 4-1-3 给出了结构自重、平均风荷载以及脉动风荷载作用下 9 号墩顶支座竖向支反力的分析结果。

工况 3 下 9 号墩顶支座竖向支反力(单位:kN)　表 4-1-3

墩梁耦合效应	荷载作用	下游支座	中间支座	上游支座
不考虑	自重	14161	17718	14161
	平均风荷载	625	250	−199
	脉动风荷载峰值	1655	1166	575
考虑	自重	14423	17321	14423
	平均风荷载	652	253	−223
	脉动风荷载峰值	1707	1154	562

不考虑墩梁耦合效应时:自重荷载作用下,9 号墩三片桁架对应的顶支座竖向反力分别为 14161kN、17718kN、14161kN,设计计算结果为 14470kN、16998kN、13283kN,误差分别为 2.1%、4.2%、

6.6%，两者计算结果相近。在设计风速下(桥面平均风速30.8m/s)，按抖振分析计算得到：9号墩下游边桁架对应的竖向支反力平均值为625kN，峰值为1655kN，约占恒载竖向支反力的11.7%；9号墩中桁架对应的竖向支反力平均值为250kN，峰值为1166kN，约占恒载反力的6.9%；9号墩上游边桁架对应的竖向支反力平均值为-199kN，峰值为575kN，约占恒载竖向支反力的4.3%。

考虑墩梁耦合作用时，自重荷载作用下，在9号墩三片桁架对应的顶支座竖向支反力分别为14423kN、17321kN、14423kN，与不考虑耦合效应计算结果基本相同。在设计风速下(桥面平均风速30.8m/s)，按抖振分析计算得到：9号墩下游边桁架对应的竖向支反力平均值为652kN，峰值为1707kN，约占恒载竖向支反力的11.8%；9号墩中桁架对应的竖向支反力平均值为253kN，峰值为1154kN，约占恒载竖向支反力的6.8%；9号墩上游边桁架对应的竖向支反力平均值为-223kN，峰值为562kN，约占恒载竖向支反力的4.2%。

(7)将风荷载及桥梁自重在滑块处引起的竖向支反力与桥梁自重引起的竖向支反力之比定义为风致抖振竖向支反力放大因子η：

$$\eta = \frac{(\text{风荷载}+\text{自重})\text{引起的竖向支反力}}{\text{自重引起的竖向支反力}} = 1 + \frac{\text{风荷载引起的竖向支反力}}{\text{自重引起的竖向支反力}}$$

表4-1-4给出了各施工典型工况下抖振效应引起的竖向支反力放大因子。由表4-1-4可知，工况1、工况2、工况3风荷载引起的竖向支反力放大系数最大值分别为1.13、1.12、1.12。墩梁耦合效应对该桥的抖振响应有一定影响，但对风致抖振竖向支反力放大因子影响很小，可以忽略。从上述分析可以看出，风致抖振竖向支反力放大因子η最大值为1.13，比本桥结构设计中取值1.2要小。

风致抖振引起的竖向支反力放大因子η　　表4-1-4

有限元模型	位置	抖振引起的竖向支反力放大因子η		
		工况1	工况2	工况3
不考虑墩梁耦合效应	下游边桁	1.11	1.11	1.12
	中桁架	1.05	1.06	1.07
	上游边桁	1.07	1.04	1.04
考虑墩梁耦合效应	下游边桁	1.13	1.12	1.12
	中桁架	1.07	1.06	1.07
	上游边桁	1.07	1.04	1.04

注：1. 上游边桁为迎风边桁架。
2. 一类模型不考虑墩梁耦合效应，二类模型考虑墩梁耦合效应。

(8)分析了钢桁梁顶推过程中启动-停止惯性作用引起的结构竖向振动对支座竖向支反力的影响，分析时考虑了结构自重引起的静挠度。结构各阶模态阻尼比取为0.5%。结果表明，顶推启动-停止惯性作用引起的竖向支反力很小，其数值小于梁体自重的1.5%。

1.2　桥位地形风环境数值模拟与设计风参数研究

1.2.1　研究目的

分析不同来流风向角工况下，气流因地形影响而产生的变化，探讨桥址区风速沿主桥方向的变化特点，给出该地区风场的风向角、风攻角等参数的特性，获得桥址处风速与已知气象站位置处的风速比，以获得不同风向情况下桥址风速与已知气象站风速考虑微地形影响后的换算关系，为该桥梁的设计、抗风性能与安全运营提供一定的依据。

1.2.2 地形风环境模拟基本方法

对于峡谷风环境采用计算流体动力学(CFD)方法进行数值模拟,其基本方法及具体实施过程如下:

(1)采用高精度地形网格数据STRM高程数据,将其导入ArcGIS软件中,生成包含坐标和高程的点云,将获得的点云在逆向工程软件Imageware中通过曲面拟合的方式拟合出桥位地形曲面。

(2)基于商用网格生成软件GAMBIT,选择合适的计算域尺寸和网格生成参数,生成模型网格。

(3)使用商用计算流体力学求解器Fluent确定入口边界条件,选取合适的湍流模型,实现对均一流入口的模拟。

(4)应用商用软件Tecplot对计算结果做流场可视化处理,应用Matlab进行数据后处理得到平均风速、风攻角及风向角的变化规律。

基本方法及计算流程如图4-1-11所示。

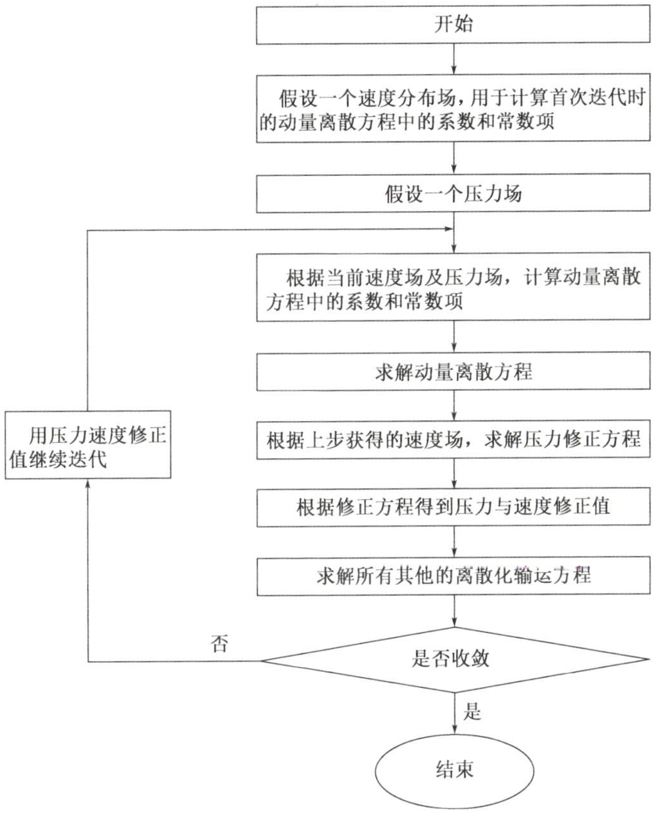

图4-1-11 计算流程图

1.2.3 风环境模拟参数设置

1)基本参数设置

(1)计算域设置为长方体区域,区域的长、宽、高分别为100km、100km和20km,过渡区圆环宽度为1km。计算域包含桥址南北两侧主要山脊,计算域大小采用100km×100km。三门峡黄河公铁两用大桥桥址位于计算域底部中心,如图4-1-12所示。

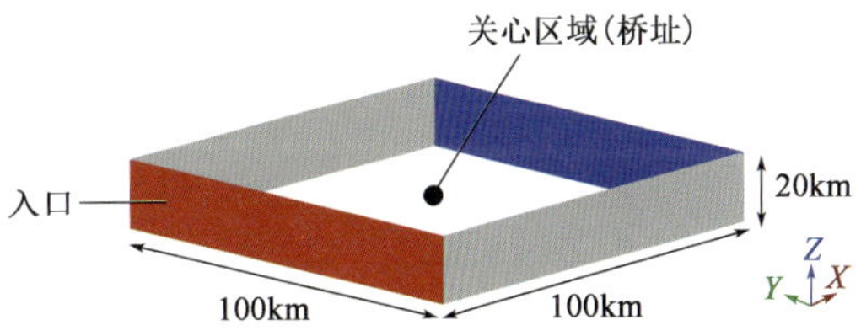

图4-1-12 计算域几何尺寸

(2)通过计算流体网格划分程序形成桥址周边网格

拓扑关系。综合考虑研究对象的几何复杂性、网格生成的难易程度以及计算的准确性,计算域中采用非结构化三棱柱网格。

(3)网格尺寸参数如下:在关心区域上游采用细密网格,远离关心区域网格较为稀疏。关心区域内网格最为细密,其水平解析度为20m×20m,竖向网格底面最小网格尺寸为1m。网格总数约为500万个,计算域内网格最大生长率不超过1.2,以减小由于网格尺寸急剧变化而带来的数值误差。

(4)数值模拟中对所有工况采用大涡数值模拟(LES)。

LES模型可以较好地再现复杂地形边界层流场,具有较高的计算精度。控制方程通过过滤亚格子涡旋后的时间依赖Navier-Stokes方程,采用笛卡儿坐标系,表达式如下:

$$\frac{\partial u_i}{\partial t}+\frac{\partial u_i u_j}{\partial x_j}=-\frac{1}{\rho}\frac{\partial P}{\partial x_i}+\frac{\partial(\gamma 2S_{ij})}{\partial x_j} \tag{4-1-1}$$

$$\rho\frac{\partial \tilde{u}_i}{\partial t}+\rho\frac{\partial \tilde{u}_i\tilde{u}_j}{\partial x_j}=\frac{\partial}{\partial x_j}\left(\mu\frac{\partial \tilde{u}_i}{\partial x_j}\right)-\frac{\partial \tilde{p}}{\partial x_i}-\frac{\partial \tau_{ij}}{\partial x_j} \tag{4-1-2}$$

式中:$\tilde{u}_i$、$\tilde{p}$——过滤亚格子涡旋后的速度和压强;

u——空气黏性系数。

采用Smagorinsky-Lilly计算亚格子应力(SGS):

$$\tau_{ij}=-2\mu_t\tilde{S}_{ij}+\frac{1}{3}\tau_{kk}\delta_{ij};\tilde{S}_{ij}=\frac{1}{2}\left(\frac{\partial \tilde{u}_i}{\partial x_j}+\frac{\partial \tilde{u}_j}{\partial x_i}\right) \tag{4-1-3}$$

$$\mu_t=\rho L_s^2|\tilde{S}|=\rho L_s\sqrt{2\tilde{S}_{ij}\tilde{S}_{ij}};L_s=\min\left(\kappa d,C_s V^{\frac{1}{3}}\right) \tag{4-1-4}$$

式中:L_s——亚格子的混合长度;

κ——卡门常数,取0.42;

d——壁面网格到壁面的距离;

V——控制体体积;

C_s——亚格子模型中常数,大气边界层模拟中常用值为0.1。

在靠近地表位置,壁面函数被用来获得地表处控制体贴地位置切应力。当控制体位于层流区($y^+<5$),壁面切应力可直接通过层流区应力-应变关系来获得:

$$\frac{\tilde{u}}{u_\tau}=\frac{\rho u_\tau y}{\mu} \tag{4-1-5}$$

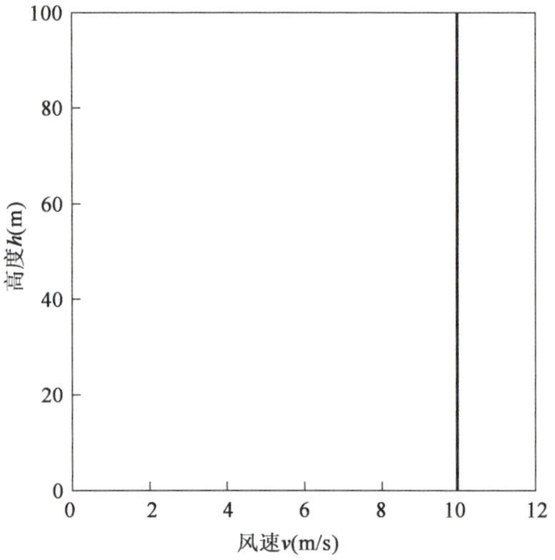

图4-1-13　无湍流风速剖面

当壁面控制体落在层流区以外($y^+\geqslant 5$),边界层的对数函数关系被采纳,以计算此位置处的切应力,对数函数表达式为:

$$\frac{\tilde{u}}{u_\tau}=\frac{1}{\kappa}\ln E\left(\frac{\rho u_\tau y}{\mu}\right) \tag{4-1-6}$$

式中:y——控制体距离壁面位置的垂直距离;

u_τ——剪切流速;

E——常数,取9.793。

(5)入口边界条件采用速度入口velocity-inlet($p=0$, $u=10.0$m/s, $v=0$, $w=0$)。无湍流入口平均风速剖面如图4-1-13所示。出口采用pressure-outlet,壁面采用symmetry对称边界条件($\partial u/\partial n=0$, $\partial w/\partial n=0$, $v=0$)。

(6)对动量方程的空间离散采用有限体积法,二阶中心差分格式用于对流项与黏性项,二阶隐式格式用于非稳态项的时间推进。

(7)压力的插值格式将选取标准格式。

(8)由于平面网格类型为三角形,故采用 Green-Gauss Node-Based 方法拟合梯度。

(9)使用常规的 SIMPLE 算法进行速度压力解耦。

(10)使用绝对残差作为判断求解是否收敛的标准。对每一个变量都监视残差,收敛标准为每个变量的残差都小于 10^{-3}。

2)计算工况

为精细化模拟不同风向情况下的风场分布,计算中来流方向取24个方向,建立24个风向角工况。0°对应的来流风向为西向,90°对应来流风向为南向,180°对应来流风向为东向,-90°对应来流风向为北向。以来流风向为西向为第1工况,顺时针每15°为一种工况,计算工况汇总见表4-1-5。鉴于桥位轴线走向为自西北向东南,与正北的偏角约为57°,因此,来流风攻角为120°或-60°代表风向与桥轴线接近正交。

计算工况汇总　表4-1-5

工况	1	2	3	4	5	6	7	8
方向(°)	0	15	30	45	60	75	90	105
工况	9	10	11	12	13	14	15	16
方向(°)	120	135	150	165	180	-165	-150	-135
工况	17	18	19	20	21	22	23	24
方向(°)	-120	-105	-90	-75	-60	-45	-30	-15

图4-1-14为计算域关心区域高程等值线,计算域GIS地形数据解析度为30m×30m。地表网格分布如图4-1-15、图4-1-16所示。在关心区域上游采用细密网格,远离关心区域网格较为稀疏,关心区域内网格最为细密,其水平解析度为20m×20m。竖向网格底面最小网格尺寸为1m,采用非结构化三棱柱网格,网格总数约为500万个,计算域内网格最大生长率不超过1.2以确保计算精度。图4-1-17所示为计算域的总体立面图。

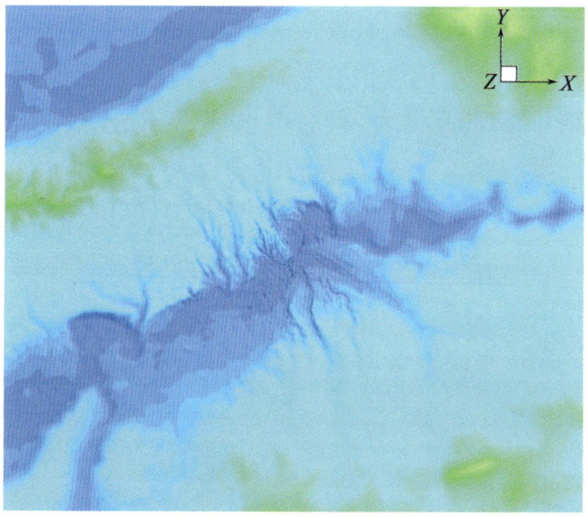

图4-1-14　计算域高程图

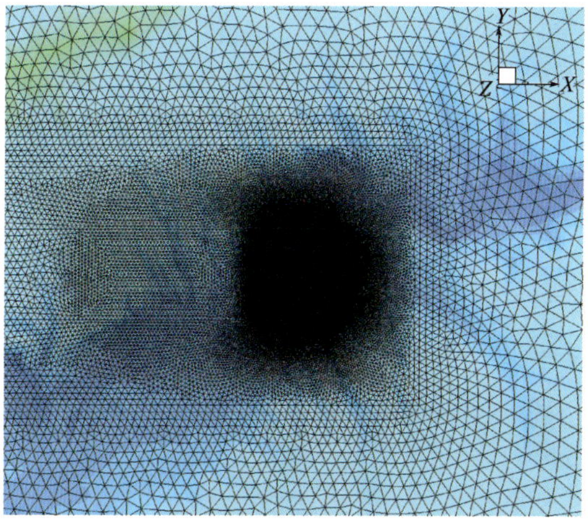

图4-1-15　计算域水平网格分布示意图

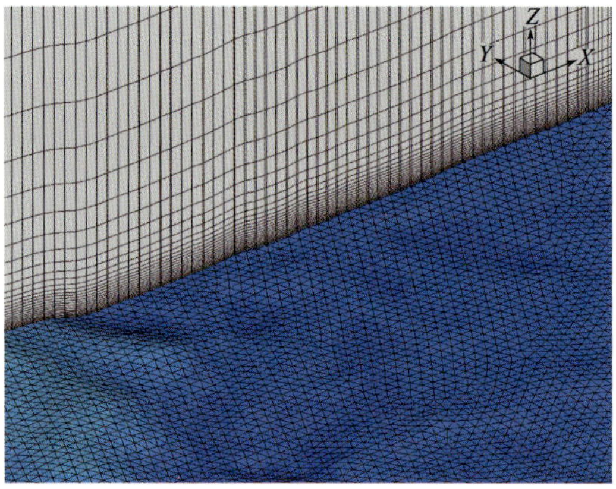

图 4-1-16　计算域竖直网格分布示意图

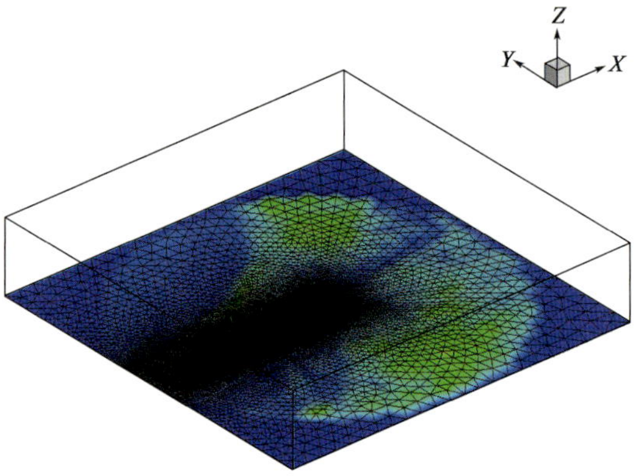

图 4-1-17　计算域立面示意图

1.2.4　CFD 模拟主要结果

计算可得到不同工况下的风速分布，分别用 u、v、w 表示顺桥向风速、横桥向风速、竖向风速分量，如图 4-1-18 所示。风攻角 $\alpha=\arctan(w/v)$，风向角 $\beta=\arctan(v/|u|)$，如图 4-1-19 所示。风攻角 α 对主梁抗风性能有重要影响，正攻角代表上升气流，负攻角代表下降气流。

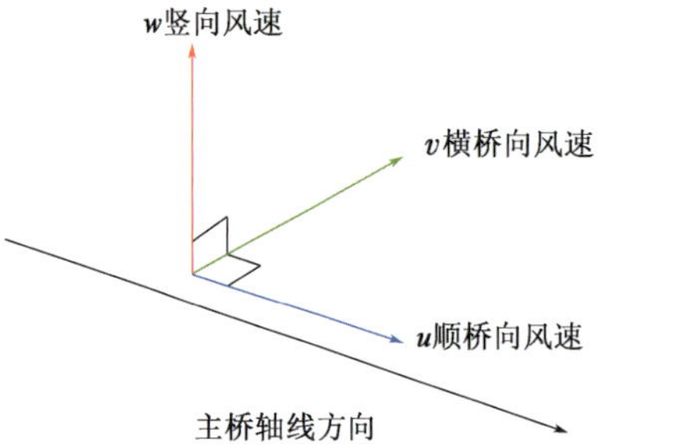

图 4-1-18　顺桥向风速、横桥向风速和竖向风速示意图

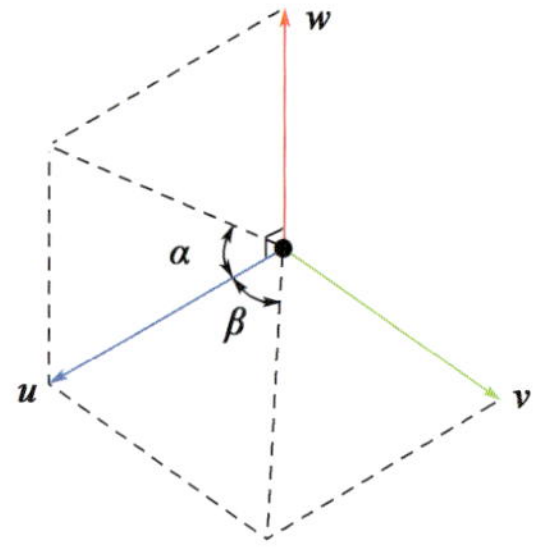

图 4-1-19　风攻角和风向角示意图

1) 风特性沿桥轴水平向的分布

24 种工况沿桥面高度处主桥轴向风速分布图参见图 4-1-7，图 4-1-20、图 4-1-21 分别为 24 种工况，顺桥向风速分布和横桥向风速分布图，各图中横坐标 0 位置为运城侧、1500m 位置为三门峡（邻近顶推起点）侧。在 24 种工况中，由于桥位附近地形的干扰效应，桥位处风速数值差异较大，风向角对桥面风速影响明显。从图中可以看出，在工况 9、13、19、20、21 和 24 中，速度值在跨中区域时速度达到最大值，而在两端迅速下降。其中，工况 9（风向角为 120°）在跨中的风速最大，且较其余工况有较大的风加速。其原因是当风按照工况 9 所设定的风向角吹向桥梁时，风速基本上与河道的走向保持一致，此时由于峡谷效应，风经过此地时风速加大。而其余工况在坐标 750m 位置附近时出现极大风速，原因是桥址处右方河道改变，水面相对于河岸较低，由于岸边的阻挡风速在桥端出现下降。工况 2 ~ 5 和工况 14 ~ 16 的风速分布比较均匀，此时的风向近似于桥梁的走向。

此外，尽管风速在桥轴线部分位置有加速效应，跨中部分位置平均风速接近 12m/s，但全桥平均风速小于 10m/s。因此，全桥的平均风速不存在加速效应。

2) 风向角和风攻角的影响

风攻角和风向角是描述桥位风场的重要参数，评价各方向来流对桥梁抗风性能的影响，应综合考虑风攻角和风向角的数值。大部分工况的风攻角均在 ±5°内变化；部分风攻角很大，主要是因为横桥向平均风速很小，因此不会控制设计。24 种工况沿主桥方向风攻角和风向角分布如图 4-1-22 和图 4-1-23 所示。对主桥高度处，横向平均风速、平均风攻角和平均风向角进行统计，见表 4-1-6。

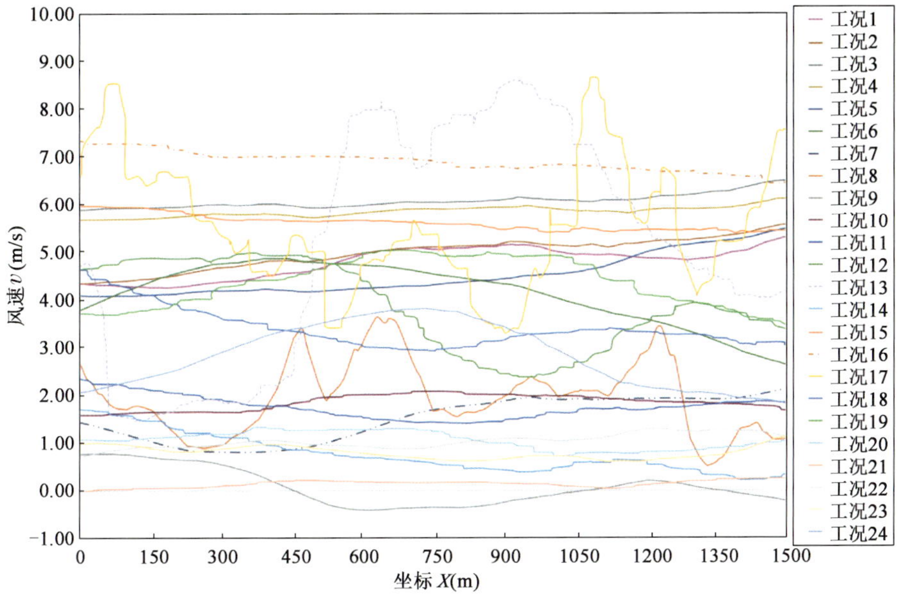

图4-1-20 24种工况沿主桥顺桥向风速分布图

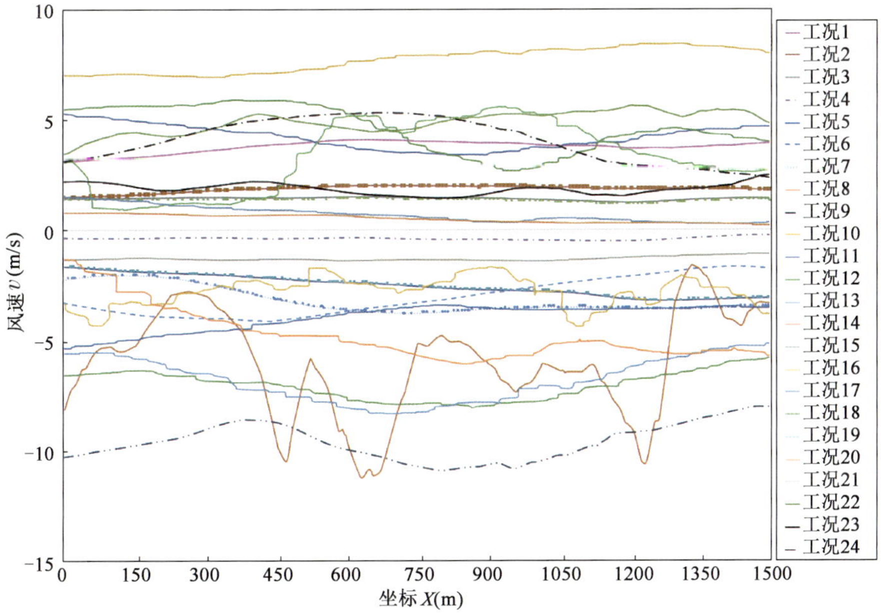

图4-1-21 24种工况沿主桥横桥向风速分布图

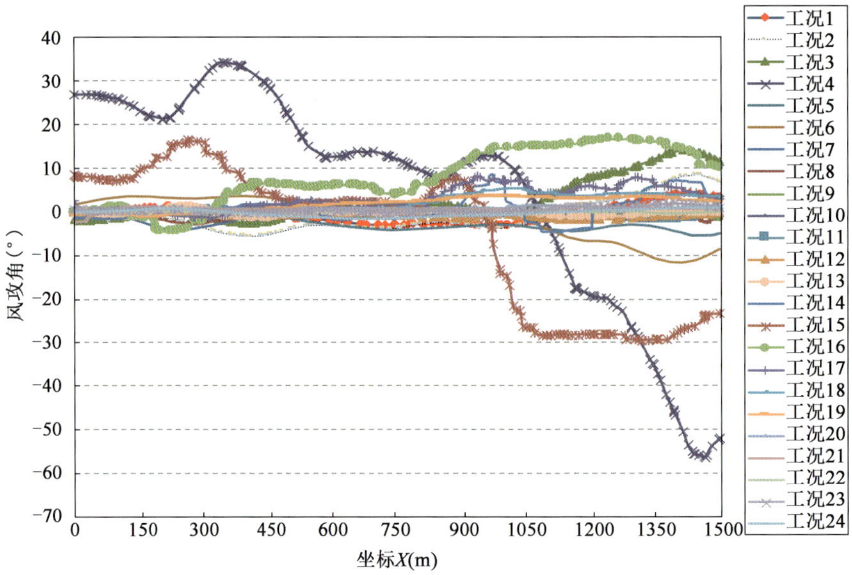

图 4-1-22　24 种工况沿主桥方向攻角分布图

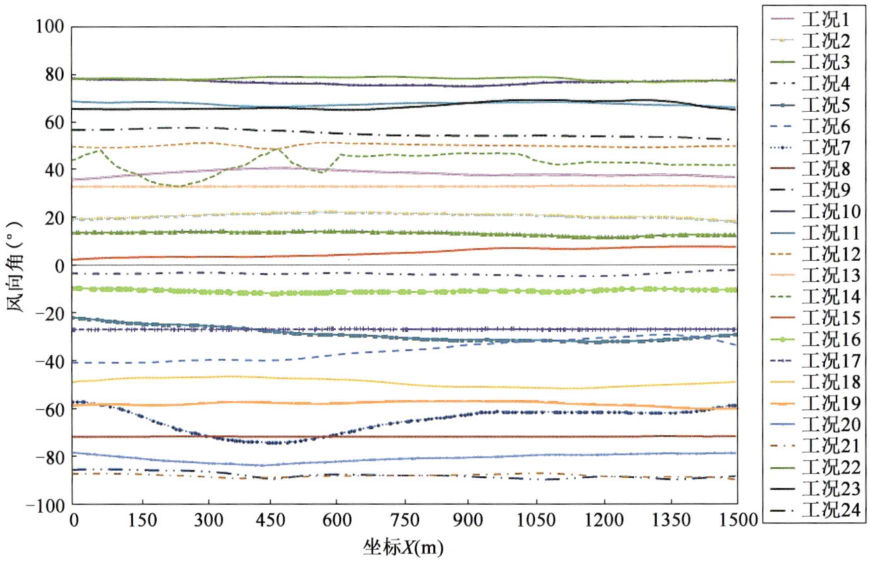

图 4-1-23　24 种工况沿主桥方向风向角分布图

各工况平均风攻角和风向角　　表 4-1-6

工况号	横桥向风速 v(m/s)	风攻角 α(°)	风向角 β(°)
1	3.805	-0.05	38.31
2	1.908	-1.15	20.90
3	1.422	2.84	13.21
4	-0.365	-0.023	-3.57
5	-2.527	-2.64	-29.02
6	-3.028	-1.344	-35.53
7	-3.239	0.48	-64.86
8	-6.036	0.59	-71.97
9	-9.61	0.42	-88.10
10	7.723	0.08	76.60
11	4.195	-0.48	67.63

续上表

工况号	横桥向风速 v(m/s)	风攻角 α(°)	风向角 β(°)
12	4.678	-0.85	49.98
13	3.275	-0.54	33.05
14	0.723	0.55	42.68
15	0.531	-5.24	5.34
16	-1.313	7.35	-10.77
17	-2.849	3.05	-26.98
18	-3.961	1.97	-49.14
19	-7.028	1.68	-58.28
20	-6.799	0.69	-80.95
21	-4.752	0.42	-88.31
22	4.946	-0.016	78.10
23	1.834	0.38	66.96
24	4.085	-0.37	55.15

主桥高度处横桥向、顺桥向平均风速及平均风攻角随各工况来流方向的变化情况如图4-1-24所示。由图4-1-24可见，来流风向对风速及风攻角的影响较大，当风向为北风偏东20°~30°时横桥向平均风速最大，此时分析中入口来流风向基本与主桥轴向垂直，与桥位附近河道走向基本一致。当来流风向与桥轴线夹角较大时横桥向风速明显变大，而顺桥向风速变小，这与地形的阻挡效应及风速沿桥轴线的正交分解有关。在不同的来流风向条件下，对于绝大部分情况，风攻角在+5°~-5°之间变化，而对于工况5、工况15和工况16，由于来流风向与桥梁走向一致，造成横桥向风速趋近于0，进而导致了较大的风攻角。但是来流方向与桥梁走向一致时，并不是桥梁抗风的不利状态。

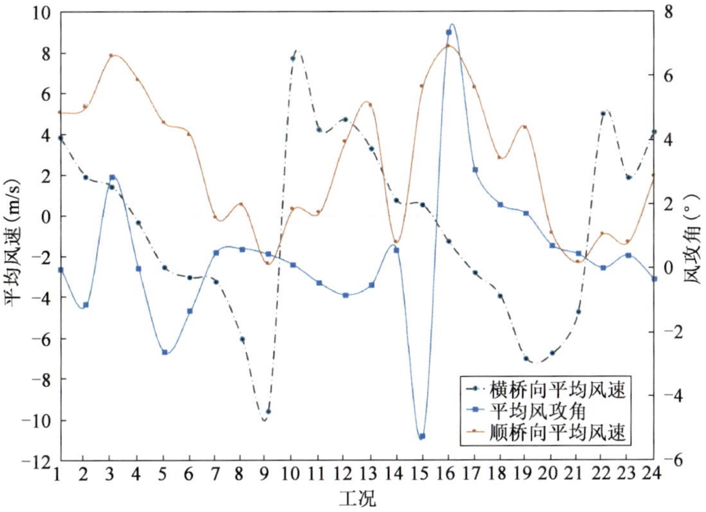

图4-1-24 平均风速及平均风攻角随各工况来流方向的变化情况

横桥向平均风速及平均风向角随各工况来流方向的变化情况如图4-1-25所示。由图可见，计算获得的平均风向角与各工况来流与主桥轴向夹角拟合一致。

图4-1-26所示为平均风攻角随横桥向全桥平均风速变化，由图可见，当横桥向风速小于2m/s时，风攻角可以超过5°；当平均风速超过5m/s时(入口风速的50%)，平均风攻角主要在1°~2°之间；当平均风速超过7m/s时(入口风速的70%)，平均风攻角主要在1°以内。因此，在大风作用下，地形附加风攻角在1°以内。

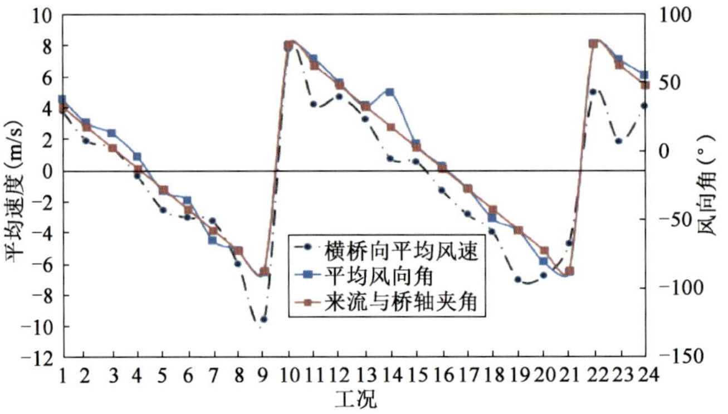

图4-1-25　平均风速及平均风向角随各工况来流方向的变化情况

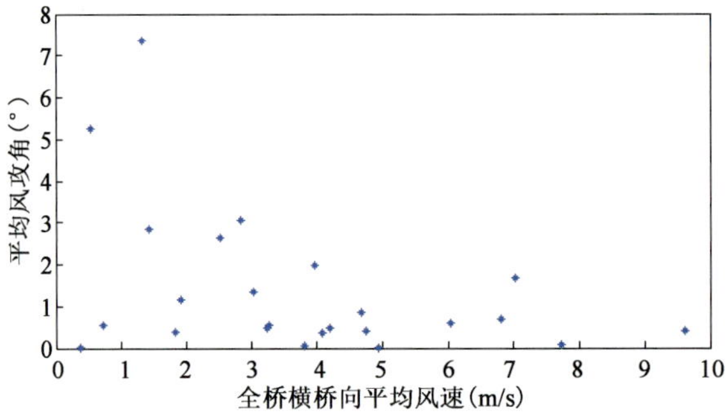

图4-1-26　地形影响下平均风攻角随横桥向平均风速变化

1.2.5　地形模拟主要结论

(1)数值模拟中对所有工况将采用大涡数值模拟。

(2)运用大型CFD软件FLUENT对浩吉铁路三门峡黄河公铁两用大桥桥址处复杂的风环境进行数值模拟,得出了桥址附近的风环境特性,对各方向来流对桥梁抗风性能的影响进行了评价。

(3)主桥处顺桥向风速、横桥向风速、竖向风速和风攻角沿主桥轴向分布有变化,不同工况间风速变化规律有较大差异。

(4)对于最不利状态,也就是来流风向与桥梁走向垂直时,尽管桥轴线上部分位置出的风速存在加速效应(加速效应约为20%),但是沿桥轴线平均的全桥风速并不存在加速效应,且地形效应附加的风攻角为1°~2°。

1.2.6　桥位设计风参数

鉴于以上分析,尽管桥轴线上部分位置风速存在加速效应,但全桥平均的风速并无加速效应。因此本节直接依据《公路桥梁抗风设计规范》(JTG/T 3360-01—2018)确定三门峡黄河大桥的设计风参数。

基本风速v_{10}定义为:开阔平坦地貌条件下,离地10m高度处,100年重现期的10min平均年最大风速。三门峡地区基本风速为27.7m/s,地貌类型为B类。

桥面高程处的设计基准风速为:

$$v_d=\left(\frac{z}{10}\right)^{0.16}v_{10}=\left(\frac{78.5}{10}\right)^{0.16}\times 27.7=38.5\text{m/s}$$

施工阶段的设计风速为:

$$v_{sg}=\eta v_d=0.8\times 38.5=30.8\text{m/s}$$

本桥的抗风分析及抖振计算按设计风速$v=30.8$m/s计算得到。

1.3 主梁和导梁节段模型风荷载风洞试验

1.3.1 研究目的

通过节段模型风洞试验，确定主梁及导梁在各风攻角下的静三分力系数，从而确定主梁及导梁所受风荷载，为顶推全过程最不利工况静风稳定性及风致振动响应分析提供依据。

1.3.2 导梁、主梁节段模型设计与制作

导梁、主梁节段模型试验采用二元刚体节段模型，模型尺寸见表4-1-7。根据实桥主梁断面尺寸和风洞试验段断面宽度以及直接试验法的要求，选取节段模型的几何缩尺比 λ_L 为1∶60，试验模型用于测力风洞试验。导梁模型长120cm、宽45.3cm、高(16.7～25)cm，长宽比为2.65，满足刚性节段模型风洞试验要求。主梁模型长180cm、宽45.3cm、高25cm，长宽比为3.97，满足刚性节段模型风洞试验要求。

导梁、主梁节段模型尺寸(单位：cm) 表4-1-7

模型	几何缩尺比 λ_L	长 L	宽 B	高 H	长宽比
导梁节段模型	1/60	120	45.3	16.7～25	2.63
主梁节段模型	1/60	180	45.3	25	3.97

节段模型由铝合金和高强塑料板加工而成，模型加工保证了几何外形的相似性。导梁、主梁节段模型如图4-1-27、图4-1-28所示。

a)顶面 b)底面 c)侧面

图4-1-27 导梁节段模型

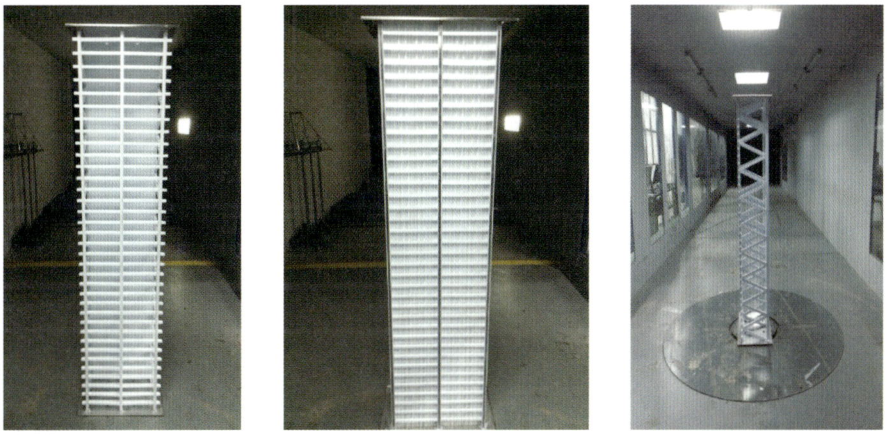

a)顶面 b)底面 c)侧面

图4-1-28 主梁节段模型

1.3.3 导梁、主梁节段模型测力试验概况

导梁、主梁刚性节段测力风洞试验目的是测定各自的定常三分力系数，包括气动阻力系数、气动升力系数和绕桥轴线的扭矩系数。在测力试验中，导梁(主梁)断面只需模拟其几何外形而不需模拟测振试验中的质量和振动频率特性。导梁、主梁节段模型测力风洞试验在湖南大学 HD-2 边界层风洞中的高速段进行，模型缩尺比 λ_L 为 1∶60。试验时，将直立的模型通过底座固定在六分量高精度天平上，直接测量特定风速和风攻角下作用在模型上的三分力时程，并计算各分量的平均值，进而获得该风攻角下的无量纲三分力系数。

本试验使用的测试设备为应变式六分量框式天平(天平测力测量精度为 0.1%)，信号采集系统使用多通道信号采集分析系统，它可以实现天平六个力分量信号的同步采集。固定在风洞内天平上的测力模型照片如图 4-1-29、图 4-1-30 所示。

a)0°风攻角　　b)12°风攻角　　c)-12°风攻角

图 4-1-29　施工状态导梁测力刚性模型

a)0°风攻角　　b)12°风攻角　　c)-12°风攻角

图 4-1-30　施工状态主梁测力刚性模型

为了避免模型的侧向晃动，风洞试验风速取为 10m/s。针对施工状态和成桥状态的节段模型进行了 ±12°风攻角范围内共 25 种风攻角的三分力测力试验。模型试验时风攻角的变化通过自动控制的转

盘进行调节。

在风攻角为 α 的风力作用下，主梁断面上气动三分力坐标系的定义如图 4-1-8 所示。常用的坐标系有风轴坐标系和体轴坐标系：风轴坐标系由顺风向的阻力轴 F_D 和与之垂直的升力轴 F_L 组成；体轴坐标系基于结构断面自身轴系建立，由横向气动力轴 F_H 和与之垂直的竖向气动力轴 F_V 组成，两种坐标系中的气动扭矩 M_T 相同，都是绕桥梁轴线方向建立。

主梁断面体轴与风轴坐标系下的阻力系数 C_H、升力系数 C_V 和升力矩系数 C_M 分别为：

体轴：

$$C_H=\frac{F_H}{\frac{1}{2}\rho U_\infty^2 HL},C_V=\frac{F_V}{\frac{1}{2}\rho U_\infty^2 BL},C_M=\frac{M}{\frac{1}{2}\rho U_\infty^2 B^2 L} \tag{4-1-7}$$

风轴：

$$C_D=\frac{F_D}{\frac{1}{2}\rho U_\infty^2 HL},C_L=\frac{F_L}{\frac{1}{2}\rho U_\infty^2 BL},C_M=\frac{M}{\frac{1}{2}\rho U_\infty^2 B^2 L} \tag{4-1-8}$$

式中：U_∞——试验风速（m/s）；

ρ——空气密度（kg/m^3），$\rho=1.225kg/m^3$；

L——测力节段模型长度（m）；

B——模型断面的全宽（m）；

H——模型断面的高度（m）。

阻力系数以模型高度 H 为参考长度；升力系数、绕桥轴的扭矩系数均以模型断面的全宽 B 为参考长度。

在实际桥梁结构风荷载计算时，一般采用桥梁断面体轴坐标系的三分力系数。在获得阻力、升力和扭矩后，按式（4-1-7）计算无量纲三分力系数，其中取用导梁模型断面尺寸参数为桥宽 0.453m，梁高 0.167m，刚性节段模型长度为 1.2m；取用主梁模型断面尺寸参数为桥宽 0.453m，梁高 0.25m，刚性节段模型长度为 1.8m。

这里需要指出的是，进行测力试验时模型与天平是同时转动的，因此天平上测得的力总为体轴上的气动力。风轴坐标系下气动力三分力系数的定义与体轴系气动力系数之间存在一个转化关系。转化关系为：

$$C_D=\frac{F_D}{\frac{1}{2}\rho U_\infty^2 HL}=C_V\frac{B}{H}\sin\alpha+C_H\cos\alpha \tag{4-1-9}$$

$$C_L=\frac{F_L}{\frac{1}{2}\rho U_\infty^2 BL}=C_V\cos\alpha-C_H\frac{H}{B}\sin\alpha \tag{4-1-10}$$

1.3.4 导梁、主梁静三分力系数试验结果

1）导梁静三分力系数试验结果

对两种来流试验风速（$U_\infty=10m/s$ 和 $U_\infty=12m/s$）的测试结果进行了分析，结果表明计算得到的三分力系数基本相同。施工状态导梁断面在体轴坐标系和风轴坐标系下的三分力系数测试结果分别如图 4-1-31、图 4-1-32 所示，其三分力系数值见表 4-1-8。来流风攻角 0°下导梁风轴的阻力系数为 0.966，由于断面几乎对称，升力及扭矩系数均很小。

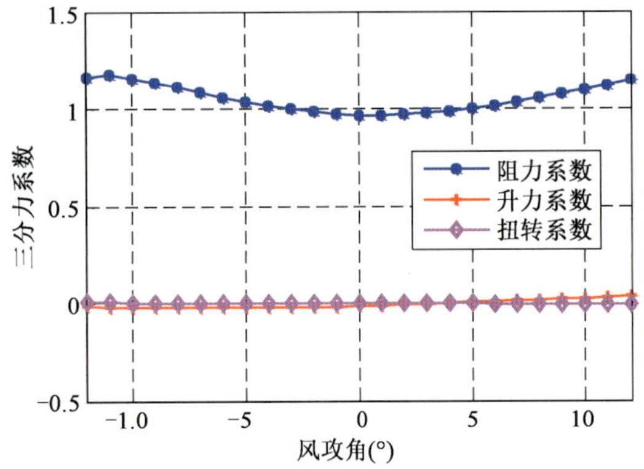

图 4-1-31　体轴下导梁断面三分力系数

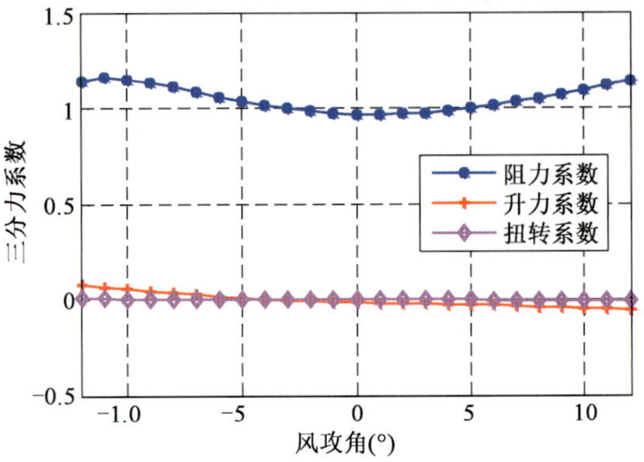

图 4-1-32　风轴下导梁断面三分力系数

施工状态导梁断面三分力系数　　表 4-1-8

风攻角(°)	体轴 C_H	体轴 C_V	扭矩 C_M	风轴 C_D	风轴 C_L
-12	1.162	-0.013	0.006	1.144	0.077
-11	1.175	-0.018	0.004	1.162	0.065
-10	1.159	-0.019	0.002	1.150	0.055
-9	1.137	-0.021	0.000	1.132	0.045
-8	1.114	-0.022	-0.001	1.111	0.035
-7	1.085	-0.023	-0.001	1.085	0.026
-6	1.059	-0.023	-0.002	1.060	0.018
-5	1.037	-0.024	-0.002	1.039	0.010
-4	1.015	-0.023	-0.002	1.017	0.003
-3	0.998	-0.023	-0.002	0.999	-0.004
-2	0.983	-0.021	-0.002	0.985	-0.008
-1	0.970	-0.019	-0.002	0.970	-0.012
0	0.966	-0.017	-0.002	0.966	-0.017
1	0.964	-0.013	-0.002	0.963	-0.019
2	0.970	-0.009	-0.002	0.969	-0.021
3	0.977	-0.004	-0.003	0.975	-0.023
4	0.985	-0.001	-0.003	0.982	-0.027
5	0.999	0.004	-0.004	0.997	-0.028
6	1.016	0.008	-0.004	1.013	-0.031
7	1.037	0.011	-0.005	1.033	-0.035
8	1.058	0.015	-0.006	1.053	-0.040
9	1.078	0.019	-0.007	1.073	-0.044
10	1.101	0.023	-0.007	1.095	-0.048
11	1.123	0.028	-0.008	1.117	-0.051
12	1.146	0.032	-0.009	1.139	-0.056

注：$F_D = 1/2\rho U^2 C_D H$，$F_L = 1/2\rho U^2 C_L B$，$M = 1/2\rho U^2 C_M B^2$。
$F_H = 1/2\rho U^2 C_H H$，$F_V = 1/2\rho U^2 C_V B$。
式中，F 为单位主梁长度上的风荷载，其中 $B = 27.2\text{m}$，$H = 10\text{m}$，$\rho = 1.225\text{kg/m}^3$。

2）主梁静三分力系数试验结果

对两种来流试验风速（$U_\infty = 10\text{m/s}$ 和 $U_\infty = 12\text{m/s}$）的测试结果进行了分析，结果表明试验与计算得到的三分力系数基本相同。施工状态主梁断面在体轴坐标系和风轴坐标系下的三分力系数测试结果分别如图 4-1-33、图 4-1-34 所示，其三分力系数值见表 4-1-9。来流风攻角 0°下主梁的阻力系数为 0.904，升力系数为 -0.35，扭矩系数为 0.002。三分力系数的负号代表升力向下。

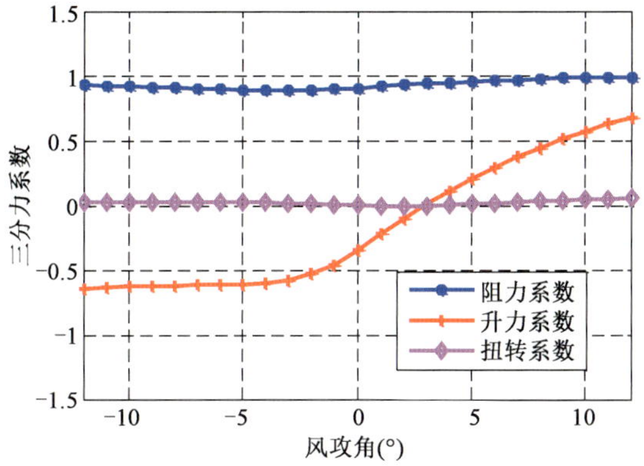

图 4-1-33 体轴下主梁断面三分力系数

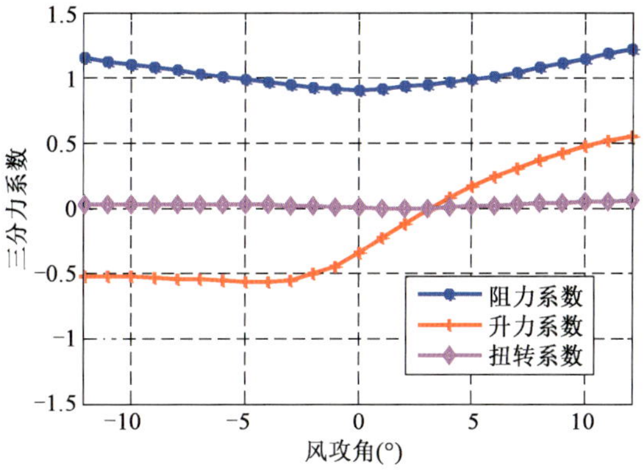

图 4-1-34 风轴下主梁断面三分力系数

施工状态主梁断面三分力系数 表 4-1-9

风攻角(°)	体轴 C_H	体轴 C_V	扭矩 C_M	风轴 C_D	风轴 C_L
-12	0.927	-0.645	0.028	1.149	-0.524
-11	0.924	-0.636	0.029	1.127	-0.527
-10	0.919	-0.628	0.029	1.103	-0.530
-9	0.913	-0.621	0.030	1.078	-0.534
-8	0.908	-0.618	0.030	1.055	-0.543
-7	0.901	-0.617	0.030	1.031	-0.551
-6	0.899	-0.614	0.030	1.010	-0.559
-5	0.892	-0.610	0.027	0.985	-0.565
-4	0.890	-0.602	0.025	0.964	-0.566
-3	0.886	-0.582	0.018	0.940	-0.556
-2	0.889	-0.526	0.013	0.922	-0.508
-1	0.894	-0.464	0.010	0.908	-0.455
0	0.904	-0.350	0.002	0.904	-0.350
1	0.916	-0.220	-0.004	0.909	-0.229
2	0.934	-0.101	-0.008	0.927	-0.119
3	0.938	0.015	-0.003	0.938	-0.012
4	0.946	0.117	0.003	0.959	0.080
5	0.954	0.210	0.011	0.984	0.163
6	0.960	0.297	0.020	1.011	0.240
7	0.965	0.375	0.027	1.040	0.307
8	0.973	0.445	0.033	1.076	0.366
9	0.979	0.511	0.039	1.112	0.420
10	0.984	0.571	0.045	1.149	0.468
11	0.982	0.629	0.050	1.181	0.514
12	0.980	0.680	0.055	1.214	0.553

注：$F_D = 1/2\rho U^2 C_D H$，$F_L = 1/2\rho U^2 C_L B$，$M = 1/2\rho U^2 C_M B^2$。

$F_H = 1/2\rho U^2 C_H H$，$F_V = 1/2\rho U^2 C_V B$。

式中，F 为单位主梁长度上的风荷载，其中 $B = 27.2\text{m}$，$H = 15\text{m}$，$\rho = 1.225\text{kg/m}^3$。

1.4 主梁顶推过程主桥横风向稳定性分析

1.4.1 研究目的

顶推施工时，桁架和钢导梁在横桥向受到横向风荷载和摩擦力。若横向风荷载超过摩擦力，则桁架梁在顶推过程中会沿横桥向运动，有可能会产生落梁现象。故对典型施工状态下的受力状况进行研究，以确定结构的横向稳定性。

此外，在悬臂较长时，结构有较大的倾覆力矩（悬臂段重力和风荷载造成），可能存在倾覆的危险，需要进行抗倾覆验算。本节主要研究静风荷载对上部结构稳定性的影响，自然风的脉动效应引起的上部结构振动以及对下部结构受力（支座竖向支反力）的影响分析见本章第1.5节。

1.4.2 计算参数及计算工况

1）风参数

基本风速 V_{10} 定义为：开阔平坦地貌条件下，离地10m处，100年重现期10min平均年最大风速。

按照《公路桥梁抗风设计规范》（JTG/T 3360-01—2018），查得三门峡地区的基本风速为 $V_{10}=27.7\text{m/s}$。大桥桥位所在黄河区地貌粗糙度类别宜采用B类地貌，地表粗糙系数 $\alpha=0.16$。换算到桥面高程处的设计基准风速为：

$V_d=(z/10)^{0.16}V_{10}=(78.5/10)^{0.16}\times 27.7=38.5\text{m/s}$

风速重现期系数暂取为 $\eta=0.8$，故施工阶段设计风速为：

$V_{sd}=\eta V_d=0.8\times 38.5=30.8\text{m/s}$

2）计算工况

导梁前端准备上10号墩时，结构悬臂较大（悬臂84m），对此工况进行横向风稳定性分析（图4-1-35）。此时导梁为全长72m，主梁为7个节间长度（84m）。

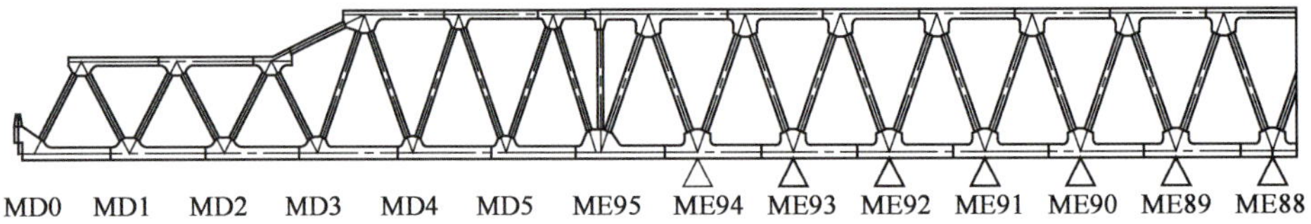

图4-1-35 导梁准备上10号墩时结构分析模型

1.4.3 静风作用下的钢横梁横向稳定性

桁架梁受到的横向风荷载与风速的平方呈正相关。此处，将桁架梁所受的横向风荷载和摩擦力相等时的风速称为施工临界风速，此参数对实际工程有重要指导意义。需要说明的是，进行顶推施工时，聚四氟乙烯板与钢板的摩擦系数取动摩擦系数 $\mu_d=0.04$；停止顶推时，聚四氟乙烯板与钢板的摩擦系数取静摩擦系数 $\mu_s=0.08$。

风荷载计算如下：

$$F_{wh}=K_0K_1K_3W_dA_{wh} \tag{4-1-11}$$

$$W_d=\frac{1}{2}\rho V_d^2 \tag{4-1-12}$$

式中：K_0——设计风速重现期换算系数，取1.0；

K_1——风载阻力系数，按本章第1.3节模型风洞试验值取值；

K_3——按最不利地形地理条件确定，取1；

W_d——设计基准风压；

V_d——桥面高程处的风速；

A_{wh}——横向迎风面积或者迎风侧高度。

以下分析8级及11级阵风风速下钢桁梁的横向稳定性，蒲福风力等级与风速对应见表4-1-10。

蒲福风力等级与风速对应　表4-1-10

风力级数	名称	相当于空旷平地上标准高度10m处的风速		
		(n mile/h)	(m/s)	(km/h)
0	静风	小于1	0~0.2	小于1
1	软风	1~3	0.3~1.5	1~5
2	轻风	4~6	1.6~3.3	6~11
3	微风	7~10	3.4~5.4	12~19
4	和风	11~16	5.5~7.9	20~28
5	清劲风	17~21	8.0~10.7	29~38
6	强风	22~27	10.8~13.8	39~49
7	疾风	28~33	13.9~17.1	50~61
8	大风	34~40	17.2~20.7	62~74
9	烈风	41~47	20.8~24.4	75~88
10	狂风	48~55	24.5~28.4	89~102
11	暴风	56~63	28.5~32.6	103~117
12	飓风	64~71	32.7~36.9	118~133
13	—	72~80	37.0~41.4	134~149
14	—	81~89	41.5~46.1	150~166
15	—	90~99	46.2~50.9	167~183
16	—	100~108	51.0~56.0	184~201
17	—	109~118	56.1~61.2	201~220

1)8级阵风作用下主梁横风稳定性分析

(1)风荷载计算

8级阵风风速取20.7m/s，本桥桥位地貌类型应取为B类，平均风剖面指数$\alpha=0.16$。因此：

$$V_d=\left(\frac{78}{10}\right)^{0.16}\times 20.7=28.75\text{m/s}$$

$$W_d=\frac{1}{2}\rho v_d^2=0.5\times 1.225\times 10^{-3}\times 28.75^2=0.51\text{kPa}$$

因导梁、主梁气动力系数不同，对其所受的风荷载分别进行计算。

根据节段模型测力风洞试验结果测得，导梁阻力系数为0.966，主梁阻力系数为0.904，对相同8级风速下的风荷载进行计算。

导梁每节间(长度12m)三片桁架上整体风阻力为：

$$F_{\text{导,节间}}=K_0K_1K_3W_dA_{wh}=1\times 0.966\times 1\times 0.51\times 10\times 12=58.7\text{kN}$$

主梁每节间(长度12m)三片桁架上整体风阻力为：

$$F_{\text{主,节间}}=K_0K_1K_3W_dA_{wh}=1\times 0.904\times 1\times 0.51\times 15\times 12=82.4\text{kN}$$

整体风荷载为：$F_D=58.7\times 6+82.4\times 7=929\text{kN}$

(2)结构摩擦力

此工况下，导梁质量共775.6t(每米质量约10.8t)，主梁每米质量约36t。导梁为6个节间长度，主梁为7个节间长度，故梁体的水平静摩擦力为：

$$F_{\mu}=\mu_{s}G=0.08\times(36\times12\times7+775.6)\times10=3040\text{kN}$$

此外，在风荷载作用下主梁有负升力，即引起向下的风荷载($C_{v}=-0.35$)。导梁升力系数很小，忽略其承受的竖向风荷载。故主梁的升力为：

$$F_{V}=K_{0}K_{1}K_{3}W_{d}A_{wh}=-1.0\times0.35\times1\times0.51\times27.2\times12\times7=-408\text{kN}$$

式中负号代表荷载向下。

考虑风的竖向风荷载后，梁体的水平静摩擦力为：

$$F_{\mu}=\mu(G+F_{V})=0.08\times(36\times12\times7+775.6+42.1)\times10=3073\text{kN}$$

因 $F_{\mu}>F_{D}$，故此时结构是安全的。

2)11级阵风下风稳定性分析

三门峡历史上出现过的最强风为阵风风力级数11级。11级暴风的风速为28.5～32.6m/s，取33m/s。

11级阵风风速换算到桥面高程的风速为：

$$V_{d}=\left(\frac{78}{10}\right)^{0.16}\times33=45.8\text{m/s}$$

$$W_{d}=1/2\rho V_{d}^{2}=0.5\times1.225\times10^{-3}\times45.8^{2}=1.3\text{kPa}$$

11级阵风风速下对应的横向风荷载为(风速重现期系数 K_{0} 取1.0)：

主梁：

$$F_{主}=K_{0}K_{1}K_{3}W_{d}A_{wh}=1\times0.904\times1\times1.3\times15\times12\times7=1481\text{kN}$$

导梁：

$$F_{导}=K_{0}K_{1}K_{3}W_{d}A_{wh}=1\times0.966\times1\times1.3\times10\times12\times6=904\text{kN}$$

主梁及导梁上的总体横向风荷载 F_{D} 为2410kN。

11级风速下不再顶推，因此采用静摩擦系数0.08，故梁体的水平静摩擦力为：

$$F_{\mu}=\mu_{s}G=0.08\times(36\times12\times7+775.6)\times10=3040\text{kN}$$

此外，在风荷载作用下主梁有负升力，即引起向下的风荷载系数($C_{v}=-0.35$)，因导梁升力系数很小，这里忽略其影响，故主梁的升力为：

$$F_{V}=K_{0}K_{1}K_{3}W_{d}A_{wh}=-1.0\times0.35\times1\times1.3\times(27.2\times12\times7)=-1040\text{kN}$$

式中负号代表荷载向下。

考虑风的竖向风荷载后，梁体的水平静摩擦力为：

$$F_{\mu}=\mu_{s}(G+F_{V})=0.08\times(36\times12\times7+775.6+107)\times10=3130\text{kN}$$

因 $F_{\mu}>F_{D}$，故此时结构是安全的。

(1)设计基准风速下横向风稳定性分析

三门峡地区的基本风速为 $V_{10}=27.7\text{m/s}$。

换算到桥面高程处(约为78m)的设计基准风速为：

$$V_{d}=\left(\frac{z}{10}\right)^{0.16}V_{10}=\left(\frac{78.5}{10}\right)^{0.16}\times27.7=38.5\text{m/s}$$

此时的风速小于11级阵风的风速($V_{d}=45.8\text{m/s}$)，11级阵风下结构满足横向稳定性要求，故设计风速下也是稳定的。

(2)施工临界风速计算

钢导梁和主桁架梁整体所承受的水平风荷载为：

$$F=F_{H}^{导}L_{导}+F_{H}^{主}L_{主}=\frac{1}{2}\rho V_{cr}^{2}\eta_{导}C_{H}^{导}H_{导}L_{导}+\frac{1}{2}\rho V_{cr}^{2}\eta_{主}C_{H}^{主}H_{主}L_{主}$$

故施工临界风速 V_{cr} 为：

$$V_{cr}=\sqrt{\frac{\mu\sum mg}{\frac{1}{2}\rho\eta_{导}C_{H}^{导}H_{导}L_{导}+\frac{1}{2}\rho\eta_{主}C_{H}^{主}H_{主}L_{主}}}$$

表 4-1-11 给出了 MG 板与钢板间摩擦系数不同取值下的桥面处施工临界风速。若风速高于施工临界风速，应进行一定的保护措施，防止梁体被吹落。

不同摩擦系数下对应的施工临界风速　　表 4-1-11

摩擦系数	0.03	0.035	0.04	0.045	0.05	0.055	0.06	0.065	0.07	0.075	0.08
施工临界风速(m/s)	31.5	34.1	36.4	38.6	40.7	42.7	44.6	46.4	48.2	49.9	51.5

3）纵向抗倾覆稳定分析

当悬臂（84m）时，以 ME94 为支点，左侧为悬臂段，右侧为压重段，进行纵向抗倾覆稳定分析。

（1）悬臂段倾覆力矩计算

左侧导梁质量 $G_{dl}=776t$，重心距为 $L_{dl}=48m$。主梁质量（1 个节间）36t，重心距为 6m。导梁所受竖向风荷载（竖直向下）为：

$$F_{L,dl}=\frac{1}{2}\rho U^2C_{L,dl}BL_{dl}=\frac{1}{2}\times1.225\times38.5^2\times0.017\times27.2\times\frac{72}{1000}=30kN$$

$$F_{L,zl,节间}=\frac{1}{2}\rho U^2C_{L,zl}BL_{节间}=\frac{1}{2}\times1.225\times38.5^2\times0.35\times27.2\times\frac{12}{1000}=104kN$$

力臂为 48m；主梁 1 个节间所受竖向风荷载（竖直向下）力臂为 6m。故悬臂段的倾覆力矩为：

$$\begin{aligned}M_q&=G_{dl}L_{dl}+G_{zl,1}L_{zl,1}+F_{L,dl}L_{dl}+F_{L,zl}L_{zl,1}\\&=776\times10\times48+36\times10\times6+3.1\times10\times48+10.6\times10\times6\\&=376764kN\cdot m\end{aligned}$$

（2）压重段抗倾覆力矩计算

$$F_{L,zl}=F_{L,zl,节间}\times6=10.6\times10\times6=636kN$$

主梁风荷载力臂为 36m，故压重段的抗倾覆力矩为：

$$\begin{aligned}M_d&=G_{zl,2}L_{zl,2}+F_{L,zl,2}L_{zl,2}\\&=2592\times36+636\times36\\&=956016kN\cdot m\end{aligned}$$

（3）抗倾覆稳定系数

$$K=\frac{M_d}{M_q}=\frac{956016}{376764}=2.5>1.3$$

满足规范要求，故结构此时不会发生倾覆。

1.4.4 结论

（1）导梁前端准备上 10 号墩时（悬臂 84m），设计基准风速下满足横向风稳定性要求。

（2）导梁前端准备上 10 号墩（悬臂 84m），当 10m 高度处的平均风速约为 20.1m/s（8 级大风）时，对应的桥面高度处阵风风速为 36.4m/s，结构所受的动摩擦力和风荷载相等，应停止顶推施工。

（3）导梁前端准备上 10 号墩（悬臂 84m），当 10m 高度处的平均风速约为 28.5m/s（10 级大风）时，对应的桥面高度处阵风风速为 51.5m/s，结构所受的静摩擦力和风荷载相等，梁体可能发生横向稳定问题。

（4）导梁前端准备上 10 号墩时（悬臂 84m），结构满足抗倾覆稳定性，不存在倾覆危险。

1.5 钢桁梁顶推施工过程桥梁抖振分析

抖振是指结构物在自然风中脉动成分作用下的随机强迫振动。抖振虽然不会引起灾难性的破坏，但是过大的抖振响应在施工期间可能危及施工人员的安全，在运营阶段则会影响行人、车辆的舒适性，同时会造成桥梁构件的疲劳破坏。因此，正确估计桥梁结构的抖振响应是十分重要的。

本桥顶推施工中，强风引起的风荷载可能对顶推结构的风致抖振响应、抖振引发支座附加竖向力、横梁支点的空间受力都会产生极为不利的影响，有必要开展相关研究。全桥三维抖振有限元分析的目的在于分析设计风荷载作用下施工状态大桥导梁、主梁关键位置的位移及内力均值、方差和峰值等统计量，为施工阶段的风振内力组合提供依据。

1.5.1 抖振分析基本理论

抖振分析按 Davenport 随机抖振理论进行。其基本过程为顺风向及竖向脉动风速模拟、形成抖振风荷载、抖振风荷载作用下的风振分析、提取位移及支反力结果。分析中偏保守地忽略断面气动导纳的影响。

按已有的随机抖振分析方法，作用于桥梁结构各部分的风荷载可处理为：平均风引起的静风力、脉动风引起的抖振力和气动耦合产生的自激力三部分。其中，静风力荷载根据节段模型试验获得的静力三分力系数确定；抖振力荷载按 Scanlan 的准定常气动公式计算，并考虑气动导纳的修正，图 4-1-36 给出了抖振力荷载示意。本桥结构固有刚度大，不存在颤振问题，因此自激力引起的气动刚度相对较小，自激力的主要效应体现在气动阻尼。

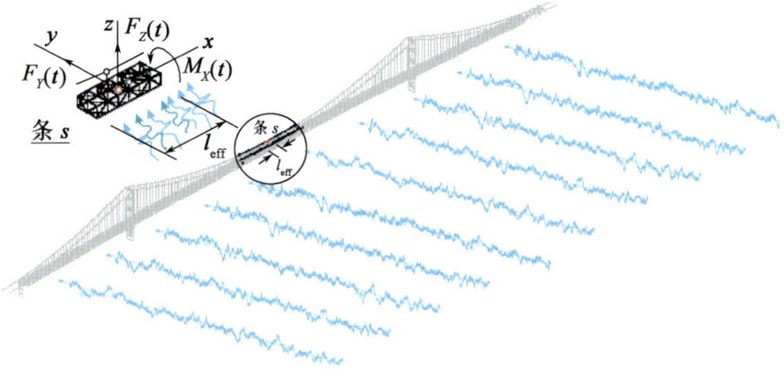

图 4-1-36 抖振力荷载示意图

1）平均风荷载

在平均风速为 U 的风力作用下，与来流垂直放置的静止桥梁结构断面受到的流体净压力的合力包括气动阻力、气动升力和气动扭矩。各静风荷载分量的正方向与主梁三分力测试试验一致。

图中同时显示了按两种不同坐标轴系定义的静风三分力。在风轴坐标系中，桥梁结构单位展长的静风阻力 F_D、静风升力 F_L 和静风扭矩 M 为：

$$F_D = \frac{1}{2}\rho U^2 H C_D(\alpha) \tag{4-1-13}$$

$$F_L = \frac{1}{2}\rho U^2 B C_L(\alpha) \tag{4-1-14}$$

$$M = \frac{1}{2}\rho U^2 B^2 C_M(\alpha) \tag{4-1-15}$$

式中：

ρ——空气密度为 1.225kg/m^3；

U——来流平均风速（m/s）；

B——桥梁截段的参考长度（m），对于主梁一般取为桥面宽度，缆索则为其直径；

$C_D(\alpha)$、$C_L(\alpha)$、$C_M(\alpha)$——体轴系中的静风升力、阻力和扭矩系数,它们为风攻角 α 的函数。

静力三分力系数随风攻角而变化,由主梁节段模型风洞试验获得。虑到桥梁结构的抖振力和自激力都是在风轴系中定义,所以,抖振分析中选择在风轴系中确定静风力荷载。

2)抖振力

风具有典型的三维特性。除了平均风速 U 外,风的脉动成分可以分为顺风向脉动风速 u、横风向脉动风速 v 和竖向脉动风速 w。对桥梁结构而言,主要考虑顺风向脉动风速和竖向脉动风速引起的脉动风荷载。

脉动风速的二次项分量一般要比一次项分量少一个数量级,因此在分析时可以忽略脉动风速二次项引起的风荷载。桥梁结构单位展长的抖振力可按以下公式计算:

$$L_b = \frac{1}{2}\rho U^2 B\left\{2C_L(\alpha)\chi_{Lu}\frac{u}{U} + \left[C'_L(\alpha) + \frac{H}{B}C_D(\alpha)\right]\chi_{Lw}\frac{w}{U}\right\} \tag{4-1-16}$$

$$D_b = \frac{1}{2}\rho U^2 B\left[2\frac{H}{B}C_D(\alpha)\chi_{Du}\frac{u}{U} + \frac{H}{B}C'_D(\alpha)\chi_{Dw}\frac{w}{U}\right] \tag{4-1-17}$$

$$M_b = \frac{1}{2}\rho U^2 B^2\left[2C_M(\alpha)\chi_{Mu}\frac{u}{U} + C'_M(\alpha)\chi_{Mw}\frac{w}{U}\right] \tag{4-1-18}$$

$$C'_L = dC_L/d\alpha, C'_D = dC_D/d\alpha, C'_M = dC_M/d\alpha$$

式中: C_L、C_D、C_M——桥梁断面升力、阻力和扭矩的静风力系数;

χ_{Lu}、χ_{Lw}、χ_{Du}、χ_{Dw}、χ_{Mu}、χ_{Mw}——气动导纳函数,它们依赖于桥面的几何构形,且随折减风速而变化。

对于本桥,偏于保守地忽略气动导纳的影响。

依据规范,空间上某一点的顺风向脉动风速谱采用 Kaimal 谱形式,即:

$$\frac{nS_u(n)}{u_*^2} = \frac{200f}{(1+50f)^{5/3}} \tag{4-1-19}$$

其中,$f = nz/U(z)$,为无量纲频率,也称为莫宁坐标;$u_* = KU(z)/\ln(z/z_0)$,为地表摩擦速度;$K = 0.4$,为 Von Karman 常数;z_0为地表粗糙高度。

同样,空间上某一点的竖向脉动风速谱采用 Panofsky 谱形式,即:

$$\frac{nS_w(n)}{u_*^2} = \frac{3.36f}{1+10f^{5/3}} \tag{4-1-20}$$

空间上两点之间脉动风速的相关性与其距离有关。距离越小,相关性越强;反之越弱。因此,空间两点之间的顺风向脉动风速互谱和竖向脉动风速互谱分别可以表示为:

$$S_{uu}(r,\omega) = \sqrt{S_{uu}(z_1,\omega)S_{uu}(z_2,\omega)}\,e^{-\hat{f}_u} \tag{4-1-21}$$

$$S_{ww}(r,\omega) = S_{ww}(z,\omega)\,e^{-\hat{f}_w} \tag{4-1-22}$$

其中,

$$\hat{f}_u = \frac{\omega}{2\pi}\frac{\left[C_z^2(z_1-z_2)^2 + C_y^2(y_1-y_2)^2\right]^{1/2}}{\frac{1}{2}\left[U(z_1)+U(z_2)\right]} \tag{4-1-23}$$

$$\hat{f}_w = \frac{\omega}{2\pi}\frac{C_w|y_1-y_2|}{U(z)} \tag{4-1-24}$$

式中:y_1、y_2、z_1、z_2——两空间位置点的顺桥向和竖向坐标;

C_z、C_y——纵向脉动风速沿竖向和水平的指数衰减系数;

C_w——竖向脉动风速的指数衰减系数,建议分别取10、16和8。

3)自激力模拟

自激力是由桥梁结构运动诱发的气动力。按照 Scanlan 的建议,桥梁结构断面单位展长上受到的自激气动力可以描述为结构运动与颤振导数的函数,算式如下:

$$
\begin{cases}
L_{se}=\frac{1}{2}\rho U^2(2B)\left[KH_1^*\frac{\dot{h}}{U}+KH_2^*\frac{B\dot{\alpha}}{U}+K^2H_3^*\alpha+K^2H_4^*\frac{h}{B}+KH_5^*\frac{\dot{p}}{U}+K^2H_6^*\frac{p}{B}\right] & (4\text{-}1\text{-}25)\\
D_{se}=\frac{1}{2}\rho U^2(2B)\left[KP_1^*\frac{\dot{p}}{U}+KP_2^*\frac{B\dot{\alpha}}{U}+K^2P_3^*\alpha+K^2P_4^*\frac{p}{B}+KP_5^*\frac{\dot{h}}{U}+K^2P_6^*\frac{h}{B}\right] & (4\text{-}1\text{-}26)\\
M_{se}=\frac{1}{2}\rho U^2(2B^2)\left[KA_1^*\frac{\dot{h}}{U}+KA_2^*\frac{B\dot{\alpha}}{U}+K^2A_3^*\alpha+K^2A_4^*\frac{h}{B}+KA_5^*\frac{\dot{p}}{U}+K^2A_6^*\frac{p}{U}\right] & (4\text{-}1\text{-}27)
\end{cases}
$$

式中： ρ——空气密度；

U——来流风速；

B——桥宽；

K——折算频率，$K=\frac{B\omega}{U}$；

ω——振动圆频率；

L_{se}、D_{se}、M_{se}——结构单位长度上的气动自激升力、气动自激阻力和气动自激扭矩；

h、p、α——结构的竖向、侧向及扭转位移；

H_i^*、P_i^*、A_i^*（$i=1\sim6$）——K的无量纲函数，即颤振导数。颤振导数与桥梁气动外形有关，它们可以通过风洞试验或数值方法获得。

本桥刚度很大，颤振风速高，因此自激力的主要效应体现为自激力对气动阻尼的影响。因此可以采用颤振导数表述竖弯、侧弯及扭转模态的气动阻尼（模态阻尼比），算式如下：

$$\zeta_{z,ae}(n_r)=-H_1^*\left(\frac{U}{Bn_r}\right)\frac{\rho B^2}{2m_r} \tag{4-1-28}$$

$$\zeta_{y,ae}(n_r)=-P_1^*\left(\frac{\bar{V}}{Bn_r}\right)\frac{\rho B^2}{2m_r} \tag{4-1-29}$$

$$\zeta_{\theta,ae}(n_r)=-A_2^*\left(\frac{\bar{V}}{Bn_r}\right)\frac{\rho B^4}{2I_{mr}} \tag{4-1-30}$$

式中：$\zeta_{ae}(n_r)$——第 r 阶模态的气动阻尼比；

n_r——第 r 阶模态的振动频率；

m_r、I_{mr}——第 r 阶模态的质量和质量矩；

$\bar{V}$——平均风速。

当没有颤振导数时，可以采用三分力系数按准定常理论计算各阶模态的气动阻尼。基于准定常假定，单位长度上的自激力公式可以用三分力系数及其对攻角的导数表示。

$$D_{se}(t)=\frac{1}{2}\rho U^2B\left[\left(-C_L+\frac{H}{B}C_D'\right)\frac{-\dot{h}+mB\dot{\alpha}}{2U}+\frac{H}{B}C_D'\alpha-2\frac{H}{B}C_D\frac{\dot{P}}{U}\right] \tag{4-1-31}$$

$$L_{se}(t)=\frac{1}{2}\rho U^2B\left[\left(C_L'+\frac{H}{B}C_D\right)\frac{-\dot{h}+cB\dot{\alpha}}{2U}+C_L'\alpha-2C_L\frac{\dot{P}}{U}\right] \tag{4-1-32}$$

$$M_{se}(t)=\frac{1}{2}\rho U^2B^2\left[C_M'\frac{-\dot{h}+cB\dot{\alpha}}{2U}+C_M'\alpha-2C_M\frac{\dot{P}}{U}\right] \tag{4-1-33}$$

式中：c——扭转中心与气动中心的距离，一般取 1/4。

同样，忽略气动耦合交叉项的影响，基于三分力系数及其对攻角描述的侧弯、竖弯及扭转模态的气动阻尼（模态阻尼比）计算公式如下：

$$\zeta_{y,ae}(n_r)=\frac{\frac{H}{B}C_D}{4\pi}\frac{U}{Bn_r}\frac{\rho B^2}{m_r} \tag{4-1-34}$$

$$\tilde{\zeta}_{z,ae}(n_r)=\frac{C'_L+\frac{H}{B}C_D}{8\pi}\frac{U}{Bn_r}\frac{\rho B^2}{m_r} \tag{4-1-35}$$

$$\tilde{\zeta}_{\theta,ae}(n_r)=\frac{C'_M}{32\pi}\frac{U}{Bn_r}\frac{\rho B^4}{J_{mr}} \tag{4-1-36}$$

4)时程分析方法

确定了结构上受到的风荷载时程后,就可以进行全桥三维颤抖振分析。在大跨度桥梁颤抖振时程分析中,结构的运动方程可以表示为:

$$\boldsymbol{M}\ddot{\boldsymbol{x}}+\boldsymbol{C}\dot{\boldsymbol{x}}+\boldsymbol{K}\boldsymbol{x}=\boldsymbol{f}(t)=\boldsymbol{f}_{st}+\boldsymbol{f}_b(t)+\boldsymbol{f}_{se}(t) \tag{4-1-37}$$

式中: $\boldsymbol{M}$、$\boldsymbol{C}$、$\boldsymbol{K}$——结构的刚度、阻尼和质量矩阵;

$\ddot{\boldsymbol{x}}$、$\dot{\boldsymbol{x}}$、$\boldsymbol{x}$——结构的位移向量;

$\boldsymbol{f}_{st}$、$\boldsymbol{f}_b(t)$、$\boldsymbol{f}_{se}(t)$——结构的静风力、抖振力和自激力列向量。

静风力和抖振力都可以直接计算,自激力是结构位移和速度的函数,其中与位移有关的线性项起着刚度的作用,称为气动刚度;与速度有关的线性项起着阻尼的作用,称为气动阻尼。

时程分析按模态叠加法进行。本桥刚度大,因此自激力的作用主要表现为气动阻尼效应,气动刚度可以忽略。气动阻尼对应的各阶模态阻尼比可以按照上述准定常理论及非定常气动力理论计算;叠加结构固有阻尼后即得到各阶参振模态的总阻尼比。

1.5.2 基本参数分析

本小节采用三维抖振时域分析方法对大桥在来流风攻角0°的抖振响应进行分析,采用前30阶模态,各模态阻尼比均为0.5%。假定来流与桥轴线垂直。首先采用谐波合成法模拟了顺风向脉动风速u和竖向脉动风速w,风速模拟基本参数见表4-1-12。根据拟分析的3个典型施工阶段,模拟了导梁、主梁不同位置处的脉动风速时程,图4-1-37为模拟得到的代表性风速时程。

脉动风速模拟参数　表4-1-12

基本参数	取值
主梁平均高程 z	70.0m
桥面平均风速 U	30.0m/s
地貌类型	B类,平均风剖面指数 $\alpha=0.16$
地表粗糙高度 z_0	0.06m
地貌摩擦速度 u_*	$u_*=KU(z)/\ln(z/z_0)$
顺风向脉动谱 $S_u(n)$	$\frac{nS_u(n)}{u_*^2}=\frac{200f}{(1+50f)^{\frac{5}{3}}}$
竖向脉动风速谱 $S_w(n)$	$\frac{nS_w(n)}{u_*^2}=\frac{3.36f}{1+10f^{\frac{5}{3}}}$
顺风向脉动风速谱相干函数	$\hat{f}_u=\frac{\omega}{2\pi}\frac{[C_z^2(z_1-z_2)^2+C_y^2(y_1-y_2)^2]^{\frac{1}{2}}}{\frac{1}{2}[U(z_1)+U(z_2)]}$ $C_z=10, C_y=16$
竖向风向脉动风速谱相干函数	$\hat{f}_w=\frac{\omega}{2\pi}\frac{C_w\lvert y_1-y_2\rvert}{U(z)}$ $C_w=8$

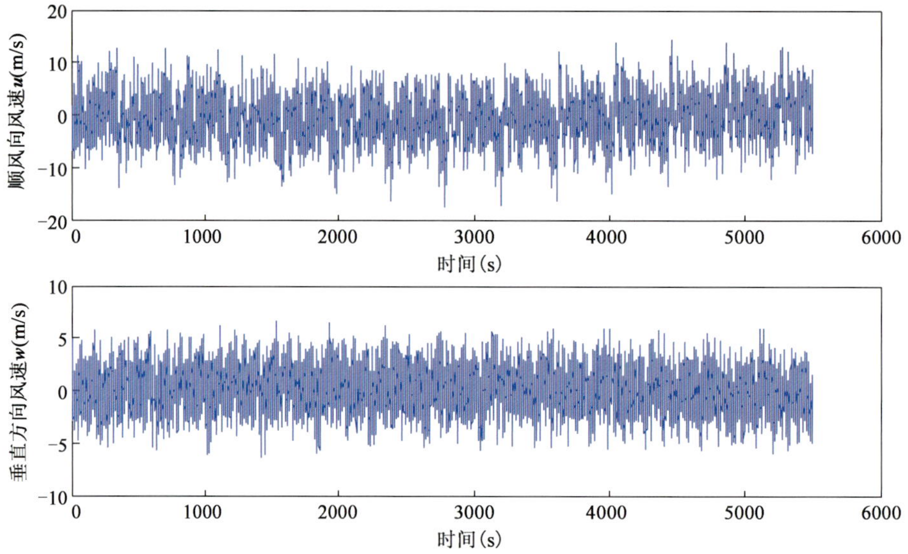

图 4-1-37　代表性风速时程样本

本桥桥墩较高，可能存在较强的墩梁耦合效应。为此，建立了两类有限元模型：一类模型不考虑墩梁耦合效应，只建立主梁的有限元模型，并施加相应的约束；二类模型考虑墩梁耦合效应，建立主梁和桥墩的有限元模型，主梁和桥墩采用耦合自由度的方式进行连接。顶推施工平台处的边墩和临时墩分布较密（最大跨度约 17m），刚度较大，故未考虑此处的墩梁耦合效应。

峰值响应求解时，按照下式求解：

$$x_{\mathrm{p}} = \bar{x}\left[1 + g(vt)\frac{\sigma(x)}{\bar{x}}\right] \tag{4-1-38}$$

$$g(vt) = \sqrt{2\log_{\mathrm{e}}(\nu T)} + \frac{1}{\sqrt{2\log_{\mathrm{e}}(\nu T)}} \tag{4-1-39}$$

式中：$\bar{x}$——平均风下桥梁的响应；

$g(vt)$——峰值因子，只考虑共振响应时；

ν——结构的频率；

T——时间，根据规范取 600s。

选取三种代表性工况进行分析，说明如下：

（1）工况 1：导梁前端准备上 10 号墩（悬臂 84m）。

（2）工况 2：导梁前端准备上 9 号墩（悬臂 96m）。

（3）工况 3：导梁前端准备上 8 号墩，并在 9 号和 10 号墩顶倒换滑块（悬臂 108m）。

1.5.3　工况 1：导梁前端准备上 10 号墩（悬臂 84m）

1）结构分析模型

采用有限元分析软件 ANSYS 在湖南大学风工程研究中心工作站上建立了三门峡黄河大桥的三维有限元模型。建模时定义 X 轴为桥纵向，Y 轴为竖向，Z 轴为侧向。导梁为钢桁梁，主梁为下承式桥面板与钢桁梁组合形式。导梁、主梁的钢桁梁和桥墩采用 BEAM188 模拟，桥面板采用 SHELL63 单元模拟，通过设置下弦杆单元、横梁单元及 U 肋单元的形心偏移来实现梁与桥面板的拓扑连接关系。边界条件见表 4-1-13。

边界条件列表　　表 4-1-13

有限元模型	节点	U_X	U_Y	U_Z	ROT_X	ROT_Y	ROT_Z
一类模型	11 号墩上方的滑块处	×	×	×	×	⊕	⊕
	其他设置滑块处	×	×	×	×	⊕	⊕
二类模型	11 号墩上方的滑块处	*	*	*	*	⊕	⊕
	其他设置滑块处	×	×	×	×	⊕	⊕

注:⊕表示该自由度放松;×表示该自由度约束;*表示墩梁连接处该自由度耦合。

图 4-1-38a)为该工况下的一类有限元模型,即不考虑墩梁耦合效应。全桥共有 1225 个单元,其中包括 945 个梁单元,280 个壳单元。结构约束情况为:设置滑块处的主桁架节点处可以提供三个方向的平动约束和绕桥梁走向的转动约束。

图 4-1-38b)为该工况下的二类有限元模型,即考虑墩梁耦合效应。全桥共有 1253 个单元,其中包括 973 个梁单元,280 个壳单元。结构约束情况为:桥墩和主梁设置滑块处采用耦合自由度的方式进行连接,其他设置滑块处的主桁架节点处可以提供三个方向的平动约束和绕桥梁走向的转动约束。

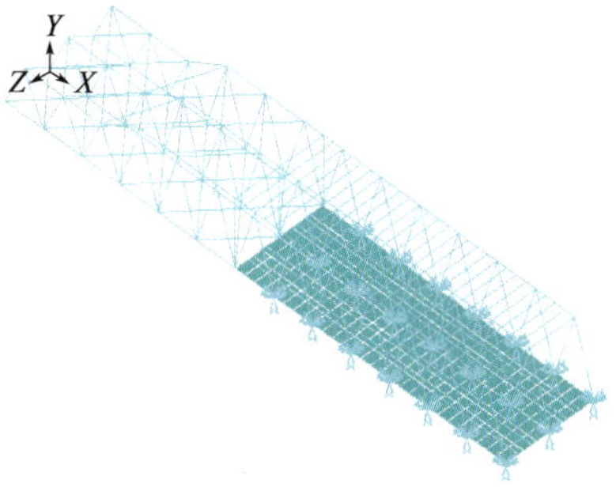

a)不考虑墩梁耦合效应

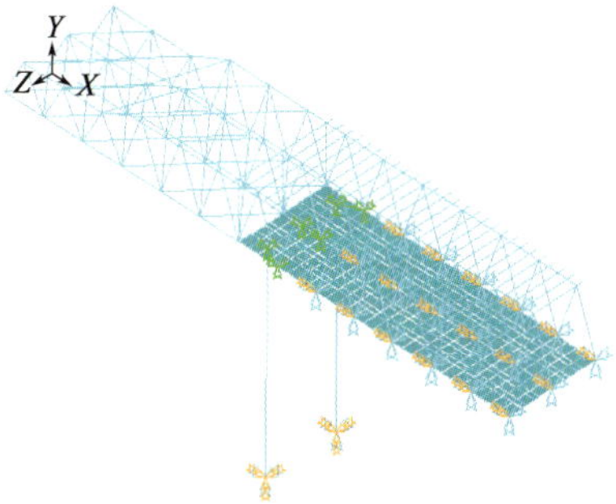

b)考虑墩梁耦合效应

图 4-1-38　导梁前端准备上 10 号墩对应的有限元模型

2)基本动力特性

采用 ANSYS 中 Lancoz 方法计算得到了大桥前 30 阶固有模态,这里仅列出前 6 阶模态,见表 4-1-14,不考虑墩梁耦合效应时,其主要振型如图 4-1-39 所示;考虑墩梁耦合效应时,其主要振型如图 4-1-40 所示。

工况 1 结构动力特性　　表 4-1-14

模态阶次	模态频率(Hz)		振型	
	一类模型	二类模型	一类模型	二类模型
1	1.5741	1.5430	一阶竖弯	一阶竖弯
2	1.7858	1.6893	一阶侧弯	一阶侧弯
3	2.1222	2.1217	一阶扭转	一阶扭转
4	3.0585	3.0551	二阶侧弯	二阶侧弯
5	3.7144	3.7140	三阶侧弯	三阶侧弯
6	4.0517	4.0556	二阶扭转	二阶扭转

注:一类模型不考虑墩梁耦合效应;二类模型考虑墩梁耦合效应。

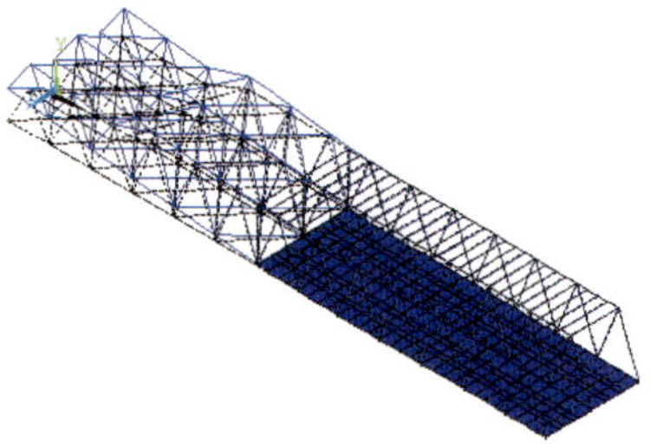

a）大桥第1阶模态：一阶竖弯

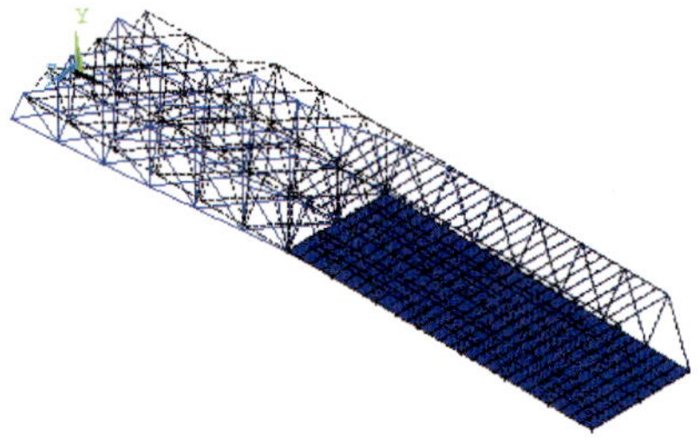

b）大桥第2阶模态：一阶侧弯

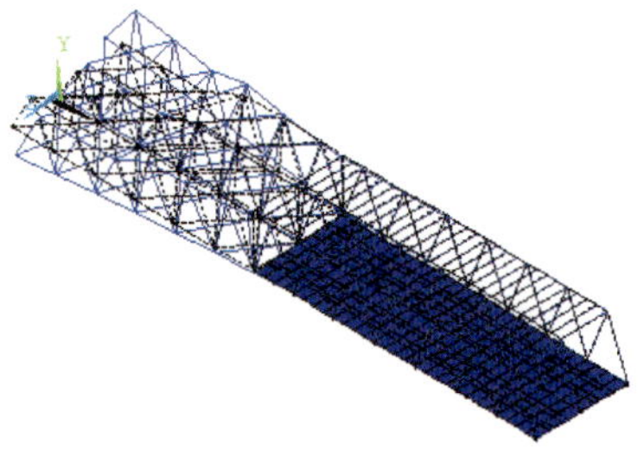

c）大桥第3阶模态：一阶扭弯

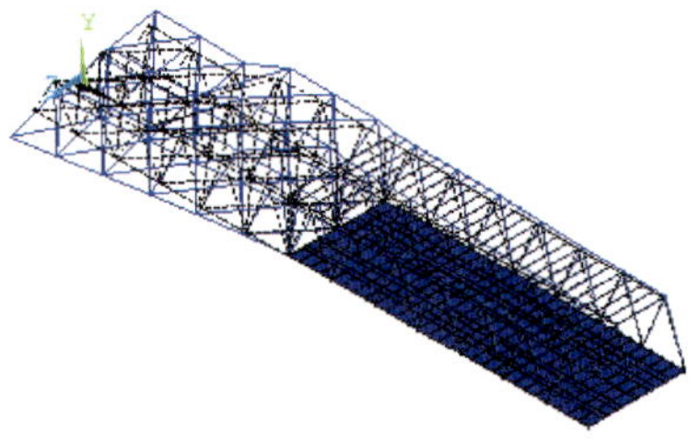

d）大桥第4阶模态：二阶侧弯

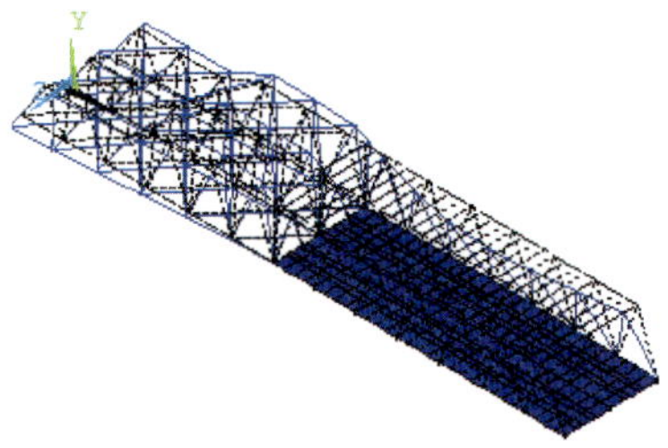

e）大桥第5阶模态：一阶侧弯

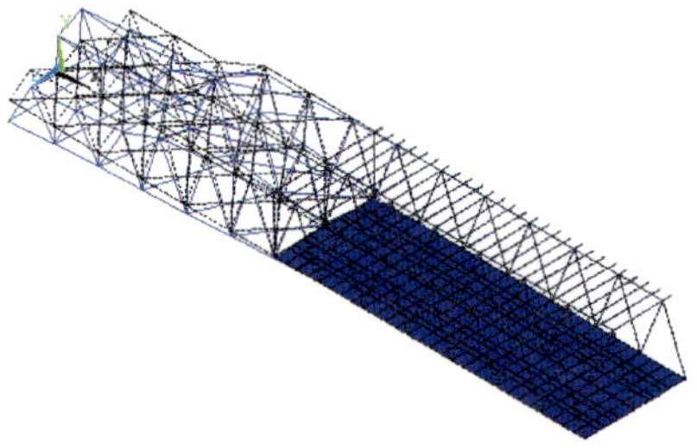

f）大桥第6阶模态：二阶扭弯

图4-1-39 工况1的前6阶振型图（不考虑墩梁耦合效应）

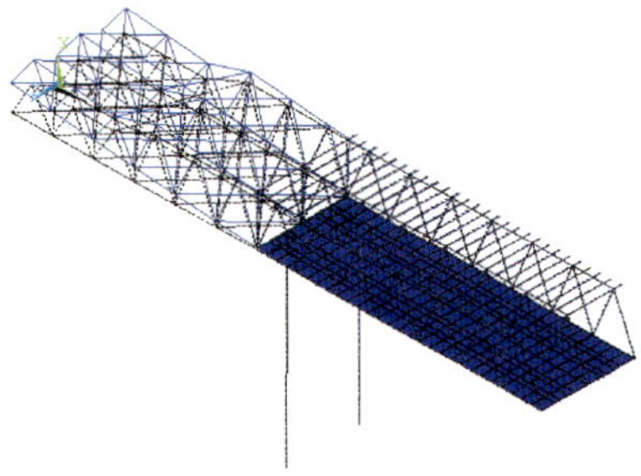

a）大桥第1阶模态：一阶竖弯

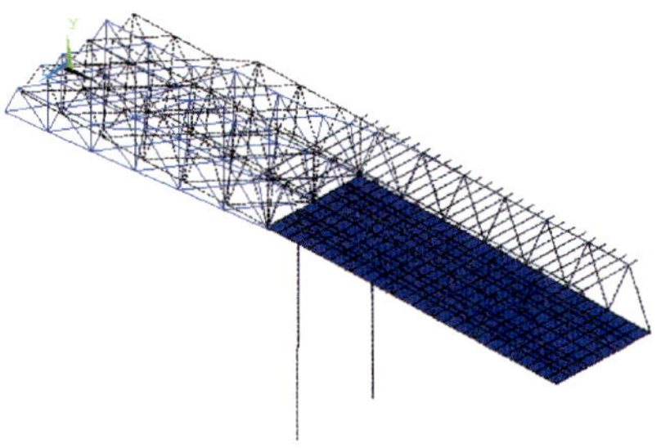

b）大桥第2阶模态：一阶侧弯

图 4-1-40

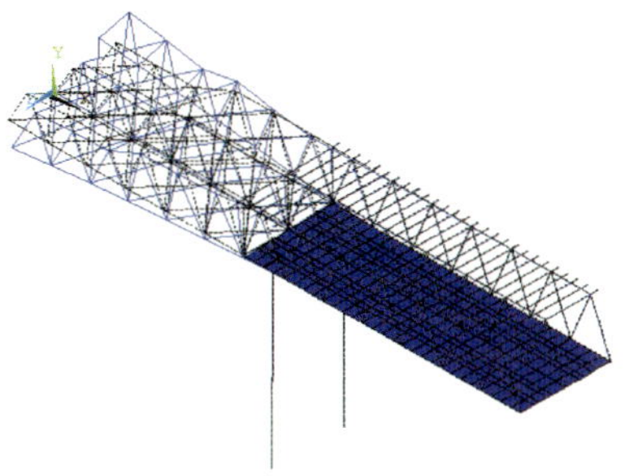

c) 大桥第3阶模态：一阶扭弯

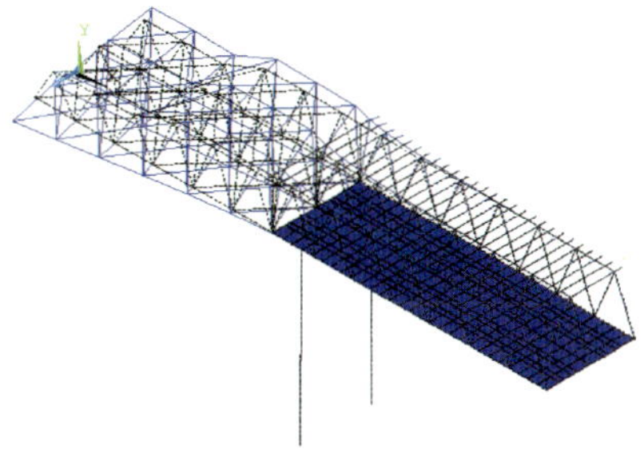

d) 大桥第4阶模态：二阶侧弯

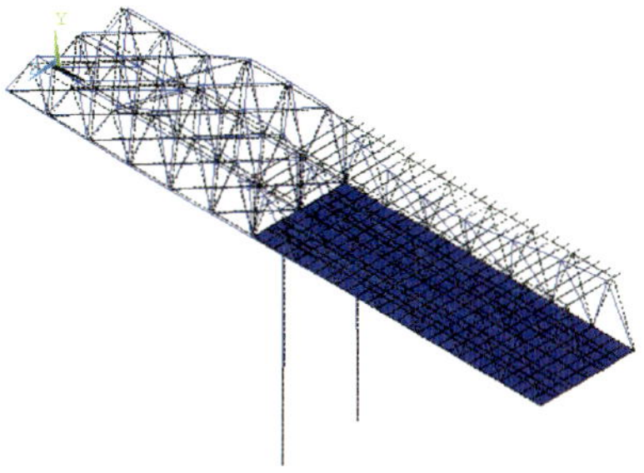

e) 大桥第5阶模态：一阶侧弯

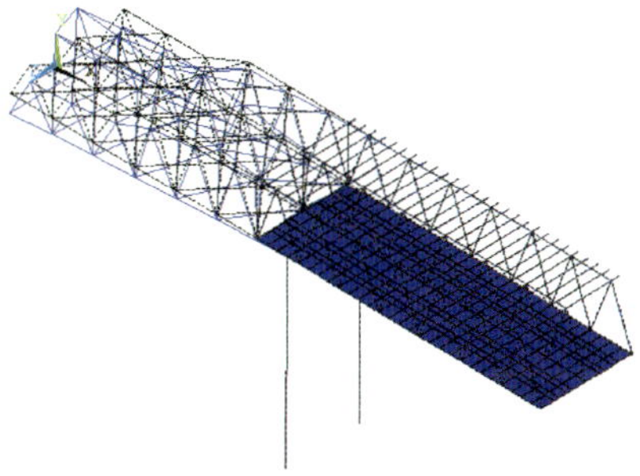

f) 大桥第6阶模态：二阶扭弯

图4-1-40　工况1的前6阶振型图(考虑墩梁耦合效应)

3)导梁前端位移结果

导梁前端位移计算结果见表4-1-15,计算得到的峰值因子为3.97。由该表可知:不考虑墩梁耦合效应(一类模型)时,自重荷载作用下,导梁前端竖向位移为16cm,方向为竖直向下;在设计风速下(桥面平均风速30.8m/s),按抖振分析计算得到的导梁前端竖向抖振位移平均值和峰值分别为0.4cm和1.7cm。

导梁前端竖向位移 U_Y(单位:mm)　　表4-1-15

模型	荷载位置	抖振力+静风力			自重
		平均值	标准差	峰值	
一类模型	下游边桁	-3.6	3.3	-17	-157
	中桁	-1.6	2.7	-12	-160
	上游边桁	-0.4	3.2	-12	-157
二类模型	下游边桁	-4.7	3.9	-20	-171
	中桁	-1.7	3.2	-14	-174
	上游边桁	1.2	3.7	-13	-171

注:1. 上游边桁为迎风边桁架。
2. 此处位移 U_Y 数值为正时,表示其方向竖直向上。
3. 一类模型不考虑墩梁耦合效应,二类模型考虑墩梁耦合效应。

考虑墩梁耦合效应时(二类模型),导梁前端竖向位移为17.5cm,方向为竖直向下。在设计风速下(桥面平均风速30.8m/s),按抖振分析计算得到的导梁前端竖向抖振位移平均值和峰值分别为0.5cm和2.0cm。导梁前端上游边桁架竖向抖振位移时程如图4-1-41所示。

4)支座竖向支反力结果

在自重荷载、抖振力和静风力作用下,11号墩下的支座竖向支反力计算结果见表4-1-16。

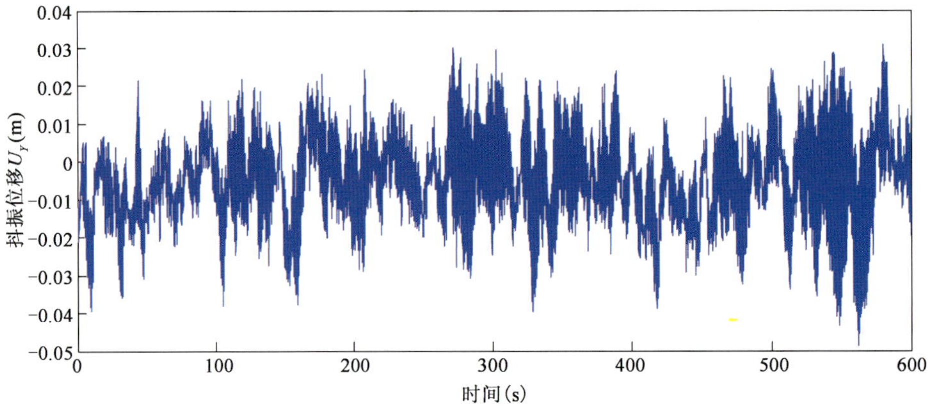

a)不考虑墩梁耦合效应

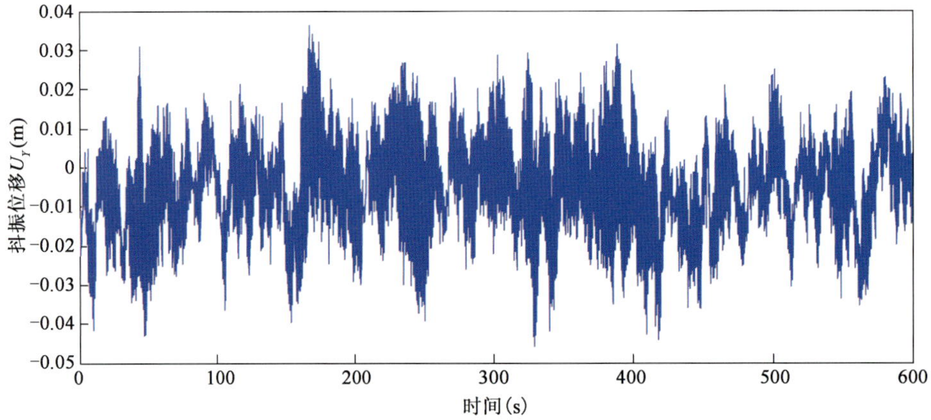

b)考虑墩梁耦合效应

图 4-1-41 导梁前端竖向抖振位移时程

11 号墩下的支座竖向支反力(单位:kN) 表 4-1-16

模型	荷载		抖振力 + 静风力			自重		峰值/自重(%)	
	支反力	位置	平均值	标准差	峰值	计算值	设计值	计算值	设计值
一类	竖向支反力 F_Y	下游边桁	236	153	843	8285	8031	102	105
		中桁	77	109	508	9902	10149	51	50
		上游边桁	-86	140	471	8284	7252	57	65
二类	竖向支反力 F_Y	下游边桁	284	175	978	7527	8031	130	122
		中桁	89	125	584	8516	10149	69	58
		上游边桁	-108	157	517	7527	7252	69	71

注:1. 上游边桁为迎风边桁架。

2. F_Y 为正值时,表示其方向为竖直向上。

3. 一类模型不考虑墩梁耦合效应,二类模型考虑墩梁耦合效应。

图 4-1-42 为该工况下 11 号墩下游边桁对应的支座处竖向支反力时程。

5)应力结果

由表 4-1-16 可知,该工况下墩梁耦合效应不明显,故此处只计算一类模型的应力分布。自重荷载、风荷载作用下,悬臂端处为最不利截面。悬臂端处上层边桁、上层中桁、下层边桁、下层中桁的范梅塞斯(Von mises Mises)应力见表 4-1-17。由表 4-1-17 可知:自重荷载作用下,悬臂端处下游上层边桁、上层中桁、上游上层边桁范梅塞斯应力分别为64.8MPa、53.5MPa、64.8MPa，悬臂端处下游下层边桁、下层中桁、上游下层边桁范梅塞斯应力分别为48.7MPa、42.2MPa、48.7MPa。在桥面风速为30.8m/s的设计风速下，按抖振分析计算得到：悬臂端处范梅塞斯应力平均最大值约为2MPa，最大峰值约为6.3MPa，峰值约占恒载反力的11.3%。

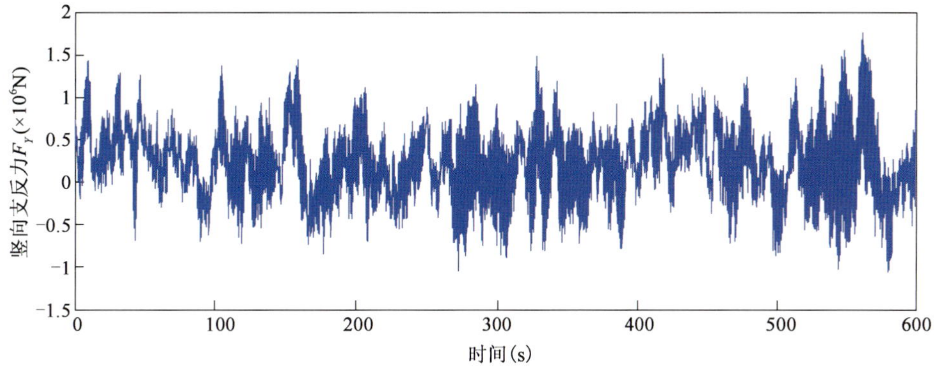

a)不考虑墩梁耦合效应

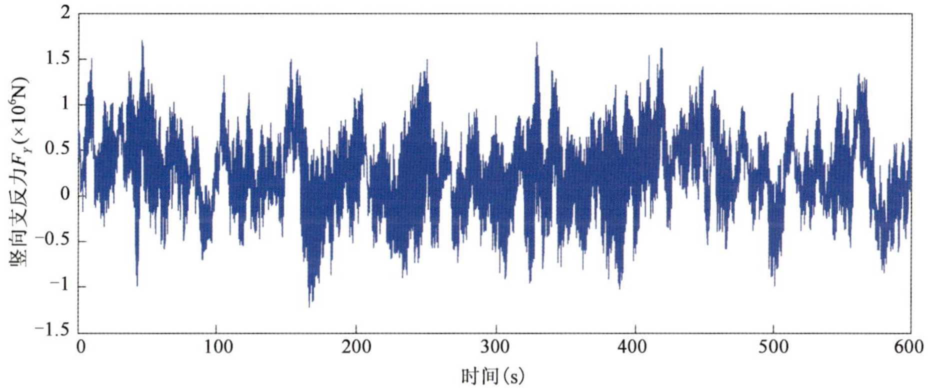

b)考虑墩梁耦合效应

图4-1-42 11号墩下游边桁支座处竖向支反力时程

11号墩上方悬臂单元的范梅塞斯应力(单位:Pa) 表4-1-17

悬臂杆件位置	抖振力+静风力			自重	峰值/自重(%)
	平均值	标准差	峰值		
下游上层边桁	1.97×10^6	1.08×10^6	6.25×10^6	6.48×10^7	9.6
上层中桁	0.37×10^6	0.55×10^6	2.55×10^6	5.35×10^7	4.8
上游上层边桁	-1.05×10^6	0.96×10^6	4.85×10^6	6.48×10^7	7.5
下游下层边桁	1.95×10^6	0.83×10^6	5.22×10^6	4.87×10^7	10.7
下层中桁	-0.14×10^6	0.23×10^6	1.05×10^6	4.22×10^7	2.5
上游下层边桁	-2.10×10^6	0.86×10^6	5.49×10^6	4.87×10^7	11.3

导梁前端准备上10号墩时，自重下悬臂端上层边桁、上层中桁、下层边桁、下层中桁的范梅塞斯(Von mises Mises)应力分布如图4-1-43所示。风荷载引起的悬臂端上、下弦杆范梅塞斯应力分布如图4-1-44所示。

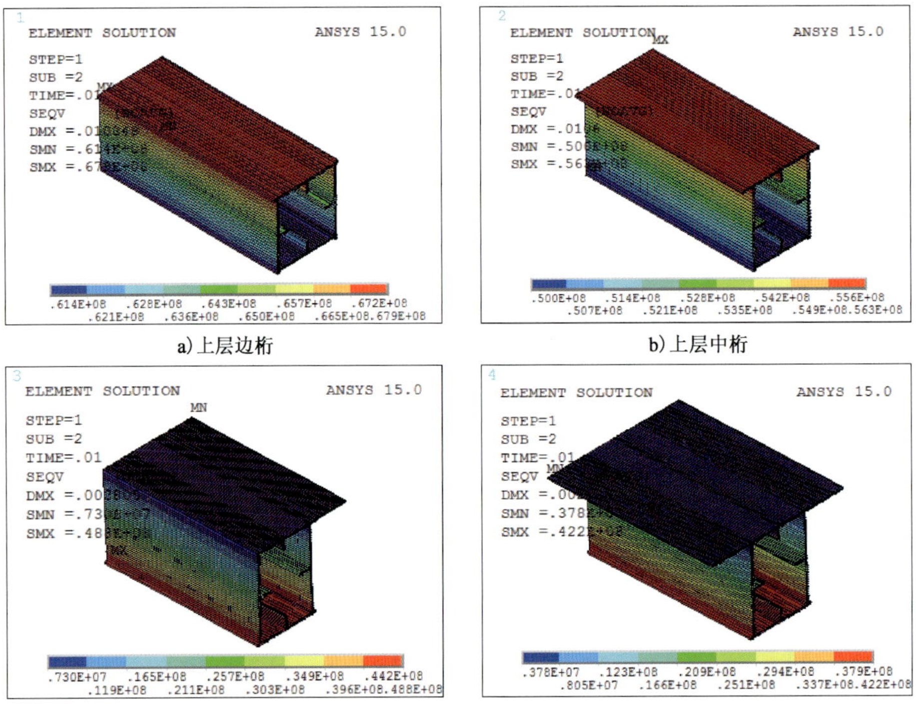

a) 上层边桁　　b) 上层中桁

c) 下层边桁　　d) 下层中桁

图 4-1-43　自重下悬臂端上、下弦杆范梅塞斯应力分布

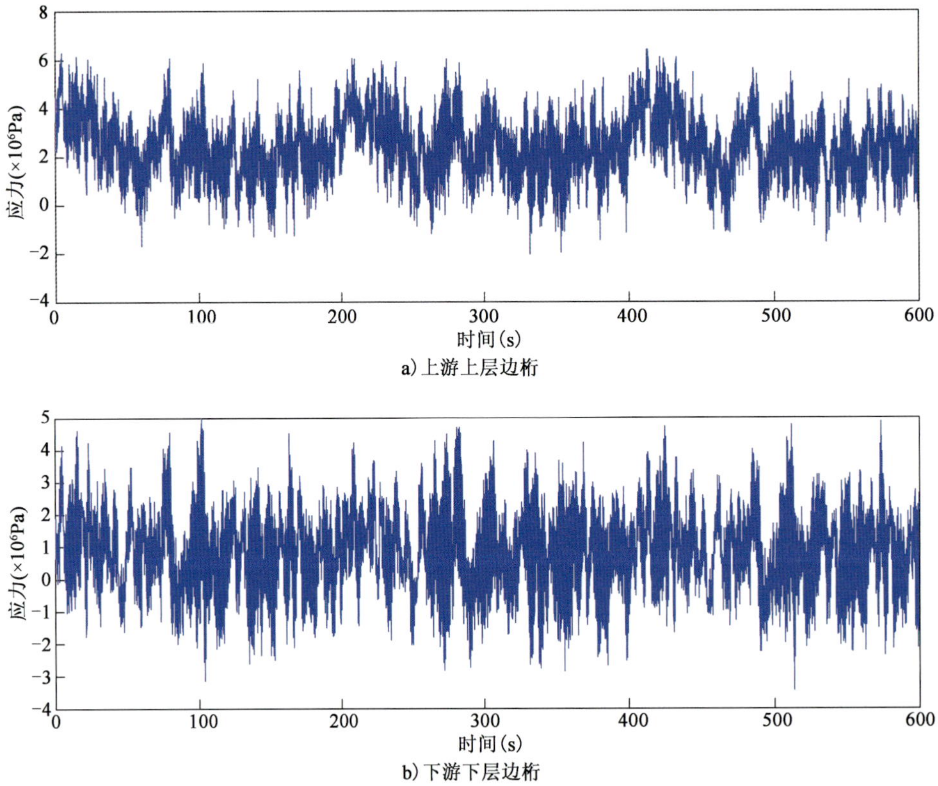

a) 上游上层边桁

b) 下游下层边桁

图 4-1-44　风荷载下悬臂端上、下弦杆范梅塞斯应力分布

1.5.4 工况2:导梁前端准备上9号墩(悬臂96m)

1)结构分析模型

图4-1-45为导梁前准备上9号墩示意图。

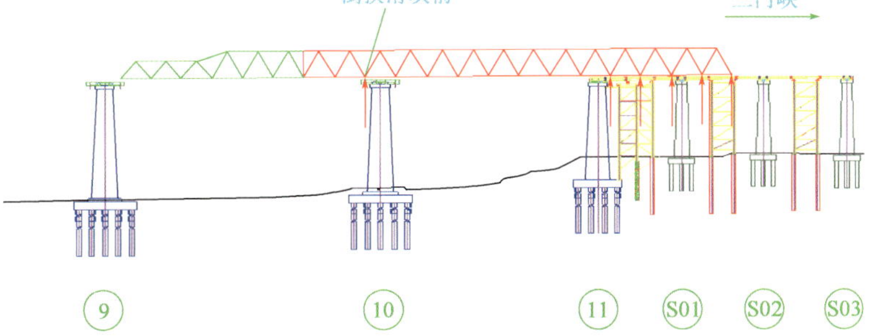

图4-1-45 导梁前端准备上9号墩示意图

该工况下结构坐标系和单元使用情况与工况一相同,不再赘述。不考虑墩梁耦合效应时,全桥共2221个单元,其中包括1661个梁单元,560个壳单元,结构有限元模型如图4-1-46a)所示。考虑墩梁耦合效应时,全桥共2281个单元,其中包括1721个梁单元,560个壳单元,结构有限元模型如图4-1-46b)所示。

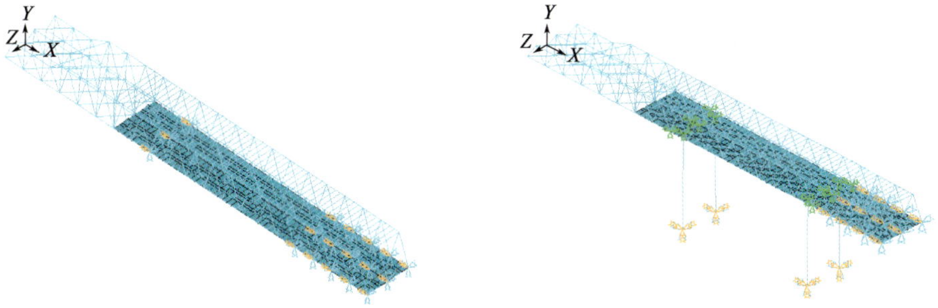

a)不考虑墩梁耦合效应 b)考虑墩梁耦合效应

图4-1-46 导梁前端准备上10号墩对应的有限元模型

2)基本动力特性

采用ANSYS中Lancoz方法计算得到了导梁前端准备上9号墩时,大桥前30阶固有模态,这里仅列出前6阶模态,见表4-1-18。不考虑墩梁耦合效应时,其主要振型如图4-1-47所示;考虑墩梁耦合效应时,其主要振型如图4-1-48所示。

工况2结构动力特性 表4-1-18

模态阶次	模态频率(Hz)		振型	
	一类模型	二类模型	一类模型	二类模型
1	1.2497	1.2091	一阶竖弯	一阶竖弯
2	1.6119	1.2847	一阶扭转	一阶侧弯
3	1.8293	1.7213	二阶扭转	一阶扭转
4	2.3252	1.9455	三阶扭转	二阶扭转
5	2.9857	2.3959	一阶侧弯	三阶扭转
6	3.1855	2.9358	二阶竖弯	二阶侧弯

注:一类模型不考虑墩梁耦合效应;二类模型考虑墩梁耦合效应。

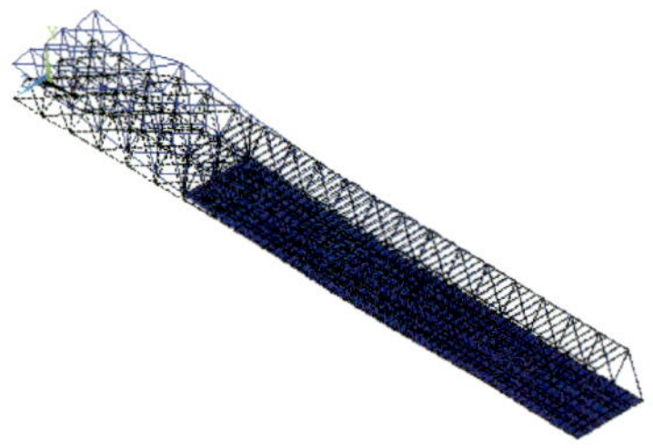

a）大桥第1阶模态：一阶竖弯

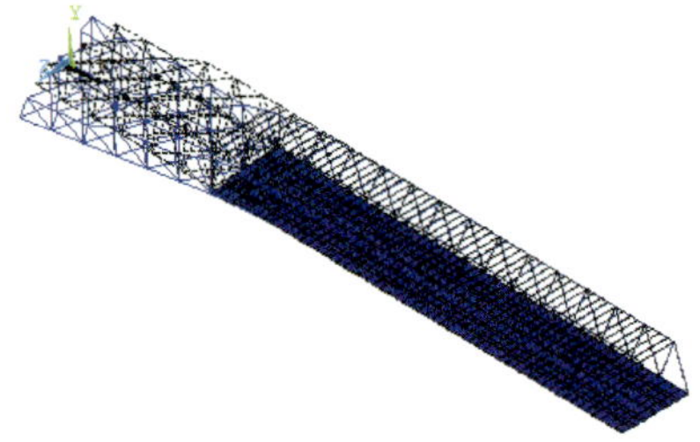

b）大桥第2阶模态：一阶扭转

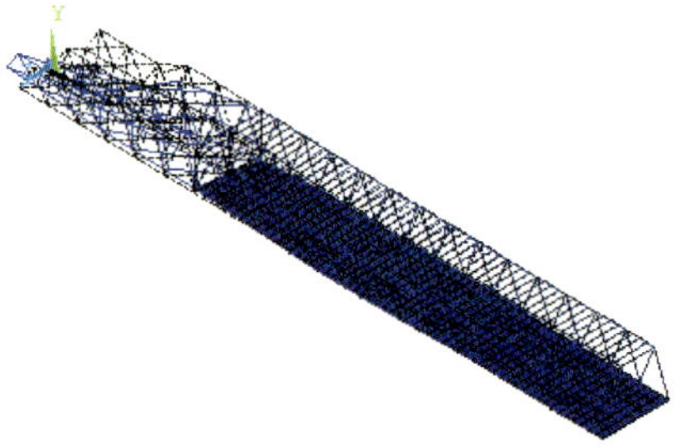

c）大桥第3阶模态：二阶扭转

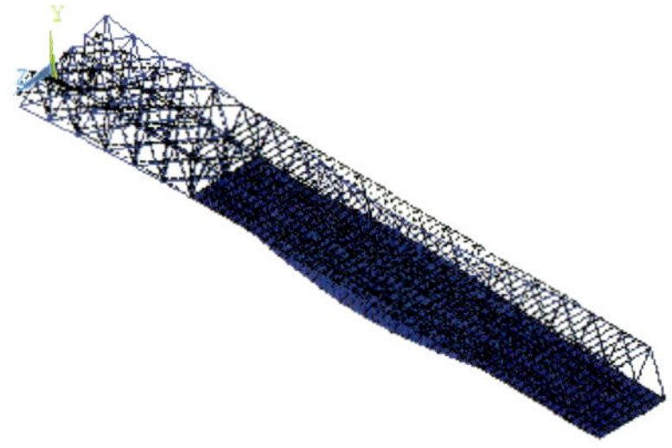

d）大桥第4阶模态：三阶扭转

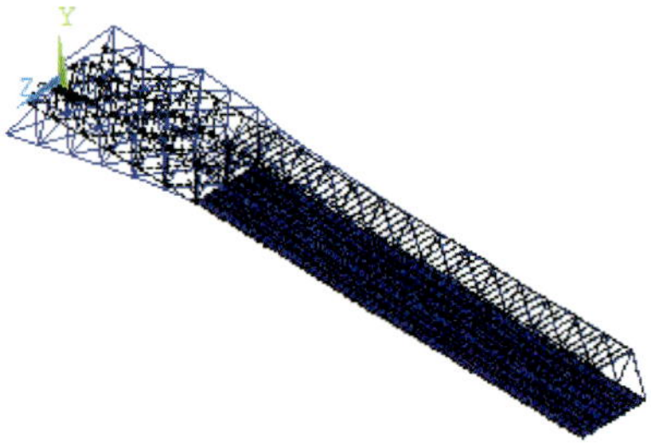

e）大桥第5阶模态：一阶侧弯

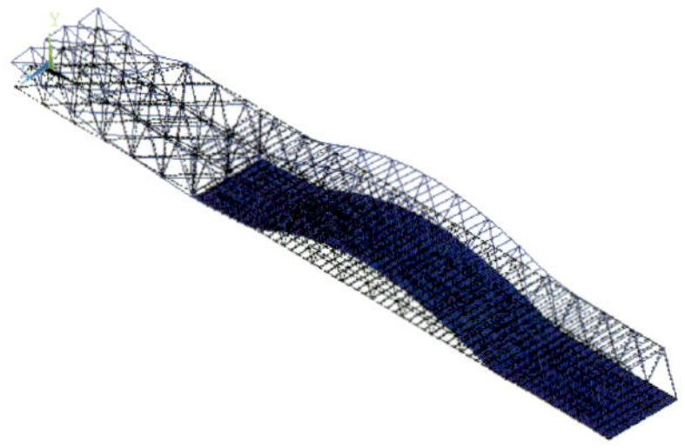

f）二阶竖弯

图 4-1-47　工况 2 的振型图（不考虑墩梁耦合效应）

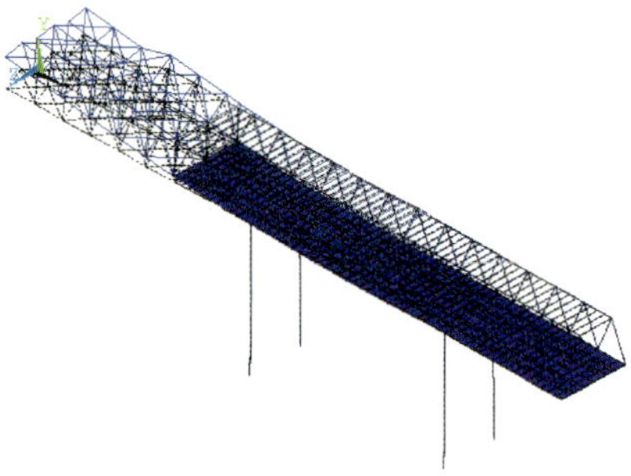

a）大桥第1阶模态：一阶竖弯

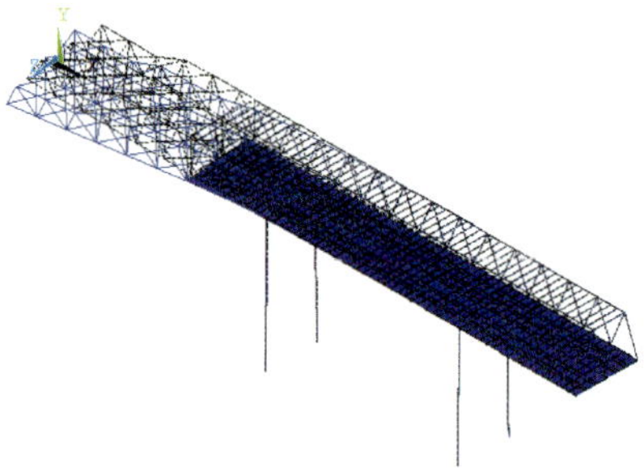

b）大桥第2阶模态：一阶侧弯

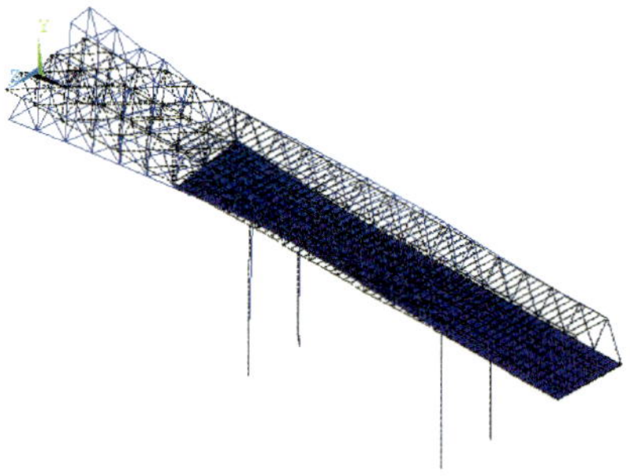

c）大桥第3阶模态：一阶扭转

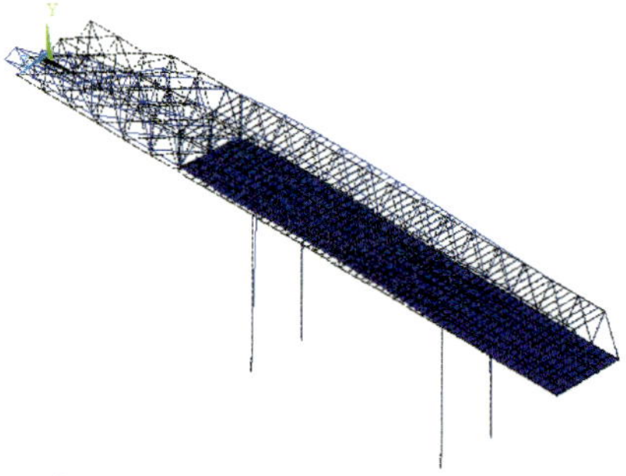

d）大桥第4阶模态：二三阶扭转

图　4-1-48

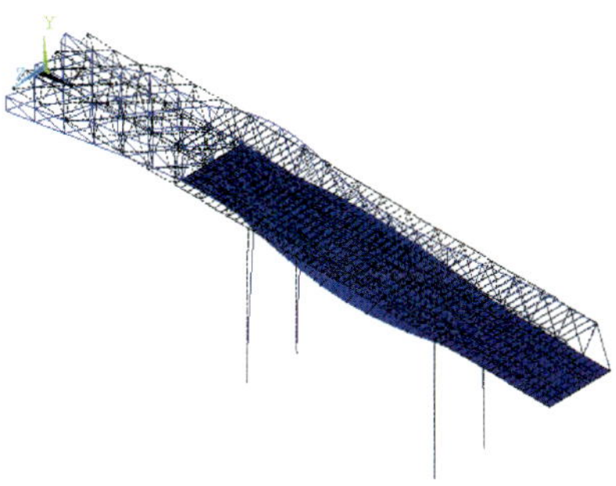

e) 大桥第5阶模态：三阶扭转

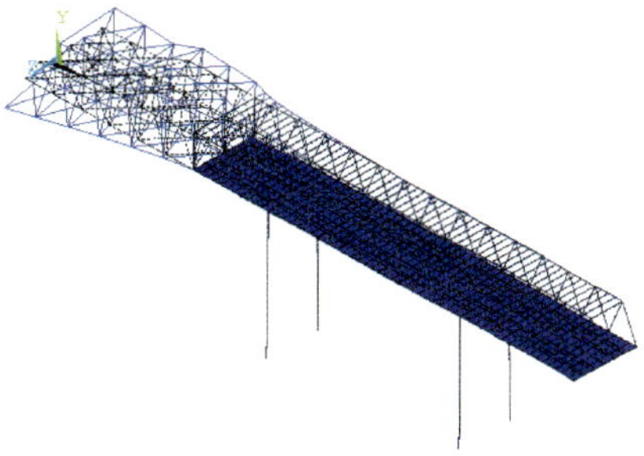

f) 大桥第6阶模态：二阶侧弯

图 4-1-48 工况 2 的振型图(考虑墩梁耦合效应)

3) 导梁前端位移结果

导梁前端位移计算结果见表 4-1-19，计算得峰值因子为 3.91。由该表可知：不考虑墩梁耦合效应时，自重荷载作用下，导梁前端竖向位移为 21cm，方向为竖直向下。在设计风速下(桥面平均风速 30.8m/s)，按抖振分析计算得到的主梁跨中竖向抖振位移平均值和峰值分别为 0.3cm 和 1.8cm。

导梁前端竖向位移 U_Y(单位：mm) 表 4-1-19

模型	荷载位置	抖振力 + 静风力			自重
		平均值	标准差	峰值	
一类模型	下游边桁	-2.6	4.1	-18	-209
	中桁	-0.7	3.7	-15	-212
	上游边桁	1.1	4.0	-14	-209
二类模型	下游边桁	-3.2	5.4	-24	-216
	中桁	-0.6	5.0	-20	-219
	上游边桁	2.0	5.2	-18	-216

注：1. 上游边桁为迎风边桁架。
2. 此处位移 U_Y 数值为正时，表示其方向竖直向上。
3. 一类模型不考虑墩梁耦合效应，二类模型考虑墩梁耦合效应。

考虑墩梁耦合效应时，自重荷载作用下，导梁前端竖向位移为 22cm，方向为竖直向下。在设计风速下(桥面平均风速 30.8m/s)，按抖振分析计算得到的主梁跨中竖向抖振位移平均值和峰值分别为 0.3cm和 2.4cm。导梁前端上游边桁架竖向抖振位移时程如图 4-1-49 所示。

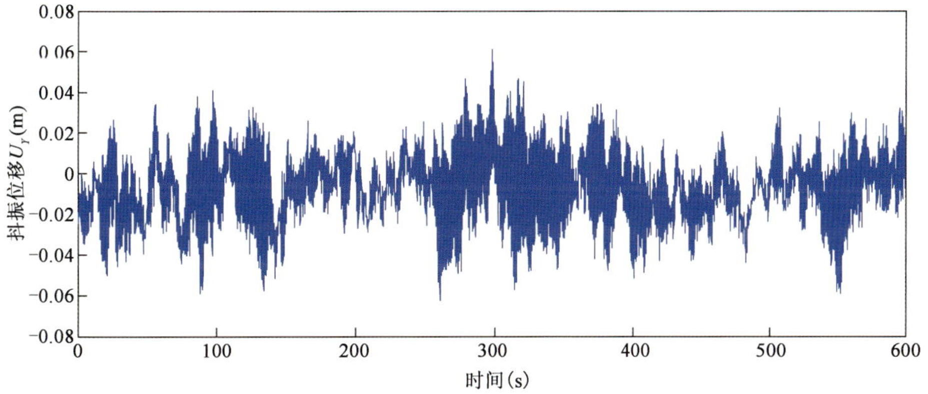

a) 不考虑墩梁耦合效应

图 4-1-49

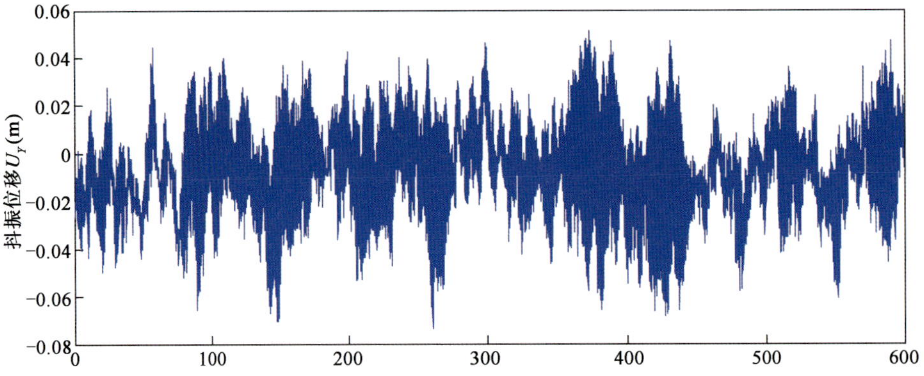

b)考虑墩梁耦合效应

图4-1-49 导梁前端竖向抖振位移时程

4)支座竖向支反力结果

在自重荷载、抖振力和静风力作用下，10号墩支座竖向支反力计算结果见表4-1-20。

10号墩下的支座反力(单位:kN) 表4-1-20

模型	荷载		抖振力+静风力			自重		峰值/自重(%)	
	支反力	位置	平均值	标准差	峰值	计算值	设计值	计算值	设计值
一类	竖向支反力F_Y	下游边桁	496	207	1304	11746	12191	111	107
		中桁	199	180	903	14976	14766	60	61
		上游边桁	-171	152	422	11746	11025	36	38
二类	竖向支反力F_Y	下游边桁	568	233	1478	12062	12191	123	121
		中桁	201	189	938	14721	14766	64	64
		上游边桁	-214	171	453	12062	11025	38	41

注:1.上游边桁为迎风边桁架。

2. F_Y为正值时，表示其方向为竖直向上。

3.一类模型不考虑墩梁耦合效应，二类模型考虑墩梁耦合效应。

在该工况下的10号墩的下游桁架对应的支座处竖向支反力时程见图4-1-50。

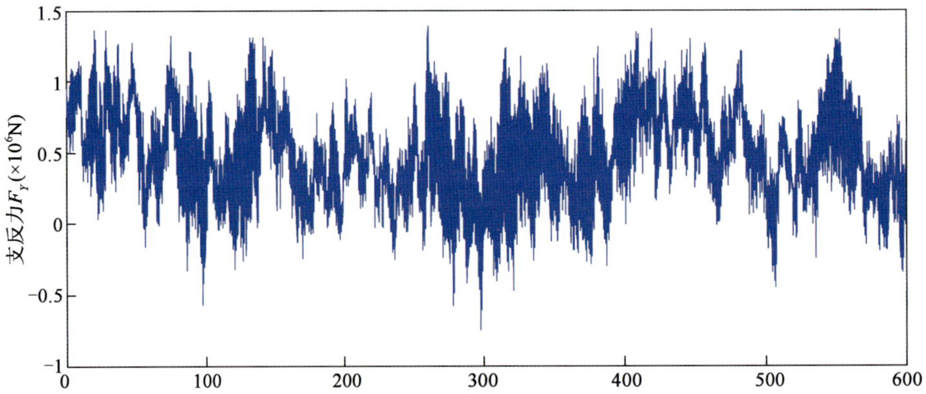

a)不考虑墩梁耦合效应

图 4-1-50

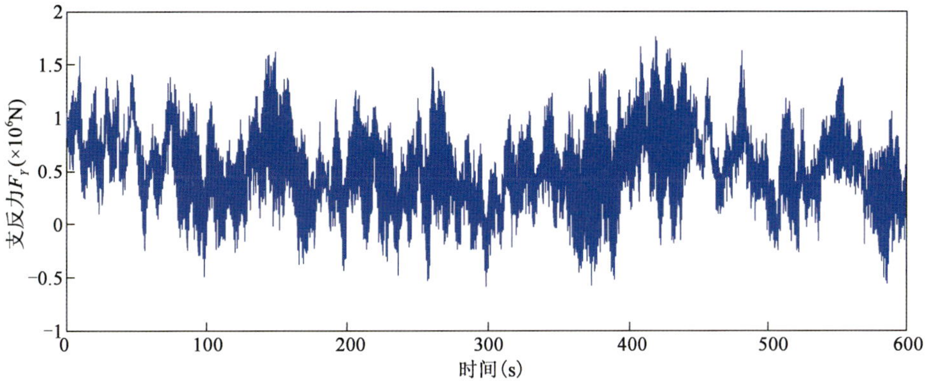

b)考虑墩梁耦合效应

图4-1-50 10号墩下游边桁处竖向支座反力F_Y时程

5)应力结果

由表4-1-20可知,该工况下墩梁耦合效应不明显,此处只计算一类模型的应力分布。自重荷载、抖振力和静风力作用下,悬臂端处为最不利截面。悬臂端处上层边桁、上层中桁、下层边桁、下层中桁的范梅塞斯(Von mises Mises)应力见表4-1-21。由该表可知:自重荷载作用下,悬臂端处下游上层边桁、上层中桁、上游上层边桁范梅塞斯应力分别为94.1MPa、89.0MPa、94.1MPa,悬臂端处下游下层边桁、下层中桁、上游下层边桁范梅塞斯应力分别为64.3MPa、69.3MPa、64.3MPa。在桥面风速为30.8m/s的设计风速下,按抖振分析计算得到:悬臂端处范梅塞斯应力平均最大值约为4MPa,最大峰值约为8MPa,峰值约占恒载反力的12.1%。

墩11号上方悬臂单元的范梅塞斯应力(单位:Pa) 表4-1-21

悬臂位置	抖振力+静风力			自重	峰值/自重(%)
	平均值	标准差	峰值		
下游上层边桁	1.69×10^6	1.13×10^6	6.16×10^6	9.41×10^7	6.5
上层中桁	1.48×10^6	0.92×10^6	5.12×10^6	8.90×10^7	5.6
上游上层边桁	1.22×10^6	1.11×10^6	5.63×10^6	9.41×10^7	5.9
下游下层边桁	3.26×10^6	0.98×10^6	7.16×10^6	6.43×10^7	11.2
下层中桁	-1.32×10^6	0.31×10^6	2.56×10^6	6.93×10^7	3.7
上游下层边桁	-3.62×10^6	1.04×10^6	7.75×10^6	6.43×10^7	12.1

自重下,悬臂端上层边桁、上层中桁、下层边桁、下层中桁的范梅塞斯(Von mises Mises)应力如图4-1-51所示。风荷载引起的悬臂端上、下弦杆范梅塞斯应力分布如图4-1-52所示。

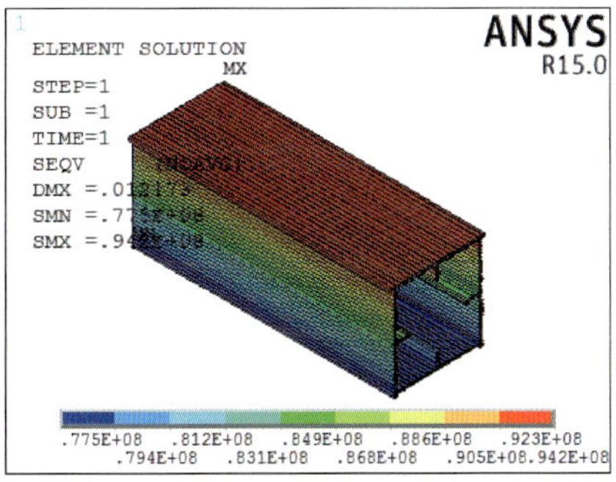

a)上层边桁

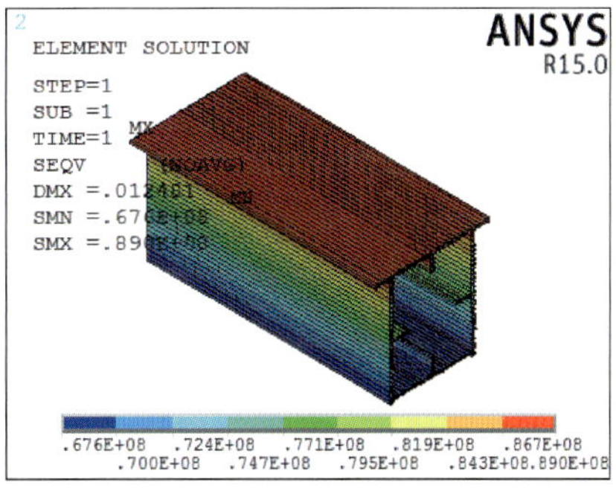

b)上层中桁

图 4-1-51

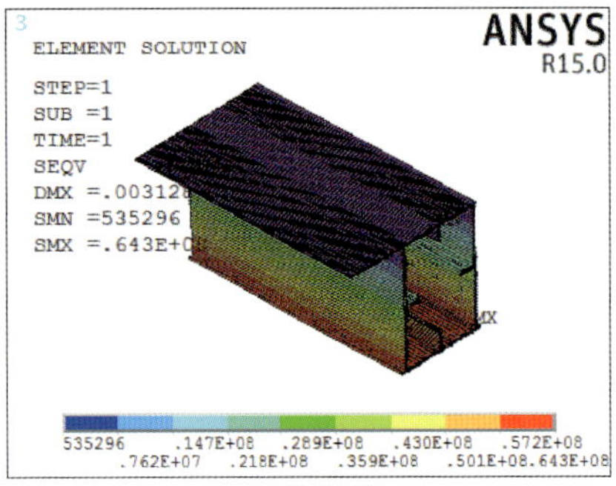

c）下层边桁

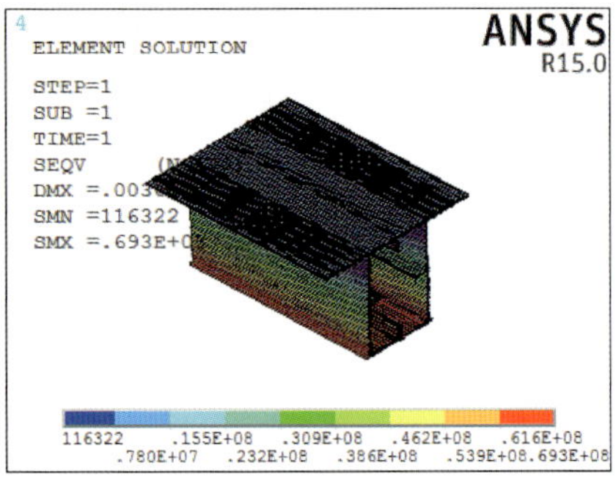

d）下层中桁

图 4-1-51　自重下悬臂端上、下弦杆范梅塞斯应力分布

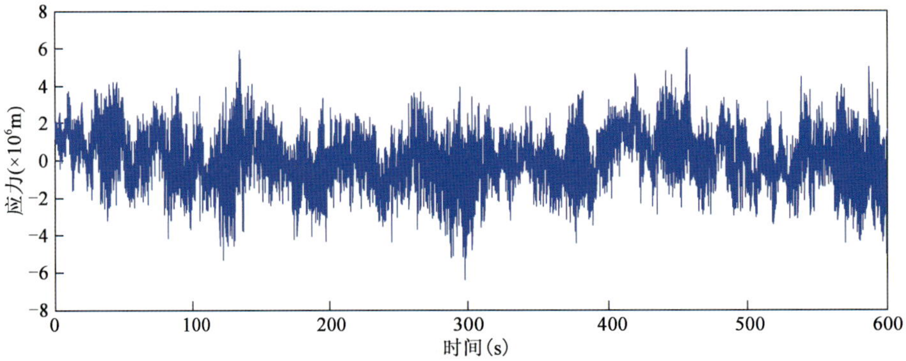

a）上游上层边桁

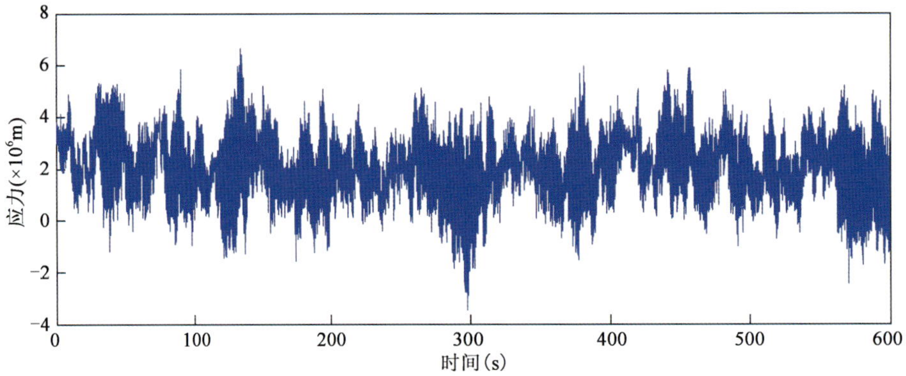

b）下游下层边桁

图 4-1-52　风荷载下悬臂端上、下弦杆范梅塞斯应力分布

1.5.5　工况 3：导梁前端准备上 8 号墩，并在 9 号和 10 号墩倒换滑块（悬臂 108m）

1）结构分析模型

图 4-1-53 为导梁前端准备上 8 号墩示意图。

该工况下结构坐标系和单元使用情况与工况一相同，不再赘述。不考虑墩梁耦合效应时，全桥共 3271 个单元，其中包括 2431 个梁单元，840 个壳单元，结构有限元模型如图 4-1-54a）所示。考虑墩梁耦合效应时，全桥共 3363 个单元，其中包括 2523 个梁单元，840 个壳单元，结构有限元模型如图 4-1-54b）所示。

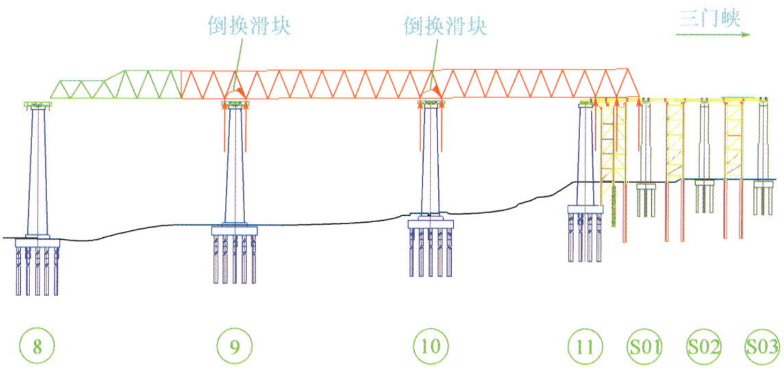

图 4-1-53　导梁前端准备上 8 号墩示意图

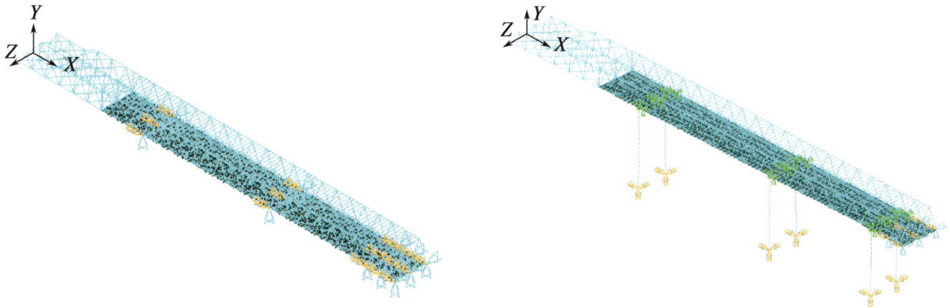

a) 不考虑墩梁耦合效应　　b) 考虑墩梁耦合效应

图 4-1-54　导梁前端准备上 8 号墩对应的有限元模型

2) 基本动力特性

采用 ANSYS 中 Lancoz 方法计算得到了工况 3 大桥前 30 阶固有模态，这里仅列出前 6 阶模态。表 4-1-22 给出了大桥前 6 阶振动模态的固有频率与振型特征，不考虑墩梁耦合效应时，其主要振型如图 4-1-55 所示；考虑墩梁耦合效应时，其主要振型如图 4-1-56 所示。

工况 3 结构动力特性　　表 4-1-22

模态阶次	模态频率(Hz)		振型	
	一类模型	二类模型	一类模型	二类模型
1	1.0205	0.98477	一阶竖弯	一阶竖弯
2	1.3499	1.0923	一阶扭转	一阶侧弯
3	1.6374	1.4196	二阶扭转	一阶扭转
4	2.0161	1.6098	三阶扭转	二阶扭转
5	2.5598	1.9972	一阶侧弯	二阶侧弯
6	2.5641	2.0526	四阶扭转	桥墩一阶竖弯

注：一类模型不考虑墩梁耦合效应；二类模型考虑墩梁耦合效应。

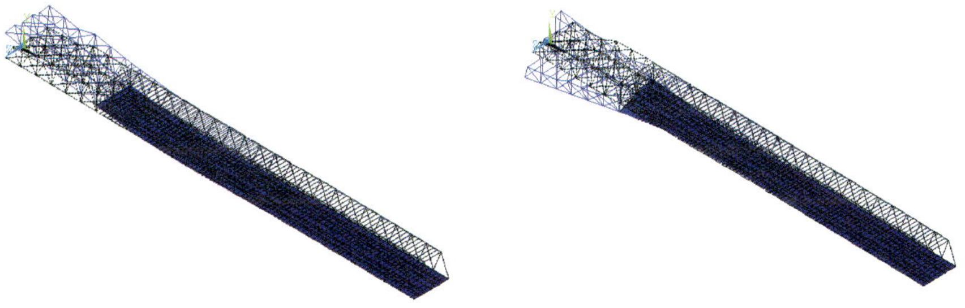

a) 大桥第1阶模态：一阶竖弯　　b) 大桥第2阶模态：一阶扭转

图　4-1-55

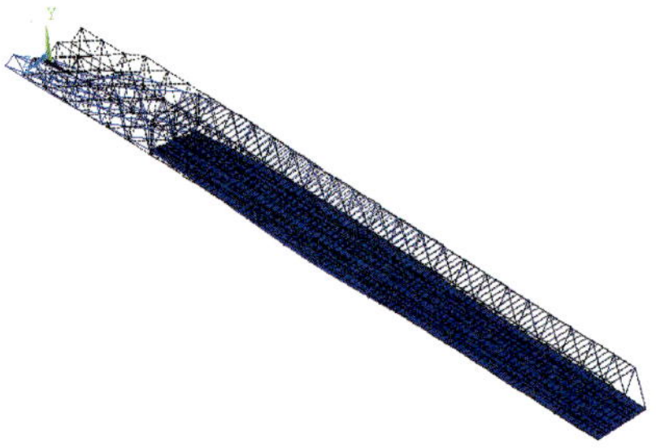

c）大桥第3阶模态：二阶扭转

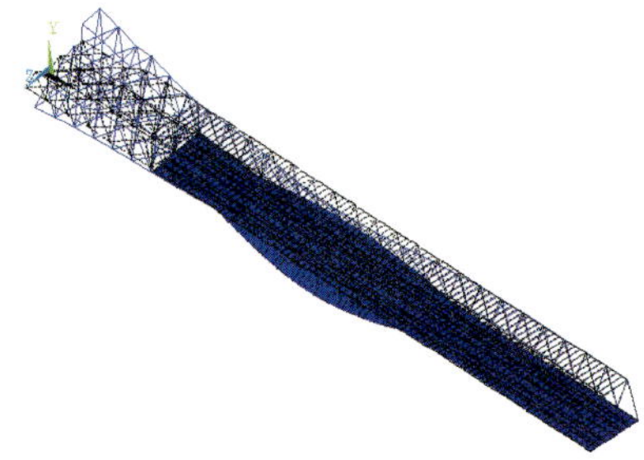

d）大桥第4阶模态：三阶扭转

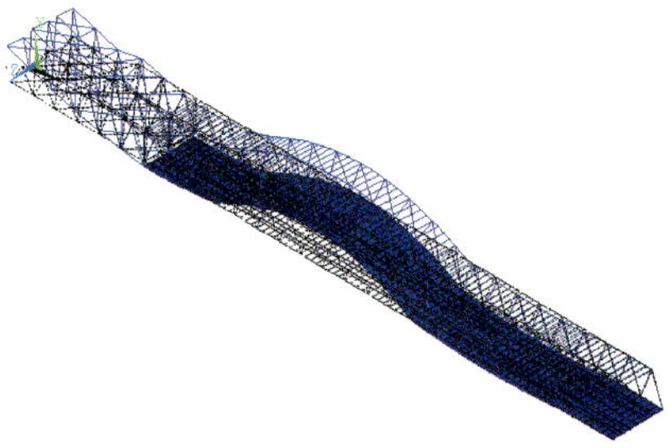

e）大桥第5阶模态：二阶竖弯

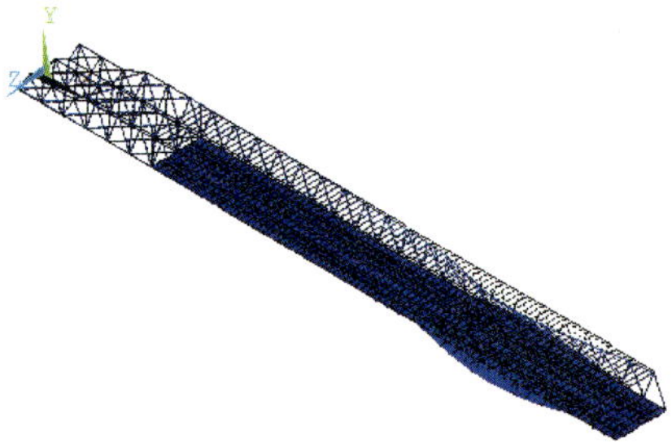

f）大桥第6阶模态：四阶扭转

图 4-1-55　工况 3 的振型图（不考虑墩梁耦合效应）

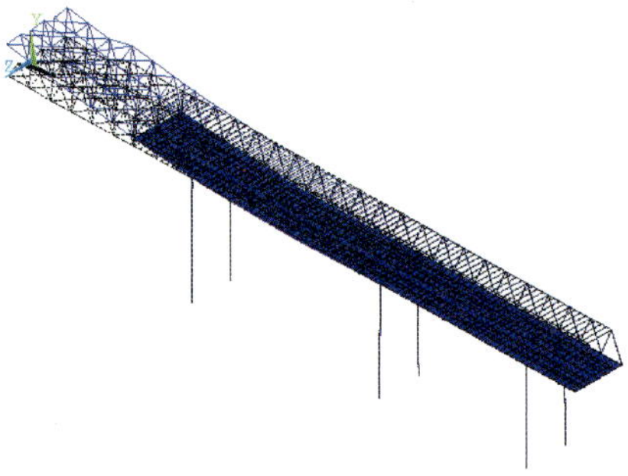

a）大桥第1阶模态：一阶竖弯

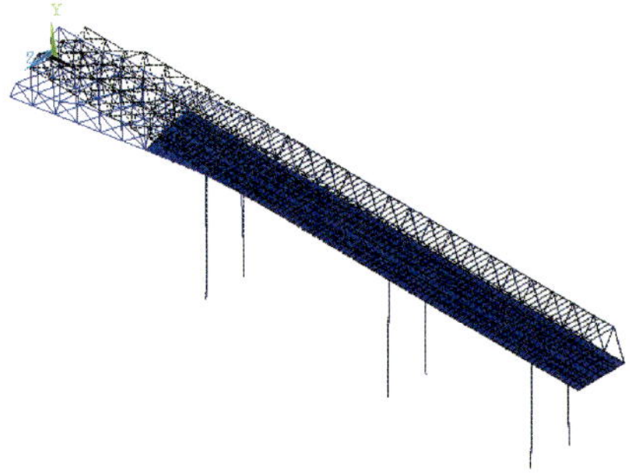

b）大桥第2阶模态：一阶侧弯

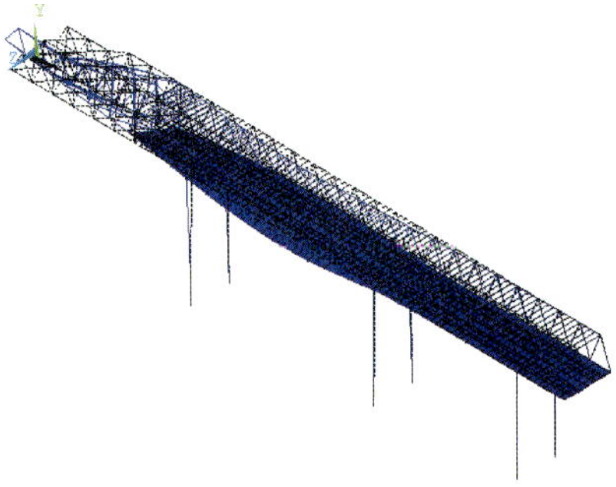

c）大桥第3阶模态：一阶扭转

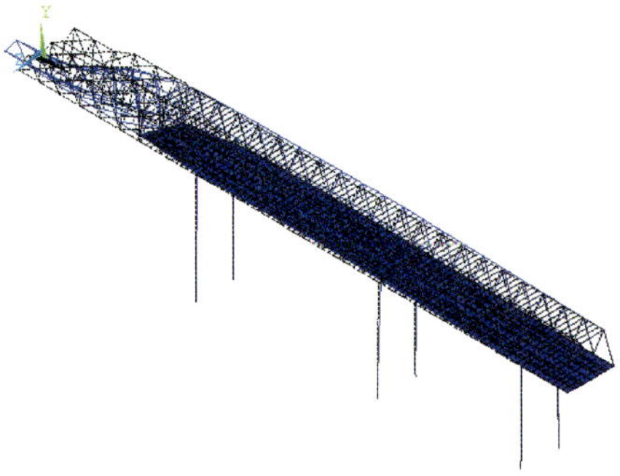

d）大桥第4阶模态：二阶扭转

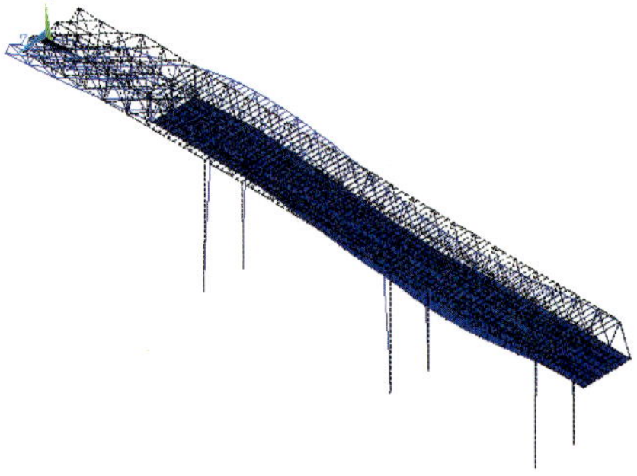

e）大桥第5阶模态：二阶侧弯

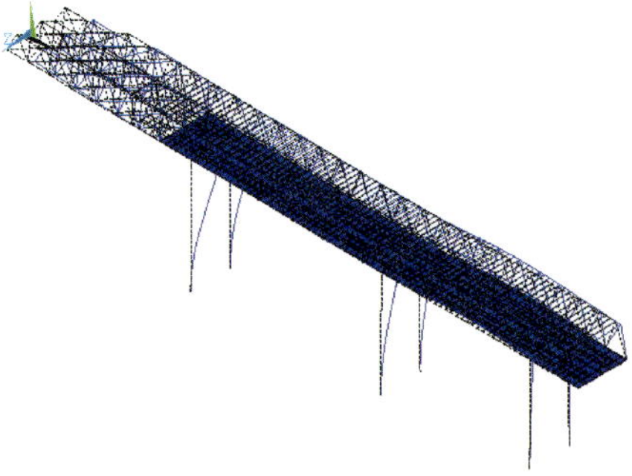

f）大桥第6阶模态：桥墩一阶竖弯

图 4-1-56　工况 3 的振型图（考虑墩梁耦合效应）

3）导梁前端位移结果

导梁前端竖向位移计算结果见表4-1-23，计算得峰值因子为3.86。

导梁前端竖向位移计算结果（单位：mm） 表4-1-23

模型	荷载位置	抖振力+静风力			自重
		平均值	标准差	峰值	
一类模型	下游边桁	-5.2	9.6	-42	-307
	中桁	-1.7	7.7	-31	-310
	上游边桁	2.0	8.1	-29	-307
二类模型	下游边桁	-6.2	8.0	-37	-323
	中桁	-1.5	7.3	-30	-326
	上游边桁	3.2	7.6	-26	-323

注：1. 上游边桁为迎风边桁架。
2. 此处位移 U_Y 数值为正时，表示其方向竖直向上。
3. 一类模型不考虑墩梁耦合效应，二类模型考虑墩梁耦合效应。

由该表可知：不考虑墩梁耦合效应时，自重荷载作用下，导梁前端竖向位移为31cm，方向为竖直向下。在设计风速下（桥面平均风速30.8m/s），按抖振分析计算得到的主梁跨中竖向抖振位移平均值和峰值分别为0.5cm和4.2cm。

考虑墩梁耦合效应时，自重荷载作用下，导梁前端竖向位移为33cm，方向为竖直向下。在设计风速下（桥面平均风速30.8m/s），按抖振分析计算得到的主梁跨中竖向抖振位移平均值和峰值分别为0.6cm和3.7cm。导梁前端上游边桁架竖向抖振位移时程如图4-1-57所示。

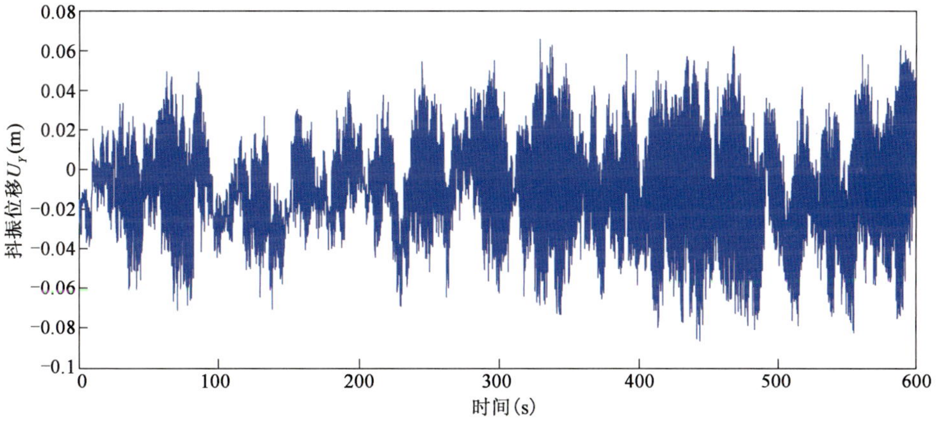

a）不考虑墩梁耦合作用

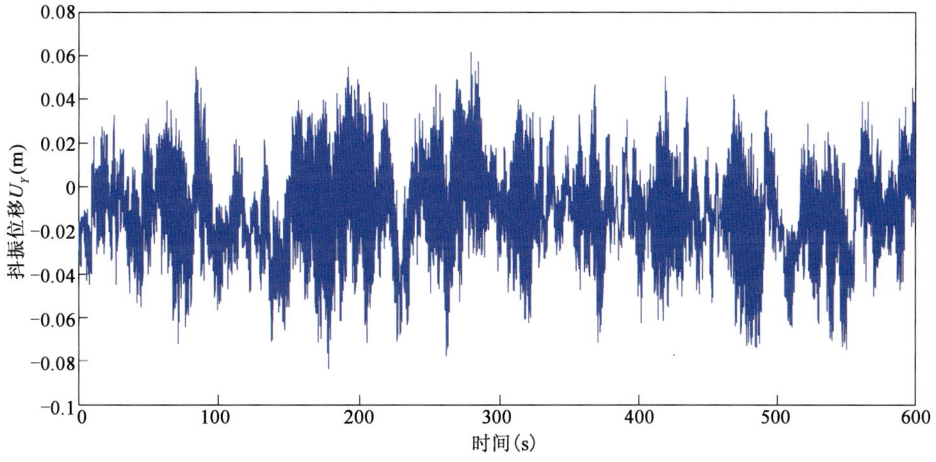

b）考虑墩梁耦合作用

图4-1-57 导梁前端竖向抖振位移时程

4）支座竖向支反力结果

在自重荷载、抖振力和静风力作用下，9 号墩支座下的竖向反力计算结果见表 4-1-24。

9 号墩支座下的竖向反力计算结果（单位：kN）　　表 4-1-24

模型	荷载		抖振力＋静风力			自重		峰值/自重（%）	
	支反力	位置	平均值	标准差	峰值	计算值	设计值	计算值	设计值
一类模型	竖向支反力 F_Y	下游边桁	625	267	1655	14161	14470	117	114
		中桁	250	237	1166	17718	16998	66	69
		上游边桁	－199	201	575	14161	13283	41	43
二类模型	竖向支反力 F_Y	下游边桁	652	273	1707	14423	14470	118	118
		中桁	253	233	1154	17321	16998	67	68
		上游边桁	－223	204	562	14423	13283	39	42

注：1. 上游边桁为迎风边桁架。

2. F_Y 为正值时，表示其方向为竖直向上。

3. 一类模型不考虑墩梁耦合效应，二类模型考虑墩梁耦合效应。

该工况下的 9 号墩的下游桁架对应的支座处竖向支反力时程见图 4-1-58。

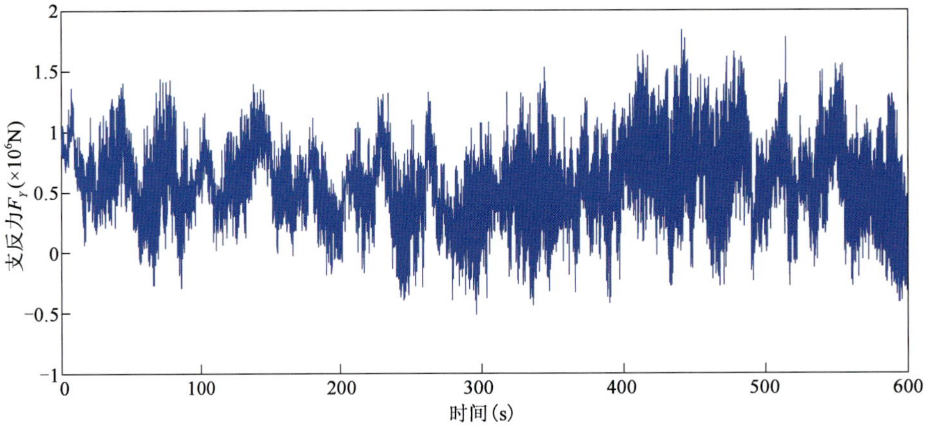

a）不考虑墩梁耦合效应

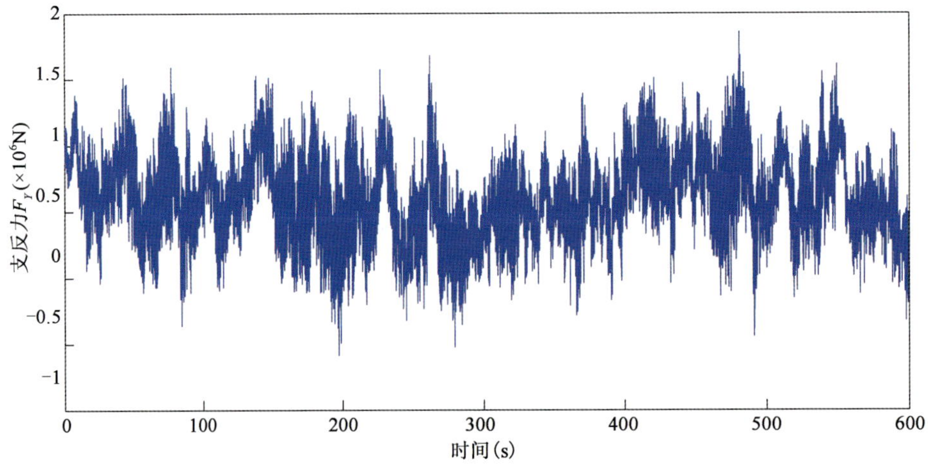

b）考虑墩梁耦合效应

图 4-1-58　9 号墩下游支座处竖向支反力时程

5）应力结果

由表 4-1-24 可知，该工况下墩梁耦合效应不明显，此处只计算一类模型的应力分布。自重荷载、抖振力和静风力作用下，悬臂端处为最不利截面。悬臂端处上层边桁、上层中桁、下层边桁、下层中桁的范梅塞斯（Von mises Mises）应力见表 4-1-25。由该表可知：自重荷载作用下，悬臂端处下游上层边桁、上层中桁、上游上层边桁范梅塞斯应力分别为 127MPa、125MPa、127MPa，悬臂端处下游下层边桁、下层中桁、上游下层边桁范梅塞斯应力分别为 88.5MPa、89.2MPa、88.5MPa。在桥面风速为 30.8m/s 的设计风速下，按抖振分析计算得到：悬臂端处范梅塞斯应力平均最大值约为 4.5MPa，最大峰值约为 11MPa，峰值约占恒载反力的 12%。

11 号墩上方悬臂单元的范梅塞斯应力（单位：Pa） 表 4-1-25

悬臂位置	抖振力 + 静风力			自重	峰值/自重（%）
	平均值	标准差	峰值		
下游上层边桁	1.45×10^6	1.97×10^6	9.28×10^6	12.7×10^7	8.3
上层中桁	1.78×10^6	1.76×10^6	8.76×10^6	12.5×10^7	6.9
上游上层边桁	2.18×10^6	2.03×10^6	10.2×10^6	12.7×10^7	9.1
下游下层边桁	4.53×10^6	1.34×10^6	9.86×10^6	8.85×10^7	11.1
下层中桁	-1.82×10^5	0.62×10^6	4.29×10^6	8.92×10^7	4.7
上游下层边桁	-5.15×10^6	1.40×10^6	10.7×10^6	8.85×10^7	12.0

自重下，悬臂端上层边桁、上层中桁、下层边桁、下层中桁的范梅塞斯（Von mises Mises）应力如图 4-1-59 所示。风荷载引起的悬臂端上、下弦杆范梅塞斯应力分布如图 4-1-60 所示。

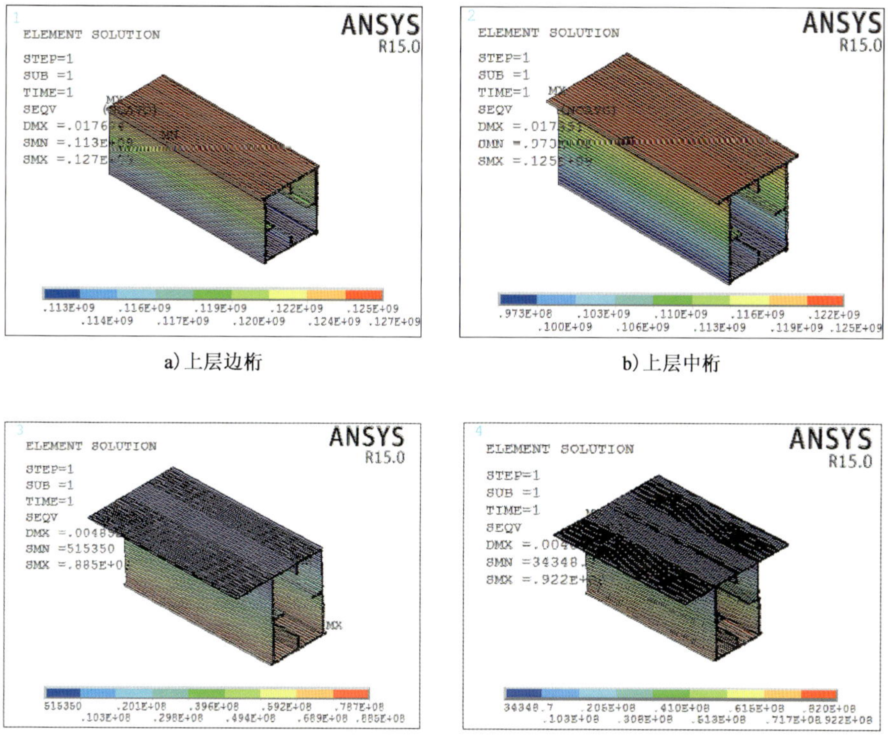

a）上层边桁 b）上层中桁

c）下层边桁 d）下层中桁

图 4-1-59 自重下悬臂端上、下弦杆范梅塞斯应力分布

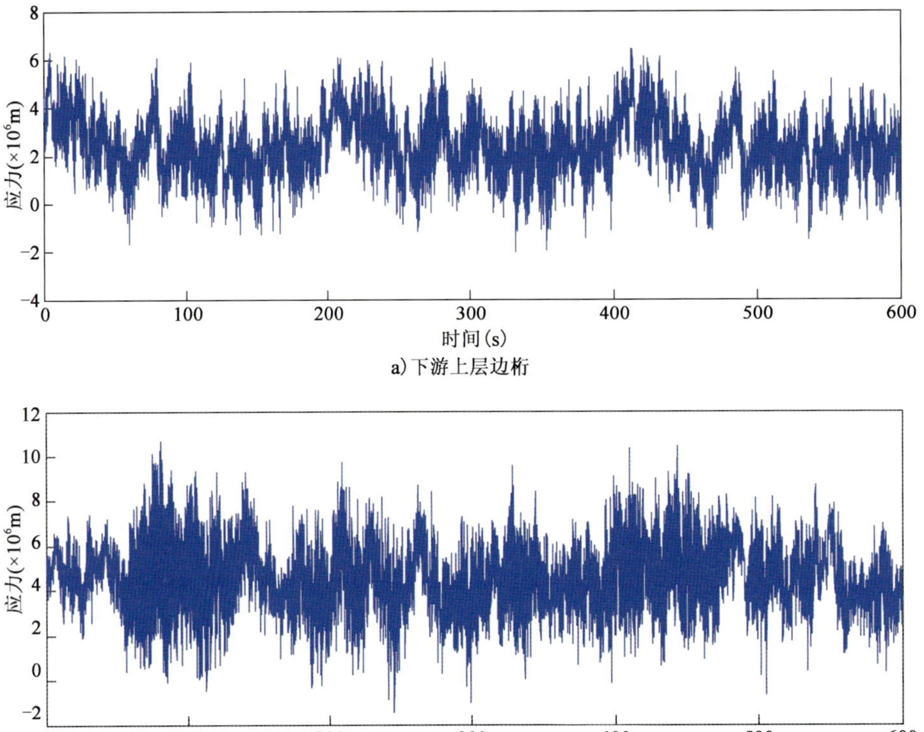

图 4-1-60　风荷载下悬臂端上、下弦杆范梅塞斯应力分布

1.5.6　墩梁耦合效应研究

为考察墩梁耦合效应对支反力的影响，将工况 1、工况 2、工况 3 条件下，一类模型(不考虑墩梁耦合效应)和二类模型(考虑墩梁耦合效应)由抖振引起的峰值竖向支反力与自重荷载下竖向支反力的比值汇总于表 4-1-26。

一类、二类模型下竖向支反力对比　　表 4-1-26

位置	抖振引起的支反力峰值(kN)		自重下的支反力(kN)	误差(%)
	一类模型①	二类模型②	设计值③	(②-①)/③
下游边桁	843	978	8031	1.7
中桁	508	584	10149	0.7
上游边桁	471	517	7252	0.6
下游边桁	1304	1478	2191	1.4
中桁	903	938	14766	0.2
上游边桁	422	453	11025	0.3
位置	1655	1707	14470	0.4
下游边桁	1166	1154	16998	-0.1
中桁	575	562	13283	-0.1

注：一类模型不考虑墩梁耦合效应，二类模型考虑墩梁耦合效应。

由上表可知，一类模型和二类模型抖振竖向支反力峰值和自重引起的竖向支反力的比值最大相差 1.7%，由此可见，墩梁耦合效应对该桥的抖振响应影响较小，可以忽略。

1.5.7 结论

(1)风荷载作用下,同一横断面处不同主桁处支座反力不同。对竖向支座反力而言:下游边桁架处最大;中间支座反力次之;上游支座反力最小。

(2)对于工况1,即导梁前端准备上10号墩(悬臂84m)。考虑墩梁耦合效应时:自重荷载作用下,10号墩三片桁架对应的支座处引起的支座反力分别为8285kN、9902kN、8284kN,设计计算结果为8030kN、10150kN、7250kN,误差分别为3.2%、2.4%、14.2%,两者计算结果相近。在桥面风速为30.8m/s的设计风速下,按抖振分析计算得到:11号墩下游边桁架对应的支座处竖向支反力平均值为2360kN,峰值为843kN,峰值约占恒载反力的10.5%;11号墩中桁架对应的支座处竖向支反力F_Y平均值为77kN,峰值为508kN,峰值约占恒载反力的5%;11号墩上游边桁架对应的支座处竖向支反力F_Y平均值为-86kN,峰值为471kN,峰值约占恒载反力的6.5%。

考虑墩梁耦合效应时:自重荷载作用下,11号墩三片桁架对应的支座处引起的竖向支反力分别为7527kN、8516kN、7527kN,设计计算结果为8030kN、10150kN、7250kN,误差分别为6.7%、19.2%、3.6%,两者计算结果相近。在设计风速下(桥面平均风速30.8m/s),按抖振分析计算得到:墩11号下游边桁架对应的支座处竖向支座反力F_Y平均值为284kN,峰值为978kN,峰值约占恒载反力的13%;11号墩中桁架对应的支座处竖向支座反力F_Y平均值为89kN,峰值为584kN,峰值约占恒载反力的6.9%;11号墩上游边桁架对应的支座处竖向支反力平均值为-108kN,峰值为517kN,峰值约占恒载反力的7.1%。

(3)对于工况2,即导梁前端准备上9号墩(悬臂96m)。不考虑墩梁耦合效应时:自重荷载作用下,10号墩三片桁架对应的支座处引起的支座反力分别为11746kN、14976kN、11746kN,设计计算结果为12190kN、14760kN、11020kN,误差分别为3.7%、1.4%、6.5%,两者计算结果相近。在设计风速下(桥面平均风速30.8m/s),按抖振分析计算得到:10号墩下游边桁架对应的支座处竖向支反力F_Y平均值为496kN,峰值为1304kN,约占恒载反力的11.1%;10号墩中桁架对应的支座处竖向支反力F_Y平均值为199kN,峰值为903kN,约占恒载反力的6.1%;10号墩上游边桁架对应的支座处竖向支反力F_Y平均值为-171kN,峰值为422kN,约占恒载反力的3.8%。

考虑墩梁耦合效应时:自重荷载作用下,在10号墩三片桁架对应的支座处引起的竖向支反力分别为12062kN、14721kN、12062kN,设计计算结果为12190kN、14760kN、11020kN,误差分别为1.1%、0.3%、8.6%,两者计算结果相近。在设计风速下(桥面平均风速30.8m/s),按抖振分析计算得到:10号墩下游边桁架对应的支座处竖向支反力F_Y平均值为568kN,峰值为1478kN,约占恒载反力的12.1%;10号墩中桁架对应的支座处竖向支反力F_Y平均值为201kN,峰值为938kN,约占恒载反力的6.4%;10号墩上游边桁架对应的支座处竖向支反力F_Y平均值为-214kN,峰值为453kN,约占恒载反力的4.1%。

(4)对于工况3,即导梁前端准备上8号墩,并在9号和10号墩顶倒换滑块(悬臂108m)。不考虑墩梁耦合效应时:自重荷载作用下,9号墩三片桁架对应的支座处引起的支反力分别为14161kN、17718kN、14161kN,设计计算结果为14470kN、16998kN、13283kN,误差分别为2.1%、4.2%、6.6%,两者计算结果相近。在设计风速下(桥面平均风速30.8m/s),按抖振分析计算得到:9号墩下游边桁架对应的支座处竖向支座反力F_Y平均值为625kN,峰值为1655kN,约占恒载反力的11.7%;9号墩中桁架对应的支座处竖向支反力F_Y平均值为250kN,峰值为1166kN,约占恒载反力的6.9%;9号墩上游边桁架对应的支座处竖向支反力F_Y平均值为-199kN,峰值为575kN,约占恒载反力的4.3%。

考虑墩梁耦合作用时:自重荷载作用下,在9号墩三片桁架对应的支座处引起的竖向支反力分别为14423kN、17321kN、14423kN,设计计算结果为14470kN、16998kN、13283kN,误差分别为0.3%、1.9%、7.9%,两者计算结果相近。在设计风速下(桥面平均风速30.8m/s),按抖振分析计算得到:9号墩下游边桁架对应的支座处竖向支反力F_Y平均值为652kN,峰值为1707kN,约占恒载反力的11.8%;9号墩中桁架对应的支座处竖向支反力F_Y平均值为253kN,峰值为1154kN,约占恒载反力的6.8%;9号墩上游边桁架对应的支座处竖向支反力 F_Y 平均值为 -223kN,峰值为 562kN,约占恒载反力的 4.2%。

(5)将各工况的放大系数 η 汇总于表 4-1-27。由该表可知,墩梁耦合效应对该桥影响较小,工况 1、工况 2、工况 3 风荷载引起的竖向支反力放大系数最大值分别为 1.13、1.12、1.12。

风荷载引起的竖向支反力放大系数 η　　表 4-1-27

有限元模型	位置	风荷载引起的竖向支反力放大系数 η		
		工况 1	工况 2	工况 3
一类模型	下游边桁	1.11	1.11	1.12
	中桁架	1.05	1.06	1.07
	上游边桁	1.07	1.04	1.04
二类模型	下游边桁	1.13	1.12	1.12
	中桁架	1.07	1.06	1.07
	上游边桁	1.07	1.04	1.04

注:1. 上游边桁为迎风边桁架。
2. 一类模型不考虑墩梁耦合效应,二类模型考虑墩梁耦合效应。

(6)墩梁耦合效应对该桥的抖振响应影响较小,可以忽略。

1.6 钢桁梁顶推启动瞬态动力效应仿真

1.6.1 研究内容

在施工顶推过程中,结构受力发生如下变化:刚开始准备顶推时,顶推力从零缓慢增加,主梁受到顶推力和静摩擦力,两者平衡;随着顶推力的缓慢增加,当顶推力等于结构所受的静摩擦力时,主梁处于移动的临界状态。顶推力稍大于结构所受的静摩擦力时,主梁开始移动,此时,结构所受的静摩擦力变为动摩擦力,结构会产生突然向前的水平效应,从而可能产生较大的动力效应。

本节主要研究钢桁梁顶推启动状态时结构瞬态动力效应问题。依据牛顿第一定律,将启动瞬间静、动摩擦力差值转化为钢桁梁的水平等效加速度,分析结构在瞬态加速度作用下的钢桁梁在竖向的瞬态效应,重点研究启动瞬态效应对支座竖向支反力的影响。为更准确地模拟实际状态,还需考虑结构自重引起的竖向挠度。

1.6.2 工况 1:导梁前端准备上 10 号墩(悬臂 84m)

1)结构分析模型及模拟过程

(1)结构分析模型

结构分析模型与本章 1.5.2 节相同,不再赘述。

(2)模拟过程

①结构受力的初始条件:自重荷载作用(耗时 0.1s,同静力分析)。

②突加静、动摩擦力之差造成的加速度,加速度大小为 $(\mu_{静}-\mu_{动})g$,耗时 1×10^{-6}s。本工况下静摩擦系数取 0.08,动摩擦系数取 0.04。

③5~15s,结构进行自由衰减运动。

在利用 Ansys 模拟时,采用完全动力分析法。结构阻尼为瑞利阻尼,瑞利阻尼系数可以采用模态阻尼比计算,计算如下:

$$\left.\begin{aligned}\alpha&=\frac{\omega_1\omega_2}{\omega_1+\omega_2}2\zeta=\frac{f_1f_2}{f_1+f_2}4\pi\zeta\\ \beta&=\frac{1}{\omega_1+\omega_2}2\zeta=\frac{1}{f_1+f_2}\frac{\zeta}{\pi}\end{aligned}\right\}\tag{4-1-40}$$

其中，f_1、f_2分别取第一、二阶竖弯频率，$f_1=1.574\text{Hz}$，$f_2=6.336\text{Hz}$，$\zeta=0.005$，计算得到$\alpha=0.079$，$\beta=0.0002$。

2）计算结果

图4-1-61和图4-1-62给出了工况1下，顶推过程中边、中桁架竖向支反力时程。边桁架、中桁架最大竖向支反力分别为8390kN、10020kN。自重荷载作用下，边桁架、中桁架竖向支反力分别为8284kN、9902kN。放大系数计算见表4-1-28。由表知，竖向支反力约放大1.3%。

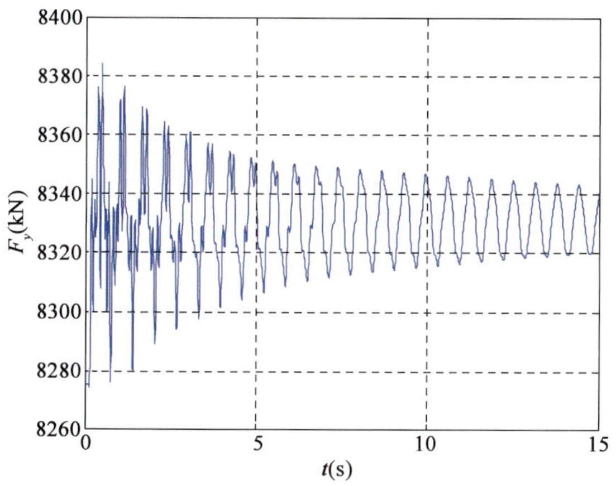

图4-1-61 边桁架竖向支反力时程（11号墩）

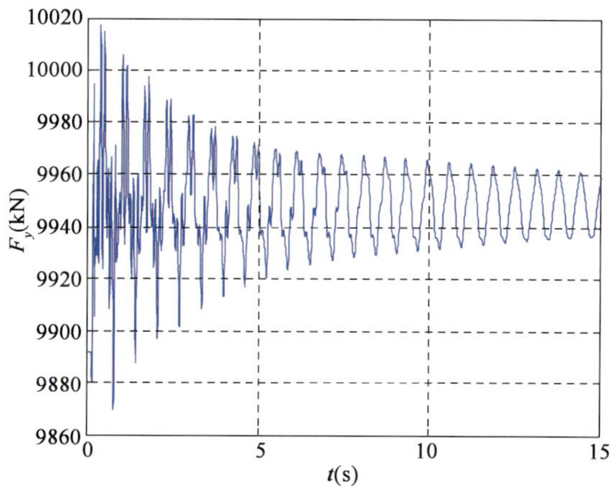

图4-1-62 中桁架竖向支反力时程（11号墩）

顶推造成11号墩下的竖向支反力（单位：kN） 表4-1-28

位置	自重荷载引起	（自重+顶推）引起	放大系数
边桁架	8284	8390	1.013
中桁架	9902	10020	1.012

1.6.3 工况2：导梁前端准备上9号墩（悬臂96m）

结构分析模型与本章1.5.3节相同，不再赘述。$f_1=1.249\text{Hz}$，$f_2=3.186\text{Hz}$，$\zeta=0.005$，计算得到$\alpha=0.0564$，$\beta=0.00036$。

自重荷载作用下，边桁架、中桁架竖向支反力分别为11740kN、14980kN。顶推过程中，边、中桁架支反力时程如图4-1-63、图4-1-64所示。边桁架、中桁架最大竖向支反力分别为11860kN、15130kN。放大系数计算见表4-1-29。由表可知，竖向支反力约放大1%。

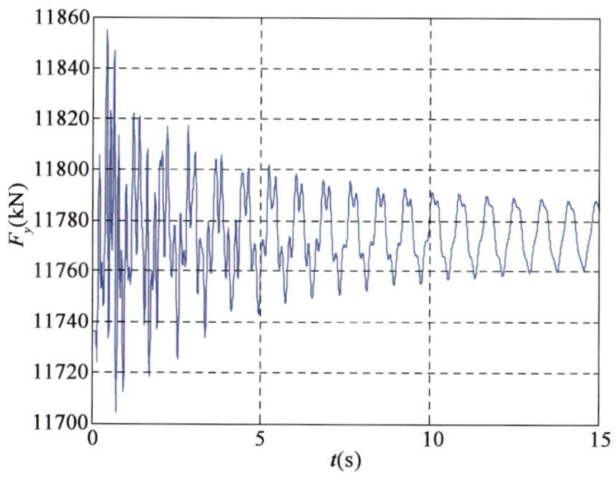

图4-1-63 边桁架支反力时程（11号墩）

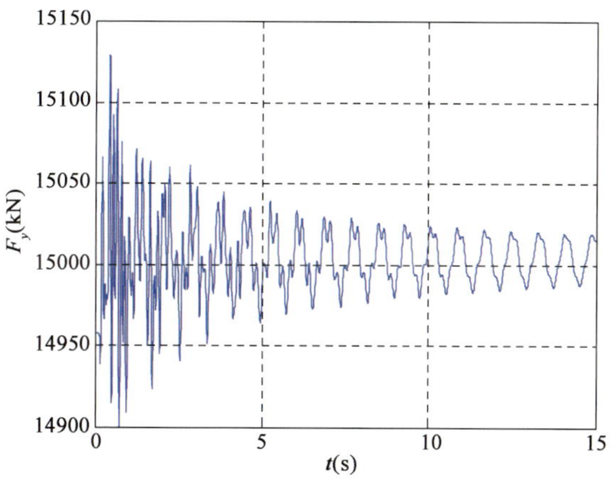

图4-1-64 中桁架支反力时程（11号墩）

顶推造成 10 号墩下的竖向支反力(单位:kN)　　表 4-1-29

位置	自重荷载引起	(自重 + 顶推)引起	放大系数
边桁架	11740	11860	1.01
中桁架	14980	15130	1.01

1.6.4　工况 3:导梁前端准备上 8 号墩,并在 9 号和 10 号墩倒换滑块(悬臂 108m)

结构分析模型与本章 1.5.4 节相同,不再赘述。其中,$f_1=1.021\text{Hz}$,$f_2=2.560\text{Hz}$,$\zeta=0.005$,计算得到 $\alpha=0.0458$,$\beta=0.00044$。

自重荷载作用下,边桁架、中桁架竖向支反力分别为 14160kN、17710kN。顶推过程中,边、中桁架支反力时程如图 4-1-65、图 4-1-66 所示。边桁架、中桁架最大竖向支反力分别为 14250kN、17820kN。放大系数计算见表 4-1-30。由表可知,竖向支反力约放大 0.6%。

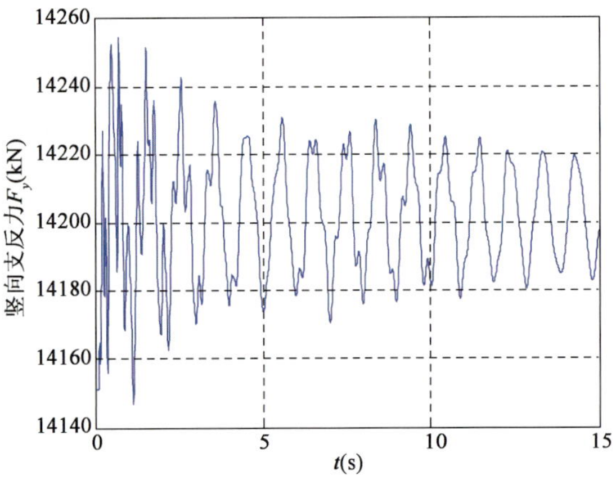

图 4-1-65　边桁架支反力时程(11 号墩)

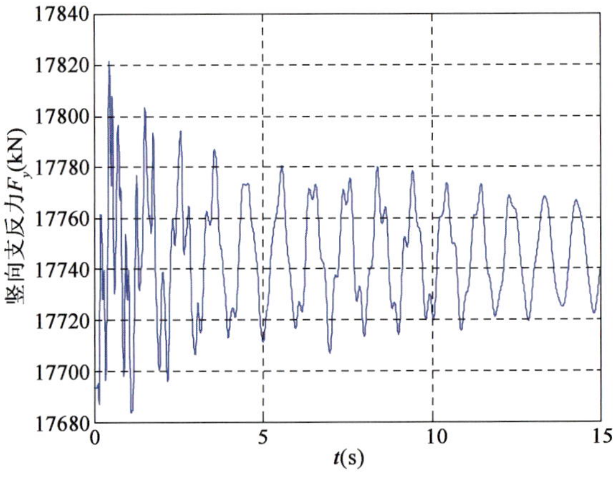

图 4-1-66　中桁架支反力时程(11 号墩)

顶推造成 9 号墩下的竖向支反力(单位:kN)　　表 4-1-30

位置	自重荷载引起	(自重 + 顶推)引起	放大系数
边桁架	14160	14250	1.006
中桁架	17710	17820	1.006

1.6.5　结论

本章研究了钢桁梁顶推启动状态时结构瞬态动力效应问题。对三种典型工况的仿真分析表明,顶推启动瞬态动力效应引起的竖向支反力为 100 ~ 150kN,顶推力造成的竖向支反力的放大因子不超过 1.5%。

第2章 大跨长联钢桁组合梁公铁两用桥顶推施工力学行为研究

2.1 概述

三门峡黄河公铁两用大桥主桥主桁总长1140m，总质量41408t，采用单向顶推架设施工工艺。

基于三门峡黄河公铁两用大桥上部结构特点和单向顶推施工工艺，上部结构施工将会遭遇以下几方面的难题。

(1)由于施工荷载的随机性，三门峡黄河公铁两用大桥各构件在施工过程中的变形及应力分布具有明显的不均现象，个别构件的内力会被低估，其稳定性与安全将会受到极大挑战。

(2)三门峡黄河公铁两用大桥上部结构的杆件连接采用了大量的螺栓连接，这种连接形式不能实现构件的刚性连接，具有明显的半刚性连接特性。这种半刚性连接特性对施工过程中杆件的内力及变形产生一定的影响，也会影响施工安全及施工质量。

(3)顶推施工是一种动态施工过程，主桁在顶推过程中将使竖向构件产生水平动力。这种水平动力的大小及特性与顶推工艺及顶推长度有密切关系，其存在将引起结构内力及变形的变化，也必将会给施工带来一定的安全隐患。

(4)顶推施工将使上部结构出现多次的体系转换，构件的内力也将出现波动性变化，这与结构设计时的构件受力状态是明显不同的。由于施工、环境或其他原因，顶推过程不是完全均衡匀速进行的，这些必将导致构件的实际受力与原设计时考虑的情况存在较大的差异。因此，对施工过程中的构件进行理论研究、仿真分析及现场的监测、监控是保证项目安全施工的重要措施。

本章以浩吉铁路MHTJ-13标段三门峡黄河公铁两用大桥为工程背景，结合单向多点顶推施工工艺和桥梁上部结构受力特点，进行了以下几方面的研究工作：

(1)通过模拟顶推施工全过程，分析各墩墩支座反力以及导梁和主梁的内力、应力变化规律，从而确定顶推全过程中关键施工工况，进而分析关键施工工况下风荷载及温度荷载对顶推结构的影响。

(2)通过模拟顶推施工全过程，分析在施工过程中顶推结构的整体稳定性，确定顶推过程中容易失稳的构件；针对存在稳定安全储备不足的杆件，提出优化方案，且验证该方案的有效性。

(3)从导梁前端位移、最大悬臂段位移分布、跨中最大挠度变化以及顶面升温对最大悬臂段位移影响4个方面，对顶推结构进行线形分析。

(4)采用大型有限元软件ABAQUS模拟分析梁体发生不同横向偏移对滑道梁和下弦杆整体节点局部受力的影响；对主梁横向纠偏进行数值模拟，以控制钢桁梁应力变化为原则，给出千斤顶合理的纠偏范围和不同纠偏量所对应的理论纠偏力。

(5)利用ABAQUS建立下弦杆支撑点位置局部模型，并进行局部受力分析，分析表明支撑位置受力具有以下特点：在施工荷载作用下，支撑点位置局部由于应力集中而产生面积较小的塑性区，建议采取一定措施减小应力集中的影响。竖板厚度对支撑位置的受力影响较大，而底板厚度对支撑位置的受力影响相对较小，横隔板的存在对于支撑点位置受力改善程度有限。

(6)利用ABAQUS建立含有高强度螺栓的节点模型，分别分析了在施工荷载作用下摩擦型高强度螺栓无缺失、有缺失情况的传力特点。

(7)利用ABAQUS建立含有高强度螺栓的腹杆局部模型，进行了腹杆高强度螺栓群全过程传力性能分析，由分析可知：外荷载与每排螺栓的滑移量呈现出较为明显的非线性。随荷载逐步增大各排螺栓按照一定次序产生滑移，各排螺栓的传力比差距逐渐缩小。同一排螺栓两端螺栓最先产生滑移。

2.2 顶推施工全过程钢桁梁受力分析

2.2.1 MIDAS/Civil 模拟施工的关键点

(1)MIDAS/Civil 软件中，梁单元是由 2 个节点构成的，每一个节点具有 6 个自由度即三个方向的线性位移和三个方向的旋转位移。软件中规定的单元内力和应力符号如图 4-2-1 所示，其中箭头指向为正。不同的是弯矩作用下截面产生的应力，以受拉为正、受压为负。

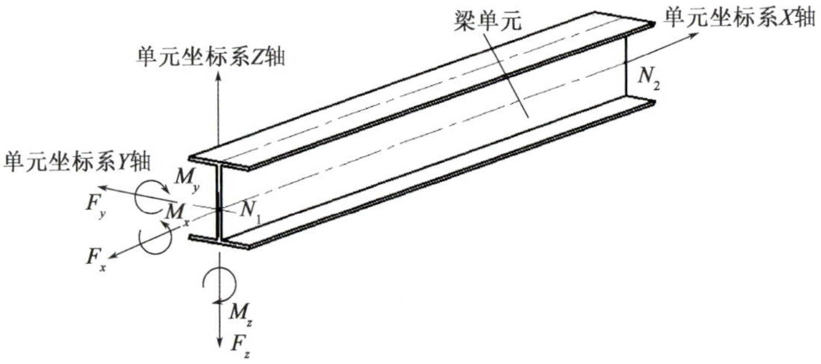

图 4-2-1 梁单元的单元坐标系及单元内力(或应力)符号规定

MIDAS/Civil 输出的梁单元内力和应力符号及含义如下：

F_x——单元局部坐标下 X 轴方向的轴力；

F_y——单元局部坐标下 Y 轴方向的剪力；

F_z——单元局部坐标轴下 Z 轴方向的剪力；

M_x——绕着单元局部坐标下 X 轴方向的扭矩；

M_y——绕着单元局部坐标下 Y 轴方向的弯矩；

M_z——绕着单元局部坐标下 Z 轴方向的弯矩；

组合应力——轴力产生的应力与两个方向的弯矩产生的应力的相加。

(2)MIDAS/Civil 软件中，板单元是由同一平面上的 3 ~ 4 个节点构成的平板单元，根据平面外刚度可以把单元划分成薄板单元和厚板单元两种。板单元的自由度是以单元坐标系为基准，每个节点具有 X、Y、Z 轴方向的移动的线性位移自由度和绕 X、Y 轴旋转的旋转位移自由度。单元坐标系是由 X、Y、Z 三轴构成的，满足右手螺旋法则的空间直角坐标系，如图 4-2-2 所示。

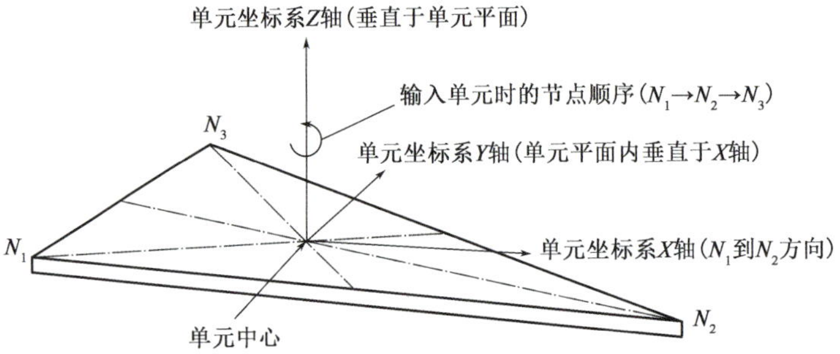

图 4-2-2 三角形板单元的布置和单元坐标系

(3)为了更准确地模拟顶推施工，需要满足以下两方面：一是划分较多的顶推施工阶段，计算较多的施工过程模型；二是尽量采用实体或板壳单元。其中第二个方面会导致模型计算时间大幅增加。因此一般选取梁单元进行全桥顶推过程的模拟计算。建模有“梁动墩不动”和“墩动梁不动”两种方法。

两者具体区别是：前者的整个计算模型坐标以固定不变的各墩坐标为参考，每个工况仅改变梁单元的数量、属性以及与墩连接的边界参数，而后者每一工况改变的是墩的节点位置。以四跨连续梁为例说明两种方法建立模型的过程，如图4-2-3所示。本模型采用"墩动梁不动"方法建立。

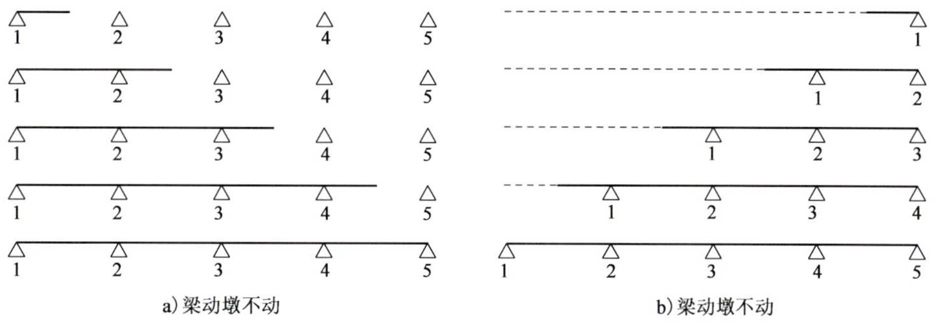

图4-2-3 顶推施工仿真分析模型

(4)MIDAS/Civil软件中对于温度荷载(包括系统温度和单元温度)的计算只能用于结构的成桥阶段，在顶推施工过程中不能计算分析。如果将每个施工阶段保存为成桥阶段再计算温度荷载，工作量太大，耗时过长。本篇第2.3.2节中的顶推模型只考虑了自重和风荷载，没有施加温度荷载。在本篇第2.3.3节中，选取了顶推中关键工况作为成桥阶段，考虑了温度荷载。

2.2.2 模型的建立

1)构件材料

各构件的力学性能及材料参数见表4-2-1。

桥梁用钢主要力学性能及材料参数　　表4-2-1

结构	单位	主桁	导梁主要杆件	导梁平联
钢种		Q370qE	Q345B	Q235B
弹性模量 E	MPa	210000	210000	210000
剪切模量 G	MPa	81000	81000	81000
泊松比		0.3	0.3	0.3
轴向应力[σ]	MPa	210	210	130
弯矩应力[σ_w]	MPa	220	210	140
剪应力[τ]	MPa	125	125	80
轴+弯矩组合应力	MPa	252	252	252
热膨胀系数	℃	0.000012	0.000012	0.000012

2)构件截面

钢桁梁主要受力杆件有下弦杆、上弦杆、腹杆、公路横梁，具体的截面形式和截面特性见表4-2-2。考虑到整体节点处杆件尺寸不一样，为了得到较为准确的计算结果，模型中一共设置218个截面。

3)全联施工阶段划分

顶推施工中以拼装一组钢桁梁为一个大工况，一共有13个大工况。以顶推一个节间距离即12m为一个施工阶段，每一个大工况中包含若干个施工阶段，模拟顶推全过程一共有215个施工阶段。具体全联顶推施工阶段划分见表4-2-3。表中施工阶段编号具体含义以C3-5举例说明：C表示施工阶段，3表示第三大工况，5表示第三大工况里的第五个顶推阶段。

4)构件模型

本桥顶推施工模拟采用MIDAS/Civil有限元软件计算。铁路桥面板为正交异性钢板，采用三角形的厚板单元模拟，主梁和导梁的杆件采用梁单元模拟。本书仅对钢桁梁顶推施工进行分析，模型中未建公路桥面板。由于全桥长度过长，全桥模型图模糊，所以给出 C2-7 施工阶段的空间三维模型，如图 4-2-4 所示。

主要受力杆件截面形式和截面特性　　表 4-2-2

位置	截面示意图（mm）	面积（m^2）	有效剪切面积（m^2）		抗扭惯性矩（m^4）		截面惯性矩（m^4）	截面面积矩（m^2）	
		A	A_{sy}	A_{sz}	I_{xx}	I_{yy}	I_{zz}	Q_y	Q_z
下弦杆	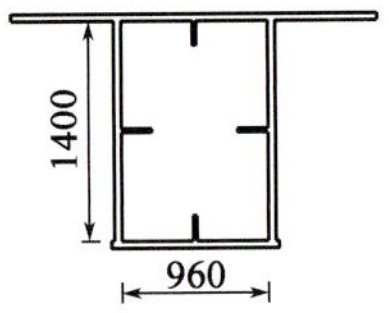	0.310	0.116	0.137	0.089	0.103	0.094	0.846	0.181
		0.257	0.085	0.125	0.073	0.080	0.077	0.735	0.158
		0.165	0.056	0.062	0.040	0.055	0.044	0.901	0.091
	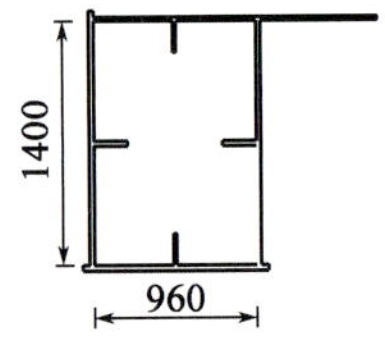	0.173	0.052	0.072	0.046	0.054	0.038	0.774	0.419
		0.167	0.046	0.072	0.044	0.051	0.036	0.090	0.420
		0.154	0.046	0.062	0.040	0.049	0.033	0.095	0.381
上弦杆	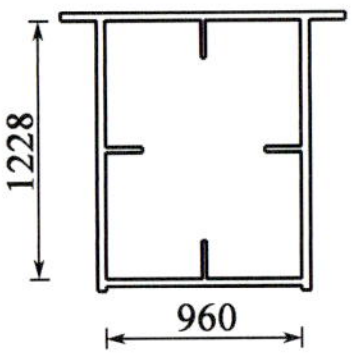	0.220	0.076	0.101	0.064	0.054	0.041	0.554	0.101
		0.187	0.066	0.083	0.053	0.046	0.034	0.580	0.086
		0.174	0.050	0.073	0.044	0.042	0.031	0.596	0.080
		0.142	0.043	0.054	0.034	0.035	0.025	0.655	0.065
	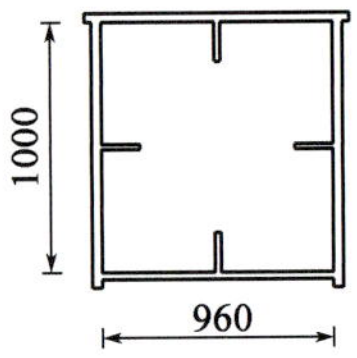	0.165	0.056	0.067	0.038	0.027	0.027	0.376	0.081
		0.144	0.052	0.054	0.033	0.024	0.022	0.416	0.069
		0.130	0.048	0.042	0.028	0.023	0.019	0.514	0.059
		0.122	0.042	0.041	0.026	0.021	0.018	0.469	0.057
腹杆	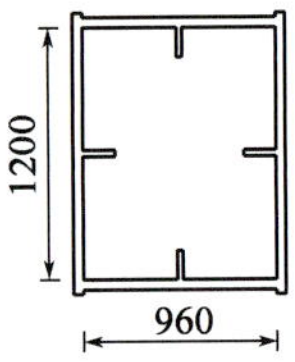	0.238	0.077	0.105	0.069	0.057	0.041	0.126	0.120
		0.212	0.065	0.095	0.060	0.049	0.037	0.112	0.113
		0.177	0.051	0.076	0.047	0.040	0.030	0.079	0.072
		0.159	0.044	0.070	0.041	0.035	0.027	0.071	0.065
	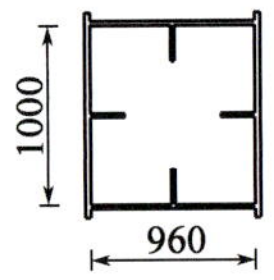	0.135	0.042	0.057	0.029	0.021	0.021	0.051	0.056
		0.109	0.032	0.040	0.022	0.017	0.017	0.043	0.045
		0.093	0.031	0.036	0.019	0.015	0.014	0.038	0.038
	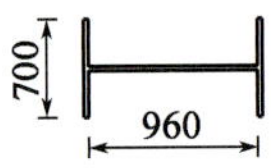	0.066	0.026	0.033	0.000	0.002	0.012	0.003	0.461

续上表

位置	截面示意图 (mm)	面积 (m^2)	有效剪切面积 (m^2)		抗扭惯性矩 (m^4)		截面惯性矩 (m^4)	截面面积矩 (m^2)	
		A	A_{sy}	A_{sz}	I_{xx}	I_{yy}	I_{zz}	Q_y	Q_z
公路横梁	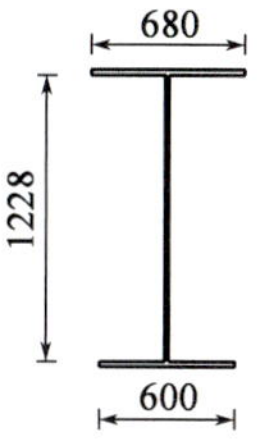	0.050	0.025	0.019	0.000	0.014	0.001	0.000	0.002
		0.060	0.030	0.024	0.000	0.017	0.001	0.750	0.002
		0.060	0.030	0.024	0.000	0.017	0.001	0.750	0.002

全联施工阶段划分　　表4-2-3

大工况号	阶段数	阶段编号	主要施工步骤	备注
一	5	C1-0 ~ C1-4	架设导梁和2.5个主梁,顶推4个节间	—
二	8	C2-0 ~ C2-7	架设主梁4个节间,顶推7个节间	C2-3-1上10号墩
三	10	C3-0 ~ C3-8	架设主梁8个节间,顶推8个节间	C3-5-1上9号墩
四	10	C4-0 ~ C4-8	架设主梁8个节间,顶推8个节间	C4-6-1上8号墩
五	10	C5-0 ~ C5-8	架设主梁8个节间,顶推8个节间	C5-7-1上7号墩
六	10	C6-0 ~ C6-8	架设主梁8个节间,顶推8个节间	C6-8-1上6号墩
七	10	C7-0 ~ C7-8	架设主梁8个节间,顶推8个节间	—
八	10	C8-0 ~ C8-8	架设主梁8个节间,顶推8个节间	C8-1-1上5号墩
九	10	C9-0 ~ C9-8	架设主梁8个节间,顶推8个节间	C9-2-1上4号墩
十	10	C10-0 ~ C10-8	架设主梁8个节间,顶推8个节间	C10-3-1上3号墩
十一	10	C11-0 ~ C11-8	架设主梁8个节间,顶推8个节间	C11-4-1上2号墩
十二	10	C12-0 ~ C12-8	架设主梁8个节间,顶推8个节间	C12-5-1上1号墩
十三	12	C13-0 ~ C13-10	架设主梁8个节间,顶推10个节间 导梁过0号墩一个节间,拆除一个节间	C13-4-1上0号墩

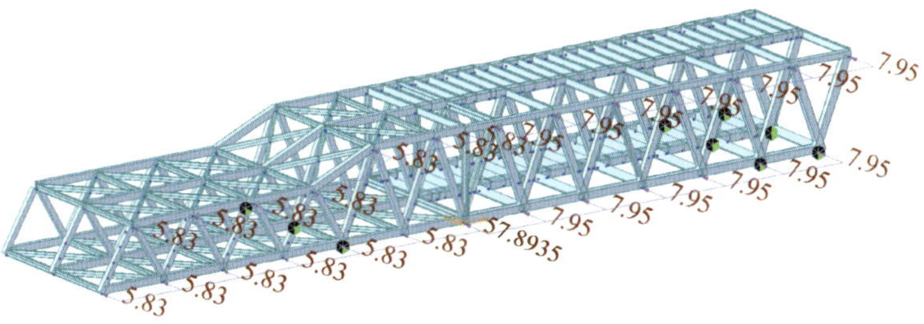

图4-2-4　C2-7施工阶段结构空间三维模型(尺寸单位:m)

5)边界条件模拟

顶推施工过程中,实际的约束方向分为水平方向和竖直方向,其中水平方向包括顺桥向和横桥向。在顶推施工模拟中,顺桥向约束采用在每段顶推组末端的中桁节点处施加一般支撑 D_X,横桥向约束采用在钢桁梁和导梁边桁节点处施加一般支撑 D_Y,竖直向约束采用在每片桁架的节点处施加一般支撑 D_Z,如图4-2-4所示。

6）荷载模拟

对钢桁梁顶推施工模拟主要考虑以下几种荷载：

（1）自重荷载：考虑到模型中没有模拟节点拼接板、螺栓等构件，模型自重与实际结构存在一定偏差，故将模型中自重的计算系数取1.2，得出顶推总重量为359000×1.2＝430800kN。

（2）风荷载：结合《公路桥梁抗风设计规范》（JTG/T 3360-01—2018）和《建筑结构荷载规范》（GB 50009—2022）确定主梁和导梁的风荷载。

①主梁风荷载计算。依据《公路桥梁抗风设计规范》（JTG/T 3360-01—2018）规定，计算该桥设计基准风速：

$$V_d = K_1 V_{10} \tag{4-2-1}$$

$$K_1 = 1.174\left(\frac{Z}{10}\right)^{0.12} \tag{4-2-2}$$

式中：V_d——桥梁构件基准高度处设计基准风速（m/s）；

V_{10}——桥址处的设计基本风速（m/s），即地面或水面以上10m高度处，100年重现期的10min平均年最大风速，此处取27.7m/s；

Z——构件基准高度（m），此处取95.74m；

K_1——风速高度变化系数。

依据《公路桥梁抗风设计规范》（JTG/T 3360-01—2018）可知，桥梁施工期少于3年、风速重现期不低于5年时，施工阶段设计风速按下式计算：

$$V_{sd} = \eta V_d \tag{4-2-3}$$

式中：η——风速重现系数，此处取0.78。

静阵风风速：

$$V_g = G_V V_z \tag{4-2-4}$$

式中：G_V——静阵风系数，此处取1.26；

V_z——基准高度Z处的风速（m/s），此处等于V_{sd}。

单节间主梁上的静阵风荷载：

$$F_H = \frac{1}{2}\rho V_g^2 A_f \tag{4-2-5}$$

$$A_f = \mu_s \frac{1-\xi^2}{1-\xi} A_n \tag{4-2-6}$$

式中：ρ——空气密度（kg/m^3），取值1.25；

A_f——单节间主梁迎风面的计算面积（m^2），此处按《建筑结构荷载规范》（GB 50009—2022）中相关规定计算；

μ_s——桁架构件体形系数，对于迎风面方向为3片主桁结构时，取1.3；

A_n——桁架杆件和节点挡风的净投影面积（m^2），经计算为$92m^2$；

ξ——根据桁架的挡风系数，由$\phi = A_n/A_l = 70.75/194.4 = 0.36$与$b/h = 13.6/15 = 0.907$，可查得0.564，其中$A_1$为单片桁架轮廓面积，$b$为边中主桁之间的距离，$h$为桁架高度。

有上述计算可得：$V_d = 42.66m/s$；$K_1 = 1.54$，$V_{sd} = 33.3m/s$；$V_g = 42m/s$；$A_f = 173.1m^2$；$F_H = 190.8kN$，将F_H转化为作用在上、下弦杆的线荷载$q = 7.95kN/m$。

②导梁风荷载计算。按照钢桁梁风荷载计算可得：

$A_f = 126.9m^2$；$F_H = 140kN$，将F_H转化为作用在上、下弦杆的线荷载$q = 5.83kN/m$。

(3)温度荷载:桥位处的历史最高温度为43.2℃、最低温度为-19.1℃,设计基准温度按20℃。温度荷载为体系整体升降温:+23℃,-39℃。采用MADIS/Civil温度荷载板块中的系统温度,初始温度设定为20℃,整体升温结束时温度设定为43℃,整体降温结束时温度设定为-19℃。考虑到顶推结构迎光面受到阳光直照会产生局部升温即顶面温差,故增设顶面温差分别为5℃、10℃、15℃和20℃的四种单元温度荷载。需要说明的是,温度荷载在本篇第2.2.3节的模型中考虑。具体的加载方式见本篇第2.2.3节。

2.2.3 钢桁梁顶推施工全过程受力分析

1)桥跨编号与桥跨比定义

为了方便描述顶推施工过程中结构的受力规律,将桥跨进行了编号,如图4-2-5所示。值得注意的是,桥跨编号顺序与桥墩编号顺序相反,这是因为顶推方向是从大墩号指向小墩号的。

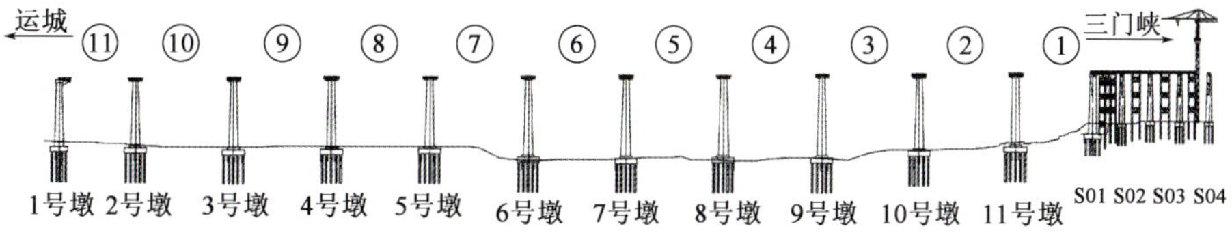

图4-2-5 桥墩与桥跨编号图

①~⑪-桥跨编号

顶推跨越每一桥跨过程都有若干个施工阶段,为了准确描述顶推规律,引出一个变量即桥跨比,桥跨比=导梁前端悬出桥墩的长度/正在顶推跨越桥跨的跨径,以施工阶段C3-3为例说明,C3-3施工阶段的顶推模型如图4-2-6所示。由图4-2-6可知,此时导梁正在跨越第3桥跨,悬出9号墩三个节间长度即36m,而第3桥跨的跨径为108m,故该阶段下的桥跨比为36/108=0.33,以此类推可以得到其他施工阶段的桥跨比,值得注意的是,导梁刚上墩时桥跨比为0,导梁最大悬臂时桥跨比为1。

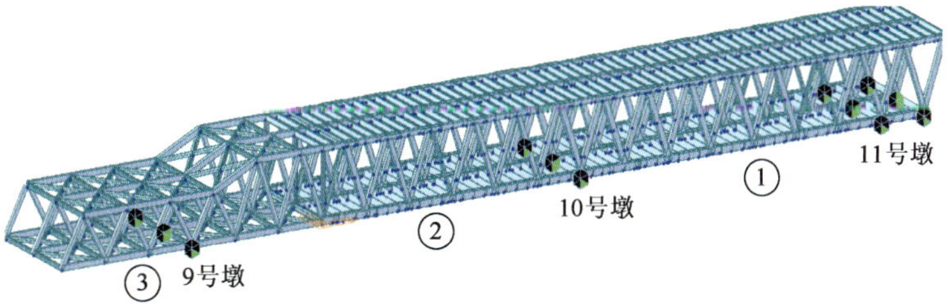

图4-2-6 C3-3施工阶段模型图

2)墩支座反力分析

由于风荷载施加在上游边桁的上、下弦杆,故上下游两片边桁的墩支座反力不一致,边桁如图4-2-7所示。上下游侧边桁的墩支座反力随顶推过程变化规律如图4-2-8、图4-2-9所示。

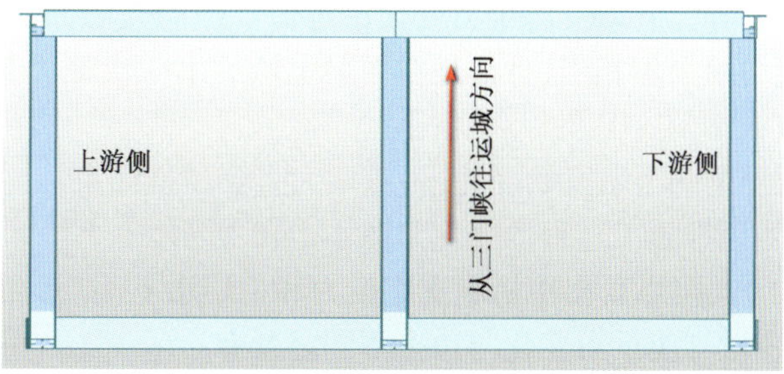

图4-2-7 边桁架示意图

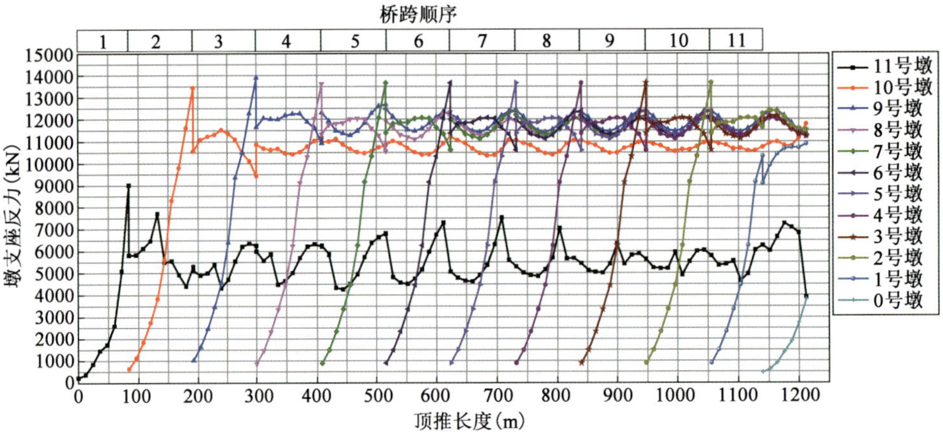

图 4-2-8 上游侧边桁架墩支座反力变化图

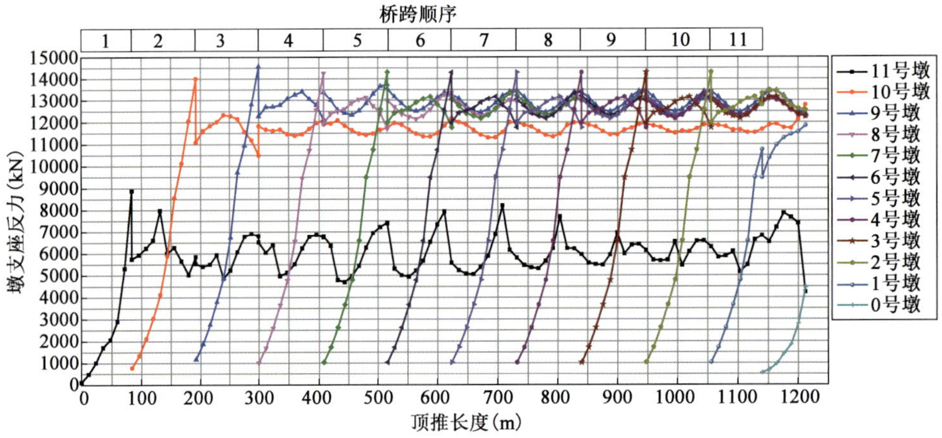

图 4-2-9 下游侧边桁架墩支座反力变化图

从图 4-2-8 和图 4-2-9 中可以看出,上下游的两片边桁各墩支座反力随顶推过程变化趋势基本一致,但顶推过程中下游的各墩支座反力较大,这是由于风荷载的单侧施加所致。限于篇幅,以下游边桁墩支座反力阐述边桁墩支座反力在顶推过程的变化规律。下游边桁各墩支座反力的变化趋势如下:

(1)11 号墩支座反力在跨越第 1 桥跨时,从架设导梁(C1-0)开始受力,逐渐增大,直到导梁即将上 10 号墩时(C2-3-0)反力最大,然后千斤顶顶升导梁上 10 号墩(C2-3-1)反力大幅度减小。导梁在跨越第 2 和第 3 桥跨中,反力最大值分别出现在顶推 4 个节间和 3 个节间时。导梁跨越第 4 ~ 10 桥跨中,反力的变化趋势相似,其中跨越每一桥跨中的最大反力值都出现在导梁即将要上墩时。11 号墩支座反力最大值为 9023.3kN,出现在导梁即将要上 10 号墩(C2-3-0)。

(2)1 ~ 10 号墩支座反力的变化趋势较为一致。各墩支座反力从导梁上墩开始受力到即将要上下一桥墩过程中,支座反力呈增大趋势;顶推跨越下一桥跨过程中,各墩支座反力变化为近似上凸的光滑曲线;顶推继续,跨越其他桥跨时,各墩支座反力变化为近似下凸的光滑曲线。各桥墩还可发现除 1 号墩之外,其他 9 个墩支座反力最大值相当,且都是在导梁上墩后第一次最大悬臂阶段下,其中 9 号墩支座反力最大,为 14645.6kN。

(3)0 号墩支座反力从导梁刚上墩开始受力,一直增大直到顶推结束。

中桁架各墩支座反力随顶推施工过程的变化如图 4-2-10 所示。

对比图 4-2-9 和图 4-2-10,可以看出中桁墩支座反力和边桁墩支座反力的变化规律很相近,但两者还有一些区别。总结中桁各墩支座反力变化与边桁不同之处有:

(1)顶推施工过程中,中桁各墩支座反力比边桁的要大,其中最大值为 18225kN,出现于跨越第 4 桥跨的 C5-2 施工阶段。

(2)在跨越每一桥跨中,中桁第 1 ~ 10 号墩支座反力变化接近上凸的光滑曲线。

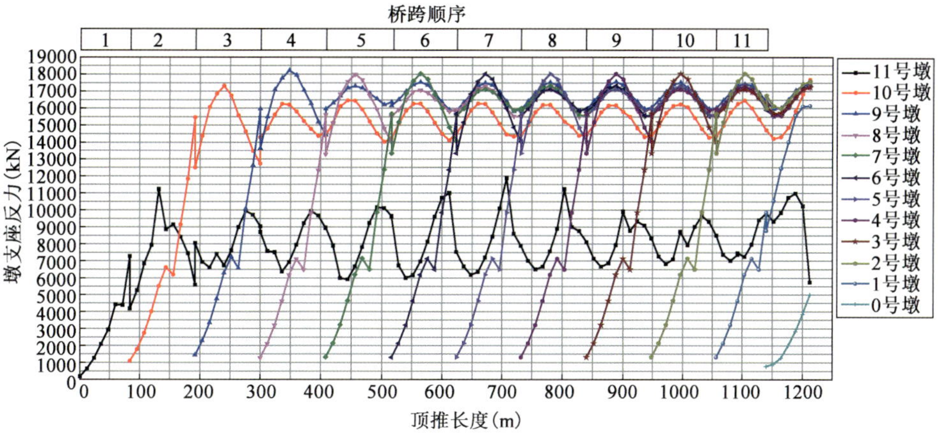

图 4-2-10　中桁架墩支座反力变化图

将钢桁梁顶推施工过程中各墩支座反力最大值整理成表 4-2-4。

各墩支座反力最大值(单位:kN)　表 4-2-4

位置	0 号墩	1 号墩	2 号墩	3 号墩	4 号墩	5 号墩	6 号墩	7 号墩	8 号墩	9 号墩	10 号墩	11 号墩
边桁 1	3809	10876	13652	13652	13652	13652	13651	13656	13617	13899	13442	9023
中桁	4992	16138	18031	18031	18031	18031	18031	18036	18004	18225	17692	11887
边桁 2	3686	11843	14294	14294	14294	14294	14293	14299	14256	14560	14008	8877

根据表 4-2-4 的最大支座反力值验算竖向千斤顶的配置方案是否可行,其中动力储备系数取 1.25。0 号墩边中桁布置 2 台 500t 千斤顶,反力最大值为 4992kN,则 2 × 500 × 10kN/4992kN = 10000/4992 = 2.0 > 1.25;1 ~ 11 号墩中桁布置 4 台 800t 千斤顶,反力最大值为 18225kN 出现在 9 号墩中桁,则 4 × 800 × 10kN/18225kN = 32000/18225 = 1.76 > 1.25;1 ~ 10 号墩边桁布置 4 台 650t 千斤顶,反力最大值为 13652kN,则 4 × 650 × 10kN/13652kN = 26000/13652 = 1.9 > 1.25;11 号墩边桁布置 2 台 900t 千斤顶,反力最大值为 9023kN,则 2 × 900 × 10kN/9023kN = 18000/9023 = 1.98 > 1.25,因此竖向千斤顶配置方案可行。

3)内力分析

MIDAS/Civil 梁单元输出的内力有 6 个:轴力 F_x、剪力 F_y、剪力 F_z、扭矩 M_x、弯矩 M_y 以及弯矩 M_z。顶推过程中每个施工阶段下结构的最大内力变化如图 4-2-11 ~ 图 4-2-16 所示。

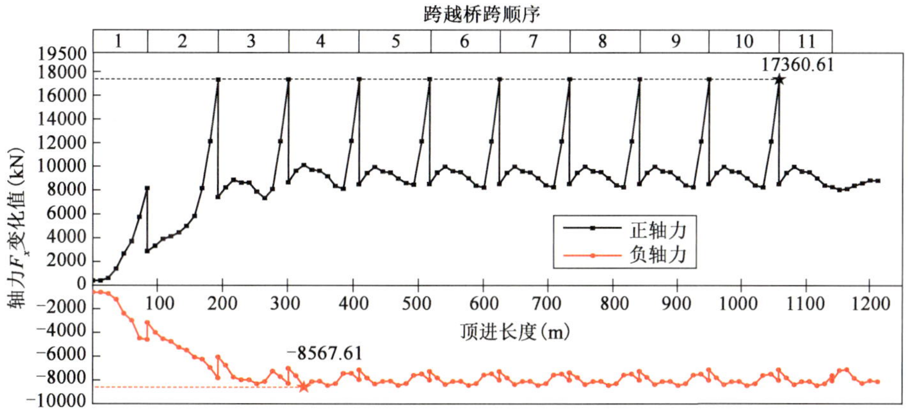

图 4-2-11　轴力 F_x 最值变化图

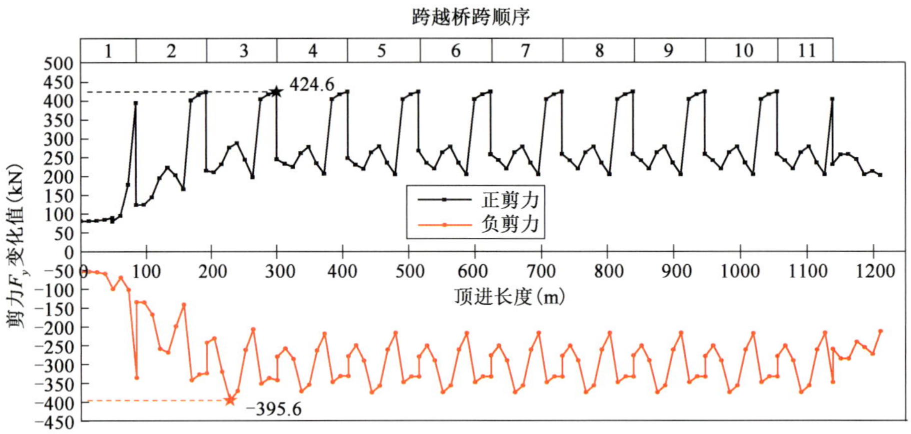

图 4-2-12 剪力 F_y最值变化图

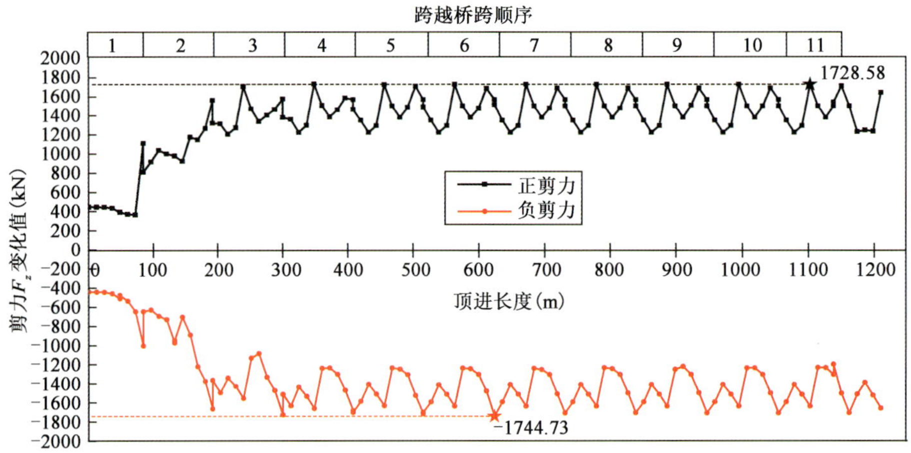

图 4-2-13 剪力 F_z最值变化图

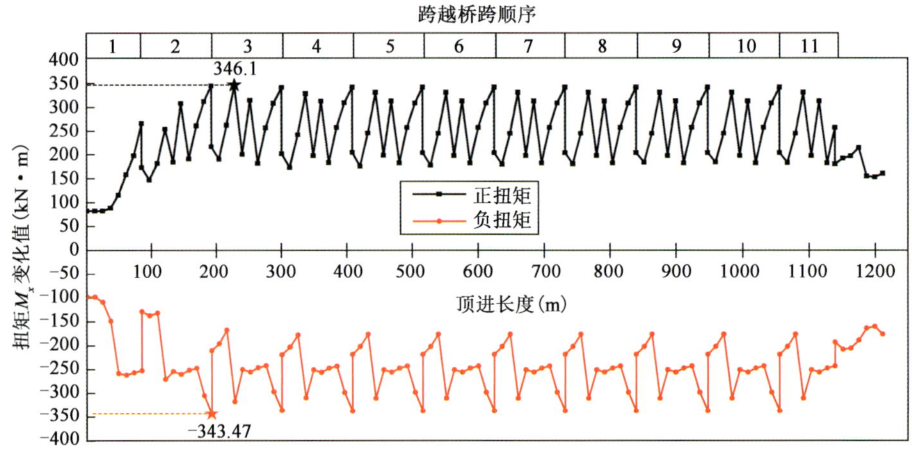

图 4-2-14 扭矩 M_x最值变化图

由图 4-2-11 ~ 图 4-2-16 可知，结构的最大内力随顶推施工过程呈现一定规律。

从顶推跨越第 3 桥跨开始，在跨越每一桥跨的过程中，结构的最大内力变化趋势一致。每一桥跨中，最大正轴力峰值出现在桥跨比为 1 的最大悬臂状态；最小负轴力峰值出现在桥跨比为 0.56 的顶推状态；最大正 F_y 剪力峰值出现在桥跨比为 1 的最大悬臂状态；最小负 F_y 剪力峰值出现在桥跨比为 0.33 的顶推状态；最大正 F_z 剪力峰值出现在桥跨比为 0.44 的顶推状态，最小负 F_z 剪力出现在桥跨比为 1 的最大悬臂状态；最大正扭矩峰值和最小负扭矩峰值出现在桥跨比为 1 的最大悬臂状态；最大正 M_y 弯矩

峰值和最小负 M_y 弯矩峰值出现在桥跨比为 1 的最大悬臂状态下；最大正 M_z 弯矩峰值出现在桥跨比为 1 的最大悬臂状态下；最小负 M_z 弯矩峰值出现在桥跨比为 0.78 的顶推状态。顶推施工全过程中，最大正轴力为 17360.61kN，最小负轴力为 -8567.61kN；最大正 F_y 剪力为 424.36kN，最小负 F_y 剪力值为 -395.6kN；最大正 F_z 剪力值为 1728.58kN，最小负 F_z 剪力值为 -1744.73；最大正扭矩值为 346.1kN·m，最小负扭矩值为 -343.47kN·m；最大正 M_y 弯矩值为 3293.93kN·m，最小负 M_y 值为 -6541.07kN·m；最大正 M_z 弯矩值为 2116.09kN·m，最小负 M_z 值为 -1891.62kN·m。

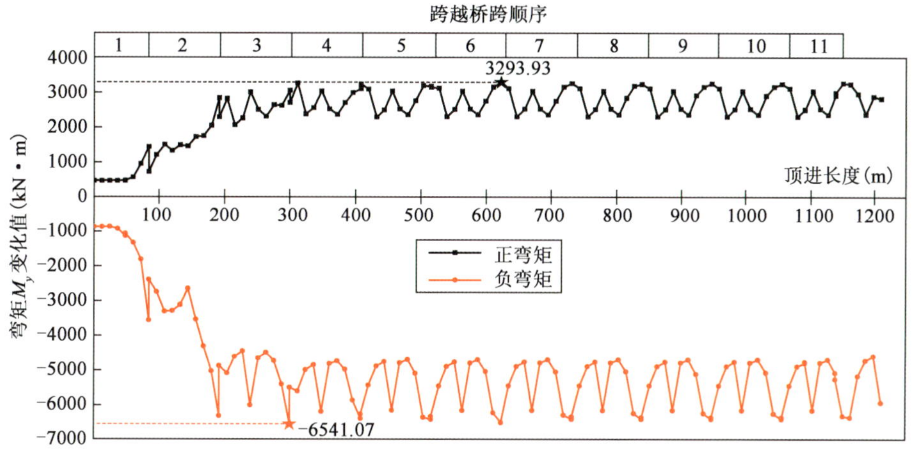

图 4-2-15 弯矩 M_y 弯最值变化图

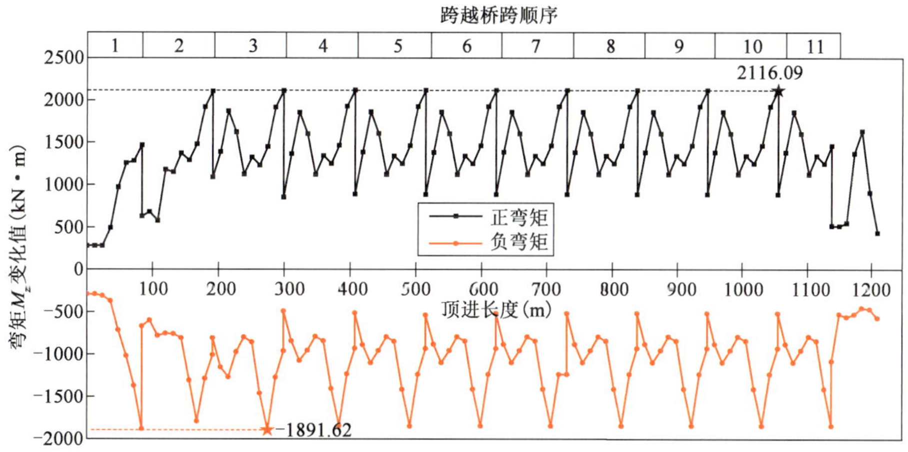

图 4-2-16 弯矩 M_z 最值变化图

综上可知，在跨越每一桥跨的最大悬臂状态下，结构的内力较大。限于篇幅，本节只给出在跨越第 3 桥跨中 C4-6-0 施工阶段下即导梁悬 9 号墩 108m 时结构的轴力 F_x、剪力 F_z、扭矩 M_x 以及弯矩 M_y 内力分布图，如图 4-2-17 ~ 图 4-2-20 所示。

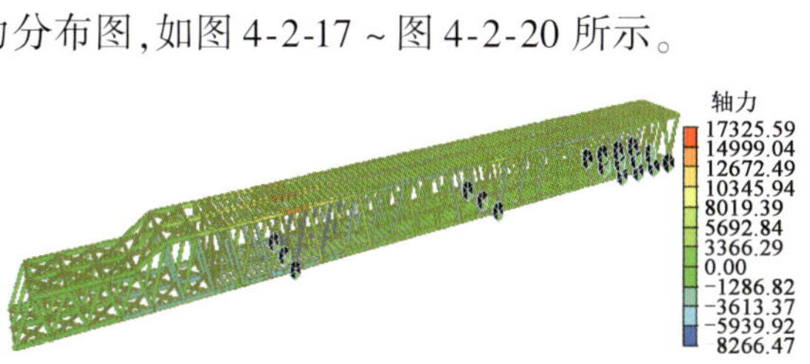

图 4-2-17 C4-6-0 阶段下轴力 F_x 分布图

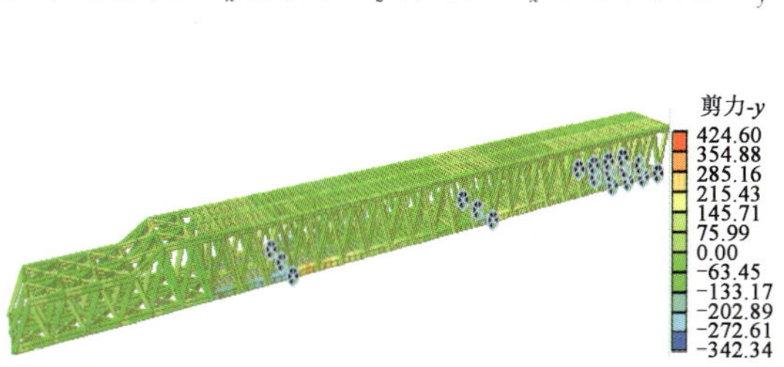

图 4-2-18 C4-6-0 阶段下剪力 F_y 轴力分布图

由图 4-2-17 ~ 图 4-2-20 可以得出，最大悬臂状态下，较大的受拉轴力分布于 9 号墩顶处主梁的上弦杆件，较大的受压轴力分布于各墩顶处的斜腹杆，其中最大受拉轴力出现在 9 号墩顶的上弦杆，最大受压轴力出现在 9 号墩顶的斜腹杆；数值较大的剪力 F_y 分布于 9 号墩顶处的下弦杆，其中最大数值的

剪力 F_y 出现在下游边桁 9 号墩顶两侧的下弦杆；数值较大的扭矩 M_x 分布于导梁的后半段的横梁和下游侧边桁上下弦杆，其中数值最大的扭矩出现在导梁后端的横梁和导梁与主梁连接处的下弦杆节点处；数值较大的正负弯矩 M_y 集中分布于各墩顶附近的下弦杆处，其中最大的数值的弯矩 M_y 在 9 号墩顶处中桁的下弦杆。需要注意的是，数值代表内力的绝对值，不含正负号。

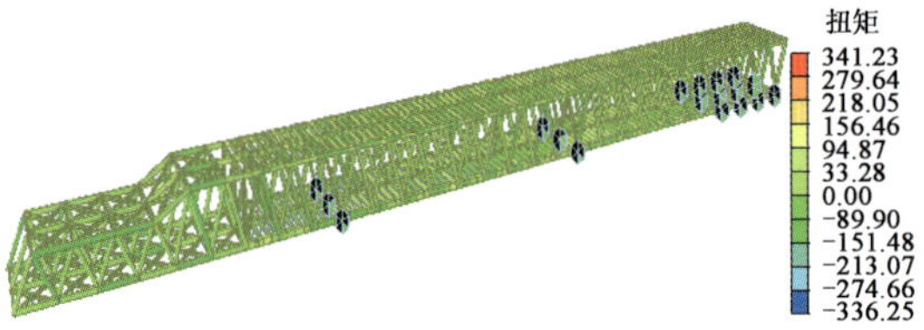

图 4-2-19　C4-6-0 阶段下扭矩 M_x 轴力分布图

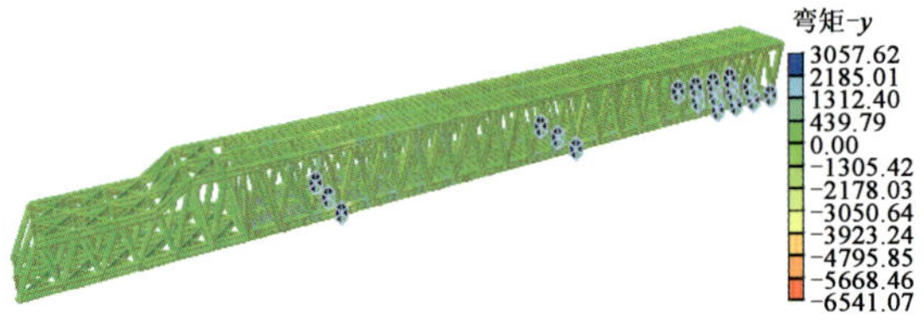

图 4-2-20　C4-6-0 阶段下弯矩 M_y 轴力分布图

4）应力分析

顶推施工过程中，结构最大组合拉应力和最大组合压应力的变化规律如图 4-2-21 所示。图中，数值正负号分别表示拉应力和压应力。

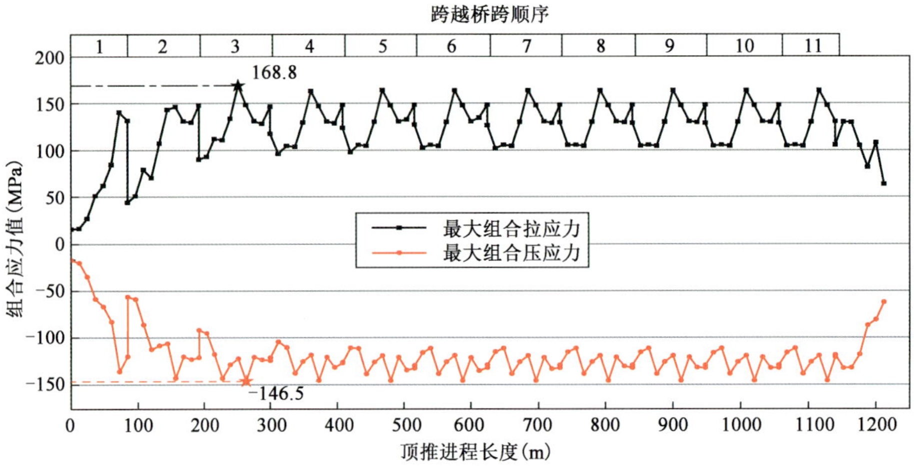

图 4-2-21　最大组合拉压应力值变化图

由图 4-2-21 可以看出，从顶推跨越第 3 桥跨开始，最大组合拉压应力呈周期性变化。其中最大组合拉应力为 168.8MPa，出现在第 3 桥跨中的 C4-2 施工阶段（此时桥跨比为 60/108 = 0.56），最大组合压应力为 -146.5MPa，出现在跨越第 3 桥跨中的 C4-3 施工阶段（此时桥跨比为 72/108 = 0.67）。

根据《铁路桥梁钢结构设计规范》（TB 10091—2017）规定的材料容许应力进行应力验算。构件在轴力和弯矩共同作用下，材料容许应力要求最大为 252MPa，因此结构构件的应力验算满足要求。

为了进一步得出顶推过程中结构的应力分布情况以及最值应力的位置，以期为施工现场的应力监控布置点的确定提供指导性建议。由图 4-2-21 可知，从顶推跨越第 3 桥跨开始，最大拉压应力呈周期性变化。限于篇幅，本章节只给出跨越第 4 桥跨的 4 个施工阶段下结构的应力分布图，如图 4-2-22 ~ 图 4-2-25 所示。

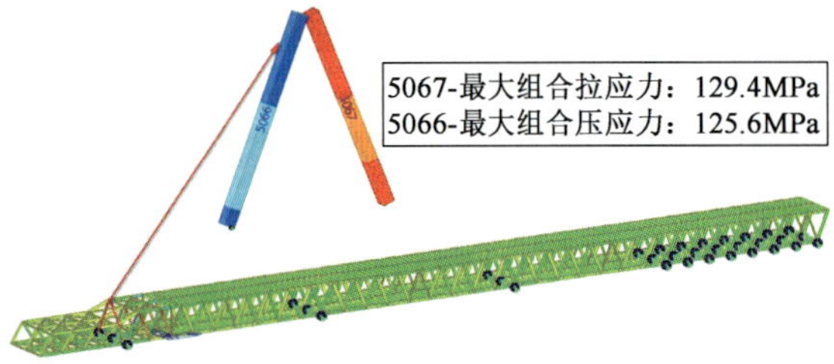

图 4-2-22　C5-2 阶段的应力分布图与最值应力单元号码位置图

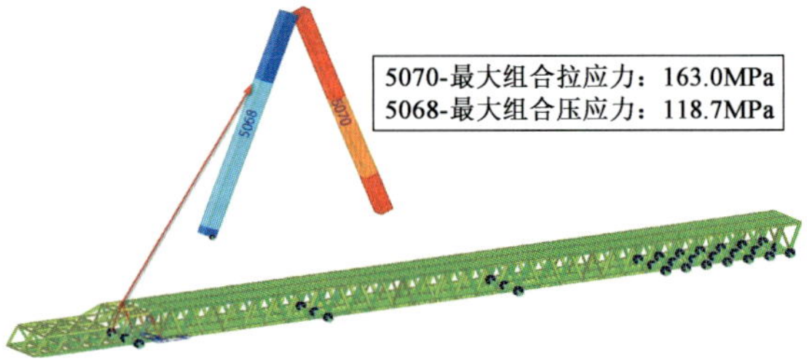

图 4-2-23　C5-3 阶段的应力分布图与最值应力单元号码位置图

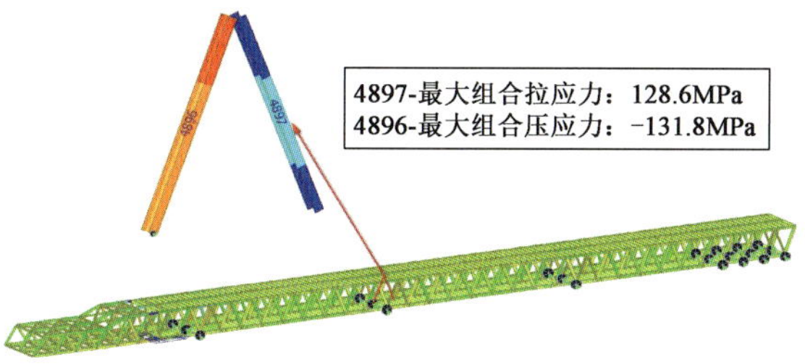

图 4-2-24　C5-6 阶段的应力分布图与最值应力位置图

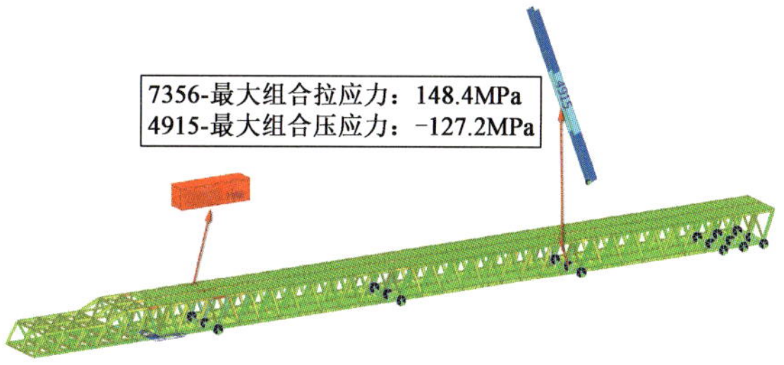

图 4-2-25　C5-7-0 阶段的应力分布图与最值应力位置图

跨越第 4 桥跨全过程最大拉压应力的编号与位置见表 4-2-5。

最大拉压应力单元编号与位置　　表 4-2-5

施工阶段	桥跨比	最大压应力单元编号与位置		最大拉应力单元编号与位置	
		单元编号	位置	单元编号	位置
C4-6-1	0/108 = 0	4897	主梁中桁 10 号墩支座处 H 形斜腹杆	4896	与 4897 相邻的 H 形斜腹杆
C4-7	12/108 = 0.11	4897	主梁中桁 10 号墩支座节点前一节点处 H 形斜腹杆	4880	主梁中桁 9 号墩支座节点前一节点处箱形斜腹杆
C4-8	24/108 = 0.22	4659	导梁中桁 8 号墩支座节点处斜腹杆	4660	与 4659 相邻的导梁斜腹杆
C5-0	36/108 = 0.33	4659	导梁中桁 8 号墩支座节点处斜腹杆	4660	与 4659 相邻的导梁斜腹杆
C5-1	36/108 = 0.33	4661	导梁中桁 8 号墩支座节点处斜腹杆	1965	与主梁连接处导梁中桁下弦杆
C5-2	48/108 = 0.44	5066	导梁边桁 8 号墩支座节点处斜腹杆	5067	与 5066 相邻导梁斜腹杆
C5-3	60/108 = 0.56	5068	导梁边桁 8 号墩支座节点处斜腹杆	5070	与 5068 相邻导梁斜腹杆
C5-4	72/108 = 0.67	3877	与主梁连接处的导梁下游侧边桁下弦杆	5319	与主梁连接处的导梁上游侧边桁上弦杆
C5-5	84/108 = 0.78	3877	与主梁连接处的导梁边桁下游侧下弦杆	5319	与主梁连接处的导梁边桁上游侧上弦杆
C5-6	96/108 = 0.89	4896	主梁中桁 9 号墩支座节点处 H 形斜腹杆	4897	与 4896 相邻主梁 H 形斜腹杆
C5-7-0	108/108 = 1	4915	主梁中桁 10 号墩支座节点处 H 形斜腹杆	7356	主梁边桁 8 号墩支座节点处上弦杆
C5-7-1	108/108 = 1	4897	主梁中桁 9 号墩支座节点处 H 形斜腹杆	4896	与 4897 相邻主梁 H 形斜腹杆

由图 4-2-22 ~ 图 4-2-25 及表 4-2-5 可知，顶推施工过程中，最大组合拉压应力一般出现在主梁和导梁的中边桁腹杆以及与主梁连接处的导梁上下弦杆，顶推中应密切地关注这些杆件的应力变化情况，如若出现异常，应及时停止顶推施工，寻找问题，解决后才可重新顶推施工。

5) 最大悬臂状态下的受力分析

顶推施工过程中，考虑自重和风荷载作用下，结构在最大悬臂状态的内力和应力较大，选此阶段为关键工况。温度荷载对顶推中的钢桁梁的变形和受力影响不可忽略。故只研究在最大悬臂状态下，温度以及风荷载对结构的最大内力和应力的影响。选取即将上 5 号墩最大悬臂阶段的顶推结构为分析模型。由于顶推结构在顺桥向的约束只在末端中桁节点处施加，所以结构在整体升温和整体降温作用下可以沿着顺桥向自由伸缩，内力和应力变化很小。本节只考虑结构迎光面受太阳光强烈辐射所引起的顶面升温。其中，初始温度为 20℃，顶面温差设置有 5℃、10℃、15℃和 20℃，其加载方式如图 4-2-26 所示。由于模型太长，只截取部分示意说明。

荷载工况设置六种即自重、自重加风荷载、自重加顶面升温 5℃、自重加顶面升温 10℃、自重加顶面升温 15℃和自重加顶面升温 20℃。不同荷载工况下，最大和最小内力以及应力的变化见表 4-2-6 和表 4-2-7，其中最大值是内力和应力方向为正，最小值是内力和应力方向为负。

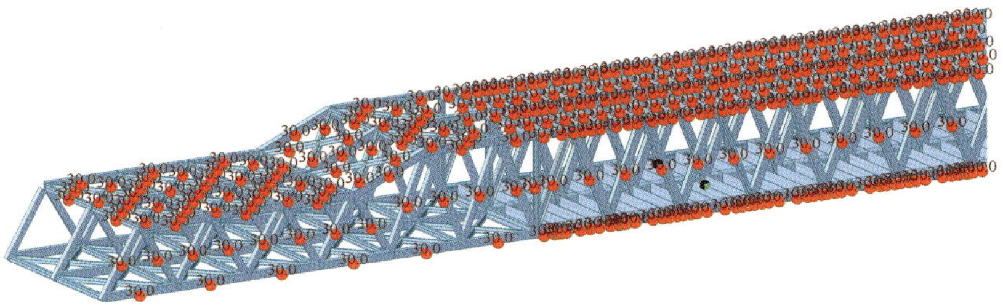

图 4-2-26　顶面温差加载方式

不同荷载工况下最大内力和应力的变化　　表 4-2-6

荷载工况	数值与改变量	F_x(kN)	F_y(kN)	F_z(kN)	M_x(kN·m)	M_y(kN·m)	M_z(kN·m)	应力(MPa)
自重	数值	17330.6	365.3	1534.8	169.4	3215.3	1937.6	151
	改变量	—	—	—	—	—	—	—
自+风	数值	17337.4	428.2	1538.8	343.8	3213.7	2109.1	149.3
	改变量	0.0%	17.2%	0.3%	103.0%	-0.1%	8.9%	-1.1%
自+顶,5℃	数值	17227	360.8	1523.5	201.9	3185.8	2060	151
	改变量	-0.6%	-1.2%	-0.7%	19.2%	-0.9%	6.3%	0.0%
自+顶,10℃	数值	17123.4	356.3	1512.3	234.4	3156.3	2214	153
	变化量	-1.2%	-2.5%	-1.5%	38.4%	-1.8%	14.3%	1.3%
自+顶,15℃	数值	17019.8	351.8	1501.1	266.9	3126.7	2368	155
	变化量	-1.8%	-3.7%	-2.2%	57.6%	-2.8%	22.2%	2.6%
自+顶,20℃	数值	16916.2	347.3	1489.9	299.5	3097.2	2522	157
	变化量	-2.4%	-4.9%	-2.9%	76.8%	-3.7%	30.2%	4.0%

注:表中变化量的"+"和"-"分别表示内力和应力绝对值的增大和减小。

不同荷载工况下最小内力与应力的变化　　表 4-2-7

荷载工况	数值与改变量	F_x(kN)	F_y(kN)	F_z(kN)	M_x(kN·m)	M_y(kN·m)	M_z(kN·m)	应力(MPa)
自重	数值	-7893.4	-399.7	-1709.4	-172.1	-6315	-788.9	-120
	变化量	—	—	—	—	—	—	—
自+风	数值	-7897.3	-323.1	-1711.1	-339.0	-6310	-968.5	-125
	变化量	0.1%	-19.2%	0.1%	97.0%	-0.1%	22.8%	4.1%
自+顶,5℃	数值	-8171.6	-313.0	-1680.9	-184.9	-6395	-784.4	-127
	变化量	3.5%	-21.7%	-1.7%	7.4%	1.3%	-0.6%	5.8%
自+顶,10℃	数值	-9571.2	-330.3	-1690.0	-202.0	-6483	-779.9	-130
	变化量	21.3%	-17.3%	-1.1%	17.4%	2.7%	-1.1%	8.3%
自+顶,15℃	数值	-10970.8	-347.7	-1700.5	-278.4	-6571	-831.8	-132
	变化量	39.0%	-13.0%	-0.5%	61.8%	4.1%	5.4%	10.0%
自+顶,20℃	数值	-12370.4	-404.5	-1711.0	-367.4	-6659	-945.0	-135
	变化量	56.7%	1.2%	0.1%	113.5%	5.5%	19.8%	12.5%

注:表中变化量的"+"和"-"分别表示内力和应力绝对值的增大和减小。

由表 4-2-6 和表 4-2-7 可以看出:

(1)在最大悬臂状态下,风荷载对结构的剪力 F_y、扭矩 M_x、弯矩 M_z 影响较为明显。其中自重加风荷载工况下,最大扭矩 M_x 由自重下的 169.4kN·m 增大为 343.8kN·m,变化量为 103.0%;最小扭矩 M_x 由自重下的 -172.1kN·m 增大为 -339.0kN·m,变化量为 97.0%。风荷载将最大应力由 151MPa 减小为 149.3MPa,变化量为 -1.1%;将最小应力由 -120kN·m 增大为 -125kN·m,变化量为 4.1%。

(2)在最大悬臂状态下,顶面升温越大对结构的内力和应力影响越大,内力和应力的最大变化量都是在自重加顶面升温20℃作用下。其中最大轴力 F_x 由 17330.6kN 减小为 16916.2kN,最大变化量为 -2.4%;将最小轴力 F_x 由 -7893.4kN 增大为 -12370.4kN,最大变化量为 56.7%;最大剪力 F_y 由 365.3kN 减小为 347.3kN,最大变化量为 -4.9%;最小剪力 F_y 由 -399.7kN 增大为 -404.5kN,最大变化量为 1.2%;最大剪力 F_z 由 1534.8kN 减小为 1489.9kN,最大变化量为 -2.9%;最小剪力 F_z 由 -1709.4kN 增大为 -1711.0kN,最大变化量为 0.1%;最大扭矩 M_x 由 1937.6kN·m 增大为 299.5kN·m,最大变化量为 76.8%;最小扭矩由 -172.1kN·m 增大为 -367.4kN·m,最大变化量为 113.5%;最大弯矩 M_y 由 169.4kN·m 增大为 299.5kN·m,最大变化量为 76.8%;最小弯矩 M_y 由 -172.1kN·m 增大为 -367.4kN·m,最大变化量为 113.5%;最大弯矩 M_z 由 1937.6kN·m 增大为 2522kN·m,最大变化量为 30.2%;最小弯矩 M_z 由 -788.9kN·m 增大为 -945.0kN·m,最大变化量为 19.8%;最大组合应力由 151MPa 增大为 157MPa,最大变化量为 4.0%;最小组合应力由 -120MPa 增大为 -132MPa,最大变化量为 12.5%。由此可见,顶面升温对结构的最小轴力、最大和最小扭矩 M_x 以及最大和最小弯矩 M_z,影响最明显。

综上,最大悬臂状态时应及时顶推导梁上墩,以免因风大或者局部杆件温度升高而导致悬臂段的内力和应力增大,进而影响施工的安全和质量。

2.3 顶推施工全过程钢桁梁稳定性分析

2.3.1 稳定问题简介

屈曲分析主要用于研究结构在特定荷载作用下的稳定性,以及确定失稳的临界荷载。根据失稳的性质可以分为极值点失稳、分岔失稳以及跃越失稳三种。屈曲分析又包括线性屈曲分析和非线性屈曲分析。其中线性屈曲分析又叫作特征值屈曲分析,是以小位移小应变线弹性稳定理论为基础,通过特征值分析求解特征值和特征性向量,从而求得结构临界荷载和屈曲模态的分析方法。线性屈曲分析的计算时间比非线性屈曲分析要少,并且可以确定屈曲模态,为之后的非线性屈曲分析打下基础;但线性屈曲分析无法考虑初始缺陷和工程中常见的几何非线性影响,往往会得出不保守的计算结果。非线性屈曲分析(此处主要指几何非线性,不考虑材料非线性)是以大位移小应变线弹性理论为基础,在材料本构为线性的基础上,通过不断计算结构几何刚度修正结构的整体刚度,来计算结构的临界荷载。非线性屈曲分析能够考虑结构的初始缺陷,计算结果较线性屈曲分析具有更高的可靠度,能够解决大部分结构遇到的稳定问题,因此在实际工程分析中应用广泛。

在使用 MADIS/Civil 进行屈曲分析时,根据势能驻值原理得到平衡方程:

$$[K]\{U\}+[K_G]\{U\}=\{P\} \tag{4-2-7}$$

式中:$[K]$——结构的弹性刚度矩阵;

$[K_G]$——结构的几何刚度矩阵,又称初应力刚度矩阵;

$\{U\}$——结构的整体位移向量;

$\{P\}$——结构的荷载向量。

结构的几何刚度矩阵由各单元刚度矩阵相加求得,表示结构在变形状态下的刚度变化,与施加的荷载和构件的长度有关。当构件承受压力时,几何刚度有减小的趋势,这种现象称之为应力软化效应;反之,当构件承受拉力时,几何刚度有增大的趋势。

为了得到随遇平衡状态,使系统势能的二阶变分为0,即:

$$([K]+[K_G])\{\delta U\}=0 \tag{4-2-8}$$

式(4-2-8)要有非零解,因此必有

$$|[K]+[K_G]|=0 \tag{4-2-9}$$

为求得屈曲荷载，任意假设一组外荷载$\{P_0\}$，与其对应的几何刚度矩阵为$[K_G^0]$，并假定屈曲时的荷载为$\{P_0\}$的λ倍，即有$[K_G]=\lambda[K_G^0]$，从而式(4-2-9)可以转化为：

$$|[K]+\lambda[K_G^0]|=0 \tag{4-2-10}$$

将式(4-2-10)写成特征方程的形式：

$$([K]+\lambda_i[K_G^0])\{\phi_i\}=0 \tag{4-2-11}$$

式中：λ_i——第i阶特征值，即屈曲荷载系数；

$\{\phi_i\}$——与λ_i对应的特征向量，即第i阶的屈曲模态。

2.3.2 屈曲稳定分析

1)线形屈曲分析

MIDAS/Civil 在结构线形屈曲分析中需要设置变量荷载。结合工程的实际情况，稳定分析的荷载工况分别选取了自重、风荷载以及自重+风荷载进行屈曲分析。

如果把11个桥跨的所有顶推施工过程阶段都进行稳定分析，工作量非常大，计算耗时也长，故只选取顶推跨越第2、6、10三个桥跨过程中的施工阶段，对结构进行屈曲分析。因为这三个桥跨分别分布于顶推前期、中期和后期，能较好地反映顶推施工全过程结构屈曲稳定变化。各种荷载作用下结构第一模态的屈曲特征值见表4-2-8。

各施工阶段下结构第一模态的屈曲特征值　　表4-2-8

桥跨编号	施工阶段	桥跨比	荷载		
			自重	风荷载	自重+风荷载
2	C2-4	12/108=0.11	13.3	41.3	12.7
	C2-5	24/108=0.22	13.7	34.4	13.7
	C2-6	36/108=0.33	16.3	33.1	11.6
	C2-7	48/108=0.44	10.4	27.5	7.6
	C3-0	60/108=0.56	10.9	28.8	8
	C3-1	60/108=0.56	10.9	25.2	7.7
	C3-2	72/108=0.67	9.2	37.3	8
	C3-3	84/108=0.78	11.1	37.6	9.4
	C3-4	96/108=0.89	10.9	38.4	9.1
	C3-5-0	108/108=1.0	9.1	39.1	9.1
	C3-5-1	108/108=1.0	11	42.2	10.7
6	C7-1	12/108=0.11	9.3	31.5	9.3
	C7-2	24/108=0.22	12	28.5	11.5
	C7-3	36/108=0.33	14.6	29.5	10.8
	C7-4	48/108=0.44	9.4	26.4	7
	C7-5	60/108=0.56	9.6	23.6	6.9
	C7-6	72/108=0.67	9	36.7	7.8
	C7-7	84/108=0.78	9	37.3	9
	C7-8	96/108=0.89	7.5	38.2	7.5
	C8-0	96/108=0.89	7.4	38.2	7.4
	C8-1-0	108/108=1.0	7.6	39	7.6
	C8-1-1	108/108=1.0	7.7	42.9	7.7

续上表

桥跨编号	施工阶段	桥跨比	荷载		
			自重	风荷载	自重+风荷载
10	C11-5	12/108 = 0.11	9.4	31.5	9.3
	C11-6	24/108 = 0.22	12	28.5	11.5
	C11-7	36/108 = 0.33	14.6	29.4	10.8
	C11-8	48/108 = 0.44	9.4	26.4	7
	C12-0	48/108 = 0.44	9.4	26.4	7
	C12-1	60/108 = 0.56	9.6	23.6	6.9
	C12-2	72/108 = 0.67	9	36.7	7.8
	C12-3	84/108 = 0.78	9	37.3	9
	C12-4	96/108 = 0.89	7.4	38.2	7.4
	C12-5-0	108/108 = 1.0	7.6	39	7.6
	C12-5-1	108/108 = 1.0	7.7	42.9	7.7

为了进一步分析跨越不同桥跨过程中，结构在不同荷载作用下第一模态屈曲特征值的变化规律。现将表4-2-8的数据整理绘制成图，如图4-2-27～图4-2-29所示。

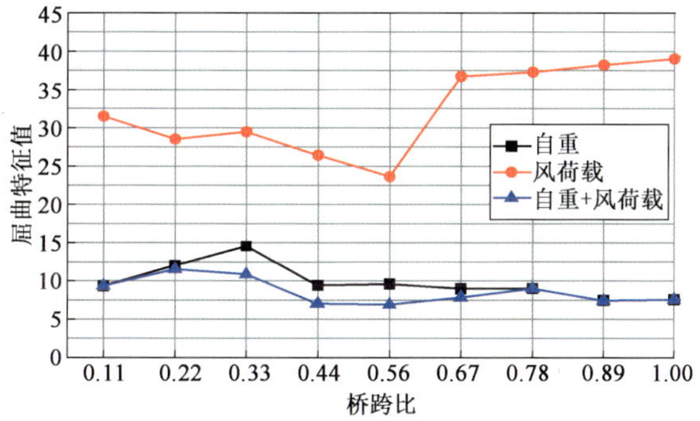

图4-2-27　跨越第2桥跨中各荷载作用下的结构第一模态屈曲特征值变化图

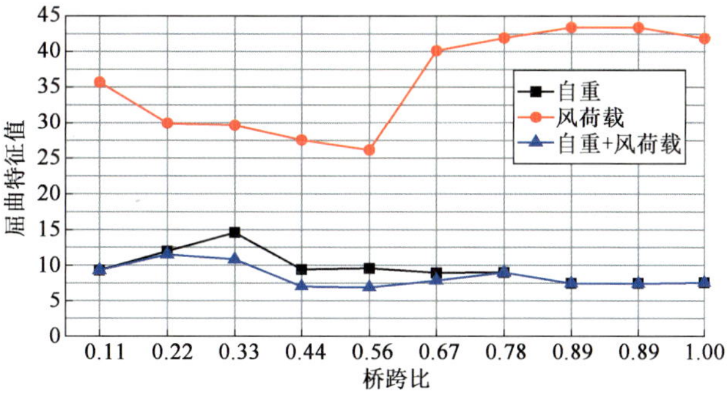

图4-2-28　跨越第6桥跨中各荷载作用下的结构第一模态屈曲特征值变化图

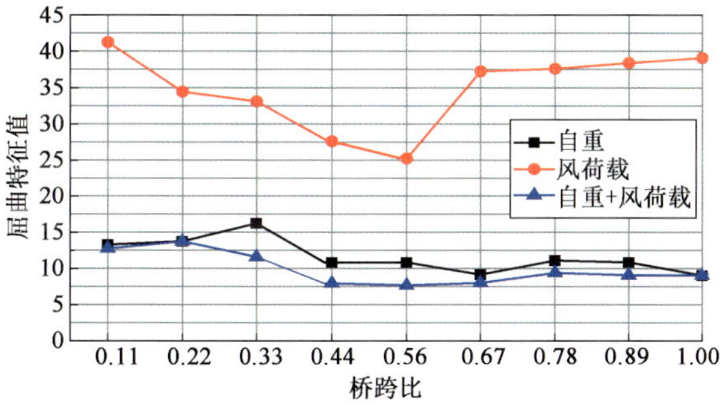

图4-2-29　跨越第10桥跨中各荷载作用下的结构第一模态屈曲特征值变化图

由表4-2-8和图4-2-27～图4-2-29可以看出：

(1)自重作用下结构的屈曲特征值较大，其中最小特征值为7.4，可以看成是结构的安全储备。

(2)顶推跨越每一桥跨过程中，自重、风荷载以及自重+风荷载三种荷载工况作用下的结构第一模态屈曲特征值变化趋势相似。在跨越每一桥跨过程中，桥跨比为0.11、0.22、0.67、0.78、0.89和1时，自重和自重加风荷载的屈曲特征值很接近，并且最后三个阶段的屈曲特征值几乎不变化。这说明在这几个施工阶段下，风荷载对结构的稳定性影响较小，影响结构稳定性的因素主要是自重荷载，而桥跨比为0.33、0.44和0.55时，与其他桥跨比相比，自重+风荷载的屈曲特征值要比自重的屈曲特征值要小得多，这说明这三个施工阶段下，风荷载对结构的整体稳定影响较大。

(3)比较跨越这三个桥跨过程中特征值的变化，可以看出各荷载作用下的屈曲特征值变化趋势一致，但第6和第10桥跨的数值更为接近，较第2桥跨的屈曲特征值要小。这说明随着顶推的进行，跨越后面各桥跨过程中，结构屈曲特征值很接近。

结构的第一模态表明，结构的整体失稳表现为部分构件的局部失稳，限于篇幅，仅列举顶推跨越第2桥跨和第6桥跨过程中，结构在自重加风荷载作用下，每一施工阶段局部失稳的杆件的位置和失稳形式，对比如图4-2-30～图4-2-38所示。

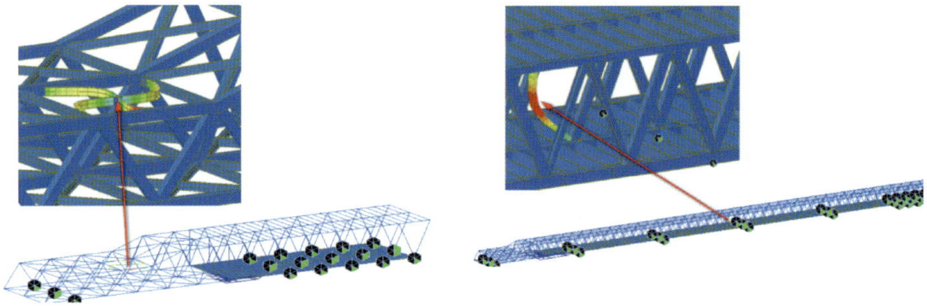

a)第2桥跨　　b)第6桥跨

图4-2-30　桥跨比为0.11时结构第一模态失稳模式

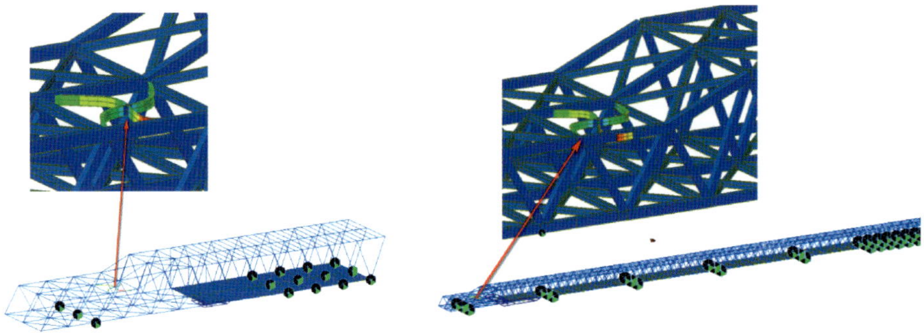

a)第2桥跨　　b)第6桥跨

图4-2-31　桥跨比为0.22时结构第一模态失稳模式

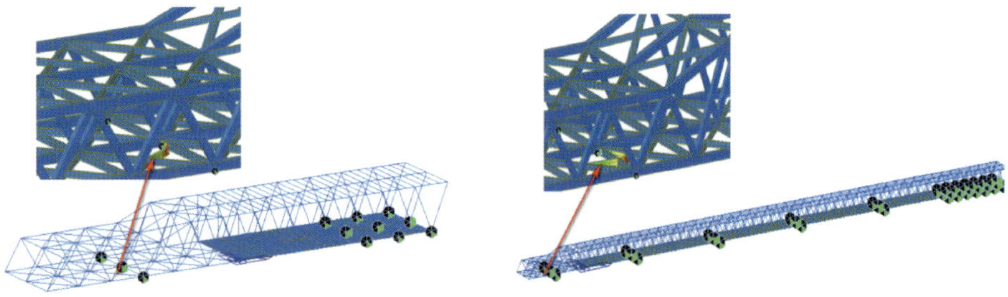

a)第2桥跨　　b)第6桥跨

图4-2-32　桥跨比为0.33时结构第一模态失稳模式

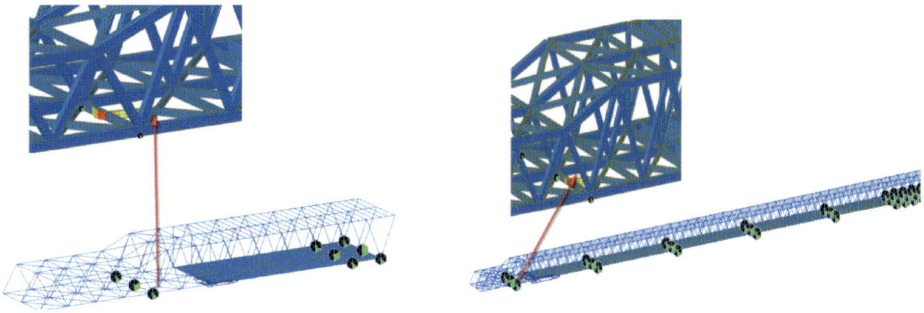

a）第2桥跨　　b）第6桥跨

图4-2-33　桥跨比为0.44时结构第一模态失稳模式

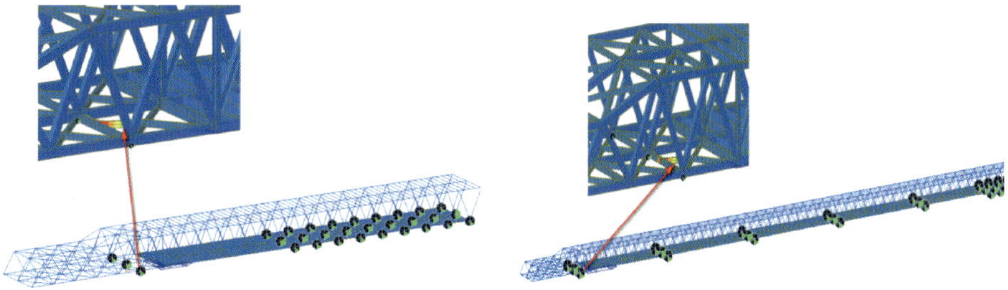

a）第2桥跨　　b）第6桥跨

图4-2-34　桥跨比为0.56时结构第一模态失稳模式

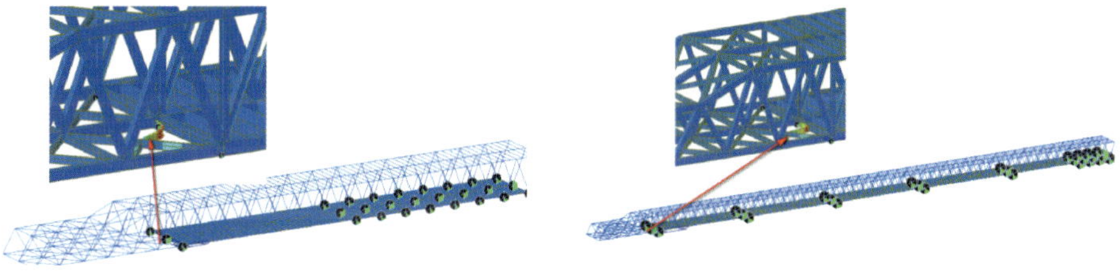

a）第2桥跨　　b）第6桥跨

图4-2-35　桥跨比为0.67时结构第一模态失稳模式

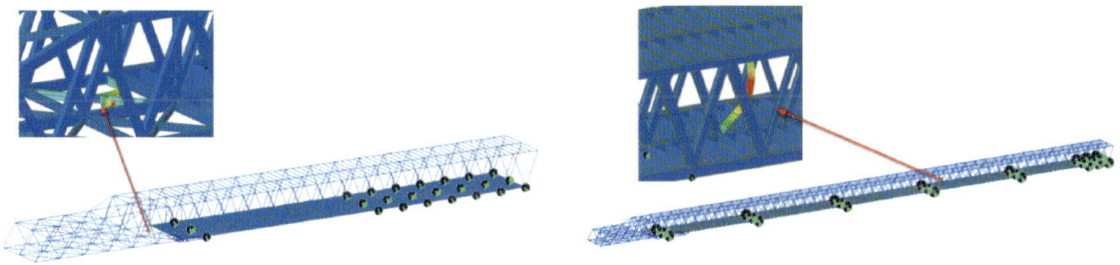

a）第2桥跨　　b）第6桥跨

图4-2-36　桥跨比为0.78时结构第一模态失稳模式

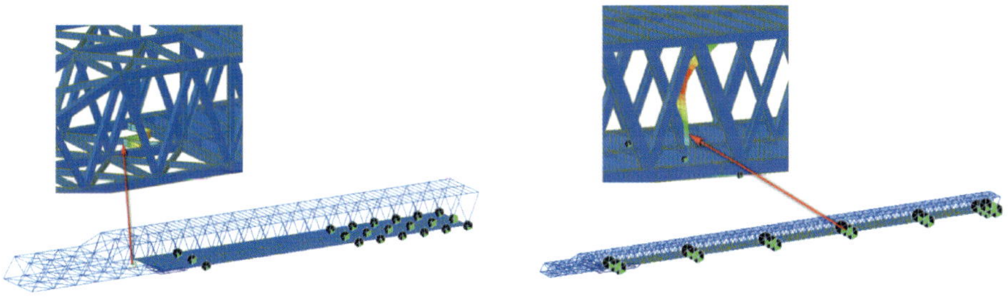

a）第2桥跨　　b）第6桥跨

图4-2-37　桥跨比为0.89时结构第一模态失稳模式

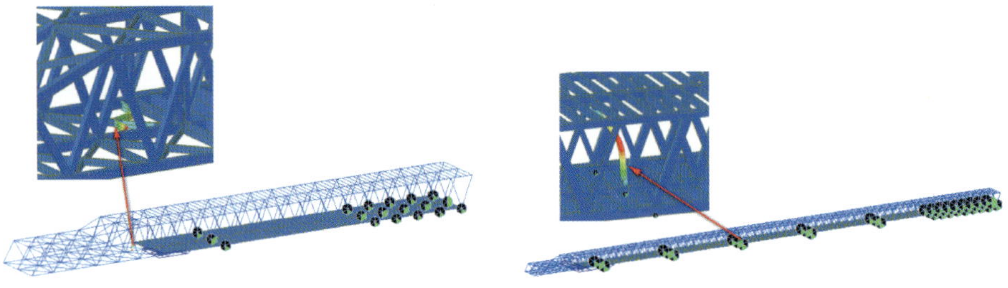

a) 第2桥跨　　b) 第6桥跨

图 4-2-38　桥跨比为 1.0 时结构第一模态失稳模式

由图 4-2-30 ~ 图 4-2-38 可以看出,跨越第 2 桥跨过程中,在桥跨比为 0.11 和 0.22 的施工阶段,结构失稳构件是导梁纵向连接系杆件,该构件为带有纵向加劲肋的 H 型钢,失稳形式是平面外弯曲失稳。随着顶推继续,当墩支座靠近导梁高度渐变段下弦节点时,失稳位置变为与墩支座相邻或者相近的导梁下弦纵向连接系杆件,失稳形式为杆件平面外失稳。跨越第 6 桥跨过程中,在钢桁梁前端节点未到达墩支座之前,结构的失稳位置出现在与墩支座相邻或者相近的导梁上部和下部纵向连接系杆件,失稳形式也是平面外失稳。当钢桁梁的下弦节点上墩时,失稳的杆件变为墩支座处的斜腹杆,该杆件是 H 型钢,失稳形式也是平面外失稳。

2) 几何非线性分析

在本篇 2.3.1 节线形屈曲分析结果的基础上,考虑结构的初始缺陷,更新原有的屈曲分析模型后再进行非线性分析。本书的非线性分析采用位移控制法,具体操作为在更新后的模型分析结果中找到每一施工阶段的最大竖向位移的节点(竖向位移向下),以该节点为位移控制点,参照控制点的最大位移给出非线性屈曲分析的控制量,设定位移步骤数量、子步骤内迭代次数以及荷载工况等相关参数后进行计算分析,其中荷载工况选取自重 + 风荷载组合。限于篇幅,仅列出在顶推跨越第 6 桥跨过程各施工阶段的几何非线性分析结果,如图 4-2-39 ~ 图 4-2-48 所示。

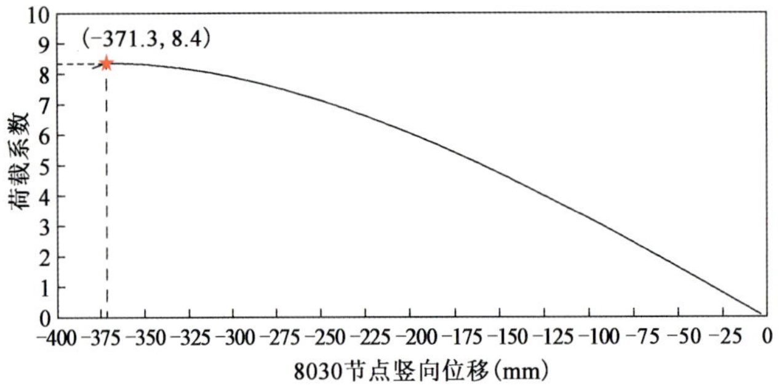

图 4-2-39　C7-1 施工阶段(桥跨比 = 0.11)荷载-位移曲线

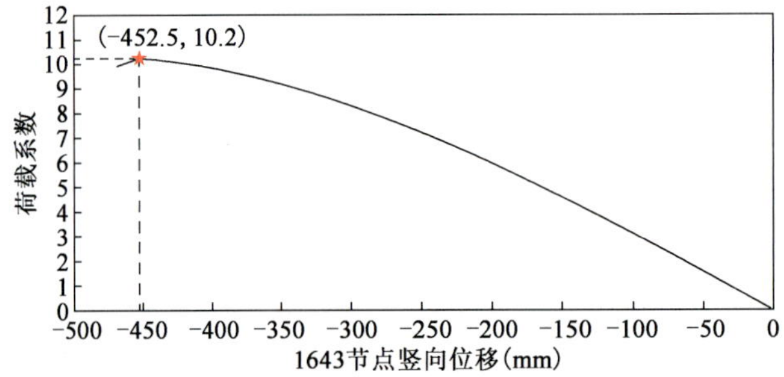

图 4-2-40　C7-2 施工阶段(桥跨比 = 0.22)荷载-位移曲线

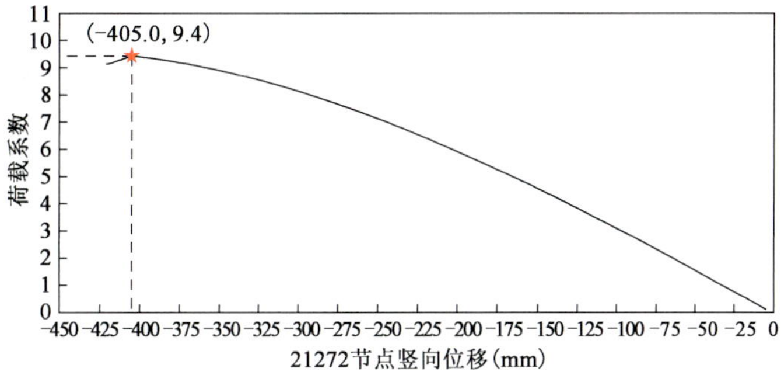

图 4-2-41 C7-3 施工阶段(桥跨比 = 0.33)荷载-位移曲线

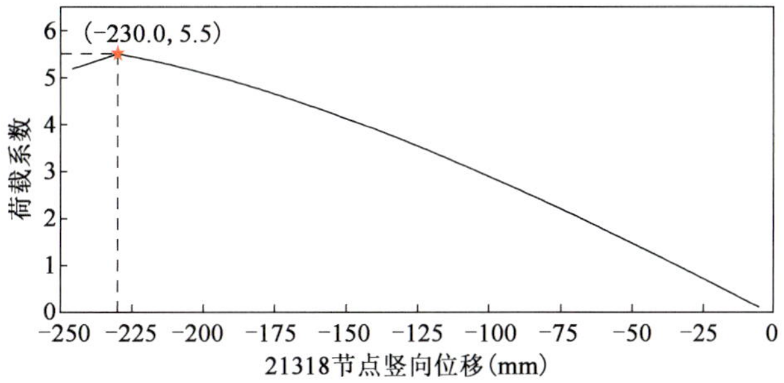

图 4-2-42 C7-4 施工阶段(桥跨比 = 0.44)荷载-位移曲线

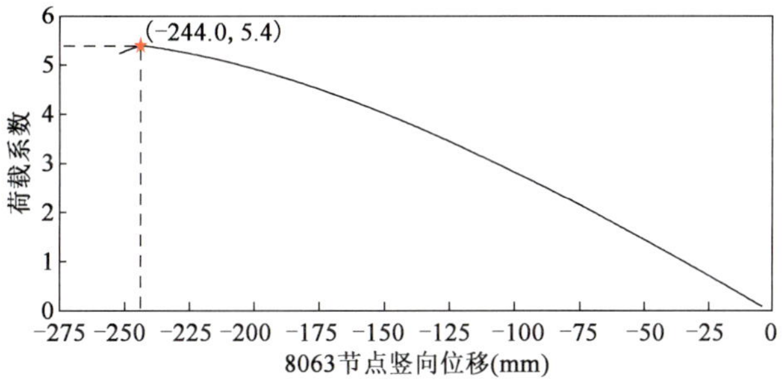

图 4-2-43 C7-5 施工阶段(桥跨比 = 0.56)荷载-位移曲线

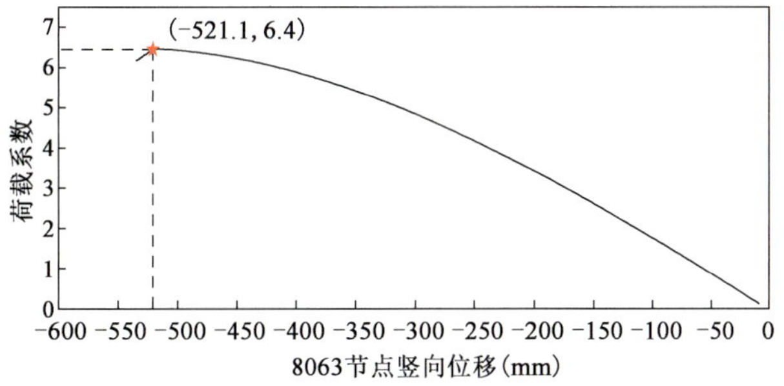

图 4-2-44 C7-6 施工阶段(桥跨比 = 0.67)荷载-位移曲线

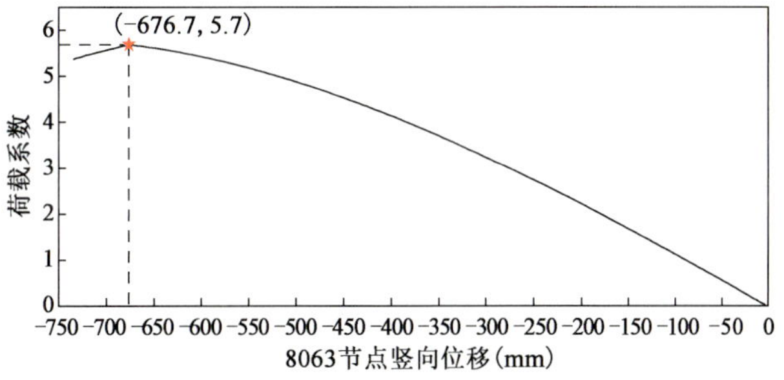

图 4-2-45 C7-7 施工阶段(桥跨比 = 0.78)荷载-位移曲线

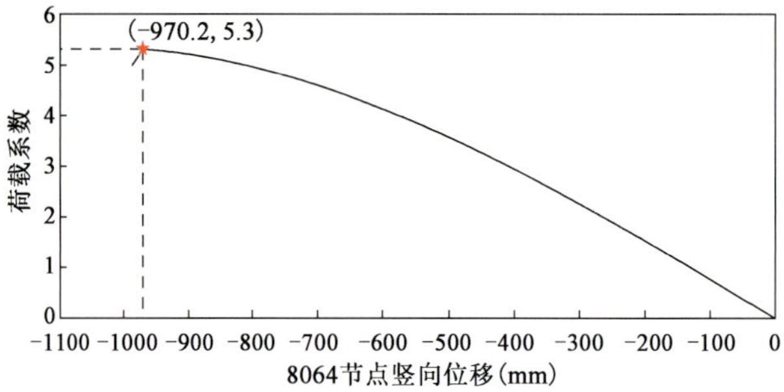

图 4-2-46　C7-8 施工阶段(桥跨比 = 0.89)荷载-位移曲线

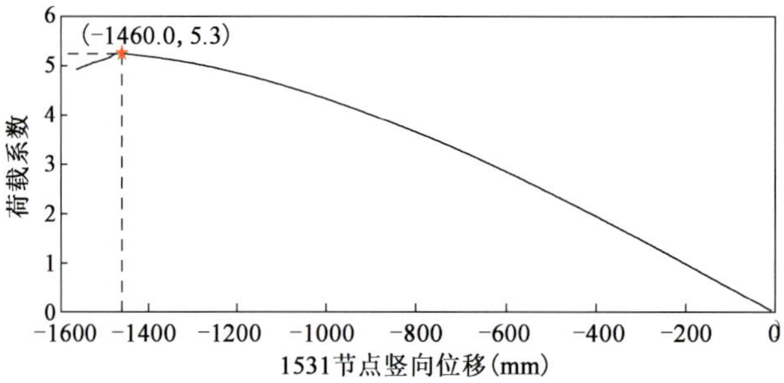

图 4-2-47　C8-1-0 施工阶段(桥跨比 = 1.0)荷载-位移曲线

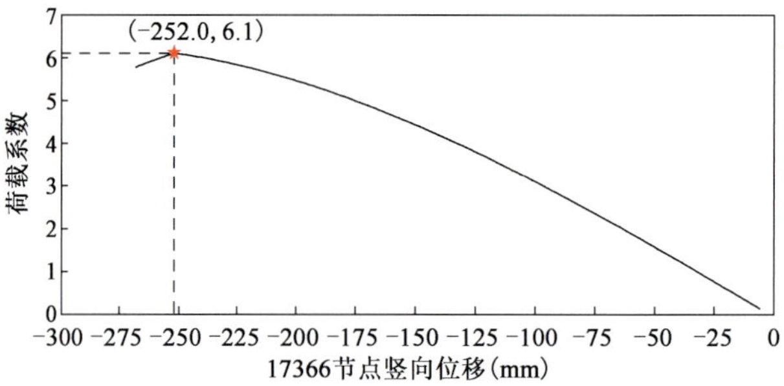

图 4-2-48　C8-1-1 施工阶段(桥跨比 = 1.0)荷载-位移曲线

由图 4-2-39 ~ 图 4-2-48 可知,每一施工阶段下的临界荷载系数随着节点竖向位移的增大而增大,直到竖向位移增到一定数值,荷载系数开始减小,此时的荷载系数为临界荷载系数。各施工阶段的临界荷载系数与线形屈曲分析的特征值比较见表 4-2-9。

线形屈曲特征值与非线性分析临界荷载系数比较　　表 4-2-9

施工阶段	桥跨比	特征值	临界荷载系数
C7-1	12/108 = 0.11	9.3	8.4
C7-2	24/108 = 0.22	11.5	10.2
C7-3	36/108 = 0.33	10.8	9.4
C7-4	48/108 = 0.44	7	5.5
C7-5	60/108 = 0.56	6.9	5.4
C7-6	72/108 = 0.67	7.8	5.7
C7-7	84/108 = 0.78	9	6.4
C7-8	96/108 = 0.89	7.5	5.3
C8-1-0	108/108 = 1.0	7.6	5.3
C8-1-1	108/108 = 1.0	7.7	6.1

由表 4-2-9 可知,考虑初始缺陷的非线性分析得出的临界荷载系数比线形屈曲分析的特征值要小,在实际的顶推施工中更有意义。对于结构整体稳定系数做出相关规定的规范:《铁路桥涵设计规范》(TB 10002—2017)规定对于拱桥整体稳定安全系数一般控制到大于 4 ~5;《公路桥涵设计通用规范》(JTG D60—2015)要求的斜拉桥塔整体稳定安全系数一般控制到大于 5;施工结构经验稳定安全系数规定控制到 5。顶推中的钢桁梁整体稳定特征值最小为 6.9,临界荷载系数最小为 5.3,结构的整体稳定性满足规范要求。

2.3.3 杆件的优化

1)整体稳定计算

虽然结构的整体稳定满足要求,但数值接近规范值,而且由线形屈曲的第一阶失稳模态可知,结构容易发生局部构件失稳,因此需要依据相关规范进一步计算这些构件的整体稳定。结构的局部失稳构件有两个,分别是钢桁梁 H 形斜腹杆和带有纵向加劲肋导梁纵向连接系杆件,失稳形式都是面外失稳,具体截面尺寸如图 4-2-49 和图 4-2-50 所示。本节将依据《铁路桥梁钢结构设计规范》(TB 10091—2017)(以下简称为《规范》)的结构构件整体稳定计算公式,计算钢桁梁 H 形斜腹杆与导梁纵向连接系杆件的总稳定性。

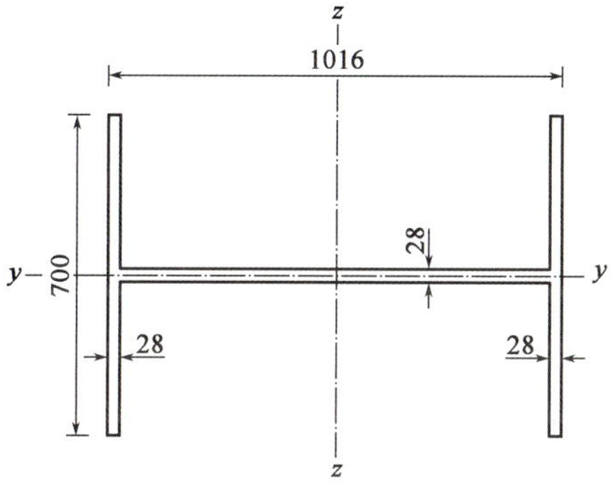

图 4-2-49 钢桁梁 H 形斜腹杆(尺寸单位:mm)

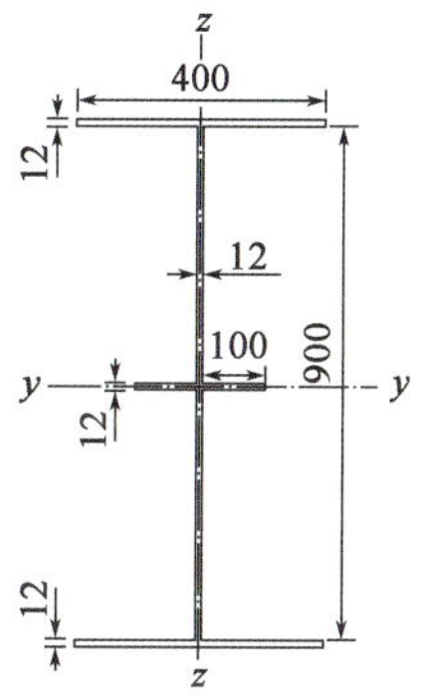

图 4-2-50 导梁纵向连接系杆(尺寸单位:mm)

由《规范》可知,主桁的腹杆平面外计算长度 l_0 等于杆件的几何长度 $l=16.16$m,纵向连接系杆平面外计算长度 l_0 取几何长度 $l=9.07$m。杆件的截面特性与长细比见表 4-2-10。

杆件的截面特性与长细比 表 4-2-10

杆件	A_m(m²)	I_z(m⁴)	I_y(m⁴)	r_z(m)	r_y(m)
H 形斜腹杆	0.0661	0.0016	0.0116	0.1556	0.4195
纵向连接系杆	0.0206	0.0001.36	0.0026	0.0813	3.56e-1
杆件	l_0(m)	W_m(m³)	λ_z	λ_y	λ_e
H 形斜腹杆	16.16	0.0046	103.87	38.53	77.19
纵向连接系杆	9.07	0.0007	111.63	25.51	77.31

注:A_m-截面净面积;I_z-截面绕 z 轴(弱轴)的惯性矩;I_y-截面 y 轴(强轴)的截面惯性矩;r_z-截面绕 z 轴的回转半径;r_y-截面绕 y 轴的回转半径;l_0-构件的计算长度;W_m-截面的抵抗矩;λ_z-构件 z 轴的长细比;λ_y-构件 y 轴的长细比;λ_e-构件 z 轴的长细比。

由《规范》可知,当杆件受压并且在一个主平面内受弯曲时,总稳定计算公式如下:

$$\frac{N}{A_m}+\frac{\varphi_1}{\mu_1\varphi_2}\frac{M}{W_m}\leqslant\varphi_1[\sigma] \tag{4-2-12}$$

式中:N——计算轴向力(kN);

M——构件中部 1/3 长度范围内最大计算弯矩(kN · m);

A_m——毛截面面积(m²);

W_m——毛截面抵抗矩(m^3)；

φ_1——中心受压杆件的容许应力折减系数，根据钢种、截面形状及验算所对应的轴等按《规范》表3.2.6采用；

φ_2——构件只在一个主平面内受弯时的容许应力折减系数(若是压弯杆，可按 $N=0$ 的情况来确定 φ_2)，在不做进一步分析时可按 $\lambda_e=\alpha\frac{l_0r_y}{hr_z}$计算构件的换算长细比$\lambda_e$，并按 $\lambda_e=\lambda$ 从《规范》表3.2.6查得相应的φ_1，用作φ_2；

α——系数，焊接杆件取1.8；

l_0——构件受压翼缘(指因弯矩而受压)对弱轴的计算长度；

r_y、r_z——构件截面对 y—y 轴(强轴)及 z—z 轴(弱轴)的回转半径；

h——H形斜腹杆取0.7m，纵向连接系杆取0.9m；

μ_1——考虑弯矩因构件受压而增大所引用的值；

当$\frac{N}{A_m}\leqslant 0.15\varphi_1[\sigma]$时，取$\mu_1=1.0$，当$\frac{N}{A_m}>0.15\varphi_1[\sigma]$时，取$\mu_1=1-\frac{n_1N\lambda^2}{\pi^2EA_m}$；

E——弹性模量(MPa)；

n_1——压杆容许应力安全系数，本节采用自重+风荷载组合，所以应按主力加附加力组合取值1.4，相应地容许应力应提高取$1.20\times210=252$MPa。

现将式(4-2-12)两边同除$\varphi_1[\sigma]$，即得：

$$\frac{N}{\varphi_1[\sigma]A_m}+\frac{M}{[\sigma]W_m\mu_1\varphi_2}\leqslant 1 \tag{4-2-13}$$

故构件总稳定判别式由式(4-2-12)变为式(4-2-13)。

令$\beta=\frac{N}{\varphi_1[\sigma]A_m}+\frac{M}{[\sigma]W_m\mu_1\varphi_2}$，如果$\beta\leqslant 1$，则构件稳定满足《规范》，如果$\beta>1$，则构件失稳。

考虑自重和风荷载作用下，顶推跨越第6桥跨中各施工阶段结构第一失稳模态中局部失稳构件的内力和β值见表4-2-11。

施工阶段中失稳构件的内力与β值 表4-2-11

施工阶段	桥跨比	第一模态失稳构件	轴力 N(kN)	M(kN·m)	β值
C7-1	12/108=0.11	H形钢斜腹杆	5323.3	58.4.	0.481
C7-2	24/108=0.22	纵向连接系杆件	225.26	63.1	0.705
C7-3	36/108=0.33	纵向连接系杆件	292.3	73.1	0.791
C7-4	48/108=0.44	纵向连接系杆件	249.5	56.2	0.677
C7-5	60/108=0.56	纵向连接系杆件	356.8	85.6	0.912
C7-6	72/108=0.67	纵向连接系杆件	397.2	97.4	0.963
C7-7	84/108=078	H形钢斜腹杆	5511.2	45.27	0.473
C7-8	96/108=0.89	H形钢斜腹杆	6645.5	27.2	0.525
C8-0	96/108=0.89	H形钢斜腹杆	6658.1	27.30	0.528
C8-1-0	108/108=1.0	H形钢斜腹杆	6560.9	26.5	0.518
C8-1-1	108/108=1.0	H形钢斜腹杆	6446.9	25.5	0.508

由表4-2-11可知：顶推中过程中，桥跨比等于0.22~0.67时，第一阶失稳模态局部失稳的是导梁纵向连接系杆件，β值较大。其中桥跨比为0.56和0.67时，β值分别等于0.91和0.96，稳定储备不足，需要优化；桥跨比等于0.11，以及0.78~1.0时，第一阶失稳杆件为H形斜腹杆，计算得到的β值较小，其中桥跨比为0.89时的C8-0施工阶段最大，等于0.528，但小于1，稳定安全系数储备满足要求。

2)导梁纵向连接系杆件优化

导梁与主梁的自重比是影响主梁受力非常重要的一个因素,因此优化导梁纵向连接系杆件时应当避免导梁自重变化幅度太大,同时又要增强杆件平面外的刚度又不影响平面内的刚度,基于上述两点本书提出的优化杆件措施是将原有的H形截面变为箱形截面,优化前后的截面如图4-2-51所示。

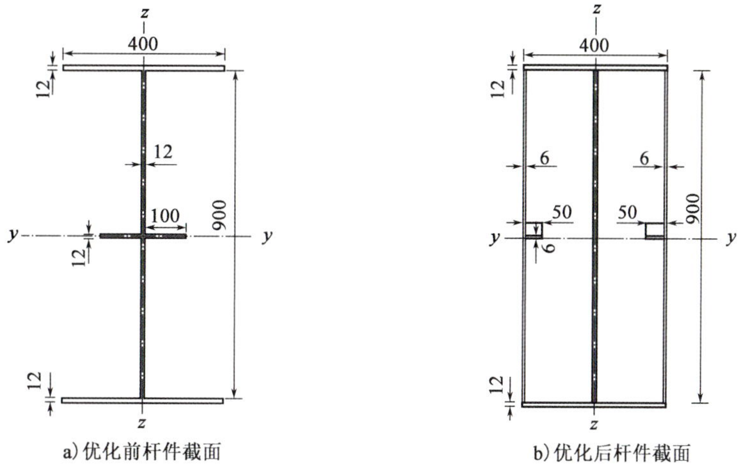

图4-2-51　导梁纵向连接系杆件截面的优化前后对比图(尺寸单位:mm)

优化后杆件截面特性与长细比见表4-2-12。

优化后杆件截面特性与长细比　　表4-2-12

参数	A_m(m²)	I_z(m⁴)	I_y(m⁴)	r_z(m)	r_y(m)
数值	0.021	0.0006	0.0027	0.1639	0.3602
参数	l_0(m)	W_m(m³)	λ_z	λ_y	λ_e
数值	9.07	0.0028	55.34	25.19	38.84

注:A_m-截面面积;I_z-绕z轴截面惯性矩;I_y-绕y轴截面惯性矩;r_z-绕z轴回转半径;r_y-绕y轴回转半径;l_0-计算长度;W_m-截面抵抗矩;λ_z-沿z轴的长细比;λ_y-沿y轴的长细比;λ_e-等效长细比。

在MIDAS/Civil中用优化后的杆件替换之前的杆件,更新模型,输出的杆件轴力和弯矩以及计算得到的β值见表4-2-13。

优化后杆件的内力以β值　　表4-2-13

施工阶段	桥跨比	轴力N(kN)	M(kN·m)	β值
C7-2	24/108=0.22	162.1	52.1	0.133
C7-3	36/108=0.33	328.0	151.8	0.361
C7-4	48/108=0.44	381.2	190.9	0.426
C7-5	60/108=0.56	538.4	214.2	0.513
C7-6	72/108=0.67	590.6	224.1	0.546

通过比较表4-2-11和表4-2-13中β值可知,优化后的β值大幅度减小,其中C7-5和C7-6两个施工阶段下β值由优化前的0.912和0.963分别减小为0.513和0.546,提高了杆件的平面外稳定性,且效果显著。

2.3.4 考虑惯性力作用的受力分析

梁体在顶进之前,随着千斤顶的顶力逐渐增大,静摩擦力也逐渐增大,直到千斤顶的拉力达到梁体与滑道梁之间的最大静摩擦力时,梁体被瞬间拉动,且梁体与滑道梁之间摩擦力由静摩擦力变为动摩擦力,由于最大静摩擦力大于动摩擦力,所以梁体势必会在启动的瞬间产生方向与顶推方向一致的加速度,从而引起梁体的惯性力。根据顶推施工组织方案可知,最大静摩擦的系数取 $\mu_m = 0.1$,聚四氟乙烯板与钢板的摩擦系数一般为 $\mu = 0.04 \sim 0.06$,即最大静摩擦力为 $f_{m静} = \mu_m Mg$、$f_{动} = \mu Mg$,所以在启动的瞬间梁体产生的加速度为 $a = (f_{m静} - f_{动})/M = (\mu_m Mg - \mu Mg) M = (\mu_m - \mu) g$,故加速度 α 最大值取 $0.06g$。

由于惯性力的大小和梁体的质量与产生的加速度有关,梁体启动瞬间加速度大小变化一致,取 $0.06g$,梁体质量随着顶推的进行,质量不断加大,后续的梁体启动时产生的惯性力也逐渐增大。故选取代表顶推前期、中期和后期的跨越第 2、第 6 和第 10 桥跨的最大悬臂阶段为研究对象。

1)最大悬臂导梁前端竖向位移

由表 4-2-14 可以看出,梁体最大悬臂状态下,由于加速度而产生的惯性力导致导梁前端出现上翘,由变形前的下挠位移变为上翘位移,同时变形位移较大。表 4-2-15 为第 10 跨最大悬臂状态时自重和惯性力作用下关键节点的位移,图 4-2-52、图 4-2-53 为相应的变形图。

最大悬臂导梁前端竖向位移(单位:mm)　　表 4-2-14

桥跨序号	自重	顶推惯性
2	-299.04	0.58
4	-275.48	1.37
8	-274.78	25.81
10	-274.76	3.11
12	-274.76	1.76

第 10 桥跨最大悬臂段节点位移(单位:mm)　　表 4-2-15

节点位置	108	96	84	72	60	48	36	24	12
自重	-274.76	-237.33	-199.0	-161.45	-129.09	-97.98	-67.24	-45.50	-22.46
惯性力	3.10	2.69	2.25	1.83	1.47	1.15	0.80	0.50	0.23

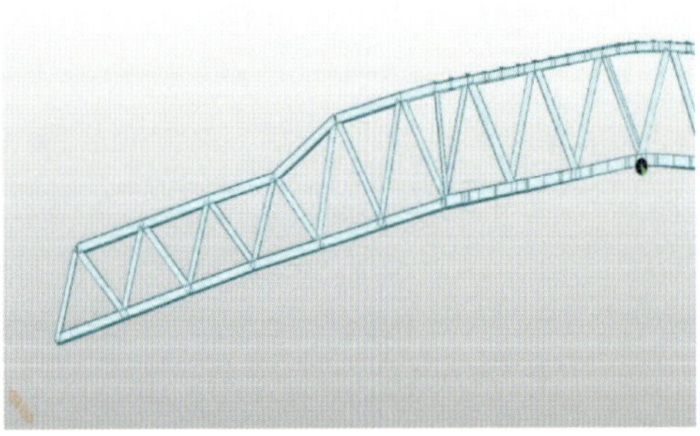

图 4-2-52　自重下最大悬臂段变形

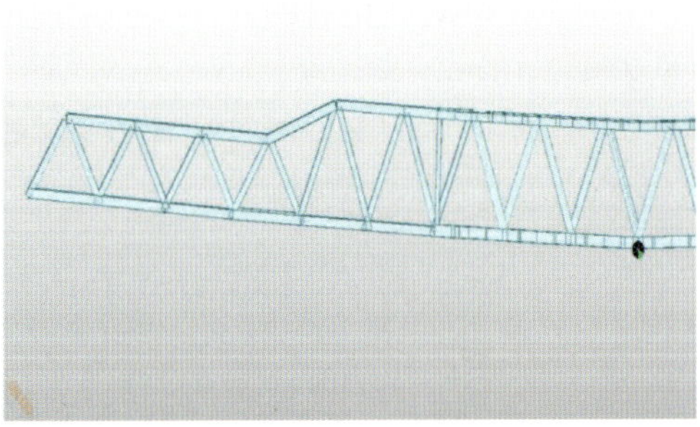

图 4-2-53　惯性力作用下最大悬臂段变形

2)最大悬臂最值应力

由图 4-2-54 可以看出,在自重作用下,每一桥跨的最大悬臂时结构的最大应力值基本不变,数值为 144MPa,这是因为最大拉应力出现在悬臂段根部的墩支座处受拉的上弦杆,每一桥跨的最大悬臂状态一致。惯性力作用下,最大拉应力值随着桥跨号变大而增大,这是因为随着顶推进行,结构的拼装梁体越多,质量越大,从而惯性力越大,因此,顶推施工时特别注意顶推后期惯性力对结构的影响。另外,惯性力作用下结构各杆件以受拉为主,部分杆件产生受压的应力值很小,几乎为零。

3)最大悬臂内力

桥跨最大悬臂下内力数值见表 4-2-16。

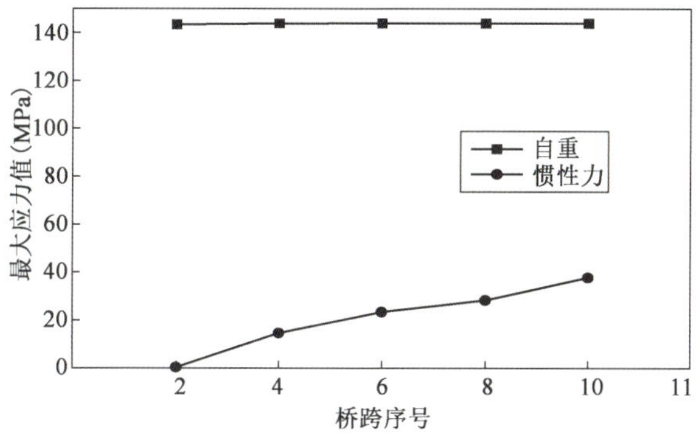

图 4-2-54　最大悬臂下结构最大应力比较

桥跨最大悬臂下内力数值　　表 4-2-16

桥跨序号	F_x		F_y		F_z		M_x		M_y		绕 z 轴弯矩 M_z	
2	16830.5	23.8	357.1	0.7	1501.7	0.9	176.9	0.4	2759.8	4.1	1959.2	4.0
4	16887.1	1604.6	357.2	90	1509	133.2	176.1	44.8	3085.9	751.3	1973.5	141.2
6	16883.2	3329.9	357.2	150	1509.8	263.7	176.1	77.3	3211.7	1412.1	1972.9	231.9
8	16883.1	4677.3	357.2	236	1509.8	366.7	176.1	132.1	3214.8	2452.9	1972.8	361.3
10	16883.1	4714.1	357.2	241.1	1509.8	366.5	176.1	119	3213.5	2158.8	1972.8	402.3

注：F_x-沿 x 轴方向内力；F_y-沿 y 轴方向内力；F_z-沿 z 轴方向内力；M_x-绕 x 轴方向弯矩；M_y-绕 y 轴方向弯矩；M_z-绕 z 轴方向弯矩。

由表 4-2-16 可知各结构最大内力数值在自重作用下比惯性力作用下大得多。其中各桥跨自重作用下最大内力变化不大，而惯性力作用下的变化较大，这是因为随着顶推进行，结构的拼装梁体越多，质量越大，从而惯性力越大。

4）桥墩受力

顶推梁体启动时，梁体会产生惯性作用，从而会对桥墩产生冲击作用，因此通过对滑道梁施加顶推方向的水平力来模拟冲击作用。为了更好地模拟考虑惯性力时梁体对桥墩的冲击作用，用 ABAQUS 建立滑道梁、桥墩以及混凝土托架整体模型。由于桥墩为门形空心墩，纵横向双向变坡，壁厚由上至下逐渐变厚，在 ABAQUS 直接建模难以实现。故先采用 CAD 绘制三维几何模型，然后导入 ABAQUS 中。最大静摩擦系数取 $\mu_m = 0.1$，聚四氟乙烯板与钢板的摩擦系数一般为 $\mu = 0.04 \sim 0.06$，故水平力 $F = 0.06 F_{反}$，$F_{反}$为墩支座反力。工况中还考虑梁体横向偏移，选取双滑块受力状态，此时滑块到墩中心线距离最大为 6m，如图 4-2-55 所示。模拟分析滑块顺桥向中心线横向偏移滑道梁中心线 0m、50mm 及 100mm 三种工况。

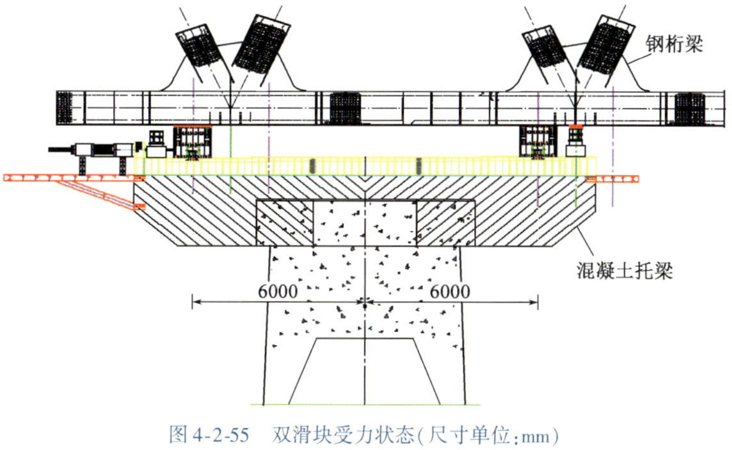

图 4-2-55　双滑块受力状态(尺寸单位：mm)

5）桥墩位移

桥墩沿顶推方向变形如图 4-2-56 所示。

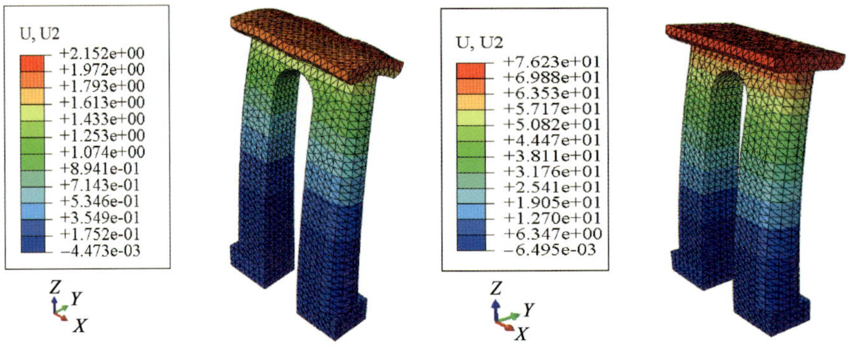

a) 未计入惯性力　　b) 计入惯性力

图 4-2-56　桥墩沿顶推方向变形图

由图 4-2-56 可以看出，考虑惯性力后桥墩沿着顶推方向发生位移较大。其中墩顶托梁位移最大，数值为 76.1mm。

6) 桥墩应力

桥墩应力数值具体见表 4-2-17。

桥墩应力数值　　表 4-2-17

应力类型	未计入惯性力			计入惯性力		
	偏移量(mm)			偏移量(mm)		
	0	50	100	0	50	100
S_1(MPa)	1.20	1.21	1.21	6.19	6.18	6.18
S_3(MPa)	−2.22	−2.23	−2.23	−6.95	−6.95	−6.95
S(MPa)	1.77	1.78	1.78	6.56	6.56	6.55

注：S_1-最大第一主应力；S_3-最小第三主应力；S-最大 Mises 应力。

由表 4-2-17 可知：当计入惯性力时，桥墩应力数值明显；当偏移量为 0 时，最大第一主应力(S_1)由 1.20MPa 增到 6.19MPa，增幅 41.6%；最小第三主应力(S_3)由 −2.22MPa 增到 −6.95MPa，增幅21.3%；最大 Mises 应力由(S)1.77MPa 增到 6.56MPa，增幅 27.1%。偏移量为 50mm 和 100mm 时各主应力变化基本一致，其中，最大第一主应力(S_1)由 1.21MPa 增到 6.18MPa，增幅 41.1%；最小第三主应力(S_3)由 −2.23MPa 增到 −6.95MPa，增幅 21.2%；最大 Mises 应力(S)由 1.78MPa 增到 6.56MPa，增幅 26.9%。因此惯性力对桥墩应力有明显影响，顶推过程中，尤其是顶推后期梁体质量增大时，顶推应缓慢启动。

具体应力云图以偏移 100mm 为例说明，如图 4-2-57 所示。

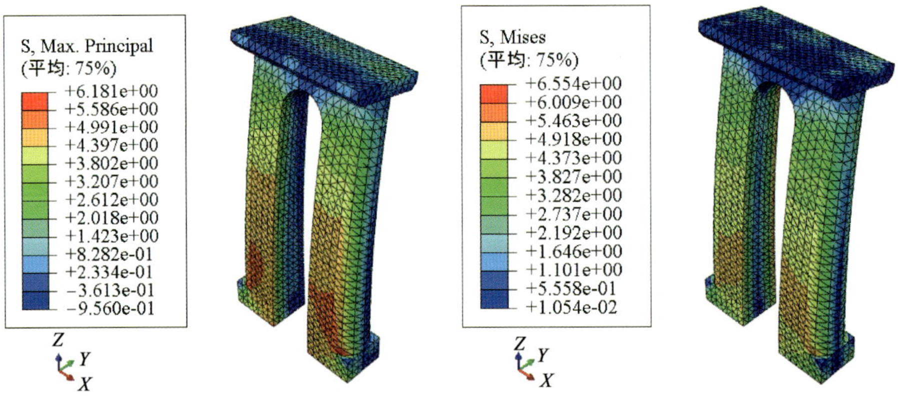

a) 桥墩最大第一主应力(S_1)云图　　b) 桥墩最小第三主应力(S_3)云图

图　4-2-57

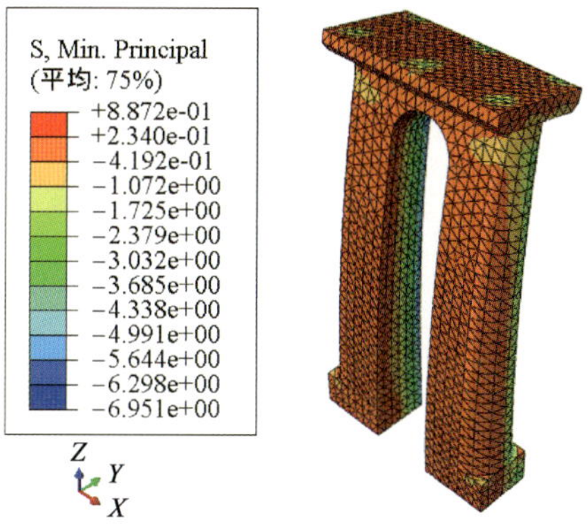

c) 桥墩最大Mises应力(*S*)云图

图 4-2-57　桥墩主应力云图

2.3.5　顶推施工过程的动力行为分析

顶推施工是一种动态的施工过程，梁体在顶进施工过程中由于惯性力的作用处于振动状态。这种状态对梁体的内力和位移都产生一定影响，会影响顶推施工的精度和难度。为了保证顶推施工过程的安全、快速进行，有必要对顶推过程中的主梁动力行为进行研究分析。

1）顶推施工的动态模拟

三门峡黄河公铁两用大桥的顶推工艺采用多点同步顶推。顶推施工时影响较大的阶段为顶推起步阶段，这个阶段为主梁从静态变为动态的过程。研究这种顶推过程时，将主梁从起步到匀速顶进的过程看作是一个匀加速过程，加速度的大小取决于顶推时施加顶推力的大小。这个状态是在很短的时间内完成的，所以加速度很大。为了便于分析，将这种因加速而产生的惯性力以节点动力荷载的方式施加到杆件节点上，节点动力荷载为一三角形荷载时程曲线如图 4-2-58 所示。

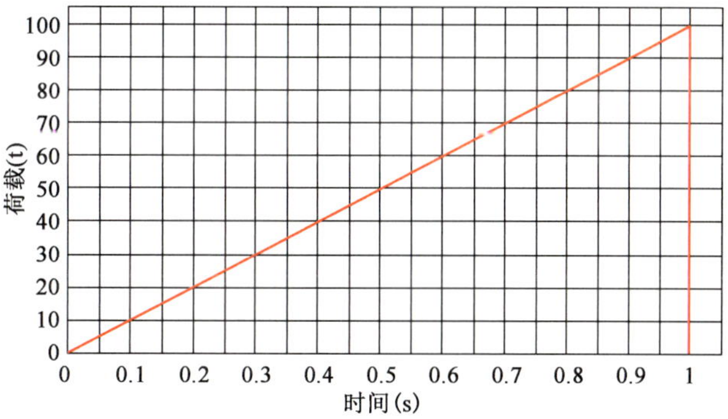

图 4-2-58　荷载时程曲线

在顶推施工过程中考虑墩梁耦合效应，建立了顶推施工过程的墩梁整体模型，顶推施工过程分析模型如图 4-2-59 所示。

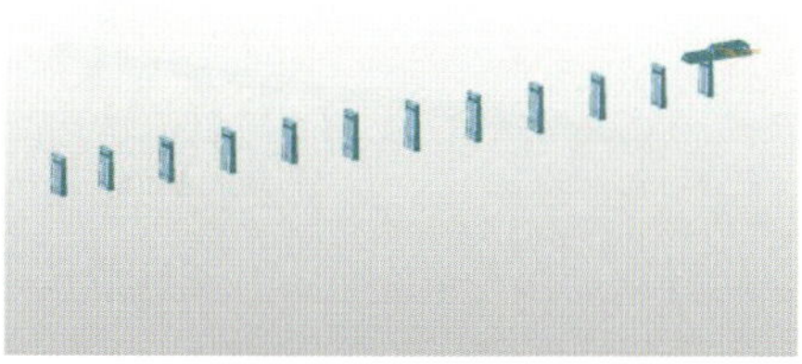

a) 顶推第1阶段(顶进3节)

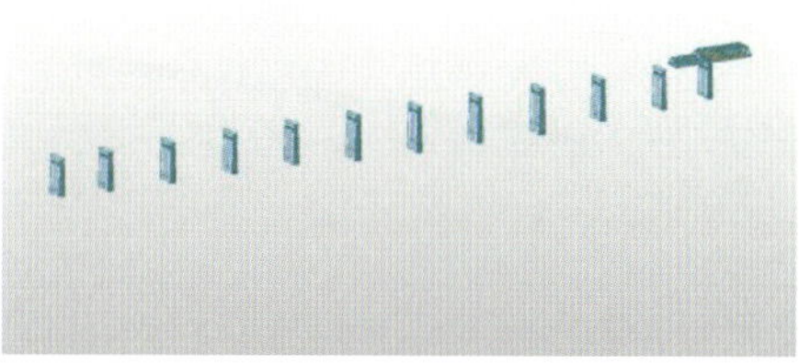

b) 顶推第2阶段(顶进2节)

图　4-2-59

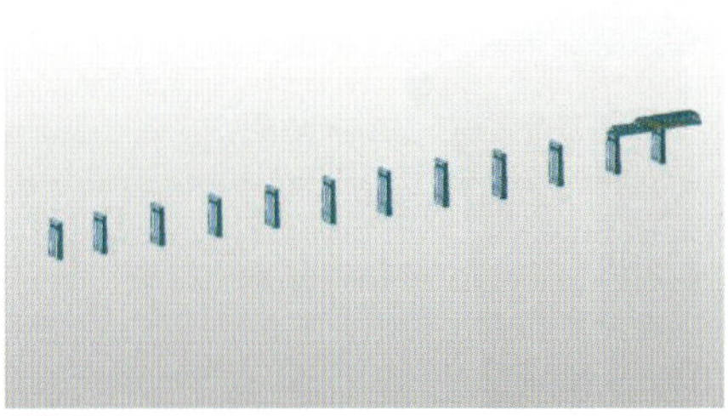
c）顶推第3阶段（顶进2节）

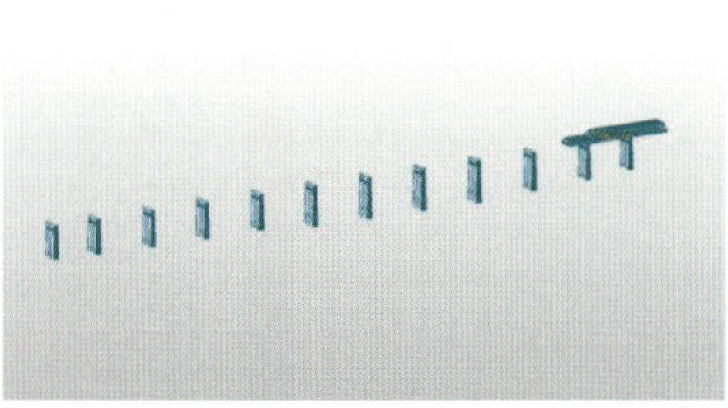
d）顶推第4阶段（顶进3节）

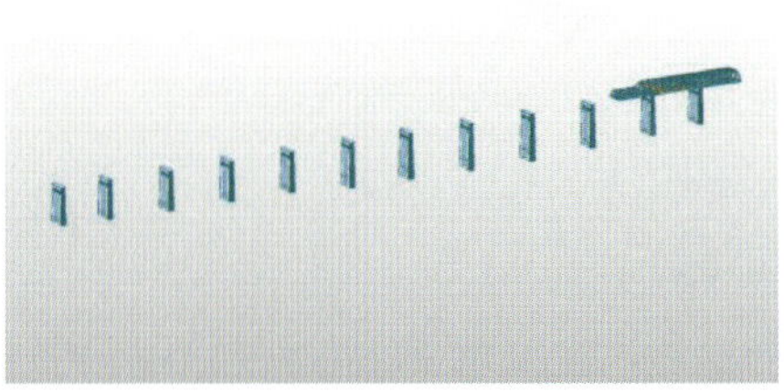
e）顶推第5阶段（顶进2节）

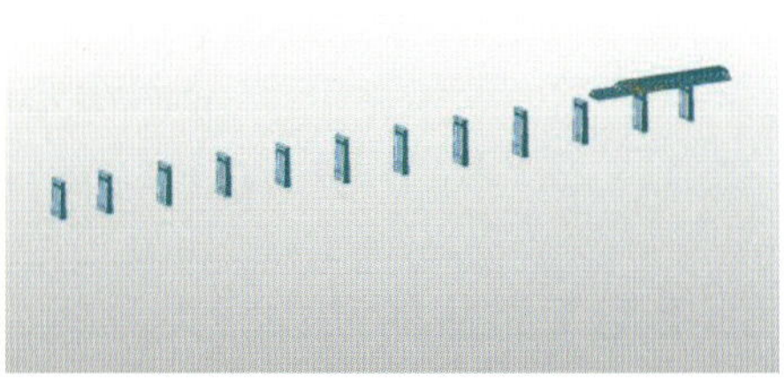
f）顶推第6阶段（顶进2节）

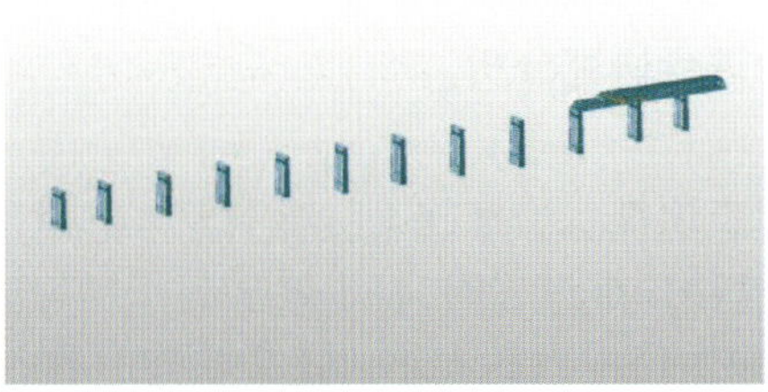
g）顶推第7阶段（顶进2节）

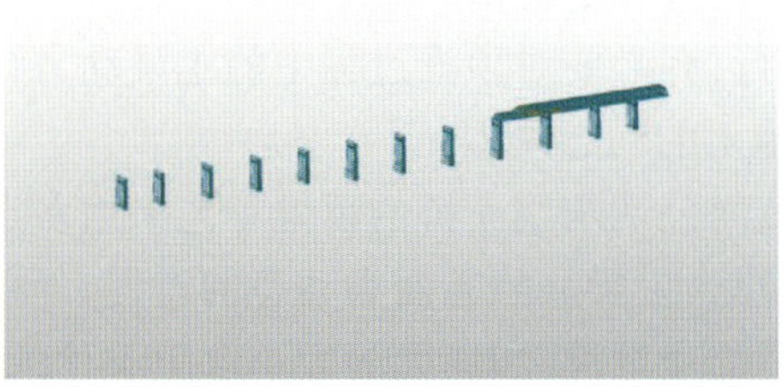
h）顶推第8阶段（顶进9节）

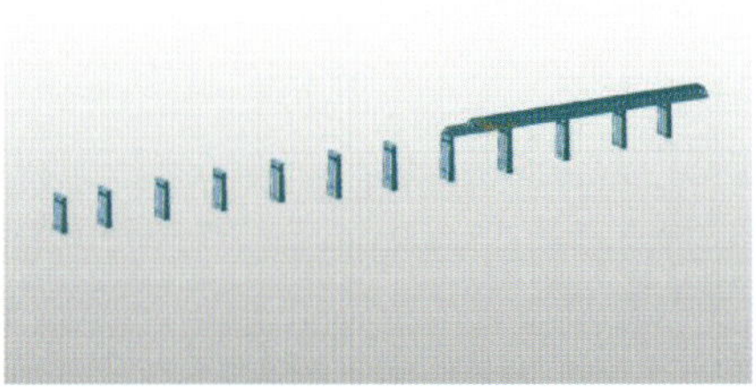
i）顶推第9阶段（顶进9节）

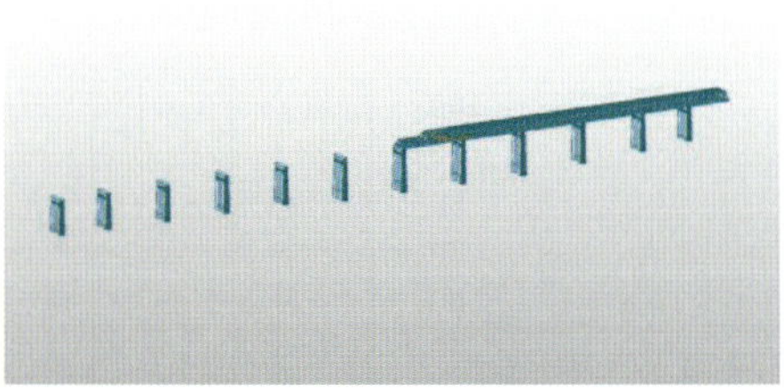
j）顶推第10阶段（顶进9节）

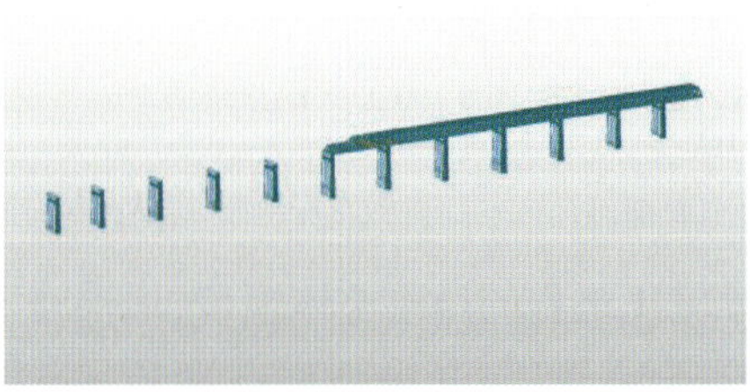
k）顶推第11阶段（顶进9节）

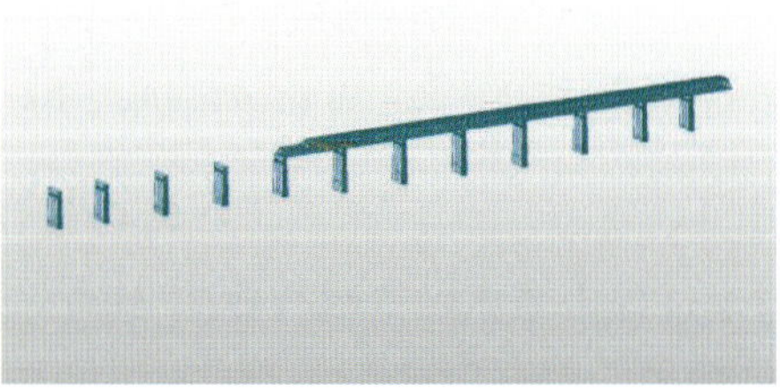
l）顶推第12阶段（顶进9节）

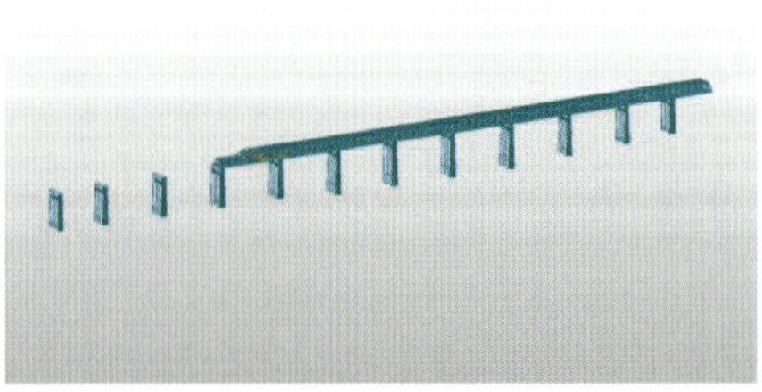
m）顶推第13阶段（顶进9节）

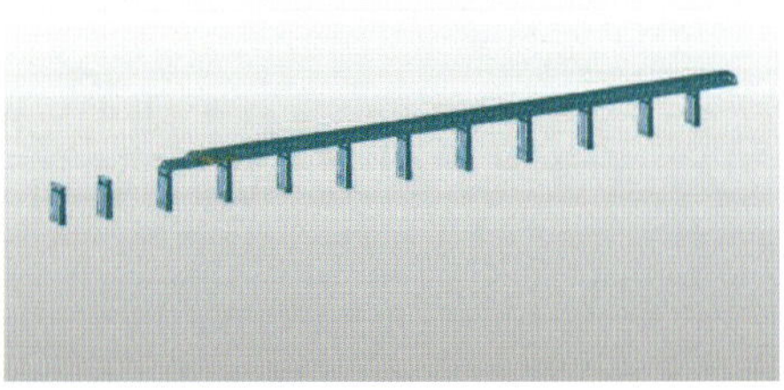
n）顶推第14阶段（顶进9节）

图 4-2-59

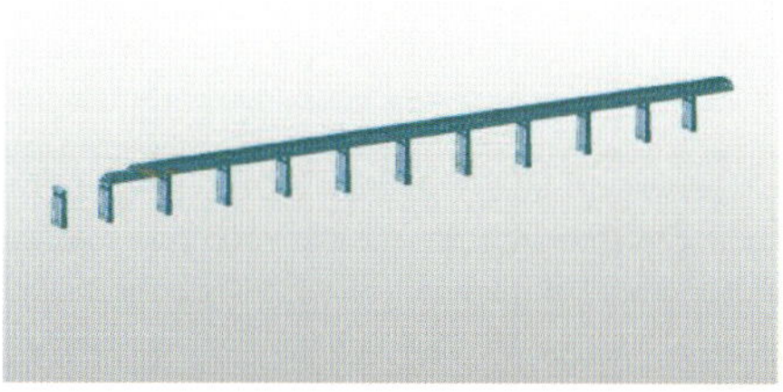

o)顶推第15阶段(顶进9节)

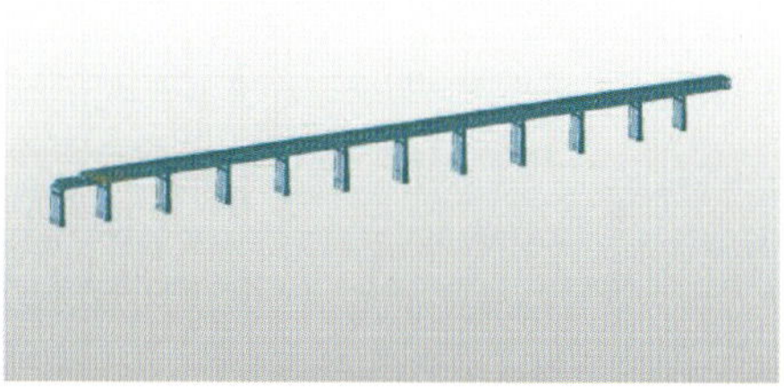

p)顶推第16阶段(顶进9节)

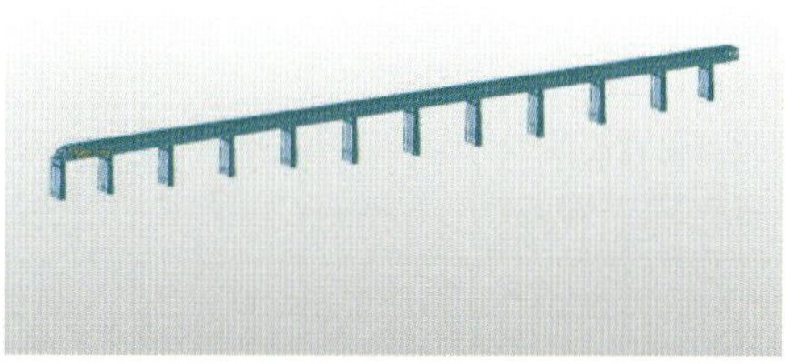

q)顶推第17阶段(顶进5节)

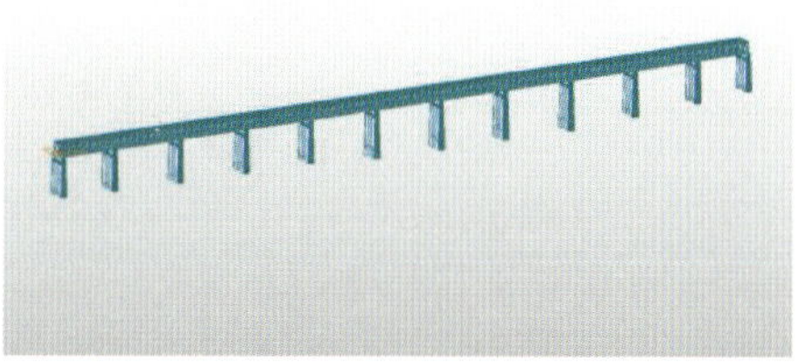

r)顶推第18阶段(顶进3节)

图4-2-59　顶推施工流程图

2)顶推施工的结果分析

对顶施工推过程中的动力行为进行了计算,顶推第1阶段导梁端部位移及导梁关键构件的轴力时程曲线分别如图4-2-60、图4-2-61所示。其中 X 方向为纵桥(顶进)方向,Y 方向为横桥方向,Z 方向为竖直方向。从图4-2-60中可以看出,由于顶推的动力作用,导梁产生剧烈的抖动,但抖动的幅值较小,仅为0.3mm左右。其中,Z 方向的动挠度最大,Y 方向次之,Z 方向最小。从图4-2-61可以看出,顶推过程引起的振动会引起杆件的动态内力,对于桁架主要是轴力。其中,上弦杆最大,下弦杆次之,斜腹杆最小。

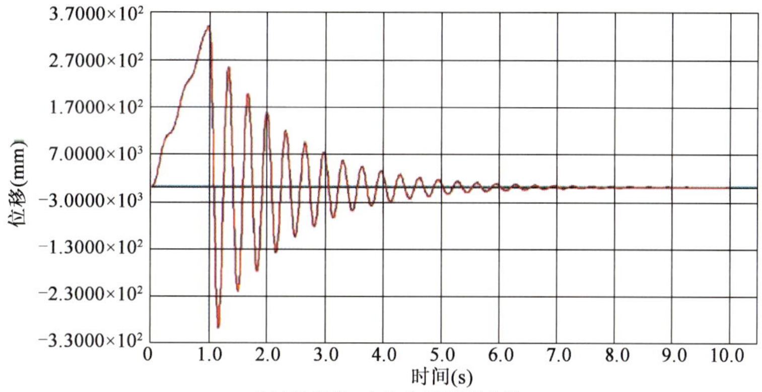

a)导梁端部X方向位移时程曲线

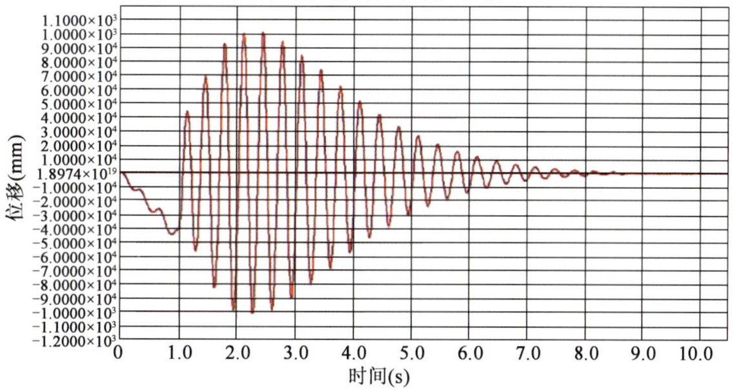

b)导梁端部Y方向位移时程曲线

图　4-2-60

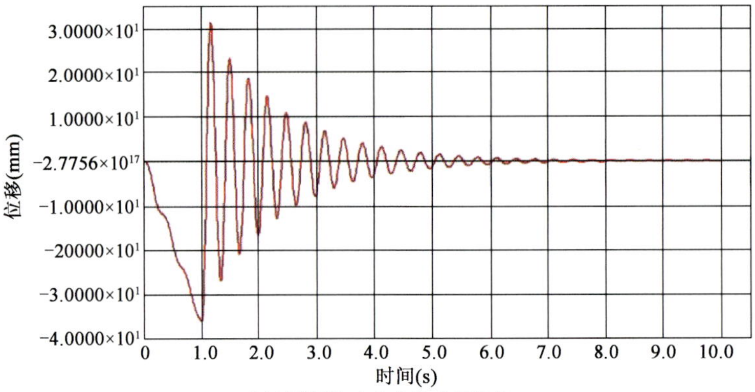

c) 导梁端部Z方向位移时程曲线

图 4-2-60　导梁端部位移时程曲线

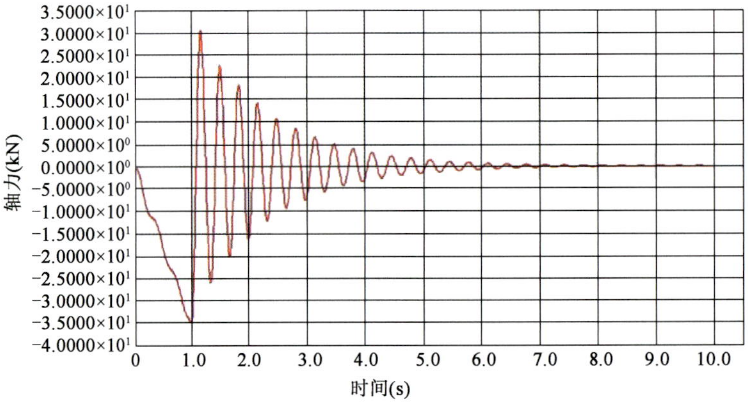

a) 导梁根部下弦杆轴力时程曲线

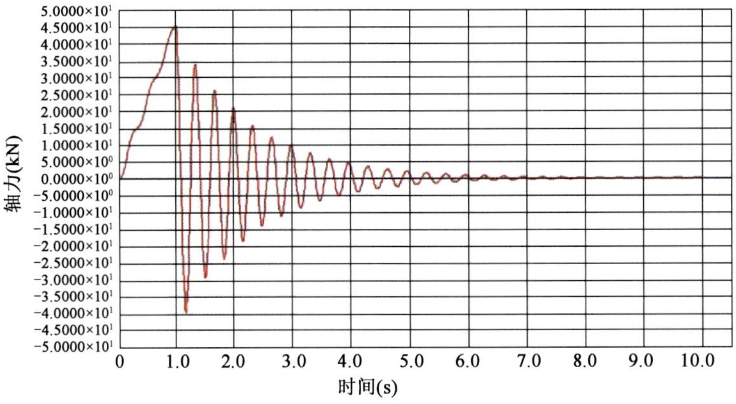

b) 导梁根部上弦杆轴力时程曲线

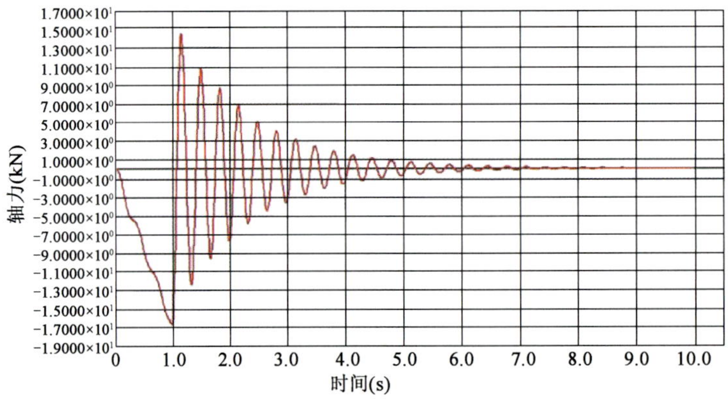

c) 导梁根部斜腹杆轴力时程曲线

图 4-2-61　第 1 施工阶段导梁关键构件轴力时程曲线

图 4-2-62 给出了第 2 ~9 施工阶段的导梁端部时程曲线，图 4-2-63 给出了第 2 ~9 施工阶段的关键杆件轴力时程曲线。

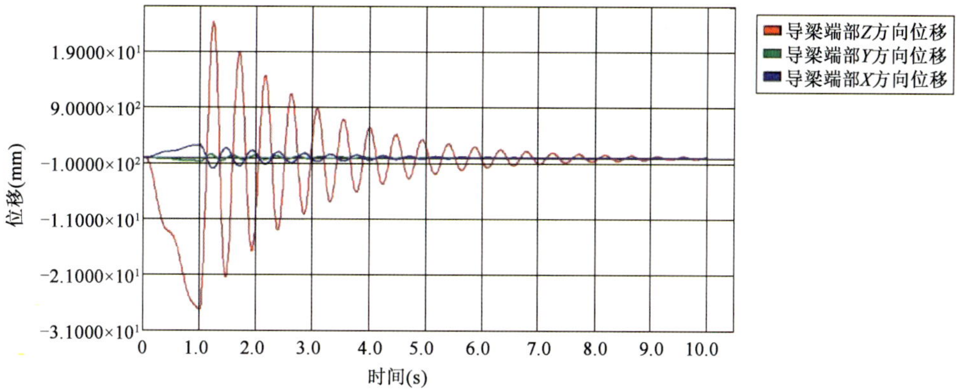

a）第2施工阶段导梁端部位移时程曲线

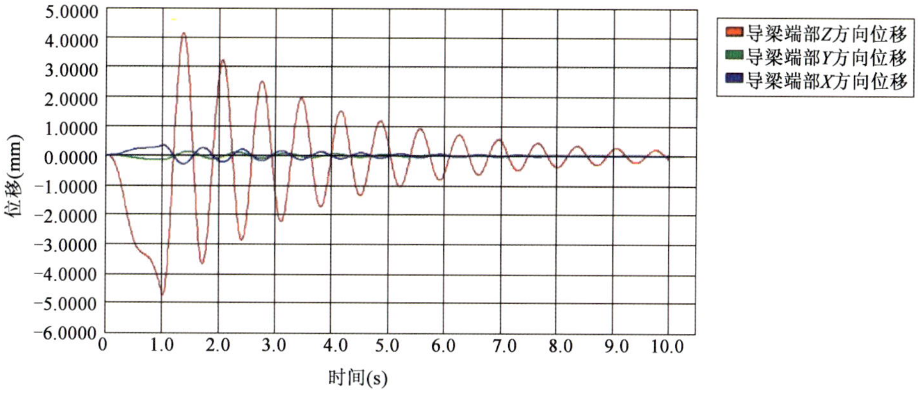

b）第3施工阶段导梁端部位移时程曲线

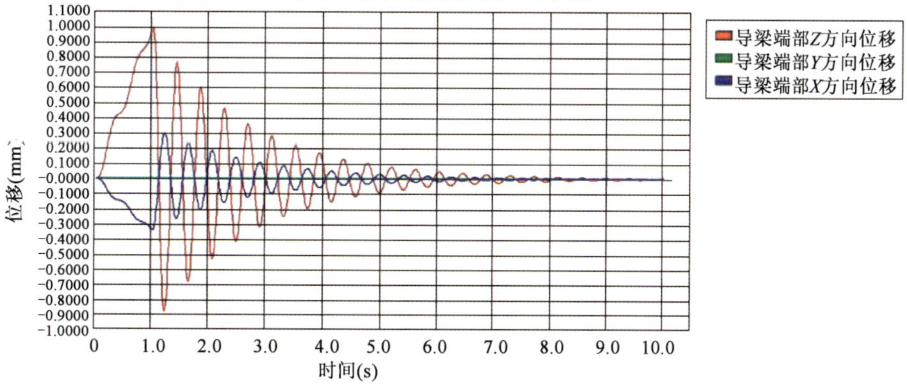

c）第4施工阶段导梁端部位移时程曲线

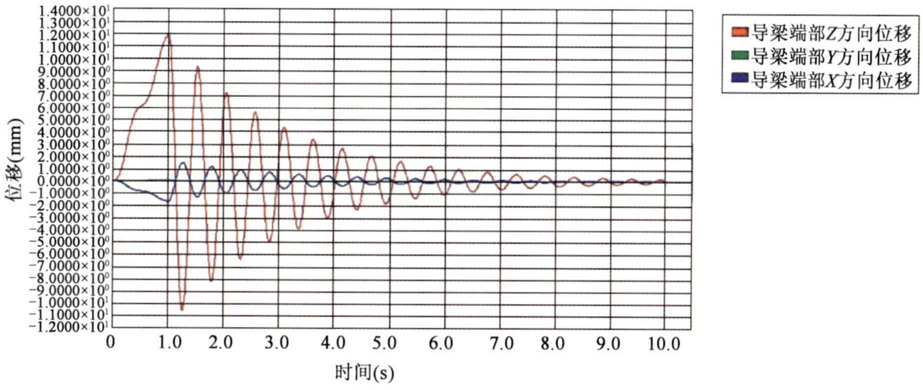

d）第5施工阶段导梁端部位移时程曲线

图 4-2-62

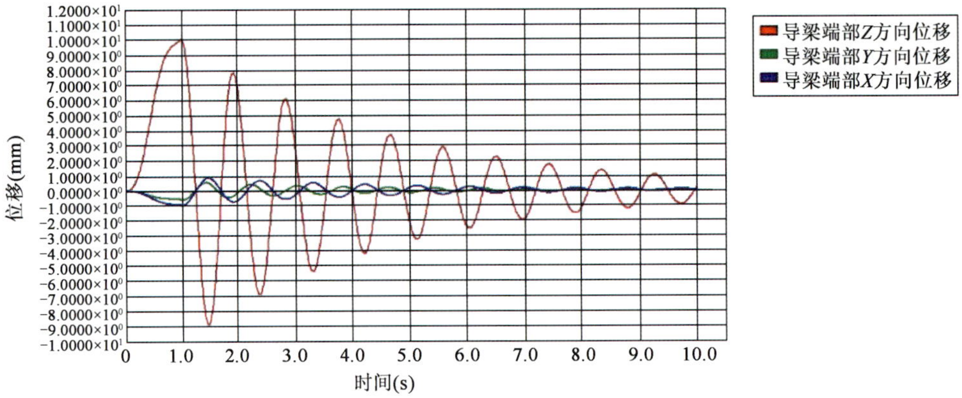

e) 第6施工阶段导梁端部位移时程曲线

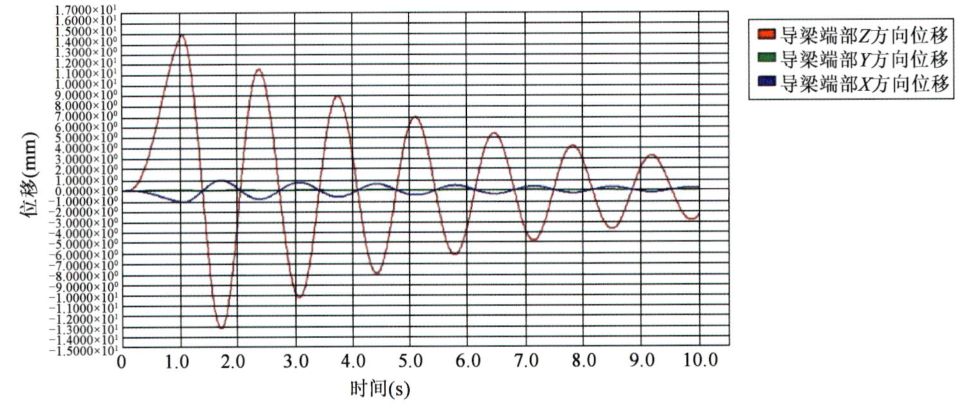

f) 第7施工阶段导梁端部位移时程曲线

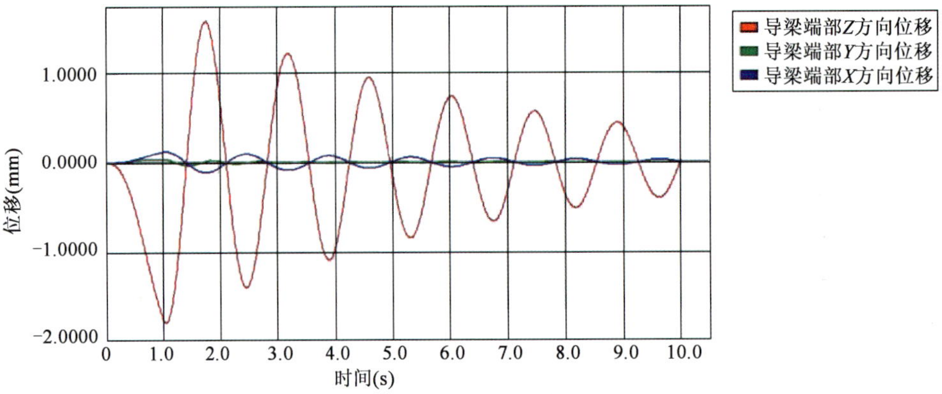

g) 第8施工阶段导梁端部位移时程曲线

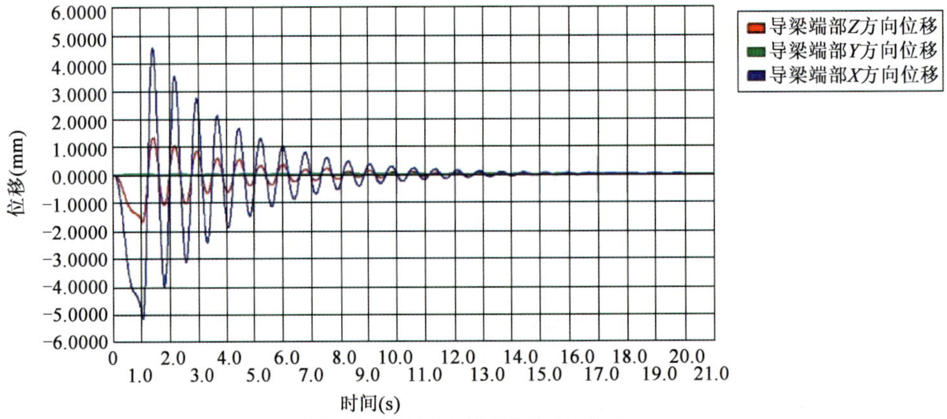

h) 第9施工阶段导梁端部位移时程曲线

图 4-2-62　典型施工阶段导梁端部位移时程曲线

从图 4-2-62 可以看出，顶推过程中导梁端部的动态位移幅值 Z 方向始终最大，X 方向和 Y 方向相对较小。图 4-2-63 所示为典型施工阶段关键杆件的轴力时程曲线。

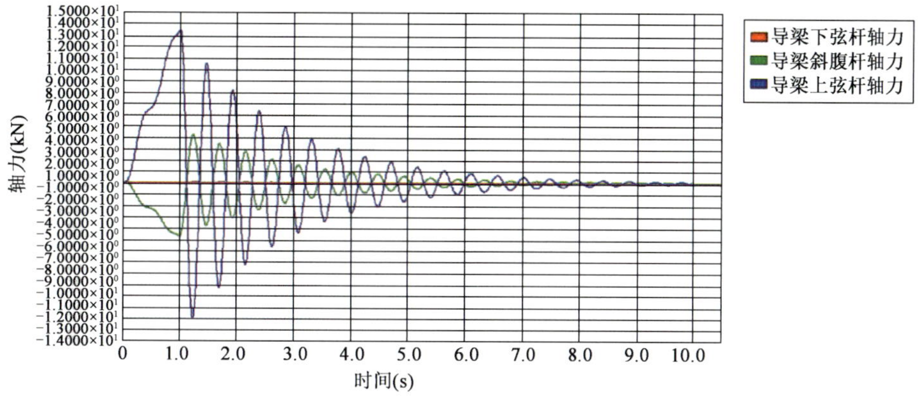

a）第2施工阶段关键杆件时程曲线

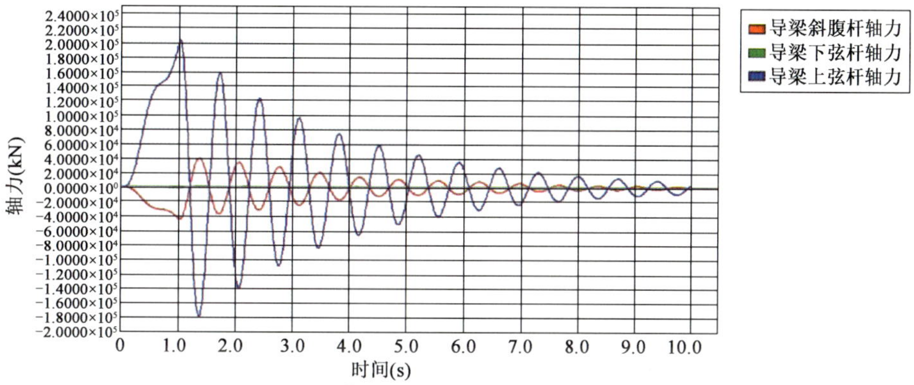

b）第3施工阶段关键杆件时程曲线

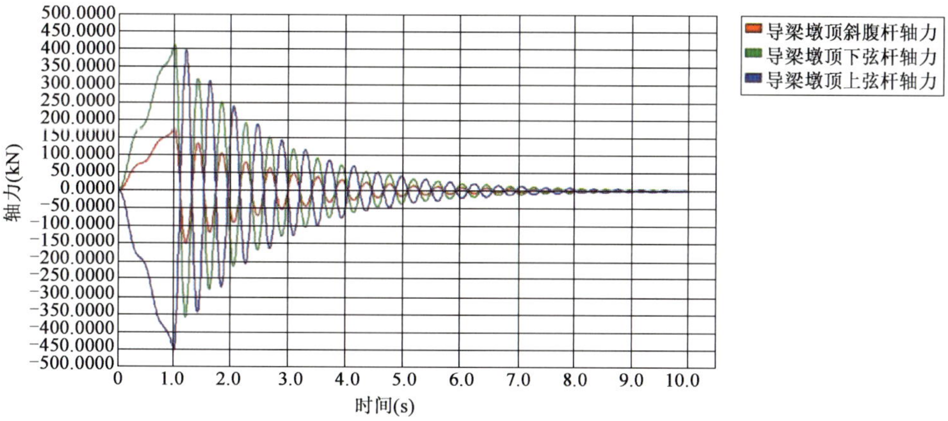

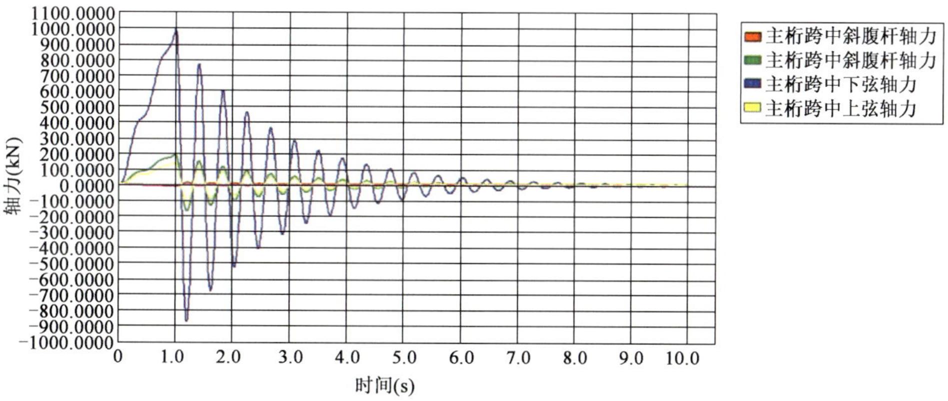

图 4-2-63

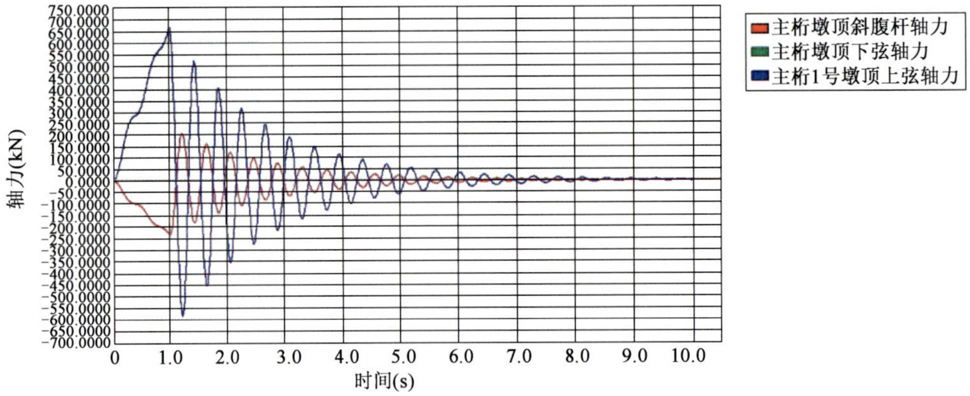

c)第4施工阶段关键杆件时程曲线

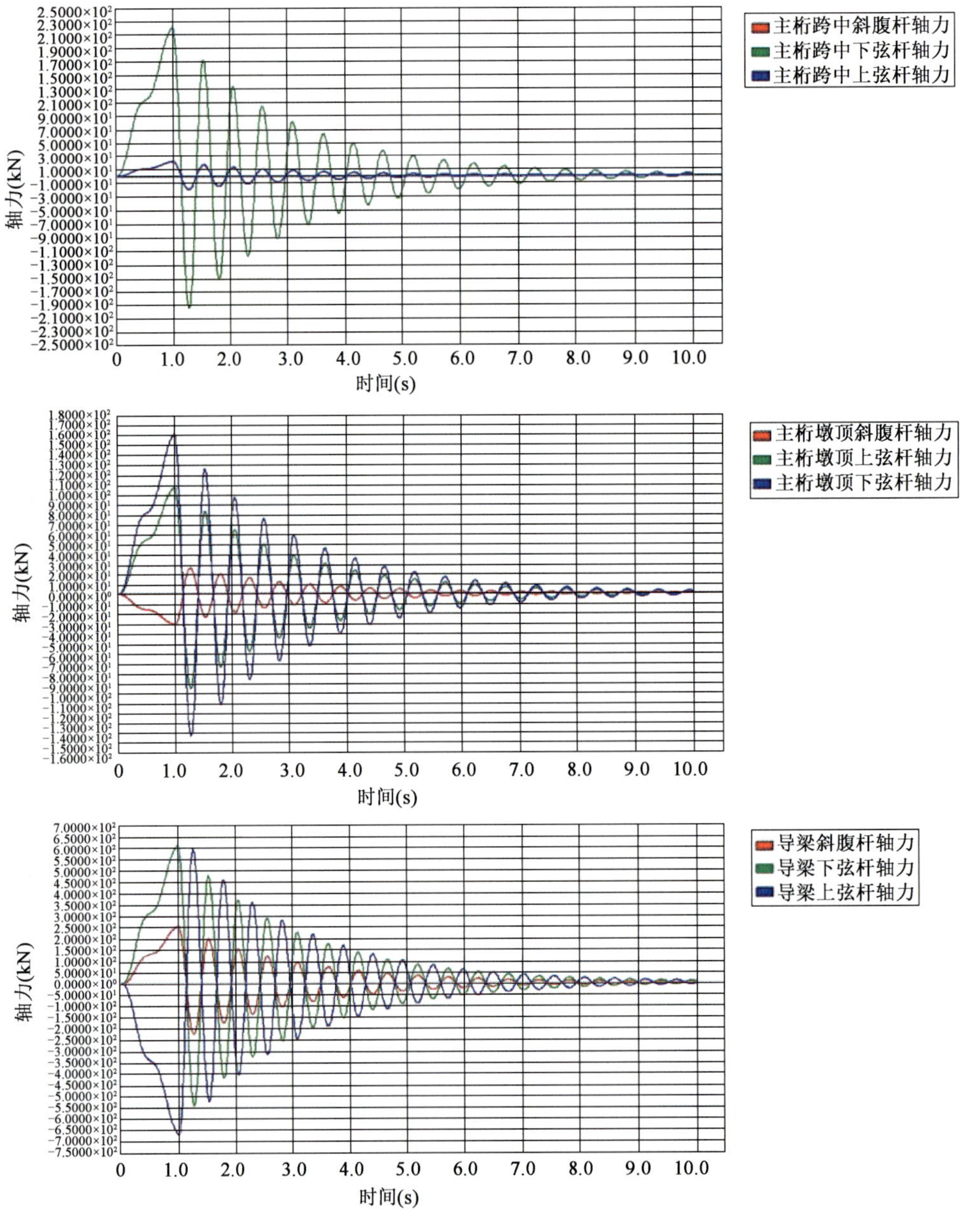

d)第5施工阶段关键杆件时程曲线

图 4-2-63

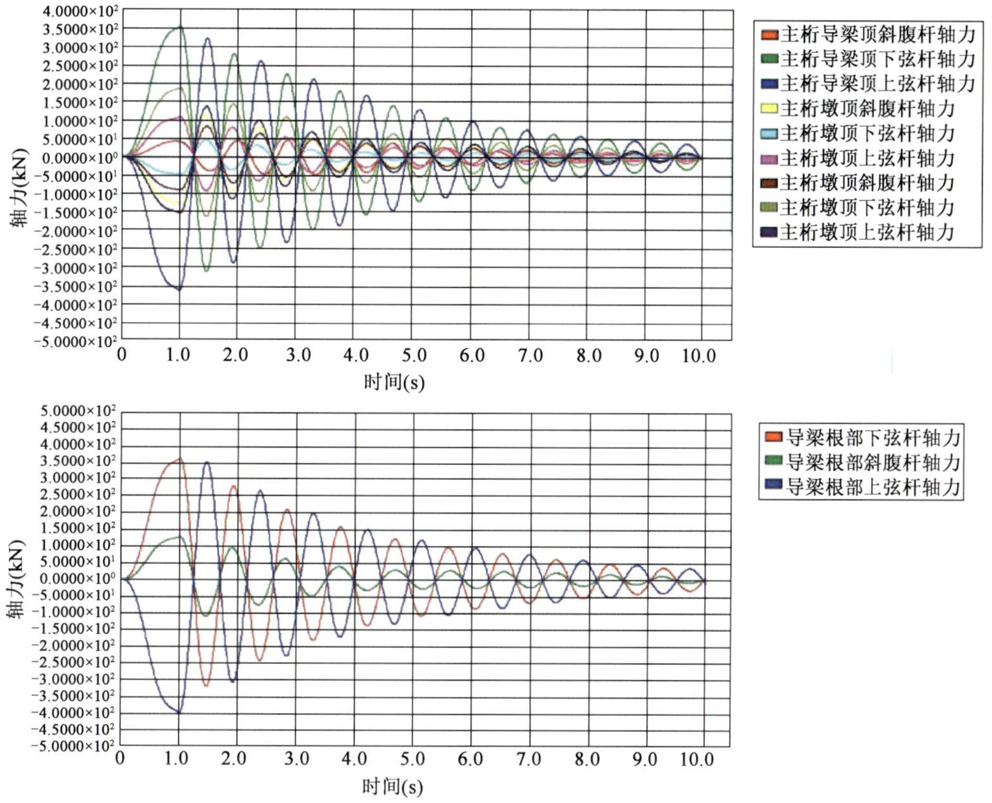

e) 第6施工阶段关键杆件时程曲线

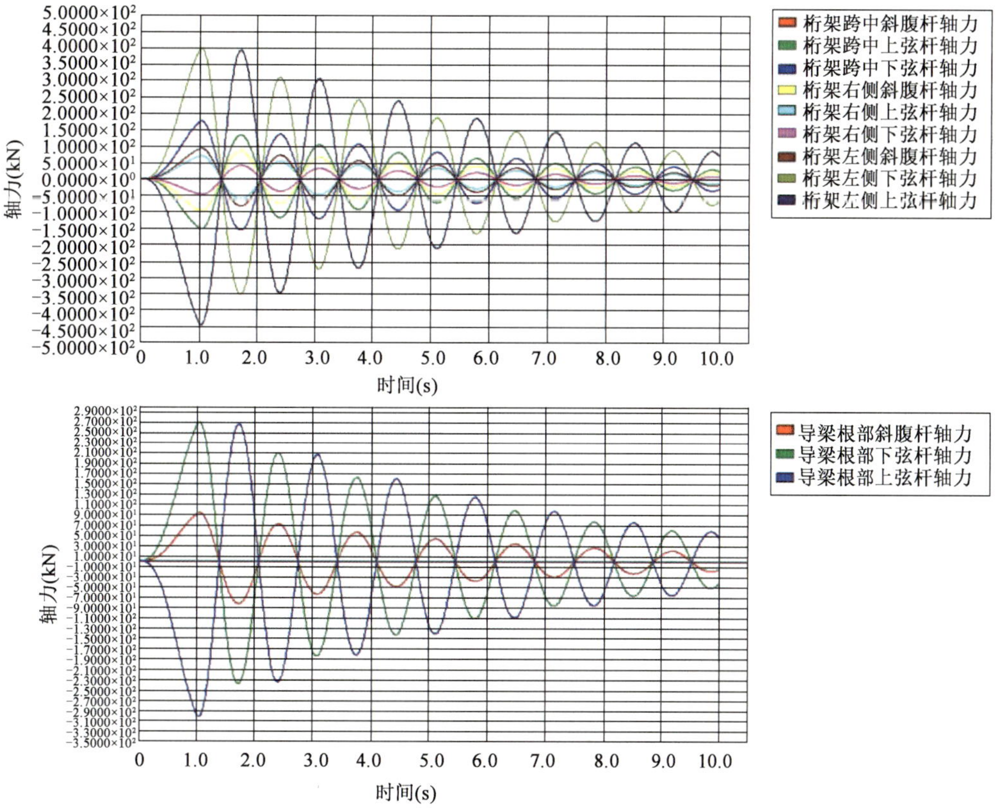

f) 第7施工阶段关键杆件时程曲线

图 4-2-63

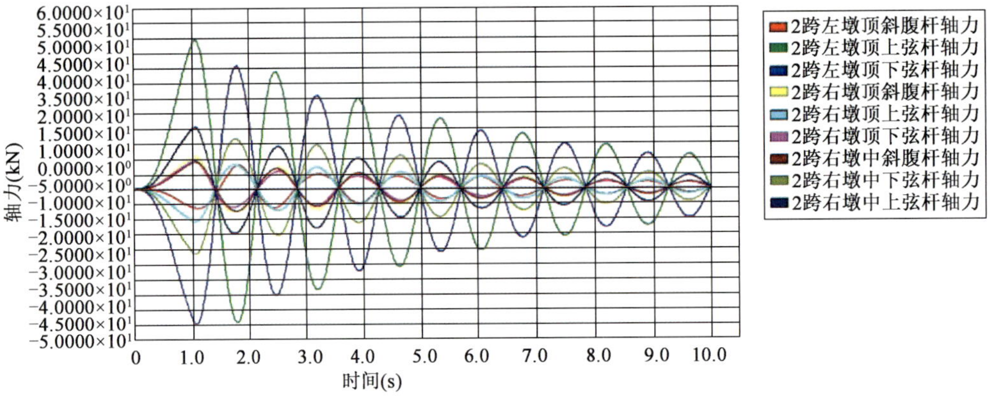

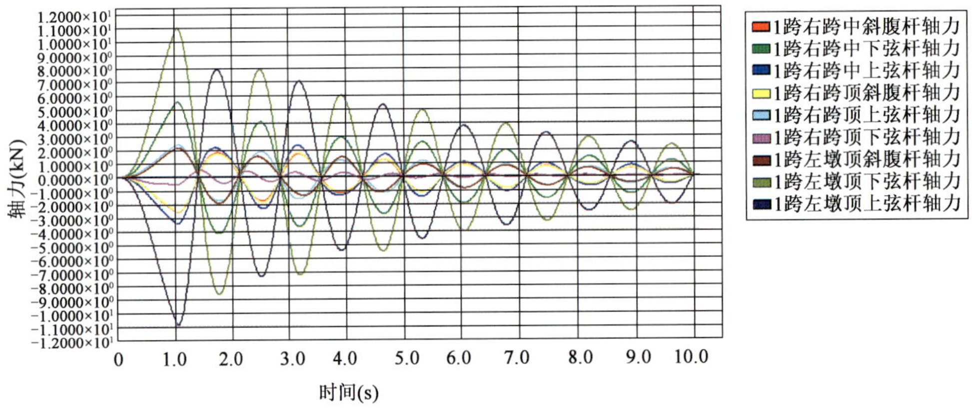

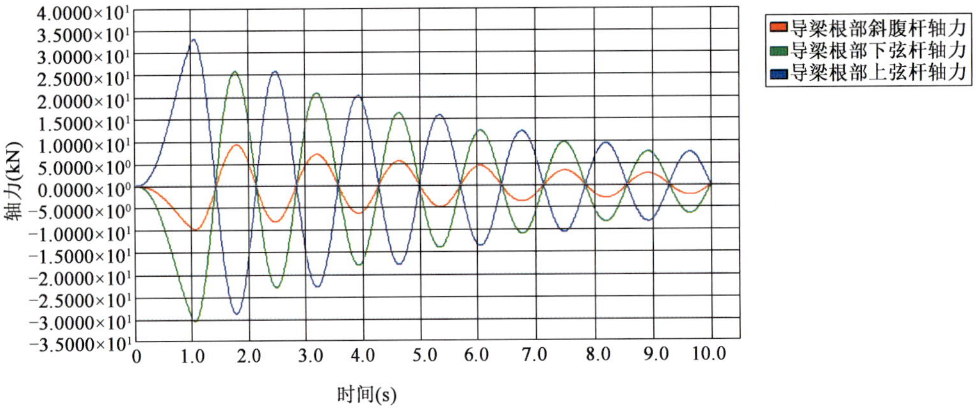

g) 第8施工阶段关键杆件时程曲线

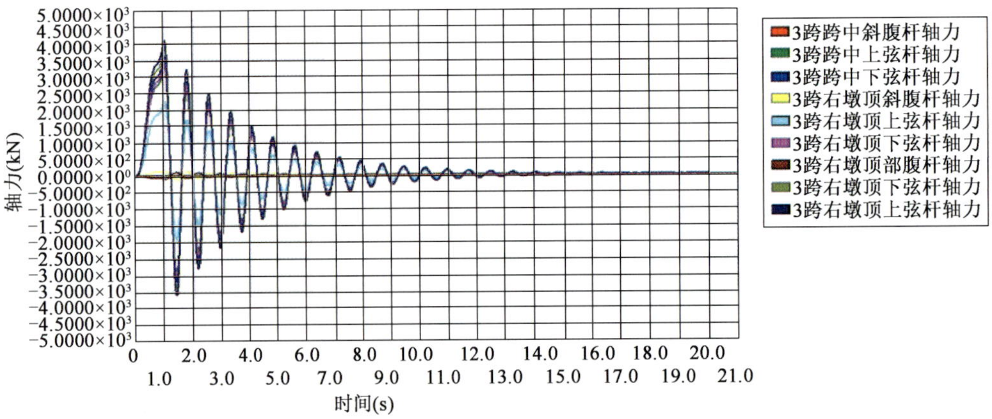

图 4-2-63

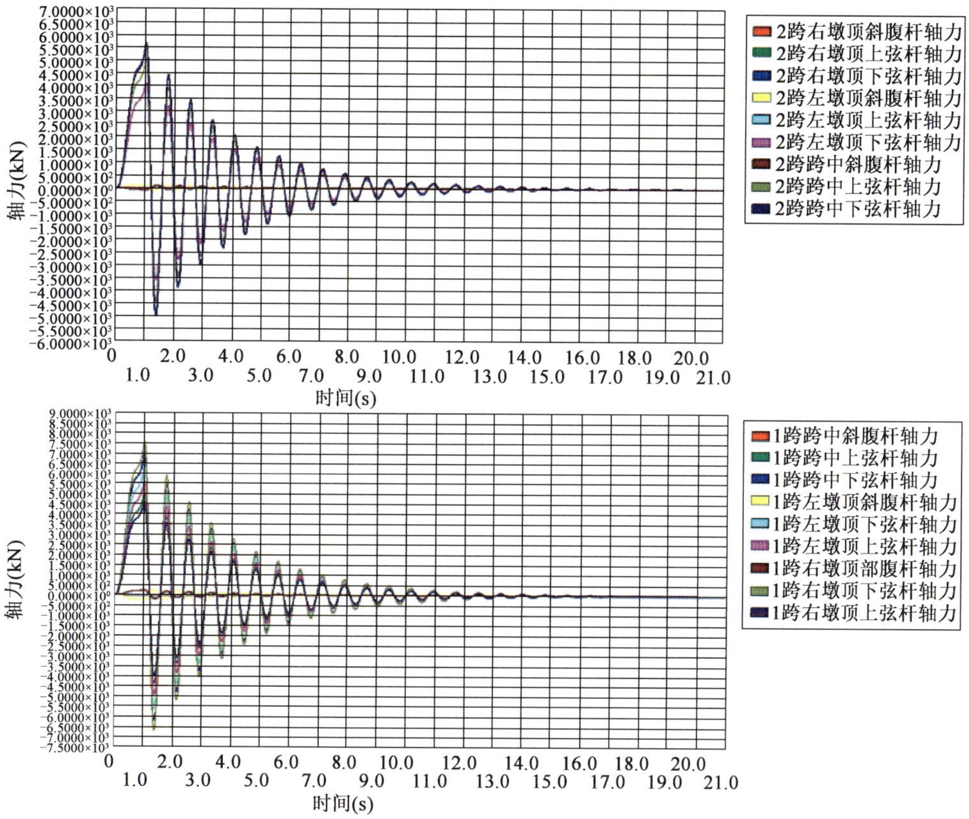

h)第9施工阶段关键杆件时程曲线

图4-2-63 典型施工阶段关键杆件轴力时程曲线

从图4-2-63中可以看出，随着顶推长度的增加导梁和主梁各杆件的动态轴力幅值逐渐增大，且上弦杆的动态轴力幅值最大。因此，随着顶进长度的增加，顶推速度应逐渐减小，以削弱因顶推惯性力带来的杆件动态轴力增加的幅值，确保主梁在顶推施工过程中的动力稳定性。

由于动态轴力的产生，主梁在顶推施工过程中杆件的稳定性会有一定幅度的降低。因此，在顶推施工过程中要关注上弦杆的内力变化，以确保施工过程的安全。

2.4 顶推施工阶段主桁下弦杆支承点受力性能分析

由于节点位置构造复杂，且在顶推施工过程中存在较大的支撑反力，尤其在每个顶推周期中步骤三、四顶进9.4m时，主梁下弦杆处于受力最不利的状态。因此，对支撑点位置进行局部受力分析是十分有必要的，本节利用ABAQUS对主梁支撑点位置进行局部精细化建模分析。

2.4.1 有限元模型的建立

1)支撑位置节点概况

由整体分析结果可知中桁的支撑反力总是大于边桁的支撑反力，因此选择中桁下弦杆上的节点ME7作为研究对象进行建模分析，针对支撑位置受力特点进行分析。由施工组织设计可知支撑位置始终在节点板范围以内，分别位于节点立面中心位置和顺桥向距离中心前后各1.3m的位置，节点板顺桥向长度为4.0m，本节模型顺桥向取6.2m的长度在节点板中心位置前后各3.1m位置截断，模型分析节点结构如图4-2-64所示。

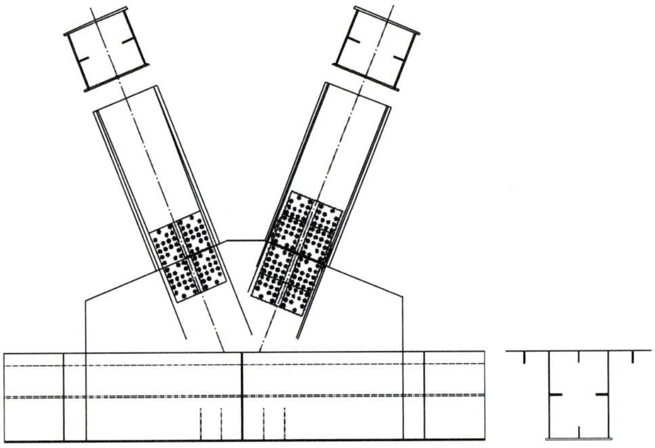

图 4-2-64　节点图

桥梁主体结构钢均采用 Q370qe 钢材，钢材的各种材料性能参数均参考《铁路桥梁钢结构设计规范》（TB 10091—2017）、《桥梁用结构钢》（GB/T 714—2015），钢板厚度均小于 50mm，见表 4-2-18。Q370qe 钢材的有限元模型计算参数如下：

弹性模量：$E=2.1\times105\text{MPa}$；

泊松比：$\mu=0.3$；

屈服强度：$R_d=370\text{MPa}$；

轴向基本容许应力：$\sigma=210\text{MPa}$；

抗拉强度：$R_m=540\text{MPa}$。

板件尺寸表　　表 4-2-18

序号	板件名称	材质	板厚（mm）
1	中底板	Q370qe	36
2	左、右底板	Q370qe	32
3	中竖板	Q370qe	36
4	左、右竖板	Q370qe	24
5	顶板	Q370qe	20
6	竖板加劲肋	Q370qe	20
7	顶、底板加劲肋	Q370qe	18
8	隔板	Q370qe	20
9	支撑加劲板	Q370qe	16
10	节点板	Q370qe	36
11	斜杆 1 左、右接头板	Q370qe	18
12	斜杆 1 主板	Q370qe	20
13	斜杆 1 侧板	Q370qe	18
14	斜杆 1 加劲肋	Q370qe	16
15	斜杆 1 外侧主拼接板	Q370qe	16
16	斜杆 1 内侧主拼接板	Q370qe	18
17	斜杆 1 外侧侧拼接板	Q370qe	14
18	斜杆 1 内侧侧拼接板	Q370qe	16
19	斜杆 1 填板	Q370qe	16
20	斜杆 2 左、右接头板	Q370qe	24

续上表

序号	板件名称	材质	板厚(mm)
21	斜杆2主板	Q370qe	32
22	斜杆2侧板	Q370qe	24
23	斜杆2加劲肋	Q370qe	20
24	斜杆2外侧外层主拼接板	Q370qe	16
25	斜杆2外侧内层主拼接板	Q370qe	18
26	斜杆2内侧外层主拼接板	Q370qe	18
27	斜杆2内侧内层主拼接板	Q370qe	20
28	斜杆2外侧侧拼接板	Q370qe	16
29	斜杆2内侧侧拼接板	Q370qe	18
30	斜杆2填板	Q370qe	4

注:由于腹杆的主板厚度小于节点板厚度,因此需要在外侧拼接板与腹杆主板之间加一块填板找平拼接位置。

由上述施工步骤可知,单点顶推一周期中,步骤三、四顶进9.4m时,主梁下弦杆处于单滑块受力状态,此状态是顶推施工过程中支撑位置局部受力最不利的状态。此时的顶推状态如图4-2-65所示。

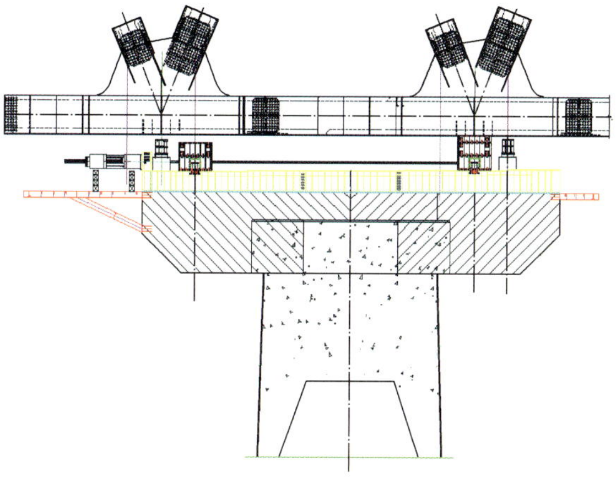

图4-2-65 单滑块受力状态图

滑块的结构形式如图4-2-66所示,下弦杆的底板宽度只有1.1m,因此受力面积 $S=(1.1-0.46)\times1.3=0.832\mathrm{m}^2$。

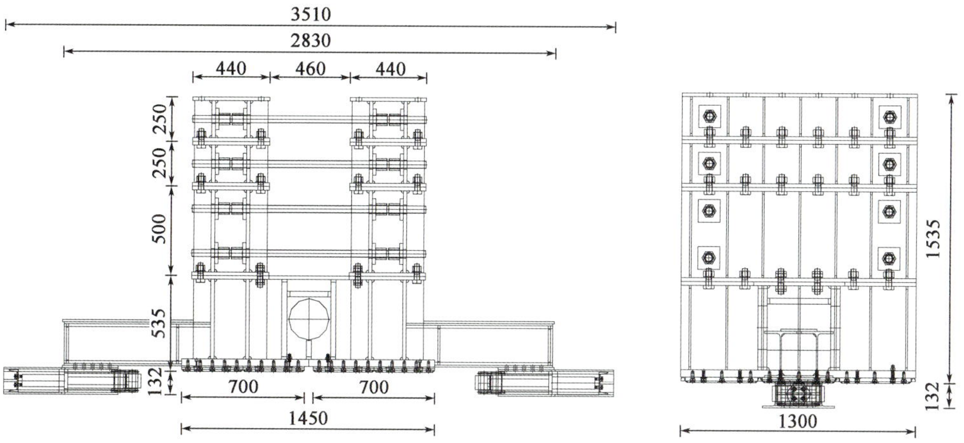

图4-2-66 滑块形式立面图(尺寸单位:mm)

分析表明中桁的支撑反力始终大于同一墩顶边桁的支撑反力,同一墩顶中桁的支撑反力为边桁的1.5倍左右。而中桁最大的支撑反力位于C5-2施工步骤下9号墩顶,在整体分析模型中出现此最大支撑反力的施工阶段9号墩墩顶的节点为ME7。由于横梁的内力与下弦杆和腹杆内力相比小两个数量级,因此本次分析不考虑横梁。节点整体分析局部内力结果如图4-2-67所示。

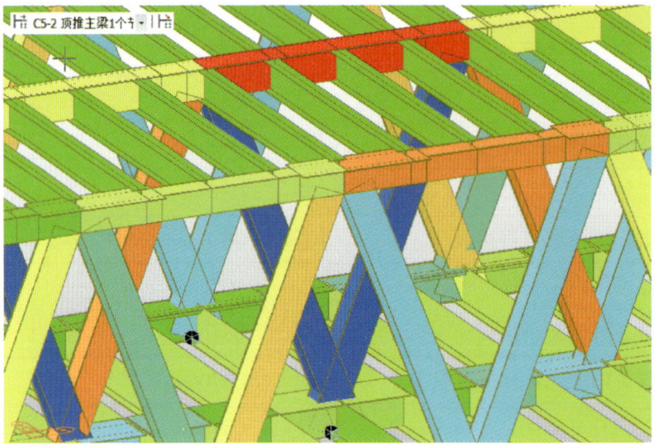

图4-2-67　节点整体分析结果示意图

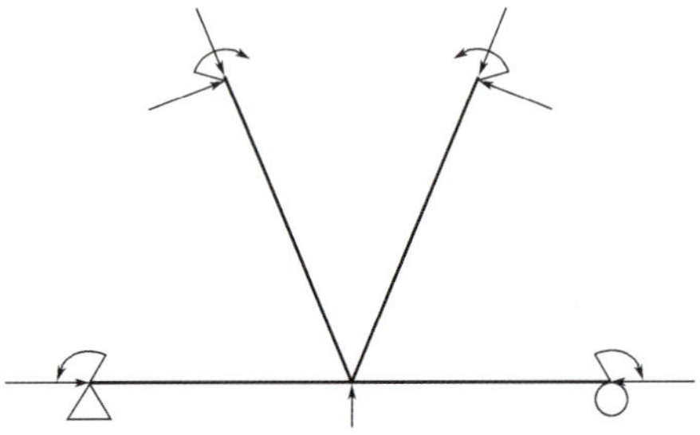

图4-2-68　节点计算简图

2)支撑位置ABAQUS模型概况

研究模型采用直接建模法,直接根据结构几何尺寸外形进行模型的建立,其中各杆件均在距离节点中心1/4杆件长度的位置截断。一方面,因为截断位置距离节点中心有足够的长度;另一方面1/4截面的杆件内力为在整体分析结果中便于提取。模型统一单位,其中长度单位为mm、力的单位为N、应力单位为MPa、弯矩单位为kN·m。模型结构计算简图如图4-2-68所示。

主要研究分析支撑位置下弦杆底板、竖板、顶板以及横隔板的应力情况,螺栓、拼接板距离研究的重点位置较远,改变处理方式影响对研究位置影响不大;另外,高强度螺栓建模使模型计算量大大增大,螺栓、拼接板处的接触较多,模型计算过程中计算量大,且不容易收敛。因此,模型节点板与腹杆板之间连接做简化处理,简化后模型如图4-2-69所示。

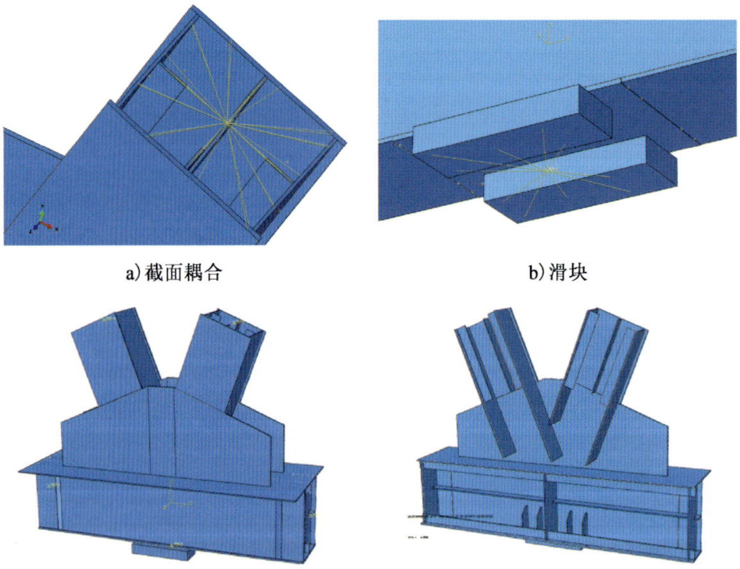

a)截面耦合　b)滑块

c)模型整体　d)内部结构

图4-2-69　模型示意图

由于主要是研究局部受力分布情况,需要在合理的前提下力求精细化,以得到高精度的结果。ABAQUS包含实体单元、壳单元、梁单元、桁架单元、模单元、刚体单元、特殊目的的单元等,因此本模型全部采用实体单元进行建模。

结构模型建立过程中将结构拆分为若干个部件分别进行建立，通常在焊缝位置将结构分隔，直接利用 ABAQUS 相互作用（Interaction）模块中的绑定约束（tie）将二者连接起来。部件模块中创建部件采用非独立形式。模型在4个面处分别将各分面的自由度全部耦合在截面的形心位置（图4-2-69）以便于对截面施加约束、荷载。模型采用简支约束，其中下弦杆左截面的耦合点只有绕 Z 轴的转动自由度，下弦杆右侧截面有沿 X 方向的移动自由度和绕 Z 轴的转动自由度。

由于模型较为规则，在划分网格时均采用六面体，完全积分的线性单元（即 C3D8 单元）在受理过程中会因为线性单元的各个边不允许发生弯曲而导致“剪切自锁”（即导致单元刚度偏大），完全积分的二次单元（即 C3D20 单元）在相对复杂的受力状态下有发生剪切自锁的可能性；与线性完全积分单元不同的是线性减缩积分单元（C3D8R）在模型计算过程中可能会发生“沙漏模式”现象，结构可能会因为这种现象导致比实际偏柔；非协调单元能够避免剪力自锁导致的刚度偏大问题，因此，本模型选择采用非协调单元 C3D8I 单元类型。

由于底板上分布着隔板、竖板、节点加劲肋，因此在滑块作用在底板上时，底板的应力分布并不是均匀的，因此不能把支撑反力直接均匀地施加在底板上。为了使施加的支撑反力更符合实际情况，本模型建立两块与滑块上部同尺寸的长方体（图4-2-69）。材料属性与钢材相同，由于滑块刚性特别大，因此，模型中滑块的材料不设置屈服强度。两块长方体的底面耦合在滑块底面的中心一点并对此点进行约束，使得滑块只有沿 Y 向移动的自由度以模拟施加支撑反力，顶面与底板底面建立接触对，法向力学行为选择“硬”接触，切向力学行为选择“无摩擦”。模型考虑几何非线性、材料非线性。

2.4.2 顶推施工过程中最不利荷载工况下支撑点的受力分析

1）支撑点局部受力特点

基于钢桁梁节点杆件设计尺寸进行建模以及施工阶段最不利荷载作用下，分别分析滑块作用在横隔（节点中心）截面、无隔板普通截面情况下竖板、底板应力分布情况（图4-2-70），其中无横隔截面仍然选取节点中心截面，通过将原来节点中心位置的横隔板钝化实现无横隔板截面位置的加载。

从模型分析结果（图4-2-70）中可以看出大部分区域第一主应力大小都在 −22 ~ 65MPa 之间，只有局部应力水平较高，其中支撑点位置压应力最高为108.1MPa。节点板只有两端下侧角部有比较高的正应力，最高达到413MPa，进入塑性状态，每个角的塑性区大小约为25mm × 30mm。一方面受下弦杆上的弯矩影响，另一方面由于角点截面突变导致应力集中。由于重点研究支撑点位置的受力特点，支撑点位置的第一主应力并不高，而此处是受主压应力控制，因此应重点关注支撑点位置的第三主应力。

从模型整体第三主应力云图（图4-2-71）中可以看出，支撑点区域以外的应力水平较低，在 −23 ~ 18MPa 之间，其中第三主应力云图中显示顶板的应力大小基本在 −23 ~ 18MPa，顶板主要受拉应力，应力水平低且在整个顶板上分布均匀，顶板的应力分布主要受下弦杆节点附近的弯矩影响。

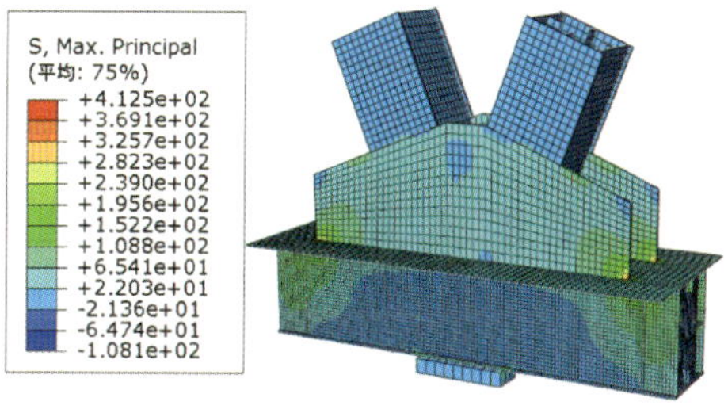

图4-2-70 模型整体第一主应力云图（有横隔板）

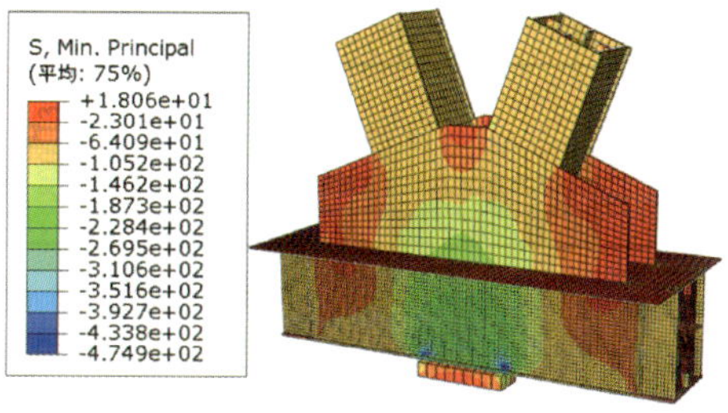

图4-2-71 模型整体第三主应力云图（有横隔板）

滑块上方附近压应力较大，基本在228.4MPa左右，其中距离滑块越近压应力水平越高，显然此处的压应力是由支撑反力引起的，但是当支撑反力引起的应力扩散到节点板时，节点板的应力水平并不高，完全在安全范围以内。因此，可以认为顶板、顶板纵向加紧肋、节点板受支撑反力影响不大。

对于此模型主要分析底板、竖板及其附属加劲板在滑块支撑反力和弯矩作用下的受力情况，尤其底板直接与滑块接触，同时处在弯矩的受压区，受力状态双向受压。从第三主应力云图中（图4-2-72、图4-2-73）可以看出受压区域主要集中在滑块的上方，且沿 X 的正、负方向和 Y 正方向扩散，只有滑块两端上方有小部分区域内应力过高且已经进入塑性状态，其他区域应力水平不高且分布较为均匀。

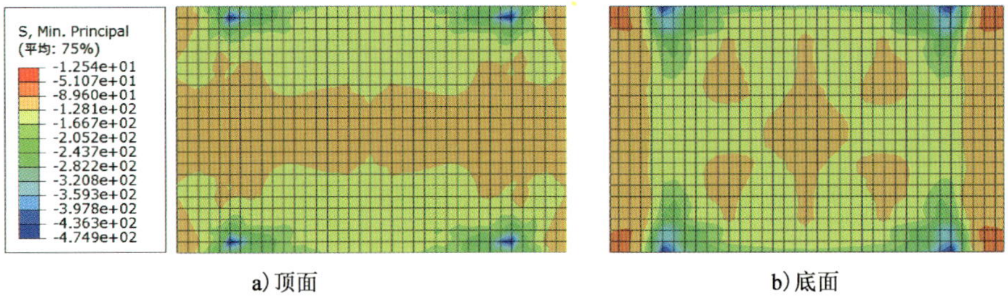

图4-2-72　底板第三主应力云图（有横隔板）

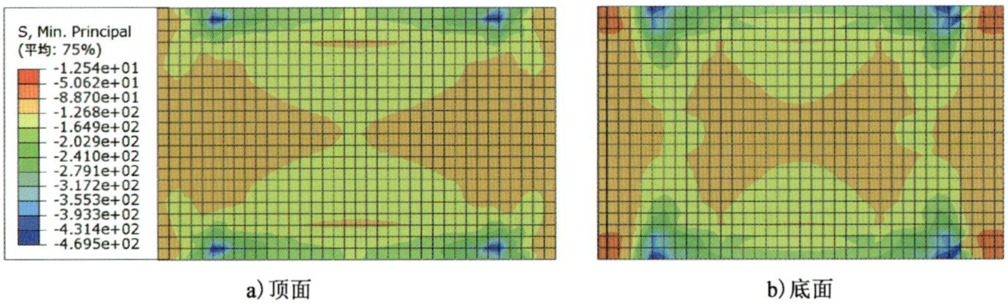

图4-2-73　底板第三主应力云图（无横隔板）

首先讨论底板的应力分布情况，从图4-2-72中可以得出以下结论：

（1）在底板顶面应力水平相对较高的区域分布形状与滑块和底板的接触面形状基本一致，受力状态基本处于弹性阶段。

（2）有四个尺寸约为40mm×30mm的区域应力大小超过屈服强度进入塑性状态，塑性区面积相对较小，云图中看出整个结构的最大主压应力出现此四个塑性区。

（3）底板的底面塑性区和底板顶面的塑性区位置略有差异，底板的底面塑性区域位置在边缘处，这是滑块的前后端与底板最边缘接触的位置；而底板顶面的塑性区距离底板边缘50mm，此处正好是底板与竖板连接的位置，此处塑性区主要是因为滑块与底板接触面突变导致应力集中。

与有横隔板时底板的应力分布相比，当滑块作用的截面没有横隔板时（图4-2-74），底板上压应力超过127MPa的面积变大，应力水平主要增大的区域就是原来横隔板所在的位置，这主要是因为横隔板的存在增加了传力路径，应力得到扩散，减小了底板的局部变形。最大的压应力大小没有变化，但塑性区的面积增大为原来的1.5～2.0倍。

从竖板第三主应力云图（图4-2-74）中可以发现：

（1）两块侧竖板也共有四个塑性区与底板上的四个塑性区相对应，四个塑性区以外的区域压应力水平较低基本都在200MPa以内，应力已经从塑性区向外扩散较为均匀，且形状较为规则。

（2）无横隔板时，竖板最大压应力为489MPa，每个塑性区的面积约为120mm×70mm；有横隔板时，竖板最大压应力为465MPa，其中每个塑性区面积约为120mm×70mm。

（3）与无横隔板的竖板第三主应力分布相比，当横隔板存在时，有横隔板的竖板上较高压应力的分布面积相对减小，但效果并不明显（图4-2-75）；塑性区面积基本没有减少，但最高压应力值降为465MPa，压应力水平低于185MPa区域的高度降低了约100mm，面积相对减小，而压应力在145～

185MPa 的面积增大了 0.5 ~1 倍，这也说明了横隔板增加了应力的传递路径，降低了竖板整体应力水平。

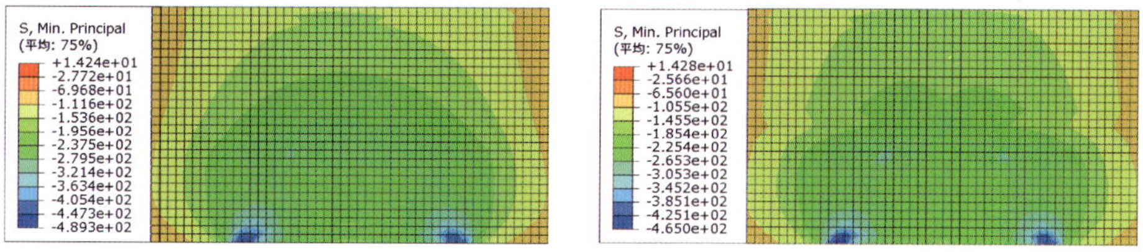

a) 无横隔板　　b) 有横隔板

图 4-2-74　竖板第三主应力云图

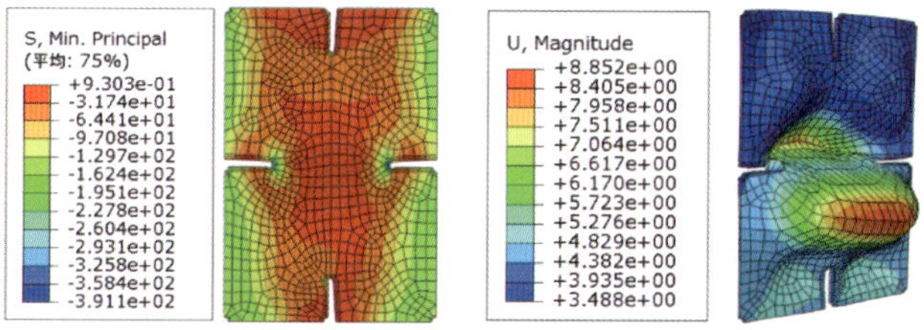

a) 第三主应力云图　　b) 位移云图

图 4-2-75　横隔板云图

从横隔板的第三主应力云图（图 4-2-75）可以看出：在其第三主应力中较高的压应力都是在横隔板两侧沿竖板分布的，基本稳定在 -97 ~ -195MPa 之间，分布比较均匀，只有在竖板加劲肋孔局部有较高应力，这主要是由于沿 Y 方向横隔板的水平截面突变造成的应力集中。在施工荷载作用下，横隔板的平面外位移较大，最大为 8.85mm。节点加劲肋的应力分布与横隔板相似（图 4-2-76），不再赘述。

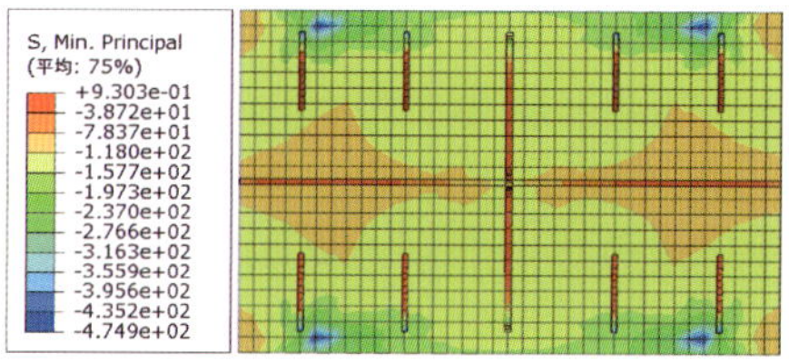

图 4-2-76　包含加劲板的底板第三主应力云图

综上所述，在顶推施工过程中节点内各板件的应力基本在弹性范围内，仅仅在滑块前后端与下弦杆底板接触位置出现面积较小的塑性区，主要因为滑块刚性大在前后端引起应力集中；因此，建议施工过程中使用的滑块前后端设置弧形过渡曲面或者滑块顶面添加刚性相对较小的抄垫。

在施工荷载作用下，滑块作用在有横隔板界面与作用在无横隔板截面相比，主压应力水平有所降低，且底板的塑性区面积减小 0.33 ~0.5 倍，但是竖板的塑性区面积并没有减小；因此，在施工过程中滑块作用在无横隔板截面并不会产生太大影响。

2）下弦杆竖板厚度对支撑点受力的影响

由上述分析可知竖板和底板是支撑位置主要受力构件，因此我们可以改变竖板的厚度，以考察竖板厚度对于支撑点受力的影响。竖板原设计厚度为 36mm，另取 16mm、24mm、48mm、56mm 厚度的竖板作为对比，在原模型基础上只改变竖板构件的厚度。

通过计算分析得到采用不同厚度竖板模型的受力结果，如图 4-2-77 所示。

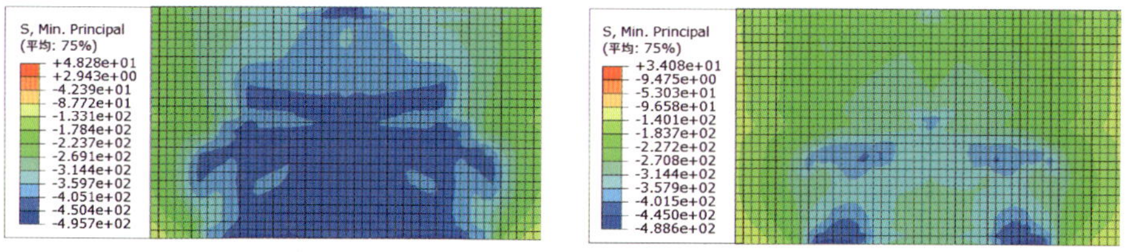

a) 16mm　　b) 24mm

图　4-2-77

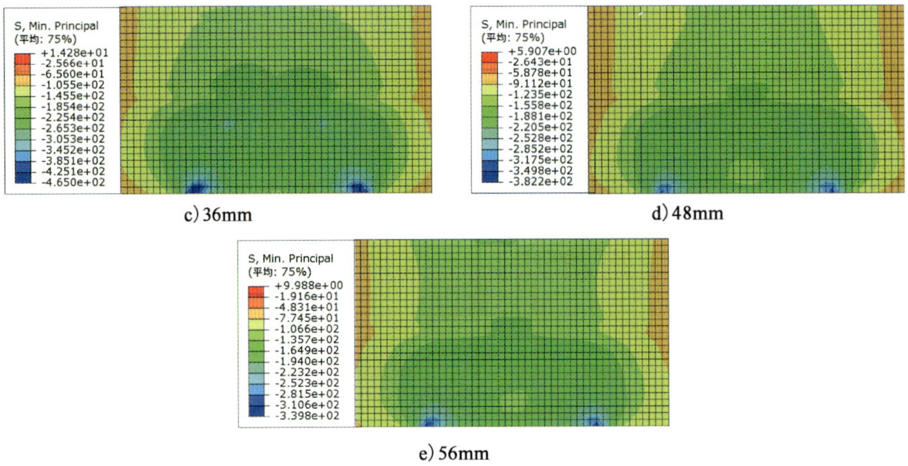

图 4-2-77　不同厚度竖板的第三主应力云图

从分析结果竖板的第三主应力云图(图 4-2-77)中可以发现:

(1)当竖板厚度为 16mm 时,竖板中心位置零星的塑性区连通,面积明显扩大,并且已经在整个竖板上沿 Y 方向贯通,形成的塑性区是尺寸约为(1700mm + 300mm) × 1400mm × 1/2 的等边梯形,已经不适宜承受继续荷载。

(2)当竖板厚度为 24mm 时,竖板上原有的塑性区面积明显增大,中心位置开始零星出现塑性区,面积相对较小,整个滑块上方的竖板整体主压应力水平较高,主压应力均在 270MPa 以上。

(3)当竖板厚度为 48mm 时,竖板上的塑性区已经变得很小,几乎消失,36mm 厚的竖板相同主压应力迅速扩散开,整个板的主压应力水平不高,主压应力水平普遍在 150MPa 以内。

(4)当竖板厚度为 56mm 时,竖板上的塑性区已经完全消失,最大的主压应力为 340MPa,竖板大部分面积的主压应力都在 140MPa 以内。

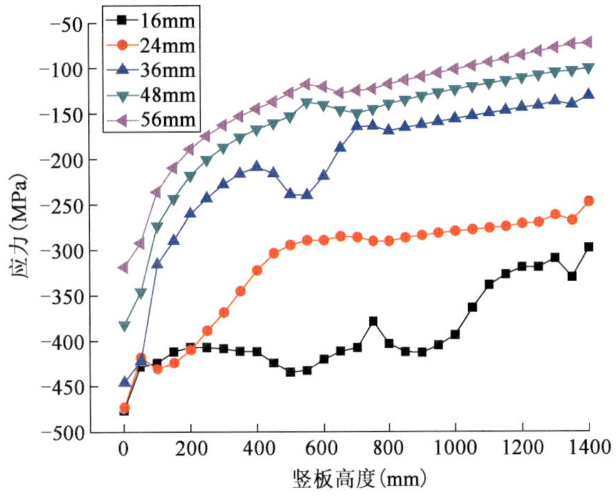

图 4-2-78　竖板沿竖直方向的第三主应力分布曲线

图 4-2-78 给出竖板右侧塑性区中心位置沿竖直方向截面的第三主应力变化曲线。从图中可以得出以下结论:

(1)竖板厚度为 36mm 及以上时,在横坐标 0 ~ 200mm 时三条曲线(36mm、48mm、56mm)的斜率较大,说明压应力在 0 ~ 200mm 高度范围内迅速扩散。

(2)当竖板厚度大于 36mm 时,随着竖板厚度增大,竖板整体的主压应力降低量并不是很显著,仅仅局部塑性区的面积略有缩小。例如:与原竖板设计厚度相比,当厚度增加 12mm 时,竖板仅有很小一部分高度的主压应力超过 370MPa,整体主压应力平均下降约 35MPa;当厚度增加 20mm 时,竖板整个高度范围内的压应力没有超过 370MPa,整体主压应力水平平均下降约 60MPa。

(3)当竖板厚度小于 36mm 时,随着竖板厚度的减小,竖板上的总体压应力水平明显增大,且在竖板整个高度范围内斜率均较小,说明主压应力已经不能很好地扩散开,整个滑块上方的竖板都处于较高水平的主压应力作用下。例如:当竖板厚度减小 12mm 时,主压应力基本都在 300MPa 左右,塑性区高度明显增大,平均增大幅度约 122MPa;当竖板厚度减小 32mm 时,主压应力平均增大约 220MPa,与竖板厚度增加时主压应力降低幅度相比,主压应力的增幅要大得多。

不同厚度的竖板下底板第三主应力云图如图 4-2-79 所示。

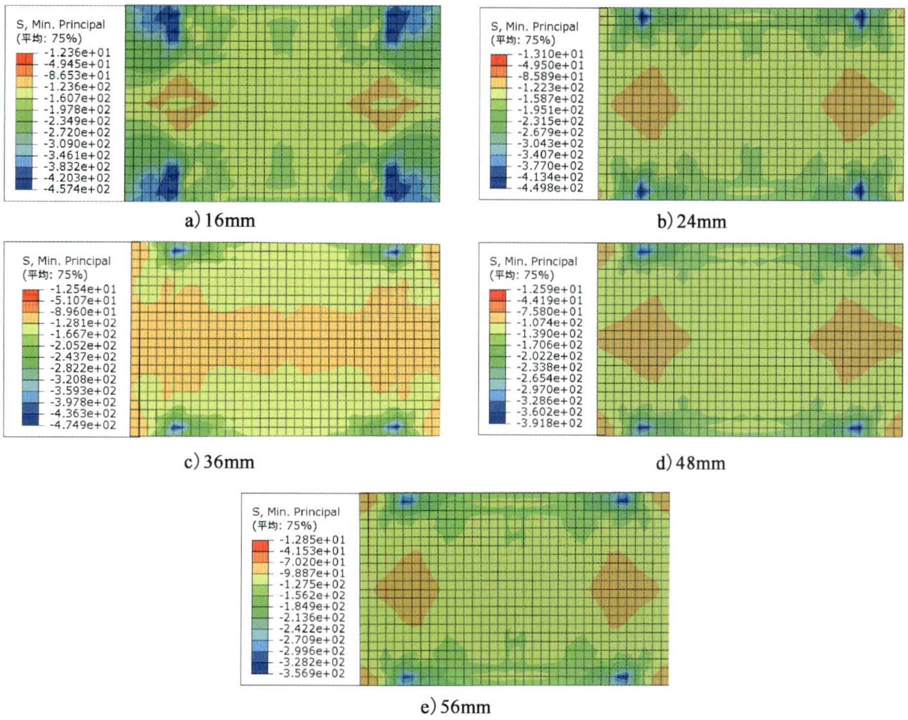

图 4-2-79 不同厚度的竖板下底板第三主应力云图

由图4-2-79可知，当竖板厚度小于36mm时，随竖板厚度增加，底板的最大压应力变化并不明显，但是整体应力水平有所下降，塑性区面积有显著减小，尤其竖板厚度由16mm增大为24mm，塑性区面积明显减小；当竖板厚度大于36mm时，随着竖板厚度增加，整体应力水平有所下降，但并不显著。

不同竖板厚度时底板竖向位移统计见表4-2-19，根据位移绘制的曲线如图4-2-80所示。

底板竖向位移表 表4-2-19

竖板厚度(mm)	16	24	36	48	56
底板竖向位移(mm)	9.27	5.77	4.85	4.39	4.19

由表4-2-19、图4-2-80可知，当竖板厚度由16mm增加到24mm、36mm、48mm、56mm时，随着底板厚度的每次增加，底板竖向位移分别减小了3.5mm、0.92mm、0.46mm、0.2mm。竖板厚度为16mm时，底板的变形最大，而其他四种情况底板的竖向位移量相当，这也与16mm厚竖板上出现大面积的塑性区现象相吻合。由于产生较大的塑性变形，从而底板也产生较大的变形(主要是在滑块的前后端，图4-2-81)形成较大的塑性区。

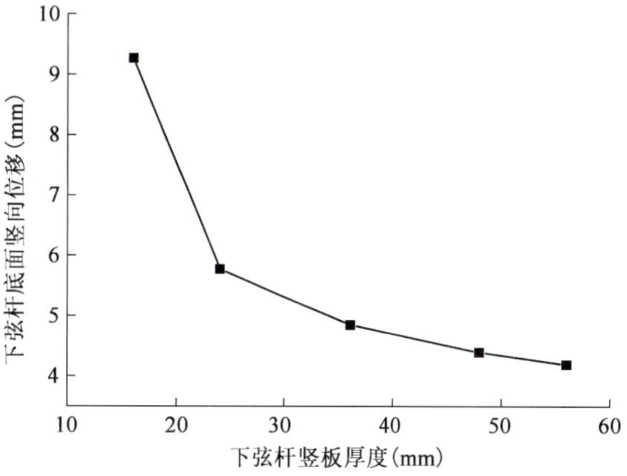

图 4-2-80 底板竖向位移曲线

综上可知，竖板厚度对于支撑点位置受力影响较大，以36mm的竖板为基准，当竖板厚度减小时，压应力水平迅速升高，塑性区面积迅速扩大，例如：厚度减小到24mm时，压应力整体升高130MPa，远大于厚度增加到48mm时竖板的压应力变化量，塑性区从70mm的高度扩大到300mm。

竖板厚度降低时，底板会受到较大的影响，主要体现为塑性区面积扩大，同时支撑点的竖向位移的

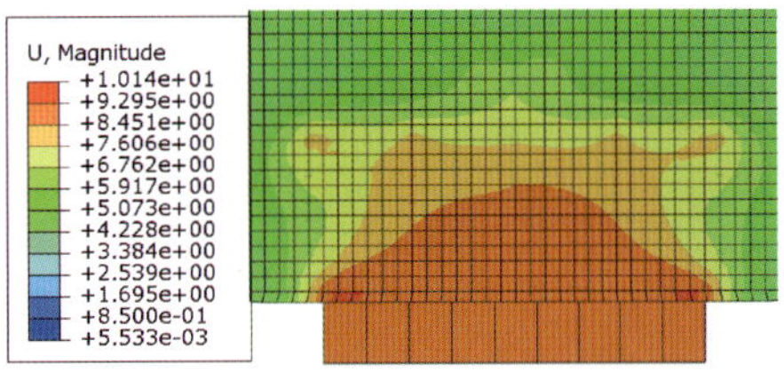

图 4-2-81　16mm 竖板支撑点位置位移云图

增量也较大。当竖板厚度增大时，压应力降低量以及支撑点竖向位移减小量并不可观，因此竖板厚度设为 36mm 较为合理。

3）下弦杆底板厚度对支撑点受力的影响

为考察底板厚度对于支撑点受力的影响，其中底板原设计厚度为 36mm，另取底板厚度为 16mm、26mm、46mm、56mm 的模型作为对比，在原模型基础上只改变底板构件的厚度。通过分析不同底板厚度下的模型得到计算结果，底板的第三主应力云图如图 4-2-82 所示。各种底板厚度的底板塑性区面积见表 4-2-20。

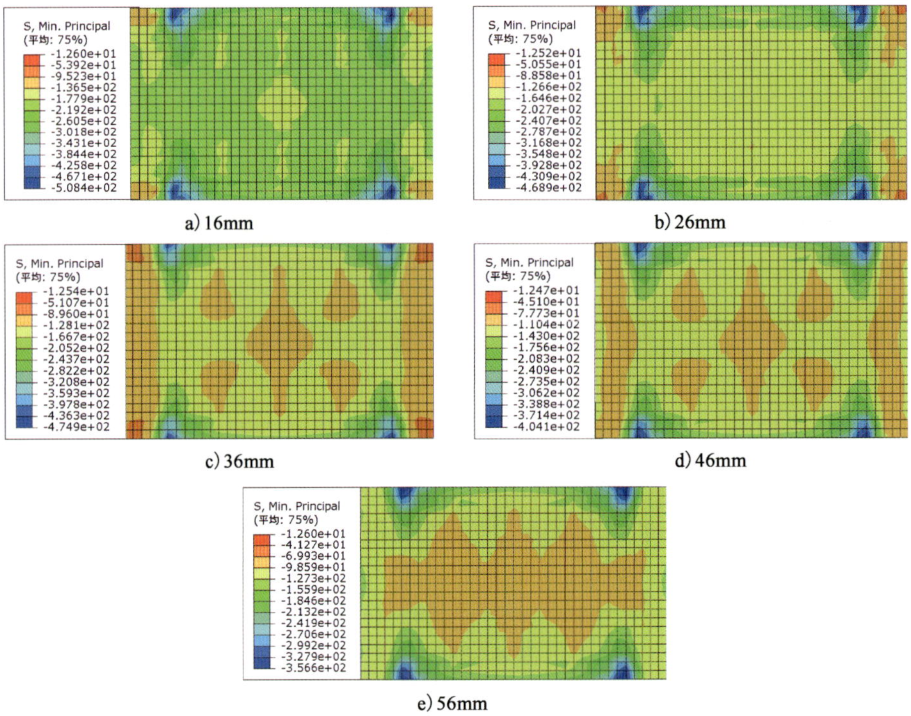

图 4-2-82　不同厚度底板底面第三主应力图

各种底板厚度底板塑性区面积　　表 4-2-20

底板厚度(mm)	16	26	36	46	56
底板塑性区面积(mm×mm)	125×125	75×125	50×50	25×25	0×0

从图 4-2-82、表 4-2-20 中可知，在塑性区面积大小方面，竖板厚度由 16mm 增加到 36mm，塑性区面积收缩较快，与改变竖板厚度相比，改变底板厚度效果并不明显。底板厚度为 16mm 时，底板也没有像竖板一样出现大面积的塑性区。

参考下弦杆底板的第三主应力云图（图 4-2-82），可以在底板的最大应力位置（即塑性区中心）对底板做横截面，以此截面上的应力水平来评估底板受力性能（图 4-2-83）。

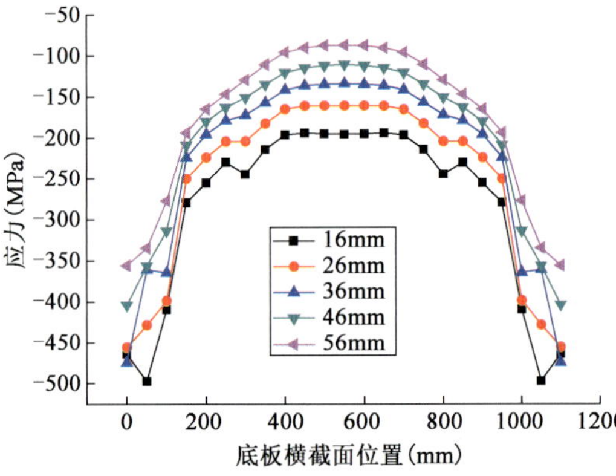

图 4-2-83　底板横截面应力水平分布曲线

从图 4-2-83 中可以得出以下结论：

（1）当下弦杆底板厚度达到 36mm 及以上时，随下弦杆底板厚度增加，其压应力水平降低不显著。

(2)在100～200mm、900～1000mm的截面范围内应力水平迅速降低，主要因为此范围紧挨着底板与竖板的接触面，竖板接触面上的高压应力传递到此范围内迅速得到扩散。

(3)当下弦杆底板厚度由16mm增加到26mm时，下弦杆底板应力水平降低量较显著；与下弦杆竖板厚度变化相比，随下弦杆底板厚度增加下弦杆底板的应力水平降低量并不理想。各种底板厚度的底板竖向位移见表4-2-21，由位移值绘制的位移曲线如图4-2-84所示。

各种底板厚度的底板竖向位移　　表4-2-21

底板厚度(mm)	16	26	36	46	56
底板竖向位移(mm)	5.14	4.98	4.85	4.77	4.71

从底板的竖向位移(表4-2-21)可以发现：底板厚度平均每增加10mm，下弦杆竖向位移平均减小0.11mm，而竖板厚度平均每增加10mm，下弦杆底面位移平均减小1.27mm，所以与竖板厚度相比底板厚度对于下弦杆底面的竖向位移影响并不大。

从图4-2-84中可以发现：在底板厚度16～36mm范围内下弦杆底面的竖向位移下降较快，在36～56mm范围内下弦杆底面的竖向位移下降开始变慢。说明增加底板厚度在曲线的前半段比后半段效果好，因此从下弦杆底面竖向位移分析，36mm的底板厚度较为合理。

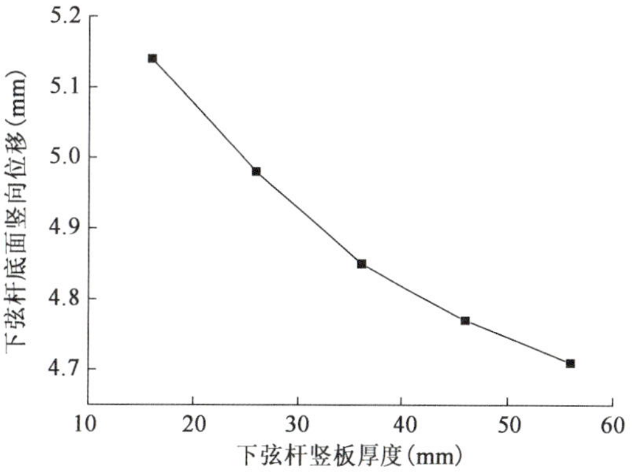

图4-2-84　各底板厚度底板竖向位移曲线

综上可知：与竖板相比下弦杆底板厚度对于支撑位置受力的影响较小，但是，从比较分析的5种底板厚度可以看出底板厚度36mm较为合理。

2.5 摩擦型高强度螺栓连接节点受力分析

此工程中将桁架分为若干个构件，每个构件在钢结构工厂中按照标准制作完成后，运送到施工现场，利用高强度螺栓拼接为整体。钢桁架离散位置多为高强度螺栓连接的部分；而对于钢桁架来说结构关键位置就是连接部分。连接节点结构复杂，受力情况复杂，长列高强度螺栓受力复杂，受力性能会受螺栓群的数量、排列方式、预紧力大小的影响。因此对高强度螺栓连接的节点进行受力分析是十分必要的。

2.5.1 模型的建立

节点板与腹杆连接均采用M30摩擦型高强度螺栓连接，高强度螺栓材料为35VB，性能等级为10.9S级。其中，《钢结构用高强度大六角头螺栓》(GB/T 1228—2006)、《钢结构用高强度大六角头螺栓、大六角螺母、垫圈技术条件》(GB/T 1231—2006)已规定10.9S级摩擦型高强度螺栓规格尺寸、材料及性能参数。尺寸及性能参数如下：

高强度螺栓螺杆直径：$d=30$mm；

螺母内径：$s=25$mm；

螺母公称厚度：$k=18.7$mm；

预拉力设计值：$F=360$kN；

非比例延伸强度：$R_{p0.2}=940$MPa；

抗拉强度：$R_m=1040\sim1240$MPa(本模型取值1040MPa)；

M30高强度螺栓预应力为360kN。

根据《钢结构设计规范》(GB 50017—2020)单个摩擦型高强度螺栓抗剪强度设计值:

$$N_v^b = k_1 k_2 n_f \mu P \tag{4-2-14}$$

式中:k_1——抗剪系数,对于本结构取0.9;

k_2——孔型系数,标准孔取1.0;

n_f——传力摩擦面数目(个);

μ——摩擦面抗滑移系数;

P——每个高强度螺栓的预紧力(kN)。

本节点中每个高强度螺栓连接的摩擦面数均为2个,螺栓预紧力均为360kN,抗滑移系数为0.45,因此,本章模型中单个摩擦型高强度螺栓抗剪强度设计值:$N_{vb} = 0.9 \times 1.0 \times 2 \times 360 \times 0.45 = 291.6$kN。

在计算单个螺栓传递的剪力值时,均假定单排中各螺栓传递剪力相同,在此前提下单个螺栓传递的剪力值为螺栓所在排螺栓传递的剪力除所在排螺栓个数。

模型采用直接建模法直接根据结构几何尺寸外形建模,其中下弦杆在距离节点中心长度为3100mm的位置截断,腹杆在杆件中点的位置截断。一方面,因为截断位置距离节点中心有足够的长度;另一方面,1/4截面的杆件内力为在整体分析结果中便于提取。

两侧腹杆均为箱形形截面,组成箱形截面的四块钢板均用高强度螺栓与节点板连接,并且内外均有拼接板(即组成腹杆箱形截面的四块钢板均有两个抗滑面),其中摩擦型高强度螺栓共有608颗,每个箱形腹杆平行的两块钢板上的高强度螺栓的布置是相同的。节点ME5结构与节点ME7相同。局部的高强度螺栓布置如图4-2-85所示。

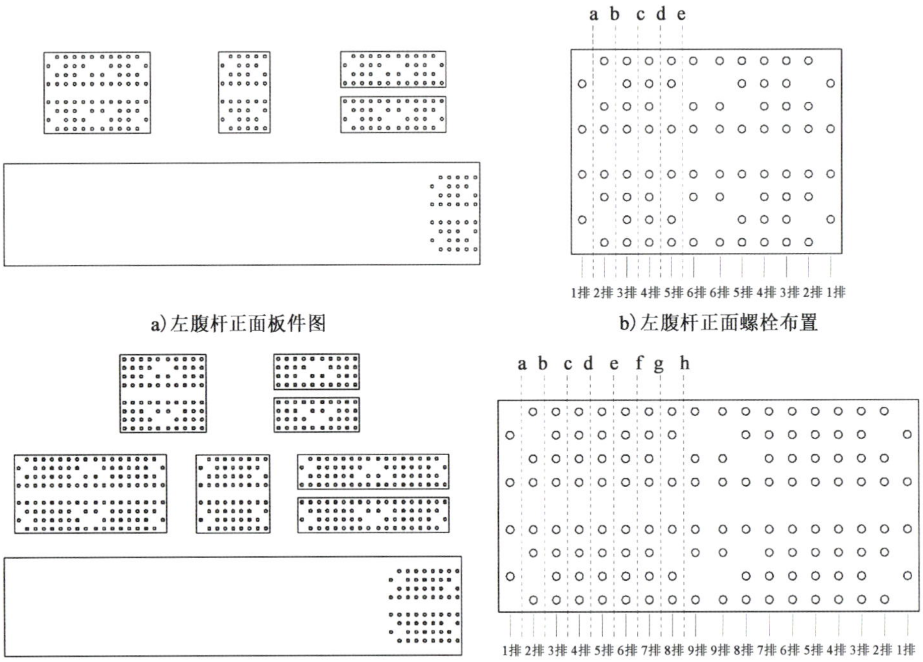

a) 左腹杆正面板件图　b) 左腹杆正面螺栓布置

c) 右腹杆正面板件图　d) 右腹杆正面螺栓布置

图4-2-85　节点螺栓布置示意图

通过MIDAS/Civil对施工阶段进行分析,从分析结果中选取施工过程中出现的绝对值最大腹杆轴力所在节点各杆件荷载作为本章模型的荷载,故选取C5-0施工阶段中节点ME5。在C5-0施工阶段ME5节点恰好位于墩顶位置,同时受到来自滑块的支撑力,大小为18319kN。由于杆端的弯矩、剪力相对较小,故建模时针对荷载进行简化,不考虑截面上的弯矩、剪力。

通过研究文献发现:大部分对于高强度螺栓的研究均将螺栓以及连接的钢板从构件中分离出来进行单独加载,但是这样受力情况与实际在构件中与其他板件共同受力还是有一定的差异,而李海岗对螺栓以及连接板在节点中整体分析与螺栓及连接板单独分析作对比，结果表明有几排螺栓的传力比局部模型计算结果是整体模型计算结果的2倍。因此，通过整体建模对施工阶段高强度螺栓的受力进行分析。

钢板、摩擦型高强度螺栓均选用实体单元建模，单元类型均为线性C3D8I。本模型长度单位为mm、力的单位为N、应力单位为MPa、弯矩单位为kN · m。由于重点研究节点板与腹杆通过高强度螺栓连接的受力情况，因此模型在该位置必须精细化处理。

拼接板与节点板、高强度螺栓、腹杆钢板以及填板之间均建立接触，利用ABAQUS相互作用（Interaction）模块中的主菜单Interaction来定义。其中两个接触面之间的力学关系在软件中通过两方面的力学行为来确定，ABAQUS对这两方面是分别定义的：一方面为接触面之间的法向力学行为，另一方面为接触面之间的切向力学行为。

对本模型来说，接触面对包括螺栓与拼接板、拼接板与钢板（图4-2-86）。第一方面的法向力学行为只有在两个接触面发生接触的前提下才有可能传递压力，如果两个接触面之间有空隙，两个相互接触的面就不会发生相互作用，而本模型选择的法向力学行为为“硬”接触，且允许接触后分离，这种法向力学行为在计算过程中不允许两个面产生相互穿透的现象，在两个接触面由“开”到“闭”时，接触压力会发生剧烈变化可能会使得接触计算很难收敛，在整体模型中荷载相对不大，螺栓不会产生滑移，因此节点整体模型中不考虑螺栓杆与螺栓孔壁的接触。

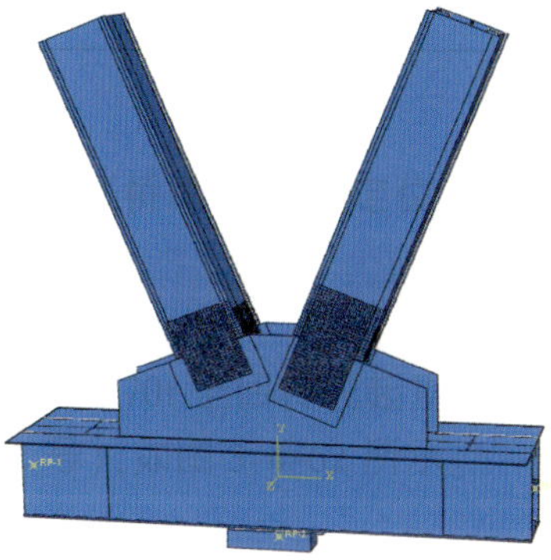

a）节点模型

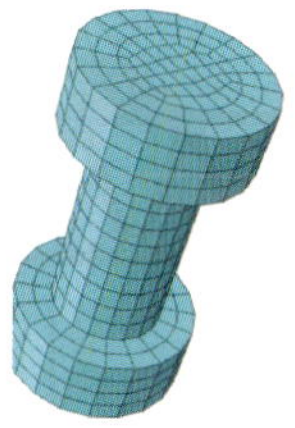

b）高强度螺栓

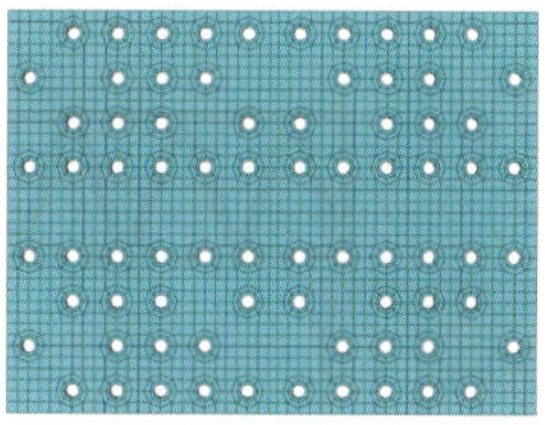

c）拼接板

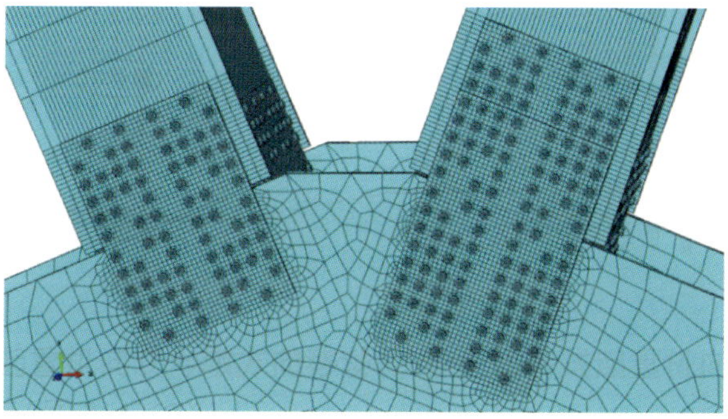

d）节点模型局部网格

图4-2-86 模型示意图

接触面的切向力学模型:当两个触面被紧压在一起(即有法向接触压力)时,两个接触面之间才能够相互传递切向应力(即摩擦力),如果传递的摩擦剪力小于某一限值时,软件就会认为两个接触面之间为黏结状态,如果两个接触面之间传递的摩擦剪力大于极限值以后,这两个接触面就开始发生相对滑动变形(即滑移状态)。本模型的切向力学行为选择软件提供的摩擦公式"罚"(即采用 Coulomb 定律计算极限剪应力),此工程中螺栓与拼接板、拼接板与钢板之间的摩擦系数为 0.45。

在 ABAQUS 软件中有两种方法可以模拟高强度螺栓的预紧力:一种是定义螺栓载荷(即 bolt load);另一种是施加过盈接触(即 contact interference)。本模型采用螺栓荷载(bolt load)来模拟螺栓预紧力。

定义螺栓载荷是将给定的荷载螺栓的轴线方向均匀施加在螺栓的一个横截面上;因此,在定义螺栓荷载前需要先定义螺栓的轴线和螺栓的横截面。其中荷载形式有三种:分别为 Apply force(指定预紧力)、Adjust length(调整螺栓长度)、Fix at current length(保持螺栓当前长度)。在做高强度螺栓连接接触分析时,需要设置至少两个分析步,才能达到平稳接触。边界条件、相互作用和约束条件在初始分析步中施加,第一个分析步中使用 Apply force(指定预紧力),在这个分析步中不激活其他荷载(除边界条件),螺栓荷载开始从零逐步施加到设定的值。第二个分析步中将螺栓荷载的施加方式由 Apply force(指定预紧力)改为 Fix at current length(保持螺栓当前长度)。其中将指定预紧力改保持螺栓当前长度就是将预紧力转化为缩短一定的螺栓长度,即继承上一个分析步结束时螺栓的长度,模型示意如图 4-2-86 所示。

2.5.2 摩擦型高强度螺栓连接节点的传力性能研究

1)顶推施工荷载下高强度螺栓传力分析

左腹杆正面螺栓群第 1 排高强度螺栓布置 4 颗,第 2、5、6 排高强度螺栓布置 6 颗,第 3、4 排高强度螺栓布置 8 颗,此螺栓群在施工荷载作用下总共传递剪力 3138.0kN。右腹杆正面第 1 排高强度螺栓布置 4 颗,第 2、8、9 高强度螺栓布置 6 颗,第 3、4、5、6、7 排高强度螺栓布置 8 颗,总共传递剪力 3617.0kN,此高强度螺栓群属于长列螺栓。

左腹杆正面螺栓传力比如图 4-2-87 所示,左腹杆正面每排螺栓的单个螺栓传力如图 4-2-88 所示。左腹杆正面螺栓传力表见表 4-2-22。右腹杆正面螺栓传力比如图 4-2-89 所示,右腹杆正面螺栓每排的单个螺栓传力如图 4-2-90 所示,传力表见表 4-2-23。

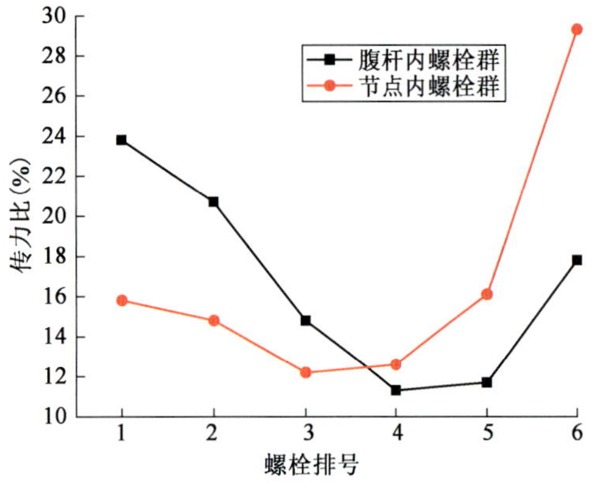

图 4-2-87 左腹杆正面螺栓传力比

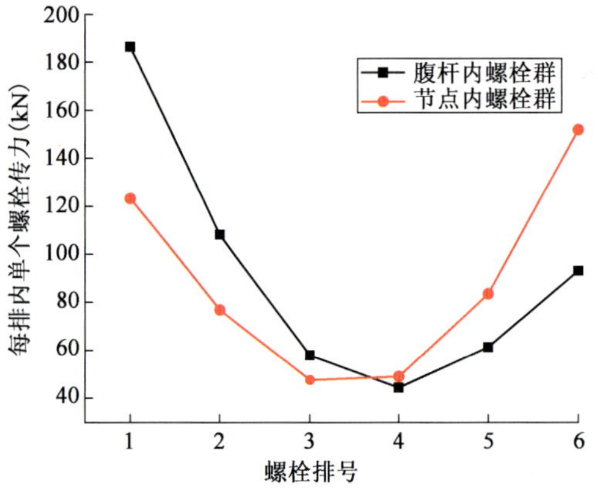

图 4-2-88 左腹杆单个螺栓传力图

左腹杆正面螺栓传力表 表 4-2-22

螺栓排号	1 排	2 排	3 排	4 排	5 排	6 排
腹杆内螺栓传力比(%)	23.8	20.7	14.8	11.3	11.7	17.8
腹杆内单个螺栓传力(kN)	186.3	108.1	57.9	44.4	61.3	93.0

续上表

节点内螺栓传力比(%)	15.7	14.7	12.1	12.5	16.0	29.0
节点内单个螺栓传力(kN)	123.1	76.8	47.6	49.0	83.5	151.8

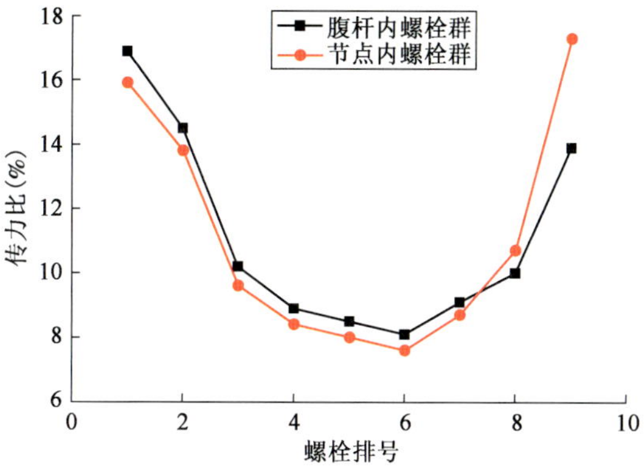

图4-2-89　右腹杆正面螺栓传力比

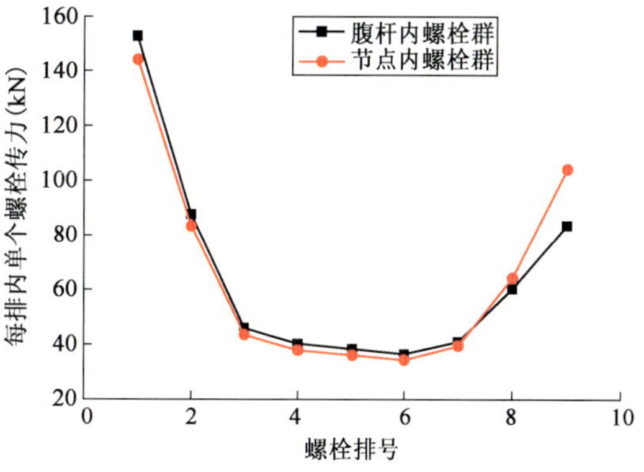

图4-2-90　右腹杆单个螺栓传力图

右腹杆正面螺栓传力表　表4-2-23

螺栓排号	1排	2排	3排	4排	5排	6排	7排	8排	9排
腹杆内螺栓传力比(%)	16.9	14.5	10.2	8.9	8.5	8.1	9.1	10.0	13.9
腹杆内单个螺栓传力(kN)	152.9	87.6	46.0	40.3	38.4	36.5	41.0	60.3	83.5
节点内螺栓传力比(%)	15.9	13.8	9.6	8.4	8.0	7.6	8.7	10.7	17.3
节点内单个螺栓传力(kN)	144.2	83.2	43.5	37.9	36.1	34.3	39.5	64.3	104.2

由图4-2-87～图4-2-90和表4-2-22、表4-2-23可以得出以下结论：

(1)在施工荷载作用下，节点整体模型中左腹杆正面腹杆内和节点板内的各排高强度螺栓的传力比呈马鞍形分布，靠近加载端螺栓的传力比较大，其中最大的传力比29.0%、23.8%分别出现在节点板内第6排、腹杆内第1排，但是这两排螺栓的传力比没有超过30%，两排螺栓的单个螺栓的传力大小分别为151.8kN、186.3kN，均没有超过单个摩擦型高强度螺栓抗剪强度设计值291.6kN。

(2)右腹杆正面螺栓群中腹杆内和节点内各排高强度螺栓传力比呈马鞍形分布更加明显，其中第3～8排螺栓的传力比均在10.7%及以下，且差距不大，最低为7.6%而第1、2、9排螺栓传力比均在13.8%及以上，最高为17.3%。

(3)两腹杆的正面螺栓群中节点板内的前几排螺栓的传力比要小于腹杆内相应排螺栓的传力比，其中右腹杆的正面螺栓群中节点板内第1～7排的传力比都要小于腹杆内相应排螺栓的传力比，越靠前排螺栓受到的影响越大。出现这种现象的主要原因是整体大节点中分布两个螺栓群，其中的受力相互影响，越靠近节点连接杆件受力中线的交点位置，其影响越大；另外与腹杆正面板相比，节点板的受力面积要大于腹杆的受力面积，节点板内应力可以迅速扩散开。

(4)即使左、右腹杆正面拼接板厚度、螺栓群的螺栓颗数都有一定差别，但是正面螺栓群的传力大小差距并不大，分别为3138.0kN、3617.0kN；两个螺栓群中间排螺栓的平均单个螺栓传力均在57.9kN及以下，而第1排、最后排螺栓的平均单个螺栓传力相对较大，最高为186.3kN，位于连接左腹杆的正面螺栓群中腹杆内螺栓群的第1排螺栓上。

(5)从两个螺栓群的传力比曲线(图4-2-87、图4-2-89)中可以看出，第1、2排螺栓传力比的差值要比最后两排螺栓的传力比差值小很多，其主要原因是第1、2排螺栓有4、6颗螺栓，而最后两排螺栓均为6颗螺栓，可以看出第1、2排的螺栓排列方式可以使螺栓群的各排螺栓传力更均匀。

(6)从以上螺栓群的传力比来看前三排螺栓传力比下降的并没有那么快，原因是文献[14]中所有排螺栓个数相同，而本书分析的螺栓群中各排螺栓的个数并不相同，分别有4、6、8颗螺栓，但是这样会导致第1排螺栓中的单颗螺栓传力过大。

侧面螺栓群只有4排,属于短列螺栓,第1~4排螺栓分别有4、8、8、6颗螺栓,左腹杆侧面螺栓群传力总量为2052kN,右腹杆侧面螺栓群传力总量为1531kN。相同荷载的作用下两个侧面的螺栓群传递荷载的量不同,原因是两个侧面拼接板的面积占杆件拼接板截面面积总和的比例不同。

左、右腹杆侧面螺栓群传力比如图4-2-91所示,左、右螺栓每排单个螺栓传力如图4-2-92所示,左、右腹杆侧面螺栓群传力表见表4-2-24。

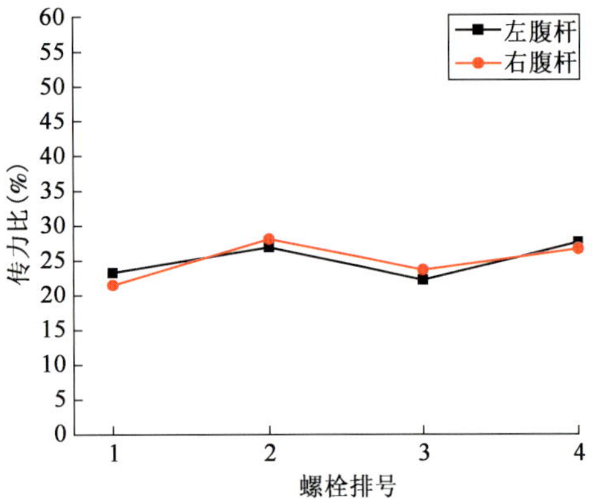

图4-2-91　左、右腹杆侧面螺栓群传力比

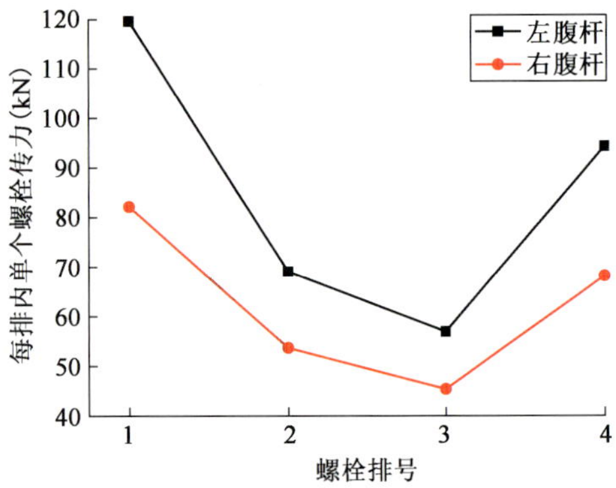

图4-2-92　左、右侧螺栓每排单个螺栓传力图

左、右腹杆侧面螺栓群传力表　　表4-2-24

螺栓排号	1排	2排	3排	4排
左腹杆侧面传力比(%)	23.3	26.9	22.2	27.6
左腹杆侧面单个螺栓传力(kN)	119.6	69.1	56.9	94.3
右腹杆侧面传力比(%)	21.5	28.1	23.7	26.7
右腹杆侧面单个螺栓传力(kN)	82.2	53.7	45.4	68.2

从图4-2-91、图4-2-92、表4-2-24中可以得出以下结论:

(1)两个腹杆上侧面的螺栓群传力比计算结果基本相同,并不像长列螺栓呈马鞍形分布。其原因:一方面因为每排螺栓颗数不同,另一方面因为螺栓列数少,导致结果不明显。

(2)每排平均单个螺栓的传力大小呈马鞍形分布,第1、4排螺栓的平均单个螺栓传力明显比中间排的平均单个螺栓传力大。

2)顶推施工荷载下拼接板应力分布及摩擦力的分布

通过分析得出拼接板上轴向应力分布图、摩擦剪应力分布云图,其中轴向应力分布图的截面编号在图4-2-86中已标识出来,由于右侧腹杆为双层拼接板,仅给出摩擦剪应力分布云图(图4-2-93)。

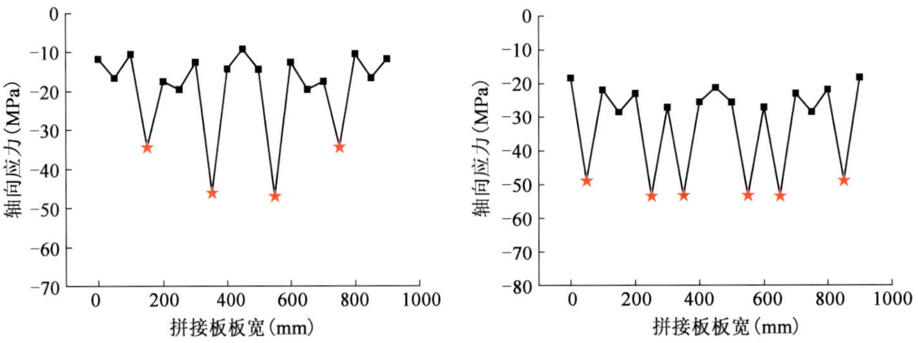

a)a—a截面　　b)b—b截面

图　4-2-93

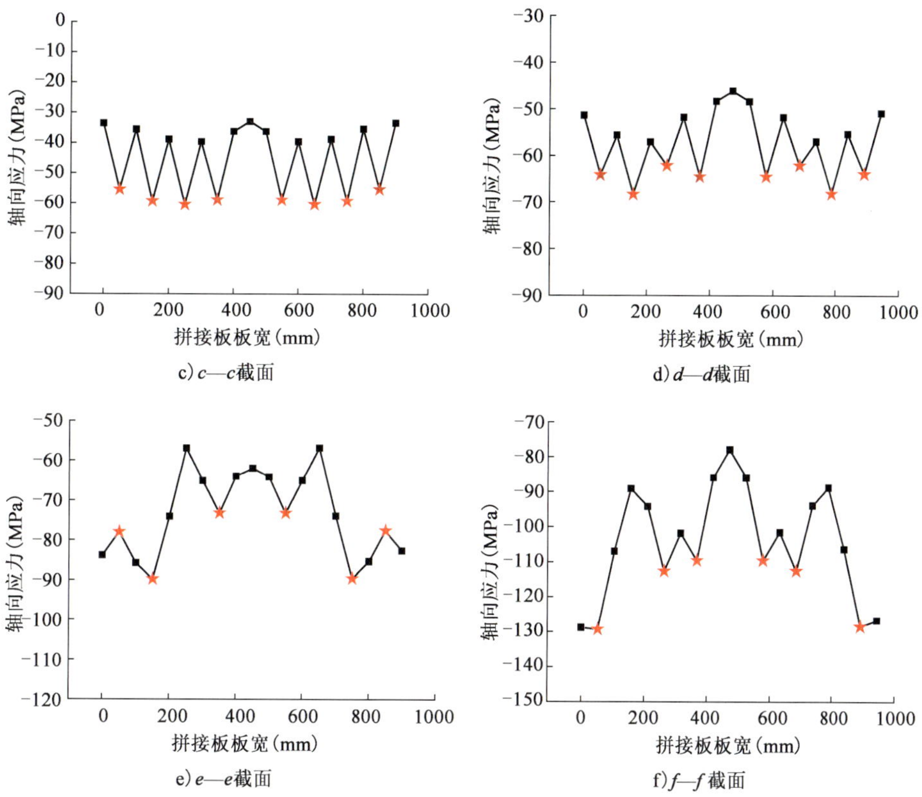

图 4-2-93 左腹杆正面拼接板轴向应力分布图

从图 4-2-93 中可以看出，拼接板内轴向应力沿截面呈波浪形分布，从 6 个轴向应力分布图中可以发现压应力较高的位置(在图中均以红色五角星标记出)与前一排螺栓的中心位置相对应。a—a 截面较零应力截面、f—f 截面较 e—e 截面压应力升高幅度较大，也证明了第 1 排螺栓、第 6 排螺栓传力比较大。

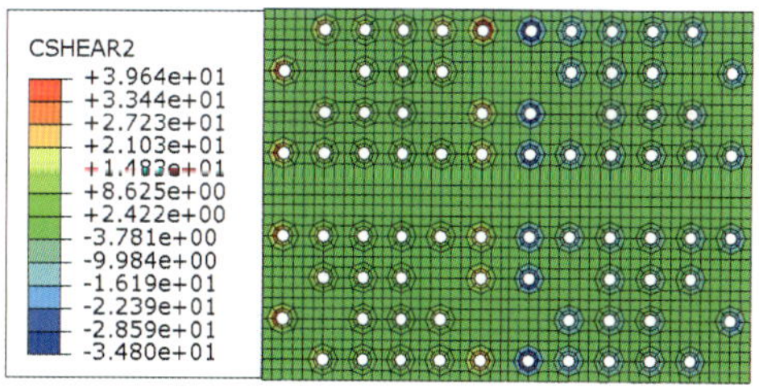

图 4-2-94 左腹杆正面拼接板摩擦剪应力云图

图 4-2-94 为左腹杆正面拼接板摩擦剪应力云图。

其中，图 4-2-94 所示的拼接板左端在腹杆上，右端在节点板内。从图 4-2-94 中可以得出以下结论：

(1)摩擦剪应力云图也可以说明腹杆内第 1 排的 4 颗螺栓传递的剪力最大，剪应力向中间排螺栓递减。

(2)在摩擦应力云图中左侧第 2 ~ 6 排螺栓可以看出在同一排螺栓内两端螺孔周围的剪应力比中间螺孔周围的剪力要大，所以同一排内的螺栓传递的剪力具有一定的不均匀性，本模型中箱形杆件的 4 面螺栓群表现出来的特点是单排内两侧螺栓传递剪力大于中间螺栓。

(3)左侧的第 2 排螺栓中，两端的螺栓周边的剪应力远大于中间的螺栓，一方面由于两端的螺栓传力要大于中间螺栓传力，另一方面由于此排缺少两颗螺栓，在图 4-2-93a)、b)中也可以看出这两颗螺栓的孔前、孔后拼接板的轴向压应力变化较大。

(4)从螺孔周围的摩擦剪应力的分布中可以发现，螺栓孔前的摩擦剪应力远大于孔后的摩擦剪应力。

(5)从图 4-2-94 可以发现在施工荷载作用下，摩擦产生的剪应力并不大，均在 40MPa 以内。

图 4-2-95 为右腹杆正面拼接板摩擦切应力云图。

在图 4-2-95 中表现出典型的特点：长列螺栓的第一排螺栓传递的剪力远大于中间排。

图 4-2-96 为左腹杆侧面拼接板摩擦切应力云图。

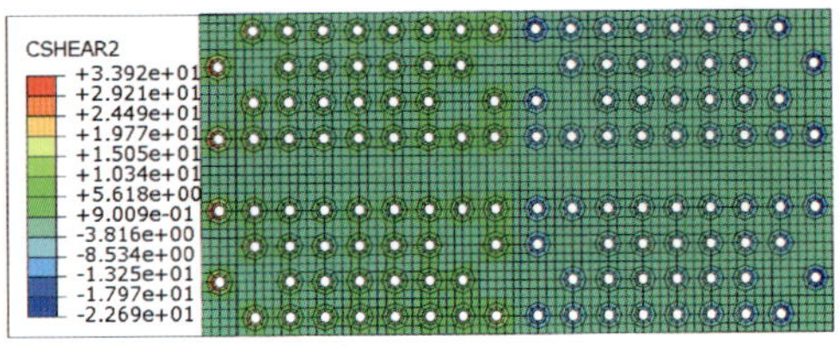

图 4-2-95　右腹杆正面拼接板摩擦切应力云图

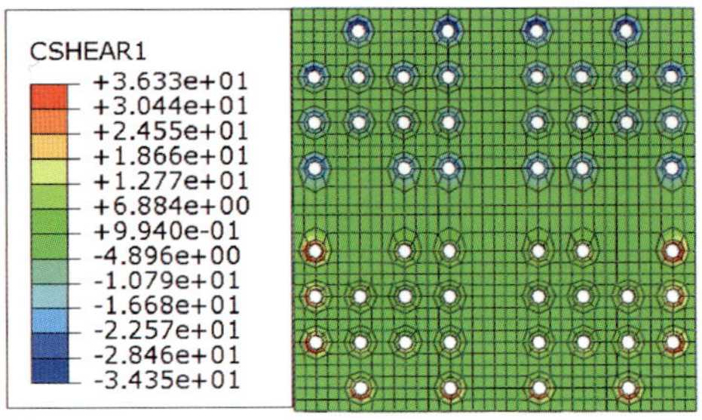

图 4-2-96　左腹杆侧面拼接板摩擦切应力云图

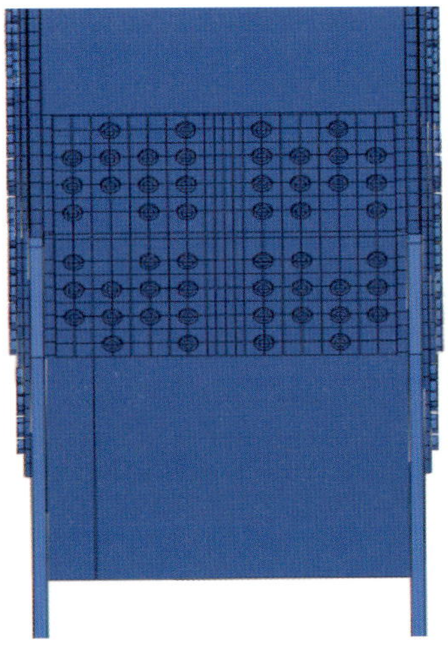

图 4-2-97　腹杆侧面结构图

图 4-2-96 侧面拼接板上半段在腹杆上，下半段在节点内的斜杆接头板上。从图中可以发现：

(1)侧拼接板上半段单排螺孔周边的摩擦剪切应力分布规律同正面拼接板基本相似，此处不再赘述。

(2)下半段单排螺孔周边的摩擦剪切应力分布中，两端的螺孔周边的摩擦剪应力远大于中间螺孔周边的摩擦剪应力。结果出现这种现象的原因与本身结构特点有关(图 4-2-97)，斜杆接头板两侧与两侧的节点板焊接，下端为自由端，因此，斜杆接头板将所受的荷载通过两侧边传递给节点板，因此每排螺孔中两端螺孔周边的摩擦剪应力要远大于中间螺孔周围的摩擦剪应力，并且两端螺孔靠近节点板的一侧摩擦剪应力较螺孔另一侧也要大。因此，建议此处的螺栓群重新优化布置，两侧尽可能多布置螺栓，而距离节点板较远的中间位置应适当减少布置螺栓的个数。

2.5.3　螺栓缺失情况下摩擦型高强度螺栓传力性能研究

在现实工程中有很多情况会导致螺栓缺失，在使用过程中可能会出现螺栓折断等情况，因此对螺栓群进行螺栓缺失状态下的受力分析是很有必要的，本节仅研究缺失第 1 排、中间排螺栓对螺栓群受力的影响。

1)缺失第 1 排螺栓

右腹杆正面螺栓群、左腹杆正面螺栓群和左腹杆侧面螺栓群三种螺栓群的螺栓缺失情况，均考虑第 1 排螺栓缺失。三种螺栓群的第 1 排螺栓均设有 4 颗螺栓，其中前两个螺栓群第 2 排设有 6 颗螺栓，第 3 个螺栓群第 2 排设有 8 颗螺栓。右腹杆正面螺栓的传力比数据见表 4-2-25，图 4-2-98 为右腹杆正面螺栓传力比图；左腹杆正面螺栓的传力比数据见表 4-2-26，图 4-2-99 为右腹杆正面螺栓传力比图；左腹杆侧面螺栓的传力比数据见表 4 -2-27，图 4-2-100 为右腹杆正面螺栓传力比图。

右腹杆正面螺栓传力表　　表 4-2-25

螺栓排号	1 排	2 排	3 排	4 排	5 排	6 排	7 排	8 排	9 排
缺失第 1 排螺栓传力比(%)	0.0	21.0	15.3	11.4	10.0	8.7	9.5	10.2	13.9
缺失第 1 排单个螺栓传力(kN)	0.0	126.7	69.4	51.6	45.0	39.4	42.9	61.8	83.5
无缺失螺栓传力比(%)	16.9	14.5	10.2	8.9	8.5	8.1	9.1	10.0	13.9
无缺失单个螺栓传力(kN)	152.9	87.6	46	40.3	38.4	36.5	41	60.3	83.5

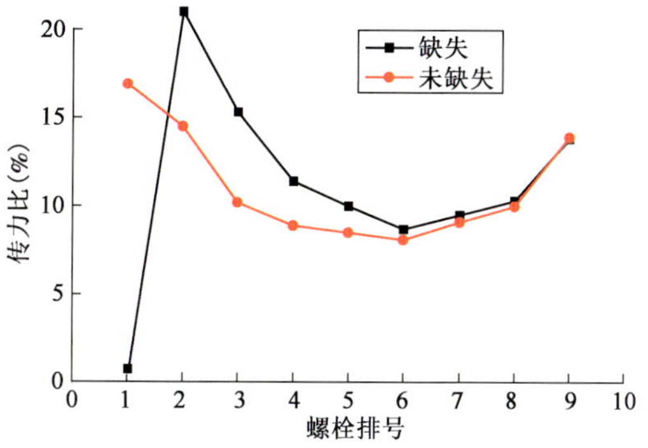

图4-2-98 右腹杆正面螺栓群传力比图

左腹杆正面螺栓传力表 表4-2-26

螺栓排号	1排	2排	3排	4排	5排	6排
缺失第1排螺栓传力比(%)	0.0	32.5	21.5	14.3	13.1	18.5
缺失第1排单个螺栓传力(kN)	0.0	168.8	83.9	55.8	68	96
无缺失螺栓传力比(%)	23.8	20.7	14.8	11.3	11.7	17.8
无缺失单个螺栓传力(kN)	186.3	108.1	57.9	44.4	61.3	93

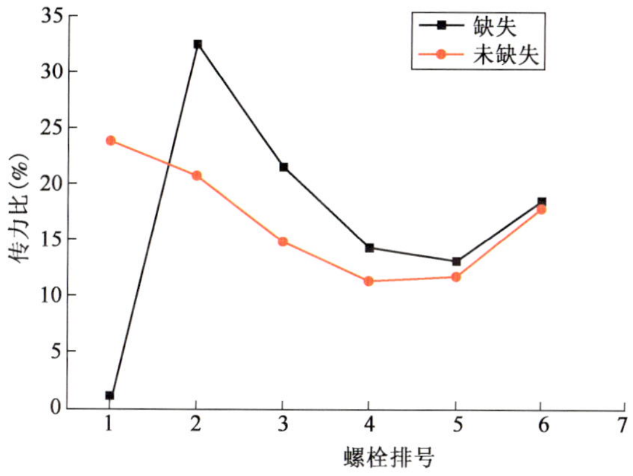

图4-2-99 左腹杆正面螺栓群传力比图

左腹杆侧面螺栓传力表 表4-2-27

螺栓排号	1排	2排	3排	4排
缺失第一排螺栓传力比(%)	0.0	40.8	28.5	30.7
缺失第一排单个螺栓传力(kN)	0.0	105.4	73.7	105.8
无缺失螺栓传力比(%)	23.3	26.9	22.2	27.6
无缺失单个螺栓传力(kN)	119.6	69.1	56.9	94.3

由表4-2-25和图4-2-98可知:第2排螺栓传力比由14.5%变为21.0%,第2排螺栓平均单个螺栓传力大小由87.6kN变为126.7kN,但是仍小于未缺失螺栓状态下的第1排螺栓平均单个螺栓传力152.9kN;其他排螺栓传力比和平均单个螺栓传力增加幅度均小于第2排螺栓;第8、9排螺栓传力比仅增加了0.3%、0.0%,并没有受到影响。

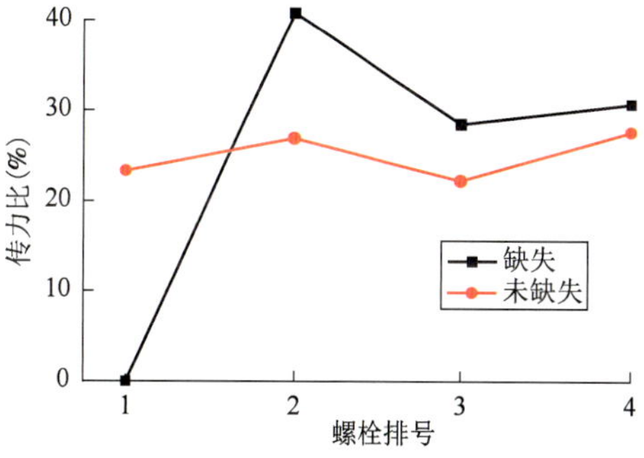

图4-2-100 左腹杆侧面螺栓群传力比图

由表4-2-26和图4-2-99可知:第2排螺栓传力比由20.7%变为32.5%,第2排螺栓平均单个螺栓传力大小由 108.1kN 变为 168.8kN，但是仍小于未缺失螺栓状态下的第 1 排螺栓平均单个螺栓传力 186.3kN；其他排螺栓传力比和平均单个螺栓传力增加幅度均小于第 2 排螺栓。

由表 4-2-27 和图 4-2-100 可知，四排螺栓群在缺失第 1 排螺栓后，其余三排螺栓均受到较大影响，尤其第 2 排螺栓传力比由 26.9% 增加到 40.8%，但是与前两个螺栓群相同，第 2 排螺栓传力比增大，但是平均单个螺栓传力都小于未缺失时第 1 排螺栓的平均单个螺栓传力。主要原因是第 2 排螺栓数量大于第 1 排螺栓的数量。

由图 4-2-98 ~ 图 4-2-100 及表 4-2-25 ~ 表 4-2-27 可知，在缺失第 1 排螺栓后，对第 2 排螺栓影响最大。为了评估第 1 排螺栓缺失对第 2 排螺栓的影响与螺栓群排数的关系，将原来由第 1 排螺栓传递的剪力分配给第 n 排螺栓的比率称作缺失螺栓剪力再分配率，并以此为依据评价对第 2 排螺栓的影响（表 4-2-28）。

第 2 排螺栓分配率 表 4-2-28

螺栓群排数	4	6	9
第 2 排分配率(%)	59.7	49.6	38.5

从表 4-2-28 中可以发现，在排列方式一定的情况下，缺失第 1 排螺栓后，螺栓群排数越多，第 2 排螺栓的分配率就越低，即螺栓群在缺失第 1 排螺栓后第 2 排螺栓受的影响就越小。

综合考虑三种螺栓群同时缺少第 1 排螺栓对其余螺栓的影响，可以得出以下结论：

(1)螺栓群在缺失第 1 排螺栓时，第 2 排螺栓受到的影响最大，其他排螺栓受影响大小是从第 2 排到最后一排螺栓递减的。

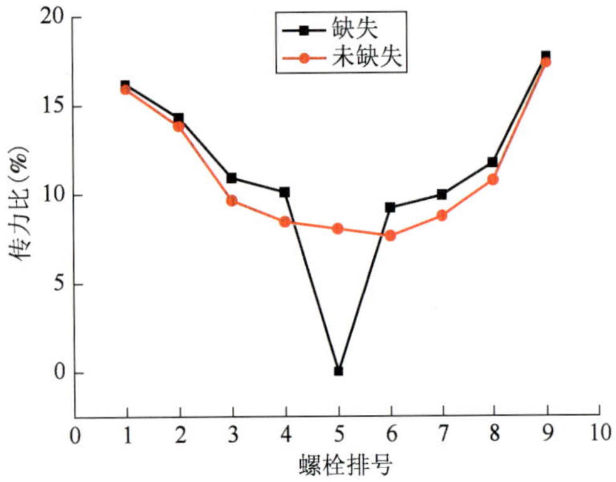

图 4-2-101 右腹杆正面节点板内螺栓群传力比图

(2)由缺失螺栓剪力再分配率可知：三种螺栓群中四排短列螺栓群在缺少第 1 排螺栓后，其他排螺栓受到的影响最大。

(3)三种螺栓群缺失第 1 排螺栓后第 2 排螺栓传力比均大于原第 1 排螺栓的传力比，平均单个螺栓传递剪力也增加，但是第 2 排平均单个螺栓传递剪力均小于缺失前第 1 排平均单个螺栓传递剪力，主要原因是第 2 排螺栓颗数大于第 1 排螺栓颗数。

2)缺失中间排螺栓

图 4-2-101 为右腹杆正面节点板内螺栓群传力比图，表 4-2-29 为传力表。

右腹杆正面节点板内螺栓群传力表 表 4-2-29

螺栓排号	1 排	2 排	3 排	4 排	5 排	6 排
缺失中间排螺栓传力比(%)	16.2	14.3	10.9	10.1	0.0	9.2
缺失中间排单个螺栓传力(kN)	146.8	86.0	49.4	45.6	0.0	41.8
无缺失螺栓传力比(%)	15.9	13.8	9.6	8.4	8.0	7.6
无缺失单个螺栓传力(kN)	144.2	83.2	43.5	37.9	36.1	34.3
螺栓排号	7 排	8 排	9 排	—	—	—
缺失中间排螺栓传力比(%)	10.4	12.2	18.3	—	—	—
缺失中间排单个螺栓传力(kN)	44.6	70.3	107.0	—	—	—
无缺失螺栓传力比(%)	9.9	11.7	17.7	—	—	—
无缺失单个螺栓传力(kN)	39.5	64.3	104.2	—	—	—

由图4-2-101、表4-2-29可知,九排螺栓群在缺失中间排螺栓后,第1、2、7、8、9排螺栓传力比增大量均小于1%,而相邻排螺栓传力比也只增加了不超过1.7%、1.6%,最大平均单个螺栓传力为146.8kN,与原螺栓群相比没有太大的变化。

图4-2-102为左腹杆正面节点板内螺栓群图,表4-2-30为传力表。

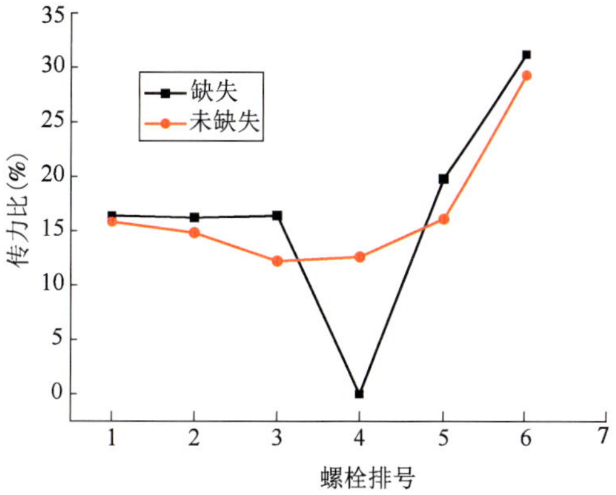

图4-2-102 左腹杆正面节点板内螺栓群图

左腹杆正面节点板内螺栓传力表 表4-2-30

螺栓排号	1排	2排	3排	4排	5排	6排
缺失中间排螺栓传力比(%)	16.4	16.2	16.4	0.0	19.8	31.2
缺失中间排单个螺栓传力(kN)	127.8	84.1	63.7	0.0	102.8	121.4
无缺失螺栓传力比(%)	15.8	14.8	12.2	12.6	16.1	29.3
缺失中间排单个螺栓传力(kN)	123.1	76.8	47.6	49	83.5	151.8

由图4-2-102、表4-2-30可知,六排螺栓群在缺少中间排螺栓后,第1、2、6排螺栓几乎不受影响,传力比变化很小,相邻两排螺栓的传力比增加量也分别只有4.2%、3.7%,每排平均单个螺栓最大传力由123.1kN增加为127.8kN。与九排螺栓群相同,在施工荷载下缺失中间排螺栓对其他排螺栓影响较小,主要原因为缺失排螺栓原本的传力比并不大,缺失后需要其他排螺栓承担的荷载不大。

图4-2-103为右腹杆侧面腹杆内螺栓群传力比图,表4-2-31为传力表。

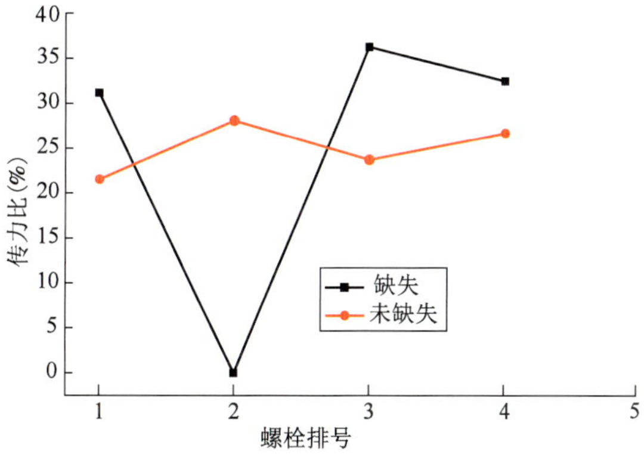

图4-2-103 右腹杆侧面腹杆内螺栓群传力比图

右腹杆侧面腹杆内螺栓传力表 表4-2-31

螺栓排号	1排	2排	3排	4排
缺失中间排螺栓传力比(%)	31.2	0.0	36.3	32.5

续上表

缺失中间排单个螺栓传力(kN)	129.3	0.0	75.0	89.7
无缺失螺栓传力比(%)	21.5	28.1	23.7	26.7
无缺失单个螺栓传力(kN)	82.2	53.7	45.4	68.2

由图4-2-103、表4-2-31可知：四排螺栓群在缺失中间排螺栓后，第1、3、4排螺栓传力比增加9.7%、12.6%、5.8%，相对前面两种螺栓群增加量较大；就平均单个螺栓传力而言值得关注的是第1排螺栓平均单个螺栓传力从82.2kN增加到129.3kN，增加了47.1kN，增加了原传力大小的57.3%。

因此，四排短列螺栓群在缺失第2排螺栓后，只有4颗螺栓的第1排螺栓平均单个螺栓传力增加量较大，容易导致此列螺栓传力超过上限产生滑移，对结构有一定的危害性，因此在节点拼装完成后应重点进行检查。

2.5.4 腹杆内摩擦型高强度螺栓连接全过程传力性能研究

1)腹杆模型建立

针对左腹杆内的四个螺栓群在四个螺栓群共同受力情况下进行摩擦型高强度螺栓连接全过程受力性能分析。模型仅选取左腹杆、腹杆上的拼接板以及128颗高强度螺栓，拼接板在腹杆与节点板的拼接缝中心处截断(图4-2-104)。

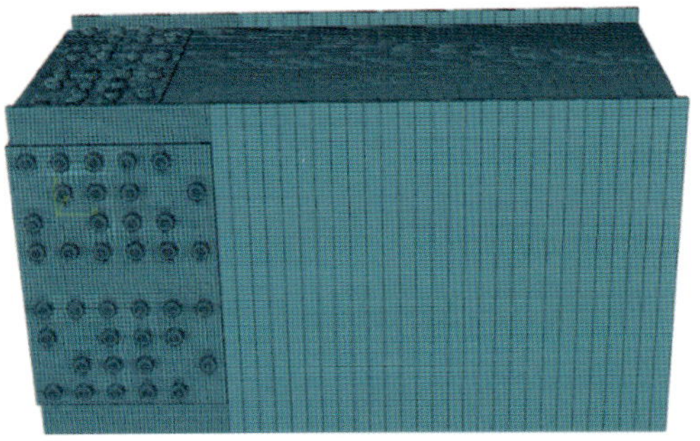

图4-2-104　腹杆模型图

考虑到在最后受理阶段螺栓滑移后螺杆受剪的可能性，本节模型增加了螺杆与螺孔孔壁的接触，此接触仅设置法向力学行为(方向“线性”接触)；边界条件为拼接板一端截面固定，在腹杆的另一端截面上施加荷载，荷载是大小为370MPa(即板件材料的屈服强度)的均布拉力，加载幅值从0.02逐步增加到1.0。

2)荷载-滑移关系

图4-2-105为正面螺栓群荷载-滑移曲线图，图4-2-106为正面螺栓群最后阶段滑移云图。

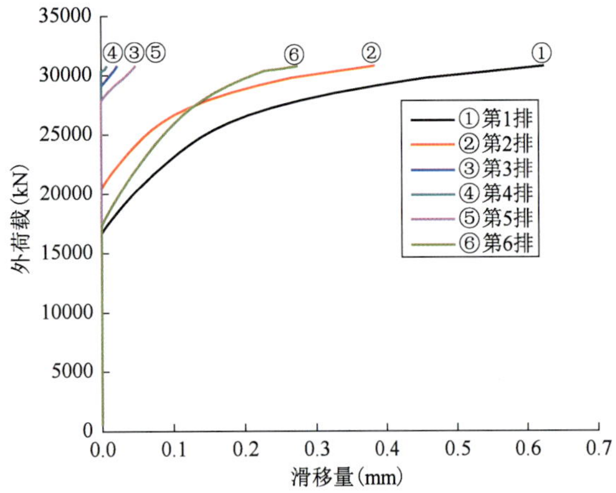

图4-2-105　正面螺栓群荷载-滑移曲线图

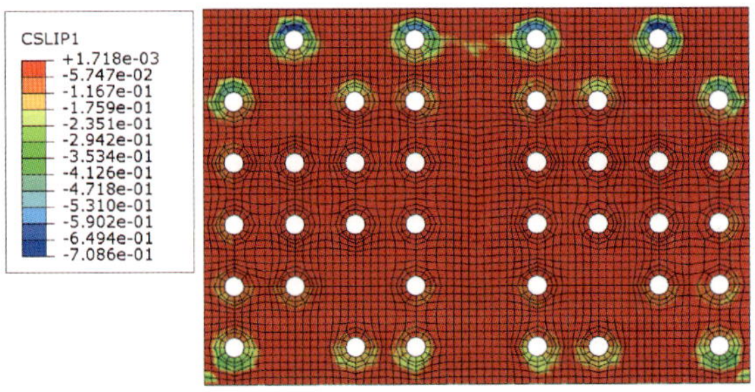

图4-2-106　正面螺栓群最后阶段滑移云图

由图4-2-106可知每排螺栓内各个螺栓的滑移量不是均匀的，图4-2-105每排螺栓的滑移量取每排螺栓内最大的滑移值，纵坐标外荷载为腹杆截面的内力。由图4-2-105、图4-2-106可以得出以下结论：

(1)外荷载与每排螺栓的滑移量呈现出较为明显的非线性，主要原因：由4个螺栓群共同传力，不是简单的一颗螺栓受力产生滑移，螺栓群之间、各排螺栓之间以及同排内各个螺栓之间协同工作，有一定的不均匀性。

(2)当荷载达到16716.0kN时，第1排螺栓最先开始出现滑移；紧接着当荷载达到17335.1kN时，第6排螺栓开始出滑移；当荷载达到20430.7kN时，第2排螺栓开始出滑移；当荷载达到27860.1kN后，第5、3、4排螺栓分别开始滑移。

(3)第1排螺栓的滑移量最大，孔前位置滑移量能达到0.65mm，主要因为第1排螺栓传力较大，且此排只有4颗螺栓，第2、3排螺栓产生的滑移也会在第一排螺栓产生累积。

(4)第6排螺栓出现滑移要早于第2排螺栓，但是第2排螺栓的滑移量增长速度要大于第6排螺栓，且最终的滑移量也要大于第6排螺栓。出现这种现象的主要原因：一是这两排螺栓的滑移量均取自最左侧螺栓滑移量最大的结点，而第2排螺栓最左侧螺栓前也没有其他螺栓，这导致此螺栓的滑移同第1排螺栓的滑移相似；二是第2排螺栓的左前方发生较大变形，而第6排螺栓相应位置变形却很小；三是第2排内螺栓传递剪力的不均匀性更大。

(5)第3、4、5排螺栓的滑移量很小，而第3、4排螺栓的中间6颗螺栓均没有产生滑移，这也验证了本篇第2.5.2节的结论——单排螺栓内传递剪力的不均匀性。本模型中的螺栓群是单排内两侧螺栓传递剪力大于中间螺栓。

图4-2-107为侧面螺栓群荷载-滑移曲线图，图4-2-108为侧面螺栓群最后阶段滑移云图。

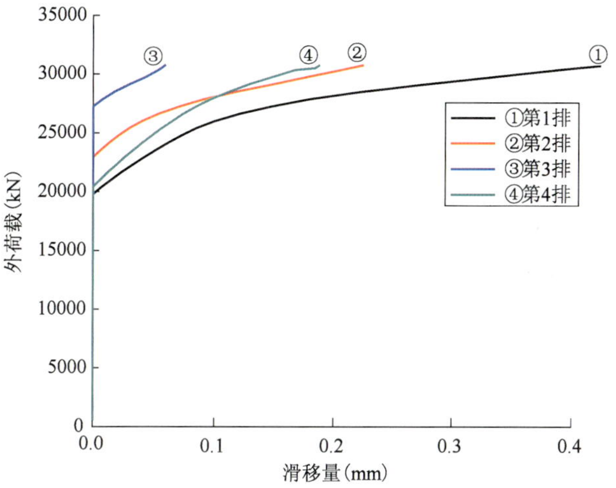

图4-2-107 侧面螺栓群荷载-滑移曲线图

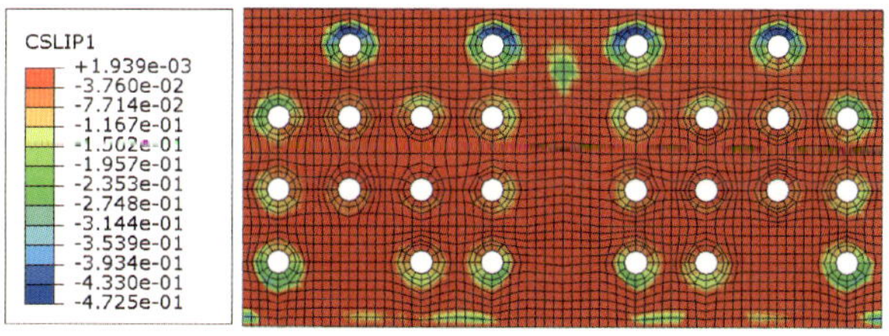

图4-2-108 侧面螺栓群最后阶段滑移云图

图4-2-107滑移量的选取方法、外荷载值与图4-2-105相同。图4-2-107、图4-2-108表现出来的现象与图4-2-105、图4-2-106基本相同，而相互对比可以发现：

(1)侧面螺栓群在荷载达到约19811.6kN时，第1排螺栓开始出现滑移，与正面螺栓相比开始滑移得较晚，且最终滑移量要小于正面螺栓。出现这种现象主要原因是侧面拼接板传递剪力小于正面拼接板，在正面螺栓群开始滑移时，正面第1排螺栓传递剪力1192.0kN，而此时侧面第1排螺栓传递剪力1089.0kN，侧面第1排螺栓群开始滑移时第1排螺栓传递剪力1180.0kN。

(2)侧面螺栓群在荷载达到约27241.0kN，第3排螺栓开始出现滑移，略早于正面螺栓群的中间排螺栓，最终滑移量侧面螺栓群第3排螺栓大致与正面螺栓群的第3排螺栓相同。虽然侧面螺栓群传递剪力要小于正面螺栓群，但是侧面只有4排螺栓，中间排螺栓传递增加较快。

(3)在侧面螺栓群滑移云图中可以发现所有螺栓均出现滑移，而正面螺栓仍有部分螺栓未出现滑移。因此建议适当调整正面和侧面螺栓的个数，合理布置。

3)传力比

图4-2-109为开始滑移、最后阶段螺栓群传力比图，表4-2-32为传力比表。

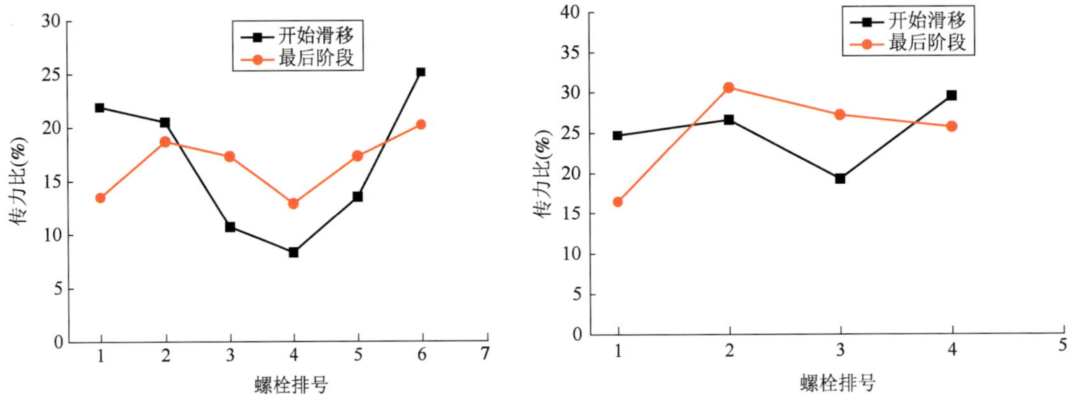

a) 正面螺栓群　　b) 侧面螺栓群

图 4-2-109　开始滑移、最后阶段螺栓群传力比图

开始滑移、最后阶段螺栓群传力比表　　表 4-2-32

螺栓群	阶段	第 1 排	第 2 排	第 3 排	第 4 排	第 5 排	第 6 排
正面(%)	开始滑移	21.9	20.5	10.7	8.3	13.5	25.1
	最后阶段	13.5	18.7	17.3	12.9	17.3	20.2
侧面(%)	开始滑移	24.7	26.6	19.3	29.5	—	—
	最后阶段	16.5	30.6	27.2	25.7	—	—

注:表格内数据为传力比,"—"表示无该排螺栓。

图 4-2-109、表 4-2-32 中给出正面、侧面螺栓群在开始滑移阶段、最后阶段的各排螺栓传力比,由上述图表可知:

(1)随着内排螺栓逐步产生滑移,内排螺栓的传力比依次增大。开始滑移阶段两个螺栓群的第 2 排螺栓的传力比均接近第 1 排螺栓的传力比,区别于正常使用阶段第 1 排螺栓传力比远高于中间排螺栓。其原因就在于第 1 排螺栓开始滑移。

(2)正面螺栓群第 6 排螺栓传力比高于第 1 排螺栓,由于第 6 排的 6 颗螺栓尚未产生滑移,传递剪力可以继续增大。

(3)正面第 4 排螺栓最后阶段传力比相对邻排螺栓较小。其主要原因是此排中间 6 颗螺栓传递剪力相对较小,还未产生滑移。

(4)最后阶段第 1 排螺栓的传力比低于其他排螺栓。主要是因为第 1 排只有 4 颗螺栓。

(5)最后阶段侧面螺栓群几乎均产生滑移,其每排螺栓传力比大小基本与所在排螺栓个数呈正相关,通过查找结果可知,此时侧面螺栓群传递剪力 7409.0kN。相对理论传递剪力:$N = 26N_{vb} = 7581.6\text{kN}$,略小。

图 4-2-110 为开始滑移阶段摩擦剪应力云图。

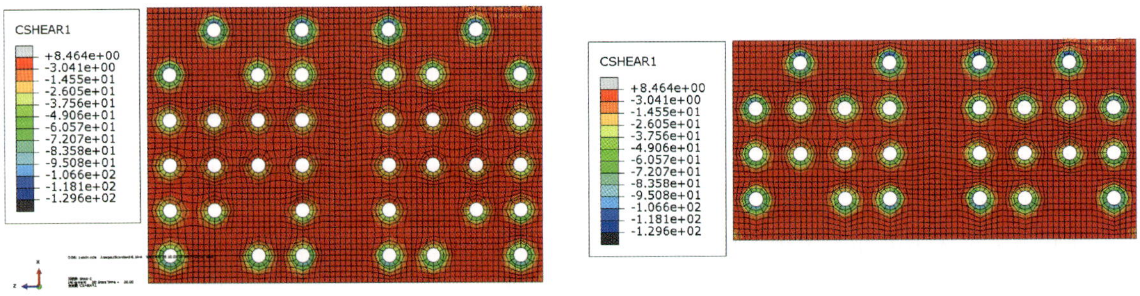

a) 正面拼接板　　b) 侧面拼接板

图 4-2-110　开始滑移阶段摩擦剪应力云图

从图 4-2-110 中可以发现：当剪应力达到约 118MPa 时，拼接板开始产生滑移；正面螺栓群第 3、4 排螺栓剪应力比第 1、6 排螺栓低约 90MPa，分布相对不均，而侧面螺栓群各排螺栓剪应力分布相对均匀。

图 4-2-111 为最后阶段摩擦剪应力云图。

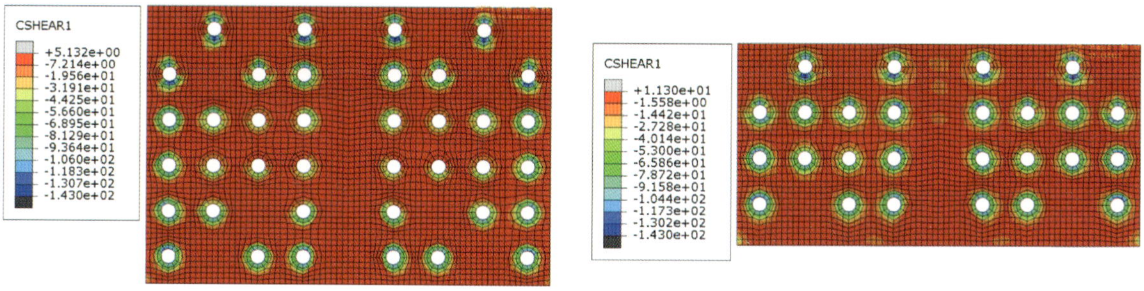

a) 正面拼接板　　b) 侧面拼接板

图 4-2-111　最后阶段摩擦剪应力云图

从图 4-2-111 中可以发现：

（1）正面、侧面螺栓群剪应力最高达到 143MPa，侧面螺栓群中每颗螺栓下的剪应力均较大，且均匀；但是正面螺栓仍有中间几颗螺栓剪应力较小，建议在正面螺栓设计中优化螺栓分布，减少不能充分起作用的螺栓。

（2）正面、侧面第 1 排螺栓孔前、孔后四分之一区域剪应力较高，而螺孔两侧四分之一区域剪应力很低，甚至无剪应力，主要原因是板件变形（图 4-2-112），从变形图中可以发现由于板件变形螺孔两侧拼接板与芯板脱空。

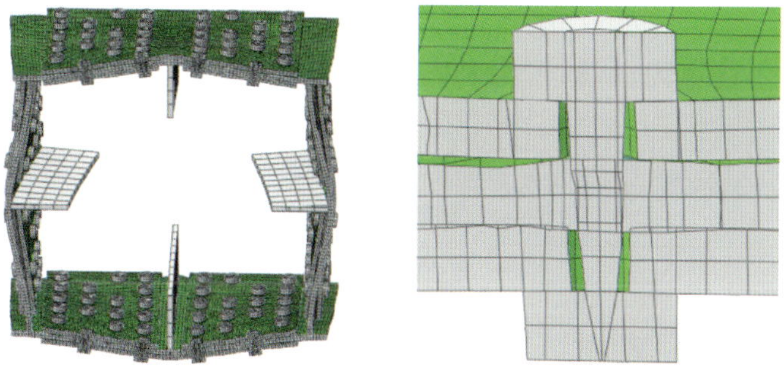

a) 整体变形截面　　b) 局部变形截面

图 4-2-112　拼接板变形图

2.5.5　弦杆栓焊连接力学性能仿真分析

由于主梁在现场拼装过程中，上（下）弦杆拼接位置同时运用了焊接和螺栓连接两种连接方式，在施工及运营过程中上（下）弦杆受力时会将所受荷载按一定比例分配到两种连接上。为了明确不同阶段荷载作用下两种连接荷载分配规律，本节针对上（下）弦杆连接位置进行建模分析。

1）建立模型

模型采用简支约束，其中下弦杆做截面的耦合点只有绕 Z 轴方向的转动自由度，下弦杆右侧截面有沿 X 方向的移动自由度和绕 Z 方向的转动自由度。为了避免“沙漏模式”现象，本模型选择采用非协调单元 C3D8I 单元类型。

卡绿底板的应力分布不均匀，本模型建立两块与滑块上部同尺寸的长方体（图 4-2-113）。两块长方体的底面耦合在滑块底面的中心一点并对此点自由度约束，使得滑块只有沿 Y 向移动的自由度以模拟施加支撑反力，顶面与底板底面建立接触对，法向力学行为选择“硬”接触，切向力学行为选择无摩擦。模型考虑几何非线性、材料非线性。

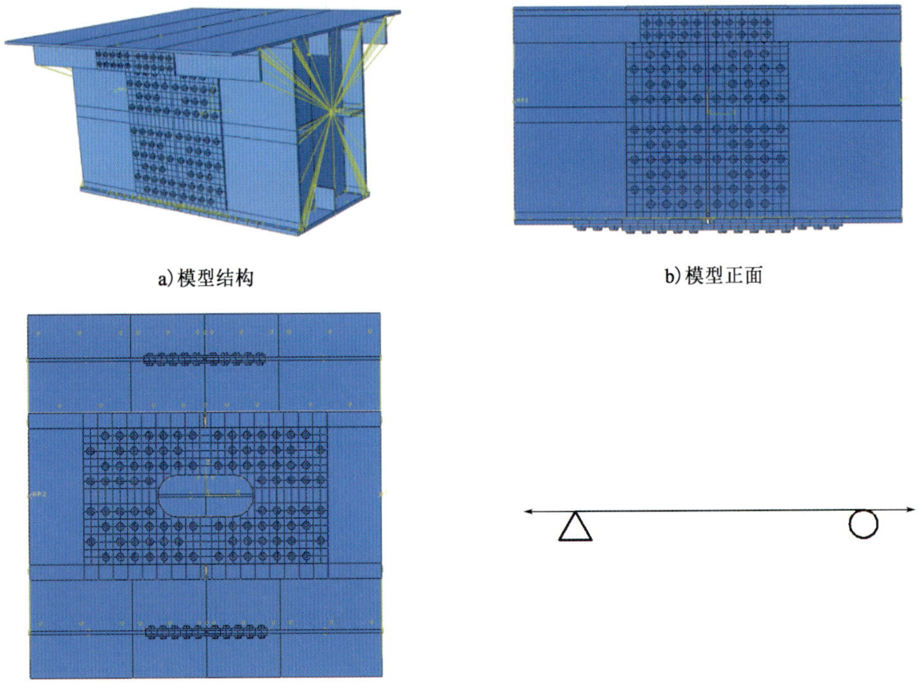

a)模型结构　　b)模型正面

c)模型底面　　d)结构计算简图

图 4-2-113　模型结构图

从整体分析中可知上(下)弦杆主要受轴力影响,弯矩、剪力相对较小,本模型在计算中假设仅受轴力,其中在施工阶段轴力最大为 17360.61kN。为了研究两种连接在不同荷载水平下内力分配规律,本模型在两端截面施加面荷载分 50 步进行,应力从 0 到 370MPa。

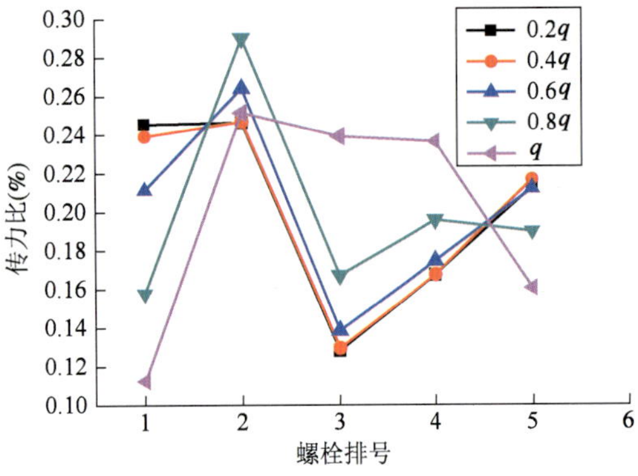

图 4-2-114　竖板内螺栓群传力比

2)螺栓传力分析

在全过程分析中,最终荷载 $q = 370\text{MPa}$,在分析焊接和螺栓连接共同作用规律中取 $0.2q$、$0.4q$、$0.6q$、$0.8q$、q 五个阶段进行分析。

首先分析螺栓连接的传力特点,其中螺栓群分为竖板内螺栓群、底板内螺栓群、顶板翼缘加劲肋内螺栓群。

竖板内螺栓群传力比如图 4-2-114 所示,竖板内拼接板滑移云图如图 4-2-115 所示。

竖板内螺栓群为单侧 5 列螺栓群,其中每排分别有 6 颗、10 颗、10 颗、10 颗、8 颗螺栓。从图 4-2-113 ~ 图 4-2-115 中可以看出:

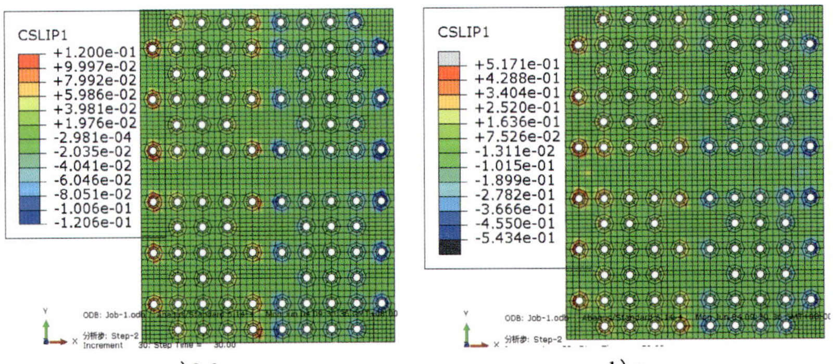

a)0.6q　　b)q

图 4-2-115　竖板内拼接板滑移云图

(1)当荷载为0.2q时,第3、4排螺栓传力比相对较小,整体呈"马鞍"形分布,但是由于第1、2排螺栓个数的差距,第1、2排螺栓的传力比相当。

(2)当荷载为0.6q时,第1、5排螺栓传力比开始减小,主要原因:荷载增大,第1、5排螺栓开始产生滑移[图4-2-115a),约0.12mm],所传递的剪力不再增加。

(3)随着荷载的增加,当荷载达到0.8q时,中间排螺栓的传力比开始逐渐增加,而第1、6排加载端螺栓的传力比减小。

(4)当荷载为q时,第2、3、4排螺栓传力比大小相当,第1、5排螺栓传力比相对较小,最终传力比大小基本与排内螺栓颗数有关,主要由于此时螺栓群基本产生滑移(图4-2-115),其中最大滑移量达到0.54mm。

底板内螺栓群传力比如图4-2-116所示,底板内拼接板滑移云图如图4-2-117所示。

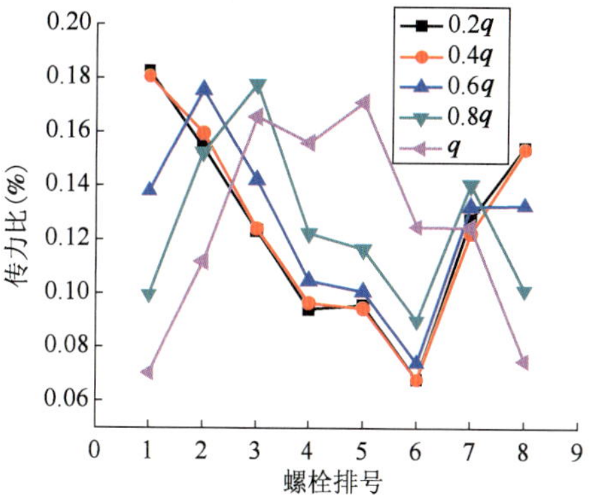

图4-2-116 底板内螺栓群传力比

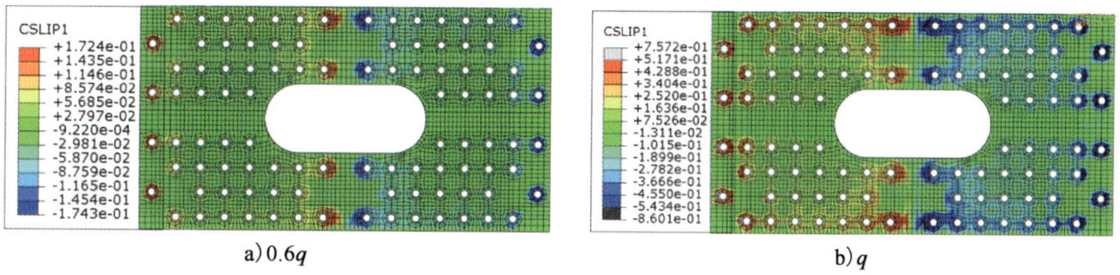

图4-2-117 底板内拼接板滑移云图

底板内螺栓群为单侧8列螺栓群,其中每列分别有4颗、6颗、8颗、8颗、8颗、6颗、6颗、4颗螺栓。从图4-2-116、图4-2-117中可以看出:

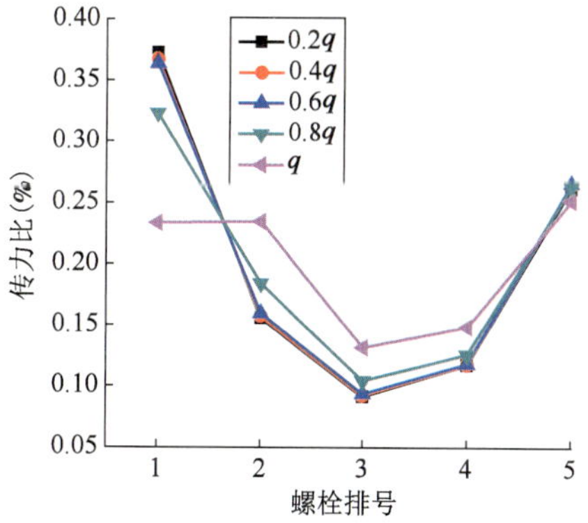

图4-2-118 顶板翼缘加劲肋内螺栓群传力比

(1)底板内螺栓群变现出的特性基本与竖板内螺栓群的特性相似,加载初期传力比呈"马鞍"形分布。当荷载达到0.6q时,第1排螺栓开始产生滑移,随着滑移现象向内排螺栓进行,内排螺栓传力比增大,边排螺栓传力比减小,直至螺栓群所有螺栓基本产生滑移。

(2)从图4-2-118中可以看出,当荷载为0.6q时,最大滑移量为0.17mm,当荷载为q时,最大滑移量为0.86mm,均大于竖板内螺栓群的滑移量。

顶板翼缘加劲肋内螺栓群传力比如图4-2-118所示,顶板翼缘加劲肋内螺栓群滑移云图如图4-2-119所示。

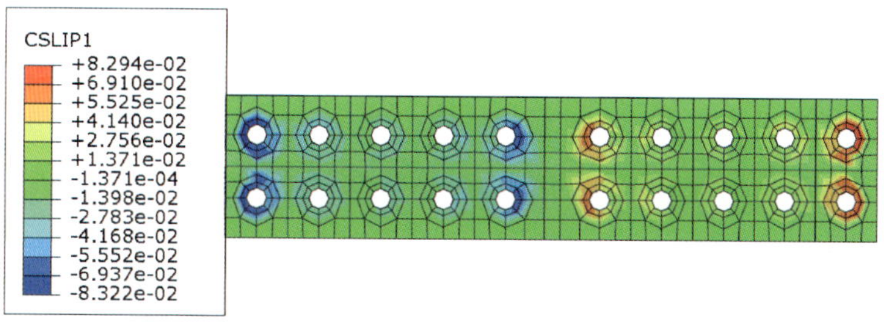

图4-2-119 顶板翼缘加劲肋内螺栓群滑移云图

顶板翼缘加劲肋内为单侧5列螺栓群,其中每列均有2颗螺栓。从图4-2-118中可以发现:传力比基本呈"马鞍"形分布。当荷载为q时,第1排螺栓的传力比才快速下降,从图4-2-119滑移云图中可以看出此时滑移量仅为0.08mm。

当荷载为0.6q时，竖板内螺栓群最大滑移量为0.12mm，底板内螺栓群的最大滑移量为0.17mm，顶板翼缘加劲肋内的螺栓群未产生滑移；当荷载达到q时，竖板内螺栓群最大滑移量为0.56mm，而底板内螺栓群的最大滑移量为0.86mm，顶板翼缘加劲肋内的螺栓群产生滑移量为0.08mm。从螺栓群滑移量可以发现：弦杆拼接位置在荷载最后阶段产生的位移呈三角形分布，底板处连接伸长量最大，顶板处连接伸长量最小。

在顶推施工受力分析结果中可知上（下）弦杆受到最大的轴力为17360.61kN（即约为0.274q），从3个螺栓群全过程受力分析中可知0.274q完全在螺栓群受力安全范围以内，有较大的安全储备。

3）顶板焊接受力分析

顶板第一主应力云图如图4-2-120所示。

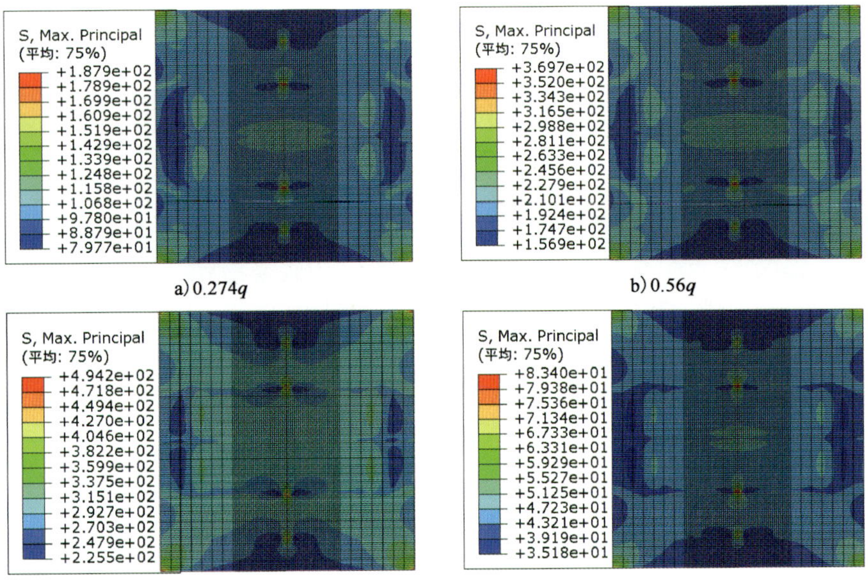

图4-2-120　顶板第一主应力云图

通过对原始计算结果的分析，从图4-2-120中可知：

（1）当荷载达到0.274q时，杆件轴力基本达到了施工过程中出现的最大轴力，此时顶板出现的最大第一主应力为187.9MPa；当荷载达到0.56q时，最大第一主应力达到屈服强度；当荷载为0.8q时，最大第一主应力达到494.2MPa，有四处应力集中区域进入塑性状态；当荷载为q时，最大第一主应力达到834.0MPa，大部分区域进入塑性状态。

（2）在顶板中间竖向焊缝上有四处发生应力集中现象，而最大第一主应力就出现在这四处，其中中间两处为竖板与顶板连接断开的位置，两侧的两处为顶板翼缘加劲肋与顶板连接断开的位置，这四处位置出现应力集中问题均由于截面突变引起的。

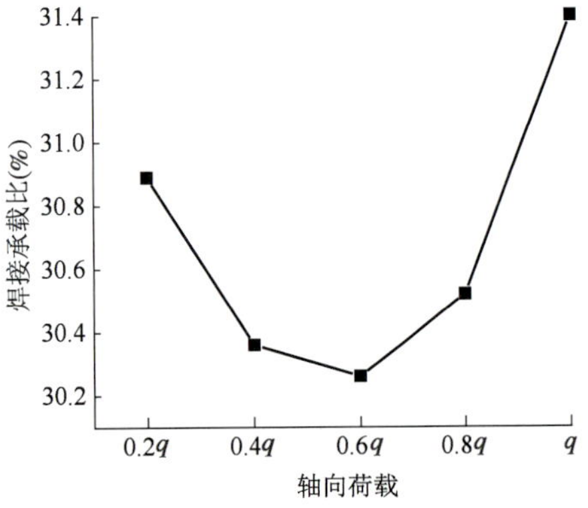

图4-2-121　焊接承受荷载比曲线

焊接承受荷载比为顶板承受轴力与所在阶段轴力的比值，其中顶板面积与弦杆截面面积的比值约为0.311。图4-2-121为焊接承受荷载比曲线。

从图4-2-121中可以发现：

（1）开始焊接承受荷载比有下降阶段，这个下降阶段，开始顶板焊接承受荷载比较大，主要由于当弦杆承受荷载时，焊接能够不发生过大变形直接承受荷载，而螺栓连接由于装配过程中并承受轴力，需要发生一定位移才能真正承受荷载，当螺栓连接被拉紧承受更大荷载时，顶板焊接承受荷载比开始减小。

(2)当荷载达到0.8q时，由于螺栓连接开始发生滑移，而由于焊接变形产生的伸长量远小于螺栓连接产生的滑移量，因此顶板焊接承受荷载比开始增大。

(3)在加载的全过程中只有后半段(0.8q～q之间)焊接承受荷载比才开始大于顶板面积与弦杆截面面积的比值，约为0.311。

2.6 顶推全过程钢桁梁线形控制

2.6.1 位移分析

本节从导梁前端位移、最大悬臂段的位移分布、主梁跨中竖向位移分析以及温度对悬臂段位移的影响四个方面，对顶推过程进行线形分析。

1)导梁前端位移分析

导梁前端位移分为竖向位移和横向位移，取导梁前端中桁节点为研究对象，顶推过程中导梁前端竖向和横向位移变化分别如图4-2-122和图4-2-123所示。

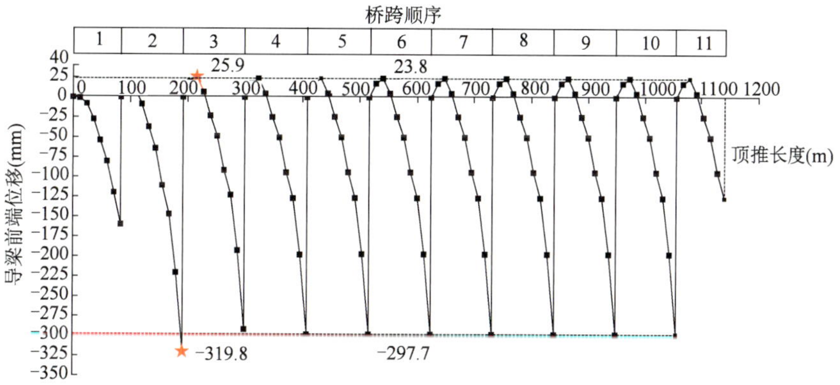

图4-2-122 导梁前端竖向位移变化图

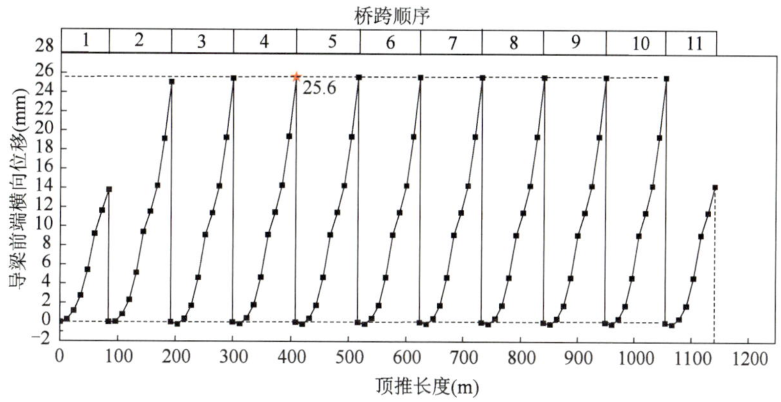

图4-2-123 导梁前端横向位移变化图

从图4-2-122可以看出，导梁前端位移随顶推过程呈现一定规律。除去第1桥跨，在跨越每一桥跨过程中，从导梁刚上墩到顶推2个节间过程中，导梁前端出现上翘，位移从零逐渐增大到最大值。随着顶推继续，导梁上翘逐渐变为下挠，直到导梁即将要上墩时，下挠位移达到最大值。然后通过千斤顶强制顶升导梁上墩，位移再次变为零。之后，导梁前端位移以此规律变化。其中，上翘位移最大值出现在跨越第3桥跨顶推2个节间时,数值为26.0mm。除去第1桥跨,导梁在跨越每一桥跨中上翘位移最大值相当,约为23.8mm。在跨越每一桥跨中,下挠位移最大值出现在导梁即将要上墩时,其中,跨越第2桥跨导梁即将要上9号墩时,下挠位移最大,数值为319.8mm。除去第1、2、10桥跨,跨越其他桥跨中最大下挠位移数值相当,约为297.7mm,另外导梁即将要上10号墩和0号墩时,由于结构最大悬臂为84m,所以最大下挠位移较小,分别为160.0mm和151.9mm。

综上,顶推过程中,在自重与风荷载作用下,导梁即将要上9号墩时,导梁前端下挠位移最大,此时导梁底面到滑道梁顶面的距离最小。根据本篇第2.2.2节导梁上墩步骤可知,此时导梁底面到滑道梁顶面的距离为1300－319.8＝980.2mm＞700mm,故导梁可以顺利上墩。

导梁前端横向位移变化如图4-2-123所示。

由图4-2-123可以看出,导梁前端横向位移随顶推过程呈现一定规律。跨越每一桥跨时,从导梁上墩到顶推1个节间过程中,导梁前端出现与风向相反的横向位移,并逐渐减小,这是因为导梁上墩前期墩支座反力较小,滑道梁对导梁的阻力不足,从而在风荷载作用下导梁前端在滑道梁顶面发生转动。随着支座反力变大,阻力也增大,导梁前端的转动受到限制,从而位移减小。顶推到第2个节间时,导梁前端节点出现顺风向横向位移,并且随顶推过程逐渐增大,直到导梁即将上墩时达到最大。最大逆风向位移为－0.2mm,数值很小,第1和第10桥跨最大顺风向位移为13.8mm,除去第1和第10桥跨,每一桥跨的顺风向最大位移相当,约为25.6mm。

综上,随着顶推结构悬臂段逐渐增长,风荷载对导梁前端横向位移影响也愈发明显,所以施工现场顶推到最大悬臂状态后应及时顶推导梁上墩。

2)最大悬臂段的位移分布

在最大悬臂状态下,从导梁前端开始每间隔一个节间即12m从中桁下弦杆取一个节点,一共有10个,见图4-2-124。顺着顶推方向,这10个控制点距离悬臂段的中桁墩支座分别为0、12m、24m、36m、48m、60m、72m、84m、96m和108m,依此从1到10编号。图中节点1～6在导梁中桁,节点7为导梁与主梁中桁交点,节点8～10在主梁中桁。选取代表顶推前期、中期和后期的第2、6、10桥跨的最大悬臂状态,以此来研究最大悬臂段的横向和竖向位移在顶推过程的分布规律。竖向和横向位移分布分别如图4-2-125、图4-2-126所示。

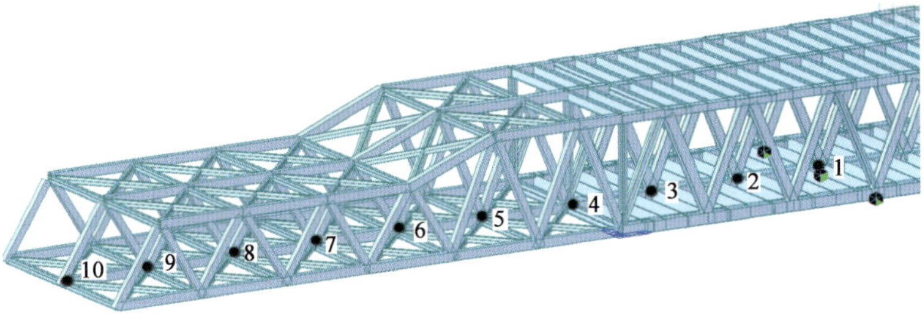

图4-2-124　最大悬臂段位移分析节点位置三维图

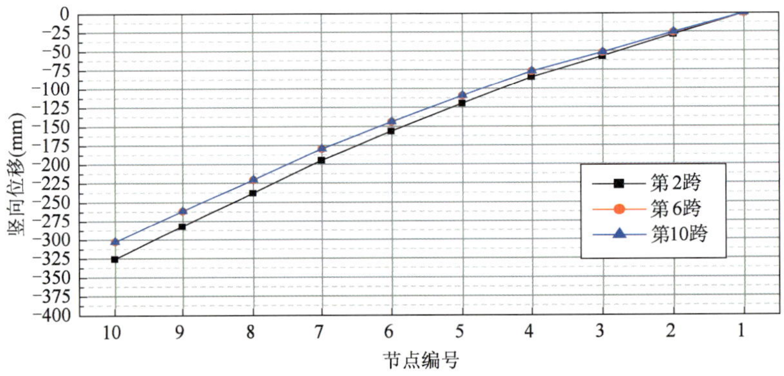

图4-2-125　最大悬臂段竖向位移分布图

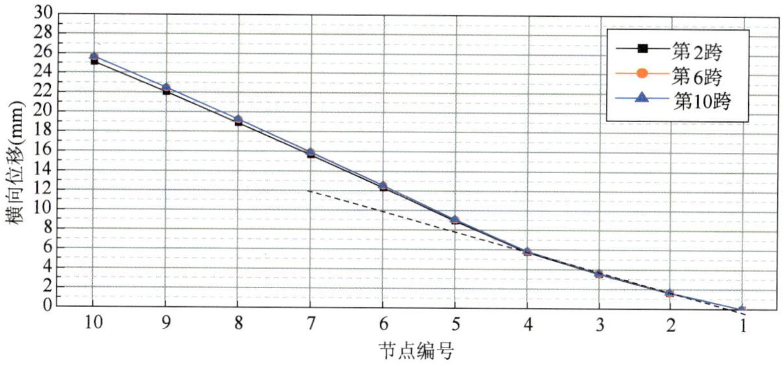

图4-2-126 最大悬臂段横向位移分布图

由图4-2-125可以看出，三个桥跨的最大悬臂状态下，各节点的竖向位移分布趋势基本一致，位移分布趋势近似光滑曲线，其中从节点1到节点10下挠位移逐渐增大。还可发现第6和第10桥跨的位移分布数值相同，第2桥跨的节点1～节点10位移数值较前两者相应节点的要大，且差值逐渐增大，其中节点10差值最大，为24.8mm。这是因为第1桥跨的跨度为84m，较其他中间跨要小，从而跨中产生的正弯矩较小，导致悬臂段的墩支座处的负弯矩较大。

由图4-2-126可以看出，三个桥跨的最大悬臂状态下，悬臂段的横向位移分布趋势一致，即从节点1到节点10位移逐渐增大，其中节点1～节点4的位移变化斜率小于节点5～节点10的位移变化斜率。这是由于钢桁梁的横向抗弯刚度大于导梁所致。还可发现第6桥跨和第10桥跨的位移分布数值相同，第2桥跨的节点1～节点4的位移变化与前两者一样，节点4之后的位移数值较前两者要小，其中节点10差值最大，为1.5mm。

导梁纵向连接系杆件截面优化后与优化前最大悬臂段的竖向和横向位移分布比较分别如图4-2-127和图4-2-128所示。

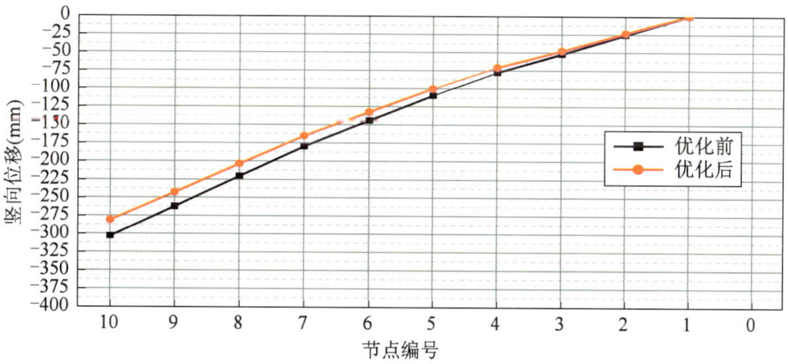

图4-2-127 加固前后最大悬臂段竖向位移分布比较图

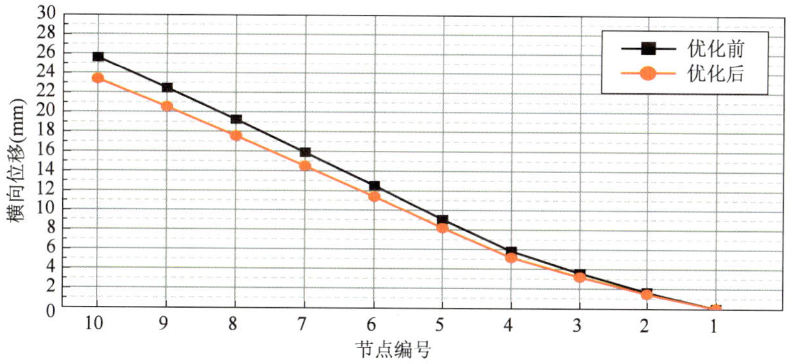

图4-2-128 加固前后最大悬臂段横向位移分布比较图

由图 4-2-127 和图 4-2-128 可以看出，对于最大悬臂段的竖向和横向位移分布，优化后的节点位移数值比相对应优化前的要小，其中节点 4 ~ 节点 10 的竖向和横向位移减小幅度很明显，而导梁最前端节点 10 的减小数值最大，分别为 22mm 和 2.2mm。这是因为优化后导梁的竖向抗弯刚度和横向抗弯度都有所提高。

综上，导梁纵向连接系杆件截面的优化对最大悬臂段的竖向和横向位移变形都有明显改善。

3）主梁跨中竖向位移分析

取顶推过程中第 3 桥跨跨中中桁下弦杆节点为研究对象，竖向位移变化如图 4-2-129 所示。

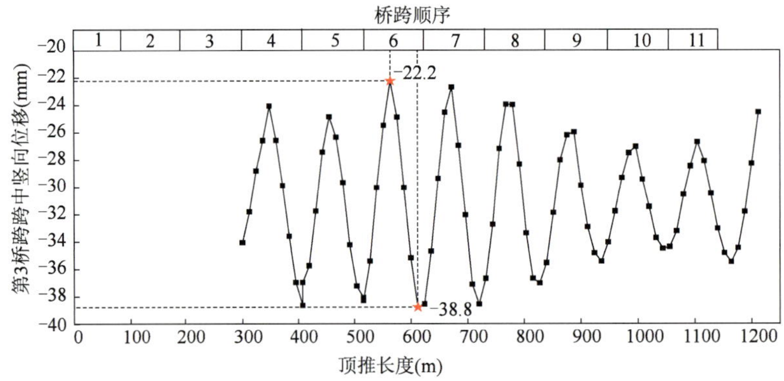

图 4-2-129　第 3 桥跨跨中竖向位移变化图

由图 4-2-129 可知，在顶推跨越每一桥跨过程中，第 3 桥跨跨中节点竖向位移的变化趋势基本一致。从导梁刚上墩到顶推 4 个节间过程中，竖向位移逐渐减小。随着顶推继续，位移逐渐增大直至导梁即将上墩时，达到最大值，其中安装钢桁梁对位移变化没有影响。在跨越第 4 桥跨导梁上墩减小了竖向位移，但在跨越其他桥跨时竖向位移没有变化。最大下挠位移为 38.8mm，出现在跨越第 6 桥跨中导梁即将上墩。

4）温度对悬臂段位移的影响

温度对悬臂段的竖向和横向位移分别如图 4-2-130 和图 4-2-131 所示。

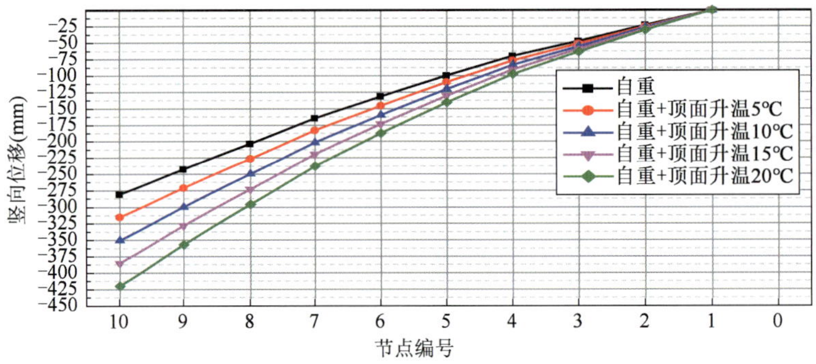

图 4-2-130　不同顶面升温下悬臂段竖向位移变化图

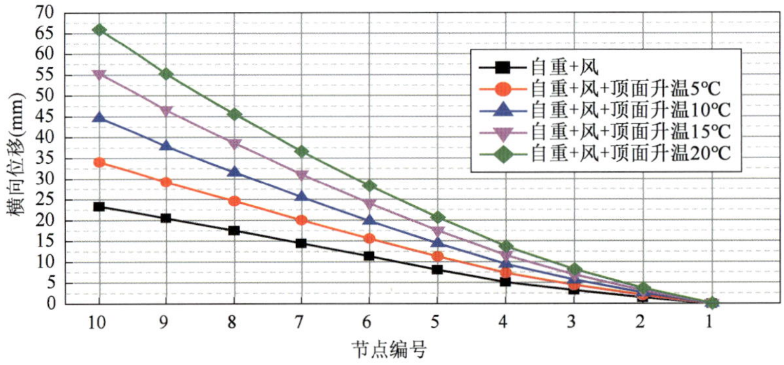

图 4-2-131　不同顶面升温下悬臂段横向位移变化图

由图4-2-130和图4-2-131可以看出,顶面升温明显增大了最大悬臂段各节点的竖向和横向位移,且顶面升温越大,竖向和横向位移增幅越大。其中顶面升温对导梁前端的位移影响最大,具体数值见表4-2-33。

顶面升温对导梁前端位移的影响 表4-2-33

荷载工况	D_X(mm)	D_Y(mm)	D_Z(mm)
自重	17.2	0	-280.6
自重+风	17.2	23.4	-280.7
自重+风+顶面升温5℃	2.9	34	-315.5
自重+风+顶面升温10℃	-11.3	44.7	-350.3
自重+风+顶面升温15℃	-25.6	55.3	-385.2
自重+风+顶面升温20℃	-39.8	65.9	-420

由表4-2-33可以看出,顶面升温对导梁前端的顺桥向位移 D_X、横向位移 D_Y 以及竖向位移 D_Z 有明显的影响。其中在自重和自重加风荷载的工况下,顺桥向的位移 D_X 为正值,都为17.2mm,与顶推方向相反,一旦出现顶面升温,D_X 减小并随着温差变大逐渐变为负值。这说明起顶梁体或者下落梁体时,活动支座会沿着顺桥向有较大移动,随着顶推梁体的长度增大,顶面温度升高,其位移量可能超过其设计最大容许偏移量,所以施工中应注意并考虑其移动数值。

2.6.2 梁体横向偏移分析

1)横向偏移产生的原因

连续钢桁组合梁顶推过程中,难以避免的会发生横向位置的偏差。尤其是本书所研究千米级长联连续钢桁组合梁桥,全桥长为1142.5m。结合本桥的具体情况,总结顶推过程中产生横向偏移的原因如下:

(1)摩擦因素。

①顶推滑动采用不锈钢板与MGE滑板组成摩擦副,顶推过程中滑块与MGE滑板接触,MGE材料很容易受到不同程度的磨损,导致各处MGE滑板与滑块摩擦力不同。

②顶推过程中,同一桥墩横桥向的两侧边桁架下的顶推滑道梁顶面高程不完全一致以及各墩的墩顶反力大小不一,造成摩阻力不同。

(2)各个桥墩设置的顶推设备自身性能有差异,工作不同步以及人员操作的不协调。

(3)钢桁梁制造和拼装的误差。

(4)风荷载和温度等环境因素。

归结到底,造成桥梁顶推施工发生横向偏移的原因主要是钢桁梁两侧边桁所受驱动力或摩阻力不一致,顶推不同步。随着拼装顶推长度的增加,这样的偏移也会逐步积累,甚至超出钢桁梁的横向允许偏差以及梁体出现“蛇形”变形。

2)横向偏移的影响

顶推过程中梁体发生横向偏移后,会带来很多影响施工质量安全的隐患。

①竖向千斤顶无法正对钢桁梁下弦杆腹板起顶,改变了钢梁主体结构原有的受力状态。

②如果偏移幅度过大,则会导致梁体失稳或偏离顶推线路的问题,甚至可能出现由于局部受力过大导致梁体受损或者卡住等问题。

③纵向顶推连续千斤顶中的钢绞线不够直,形成连续千斤顶的斜向受拉,造成钢绞线锚圈夹片和锚杯损坏。

④梁体横向偏移会改变滑道梁设计时的受力状态,可能对滑道梁造成损害。

针对上述第①条和第④条的隐患,通过ABAQUS模拟分析梁体横向偏移对主梁整体节点和滑道梁的局部受力影响。

(1)横向偏移对主梁局部受力的影响

①模型建立

梁体发生横向偏移后可能导致竖向千斤顶无法正对钢桁梁下弦杆的腹板,改变抄垫与下弦杆底板接触面积,从而影响钢桁梁整体节点的局部受力。分别选取竖向千斤顶中线与下弦杆腹板中线横桥向相对水平偏移距离0mm、内偏25mm、外偏25mm、内偏50mm、外偏50mm五种工况,借助ABAQUS对整体节点进行局部受力分析,其中内偏是指两个千斤顶同时偏向靠近墩中心一侧,外偏是两个千斤顶同时指偏向远离墩中心一侧。由本篇第3章顶推施工模拟分析结果可知最大支座反力18224.6kN出现在跨越第3桥跨C5-2施工阶段的9号墩中桁支座,因此以该整体节点作为研究对象进行建模分析,通过下弦杆截面耦合点3和耦合点4给模型施加简支边界以及轴力1502.93kN、弯矩3619.27kN·m、剪力1770.87kN,腹杆截面耦合点5和耦合点6施加轴力8088.16kN和弯矩419.49kN·m、剪力130.15kN。其中,千斤顶顶面耦合点1和耦合点2模拟千斤顶顶力。顶升梁体时在墩顶放置前后两排竖向千斤顶,每排有两个,所以每个千斤顶平均分配455.2kN。考虑到墩前后两侧结构的重量不同以及顶升不同步而导致第1排和第2排千斤顶受力不一样,故模型中将每个千斤顶的顶升力乘以增大系数1.5,即顶力取682.8kN,顶升状态如图4-2-132所示。整体节点模型如图4-2-133所示。

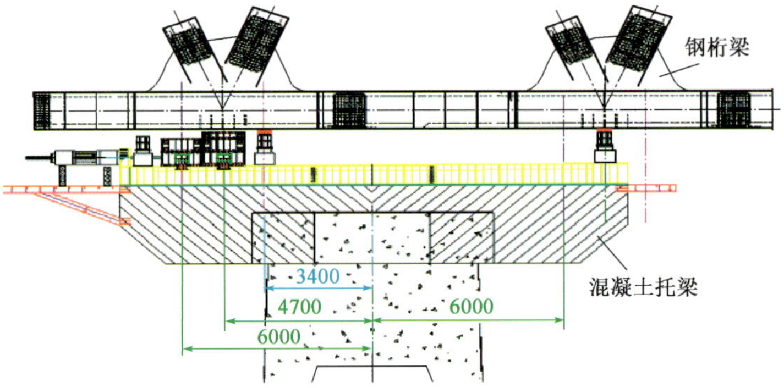

图4-2-132　顶升状态示意图(尺寸单位:mm)

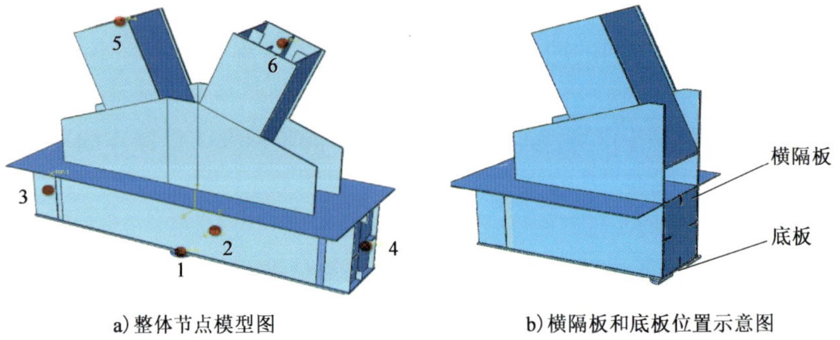

图4-2-133　下弦杆整体节点模型图

1~6-节点编号

②分析结果

整体节点的其他部件与底板和横隔板的应力变化相比非常小,不再列出。限于本书篇幅,仅给出偏移量为0mm、外偏50mm和内偏50mm下底板和横隔板的第一主应力、第三主应力和Mises应力云图,如图4-2-134~图4-2-136所示。

由图4-2-134~图4-2-136可知,千斤顶与下弦杆腹板由正对位置变为外偏50mm时,底板最大第一主应力由102.4MPa变为101.7MPa,最小第三应力由-10MPa变为-12.4MPa,最大Mises应力由105.7MPa变为104.8MPa。外偏明显增大了底板的第三主应力数值,增大量为24%,这是由外偏导致千斤顶与底板实际受力面积减小所致。外偏对底板的第一主应力和最大Mises应力数值有所减小但影响很小。千斤顶与下弦杆腹板由正对位置变为内偏50mm时,底板最大第一主应力由102.4MPa变为102.9MPa,最

小第三主应力由 -10MPa 变为 -8.6MPa，最大 Mises 应力由 105.7MPa 变为 106.0Pa。内偏明显减小了底板的第三主应力数值，这是由内偏导致千斤顶与底板实际受力面积增大所致，但内偏增大了底板的第一主应力和最大 Mises 应力的数值但影响较小，具体数值变化见表 4-2-34。但是施工中仍应做好对梁体中轴线的监控，发现梁体偏移应及时停止顶推施工，纠偏梁体，顶升梁体前将千斤顶正对下弦杆腹板安放，顶升时应做到千斤顶顶升同步以减小个别节点局部受力。

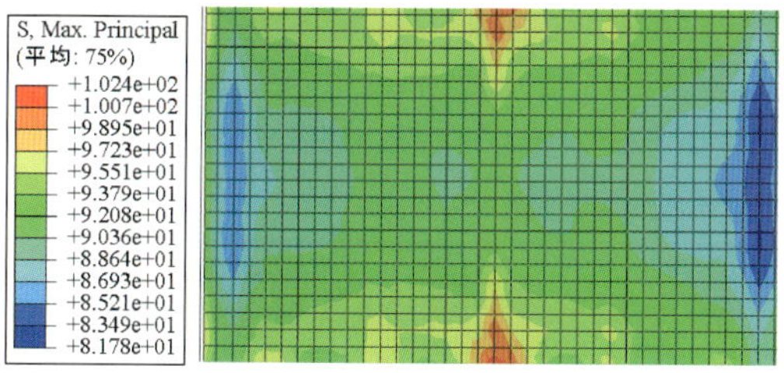

a) 偏移量为0mm时底板第一主应力云图

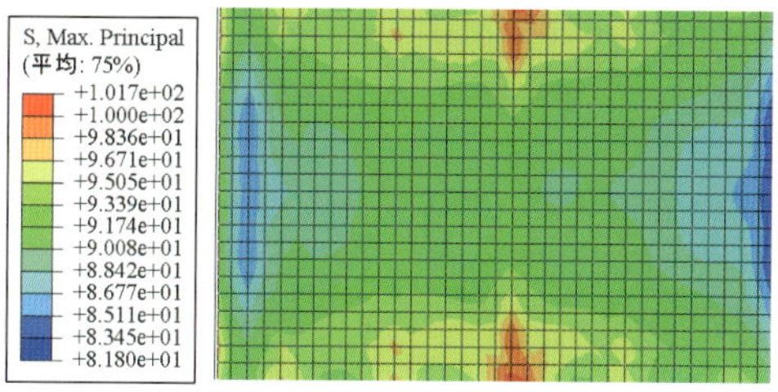

b) 外偏50mm时底板第一主应力云图

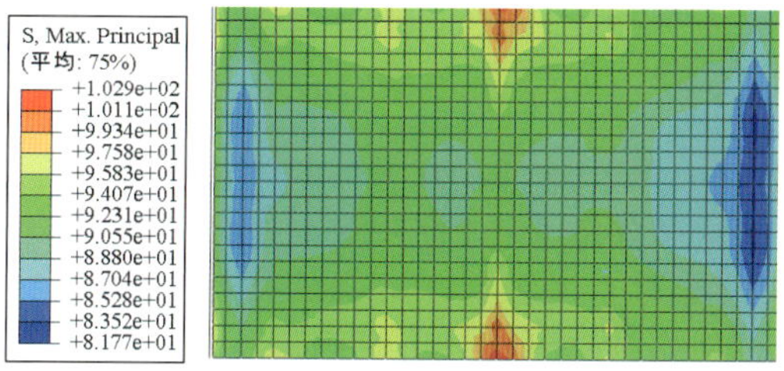

c) 内偏50mm时底板第一主应力云图

图 4-2-134 不同偏移量的底板第一主应力云图

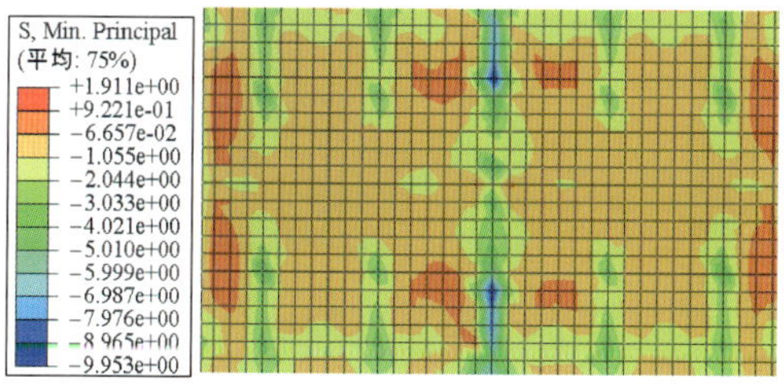

a) 偏移量为0mm时底板第三主应力云图

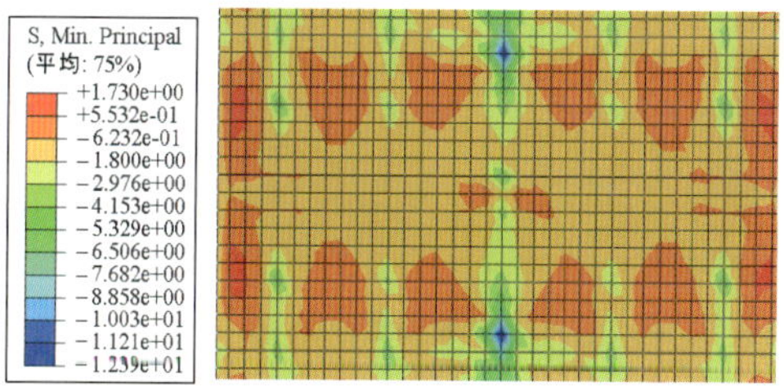

b) 外偏50mm时底板第三主应力云图

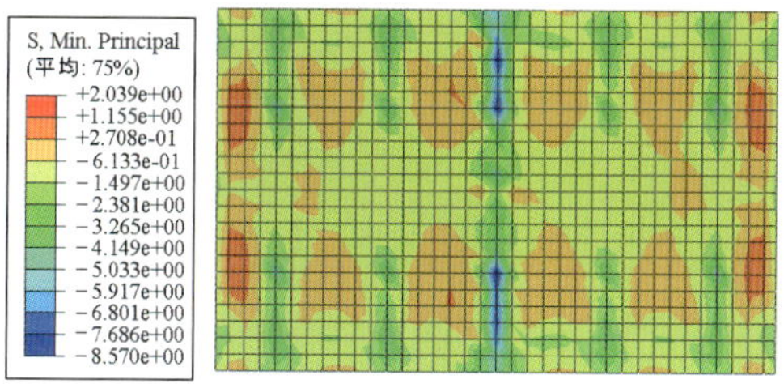

c) 内偏50mm时底板第三主应力云图

图 4-2-135 不同偏移量的底板第三主应力云图

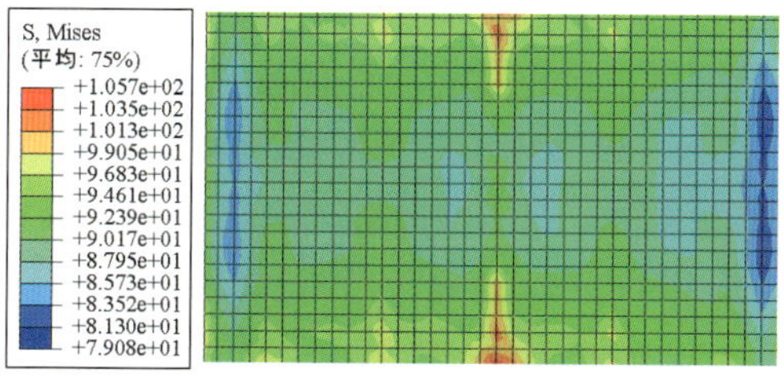

a) 偏移量为0mm时底板Mises应力云图

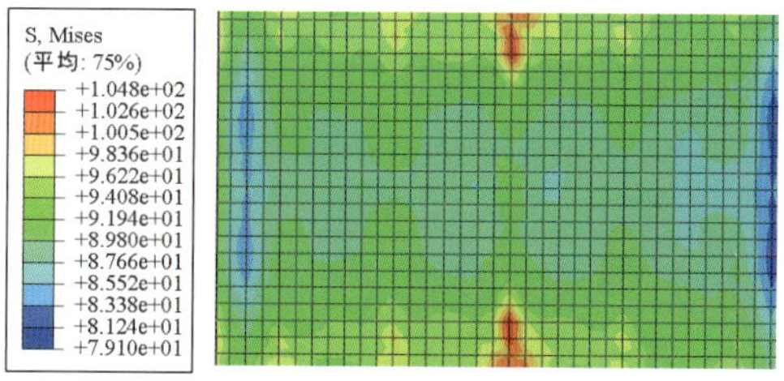

b) 外偏50mm时底板Mises应力云图

图 4-2-136

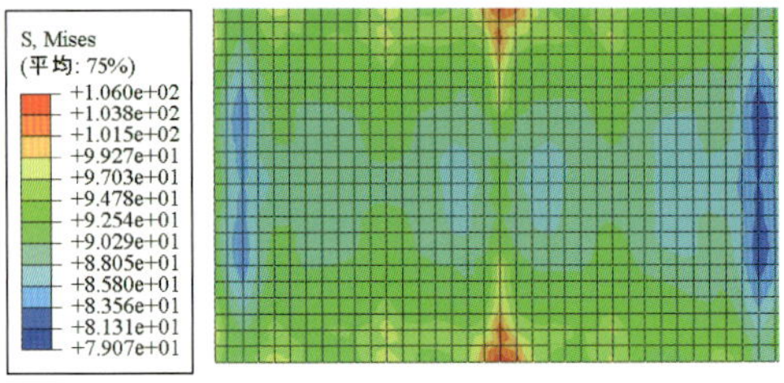

c) 内偏50mm时底板Mises应力云图

图 4-2-136　不同偏移量的底板 Mises 应力云图

不同偏移量对底板局部应力的影响　　表 4-2-34

应力(MPa)	内偏移(mm)			外偏移(mm)		
	0	25	50	0	25	50
S_1	102.4	102.6	102.9	102.4	102.1	101.7
S_3	-10.0	-8.4	-8.6	-10.0	-10.5	-12.4
S	105.7	105.9	106.0	105.7	105.1	104.8

注:表中 S_1 表示最大第一主应力;S_3 表示最小第三主应力;S 表示最大 Mises 应力。

不同偏移量下,横隔板的应力云图如图 4-2-137 ~ 图 4-2-139 所示。

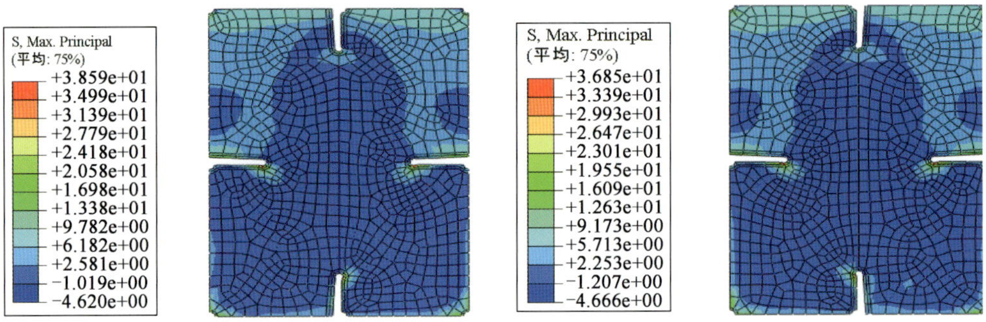

a) 偏移量为0mm　　b) 外偏移50mm

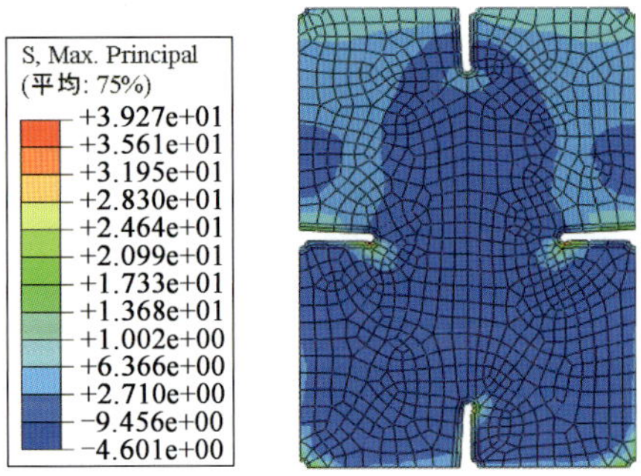

c) 内偏移50mm

图 4-2-137　不同偏移量下横隔板第一主应力 S_1 云图

由图 4-2-137 ~ 图 4-2-139 可知,千斤顶与下弦杆腹板由正对位置变为外偏移 50mm 时,横隔板最大第一主应力由 38.6MPa 变为 36.9MPa,最小第三主应力由 -59.8MPa 变为 -59.3MPa,最大 Mises 应力由 71.1MPa 变为 70.1MPa。由此可知,外偏移减小了底板的第一主应力、第三主压应力以及最大 Mises 应力数值,千斤顶与下弦杆腹板由正对位置变为内偏移 50mm 时,横隔板最大第一主应力由 38.6MPa 变为39.3MPa,最小第三主应力由 -59.8MPa 变为 -59.4MPa,最大 Mises 应力由 71.1MPa 变为 70.8MPa。由此可知,内偏移增大了横隔板的第一主应力数值,减小了第三主压应力以及最大 Mises 应力数值,但变化不明显。具体数值变化见表 4-2-35。

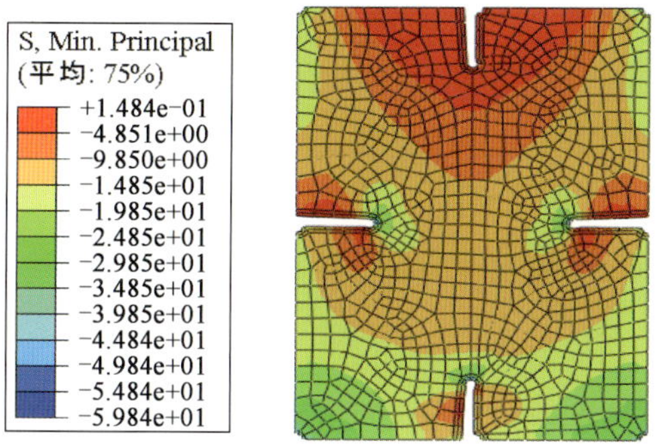

a) 偏移量为0mm

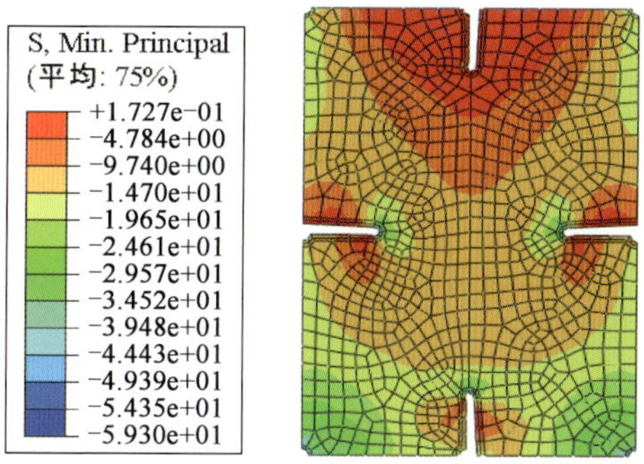

b) 外偏50mm

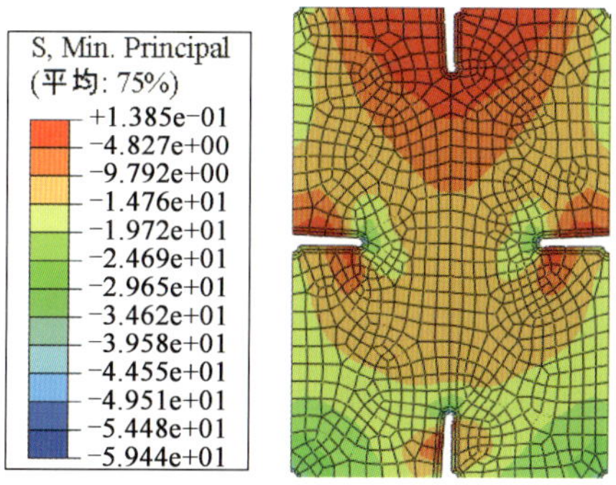

c) 内偏50mm

图 4-2-138　不同偏移量下横隔板第三主应力 S_3 云图

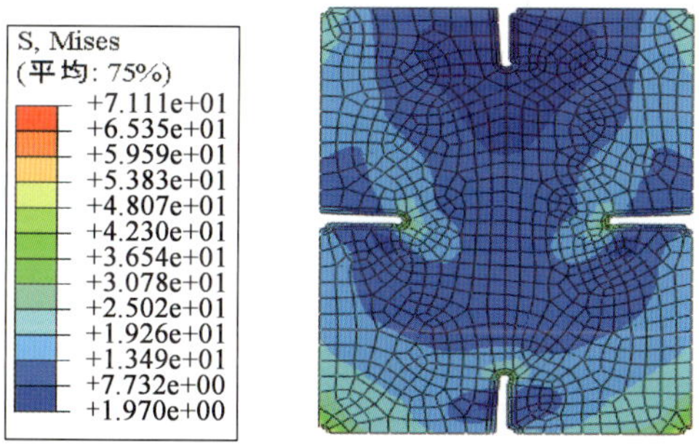

a) 偏移量为0mm

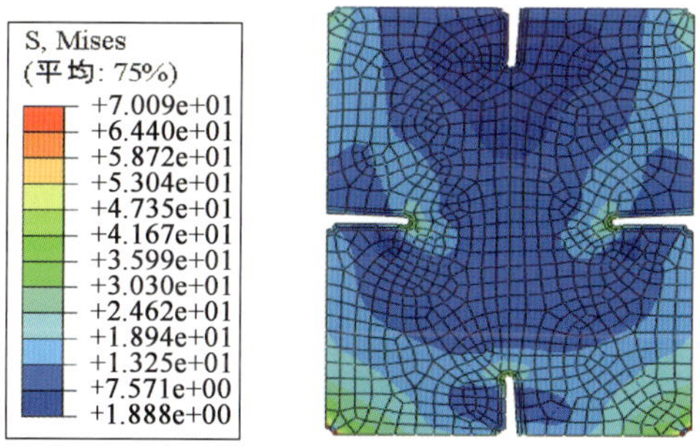

b) 外偏50mm

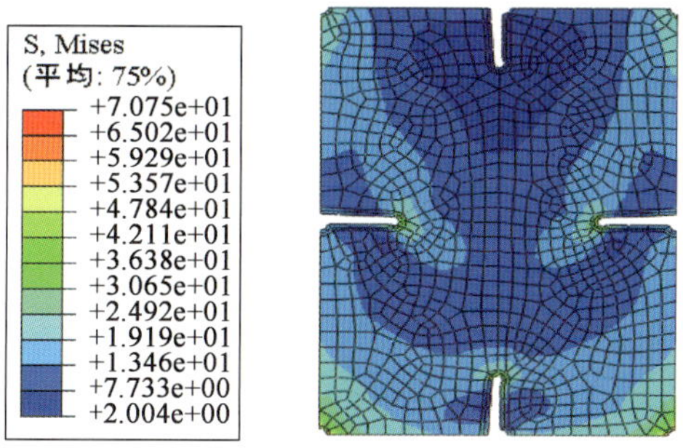

c) 内偏50mm

图 4-2-139　不同偏移量下横隔板 Mises 应力 S 云图

不同偏移量对横隔板应力大小的影响　　表 4-2-35

应力	内偏移(mm)			外偏移(mm)		
	0	25	50	0	25	50
S_1(MPa)	38.6	39.0	39.3	38.5	37.3	36.9

续上表

应力	内偏移(mm)			外偏移(mm)		
	0	25	50	0	25	50
S_3(MPa)	-59.8	-59.5	-59.4	-59.8	-59.7	-59.3
S(MPa)	71.1	71.0	70.8	71.1	70.4	70.1

注:表中 S_1 表示最大第一主应力;S_3 表示最小第三主应力;S 表示最大 Mises 应力。

(2)横向偏移对滑道梁的影响

为了更好地模拟梁体横向偏移对滑道梁的局部受力影响,用 ABAQUS 建立滑块、滑道梁、桥墩以及混凝土托架整体模型。由于桥墩为门形空心墩,纵横向双向变坡,壁厚由上至下逐渐变厚,在 ABAQUS 直接建模较难。故先采用 CAD 放样功能绘制三维几何模型,然后导入 ABAQUS 中。选取双滑块受力状态,此时滑块到墩中心线距离最大为 6m,如图 4-2-140 所示。模拟分析滑块顺桥向中心线横向偏移滑道梁中心线 0m、50mm 以及 100mm 三种工况下滑道梁局部应力变化。整体模型变形与滑道梁变形如图 4-2-141 所示。

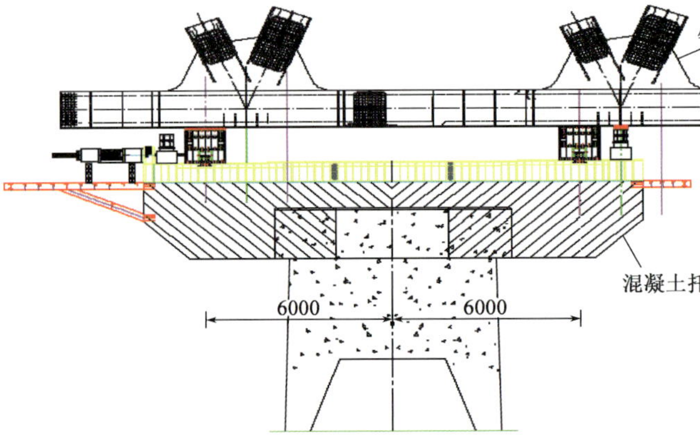

图 4-2-140　双滑块受力状态(尺寸单位:mm)

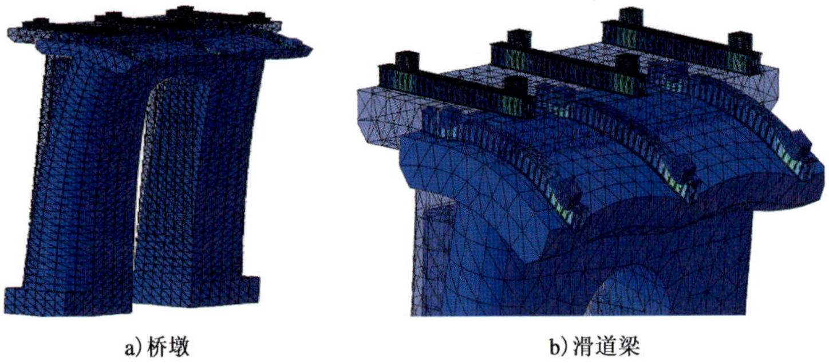

图 4-2-141　桥墩模型与滑道梁模型变形图

三种工况下滑道梁应力云图如图 4-2-142 ~ 图 4-2-144 所示。

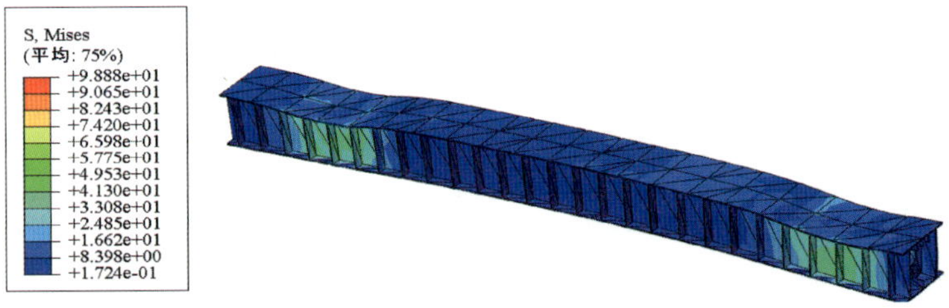

图 4-2-142　偏移 0m 工况下滑道梁应力云图

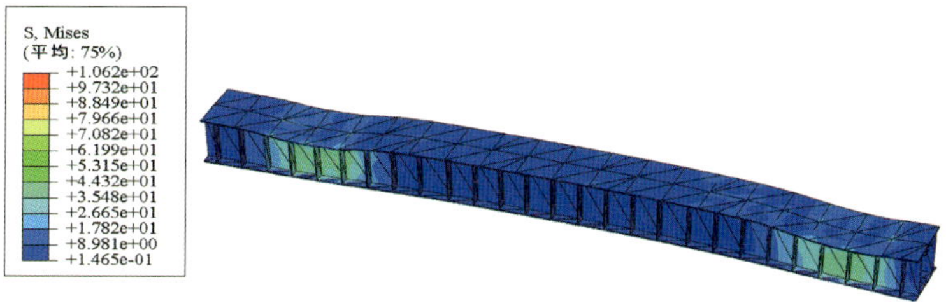

图 4-2-143 偏移 90mm 工况下滑道梁应力云图

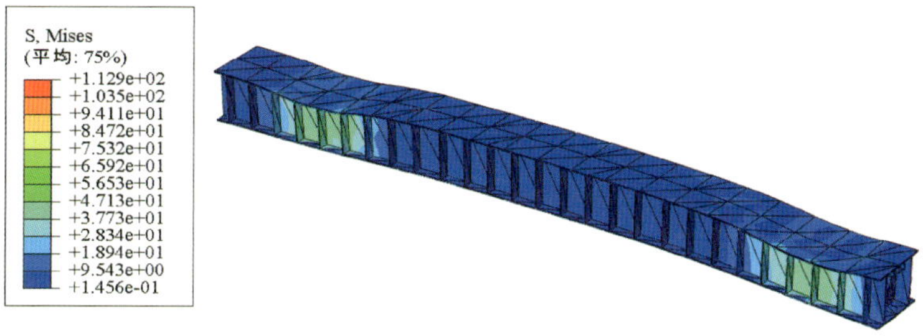

图 4-2-144 偏移 100m 工况下滑道梁应力云图

由图 4-2-142 ~ 图 4-2-144 可知,滑道梁应力受滑块横向偏移影响较大。当偏移量为 100mm 时,最大第一主应力由 48.83MPa 增至 58.56MPa,增幅 19.9%,最小第三主应力由 -164.7MPa 增至 -181.4MPa,增幅 10.1%,最大 Mises 应力由 98.88MPa 增至 112.9MPa,增幅 14.3%,具体数值变化见表 4-2-36。因此施工中一定要实时监控梁体的中轴线动态,一旦发现梁体横向偏移,应当立即停止顶推,实施纠偏。

不同偏移量对滑道梁局部应力影响 表 4-2-36

应力	偏移量(mm)		
	0	50	100
S_1(MPa)	48.83	52.75	58.56
S_3(MPa)	-164.7	-172.0	-181.4
S(MPa)	98.88	106.2	112.9

注:表中 S_1 表示最大第一主应力;S_3 表示最小第三主应力;S 表示最大 Mises 应力。

2.6.3 横向纠偏数值模拟

1)横向纠偏数值模拟

用于纠偏的水平千斤所施加的纠偏力需要克服滑块与滑道的静摩擦力和钢桁梁自身弯曲变形产生的反力。由本篇 2.6.1 节可知,假定 MGE 滑板在不受损以及设备协调工作的条件下,墩支座反力是影响梁体横向偏移纠偏的重要因素之一。本节模型选取跨越第 3 桥跨中的最大悬臂阶段即 C10-3-0。在 10 号墩边、中桁支座节点处施加节点强制位移模拟横向顶推纠偏,10 号墩支座边界施加横桥向约束。模型如图 4-2-145 所示(截取模型部分),其中拼装平台支座编号沿着箭头方向依次为 PZ1 ~6 号。纠偏量以 mm 为单位,设置范围为 5 ~ 100mm,其中间隔为 5mm。

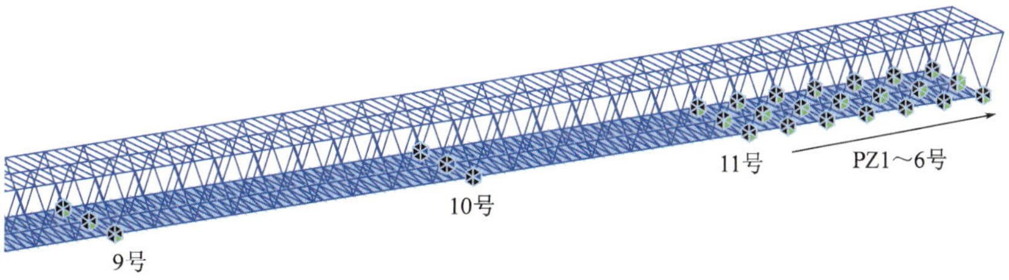

图 4-2-145 横向纠偏模型

2）横向纠偏位移的确定

不同纠偏量下，结构的最大拉压应力变化如图4-2-146所示。

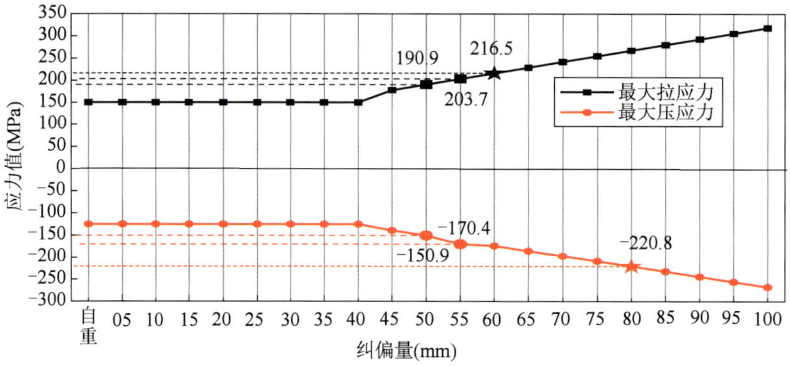

图4-2-146　不同纠偏量对最大拉压应力影响图

由图4-2-146可知，结构最大拉压应力在纠偏量小于40mm时，数值大小不变。当纠偏量超过40mm时，最大拉压应力随着纠偏量增加而增大。其中纠偏量为50mm时，最大拉应力为190.9MPa，最大压应力为－150.9MPa；纠偏量为55mm时，最大拉应力为203.7MPa，最大压应力为－170.4MPa；纠偏量为60mm时最大拉应力为216.5MPa，纠偏量为80mm时最大压应力为－220.8MPa，已超出材料应力容许值210MPa，但没有超出组合作用力下的材料容许应力值252MPa。

综上，纠偏量小于40mm对主桁杆件应力最值没有影响，所以千斤顶纠偏位移控制在40mm以内可行，如果施工现场纠偏40mm仍不能满足线形要求，建议纠偏量最大增加10mm，即最大纠偏位移控制在50mm，为主桁留有足够的应力储备。

3）横向纠偏力的确定

理论上纠偏时所施加的纠偏力需要克服的是滑块与滑道梁之间的静摩擦力和钢桁梁变形产生的横向弯曲力，但横向弯曲力的大小与静摩擦力相比可以忽略不计，即理论纠偏力等于静摩擦力。根据不同纠偏量下10号墩的支座反力以及滑块与滑道梁之间的摩擦系数，可以计算各纠偏量所需的理论纠偏力，摩擦系数取0.1，不同纠偏量下的纠偏力见表4-2-37。

不同纠偏量下的纠偏力　　表4-2-37

纠偏位置	墩支座纠偏点支座反力（kN）	克服摩擦的纠偏力（kN）	纠偏力（kN）	纠偏量（mm）
10号墩墩顶	37380.4	3738.0	3738.0	5
	37382.8	3740.4	3740.4	10
	37385.2	3742.8	3742.8	15
	37387.6	3745.2	3745.2	20
	37390.0	3747.6	3747.6	25
	37392.4	3750	3750	30
	37394.8	3752.4	3752.4	35
	37397.2	3754.8	3754.8	40

由表4-2-37可知，不同纠偏量下纠偏点处的墩支座反力变化不大，即所需的纠偏力变化也不大，其中最大为3754.8kN，所以每一桁处放置的纠偏千斤顶所需施加的平均顶力为 $3754.8/3=1251.6$kN。

参考文献

[1] WANG P C, KALEY D J. Composite action of concrete slab and open web joist(without the use of shear connectors)[J]. AISC Engineering Journal, 1967(1):10-16.

[2] TIDE R H R, GALAMBOS T V. Composite open-web joists[J]. Journal of the Structure Division (ASCE), 1970, 96(7):1585-1603.

[3] AZMI M H. Composite open-web trusses with metal cellular floor[D]. Ontario: McMaster University, 1972.

[4] CRAN J A. Design and testing composite open web steel joists[M]. Hamilton, Ontario: Stelco, 1972.

[5] BJORHOVDE R. Full scale test of a composite truss[R]. Canada: University of Alberta, 1981.

[6] MAUTER M B, KENNEDY D J L. Shrinkage flexural tests of composite truss[C]//Structural Engineering Report 206, Department of Civil Engineering, University of Alberta, Edmonton Alberta, 1994.

[7] BRATTLAND A, KENNEDY D J L. Flexural tests of two full-scale composite trusses[J]. Canadian Joural of Civil Engineering, 1992, 19(2):179-191.

[8] LEON R T, CURRY J. Behavior of long span composite joists[C]//ASCE Structures Congress Procedings. Florida, 1987:390-403.

[9] CURRY J H. Full scale tests on two long-span composite open-web steel joists[D]. Minnesota: University of Minnesota, 1988.

[10] ALSAMSAM I. An experimental investigation into the behavior of composite open-web steel joists[D]. Minnesota: University of Minnesota, 1988.

[11] PATRAS W, AZIZINIMINI A. Open web composite joist systems utilizing ultra-high strength concrete [D]. Lincoln: University of Nebraska-Lincoln, 1991.

[12] 周惟德,王晓毅. T型连接件的格构式推出试验研究——关于钢-混凝土组合桁架系列研究之一[J]. 合肥工业大学学报(自然科学版), 1993, 16(3):7.

[13] 周惟德,王晓毅. 栓钉连接件的格构式推出试验研究——关于钢-混凝土组合桁架系列研究之二[J]. 合肥工业大学学报(自然科学版), 1993, 16(4):6.

[14] 周惟德,白凤,郑德尧,等. 反放弯筋连接件的格构式推出试验研究——关于钢-混凝土组合桁架系列研究之三[J]. 合肥工业大学学报(自然科学版), 1994, 17(1):6.

[15] 周惟德,白家楠,雷源铁,等. 角钢连接件的格构式推出试验研究——关于钢-混凝土组合桁架系列研究之四[J]. 合肥工业大学学报(自然科学版), 1994, 17(2):5.

[16] 周惟德,贾冬云. T形连接件在整体测试中的性能研究——关于钢-混凝土组合桁架系列研究之五[J]. 合肥工业大学学报(自然科学版), 1994, 17(3):6.

[17] 周惟德,郑德尧. 弯筋连接件在整体测试中的性能研究——关于钢-混凝土组合桁架系列研究之六[J]. 合肥工业大学学报(自然科学版), 1994, 17(4):5.

[18] 周惟德,金建新. 组合桁架中同时考虑滑移和掀起影响的理论分析——关于钢-混凝土组合桁架系列研究之七[J]. 合肥工业大学学报(自然科学版), 1995, 18(4):7.

[19] 周惟德,陈辉求. 钢-混凝土组合桁架有限元计算模型[J]. 工业建筑, 1996, 26(7):6.

[20] 陈辉求. 钢-混凝土组合桁架有限元分析[D]. 合肥:合肥工业大学, 1995.

[21] 周惟德,金建新. 组合桁架中同时考虑滑移和掀起影响的理论与测试比较[J]. 工业建筑, 1996, 26(7):6.

[22] 金建新. 钢-混凝土组合桁架部分交互作用理论分析[J]. 南昌大学学报(工科版), 1999, 21(2):5.

[23] 王连广. 钢桁架与混凝土组合梁数值计算及剪力连接件设计[D]. 成都:西南交通大学, 1998.

[24] 王连广,李立新,刘之洋. 钢桁架与混凝土组合梁滑移及掀起的空间计算分析[J]. 东北大学学报

(自然科学版),2000,21(4):4.
[25] 郑敏.轻钢龙骨体系组合楼板、组合桁架梁承载力的研究[D].武汉:武汉理工大学,2005.
[26] 郑敏.组合桁架梁承载力的有限元分析[J].建材世界,2006,27(4):115-116.
[27] 刘东营.基于有限元分析的组合桁架计算理论研究[D].合肥:合肥工业大学,2005.
[28] 肖亚明,刘东营,何其洪.简支组合桁架的翼缘有效宽度研究[J].工程与建设,2005,19(4):305-308.
[29] 郭仁杰.钢-混凝土组合桁架的试验研究[D].杭州:浙江大学,2007.
[30] 范国玺.钢桁架-混凝土组合梁有效宽度的研究[D].郑州:郑州大学,2010.
[31] 聂建国,袁彦声.钢-混凝土组合梁中剪力连接件实际承载力的研究[J].建筑结构学报,1996,17(2):21-29.
[32] 谈遂.钢桁架-混凝土组合梁空间有限元分析[D].长沙:中南大学,2007.
[33] SAMUELSON D. Composite Steel Joists[J]. Engineering Journal,2002(3):111-120.
[34] 姜如.钢管及钢管混凝土组合桁架梁桥静动力行为分析[D].成都:西南交通大学,2009.
[35] 马泽峰,陆洲导,蔡兹红,等.无锡大剧院钢桁架组合梁屋面设计[J].结构工程师,2011,27(3):6.
[36] 王成祥,尹新生,邹国富.预应力组合桁架在加固维修中的应用[J].低温建筑技术,2005(3):2.
[37] 诸志强.大跨度钢桁架斜拉桥理想成桥状态和施工阶段力学行为分析[D].成都:西南交通大学,2013.
[38] 王晓辰.老旧砌体住宅外套结构抗震加固研究综述[C]//天津大学,天津市钢结构协会.第十四届全国现代结构工程学术研讨会论文集,2014.
[39] 王林明.大跨度连续钢桁梁拱桥空间计算分析[D].成都:西南交通大学,2009.
[40] 路海俊.异型钢桁桥施工控制研究[D].天津:天津大学,2007.
[41] 中华人民共和国交通运输部.公路桥梁抗风设计规范:JTG/T 3360-01—2018[S].北京:人民交通出版社股份有限公司,2018.
[42] 中华人民共和国住房和城乡建设部.建筑结构荷载规范:GB 50009—2012[S].北京:中国建筑工业出版社,2012.
[43] 闵加丰,阚伟良,朱海清.基于ANSYS Workbench变截面压杆屈曲分析方法[J].锻压装备与制造技术,2012,47(4):70-72.
[44] 成文.双肢墩净间距对高墩连续刚构桥的静风稳定研究[J].交通世界,2012(8):253-254.
[45] 上海市住房和城乡建设管理委员会.空间格构结构技术标准:DBJ 08-52—2020[S].上海:同济大学出版社,2020.
[46] 中华人民共和国交通运输部.公路桥涵设计通用规范:JTG D60—2015[S].北京:人民交通出版社股份有限公司,2015.
[47] 国家铁路局.铁路桥梁钢结构设计规范:TB 10091—2017[S].北京:中国铁道出版社,2017.
[48] 田仲初,张华平.顶推施工中导梁的合理配置[J].世界桥梁,2005(4):41-43,47.
[49] 若晗.钢桁梁桥温度场实例研究[C]//中国钢结构协会结构稳定与疲劳分会.钢结构工程研究(十)——中国钢结构协会结构稳定与疲劳分会第14届(ISSF-2014)学术交流会暨教学研讨会论文集,2014.
[50] 温中伟,卢卫华.大跨度连续钢桁梁多点同步顶推施工的横向位置控制[J].科技信息,2010(29):315-316.
[51] 王东辉.铜陵公铁两用长江大桥南岸边跨钢梁施工技术[J].世界桥梁,2015,43(6):1-5.